2007中国粮食年鉴

CHINA GRAIN YEARBOOK 2007

主　编　聂振邦

副主编　郄建伟　任正晓　张桂凤　杨　兵　曾丽瑛

图书在版编目（CIP）数据

2007中国粮食年鉴/ 国家粮食局编.—北京：经济管理出版社，2007.10

ISBN 978-7-5096-0071-9

Ⅰ.中… Ⅱ.国… Ⅲ.粮食—工作—中国—2007—年鉴

Ⅳ.F 724.721-54

中国版本图书馆CIP数据核字（2007）第157071号

出版发行：经济管理出版社

北京市海淀区北蜂窝8号中雅大厦11层

电话：（010）51915602　邮编：100038

印刷：廊坊市成功印业有限公司　经销：新华书店

责任编辑：张　艳

技术编辑：乔　炜

880mm×1230mm/16　39.25印张　1085千字

2007年11月第1版　2007年11月第1次印刷

印数：1—3000册　定价：380.00

书号：ISBN 978-7-5096-0071-9/F·70

聂振邦同志在安徽调研

聂振邦同志在湖北调研

郄建伟同志在河北栾城向农民赠送新型储粮装具

任正晓同志在安徽调研粮食产业化发展情况

张桂凤同志在浙江衢州粮食批发市场调研

杨兵同志在内蒙古粮食企业调研

曾丽瑛同志出席第二届七省粮食产销协作福建洽谈会

2007 中国粮食年鉴编辑委员会

主　任

聂振邦　　国家粮食局党组书记、局长

副主任

郄建伟　　国家粮食局党组成员、副局长
任正晓　　国家粮食局党组成员、副局长
张桂凤（女）　　国家粮食局党组成员、副局长
杨　兵　　国家粮食局党组成员、
　　中纪委驻国家粮食局纪检组组长
曾丽瑛（女）　　国家粮食局党组成员、副局长

委 员

孙鉴奇	国家粮食局办公室主任
徐京华	国家粮食局人事司司长
刘 钊	国家粮食局外事司司长
卢景波	国家粮食局调控司司长
颜 波	国家粮食局政策法规司副司长
刘小南	国家粮食局监督检查司司长
邓亦武	国家粮食局财务司司长
何 毅	国家粮食局流通与科技发展司司长
金 刚	国家粮食局机关党委副书记
辛志光	中纪委、监察部驻国家粮食局纪检组副组长、监察局局长
邹振东	国家粮食局离退休干部办公室主任
王亚平	国家粮食局机关服务中心主任
张本初	国家粮食局军粮供应中心主任
尚强民	国家粮油信息中心主任
杜 政	国家粮食局标准质量中心主任
夏吉贤	中国粮食经济杂志社社长
赵小津	国家粮食局科学研究院院长
张汉麟（女）	中国粮食研究培训中心主任
田雨军	国家粮食局发展交流中心主任
宋丹丕	中国粮食行业协会秘书长
胡承淼	中国粮油学会秘书长
李广禄	北京市粮食局局长
马春波	天津市粮食局局长
马 静（女）	河北省粮食局局长
姚高宽	山西省粮食局局长
卫庆国	内蒙古自治区粮食局局长
李汪洋	辽宁省粮食局局长
祝业辉	吉林省粮食局局长
金 辉	黑龙江省粮食局副局长
陈海刚	上海市粮食局局长
王元慧（女）	江苏省粮食局局长
李林访	浙江省粮食局局长
桂梅生	安徽省粮食局局长
刘昌霖	福建省粮食局局长

委 员

熊根泉	江西省粮食局局长
邹大民	山东省粮食局局长
曹濮生	河南省粮食局局长
沈昌发	湖北省粮食局局长
吴奇修	湖南省粮食局局长
张　军	广东省发展和改革委员会副主任
梁雨祥	广西壮族自治区粮食局局长
宋建海	海南省粮食局局长
胡君烈	重庆市粮食局局长
李益良	四川省粮食局局长
刘启云	贵州省粮食局局长
苏全忠	云南省粮食局局长
田福利	西藏自治区粮食局局长
姚增战	陕西省粮食局局长
朱　红	甘肃省粮食局局长
刘　卉（女）	宁夏回族自治区粮食局局长
顾艳华	青海省粮食局局长
米尔扎依·杜斯买买提	新疆维吾尔自治区粮食局局长
董德义	青岛市粮食局局长
杜钧宝	宁波市粮食局局长
曾耀民	厦门市粮食局局长
焦正家	大连市商业局（粮食局）局长
李干明	深圳市发展和改革局副局长
傅仲保	新疆生产建设兵团发展和改革委员会(粮食局)主任
王宝伟	国家发展和改革委员会经济贸易司司长
曹长庆	国家发展和改革委员会价格司司长
陈萌山	农业部种植业管理司司长
李晓超	国家统计局国民经济综合统计司司长
赵建华	国家统计局农村社会经济调查司副司长

撰稿人员
（按姓氏笔画为序）

丁　斌　万齐平　万劲松　万富世　于　涛　于英威　于振峰　马　明　孔伟娟
尹成林　牛库山　王　江　王　旭　王　昕　王　玲　王　强　王　瑞　王　静
王元慧　王双喜　王正友　王永圣　王国强　王宝伟　王招东　王金云　王高升
王耀鹏　邓　立　邓玉兵　邓亦武　付立中　付艳丽　冯兰敏　卢景波　史京华
叶　勇　左　梅　玄红建　甘　霖　田　临　田　野　白　鸥　石少龙　石红兵
龙永嵩　龙伶俐　任占平　任昌坤　刘　平　刘　韧　刘小南　刘中平　刘冬竹
刘宏端　刘青青　刘建胜　刘荣华　刘莉华　刘铁宏　刘嘉楠　吕昱晨　朱　震
朱六九　朱传碧　朱其俊　朱海燕　毕金元　许发辉　齐朝富　余新奇　吴　伟
吴永顺　吴国粱　宋丹丕　张　云　张　震　张永刚　张永强　张玉琪　张生彬
张庆娥　张延华　张成志　张步先　张秀敏　张树森　张秋容　张鸿玺　时汉成
李　可　李　旭　李　建　李　德　李　玥　李小维　李少衡　李亚莉　李志敏
李汪洋　李建国　李青宁　李恒力　李寅铨　李福君　李嘉春　杜　政　杨　正
杨卫辰　杨卫路　杨加慎　杨振立　杨绪珍　肖　玲　肖春阳　芦珍琼　苏仁福
豆志峰　陈　玲　陈玉中　陈军生　陈秀玲　陈建军　陈家积　陈海刚　周　波
周　辉　周冠华　周晓耘　孟洪恩　林　华　林风刚　林兆宇　林明亮　罗文娟
罗守全　郁士祥　郑妙影　金　刚　金　贤　金巍巍　姚　海　姚秀敏　段建丽
胡承淼　胡金阶　赵文先　赵红梅　赵素丽　赵耀辉　闻景发　唐　炜　唐　茂
夏伯锦　徐京华　秦　剑　秦红民　耿兆书　袁　辉　贾素梅　郭尚营　郭晓虹
高　波　高卫华　高美华　高惠茹　梅　伟　符永光　阎维洪　隋晓刚　麻国杰
黄江鹭　龚　伟　龚震源　彭　愉　惠春光　智振华　曾耀民　焦洪文　程传秀
程继伟　蒋心宏　韩继志　蒙少华　解　涛　廖廷球　熊贵斌　谭嘉林　潘祝明
潘朝松　颜　波　魏　然

编审人员
（按姓氏笔画为序）

邓亦武　卢景波　刘小南　孙鉴奇　严　涛　何松森　张汉麟
夏吉贤　颜　波

编辑部工作人员

编 辑 部 主 任：张汉麟
编辑部副主任：何松森
编　辑　人　员：刘珊珊　张博淋

编写说明

为全面、准确地反映国家和地方粮食工作，国家粮食局从2006年开始组织编撰《中国粮食年鉴》。《中国粮食年鉴》是由国家粮食局主办、委托中国粮食研究培训中心承办的官方年鉴，是粮食行业实用性、资料性工具书。《中国粮食年鉴》2006年创刊，每年出版一期，国内外公开发行。

《2007中国粮食年鉴》全面、系统地记述了2006年度中国粮食工作的主要情况，刊载有重要的粮食政策法规文件和统计资料，与国家粮食局主办、委托中国粮食研究培训中心承办的《中国粮食发展报告》成为姊妹篇。本期年鉴由综述、专文、全国粮食工作、各地粮食工作、粮食行业相关机构、粮食政策与法规文件、附录等七部分组成。年鉴收集的数据和资料均未包括我国香港特别行政区、澳门特别行政区和台湾省。各省（区、市）的排列顺序，按照国务院行政区划的统一规定排列。所涉及的单位名称、姓名和职务均以截稿日期为准。

本期年鉴在编辑出版过程中得到了国家粮食局、国家发展和改革委员会、农业部、国家统计局以及各省（区、市）、计划单列市及新疆生产建设兵团粮食行政管理部门的大力支持，在此，我们表示衷心的感谢！年鉴如有不妥之处，敬请读者批评指正。

《2007中国粮食年鉴》编辑委员会

中国粮食研究培训中心

2007年9月

1 2 3 4 5 6

目录

第三篇 全国粮食工作 74

1

第一篇

综　述

2006年全国粮食工作综述

国家粮食局党组书记、局长 聂振邦

2006年，粮食部门认真贯彻中央关于粮食工作的方针政策，全面贯彻落实科学发展观，按照粮食流通体制改革的总体目标、基本思路和基本原则，积极探索，扎实工作，保护了种粮农民利益，保持了粮食市场基本稳定，维护了国家粮食安全，粮食流通工作“十一五”开局良好。

一 惠农力度进一步加大，粮食生产继续稳定发展

2006年，中央财政用于“三农”支出3397亿元，比上年增加422亿元。在全国范围内取消了农业税和农业特产税。进一步加大对“三农”的补贴力度，安排对种粮农民直接补贴资金142亿元，比上年增加10亿元；中央财政新增对种粮农民柴油、化肥等农业生产资料价格增支综合直补资金120亿元；安排对产粮大县转移支付85亿元，比上年增加30亿元；安排良种补贴资金41.5亿元；实施农机具购置补贴政策，各级财政共投入17亿元，拉动农民投资45亿元。继续对重点地区的重点粮食品种实行最低收购价政策，中央财政安排补贴资金59亿元。这些政策措施的实施，有力地调动了地方政府重农抓粮和农民务农种粮的积极性，促进了粮食生产稳定发展和种粮农民持续增收，在自然灾害较重的情况下，全国粮食产量达到49748万吨，比上年增加1345万吨，实现了连续三年增产；农村居民人均纯收入达3587元，扣除价格因素，比上年增长7.4%。

二 政策措施进一步完善，粮食流通体制改革继续深化

5月中旬，国务院印发《关于进一步完善粮食流通体制改革政策措施的意见》（国发〔2006〕16号）。国务院16号文件以科学发展观为统领，坚持中央确定的粮食流通体制改革总体目标和基本思路，就进一步完善政策措施、健全体制机制、加大改革力度、确保粮食流通体制改革顺利推进进行全面部署。

（一）高度重视，认真学习贯彻国务院16号文件精神。

国务院16号文件下发后，国家粮食局立即组织召开全国国有粮食企业改革工作会议，对落实文件提出的各项政策措施进行部署。会同或配合国家发展改革委、财政部等部门，研究提出深化国有粮食企业改革的措施和清理、认定、剥离政策性粮食财务挂账的办法，加大推进改革的力度。由审计署牵头，财政部、国家发展改革委、国家粮食局、中国农业发展银行等五部门（单位）组成两个联合督查组，赴有关省（区、市）对粮食财务挂账清理、审计、认定和剥离工作进行检查和指导。各省（区、市）结合本地实际，认真研究贯彻实施意见。辽宁、吉林、山东、四川、云南、甘肃、陕西等省以省政府文件下发粮改实施方案；广东、广西等省（区）政府转发了国务院16号文件，并对落实文件精神提出具体要求；湖北、安徽等省提出加快粮食产业化发展、发展粮食订单、加快粮食产业园区建设的配套实施意见；其他省（区、市）也通过召开粮食流通体制改革工作（电视电话）会议等形式，贯彻国务院16号文件精神，并抓紧制定配套文件。

（二）重点突破，国有粮食企业改革取得新进展。

截至2006年年底，国有粮食购销企业“三老”历史包袱基本解决，粮食财务挂账的清理审计已基本完成，29个省（区、市）对政策性粮食财务挂账进行了认定，并从企业剥离，实行集中管理。北京、广东、宁夏已开始对政策性挂账进行消化。企业布局和结构进一步优化，产权制度改革取得新进展，截至2006年年底，全国国有粮食企业总数为25174个，其中购销企业15946个；已经改制国有粮食企业19181个，其中购销企业12356个。在粮食市场主体多元化的同时，国有粮食企业经营机制更加灵活，经营状况明显好转。据统计，全国国有粮食购销企业全年亏损额为29.7亿元，比上年减少67.8%，为10年来最低。有12个省（市）国有粮食购销企业实现了盈利，4个省（市）全行业赢利。同时，各地认真做好库存“老粮”的分步销售、“老人”的分流安置和再就业工作。

（三）典型引路，全面推进粮食流通体制改革进程。

根据国务院领导指示，国家粮食局配合国家发展改革委等部门，对宁夏粮食流通体制改革经验进行调研和总结，并于11月中旬组织召开全国粮食流通体制改革宁夏现场经验交流会，深入学习推广宁夏经验，推动改革工作。在各省（区、市）粮食局推荐的基础上，国家粮食局确定30家县级粮改联系点，总结和推广各联系点深化粮食流通体制改革、发展县域粮食经济的经验，以点带面推进改革。湖北、山西、北京分别召开粮食主产区、产销平衡地区、主销区座谈会，分析粮改工作面临的新形势、新问题，提出进一步深化粮食流通体制改革、促进粮食总量平衡的意见和建议。

三 宏观调控进一步加强，粮食市场和价格保持基本稳定

2006年，国家有关部门认真分析粮食市场形势和价格走势，进一步加强和改善粮食宏观调控，有效防止粮食价格过度下滑和过快上涨，保持了粮食市场和价格的基本稳定，保护了种粮农民利益，保证了国家粮食安全。

（一）粮食最低收购价政策较好落实，种粮农民利益和积极性得到保护。

为稳定种粮农民粮价预期、保护农民种粮积极性，国家发展改革委、国家粮食局等有关部门和单位在认真分析粮食生产、收购形势和价格走势的基础上，于2月中旬公布实行最低收购价政策的粮食品种和价格水平。认真研究、制定并及时启动小麦和稻谷最低收购价执行预案。2006年，在启动预案的省份，按最低收购价收购小麦4098万吨、早籼稻363万吨、中晚稻475万吨，分别占这些省份国有粮食企业同期收购总量的94%、90%和73%。粮食最低收购价政策的落实，有力地支撑了市场粮价，促进了种粮农民增收。初步测算，实施小麦最低收购价政策的地区，农民增收40亿元以上。

（二）及时组织最低收购价粮食竞价销售，保证粮食市场稳定供应。

2006年10月以后，部分地区市场粮价上涨较快，国家粮食局会同有关部门及时组织最低收购价粮食竞价销售。截至12月底，共组织24次2005年最低收购价稻谷拍卖，累计销售843万吨；共组织7次2006年最低收购价小麦拍卖，累计销售503万吨，保证了市场供应，稳定了市场粮价，实现了粮食宏观调控目标。

为落实好最低收购价政策，国家有关部门加强对粮食收购工作的检查指导，研究解决粮食收购过程中的问题，提出完善执行预案的政策建议；安排专项资金1.26亿元，对有关主产区仓库进行维修改造；安排最低收购价小麦跨省移库187万吨和稻谷省内跨县集并60万吨，以缓解主产区仓容不足的矛盾。各级粮食部门也加强了对粮食收购工作的指导、协调、监督和服务，督促国有粮食企业发挥主渠

道作用，促进粮食最低收购价政策的落实。

（三）加强粮食产销衔接，促进粮食有序顺畅流通。

为促进粮食在产销区之间有序、顺畅流通，国家粮食局与有关部门认真研究，联合印发《关于进一步促进粮食产销合作发展的指导意见》（国粮调[2006]224号），提出促进粮食产销合作发展的总体目标、基本原则、主要任务、政策措施、工作机制。多次举办产销衔接贸易洽谈会、粮油精品展销会，积极推动粮食产销合作发展。各粮食主产区、主销区政府有关部门积极协调，加强粮食产销合作。河南省与天津市，黑龙江省与北京市、天津市、上海市、浙江省、江苏省、福建省、云南省、山西省、陕西省、甘肃省等10多个省（市）建立了长期稳定的粮食产销合作关系，实现了粮食产销区“优势互补，共创双赢”的合作目标。

四 依法行政进一步推进，全社会粮食流通管理继续加强

（一）粮食法制工作继续推进。

深入宣传贯彻《粮食流通管理条例》和《中央储备粮管理条例》，做好普法依法治理工作。制定和完善粮食库存检查暂行办法、国家粮食流通统计制度等配套规章。大力开展粮食普法和行政复议工作。各地结合本地实际制定粮食流通管理办法，加快地方储备粮管理的立法进度。四川、河北、天津等省（市）出台了《粮食流通管理条例》的实施办法。

（二）全社会粮食流通监管工作继续加强。

粮食流通监督检查机构建设取得较大进展，全国已有28个省（区、市）和一半左右的市、县粮食行政管理部门设置了监督检查机构，为进一步加强粮食流通监管提供了坚实的组织保证。组织开展社会粮食流通统计调查，面向社会提供粮食信息服务，初步建立粮食市场信息直报体系。启动国家粮食质量标准和监测体系建设，组织开展小麦、早籼稻、中晚籼稻和粳稻收获质量会检，以及原粮卫生状况专项调查。结合粮食行业特点，研究提出建立粮食行业安全生产长效机制的具体措施。

（三）粮食库存和粮食流通监督检查继续开展。

在各省（区、市）自查、复查的基础上，国家粮食局会同有关部门对10个省（区、市）粮食库存情况进行抽查，并将检查结果上报国务院，为做好粮食宏观调控、改进和加强库存粮食管理提供了科学依据。同时，认真抓好地方储备粮管理、粮食收购资格审核、仓储设施设备使用、粮食流通统计制度和最低收购价预案执行情况等方面的监督检查。加大对陈化粮处理的监管力度，严肃查处各类涉粮案件，维护粮食流通正常秩序。

五 粮食市场进一步发展，粮食现代物流体系建设继续加强

2006年，国家粮食局批准组建国家级粮食交易中心4家。研究编制了《全国粮食市场体系建设“十一五”规划》。认真研究“北粮南运”和物流体系建设中的关键问题，修改完善“粮食现代物流规划”。中储粮总公司和10个省区的粮食物流设施建设规划已经完成。华粮物流集团公司的组建和运营，环渤海地区港口粮食中转设施建设项目，以及上海外高桥、浙江舟山、广东东莞等地的“北粮南运”主通道粮食物流设施建设项目陆续开工或完工投入使用，使“北粮南运”的铁海联运能力进一步增强。国债投资安排的散粮汽车试点项目进展顺利，一批新型散粮专用汽车陆续投入运营，为黄淮海

等地区开展汽车散粮运输试点、推进“四散”作业创造了条件。

六 齐抓共管，促进粮食流通工作全面协调发展

2006年，在各级粮食部门的共同努力下，粮食流通其他方面工作也取得明显进展。中央储备粮行政管理、地方储备粮规模的落实和应急管理工作进一步加强，提高了各级政府粮食调控能力；军粮供应政策制度进一步健全，提升了军粮供应综合服务功能和整体保障水平；积极推进科技创新，以科技进步促进粮食生产能力建设、粮食储藏和粮食加工业发展，提高科学技术在粮食领域的应用水平；粮食新闻宣传、国际交流等工作进一步加强。

2006年，人事部、国家粮食局联合表彰了全国粮食系统的先进集体和先进工作者(劳动模范),国务院副总理曾培炎代表党中央、国务院亲切会见先进集体和先进个人代表，并发表重要讲话，为今后的粮食工作指明了方向。国家粮食局召开全国粮食局长会议，在全面总结“十五”时期特别是2005年粮食流通各项工作的基础上，提出了“十一五”时期粮食流通工作的基本思路、主要任务和政策措施。2007年，全国粮食系统将认真贯彻落实中央关于粮食工作的部署，扎实工作，积极探索，勇于创新，努力开创粮食流通工作新局面，以优异的成绩迎接党的十七大胜利召开！

2

第二篇

专　文

深化改革促进发展 加强调控稳定市场 为建设社会主义新农村努力做好粮食流通工作

——在全国粮食局长会议暨全国粮食系统先进集体和先进工作者(劳动模范)表彰大会上的工作报告

国家粮食局党组书记、局长 聂振邦

2006年3月19日

同志们：

这次全国粮食局长会议是在全国上下深入贯彻党的十六届五中全会精神，开始实施“十一五”规划，扎实推进社会主义新农村建设，粮食流通工作进入新的发展阶段召开的一次重要会议。会议的主要任务是，认真贯彻落实党的十六届五中全会和中央经济工作会议、中央农村工作会议精神，总结“十五”时期特别是2005年的粮食流通工作，研究提出“十一五”期间粮食流通工作的基本思路，表彰全国粮食系统先进集体和先进工作者（劳动模范），全面部署今年粮食流通的各项工作。下面，我讲三点意见。

一 “十五”以来粮食流通体制发生深刻变化，粮食流通工作取得丰硕成果

“十五”时期，在党中央、国务院的正确领导下，在国家发展改革委的指导下，在地方各级党委、政府的高度重视和有关部门的大力支持下，各级粮食行政管理部门认真贯彻落实中央关于粮食工作的部署，坚持以保护种粮农民利益为出发点，以保证国家粮食安全为落脚点，积极稳妥地推进粮食流通体制改革，加强和改善粮食宏观调控，切实搞好粮食行业指导，推动粮食产业发展，粮食流通工作取得丰硕成果，粮食流通领域发生了历史性的深刻变化。“十五”时期粮食流通工作取得的成就，主要体现在以下六个方面：

一是粮食购销市场化改革取得重大突破，新的粮食流通体制基本框架初步确立。这五年，是新中国成立以来我国粮食流通体制发生深刻变化的重要转折阶段。从2001年率先放开主销区粮食收购市场，到2004年全面放开粮食购销市场，粮食流通体制改革稳步推进取得重大突破。国有粮食购销企业从1998年的30434个（2000年26010个）减少到17714个，多种所有制的市场主体超过10万个，初步形成了市场主体多元化的格局。以直接补贴和最低收购价为主要内容的政策支持体系初步建立，保护了种粮农民利益和粮食综合生产能力。总体上看，适应社会主义市场经济发展要求和符合我国国情的粮食流通体制基本框架已经初步确立。

二是加强和改善粮食宏观调控，促进了粮食生产发展和农民增收。五年来，粮食宏观调控经历了粮食购销市场化，加入WTO后国际粮食市场影响明显增强，以及粮食供求关系向趋紧转变等新形势的考验。按照中央的部署，粮食宏观调控把握住了正确的方向、时机和力度，积极主动应对“非典”期间和2003年末、2004年初的粮食市场波动。以落实最低收购价政策、搞好粮食购销、实施储备调节和进出口调剂为重点环节，加强宏观调控，较好地保持了粮食供求总量、品种结构的基本平衡和市场

价格基本平稳，为稳定发展粮食生产，增加农民收入，保持国民经济平稳较快发展和社会稳定，发挥了重要作用。按照“三严格、两确保”的要求，加强中央储备粮的行政管理，健全垂直管理体系，调整区域布局和品种结构。中央储备粮和地方储备粮库存规模得到充实，“十五”末期比“十五”初期分别增加×××亿斤和×××亿斤。同时，初步建立了粮食应急机制、监测预警机制和信息服务体系。

三是积极稳妥解决历史包袱和转换企业经营机制，国有粮食购销企业改革取得突破性进展。国有粮食企业“三老”历史包袱逐步得到解决，企业经营机制发生了较大变化，市场主体地位初步确立，企业布局和结构优化，市场竞争力和经济效益提高，初步实现了向“市场主渠道”的转变，在保护种粮农民利益、稳定粮食市场和价格方面起到了重要载体和主导作用。“十五”时期，国有粮食企业累计收购粮食10414亿斤（贸易粮），占粮食商品总量的62%，较好地发挥了主渠道作用。2005年，国有粮食购销企业亏损总额为92.4亿元，比上年减亏160.28亿元，剔除企业历史财务包袱利息和处理老粮价差损失、支付改革成本等因素，当年可以实现扭亏。

四是加强粮食流通基础设施建设，粮食流通现代化水平明显提高。“十五”期间，使用国债资金343亿元集中建设了1051亿斤仓容的具有现代化功能的粮库，这是新中国成立以来投资规模最大、建设水平最高的一次粮库建设。粮食储存、港口、码头和粮食接卸设施条件明显改善，仓储能力和管理水平迈上新台阶，粮食科研取得一批先进成果，促进了粮食流通效率的提高和产业的发展。

五是加强粮食市场体系建设，粮食产销合作和产业化经营迅速发展。各地特别是主销区加大了粮食批发市场建设的力度，市场功能增强，在搞活粮食流通、调控粮食市场、引导市场价格、促进产销衔接和储备粮竞价交易等方面的作用越来越突出。粮食期货交易在规范中有了新的扩展。粮食电子商务、连锁经营、物流配送等新型交易方式和流通形式得到发展。粮食主产区和主销区积极推进产销衔接，不断探索新的方式，初步形成了产销合作的新格局。积极鼓励和引导粮食企业通过“订单农业”、“公司加基地”、“基地连农户”等形式，延长粮食产业链条，培育了一批科研、生产、收购、加工和销售一体化的粮食产业化龙头企业，促进了种粮农民增收和企业增效，也促进了粮食经济增长方式的转变。

六是加强粮食流通服务和监管，粮食行政管理部门职能实现向依法管粮的重要转变。2003年和2004年，国务院相继颁布实施《中央储备粮管理条例》和《粮食流通管理条例》（以下简称《条例》），粮食法制建设取得重大进展，粮食流通管理纳入法制化轨道。各级粮食行政管理部门按照国务院的规定和要求，适应粮食工作的新形势，努力搞好粮食宏观调控、储备粮行政管理和行业指导，切实履行对全社会粮食流通监管的职责，启动粮食行政执法、全社会粮食流通统计、行政复议等新工作，拓宽了工作领域，使“经济调节、市场监管、社会管理和公共服务”的政府职能在粮食流通领域得到更为全面的落实。全国有29个省（区、市）相应制定和实施一系列配套规章、办法，初步建立了粮食监督检查体系，开展了监督检查工作，粮食流通秩序逐步规范。

2005年是全面实现“十五”改革发展目标的一年，也是粮食流通体制改革的攻坚之年，粮食流通各项工作取得新进展的一年。

一是粮食流通体制改革继续推进，国有粮食企业改革取得重大进展。去年6月，召开全国粮食局长会议，深入分析粮食流通工作面临的新形势、新任务，提出以科学发展观统领粮食流通工作，按照“六个必须”的要求进一步推进粮改总体方案的贯彻实施。针对主产区、主销区和产销平衡区的不同情况，加强对改革的分类指导，及时总结推广山东莱州和章丘、安徽南陵、江苏如东、四川广汉、湖南道县等县级粮食部门改革经验，以点带面推进改革。

国有粮食购销企业改革始终是粮食流通体制改革的重点。在发展改革、财政、劳动保障等有关部门的大力支持下，积极争取和落实企业改革优惠政策，并多次专门召开国有粮食购销企业改革座谈会，深入基层企业调研，总结改革经验，部署和推动企业改革工作，加大工作力度，长期困扰国有粮食购销企业的“三老”问题逐步解决。“老人”方面，截至2005年年底，全国国有粮食企业职工总数113.45万人，其中购销企业74.52万人，比上年分别减少52.83万人和30.25万人，减幅为31.8%和28.9%。各地积极做好下岗职工再就业工作，一年中累计安排国有粮食企业下岗职工再就业27.48万人，占减员分流职工总数的52%。特别是安徽、河南、吉林、黑龙江等几个重点粮食主产省，克服分流人员多、筹措资金难、再就业岗位少的困难，精心制定分流安置方案，认真组织实施，较好地保护了下岗职工的合法权益。“老账”方面，国家粮食局与财政部、发展改革委等5部门先后下发两个关于国有粮食购销企业粮食财务挂账处理和剥离的通知，指导粮食财务挂账的清理、审计、认定和剥离工作。各地结合实际情况，制定切实可行的方案，认真开展这项工作。截至2006年2月底，除上海市明确不清理财务挂账外，全国其他省（区、市）都已完成了财务挂账清理审计。江苏、四川等22个省（区、市）对政策性挂账进行了认定，其中吉林、安徽等13个省（区、市）已将政策性挂账从企业剥离上划到县以上（含县级）粮食行政管理部门集中管理；其他几个省份也正在抓紧认定工作。“老粮”方面，2005年年末全国老粮库存427亿斤（其中陈化粮227亿斤），主要集中在河南、吉林、黑龙江等省，其他省份已基本按计划销售完毕。

国有粮食购销企业产权制度改革取得了新进展。一些地区主要采取以县为单位，通过兼并重组、拍卖出售、股份制改造、整体转制等多种形式，对国有粮食购销企业进行重组和整合，出现安徽南陵国有控股、江苏扬州租赁经营、浙江民营股份等改革模式，企业布局和结构得到合理调整，竞争力明显增强。各地还加大了对国有粮食附营企业改制步伐，逐步实现投资主体多元化。截至2005年年底，国有粮食企业改制数达到16837个，其中购销企业改制10852个，分别占企业总数的60.5%和61.3%。

二是认真落实最低收购价政策，围绕粮食稳定增产和种粮农民持续增收加强宏观调控。对短缺的重点粮食品种在主产区实行最低收购价政策，是促进粮食稳定增产、种粮农民持续增收的一项重要措施，也是粮食宏观调控的一个重要方式。去年小麦、早籼稻收获时价格出现下滑苗头，我们和有关部门及早分析粮食供求形势和价格走势，及时公布实行最低收购价政策的粮食品种和价格水平，制定并印发执行预案。中储粮公司作为最低收购价政策的执行主体，认真抓好预案的落实工作。总公司、分公司领导深入一线，及时了解收购情况，协调研究解决收购中的具体问题。有关地方党委、政府高度重视这项工作，各有关省粮食局按照预案的要求，积极协调中储粮分公司和农发行分行，落实执行预案的库点和收购资金，认真做好执行预案的准备工作，向社会公布指定入市收购库点4239个，较好地满足了方便农民售粮的需要。根据市场价格情况，在有关省及时启动最低收购价执行预案。预案启动前后，我局派出16个调研（检查）组，由局负责同志带队，深入基层调研，及时协调解决问题。截至2005年年底，按最低收购价收购早籼稻95亿斤，收购中晚籼稻150亿斤，合计占各类企业收购籼稻总量的54%。国有粮食企业全年收购粮食2307亿斤（贸易粮），占全社会粮食收购总量的63%。

发挥粮食储备和进出口对市场的调节作用，稳定粮食市场价格。我们会同有关部门及时下达中央储备粮轮换计划，通过粮食批发市场组织了5批中央储备粮招标采购，对改进储备粮吞吐轮换运作进行了有益探索。为稳定粮食市场价格，在收购旺季暂停中央和地方储备小麦和稻谷的轮出，安排中储粮总公司结合储备小麦轮换，采取先轮入的方式，在小麦主产区积极入市收购。积极配合有关部门控制短缺品种出口并适量进口，支持供需有余的品种扩大出口。各地按照国家的要求充实地方粮食储备，做了大量工作。目前，主销区地方储备已经达到或接近预定规模，产销平衡区和粮食主产区地方粮食储备也得到一定的充实，储备粮布局和品种结构进一步优化，北京、天津、福建、青海等省（市）还增加了成品粮的应急储备。

三是两个《条例》的贯彻落实进一步深入，依法管粮工作全面推进。在国家粮食局会同有关部门相继出台配套规章和办法的基础上，2005年各地在制定相应的实施办法方面取得明显进展。据初步统计，29个省（区、市）出台了粮食收购资格管理办法，6个省（市）出台了粮食流通监督检查办法，20个省（区、市）出台了粮食质量监管办法。这些配套文件的出台，使《条例》的实施更具有可操作性，为进一步推动依法管粮提供了制度保障。各地依法建立了收购市场准入制度，认真开展粮食收购资格审核工作，规范了粮食收购市场秩序。中央储备粮代储资格认定制度建立和实施后，在地方粮食部门和有关中央企业的大力支持和积极配合下，国家粮食局已经开展了三批集中办理的认定工作，对2000余户企业的申请材料进行了审核，共授予1679户企业代储资格，取得资格的仓容总量达1600多亿斤。针对粮食行政审批工作的逐步展开，粮食行政复议工作也开始全面启动。按照国家有关要求，各地积极争取建立健全粮食流通监督检查工作机构，目前全国已有23个省级粮食行政管理部门设立或明确了监督检查工作机构，有的省还相应增加了行政编制。在加强机构建设的同时，各地还重视和加强制度建设，培训执法人员12000人次，落实监督检查经费，初步建立了粮食流通监督检查工作机制。2005年，在各地自查的基础上，我局与有关部门共同组织对全国国有粮食企业粮食库存进行了两次抽查，共抽查15个省（区、市）的粮食库点137个，粮食实物140亿斤，并开展了中央储备粮质量抽查和库存粮食卫生情况调查，进一步推进了清仓查库工作的经常化、制度化、规范化。积极开展对全社会粮食流通的监督检查。去年国家粮食局直接调查涉粮案件19起，委托地方粮食部门调查72起，还对10038个非国有粮食企业执行统计制度情况进行了抽查。

四是制定粮食物流体系建设和科技发展规划，对粮食产业发展的指导得到加强。编制了《全国粮食现代物流设施建设规划（草案）》、《粮食流通基础设施建设“十一五”规划（草案）》。北京、广东、浙江、上海、湖北等一些省（市）积极争取当地政府和有关部门的支持，投入资金，建设了一批地方粮库，新建、维修和改造了粮食流通基础设施，增加了粮食仓储和收购能力，全国有效仓容增加了311万吨。机械化粮库项目还贷和完善功能建设进展顺利。粮食科技事业进一步发展，以争取国家科技投入为带动，全国粮食科技项目和投入明显增加；加强粮食行业社会公益型课题的基础研究，完成“十一五”粮食科技发展战略研究、“十五”粮食科技项目后评价和《“十一五”粮食科技发展指导意见》编制等工作。组织实施“粮食丰产科技工程”等一批国家科技重点项目，开展1000户农民家庭储粮示范工程，取得绿色储粮、快速检测、粮食深加工等一批重要科技成果。

五是粮油加工、转化步伐加快，粮食产业化经营有新发展。在《“十一五”粮油加工业发展规划（草案）》基础上，初步提出关于做好粮油加工业指导管理工作的意见，争取扶持政策和有关部门资金支持，积极推进粮油深加工食品工业示范工程和高技术产业化示范工程项目管理工作。粮食产业化龙头企业得到发展和壮大，如河南金苑面业、河北五得利面粉集团、吉林大成集团、黑龙江金玉集团、湖南金健米业、四川川粮米业等一大批产业化龙头企业，保持了良好的发展势头。据初步统计，截至2005年年底，全国国有粮食企业中规模以上产业化龙头企业达到1442个，其中购销企业712个。

2005年，其他方面的工作也有了新的进展。稳定和完善了现行军粮供应体制，制修订《军粮供应站资格认定办法》，推动军供粮源省级统筹，完善军供应急机制。加强对粮食批发市场建设的指导，建立大中城市成品粮批发市场重点联系制度和成品粮油价格周报制度。推进粮油国家和行业标准的制订和发布，全面启动粮食收获质量调查和品质测报。认真做好粮食行业安全生产工作，召开全国粮食安全生产工作会议。建立粮食行业职业资格证书制度。颁布粮油保管员等粮食行业7个特有工种国家职业标准，建立了33个粮食行业特有工种职业技能鉴定站。深入推进“放心粮油”工程，开展放心粮油进农村活动，改善农村粮油市场环境。认真做好信访工作，努力维护社会稳定。以开展保持共产党员先进性教育活动为契机，党的建设和全行业党风廉政建设取得显著成效。

过去的五年，是粮食流通体制发生深刻变革的五年。回顾这五年来的粮食工作，基本的经验可以概括为处理好六个关系：一是处理好积极探索与稳步推进改革的关系。按照“全面规划、分步实施、因地制宜、分别决策、加强领导、落实责任”的步骤和要求，积极稳妥推进粮食流通体制改革，实现改革的重大突破和平稳运行。二是处理好放开粮食市场与加强粮食宏观调控的关系。在放开粮食市场的同时，通过实施最低收购价格政策、储备粮的吞吐轮换、进出口调剂等措施，维护粮食市场和价格的基本稳定，促进粮食生产稳定增长。三是处理好保护粮农利益与发展粮食产业的关系。注重发挥流通对生产的引导作用，引导农民根据市场需求发展粮食生产，使农民分享粮食在流通加工环节增值的利益，实现农民增收和企业增效的双赢。四是处理好粮食企业改革与增强国有经济控制力的关系。在推进国有粮食企业改革、发展多元化市场主体的过程中，注重加强粮食储备和发挥国有粮食购销企业主渠道作用，增强国有经济的控制力。五是处理好粮食行业指导与依法行政的关系。认真贯彻执行《粮食流通管理条例》和《中央储备粮管理条例》，依法加强对全社会粮食流通的监管，维护粮食流通的正常秩序，保护粮食生产者、经营者、消费者的合法权益。六是处理好国家宏观调控与省长负责制的关系。合理划分中央政府和省级政府对粮食的职责和事权，在国家宏观调控下省级政府对本地粮食生产、流通和安全全面负责，发挥中央和地方两个积极性。归根结底，最根本的一条就是必须以科学发展观统领粮食流通工作全局，用发展和改革的办法，不断解决新的矛盾和问题，促进粮食生产与流通协调发展。

二　服务于社会主义新农村建设，明确“十一五”时期粮食流通工作的目标和任务

党的十六届五中全会明确了“十一五”时期我国经济社会发展的奋斗目标和行动纲领，提出了推进社会主义新农村建设的重大历史任务。中央经济工作会议、中央农村工作会议和中央1号文件对推进社会主义新农村建设做出了重要决定。这是切实解决好“三农”问题，全面建设小康社会的重大战略部署，是粮食工作服务于“三农”，服务于新农村建设必须遵循的根本原则和指导方针。

粮食是关系国计民生的重要战略物资，是粮农收入的主要来源。粮食保持稳定增产、种粮农民生产的粮食能够顺利销售，获得稳定的收入，是农民实现小康的基本保障。因此，粮食工作与社会主义新农村建设紧密相联。党中央、国务院对粮食问题非常关心。胡锦涛总书记在中央经济工作会议上指出：“要稳定发展粮食生产。粮食安全这根弦什么时候都不能放松，必须坚持粮食供给基本立足国内的方针。”要“统筹推进粮食流通、征地制度和农村金融等方面的改革”。前不久胡锦涛总书记在中央举办的省部级主要领导干部建设社会主义新农村专题研讨班上发表的重要讲话，在理论和实践上阐述了社会主义新农村建设的重大意义，面临的形势和主要任务。温家宝总理在中央农村工作会议上指出：“粮食始终是经济发展、社会稳定和国家自立的基础，任何时候都不能出现闪失。”强调在粮食问题上必须把握两点：“一是基本立足国内保障粮食供给，这是我们要始终坚持的方针；二是努力保

持粮食供求的紧平衡，这是我们宏观调控的目标。”刚才，曾培炎副总理在接见会议代表时对粮食工作提出了明确要求，他指出：“一是要继续完善粮食流通体制。加强粮食市场体系建设，搞好粮食市场监管，维护粮食流通秩序。二是要深化国有粮食企业改革。妥善解决企业历史包袱，切实转换经营机制，继续发挥好主渠道作用。三是要建立产销区稳定的购销关系。加强产销合作，做好产销衔接，在政策上给予必要的扶持。四是要加强对粮食市场的宏观调控。完善最低收购价政策，加强市场监测，及时进行调节。”中央领导同志的讲话从全局和战略的高度，强调了粮食问题的极端重要性，为新农村建设和新阶段粮食工作指明了方向，我们必须认真学习，深刻领会，抓好贯彻落实。

谋划“十一五”时期的粮食工作，必须按照中央的部署，着眼社会主义新农村建设这个大局，找准粮食工作的定位。一是粮食流通工作的基础在农村，粮食收购活动的主要对象是农民。粮食流通的根本任务就是服务于农业，服务于农村，服务于农民。在这个前提下，我们要进一步完善粮食流通体制，核心是要保护好种粮农民的利益，从体制和机制上健全、完善各种服务于“三农”的政策措施，促进粮食生产与流通、城市与农村协调发展，推动农村全面实现小康。二是粮食工作基础在农村，就必须做到让农民满意。粮食行政管理部门和国有粮食企业，要树立为农服务的思想，转变工作作风，认真执行好国家粮食政策，千方百计做好粮食收购工作，保护好种粮农民的利益。要深化国有粮食企业改革，在转换企业经营机制、发挥国有粮食企业主渠道作用的基础上，积极发展现代粮食流通，发展产业化经营，为种粮农民提供相关服务，更好地发挥粮食流通对粮食生产的引导作用和对农民增收的促进作用。三是要建立产销区稳定的购销关系，保护和调动主产区种粮积极性。在发挥粮食产区、销区各自比较优势的基础上，引导产区与销区优势互补，以经济利益为纽带，通过市场机制的作用，利用粮食风险基金的调控手段，确保产区粮食有稳定销路，销区粮源有可靠保证，促进区域经济协调发展。四是要加强对粮食市场的宏观调控，在加强粮食综合生产能力建设、国家粮食储备体系建设的基础上，把藏粮于地、藏粮于库、藏粮于科技有机地结合起来，运用价格、风险基金使用、产销区衔接、储备粮吞吐和进出口等调控手段，努力做到粮食供求总量、品种、区域的基本平衡，实现粮食供求的“紧平衡”调控目标。通过上述措施，使粮食生产能稳定发展，农民收入能持续增加，流通效率有明显提高，粮食安全有可靠保障。

应该看到，粮食工作面临的任务十分艰巨，实现粮食“紧平衡”的目标不容易。从粮食生产和供求情况看，这两年粮食生产出现了重大转机，但从今后长期趋势看，我国人口增长、耕地减少、淡水资源短缺的矛盾越来越突出，粮食增产的难度越来越大。另一方面，粮食生产、消费需求也正在发生一些新的变化，粮食消费总量逐年增加，需求呈多样化趋势，粮食供需品种结构的矛盾趋于突出；随着农业结构调整和粮食生产向优势区域的集中，粮食产销和库存的区域矛盾也会加大；部分粮油品种对国际市场的依赖程度加深。从粮食流通情况看，虽然“十五”时期粮食流通体制改革取得了很大的成绩，但是目前粮食工作也存在不少困难和问题，主要是促进粮食生产稳定发展的基础还不稳固，农民持续增收的长效机制尚未建立；粮食宏观调控的体制和机制还不很健全；国有粮食购销企业深化改革的任务尚未完成，“三老”问题的解决还存在一些隐患，影响企业改革与发展的因素还没有完全消除；粮食市场体系不够完善，现代粮食物流体系尚未建立，流通基础设施投入缺乏持续性和稳定性；粮油产业化的发展还不完全适应粮食流通工作的要求；粮食监督检查体系和执法队伍还不健全，难以承担依法管粮的任务。这些矛盾和问题，不仅关系到粮食行业自身的发展，而且直接关系到粮食行业对建设社会主义新农村所做出的贡献，对此我们必须提高认识，结合实际深入研究，积极提出可行的建议。

按照中央的部署，针对粮食流通工作面临的新形势，“十一五”时期粮食流通工作的总体要求和基本思路是：认真贯彻党的十六届五中全会精神，用科学发展观统领粮食流通工作，按照建设社会主义新农村和资源节约型、环境友好型社会的要求，完善体制机制，加强调控监管，发展现代流通，引导粮食生产，确保粮食安全。主要目标和任务是：深化一项改革，健全四大体系，建设六项工程。

（一）深化一项改革。

即完善粮食流通体制，深化国有粮食企业改革，在“十一五”时期健全适应社会主义市场经济发展要求和我国国情的粮食流通体制。从当前粮食流通体制改革的进程看，要继续以深化国有粮食企业改革为重点，着力于体制机制创新，着眼于发展，为促进粮食生产与流通协调发展提供体制保障和新的动力。需要进一步完善粮食补贴政策，健全粮食价格保护体系，积极探索粮食主产区种粮农民利益和种粮积极性的保护机制，逐步形成国家调控市场、市场形成价格、价格引导生产的粮食流通机制；妥善解决国有粮食购销企业历史包袱，积极推进产权制度改革，建立新的企业运行机制；支持粮食产业化龙头企业的发展，大力推进粮食企业产业化经营；积极探索藏粮于地、藏粮于库、藏粮于科技相结合的有效途径，把加强粮食综合生产能力建设和加强国家粮食储备体系建设结合起来，把国内粮食市场与国际粮食资源的进出口调剂结合起来，健全粮食宏观调控机制，确保国家粮食安全。

（二）健全四大体系。

一是健全以经济手段为主、辅之以必要行政手段的粮食宏观调控体系。我国粮食宏观调控的方针和目标是基本立足国内保障粮食供给、努力保持粮食供求紧平衡、保持粮食价格基本稳定。健全国家粮食宏观调控体系，做到藏粮于地、藏粮于库、藏粮于科技相结合，是实现上述目标的重要保证。如何调控好储备粮在保证和服务于国家粮食安全中的作用，需要继续健全和完善粮食储备调节体系和应急体系建设。进一步强化储备粮管理工作，合理确定中央储备粮规模，优化储备布局和品种结构，完善轮换办法，更好地适应宏观调控的需要。进一步充实地方粮食储备，调整优化储备粮布局和品种结构，增强地方政府对粮食市场调控的责任和能力。积极探索储备粮吞吐与进出口的有效结合。进一步加强粮食应急体系建设，提高应急保障能力。加强和稳定产销合作，促进产区粮食向销区的合理流动。加大在资金结算、运输等方面的政策扶持力度，保障产销区粮食跨区流通顺畅，促进产销合作关系的发展。进一步加强粮食统计、信息工作，改革粮食统计制度，改进统计方法，完善统计手段，积极开展统计调查和监测预警，努力提高统计数据质量和信息服务水平。

二是健全市场主体多元化、经营方式多样化的粮食市场体系。建立健全国家调控市场、市场形成价格、价格引导生产的流通体制，进一步发挥市场机制在粮食资源配置中的基础性作用和实行有效宏观调控，都必须建立健全新型粮食流通体系。要继续培育、发展和规范多种粮食市场主体，鼓励各类具有资质的市场主体从事粮食收购和经营活动，吸引多元投资主体参与粮食流通，培育农村粮食经纪人。加强对粮食市场建设的规划和指导，使布局更为科学合理，适应流通市场化、法制化、现代化的需要。加快推进粮食市场升级改造，完善和提升市场功能，逐步提高市场现代化程度，实现粮食质量卫生安全可靠，市场管理规范有序，服务周到细致，并逐步向连锁经营与物流配送中心发展。重点扶持大宗粮食品种的区域性、专业性粮油和成品粮油批发市场。重点建设华中、华南的稻谷市场，华北及中原地区的小麦市场，东北地区的玉米市场。进一步完善粮油质量标准体系，健全粮食检验检测体系。

三是健全以法律手段为主的粮食市场监管体系。加强粮食市场监管，是粮食购销市场化后政府部门的一项重要职责。要继续深入贯彻两部《条例》，进一步建立健全各项配套制度和办法；健全粮食收购市场准入制度，进一步规范审核工作，严格工作程序，规范工作人员行为；加强粮食监督检查体系建设，努力构建权责明确、行为规范、监督有效、保障有力的粮食流通监督检查行政执法工作制度，着力培育一支具有明确的依法行政意识、文明执法意识和服务意识，执法政策水平高的监督检查行政执法队伍，积极建设高效快捷的监督检查行政执法信息网络，逐步健全从国家粮食行政管理部门到省、市、县级粮食行政管理部门完整的网络化行政执法工作体系。

四是健全以粮食现代物流和加工业为依托的粮食产业化体系。以粮食现代物流和加工业为依托的粮食产业化体系，是促进粮食生产和流通协调发展的重要支撑。做好加快推进粮食流通、加工和现代物流设施建设规划的实施工作。以市场为导向，以企业为主体，以现代科技为支撑，通过各级政府的适当投资引导，重点建设从主产区到主销区的跨省区粮食物流通道和重要节点，实现主要跨省粮食物流通道的全过程无缝化、散装化衔接，形成以现代信息技术为依托的完整供应链，构建快捷、高效、节约的粮食现代物流体系。扶持粮油加工产业体系建设，提高加工集约化程度和综合利用水平。贯彻《国家中长期科学和技术发展规划纲要》，依靠科技进步和自主创新支撑粮食流通产业可持续发展，建设安全、环保、节约和高效的粮食流通技术支撑体系，健全和完善粮食行业科技创新体系。

（三）建设六项工程。

一是粮食物流通道建设工程。“十一五”期间，要明显改善和提高全国粮食流通基础设施的布局和功能，初步建立比较完善的粮食流通公共服务体系和重点区域粮食现代物流体系，提高粮食流通效率和现代化水平。以华粮物流公司组建运营为契机，改造、整合现有粮食流通基础设施资源，建设跨省主要粮食物流通道、粮食物流节点和基地，发展散粮运输，提高粮食物流的技术装备水平和信息化程度，初步建立粮食物流标准化体系。重点建设主产区粮食流出通道和主销区粮食流入通道，包括大型粮食企业集团和重要物流项目，以及粮食中转库、港口库，粮食码头，军粮供应网点、粮食加工配送中心和批发市场、粮食物流信息化和标准体系、电子商务平台、粮食检验检测设施项目等。

二是粮油加工产业升级工程。大力发展粮油产业化，是促进企业增效、粮农增收的有效途径。要构建政府宏观调控和市场自发调节相结合的粮油加工产业体系，整合小型加工企业，促进粮油加工业的技术进步和结构优化，增强企业竞争力。制定产业指导政策，及时发布行业生产能力和产业投资指导目录等，引导全行业健康发展；鼓励和引导全社会各种经济主体增加对粮油加工业的投入，防止盲目重复建设；发挥中介组织作用，继续组织实施“放心粮油工程”，建立健全粮油加工业技术推广社会化服务体系。

三是粮库技术改造工程。重点对老粮库特别是基层收纳库进行修缮和技术改造，提高保温隔热密闭性能，增加电子测温、机械通风等，配备必要的进出仓设备，使粮食储藏设施达到安全储粮的标准。快速检测、传感器技术、生物技术和信息化技术的应用水平明显提高。在争取国家适当给予资金补助的同时，鼓励地方或企业利用自有资金或多方筹集资金进行旧仓改造。

四是农村粮食产后减损和产后安全保障工程。推广新型、适用农户储粮的技术设备和农村粮食集中处理的干燥技术，建设辐射和带动农村产后农户储粮、集中干燥处理、小型流通设施等技术服务，减少粮食产后损失。

五是高新技术产业化工程。开展绿色生态储粮、粮食物流技术和深加工等关键技术的攻关，推动粮食信息化，示范和推广生物质能源和生物材料等新技术。鼓励以企业为主体的科技攻关、成果转化以及产业化项目，建立科技型粮食中小企业风险基金，逐年增加国家引导性政策投入，形成有利于科技型企业发展的投资机制。

六是科技创新体系建设工程。积极争取增加国家经费支持，加大在粮食科技基础理论研究的投入。通过建立国家工程中心和重点实验室，构建科技创新平台，逐步形成以企业为主体，产学研相结合、科技资源共享、技术优势互补的粮食科技创新体系。建立粮食系统远程教育系统平台，为全面提高粮食行业职工素质创造条件。

三 巩固和发展粮食流通体制改革和宏观调控成果，扎实做好“十一五”开局之年的粮食流通工作

2006年是“十一五”规划实施的开局之年，也是巩固和发展粮食流通体制改革和宏观调控成果的关键之年。2006年粮食流通工作的总体要求是：以邓小平理论和“三个代表”重要思想为指导，全面树立和落实科学发展观，深入贯彻党的十六届五中全会和中央经济工作会议、中央农村工作会议精神，按照建设社会主义新农村和构建和谐社会的要求，切实保护种粮农民利益和种粮积极性，保证国家粮食安全，确保“十一五”粮食流通各项工作开好局、起好步。主要任务是：继续完善粮食流通体制，积极推进和深化国有粮食企业改革；加强和改善粮食宏观调控，努力保持粮食供求紧平衡和粮食价格基本稳定；建立健全粮食产销区稳定的购销协作关系和衔接机制，大力推进粮食产业化经营，巩固和发展粮食市场化改革的成果；进一步转变粮食行政管理部门职能，加强粮食流通监督检查制度建设和行业指导，积极推进依法管粮；全面启动粮食行业“十一五”规划，建设粮食现代物流体系，促进粮食行业加快发展；加强粮食行风建设，树立粮食行业新风。重点抓好以下几方面工作：

（一）紧紧围绕建立适应社会主义市场经济发展要求的粮食流通体制的改革目标，继续完善粮食流通体制。

进一步完善政策措施，继续推进粮食流通体制改革。在总结经验的基础上，健全最低收购价的启动机制、补贴机制和监督机制，逐步探索和完善流通引导生产、调节粮食供求的有效措施。继续把国有粮食企业改革作为重点，力争在企业产权制度和体制创新、机制创新方面取得新的突破。

继续总结和推广县级改革的典型成功经验，建立县级粮食流通体制改革联系点制度。今年国家粮食局计划在粮食主产区和部分粮食主销区、产销平衡区建立20个粮改联系点，掌握关系改革的重点和关键问题的第一手情况。重点了解县级粮食部门职能转变、企业改革、粮食购销价格和县域粮食经济发展等方面的情况，总结基层在这些重大问题方面的实践经验，使改革整体向前推进。

继续加强对改革的分类指导。要密切关注和掌握各地区尤其主产区在深化改革中遇到的新情况和新问题，抓住关系改革的关键和重点问题，认真研究，提出解决办法，特别要积极探索和总结推广产销衔接的新机制新办法，巩固和发展粮食流通体制改革成果。

继续深入对涉及粮食安全的战略性和长远性问题的调查研究。主要任务是研究完善粮食最低收购价政策和对农民的粮食补贴政策，积极探索保护种粮农民利益和种粮积极性的政策措施；研究政策性粮食财务挂账的逐步消化和企业经营性亏损的处理解决办法；研究进一步转换企业经营机制，明确国有粮食企业资产出资人，理顺政府与企业之间的关系；根据国家宏观调控的需要，研究完善粮食储备体系，改革储备粮管理体制问题；深入研究藏粮于地、藏粮于库、藏粮于科技相结合的有效机制等关系粮食安全的战略性和长远性问题。

（二）牢牢把握实现粮食供求紧平衡的宏观调控目标，切实加强和改善粮食宏观调控。

认真贯彻中央提出的“基本立足国内保障粮食供给，努力保持粮食供求紧平衡”的方针和目标，

科学实施粮食宏观调控。要加强对粮食供求形势和价格走势的分析，指导企业积极收购，适时销售，密切关注粮食供给薄弱地区的情况，保证市场供应。积极配合有关部门做好粮食进出口工作，利用国际市场搞好粮食余缺和品种调剂，促进国内粮食供求基本平衡。把调控的着力点放到注重保持粮食总量、品种、结构基本平衡上来，确保粮食市场和价格基本稳定，以促进粮食生产稳定发展和农民收入持续增加。

认真落实最低收购价预案，积极做好粮食购销工作。按照“大稳定，小调整”的思路，进一步完善最低收购价执行预案。中储粮公司和地方粮食部门要抓紧做好执行最低收购价政策预案的准备工作，在指定库点、资金费用、仓储容量和监管等方面及早作出安排。要继续按照合理布点、方便售粮、便于监管的原则，尽快确定收购库点，抓紧腾仓并库，筹集资金，把最低收购价这项惠农政策落到实处。要注意掌握国有粮食企业执行最低收购价政策中财务政策的落实情况，督促有关费用、利息补贴的及时足额到位，并配合财政部门及时研究完善国有粮食企业执行最低收购价的财务政策。积极帮助企业解决收购资金供应中存在的问题，加强对国有粮食企业收购资金使用情况的监管。夏粮收购工作很快就要开始了，各地要及时进行安排部署，继续发挥国有粮食购销企业的主渠道作用，引导市场多元主体积极入市收购，努力使粮价稳定在合理水平。

进一步加强中央储备粮管理，完善中央储备粮轮换机制。继续推进中央储备粮垂直管理体系建设。中储粮公司是国家粮食宏观调控的重要力量，要服从和服务于国家宏观调控，切实做到“三严格、两确保”。在管理制度建设、管理方式创新和储粮科技创新等方面，要为全国粮食行业作出示范。妥善解决国债投资建设粮库的产权归属问题。进一步完善中央储备粮轮换机制，积极推进储备粮轮换的公开化、透明化，使储备粮轮换更好地适应粮食宏观调控的需要。

进一步充实地方粮食储备，加强地方储备粮管理。各地要继续按照国务院的有关要求，进一步充实地方粮食储备。没有达到既定规模的省（区、市），要积极主动向省级政府和有关部门反映，抓紧落实储备规模。国家粮食局将会同有关部门进行专项检查。各地要综合考虑粮食供需状况、储备粮轮换以及交通运输等因素，进一步搞好地方储备粮的合理布局。加强粮食供给薄弱地区的粮食储备。根据当地的消费习惯和调控市场的需要，及时对储备粮品种结构进行调整和优化，增强地方政府对粮食市场调控的责任和能力。

继续做好军粮、退耕还林粮等政策性粮食供应工作，积极搞好库存老粮的销售。逐步建立起平战结合、军民兼容的军粮供应保障机制，确保任何条件下的军粮供应。继续按照现行政策，做好退耕还林粮食供应工作。在不打压市场粮价的前提下，择机妥善处理陈化粮，同时要严防陈化粮流入口粮市场。根据宏观调控和市场需求等情况，我局还将会同有关部门分期分批组织2005年最低收购价库存稻谷销售工作，各地要积极配合，把这项工作做好。

继续加强粮食统计、监测预警和信息服务工作，完善粮食应急机制。各地要按照新的粮食流通统计制度要求，不断拓展统计范围，提高统计质量。今年要重点抓好非国有粮食经营和加工企业统计数字上报工作，各地要主动向同级财政部门争取，妥善解决基层粮食部门统计人员和经费不足等问题。要按照《国家粮食应急预案》要求，进一步完善本地区的粮食应急预案，建立和完善粮食应急监测预警系统，及时掌握粮食市场动态，做好对市场行情的跟踪、分析、判断、预测。进一步推动电子政务，提高信息化工作水平和信息服务质量。要根据本地实际情况，抓紧建设粮食应急加工、供应、储运网络，建立健全粮食应急保障系统，保证本地区粮食市场供应，特别要注意做好重点大中城市和贫困缺粮地区的粮油市场供应工作。各地确定的应急加工、应急供应指定企业名单，要及时报国家粮食局备案。

（三）继续按照政企分开和发挥市场主渠道作用的要求，深化国有粮食企业改革。

积极稳妥地解决企业历史包袱。继续做好国有粮食购销企业财务挂账清理审计、认定和剥离工作，尽快将政策性挂账上划到县以上（含县级）粮食行政管理部门集中管理。已经完成政策性挂账认定的省（区、市），要在今年6月底前完成政策性挂账上划工作；其他省（区、市）要抓紧进行政策性认定，最迟在年底前完成上划工作。各地要按照债随资产走和不逃废银行债务的原则，确保在企业改革过程中国有资产不流失，结合企业改革，将经营性挂账实行有效管理，逐步消化，为推进国有粮食企业产权制度改革、发挥市场主渠道作用创造条件。

努力做好人员分流安置和再就业工作。要认真做好国有粮食购销企业富余人员分流安置工作，切实将支持企业富余人员分流安置的各项政策落实到位，维护职工合法权益。积极争取当地政府和有关部门的支持，多渠道筹集富余人员分流安置资金。努力做好企业解除劳动合同人员的档案移交和社会保险关系接续等工作，为其再就业创造条件。把深化改革、促进发展和扩大就业结合起来，充分利用企业非主业资产、闲置资产和关闭企业的有效资产，兴办经济实体，开展多种经营，扩大就业空间，增加就业岗位，安置富余人员。

进一步转换企业经营机制。要切实做到政企分开，使企业真正成为自主经营、自负盈亏、自我约束、自我发展的市场主体。各级粮食行政管理部门要依法加强对全社会粮食市场主体的指导、监督检查和服务，不得直接干预企业的日常经营活动。按照国务院文件的要求，进一步规范政府调控与企业经营之间的关系，合理调整国有粮食购销企业布局，积极推进产权制度改革，加快企业组织结构创新，提高企业的市场竞争力，使国有粮食企业更好地发挥主渠道作用。各地在推进国有粮食企业产权制度改革中，要按照国家所有、授权经营、分级监管的原则，认真研究粮食企业国有资产的监管办法，积极探索国有资产监管和经营的有效形式。

（四）以加强粮食流通监督检查体系建设为重点，逐步建立健全粮食行政执法体制。

加强粮食流通监督检查工作体系建设，并逐步向市、县延伸，行政执法重心向基层转移。没有建立专门机构的各级粮食行政管理部门要积极争取当地党委、政府和有关部门的支持，落实粮食流通监督检查工作机构、职能、人员和经费。没有纳入行政编制的地方粮食部门，要争取尽快取得行政执法主体地位，避免出现监督检查行政执法“盲区”。加强执法队伍建设，继续搞好执法资格培训和素质培训。加强对基层开展粮食监督检查行政执法工作的指导，督促市、县粮食部门做好日常监管工作。

继续抓好粮食流通监督检查各项制度建设，进一步完善监督检查法规和工作程序。已经建立的各项规章制度要进一步细化，使其更具备可操作性，进一步突出依法管粮。推行行政执法责任制，逐步建立健全行政执法评议考核制度，完善执法监督。我局将会同有关部门抓紧制定《粮食企业库存检查办法》，重点加强对储备粮的监管。

继续组织开展粮食库存检查工作，掌握粮食库存的动态变化情况，为做好粮食宏观调控工作、实现紧平衡调控目标提供准确依据。继续对中央储备粮代储资格认定及获得资格企业的监督检查。加强面向全社会粮食流通的监督检查，着手建立粮食经营者诚信档案和监督检查执法信息网络系统。依法落实对政策性用粮的监管责任。继续推进和规范全国粮食质量调查与品质测报工作，加强粮食质量监管和原粮卫生监管，依法及时查处各类违法违规案件。

（五）以经济利益为纽带、市场为导向，大力推动粮食产销衔接和产业化经营。

积极支持和鼓励产销区双方以经济利益为纽带、市场为导向，充分发挥各自的比较优势，形成多元化的合作格局。深入总结推广各地产销衔接的成功经验，积极鼓励销区粮食企业到主产区建设粮食生产、收购和储备基地。鼓励主产区粮食企业在销区粮食市场经销粮食，建立集储、加、销为一体的粮食经营企业。充分发挥会展经济的作用，通过粮食行业协会等中介机构举办产销衔接展销会，进一步推动这项工作。主动与相关部门协调和沟通，积极帮助解决产销合作中遇到的运输、资金等方面的困难。

逐步建立产销区之间的利益协调机制，确保产区粮食有稳定销路，销区粮源有可靠保障。经济发达的粮食主销区要调整粮食风险基金支出结构，将中央财政补贴的粮食风险基金专项用于粮食产销衔接的资金需要，以支持主产区的粮食生产和流通。我们一定要用好这项政策。目前我们正着手同财政等有关部门研究相关操作办法，争取出台一个关于进一步加强粮食产销衔接的指导性意见，指导各地进一步做好这项工作。

加快以粮食购销、加工企业为龙头的粮食产业化体系建设，大力发展粮食产业化经营。各地要积极培育粮食产业化龙头企业，继续鼓励和发展粮食订单生产、订单收购，利用“公司＋农户”、“公司＋优质粮油生产基地”、“公司＋中介组织＋农户”等形式，引导企业与农民建立利益共享、风险共担的合作机制，鼓励产业化龙头企业带动新型农民合作组织的发展，实现粮食资源的合理利用，促进粮食规模化经营，使农民在粮食流通和粮食产业化经营中切实得到实惠，促进粮食增产、农民增收、企业增效。

（六）以粮食现代物流设施建设为切入点，全面启动粮食行业“十一五”规划纲要的实施。

积极推进和组织实施《全国粮食现代物流设施建设规划》，着力抓好“十一五”粮食物流重大项目、重点工程。优先启动东北地区粮食流出通道、东南沿海粮食流入通道、黄淮海地区小麦流出通道等三个主通道的粮食物流设施建设。中粮集团、华粮集团等国有大型粮食企业集团在粮食现代物流体系建设中要发挥重要作用。继续支持长三角的舟山、珠三角的东莞等重要粮食物流项目建设，认真做好项目建设的前期工作，逐步形成完整的粮食现代物流体系。

围绕建设社会主义新农村的目标，抓好农村粮食产后安全保障项目的立项申请。组织实施“粮食丰产科技工程”。继续在11个主产省新建上千个农户科学储粮示范点，推广新型、适用农户储粮的技术设备和农村粮食集中处理的干燥技术，减少粮食产后损失。继续推进“放心粮油”工程，深入开展“放心粮油”进农村活动。

认真落实“十一五”粮食流通科技发展指导意见，做好重大科技项目管理和前期启动工作。我局将适时组织召开“粮食行业科技工作会议”，对“十一五”粮食行业科技工作进行具体部署。

组织实施《关于促进粮食批发市场发展的指导意见》，推动粮食批发市场建设。各地要按照指导意见，组织力量研究制定粮食批发市场建设规划，积极争取本地政府支持，争取把批发市场建设作为重要的基础设施，纳入地方市场体系和物流体系建设规划，对粮食质量检测系统、信息收集发布系统等给予必要的资金支持。要进一步完善重点联系批发市场制度，扩大联系范围，争取每个省会城市均有成品粮批发市场联系点。要指导和组织成品粮油批发市场开展“放心粮油”进市场活动，强化入市粮油的品质检验。要提升市场服务功能，扩大市场成交量，增强市场搞活流通的作用。

（七）以提高粮食行业服务水平和企业经营管理水平为着眼点，加强粮食行业指导。

加强财务工作指导，支持国有粮食企业改革和发展。加强对粮食风险基金的监管，确保粮食风险基金及时、足额到位，有效合理使用。继续了解和掌握国有粮食购销企业执行增值税政策的动态情况，配合财政、税务部门研究完善粮食企业的增值税政策。加强对各地国有粮食企业扭亏增盈工作的指导，继续做好扭亏增盈工作。

切实加强粮食仓储管理，提高仓储管理水平。继续做好中央储备粮代储资格认定工作，确保储备粮储存安全。组织实施粮食行业特有工种职业技能鉴定，在行业全面推行职业资格证书制度。粮食主产区基层粮管所仓储条件一般较差，达不到安全储粮标准，各地粮食部门要多方筹集资金，做好维修工作，保证平时和汛期安全储粮。各地粮食部门要总结安全和绿色储粮经验，向企业推广仓储精细化管理和无公害储粮的办法，全面推进粮食行业的仓储管理升级，促进粮食行业向资源节约和环境友好的转变。

高度重视粮食行业安全生产工作，逐步建立粮食行业安全生产长效机制。针对浅圆仓、烘干塔等操作规程和剧毒化学药品管理制度不落实，一些企业安全主体责任不到位等问题，重点抓好建立健全责任制、制定粮食行业安全生产目标、建立覆盖全社会的粮食行业安全生产监管体系、完善安全生产技术标准等工作，探索建立粮食行业安全生产长效机制。南方即将进入雨季，加上一些基层粮库年久失修，要特别注意汛期和低洼易涝地区的安全保粮工作。

（八）以树立粮食行业新风为主题，进一步加强粮食行风建设。

长期以来，粮食行业广大职工保持和发扬“宁流千滴汗，不坏一粒粮”的优良传统，以对党对人民高度负责的精神，以服务“三农”、确保国家粮食安全为己任，锐意改革，开拓创新，艰苦奋斗，走过了一段很不平凡的历程，涌现出了一大批先进集体和先进工作者。为发挥先进典型的模范作用，人事部与国家粮食局联合在全国开展表彰粮食系统先进集体和先进工作者（劳动模范）活动。在这次会议上，人事部、国家粮食局联合表彰的90个先进集体、51个劳动模范、75名先进工作者，都是经过县、市、省三级层层推荐选拔上来的。在这些先进集体和先进个人当中，有粮食主产区的，有粮食产销平衡区的，也有粮食销区的；有长年扎根基层、无私奉献的一线职工，有在粮食科技、教育战线刻苦攻关、辛勤耕耘的工作人员，有在市场中锐意改革、艰苦创业的企业家，有工作在粮食宏观调控和流通管理岗位上忠于职守、勤政廉洁的机关公务员，他们是全国粮食行业120多万干部职工的优秀代表。希望全国粮食行业的同志们以这些优秀代表为榜样，掀起“学榜样·赶先进”的热潮，树立粮食行业新风，促进粮食行业蓬勃发展。

同志们，做好2006年的粮食工作，对于确保“十一五”开好局、起好步具有十分重要的意义。让我们在以胡锦涛同志为总书记的党中央领导下，高举邓小平理论和“三个代表”重要思想的伟大旗帜，全面树立和落实科学发展观，开拓创新，扎实工作，为推进粮食流通体制改革和粮食事业发展、为建设社会主义新农村和构建和谐社会做出更大贡献。

完善体制机制 保障粮食安全 为建设社会主义新农村和构建和谐社会做出新贡献

——在全国国有粮食企业改革工作会议上的讲话

国家粮食局党组书记、局长 聂振邦

2006年5月25日

同志们：

日前，经国务院第131次常务会议讨论通过的《国务院关于完善粮食流通体制改革政策措施的意见》（国发[2006]16号）已经印发。这次会议的主要任务就是学习贯彻落实国务院16号文件，总结“十五”期间国有粮食企业改革工作，研究“十一五”时期深化国有粮食企业改革工作思路，表彰全国国有粮食企业改革先进单位，部署2006年国有粮食企业改革的各项工作。关于国有粮食企业改革工作，正晓同志将在会上工作报告中作出具体安排。下面，我着重就贯彻落实国务院文件精神，讲几点意见。

一 充分认识完善粮食流通体制的重要意义

2004年以来，各地区、各部门按照中央的部署，认真贯彻落实《国务院关于进一步深化粮食流通体制改革的意见》（国发[2004]17号）精神，积极稳妥地推进粮食流通体制改革，取得明显成效。粮食购销市场化、市场主体多元化的格局初步形成，以对种粮农民直接补贴和最低收购价为主要内容的支持体系初步建立；国有粮食企业改革取得突破性进展，继续发挥主渠道作用；粮食市场体系建设逐步推进，粮食产销合作和产业化经营发展较快；粮食宏观调控能力进一步增强，粮食市场和价格保持基本稳定；粮食市场监管得到加强，较好地维护了粮食市场秩序。粮食流通体制改革的不断深化，为促进粮食生产发展、保护种粮农民利益、保障国家粮食安全发挥了重要作用。总体上看，新的粮食流通体制基本框架初步确立。这些重要成果得到了国务院领导同志的充分肯定。今年3月召开的全国粮食局长会议，对“十五”以来粮食流通体制改革取得的历史性突破和改革中积累的基本经验进行了全面总结。

在充分肯定成绩的同时，我们也要清醒地认识到，一方面粮食流通的体制还需要完善，一些政策措施没有完全落实到位；另一方面，随着改革的不断深入和粮食形势的变化，也出现了一些新的情况和问题。关于当前的粮食流通体制改革和粮食流通工作，今年中央1号文件提出了“完善粮食流通体制，深化国有粮食企业改革，建立产销区稳定的购销关系，加强国家对粮食市场的宏观调控”等四方面的主要任务，曾培炎副总理在接见全国粮食系统先进集体、先进工作者（劳动模范）和全国粮食局长会议代表时，对改革进一步提出了明确要求。这次国务院16号文件是指导当前和今后一个时期粮食流通体制改革和粮食工作的重要文件，各级粮食行政管理部门要认真学习贯彻，充分认识完善粮食流通体制的重要意义，把思想认识切实统一到中央的决策和部署上来。

（一）完善粮食流通体制，是巩固和发展粮食购销市场化改革成果，更好地发挥国有粮食企业主渠道作用的需要。

国有粮食购销企业改革是粮食流通体制改革的重要环节，也是改革的难点和重点。这几年国有粮食购销企业改革取得了重大突破，但有的地方对国有粮食购销企业改革的认识还不尽一致，各地进展也不平衡。一方面，企业“三老”问题的解决有些还不彻底，还存在遗留问题。这个问题解决不好，企业就难以轻装上阵，影响到企业产权制度改革和进一步发展。另一方面，政府和企业之间的关系没有完全理顺，企业经营机制转换不到位，一些地方企业产权制度改革进展较慢。应该看到，国有粮食购销企业改革与预期的目标还有差距。加快推进国有粮食购销企业改革，使国有粮食购销企业真正成为市场主体，充满生机和活力，增强市场竞争力，更好地在粮食流通中发挥主渠道作用，仍然是深化粮食流通体制改革的重要任务。

（二）完善粮食流通体制，是粮食流通工作服务于社会主义新农村建设，促进粮食生产发展的需要。

中央提出建设社会主义新农村的二十字总要求，前面两条是生产发展、生活宽裕。粮食是最重要的农产品，目前在粮食主产区种粮收入是农民收入的主要来源，因此要稳定发展粮食生产，持续增加种粮收益。这几年，中央采取了一系列更直接、更有力的措施，促进了粮食生产发展和农民增收。但是发展粮食生产和增加农民收入受到市场、资源和抵御自然灾害能力等因素的制约。一方面，我国土地、淡水等资源有限，在工业化、城镇化加速推进的进程中，单纯依靠增加种植面积发展粮食生产、增加农民收入的潜力有限；另一方面，粮食供求关系缓解之后，保持市场粮价基本稳定或略有回升的难度加大，加上农资价格上涨幅度较大，粮食生产收益下降，部分抵消了粮价上涨给农民带来的好处，依靠市场粮价上涨促进生产发展和农民增收的空间有限。因此，完善粮食流通体制，健全对粮食的支持保护体系和粮食市场体系，在实践中进一步探索保护农民利益和种粮积极性以及地方政府重农抓粮的积极性，发挥流通对生产的引导作用，逐步建立促进粮食稳定增产和种粮农民持续增收的长效机制，为促进粮食生产与流通协调发展提供体制保障，是推进社会主义新农村建设的客观要求。

（三）完善粮食流通体制，是加强和改善粮食宏观调控，保障国家粮食安全的需要。

确保国家粮食安全，是保障国民经济平稳较快发展的重要基础，也是保障社会稳定、构建和谐社会的重要条件。去年召开的中央农村工作会议上，中央领导同志强调指出，必须坚持立足国内实现粮食基本自给的方针，把努力保持粮食供求“紧平衡”作为宏观调控的目标。粮食产量过低，粮食安全就会受到威胁。粮食供大于求，就会造成粮价下跌，影响农民收入和粮食生产稳定发展。使粮食保持“紧平衡”，最根本的是要加强粮食综合生产能力建设，加强国家粮食储备体系建设，做到藏粮于地、藏粮于库和藏粮于科技相结合。这是中央从我国基本国情粮情出发，着眼于长远发展提出的重要战略思路。近几年来，国家粮食宏观调控能力明显增强，但粮食宏观调控体系有待健全，主要是粮食储备调节体系、加强和充实地方粮食储备和应急体系还要进一步完善，粮食产销衔接还要进一步加强，中长期粮食供求总量和品种结构基本平衡的长效机制还没有建立起来。要实现粮食供求“紧平衡”的目标，确保国家粮食安全，必须进一步完善粮食宏观调控的体制机制，健全粮食宏观调控体系，必须充分运用好储备粮的调节手段和粮食进出口的调剂措施，加强和改进对粮食市场的调控。

（四）完善粮食流通体制，是健全粮食流通监管体系，转变粮食行政管理职能的需要。

按照“经济调节、市场监管、社会管理和公共服务”的政府职能定位，依法加强粮食市场监管，维护正常粮食流通秩序，是粮食购销市场化改革后粮食行政管理部门的重要职责。但是目前粮食监督检查体系和执法队伍还不健全，难以承担依法管粮的任务。有些地区特别是部分县（市、区）粮食行政管理职能不落实，机构不健全，人员不到位，经费没保障，难以正常开展粮食行政执法、粮食流通监督检查、全社会粮食流通统计等工作，影响依法管粮，也影响到粮食宏观调控和粮食省长负责制的落实。因此，要进一步加强和充实粮食行政管理机构和人员，建立完善的粮食流通监督检查体系，使政府对全社会粮食流通监管的职责得以落实，这也是完善粮食流通体制的重要内容。

“十一五”规划纲要提出，必须坚持不断深化改革开放的原则，加快完善社会主义市场经济体制。粮食流通体制改革关系到国家粮食安全，关系到社会主义市场经济体制的完善，关系到社会主义新农村建设与和谐社会的构建。根据“十一五”规划纲要的总体部署，健全适应社会主义市场经济发展要求和我国国情的粮食流通体制，是“十一五”时期粮食流通工作的重要目标和主要任务，也是粮食工作服务于建设社会主义新农村和构建和谐社会的客观要求和重要途径。从粮食流通体制改革的进程看，深化改革已进入关键时期，确保改革的顺利推进并达到预期目标，必须进一步落实好完善的政策措施，加大改革力度，健全体制机制。因此，深化粮食流通体制改革的任务艰巨繁重，我们必须进一步统一思想，提高认识，按照中央的要求和部署，坚定不移地把粮食流通体制改革不断推向深入。

二 准确理解把握文件精神，全面贯彻落实文件提出的各项任务

这次国务院16号文件从全面落实科学发展观和建设社会主义新农村的要求出发，坚持中央确立的粮食流通体制改革的总体目标、基本思路和基本原则，按照今年中央1号文件的精神，着重针对当前改革中出现的新情况、新问题，提出了一系列政策措施，明确了今后一个时期改革的工作任务和要求。各级粮食部门要准确理解把握文件精神，认真贯彻落实。很多工作我们在全国粮食局长会议上已经做了具体安排。围绕这次文件提出的主要任务，这里再做一些强调：

（一）加快企业产权制度改革和组织结构创新，切实转换企业经营机制。

推进国有粮食企业改革，解决历史包袱是前提，转换企业经营机制是核心，产权制度改革是关键，发挥市场主渠道作用是目的。如果说解决企业历史包袱是给企业“松绑”，那么通过政企分开使企业真正成为市场主体就是让企业“自立”，推进企业产权制度改革就是使企业“强身”。“松绑”、“自立”、“强身”，是企业发展壮大的必由之路，一次比一次前进，也一次比一次艰巨。随着企业改革的深入，要把加快推进国有粮食企业产权制度改革放到更加突出的位置，正确处理企业产权制度改革、组织结构创新和发挥市场主渠道作用的关系。一方面，国有粮食企业要更好地发挥主渠道作用，必须推进产权制度改革和组织结构创新；另一方面，推进企业产权制度改革和组织结构创新，既要有利于企业放开搞活，增强企业活力与竞争力，也要有利于国有粮食企业发挥主渠道作用和加强宏观调控，还要实现国有资产的保值增值。因此，推进这方面的改革，一要积极稳妥，因地制宜。要根据粮食产销区不同情况、不同企业类型，积极探索切合当地实际的方式和形式，扎实推进。二要加强指导，规范运作。要充分考虑企业、职工和社会承受能力，妥善处理好有关政策的衔接，防止引发新的矛盾。三要注重创新，促进发展。通过创新企业的体制机制、组织结构、经营方式，做大做强企业。特别要大力发展粮食产业化经营，鼓励和发展订单收购，积极扶持龙头企业，通过发展产业化经营推动粮食经济增长方式的转变，实现农民增收和企业增效的双赢。

加快清理和剥离国有粮食企业财务挂账，妥善解决历史包袱。这是推进国有粮食企业产权制度改革和企业发挥主渠道作用的重要条件，必须按照既定政策和要求，抓紧落实。首先，要按照国家有关规定和粮食工作省长（主席、市长）负责制的要求，妥善解决国有粮食企业财务挂账问题。这里强调两点：一是必须坚持实事求是的原则，严格按政策规定清理、认定和剥离政策性挂账，既不能使政策性挂账认定不足，给企业背上包袱，也不能逃废银行债务，流失国有资产。二是要抓紧落实，确保按

期完成。政策性挂账要按照财政部、国家发展改革委等5部门下发的财建〔2005〕363号文件精神，在2006年6月底以前上划到县级（含县级）以上粮食行政管理部门集中管理。同时，积极探索国有粮食企业经营性粮食财务挂账处理的有效办法。其次，要继续做好国有粮食购销企业分流职工再就业和社会保障工作。各地要按文件规定将国有粮食企业分流职工纳入当地社会保障体系，做好企业解除劳动合同人员的档案移交和社会保险关系接续等工作，保护职工合法权益。采取省级人民政府统筹考虑，财政补助和企业自筹等多渠道筹集的办法，用好用足相关政策，解决好国有粮食企业分流安置职工和离退休人员所需资金。第三，要继续做好库存“老粮”特别是陈化粮的销售工作。销售陈化粮要按照规定定向用于酒精和饲料原料，加强出库监管，严防流入口粮市场。

在推进企业改革的同时，要积极建立新型粮食仓储管理机制，健全覆盖全社会的仓储管理体系。要充分发挥国有粮食企业仓储设施和技术优势，向社会提供粮食仓储和技术服务，特别是加强对农民储粮技术的指导，通过代农储粮、提供技术指导、加强舆论宣传、提供适用药剂等方式，降低农民储粮损失。为适应新形势的需要，国家粮食局正在制（修）订《粮油储存标准体系》、《粮油储藏技术规范》、《粮食仓储管理办法》等规章制度和技术标准，各地要指导企业加强制度建设，在仓储企业中开展规范化管理和达标活动，提高企业管理水平。

（二）积极培育和规范粮食市场，加快建立统一开放、竞争有序的粮食市场体系。

完善的粮食市场体系，既是市场机制充分发挥作用的基础，也是宏观调控能取得预期目标的重要条件。经过近几年的改革和发展，粮食市场体系建设取得了很大进展，但是还不适应新形势的要求，主要是市场主体不够成熟，组织化程度低，市场秩序不规范，市场建设缺乏规划和引导。当前，粮食市场体系建设进入了一个新的发展阶段，健全粮食市场体系是完善粮食流通体制一项重要的基础性工作，必须高度重视，扎实推进。完善粮食市场体系，要一手抓培育，一手抓规范；一手抓规划，一手抓建设。一是要进一步培育多元化粮食市场主体，鼓励各类有资质的市场主体从事粮食收购和经营活动，搞活粮食流通。二是要健全粮食收购市场准入制度，加强粮食市场监管执法，依法规范各类市场主体的经营活动。三是要加强对粮食市场建设的规划、指导和扶持，提升市场服务功能，大力推广电子商务等先进的交易方式，完善和规范粮食期货，发挥引导粮食购销市场价格的作用，为活跃粮食流通和政府宏观调控服务。四是要加强粮食现代物流体系建设，形成快捷高效、节省成本的现代化粮食物流体系。目前，国家粮食局正在研究制定《粮食市场体系发展规划》，《粮食现代物流体系建设规划》在全国粮食局长会议上已经征求了大家的意见。我们将抓紧完善这两个规划，下发各地指导工作。

（三）加强粮食产销衔接，逐步建立产销区之间的利益协调机制。

在市场经济条件下，粮食产销区建立长期稳定的购销协作关系，是解决我国粮食供需矛盾、促进粮食区域平衡的基本途径，对于促进区域经济的协调发展、保障国家粮食安全，具有重要的意义。近几年，粮食产销合作关系发展良好，成效明显，但是从加强产销区衔接的稳定程度看，还须进一步加强。当前，我国粮食产销格局正在发生一些新的变化，比如随着农业结构调整和粮食生产向优势区域的集中，粮食产销和库存的区域矛盾加大，加强粮食产销衔接越来越重要。这次国务院文件提出要大力发展长期稳定的粮食产销合作关系，建立有利于产销区协作发展的支持体系，特别是在建立产销区之间的利益协调机制方面有所突破，提出经济发达的粮食主销区要调整粮食风险基金支出结构，将中央财政补贴的粮食风险基金专项用于粮食产销衔接的资金需要，以支持主产区的粮食生产和流通。希望各地特别是主销区、主产区粮食部门要进一步加大产销衔接工作的力度，深入研究和落实好有关政策。为了推进粮食产销衔接，今年初我局专门召开了部分主产区和主销区参加的座谈会，目前正在研究起草《关于进一步促进粮食产销合作发展的意见》。我们将就这个指导意见进一步调查研究，征求有关部门意见，下发各地参照执行。

（四）加强和改善粮食宏观调控，确保国家粮食安全。

确保国家粮食安全是改革的落脚点。加强对粮食市场的宏观调控，始终是粮食行政管理部门的重要任务。加强和改善粮食宏观调控，必须贯彻中央提出的“基本立足国内保障粮食供给，努力保持粮食供求紧平衡”的方针和目标，按照藏粮于地、藏粮于库和藏粮于科技相结合的要求，进一步健全粮食宏观调控体系。这次国务院16号文件关于加强和改善粮食宏观调控的内容十分丰富，既有具体的政策措施，又有今后需要探索研究的政策要求。这些政策措施涉及粮食生产、收购、储备和进出口，以及应急保障和市场供应等方面。当前主要的任务是认真落实粮食最低收购价预案，积极做好粮食购销工作，确保粮食市场基本稳定。国家有关部门制定的小麦最低收购价执行预案已经国务院同意，近日已印发各地执行。中储粮公司和地方粮食部门要按照预案要求，做好各项准备工作，确保预案的顺利实施和最低收购价的落实。今年3月，财政部下发了《关于拨付中央财政仓库维修资金补助款的通知》（财建〔2006〕167号），有关省粮食局要积极与当地财政厅和中储粮分公司等单位协调配合，做好仓库维修工作，扩大收储能力，保证夏粮收购对仓储设施的需要。其他有夏粮收购任务的地方，可向当地财政争取和自筹资金维修好仓储设施。夏粮收购工作很快就要开始了，各地要及早进行安排部署，妥善处理好国有粮食企业改革和粮食收购的关系，继续发挥国有粮食企业市场主渠道作用，引导市场多元主体积极入市收购，努力使粮价稳定在合理水平。

（五）加强全社会粮食流通的监督检查，维护粮食市场秩序。

按照国务院的要求和《粮食流通管理条例》的规定，粮食行政管理部门依法履行对全社会粮食流通监管的职能。两年来，各级粮食部门在政府和有关部门的支持下，做了大量的工作，依法管粮全面推进，特别是粮食流通监督检查工作体系建设取得了进展。目前，全国已有23个省（区、市）及新疆生产建设兵团粮食局成立了监督检查内设机构，全国约33%的市（地）级和21%的县级粮食行政管理部门设立了监督检查工作机构，有的还专门成立了执法大队。这是来之不易的。各地要认真总结经验，不断完善和提高粮食流通监督检查工作水平。但从全国看，这方面的工作进展还不平衡，粮食行政管理部门的机构、人员、经费等状况，与承担的职责和工作任务不相适应。为此，这次国务院文件对加强和充实粮食行政管理机构、人员和经费保障，提出了明确的政策要求。各级粮食行政管理部门要抓紧向当地政府和有关部门汇报，进一步加大工作力度，落实国务院文件的规定。当前，一是要巩固和发展粮食流通监督检查工作体系建设的成果，将行政执法重心向基层延伸，逐步形成全国省、地、县完善的监督检查工作体系。按照粮食流通监督检查工作职能、机构、人员“三落实”和专人分管、专门机构、专业队伍、专项经费“四专”的要求，尚未建立监督检查内设机构的省级粮食行政管理部门，要在今年底前完成机构设置；市地级、县级机构的设立，抓紧尽早完成，以适应工作需要。与此同时，要进一步加大对执法人员的培训力度，努力提高执法人员的法律意识和执法能力，切实做到依法行政、依法管粮。二是要建立健全粮食流通监督检查制度，进一步规范粮食流通监督检查行为和工作程序。各地要继续抓好粮食流通监督检查制度建设，各项规章制度要突出针对性、操作性，为做到依法管粮提供制度保障。目前，国家粮食局在前几年清仓查库工作实践的基础上，正在会同有关部门和单位抓紧起草《粮食企业库存检查暂行办法》，完善库存清查机制，促进粮食库存检查工作规范化、制度化，争取在今年的库存检查中试行。三是按照两个条例规定，依法实施对全社会粮食流通的监督检查。要加强粮食收购市场监管，做好对粮食收购资格的审核，会同工商、质检等有关部门开展对企业粮食收购资格的检查工作；要切实做好辖区内执行最低收购价政策的监督检查，保护种粮农民利益；加强粮食质量监管、原粮卫生监管和粮食库存监管。四是要加强粮食检验体系建设，完善检验机构的仪器设备条件，提高检验人员素质水平，为开展粮食质量安全监管提供技术保障。今年下半年，我局将指导各地粮食行政管理部门继续搞好粮食库存检查工作，重点检查粮食企业库存粮食的数量、质量和储存安全情况。加大对其他政策性用粮的监管力度。另外，今年还要配合开展治理商业贿赂专项工作，做好重大涉粮案件督办查办。

三 切实加强组织领导，确保粮食流通体制改革顺利推进

组织实施粮食流通体制改革方案，是粮食行政管理部门的一项十分重要的任务。我们一定要从粮食部门积极参与和服务于社会主义新农村建设、构建和谐社会的高度，增强使命感和责任感，继续把深化粮食流通体制改革放在突出重要的位置，在当地党委、政府的领导下，制定落实方案，健全工作机制，切实抓紧抓好。

一是积极争取党政领导的重视和支持。粮食流通体制改革的一项重要原则是坚持粮食省长（主席、市长）负责制。这次文件进一步提出了全面落实省长（主席、市长）负责制的具体要求。各级粮食行政管理部门要尽快向当地党委、政府汇报，提出落实国务院16号文件的具体实施意见，特别是完善粮食流通体制改革的主要政策措施，积极争取加强和充实粮食行政管理机构和人员，粮食行政管理部门行政执法、监督检查和统计的职能、机构、人员和工作经费等都要落到实处。

二是加强同有关部门的沟通和协调。粮食流通体制改革牵涉面很广，同许多部门的工作相关。在目前行政管理体制下，要使改革的政策措施得到有效落实，必须不断加强同有关部门的沟通和协调，争取他们的理解和支持，以形成合力，推动改革顺利进行。

三是加强对改革的指导和督促检查。各级粮食行政管理部门要加强对国有粮食企业改革的指导，加强对全社会粮食流通的监督检查。今年下半年，审计、财政、发展改革、粮食、农业发展银行等部门将要组成联合督察组，检查、指导和推动各地历史财务挂账清理审计工作；国家发展改革委、财政部、国家粮食局等部门也将对各地做好地方储备粮规模的核定和落实工作进行督促检查。各地粮食流通体制改革的进展情况，以及改革中出现的新情况、新问题，也请各省、自治区、直辖市粮食局及时向我局报告。

同志们，深化粮食流通体制改革，任重道远。只要我们以坚定的信念、积极的态度、扎实的工作巩固改革成果，推进粮食流通体制改革就一定能够取得新的成效，使改革不断推向深入，为建设社会主义新农村和构建和谐社会做出积极的贡献。

认真贯彻落实全国科学技术大会精神 大力推进粮食行业科技进步

——在全国粮食科学技术大会上的讲话

国家粮食局党组书记、局长 聂振邦

2006年8月31日

同志们：

这次全国粮食科学技术大会的主要任务是：认真学习贯彻全国科学技术大会精神和《国家中长期科学和技术发展规划纲要》，总结“十五”粮食科技工作，研究落实《“十一五”粮食科技发展指导意见》，全面部署“十一五”和当前粮食科技工作。这是在开始实施“十一五”规划，推进社会主义新农村建设和创新型国家建设的新形势下，国家粮食局召开的一次重要会议，也是国家粮食局成立以来第一次召开全国性粮食科技大会。参加会议的既有长期工作奋战在科研战线的老科技工作者，又有粮食科技战线上的新兵；既有来自科研院所、高等院校的专家、学者，又有来自企业第一线的科研工作者；既有科技管理干部，又有科研人员。在此，我代表国家粮食局向与会代表表示热烈的欢迎！向长期以来为我国粮食科技事业发展做出贡献的广大科技工作者表示诚挚的问候和崇高的敬意！向多年来始终支持粮食科技工作的部门和单位表示衷心的感谢！

关于粮食行业贯彻落实《国家中长期科学和技术发展规划纲要》和组织实施《“十一五”粮食科技发展指导意见》的工作，建伟同志将在会上工作报告中作出具体安排。下面，我着重就贯彻落实全国科学技术大会精神，讲几点意见。

一 认真学习全国科学技术大会精神，充分认识粮食科技工作的重要意义

今年年初，党中央、国务院召开了新世纪以来的第一次全国科学技术大会，会议的主要任务是分析形势，统一思想，总结经验，明确任务，部署实施《国家中长期科学和技术发展规划纲要》，动员全党全社会坚持走中国特色自主创新道路，为建设创新型国家努力奋斗。胡锦涛总书记、温家宝总理在会上作了重要讲话。胡锦涛总书记从我国社会主义现代化建设的全局出发，深刻分析了世界新科技革命给我国带来的机遇和挑战，强调要大力推进科技进步和创新，大力提高自主创新能力，推动我国经济社会发展切实转入科学发展的轨道。温家宝总理深刻阐述了未来15年我国科学和技术发展的指导方针、发展目标和重点任务，对实施《规划纲要》作了全面部署。会议作出了建设创新型国家的重大战略决策，确定了新时期指导我国科学技术发展的方针是“自主创新、重点跨越、支撑发展、引领未来”，强调自主创新是十六字方针的核心，也是贯穿《规划纲要》一条主线，必须把增强自主创新能力作为发展科学技术的战略基点和调整产业结构、转变增长方式的中心环节。会后中共中央、国务院印发了《关于实施科技规划纲要增强自主创新能力的决定》。这次大会确定了我国科技发展的大政方针，描绘了科技发展的宏伟蓝图，令人鼓舞、催人奋进。我们要认真学习和深刻领会全国科学技术大会精神，以这次大会精神为指导，努力做好粮食科技工作，全面提高粮食科技的整体实力和水平，开创粮食科技工作的新局面。

"十五"时期，我国粮食流通领域发生了深刻的变革，粮食科技工作取得了显著成就，对推动粮食流通现代化，促进粮食产业发展，保护广大种粮农民的利益，保障国家粮食安全，起到重要的支撑作用。同时，我们也应该清醒地看到，目前我国粮食科技的总体水平同世界先进水平相比仍有较大差距，粮食科技支撑发展的能力与产业发展的需求不相适应。"十一五"时期，我国全面推进小康社会建设，新农村建设步伐加快，粮食安全面临的压力加大，粮食流通现代化任务加重，粮食企业和产业面临的国内国际竞争加剧，这对粮食科技发展提出了重大需求。同时，实施建设创新型国家的战略，给粮食科技工作提供了良好的政策环境，新科技革命和经济全球化的发展，为我国粮食科技进步带来了历史机遇。我们要正确把握粮食科技工作面临的新形势，从保障国家粮食安全的战略高度和粮食工作的全局角度，充分认识推动粮食科技进步的重要意义。

(一) 粮食科技进步是保障国家粮食安全的根本措施。

《规划纲要》提出，"我国的基本国情及面临的严峻挑战，决定了必须把科技进步作为解决'三农'问题的一项根本措施"。这是世界农业发展给我们的重要启示，也是我国农业发展的一条基本经验。新中国成立以来，以杂交水稻的培育推广为标志的一系列粮食生产科技的突破和创新，大大提高了我国粮食综合生产能力，为保障国家粮食安全提供了物质保证。改革开放特别是"十五"以来，一批先进实用的粮食储藏、流通新技术的推广应用，有力提高了粮食流通和供给保障能力。今后，随着人口增加和生活水平提高，粮食需求呈刚性增长，而农业资源、生态和环境严重制约着农业的可持续发展，保障粮食安全的压力增大。要突破农业资源约束，进一步提高粮食综合生产能力，增强国家粮食安全的基础，必须依靠科技进步；要充分利用粮食资源，进一步提高粮食储存、物流和加工的现代化水平，增强粮食市场保障能力，必须依靠科技进步；要健全现代粮食市场、物流、储备体系，进一步提高粮食质量安全水平，增强粮食宏观调控能力，也必须依靠科技进步。从长远看，保障国家粮食安全，在于实现"藏粮于地、藏粮于库、藏粮于科技"的有机结合，而"藏粮于地"和"藏粮于库"都要以科技进步为支撑。因此，必须坚持科技兴粮，把推动粮食生产和流通领域的科技进步作为保障国家粮食安全的一项战略举措。

(二) 粮食科技进步是实现粮食流通现代化的重要基础。

粮食流通现代化的基本特征是粮食流通的便捷、安全、节约、环保、高效。目前，我国粮食流通现代化整体水平仍比较低，在粮食集约化处理和储粮害虫综合治理技术，粮食现代物流技术，高附加值的粮食加工和深加工以及资源综合利用技术，粮食质量标准和检测技术，以及信息技术在粮食流通领域的广泛应用等方面，与发达国家相比还有较大差距。比如散粮运输是粮食现代物流的重要标志，具有成本低、效率高、损耗小的特点。目前，我国散粮运输比例只占粮食流通量的10%，远低于发达国家90%的水平。这除了粮食生产和流通规模化、组织化程度低和体制因素外，物流技术落后和设施不配套也是重要原因。粮食流通现代化的基础是粮食科技的现代化和以先进技术为支撑的流通基础设施、质量标准体系和管理体系。因此，必须加快推进粮食科技进步，实现粮食流通领域技术创新和突破，大力改造传统的粮食流通设备和技术，建立现代化粮食流通的技术支撑体系。

(三) 粮食科技进步是建设社会主义新农村的迫切要求。

建设现代农业，发展粮食生产，提高种粮农民收入，是社会主义新农村建设的重要任务。实现这些目标，都要靠科技进步。从促进种粮农民增收看，粮食科技至少有三方面的作用：一是通过科技增加粮食产量，实现增产增收；二是通过科技提高粮食质量，实现优质优价增收；三是通过科技减少粮食产后损失，实现减损增收。这里我想着重讲一下减损增收。据有关方面调查，目前我国粮食产后损失包括收获环节和晾晒、烘干、储藏、运输、加工、消费环节的损失相当大。由于农民缺乏科学储粮知识和技术，仓储设施条件差，防护措施少，虫霉鼠害严重，农户储粮环节的损失尤为严重，也从源头上影响粮食质量安全。针对这种情况，国家粮食局在有关部门支持下，从2004年开始，在江西、湖南、黑龙江等11个主产省实施"减少三大粮食作物农户储粮损失技术集成与示范"试点，取得了良好的经济效益和社会效益，很受农民欢迎。最近，温家宝总理在我局呈报的有关材料上作出重要批示，我们正在就改善我国农户储粮条件、加强粮食产后减损工作研究提出规划和实施方案，积极争取有关部门的支持。加快粮食产后减损技术的开发，大力推广新型适用的农户储粮、农村干燥处理技术和设备，加强对农民科学储粮的技术支持和服务，对促进农业增效、农民增收、建设资源节约型社会和保障国家粮食安全都有重要意义，是广大种粮农民的热切期盼，也是粮食行业参与和服务社会主义新农村建设的重要切入点，我们要抓住这一机遇，努力创造条件，推动农户安全储粮和产后减损取得明显成效，为新农村建设做出积极贡献。

（四）粮食科技进步是提高企业竞争力和效益的基本途径。

企业是科技创新的主体。在粮食科技进步方面，企业负有重要的责任。在这一点上各级粮食行政管理部门和各类粮食企业必须有清醒的认识，承担起这一新世纪的历史重任。长期以来，我国粮食企业普遍存在经营方式和产品单一、技术含量低、经营成本高、市场竞争力不强的问题。随着对外开放扩大、粮食购销市场化改革深入和粮食消费结构升级，粮食企业面临着激烈的国内国际市场竞争。粮食企业要在竞争中生存和发展，至关重要的是，要积极采用先进适用技术、工艺、设备和经营方式，开发适应市场需求的新产品，在生产经营的各个环节努力降低成本、提高产品和服务质量。在企业管理中，也要注重运用信息技术，实施科学管理、精细化管理，提高管理效率和水平。近年来，我看到很多粮食企业包括不少民营粮食企业稳步发展壮大，产品市场占有率快速扩大，效益很好，它们的一个共同点就是，十分重视新技术的开发和应用，科技进步成为这些企业发展的推动力。很多事例都说明，一个企业是否具有市场竞争力，能否做大做强，科技实力特别是创新能力是决定性的因素。各类粮食企业尤其是粮食加工、储备、物流企业和产业化龙头企业，都要高度重视和加强科技工作，依靠科技进步提高经营效益和管理水平，增强市场竞争能力。

（五）粮食科技进步是粮食产业可持续发展的重要支撑。

转变粮食产业的增长方式，是促进粮食产业发展的重要途径。目前我国粮食产业增长方式仍然是粗放型的，成本高、消耗高、产业链较短、效益不高，不适应发展循环经济和建设资源节约型社会的要求。比如，玉米通过深加工可开发多种用途的产品，大大增加附加值，美国的玉米深加工产品达到3000多种，我们目前只有700多种，增值效益没有充分发挥。米糠、稻壳、麦麸、油脚等粮油加工副产品和废弃物利用率也很低，造成大量资源浪费。主要原因还在于科技创新不适应产业发展的需要，加工利用技术、工艺和设备相对落后。先进科技是产业的核心竞争力。我国粮食产业要在激烈的国内国际竞争中，保持持续快速健康发展，关键在于以科技进步为支撑，带动粮食产业增长方式的转变，走出一条粮食资源利用率高、成本低、效益好的粮食经济发展新路子。必须在粮食储藏、物流、加工等环节，积极开发和采用环保、安全、节约、高效的新技术，将信息技术、生物技术、智能化技术等高技术引入粮食流通领域，适应市场需求，发展集约化、资源节约型现代粮油加工和精深加工，发展绿色、营养、安全、健康的粮油食品，发展粮食产业化经营，延长产业链，增加产品附加值，促进粮食产业结构和产品结构的调整，促进粮食行业循环经济的发展。

党中央、国务院对粮食工作和粮食科技工作高度重视。《规划纲要》将许多粮食生产和流通的科技课题都列入了国家科技重点领域及优先主题。《国务院关于完善粮食流通体制改革政策措施的意见》（国发[2006]16号）把加强粮食现代物流体系建设作为一项重要任务，提出要加快实施全国粮食现代物流设施建设规划，形成快捷高效、节省成本的现代化粮食物流体系，同时加强粮食储藏技术的研究和推广，加强对农民储存粮食的技术指导，支持企业发展粮食精深加工。为落实全国科学技术大会精神，根据《规划纲要》和“十一五”粮食流通工作的总体要求，国家粮食局制定了《“十一五”粮食科技发展指导意见》，明确了粮食科技发展的指导思想、发展目标、基本原则、优先发展的领域和重点工作。我们要以科学发展观为统领，以保障国家粮食安全为目的，以市场需求为导向，以可持续发展为重点，坚持“自主创新、重点跨越、支撑发展、引领未来”的指导方针，坚持创新引领、统筹协调、优化机制的原则，建立符合建设社会主义新农村和构建资源节约型、环境友好型社会要求的，安全、环保、节约和高效的粮食流通技术体系，实现到2020年使我国粮食科技自主创新能力显著增强，科技促进粮食流通产业发展和保障国家粮食安全的能力大幅度提高，粮食科技整体实力进入世界前列的目标。这是“十一五”粮食流通工作的一项重大战略任务，也是全国粮食行业和粮食科技工作者光荣而艰巨的历史使命。

二 正确认识粮食供求和粮食流通体制改革的形势，坚定做好粮食科技工作的信心

粮食科技工作与粮食工作密切相关。借此机会，向大家简要介绍当前粮食形势和粮食流通体制改革情况。

（一）当前粮食供求形势总体平稳。

目前我国粮食供求基本情况是，产量继续提高，消费平稳增长，产需缺口逐渐缩小，库存保持相对稳定，市场价格总体平稳。近几年来，在国家政策、价格以及气候等因素的综合作用下，我国粮食连续恢复性增产。2004年粮食增产775亿斤，2005年增产291亿斤，粮食总产达到9680亿斤。今年国家继续稳定、完善、强化各项支农政策，粮食生产保持良好势头。据国家统计局调查，今年我国粮食播种面积预计达到15.75亿亩，比去年增长0.7%。夏粮已获丰收，比上年增产148亿斤。如果下半年不发生大的自然灾害，今年粮食产量将比去年略有增加。粮食消费保持平稳增长，当年粮食产需仍有一定缺口。但品种结构存在不平衡，玉米产大于需，由于玉米加工业发展较快，对原料的需求在增加，小麦产略大于需，稻谷产需基本平衡，大豆产需缺口较大，需要通过进口弥补。由于粮食连年增产，产需缺口缩小，给市场粮价带来一定下行压力。为保护种粮农民利益，稳定粮食市场价格，国家采取了相应的调控措施。继去年启动稻谷最低收购价执行预案后，今年又启动了小麦最低收购价执行预案。6月1日预案启动后，小麦价格总体稳定在最低收购价水平，收购进度较快，截至8月20日，11个小麦主产区国有粮食企业已收购小麦750亿斤，其中河北、江苏、安徽、山东、河南、湖北6省按最低收购价收购667亿斤。早籼稻最低收购价执行预案也已启动，收购工作正在有序开展。

从中长期看，我国粮食安全形势不容乐观。由于建设用地增加，耕地面积减少，依靠扩大播种面积增加粮食产量的余地不大，加上水资源短缺，农业基础设施比较薄弱，提高粮食综合生产能力受到严重制约。目前科技进步对我国粮食单产的贡献率低于发达国家，科技对粮食生产的支撑作用还有很大的发展空间。从粮食需求看，随着人口增加和生活水平提高，消费需求总量将继续增长。同时消费结构有所变化，居民口粮消费稳中趋降，饲料和工业用粮继续增长。总体上看，今后我国保持粮食供

需总量平衡的压力增大，供需品种结构和区域矛盾趋于突出，有的粮食品种对国际市场的依赖程度加深，粮食宏观调控的难度加大。中央从战略和全局的高度，强调必须坚持基本立足国内保障粮食供给的方针，是十分正确的。为此，必须从加强粮食综合生产能力建设、保护和调动农民种粮积极性、健全国家粮食储备体系、建立现代粮食物流和市场体系、完善粮食宏观调控机制和市场监管体制、提高粮食资源利用率等方面，建立和健全确保粮食安全的长效机制。这些都对粮食科技进步提出了新的要求。

（二）粮食流通体制改革进一步深化。

近几年，粮食流通体制改革按照中央确定的有利于粮食生产、有利于种粮农民增收、有利于粮食市场稳定、有利于国家粮食安全的原则和粮改总体方案的部署积极稳妥地推进，取得了显著成效。粮食购销市场全面放开，初步形成了市场主体多元化的格局；建立了对种粮农民直接补贴的机制，在粮食主产区对短缺的重点粮食品种实行最低收购价政策；国有粮食购销企业改革取得突破性进展，经营机制逐步转换；国家粮食储备体系进一步健全，宏观调控能力得到加强；粮食市场体系进一步完善，粮食产业化经营发展较快；粮食行政管理部门职能实现向依法管粮转变，粮食流通秩序得到有效维护。总体上看，适应社会主义市场经济发展要求和符合我国国情的粮食流通体制基本框架已经初步确立。与此同时，粮食流通基础设施建设得到加强，“十五”期间使用国债资金集中建设了具有现代化功能的粮库仓容1051亿斤，粮食储存、港口、码头和粮食接卸设施条件明显改善，仓储能力和管理水平迈上新台阶。粮食流通体制改革、粮食流通现代化和粮食科技进步，相互带动、相互支持、相互促进、共同发展的格局已初步形成，粮食事业发展呈现出勃勃生机。

当前，粮食流通体制改革也面临一些新情况和新问题。为确保改革的顺利进行，达到预期目标，国务院今年5月再次下发了《关于完善粮食流通体制改革政策措施的意见》（国发［2006］16号），提出要坚持中央确定的粮食流通体制改革总体目标和基本思路，进一步完善政策措施，健全体制机制，加大改革力度。重点是加快推进国有粮食购销企业改革，妥善解决企业历史包袱，积极推进企业产权制度改革和组织结构创新，继续发挥主渠道作用。同时，要加快建立统一开放、竞争有序的粮食市场体系，加强和改善粮食宏观调控，推进产销区之间建立稳定的购销协作关系，进一步转变粮食行政管理部门职能。粮食流通体制改革的深化，将为粮食科技进步提供良好的体制环境，进一步增强各类粮食企业的发展意识、竞争意识、效益意识、科技意识，促进企业逐步成为粮食科技创新的主体，更好地推动粮食科技进步。

三 加强领导，狠抓落实，全面实现“十一五”粮食科技发展目标

中央关于科技工作的大政方针已定，政策措施已明确。做好粮食科技工作，关键是认真贯彻全国科学技术大会的精神，组织实施好《“十一五”粮食科技发展指导意见》，确保各项工作落到实处。这里我强调几点：

（一）加强组织领导，做好粮食科技发展规划的实施。

粮食科技工作事关粮食工作的全局，指导粮食行业科技发展是粮食行政管理部门的重要职能。各级粮食行政管理部门要充分认识推动粮食科技进步的重要性和紧迫性，加强对粮食科技工作的领导，把这项工作摆上重要议事日程，放在更加突出的位置，要有专门的负责同志抓科技、管科技，做到领导到位、组织到位、责任到位、措施到位。各地区要根据国家的总体规划和要求，从本地区粮食生产

和流通特点出发，结合区域经济和粮食产业发展的需要，认真分析研究粮食科技面临的重大需求，明确粮食科技发展目标、发展战略、工作思路、工作重点，制定本地区粮食科技发展的规划或指导意见，并认真组织实施。

（二）明确工作定位，形成促进粮食科技进步的合力。

推动粮食科技进步，必须调动各方面的积极性，充分发挥各相关方面的作用。各级粮食行政管理部门要加强对粮食科技工作的统筹和指导，积极争取各级政府和有关部门的支持，协调落实有关政策，为粮食科技发展创造良好的政策环境。粮食科研院所、大专院校要充分利用本单位的人才和科研资源优势，发挥骨干引领作用和生力军作用。企业要努力成为研究开发投入的主体、技术创新的主体和创新成果应用的主体，特别是大型骨干粮食企业要发挥粮食科技进步的示范和引领作用，加大科技投入，积极建设研发中心，努力成为有自主知识产权、自主品牌的创新型企业。中储粮总公司在粮食储藏科技方面，华粮集团在粮食物流科技方面，中粮集团公司、中谷集团公司在粮油加工科技方面，要力争取得一批行业领先和国际领先的科技成果，发挥大型国有粮食企业在带动和促进全行业粮油科技工作的示范引导作用，逐步形成一批市场占有率高和国际、国内市场竞争力强的知名品牌。要发挥粮食行业协会、粮油学会和中介机构的作用，建设中介机构有效参与的粮食科技服务体系。

（三）注重自主创新，加快构建粮食科技创新体系。

自主创新是科技发展的灵魂。推动粮食科技进步，要把提升自主创新能力作为粮食科技工作的中心任务，把体制创新作为推动科技创新的主要杠杆，把优化创新环境作为加强自主创新的重要保障。要大力推进以企业为主体、市场为导向、产学研紧密结合的技术创新体系建设。粮食部门要积极协调落实国家对自主创新的有关支持和优惠政策。充分发挥企业在粮食科技创新中的主体作用，加大对企业技术创新的支持力度，全面提升企业的自主创新能力。科研院所、大专院校要高效利用科技资源和优势，大力开展科技创新，加快创新科技成果的转化。国家级社会公益科研机构要发挥科技创新龙头作用，不断提高粮食科技创新的原始创新能力。

（四）坚持突出重点，带动粮食科技整体水平的提升。

《“十一五”粮食科技发展指导意见》所提出的粮食科技发展的重点领域，是粮食科技实现跨越式发展和全面提高粮食科技整体水平的关键。必须在统筹安排、整体推进的同时，把优先领域真正放在优先位置，突出抓好重点项目的实施，集中行业优势力量，组织跨行业、跨部门的联合攻关，力争在重点技术、重点装备、重点工艺、重点产品上实现重大突破。各级粮食行政管理部门要积极争取财政、科技等部门对粮食科技的资金投入，用于重点项目的落实。参与国家粮食重大科技项目的各有关单位，要按照国家有关要求认真做好所承担的任务，力争取得优异成果。要积极引导和支持相关科研院所、大专院校、企业和社会力量，围绕优先领域和重点项目开展配套课题研究，为重点项目实施提供服务。同时，要注意发挥重点项目的带动作用，促进粮食科技整体水平的提高。

（五）完善体制机制，加强粮食科技人才队伍建设。

推动粮食科技进步，必须深化粮食科技体制改革，完善体现粮食行业发展目标和创新规律的管理体制，积极探索和建立竞争、流动、开放的科技运行机制，促进粮食科技资源的优化配置和高效利用。对于从事基础研究的粮食科研机构，要按照国家有关要求，加快建立现代科研院所制度。对于面向市场的应用技术研究开发类科研机构，要支持它们进入企业或向企业化、市场化转制，加快建立现代企业制度。进一步消除各种体制机制性障碍，打破行业和市场垄断，创造企业公平竞争的环境，增强企业技术创新的积极性。粮食科技进步，关键在人才。要加强粮食科技人才队伍建设，优化人才队伍的学科结构和布局结构。各级粮食行政管理部门、科研院所、大专院校和企业，都要努力营造良好的粮食科技人才工作、成长环境，完善有利于充分发挥人才作用的体制和机制。特别要加快培养创新型科技人才，培养和造就一批粮食科技带头人。

同志们，大力推动粮食科技进步，是我们粮食行业的一项重大任务，也是粮食科技工作者肩负的重要使命。我们要在党中央、国务院的正确领导下，以科学发展观统领粮食工作全局，紧紧抓住机遇，积极应对挑战，以只争朝夕、开拓创新、求真务实的精神，扎实工作，不懈努力，为全面实现中长期粮食科技发展目标，促进粮食行业发展，保障国家粮食安全，建设创新型国家和全面小康社会，作出积极的贡献。

全面建设小康社会 保障国家粮食安全 加快推进粮食科技创新体系建设

——在全国粮食科学技术大会上的工作报告

国家粮食局党组成员、副局长 郄建伟

2006年8月31日

同志们：

这次全国粮食科技大会，是在认真贯彻落实全国科技大会精神，坚持走中国特色自主创新道路的形势下召开的。刚才振邦同志做了重要讲话，深刻阐述了新时期加强粮食科技工作的重要意义，对今后粮食科技工作的发展提出了明确要求，我们要认真学习、贯彻落实。下面我就粮食科技工作中如何落实《国家中长期科学和技术发展规划纲要》精神，完成《“十一五”粮食科技发展指导意见》提出的各项工作，谈几点意见。

一 “十五”粮食科技工作取得了显著的成绩

“十五”期间，粮食科技工作呈现良好的发展局面。以绿色储粮技术、深加工综合利用技术为标志的粮食科技进步，对保障国家粮食安全，促进粮食产业化发展，满足城乡居民日益增长的需求起到了重要的支撑作用。国家粮食科技项目和资金投入显著增加，粮食科技产生的经济社会效益明显增长，行业科技总体水平有较大幅度提高。粮食科技体制改革取得了新的成效，粮食企业技术创新能力显著增强。通过国家重大项目的实施，取得了一批具有产业化前景的科技成果，培养和锻炼了科技人才队伍。

（一）粮食科技投入显著增长，人才队伍不断成长壮大。

“十五”期间，国家粮食局组织的国家科技攻关、社会公益研究专项、科技基础性工作专项、农业科技成果转化资金项目、国家高技术产业化示范工程等重点项目约130项，总投资超过10亿元。“十五”粮食科技投入的主要特点：一是科研项目投入资金来源多元化。除国拨经费外，银行贷款、自筹资金和其他资金也成为科研经费的重要来源。二是科技攻关项目经费投入的份额较大。科技攻关项目经费的投入高于高技术产业化、科技成果转化项目的投入。三是粮食科技投入的两大重点领域是加工和仓储。这两个领域的投入高于物流、质量检测方面的投入。四是原部属科研单位承担的项目比例较大。国家粮食科技项目中，原部属科研单位承担的项目和资金的份额均为60%左右，这反映出原部属科研院所的主力军作用。

粮食科技投入的增加和项目的实施，有力地促进了科研事业的发展，锻炼了科研队伍，培养了科技人才。到2005年年底，全国粮食系统专业技术人员约11.6万人，其中具有高级专业技术职称的近3000人，具有中级专业技术职称的近3.7万人。中青年学科带头人和技术骨干迅速成长，45岁以下的技术人员占75%。2004年、2005年国家粮食局评审出研究员及研究员待遇的高级工程师24人，享受政府特殊津贴的专家5人。

(二) 粮食科技总体水平明显提高，科技成果广泛应用。

1.一批自主开发先进实用的粮食流通技术，得到全面的推广和产业化应用。在国家粮库建设中，普遍应用了自主研究开发的机械通风、环流熏蒸、计算机粮情检测和谷物冷却等四项新技术，大幅度提高了仓储技术水平。郑州粮科院等单位研究开发的“散粮储运装备技术与应用”，为区域化散粮流通提供了技术支撑；局科研院、河南工业大学等单位开发的低温储粮技术、成都粮科所等单位开发的二氧化碳气调储粮等技术得到了示范应用；郑州粮科院、北京中谷润粮科技公司等单位自主开发的玉米低温真空干燥技术、浅圆仓装仓防破碎装置、粮仓气密技术等成果解决了粮食流通实际工作中的诸多技术瓶颈。粮库建设设计水平有了很大的提高，由我局组织编制的《国家储备粮库通用仓型设计选用图集》获2004年国家优秀标准设计金奖。

2.粮油加工技术和装备的引进和消化吸收再创新，使我国粮食技术和装备水平迈上新台阶。武汉工业学院研究开发的油料挤压膨化、双低菜籽脱皮冷榨等制油技术，西安油科院完成的“超滤膜法由油茶饼粕中提取精制油茶皂甙”，黑龙江粮科所开发的大豆异黄酮与皂甙，江南大学开发的稻米及副产品加工利用增值技术，山东怡康集团的无水葡萄高技术生产线，丰原集团玉米液发酵生产柠檬酸技术，大成集团以玉米为原料生产化工醇等自主创新技术，都促进了传统粮油加工业的升级改造，带动了粮食深加工产业化和农村经济发展。江苏牧羊集团、武汉皇冠友谊油脂工程公司、湖北省永祥粮食机械有限公司、天津圣昌达机械有限公司等自主开发设计的加工成套设备和工程设计达到国际国内先进水平。

3.粮油质量标准检测技术及计算机信息技术得到广泛应用。局科研院组织研发的电子式粉质仪和拉伸仪替代了进口产品，深受用户好评。无锡粮科院、局标准质量中心等单位研究开发的粮食品质测报技术体系及数据共享技术等为全国粮食产后质量调查和优质粮食品质测报提供了技术服务。局科研院、江南大学承担完成的“食品功能因子作用机理、分类及标准研究”、武汉粮科院完成的“饲料显微镜检查图谱及识别系统”等为保障粮油、饲料加工产品质量安全提供了有力的技术支撑。中国科学院遥感所、国家粮食局信息中心承担的国家863计划中“粮食预警遥感辅助决策系统”项目，河南工业大学组织开发的“国家储备粮库建设智能决策系统”等，为国家粮食宏观调控与决策提供了技术支持。

4.农户科学储粮示范工程取得良好社会经济效益。由科技部、农业部、财政部和我局共同组织的“粮食丰产科技工程”重大科技项目，在河北、辽宁、吉林、黑龙江、江苏、江西、山东、河南、湖北、湖南、四川、安徽、陕西等省粮食局的积极组织配合下，由成都粮科所、河南工业大学、辽宁粮科所、湖南粮科院等单位承担的“减少三大粮食作物农户储粮损失技术集成与示范”课题，经过对粮食主产区上万户农民的技术宣传和培训，先后建立了农户科学储粮技术示范点3644个，有力地指导了农村科学储粮，取得了良好的社会经济效益，受到了广大农民群众的好评，在社会引起了强烈反响。这项工作对降低粮食储藏损失，保障粮食安全，增加农民收入，促进社会主义新农村的建设起到了重要示范作用。最近，温家宝总理对这项工作做出了重要批示“我国农户储粮数量巨大，推广科学储粮技术，改善储粮条件，减少损失，对于保障国家粮食安全有着重要意义。国家粮食局要继续抓好这项工作，有关部门要予以支持和配合”。我们将按照总理的批示精神，加大工作力度继续抓好这项工作。

“十五”期间，由我局组织的130多项各类国家科技项目中，达到国际先进水平的12项，国内领先水平的49项，国内先进水平的9项，填补国内空白的13项。“十五”期间，在国家科技进步奖项中，有四项粮食科技成果获得国家科技进步二等奖。这些项目是：由郑州粮科院等单位承担完成的“散粮储运关键技术和装备的研究开发”，江南大学等单位完成的“稻米及其副产品高效增值深加工技术”，北京化工大学等单位完成的“大豆精深加工成套技术及关键设备”，中国农科院油料作物所等单位完成的“双低油菜芥酸硫甙定量速测技术及仪器的研制与应用”。这四项科技成果标志着我国粮食流通、粮油深加工和质量检测技术水平跨上了一个新台阶。

另外，今年我局成功组织举办了以“粮油食品安全与农村科学储粮”为主题的2006年粮食科技活动周。全国20个省、自治区、直辖市粮食局、中储粮总公司、中粮集团、中谷集团、地方粮食科研院所和院校、粮油质检中心、粮油学会和协会、有关企业等数百家单位参加了活动。这次科技周在全国40多个大中城市和200多个县（市）、乡共举办了500多场次形式多样、内容丰富、气氛热烈的群众性粮食科普活动。这次活动成为全面展示粮食行业科技创新体系的窗口，是对粮食行业科技力量的一次检阅，展示了成果，振奋了精神，收到了良好的社会效果。

（三）粮食科技体制改革取得新的成效，科技创新环境逐步改善。

粮食行业公益性基础性科研力量得到加强。局科研院改制为公益性科研院后，更新了科研设施，改善了科研基础条件，增强了承担国家及行业重大公益性科技项目的能力。通过改革，优化了学科结构和人才结构，加强了粮食质量安全检测、粮食资源综合利用等新技术的研究。通过改革完善了用人制度，引入了竞争机制，全面推行了岗位聘用制，中青年科技队伍加速成长和壮大。

原部属院所转制后市场意识和科研成果产业化能力加强。无锡、郑州、武汉、西安、成都等5个科研院所转制为科技型企业，进入中谷粮油集团组成了科技总公司。它们转变观念，树立服务行业、服务市场、服务社会的意识，不断拓宽工程设计和技术开发的业务范围。国家粮食局投入专项资金用于这些院所的仪器设备更新及基础设施改造，增强了这些院所的新技术新产品的自主开发能力和科技成果转化能力。

2004年我局批准组建了国家粮食局粮食物流、粮油食品、储藏物保护等10个工程研究中心，总投入约1亿元，加强了粮食行业科技成果转化中试平台的建设。

省级粮食科研机构基本完成了转制工作，进入快速发展时期。湖南、黑龙江、辽宁、内蒙古、陕西、浙江、江西、福建、广东等省级粮食科研院所面向市场，服务企业取得了较好的社会经济效益，在促进地方粮食科技发展中发挥了重要作用。国家粮食局利用国债资金对37个省级粮油质检中心的检测仪器进行更新配置，大大改善了地方粮油质检工作的装备水平。

一批大型企业为了适应市场竞争和产品性能质量提高的要求，采取产学研相结合的方式，相继建立了研究与开发机构，使企业的研发队伍和研发力量得到了加强，创新成果不断涌现。“十五”期间，中国储备粮管理总公司投入科研经费约1亿元，取得21项专利；山东鲁花集团投入科研经费约0.8亿元，取得8项专利技术；江苏牧羊集团投入科研经费约0.6亿元，取得167项专利技术。企业成为科技投入主体的作用已经初步显现。

“十五”期间，粮食科技发展还存在一些问题：一是粮食科技投入仍然偏少，并缺乏长期稳定的增长机制；二是粮食科技支撑发展能力不能适应产业发展的需求；三是粮食科技自主创新能力不强，具有自主知识产权的核心技术缺乏；四是科技队伍中创新型人才、学科带头人和跨学科人才比较缺乏，科研院所的人才结构和学科结构有待调整完善；五是粮食科技管理体制需进一步改革，科研院所的分配机制、竞争机制、人才流动机制尚需完善。

二 全面提高粮食科技的整体实力和水平

（一）“十一五”粮食科技面临良好的发展环境。

1.党中央、国务院对粮食工作和粮食科技自主创新高度重视。粮食是关系国计民生的重要战略物资，是农民收入的重要来源。党中央、国务院对粮食的生产和流通工作历来高度重视，胡锦涛总书记和温家宝总理多次对粮食工作作出重要批示。《国家中长期科学和技术发展规划纲要》中将许多粮食生产和流通的科技课题列为科技发展的重点领域和优先主题，中共中央、国务院《关于实施科技规划纲要增强自主创新能力的决定》，确定了我国科技发展的大政方针和基本战略。这些都为粮食科技工作的发展指明了前进的方向。

2.新科技革命和经济全球化为粮食科技的发展带来新契机。进入21世纪以来，以信息技术、生命科学和生物技术、新材料新能源不断取得重大突破为主要标志的科学技术发展日新月异，由此，推动了世界范围内生产力、生产方式、生活方式发生了前所未有的深刻变化，也促进了生产要素流动和产业结构升级，推动了经济全球化的进程。新科技革命和经济全球化必将对粮食科技的发展产生深刻的影响。新技术革命将使粮食流通信息的获取、处理、交换效率大大提高，将使粮食生产、储藏、加工、物流的技术发展空间不断拓展，使国家粮食安全的保障能力大大加强。

3.经济的发展和人民生活水平的提高需要粮食科技提供有力支撑。未来15年是全面建设小康社会，实现我国人均GDP达到3000美元的重要阶段。在工业化和城镇化不断加速的双重作用下，我国城乡居民收入快速增长，生活水平不断提高，消费结构迅速升级。公众对粮油食品营养化、方便化、多样化、健康化的要求日益增强，从而要求粮油食品加工业加快产业结构调整，提供更加丰富多样的食品，要求加快研发大量的新技术、新产品、新设备满足粮食生产、储存、运输、加工等方面的需求。我们必须大力推进粮食科技进步，依靠科技创新向人民群众提供日益丰富的产品。同时，转变经济增长方式、建设社会主义新农村、构建资源节约型和环境友好型社会的历史任务，也将对粮食科技事业发展提出更高的要求。

4.粮食流通体制改革的不断深化促进粮食科技工作的发展。“十五”期间，我国粮食流通改革工作取得了丰硕成果，科技管理体制改革也取得了显著进展，这将为“十一五”粮食科技奠定良好的发展基础。粮食流通体制改革工作的重要目标，就是坚持市场化改革的方向，不断提高粮食综合生产能力，发展现代粮食流通，促进粮食产业化发展，这就要求粮食科技在粮食产后减损、品质快速检测、保证储存质量、发展现代物流、提高加工深度、延长产业链条、带动其他相关产业的发展等方面提供现代化的技术和装备的支撑。

（二）“十一五”粮食科技发展的战略目标和主要任务。

“十一五”期间是落实科学发展观，全面建设小康社会的关键时期。我们必须以科学发展观为统领，以国家粮食安全和市场需求为导向，以可持续发展战略为重点，坚持“自主创新、重点跨越、支撑发展、引领未来”的指导方针，建立符合建设社会主义新农村和构建资源节约型、环境友好型社会要求的安全、环保、节约和高效的粮食流通技术体系。

我们的发展目标是，到2020年使我国粮食科技自主创新能力显著增强，科技促进粮食流通产业发展和保障国家粮食安全的能力大幅度提高，粮食科技整体实力进入世界前列。“十一五”期间粮食科技发展要力争在重点产品、重点工艺、重点技术、重点装备上实现重大技术突破。粮食储藏技术达到同期国际先进水平，粮食物流和加工技术与装备得到优化升级，粮食质量标准检测技术不断完善，农村传统的粮食流通方式得到改造，建设一支结构合理、研发能力强的基础科研队伍。完善粮食科技创新机制，形成以企业为主体、产学研相结合、科技资源共享、技术优势互补的粮食科技创新体系。

《国家中长期科学和技术发展规划纲要》中，将主要农产品和农林特产资源精深及清洁生态型加工技术与设备，粮油产后减损及绿色储运技术与设施，鲜活农产品保鲜与物流配送，食品安全监测技术，生物质能源以及生物质新材料和化工产品等生产关键技术都列入了国家科技重点领域及优先主题。根据《纲要》的精神，结合粮食科技的实际，“十一五”期间我国粮食科技发展的重点领域是：①以生态理论为指导，发展绿色、高效、实用的仓储技术。通过改善储藏环境、保持储粮品质、降低储藏损耗、提高监管手段的各项技术措施，促进储粮技术方式由传统型向绿色生态型转变。②以成套高技术设备和生物（工程）技术为重点的粮食深加工技术。通过生物技术、精细化工技术、智能化设备制造等高技术在粮油加工业应用，促进高效、节约和清洁生产技术的发展。③以发展散粮运输为重点推进传统粮食物流业的改造。重点发展实用、高效、经济的散粮接收、发放、运输的设施和装备，研究集装单元化散粮运输技术，建设物流信息平台，完善物流技术标准，构建高效、便捷、安全的粮食物流体系。④以应用基础研究为平台，发展粮食质量快速检测技术和仪器设备，加速粮食质量检测仪器的升级换代，带动国产仪器的研发和推广。⑤以预警、监测为重点的粮食流通现代化的信息技术。主要是推进信息技术在粮食储藏、加工、物流、质量标准仪器、品质测报等领域的研究开发与应用。

“十一五”期间，粮食科技要在以下五个方面持续加大自主创新的力度：

1.注重应用基础研究和边缘学科的高新技术的结合，培育粮食科技持续创新能力。组织开展粮食物质信息学与储藏品质变化机理、谷物油脂化学及生物活性物质功能、转基因粮油食品检测等多方面应用基础研究。组织粮食行业公益性、基础性重点技术标准研究，把重大科学研究成果与粮食应用科学相结合，培育和发展粮食科技新兴学科、交叉学科，注重粮食科技的前瞻性，鼓励前沿技术领域的研究探索。加强产学研结合和组织多学科的合作攻关，提升我国粮食科学的研究水平和参与国际合作研究与竞争的能力。

2.加大信息技术和生物技术在粮食流通领域的研究和应用，带动和促进粮食科技跨越式发展。重点开展数字粮食流通、信息采集预警预报、信息控制技术和基于3S技术的管理决策系统的研究开发，推进粮食流通电子商务的发展，在重点地区、重点领域实现粮食预警、监测和动态信息化管理。开展粮食生物工程高新技术研究与产业化示范，加强生物技术在粮油食品加工领域中的应用研究，不断开发新型食品；加强生物技术在以粮食及其副产品（废弃物）为原料的生物质能源和生物材料方面的应用，对粮食在能源、医药、材料、化工、纺织、造纸等行业的各类深加工关键技术进行攻关及产业化示范。

3.组织和实施科技攻关，重点突破一批重大关键技术。集中优势力量，组织跨行业、跨部门的联合攻关，重点研发粮食质量快速检测仪器、监测应用技术和相关的传感器技术。以信息化带动高效便捷的粮食物流关键技术和装备的研发，开发粮食散运和集装箱运输的技术和装备。开展生态环保储粮技术研究，组织对低温储粮、生物防治、化学薰蒸药剂替代等关键技术的攻关。对有利于降低能耗，保护环境和提高综合利用率的酶技术、发酵技术、膜分离技术、超临界萃取、超微粉碎、质构重组及机电一体化等高技术进行攻关，拓展各种高技术在粮油深加工和产业化中的应用。加强相关技术集成化创新，促进粮食技术产品的优化升级，提高产业的国际竞争力。引进国外先进的粮食流通与加工重大关键技术与装备，并联合制造企业、高等院校、科研机构进行消化吸收再创新。

4.搭建粮食科技公共基础条件平台，为推动粮食科技创新活动提供支撑。重点组织开展粮食科学仪器、设备、技术标准、科学数据共享、科技信息公共服务平台与实验基地建设，推进国家、行业标准和检测技术体系建设。以粮食科研机构、科技型企业为主，积极争取组建国家级粮食储藏、物流、深加工等工程技术研究中心；在不同地区以省级粮食科研院所为依托，组建具有地域资源特征、具有不同专业特色、不同优势产品的国家粮食局工程技术研究中心；以重点产品为依托，积极组织大型粮食龙头企业申请国家认定的企业技术研发中心。按照“整合、共享、完善、提高”的原则，克服条块分割、区域分散、相互封闭、重复建设的弊端，使分散在各部门各行业各单位的科技资源发挥出最大效益。

5.加快先进适用技术的推广应用，促进产业技术升级。开展粮食流通先进适用新技术、新产品、新装备的成果转化工作。继续推广四项储粮新技术，保证储粮安全；加强粮食四散技术的推广，提升粮食物流的现代化水平；改造传统落后的农村粮食产后流通技术方式，以粮食主产区的收纳库为依托，推广农村粮食集中处理的干燥技术与装备；通过储藏、加工、物流、信息及标准化等技术的集成，建立农村粮食产后整理、干燥、储藏、加工、运输等集约化处理技术服务体系与示范；开发适用于农户储粮的新型技术及装具，开展农村粮食产后减损及安全保障关键技术的研究和集成示范。

三 努力奋斗，提高粮食行业科技创新能力

为落实《国家中长期科学和技术发展规划纲要》的精神，完成《“十一五”粮食科技发展指导意见》提出的各项工作任务，“十一五”期间，粮食科技重点抓好以下几个方面的工作。

（一）多渠道增加粮食科技投入，建立投入稳定增长的长效机制。

稳定的科技投入是粮食科技发展的重要条件。一是各级粮食行政管理部门要积极争取财政等部门对粮食科技的资金投入，主动协调增加省级粮食科研经费预算，积极落实本地区粮食科技项目的配套政策。主产区的粮食行政管理部门，要配合即将启动实施的“十一五”粮食丰产科技工程项目，落实农户科学储粮技术集成示范项目的配套资金，并积极探索建立农村科学储粮资金投入增长的长效机制。二是“十一五”期间，国家财政将大幅度增加科技投入，重点支持基础研究、前沿技术和公益研究，支持重大战略产品和重大科技工程，科技基础条件平台建设等。各地、各单位要依据《国家中长期科学和技术发展规划纲要》，紧密结合行业和区域经济发展的需要，提出粮食科技重大项目建议，积极争取国家财政资金对粮食科技的支持，组织和落实好各类国家粮食重大科技项目和重点任务。三是公益类科研院所、转制科研院所要以建立院所长科研基金等方式，对基础性、公益性、交叉学科和前沿高技术研究给予资金支持，并逐渐形成长期稳定的投入和激励机制。四是大型龙头企业要积极组建技术研发机构，建立与科研院所、高校的良好合作机制，力争从每年的利润中拿出较多的资金，稳定投入到新技术新产品的研发上，并搞好技术和人才的储备。中小型粮食企业，也要依靠技术进步，重视新产品开发，以一定经费投入技术改造和技术创新，不断提高市场竞争力。

（二）深化科研院所体制改革，推进创新体系建设。

建立面向市场的现代科研制度是深化科研院所体制改革的重要任务。要不断优化粮食科技结构，建立激发科研创新活力的制度环境，完善市场配置科技资源的管理方式，逐步建立符合市场经济规律和科学技术发展规律的科技运行机制。为此，一是要继续稳步推进社会公益类科研机构改革，转变运

行机制，建立激励机制，突出以人为本，吸引国内外高层研究人才，集中力量建设有学科特色和学科优势的研究领域，不断提高粮食科技的基础研究和应用基础研究的能力。要把粮食公益类院所和大学建设成培养学科带头人才的重要基地。二是转制院所要紧紧围绕行业和市场需要，加强新技术、新产品的研发，拓宽服务范围，提高服务能力和科技成果转化能力。三是建设以地方粮食科研院所为主的区域科研创新体系，进一步突出省级粮食科研院所学科优势和区域特色。省级科研机构、质量检测机构要发挥在应用研究、新技术新产品推广、基层技术服务方面的骨干作用。地县粮食科研机构、质量检测机构要加强对地区粮食经济和农村产后的技术服务，结合农村技术推广体系的建设，不断推广先进适用的新技术。要通过加强地区间、部门（行业）间的科研人员交流和技术项目合作，发展和强化技术优势，不断提高市场竞争力。四是建设中介机构有效参与的科技服务体系。“十一五”期间要通过加强中介组织的社会化网络服务体系建设，发挥各级粮食协会、粮油学会联系各创新主体的桥梁纽带作用，为粮食科技发展，为企业技术创新不断提供技术咨询、信息指导和市场调研等服务。加强与政府管理部门的沟通，通过网络化服务推广技术成果，使之成为创新体系的重要组成部分。

（三）优化政策环境，充分发挥企业技术创新的主体作用。

建立以企业为主体、市场为导向、产学研相结合的技术创新体系，一是创造良好的政策环境，促进企业真正成为技术创新的主体。要消除长期以来对企业（特别是民营企业）的偏见和体制上运行的障碍，打破行业和部门的界线，创造对不同类型、不同规模、不同性质的企业之间公平竞争的环境，营造良好的运行机制和政策环境，增强企业技术创新的积极性，使企业成为科技创新资金的主要投入者，成为科技成果转化和产业化技术开发的主体。要采取有力政策措施，促进人才、资金、技术等要素向企业的转移。二是加大对企业、转制院所技术创新的支持力度，在课题立项前听取企业对粮食科技项目意见，吸收企业参与粮食科技项目的申报和实施，优先支持有条件的企业集团牵头或由企业与高校、科研院所联合承担有产业化前景的重大项目和技术攻关项目，如农业科技成果转化项目、科技支撑项目、高技术产业化项目等，建立以企业为主体、产学研相结合的项目实施机制。加大对大型骨干企业技术创新基地建设的支持，支持有条件的企业独立或联合科研院所及高校建立国家级、省部级工程技术研究中心、国家认定的企业技术中心。引导有自主知识产权、自主品牌的企业尽快成为有持续创新能力的创新型企业。各级粮食部门要积极帮助企业在技术创新和高技术产业化发展方面获取政策支持。三是支持企业建设研发中心，鼓励企业与科研部门、高校联合共建工程实验室、共性技术研发和工程化平台。建设一批企业研发中心，打造企业技术创新和产业化平台。四是发挥中小企业在技术创新中的作用。中小企业特别是科技型中小企业是科技创新的不可忽视的力量，要通过科技政策和经济政策的扶持，使粮食中小企业的创新能力不断提高。

（四）建立和完善创新人才的培养和成长机制。

“十一五”期间，要紧紧围绕粮食科技创新需要，把粮食科技人才队伍建设摆到重要的战略位置。一是要努力建立一支高素质的人才队伍。要尽快改变粮食科研中缺乏领军人物的状况，加快中青年为主体的创新型学科带头人的培养，要给他们创造条件，通过国家科技项目的实施培养和锻炼他们，使他们尽快成长壮大。要抓好专业技术人才队伍建设，制订专业技术人才的培养规划，落实培训措施，使专业技术人才队伍的学科结构、知识结构和年龄结构适应发展的需要。要重视科研管理人才队伍的建设，培养和造就出敢于向世界领先技术挑战的科技管理人才。要利用国际国内人才资源市场，引进粮食科技发展急需的科研技术人才。二是要完善粮食行业科技人才的培养体系。要充分发挥高等院校、科研院所、粮食教育培训机构的重要作用，加快各类专业技术人才的培养。要通过国际科技合作研究、人才交流、专项培训等多种渠道，使在职科技人员更新知识，跟踪前沿技术，提高创新能力。三是要大力营造尊重劳动、尊重知识、尊重人才、尊重创造的氛围，努力把优秀科研人才聚集到粮食科技创新的实践中来。树立科研诚信，抑制学术不端行为，努力营造讲科学、用科学、学科学的新风气，形成鼓励探索、敢于突破、潜心钻研、宽容失败的创新环境，摒弃浮躁浮夸和急功近利的不良学风。四是要建立有利于发现人才、培养人才、激励人才的机制。要建立科学严谨的科技成果评价体系和公平公正的技术创新奖励制度。要进一步完善高素质创新人才和管理人才公开招聘制度，形成跨部门、跨领域的人才流动和竞争的机制，不断吸引社会优秀科技人才、海外留学人员加入粮食科技队伍，为推动粮食科技进步和创新贡献智慧和力量。

（五）加强国际合作，扩大我国粮食科技在国际交流中的地位和影响。

充分利用各方面的有利条件，不断扩大多种形式的国际科技合作与交流。要站在科技发展前沿，及时掌握国际粮食科技发展的最新动态。要加强和国外粮食科技机构的联系和合作，突出重点，改进合作方式，拓宽合作领域和渠道，提高合作成效。支持各级各类粮食科研机构、高等院校、企业研发机构积极加入有关国际粮食科技的学术团体和组织，积极参与各种双边或多边的国际交流活动，并在其中增长知识，获取经验，扩大影响，发挥作用。鼓励科研院所、高等院校与海外研究开发机构建立联合实验室和研究开发中心。鼓励企业扩大高新技术及其产品的出口。要创造有利条件，吸引更多的国际粮食方面学术团体、专家、学者到中国来举办学术会议、进行讲学和合作研究，使我国的粮食科技工作更好地适应国际经济一体化的需要。

同志们，推动自主创新，建设创新型国家，是新时期我党和全国人民的重要使命，我们要在党中央、国务院的领导下，认真贯彻落实科学发展观，以奋发向上、勇于探索、脚踏实地、求真务实的精神，努力开创粮食科技工作的新局面，为全面建设小康社会、实现经济社会全面、协调、可持续发展而努力奋斗！

深化改革 加快发展
积极发挥国有粮食企业在社会主义新农村建设中的重要作用

——在全国国有粮食企业改革工作会议上的工作报告

国家粮食局党组成员、副局长 任正晓

2006年5月25日

同志们：

继今年3月全国粮食局长会议之后，我们这次又在黑龙江省哈尔滨市召开全国国有粮食企业改革工作会议，其主要任务是，认真贯彻落实《国务院关于完善粮食流通体制改革政策措施的意见》（国发[2006]16号），总结"十五"期间国有粮食企业改革情况，认真分析当前国有粮食企业改革面临的新形势、新情况，以及存在的主要问题，研究部署进一步深化国有粮食企业改革工作。刚才，振邦同志作了重要讲话，对贯彻落实国务院16号文件精神，进一步推进粮食流通体制改革工作做出了部署，各地粮食部门一定要认真学习、深入领会，切实贯彻落实。下面，我就国有粮食企业改革工作谈几点意见。

一 "十五"时期国有粮食企业改革取得明显成效

国有粮食企业改革是粮食流通体制改革的重点和难点。"十五"期间，各地粮食部门在当地党委、政府的直接领导下，在各有关部门的大力支持下，积极稳步推进国有粮食企业改革，取得了明显成效。

（一）逐步解决了企业"三老"问题，切实减轻了企业负担。

五年来，各地根据中央的统一部署，出台了一系列政策措施，推动了"老粮、老账、老人"问题的逐步解决。一是老库存粮食大部分已销售处理。截至今年4月底，全国老粮库存301亿斤（其中陈化粮166亿斤），主要集中在黑龙江、吉林、河南3个粮食主产省，其他省份已基本按计划销售完毕。二是财务挂账包袱正在解除。截至今年3月底，除个别地方明确不再进行清理外，其余省（区、市）已完成了粮食财务挂账的现场清理审计工作，22个省（区、市）对政策性粮食财务挂账进行了认定，15个省（区、市）完成了政策性粮食财务挂账从企业剥离和上划工作。三是富余人员分流安置取得实质性进展。截至2005年年底，全国国有粮食企业职工总数113.5万人，其中购销企业74.5万人，与粮改初期的1998年年底相比分别减少217.1万人、120.3万人，减幅为66%和62%。1998～2005年累计安置富余职工再就业83.1万人，其中粮食部门安置49.6万人，分别占分流职工的38.3%和22.8%。

（二）实行了政企分开，企业成为自主经营、自负盈亏的市场主体。

省级以上粮食行政管理部门按照政企分开的要求，与原直属企业实行了脱钩，不直接管理企业。市（地）、县级粮食行政管理部门在政企分开方面也进行了有益探索，一些市（地）、县采取了粮食行政管理部门与国有粮食购销公司分设等形式，不直接干预企业的正常经营活动。同时各地正确处理政府粮食宏观调控与企业经营的关系，逐步建立起市场化条件下粮食政策性业务由政府委托与企业代理的机制，既使国有粮食企业在粮食宏观调控中发挥了重要载体作用，又使企业走向市场，真正成为自主经营、自负盈亏的市场主体。

（三）加快了企业战略性改组，合理调整了企业布局和结构。

各地按照“有进有退、有所为有所不为”的原则，因地制宜，积极调整国有粮食购销企业的布局和结构。如大部分地方以县（市）为单位，组建一个或几个国有独资或国有控股的粮食公司，对原国有粮食购销企业进行重组和整合；对购销业务量不大和没有市场竞争力的企业，实行了兼并、租赁和拍卖，使企业的布局和结构趋于合理，竞争力明显增强。截至2005年年底，全国国有粮食企业总数27831个，其中购销企业17714个，附营企业10117个，分别比1998年底减少25138个、12575个和12563个，减幅为47%、42%和55%。

（四）推进了企业产权制度改革，建立了新的企业经营机制。

各地通过改组联合、兼并重组、股份制改造、整体转制、国有民营等多种形式，优化国有粮食企业产权结构，实现投资主体多元化。如安徽南陵国有控股、江苏扬州租赁经营、浙江民营股份等改革模式。截至2005年年底，全国国有粮食企业改制数达16837个，占企业总数的60%。其中购销企业改制数10852个，占购销企业总数的61%；附营企业改制数5985个，占附营企业总数的59%。江苏省1890个国有粮食购销企业全面改制，其中1005个实行了产权制度改革，519个实行承包经营，366个完成了三项制度改革。安徽省国有粮食购销企业全面改制，931个国有粮食附营企业中有794个进行了不同形式的改制，改制面达85%。

（五）创新了企业经营方式，粮食产业化经营取得重要进展。

各地国有粮食购销企业适应粮食购销市场化需要，从传统的“收原粮、卖原粮”的经营方式，主动向粮食生产和加工转化领域延伸，实现多元经营方式。一方面通过“订单农业”、“公司加农户”等形式，建立订单粮食生产基地，掌握粮源，减少粮食生产经营风险，增加农民收入。另一方面通过加工转化增值，提高粮食商品的市场竞争力。与此同时，积极培育产业化龙头企业，组成集科研、生产、收购、加工和销售一体化的经济实体，大力开展粮食产业化经营。通过粮食产业化经营，涌现出黑龙江金玉集团、吉林大成集团、湖南金健米业、湖北福娃集团、四川川粮米业等一批粮食产业化龙头企业。据各地粮食部门上报统计，截至2005年年底，全国国有粮食企业的产业化龙头企业达1442个，其中购销企业712个。

（六）改革改制后的国有粮食企业焕发了生机，在粮食流通中继续发挥市场主渠道作用。

国有粮食企业一边加快自身改革，一边主动参与市场竞争，积极入市收购粮食，掌握粮源。2001～2005年，全国国有粮食企业年均收购粮食2081亿斤（贸易粮，下同），销售粮食2344亿斤。2005年，是全国实行粮食市场化改革的第二年，全国国有粮食企业累计收购粮食2307亿斤，占全社会粮食收购量的63%，继续发挥了粮食市场主渠道作用，对稳定市场粮价、促进农民增收发挥了重要作用。与此同时，各地粮食部门狠抓国有粮食企业扭亏增盈工作，经济效益取得明显好转。“十五”期间，全国国有粮食购销企业比“九五”期间减亏405亿元，减幅37%。尤其是2005年，国有粮食购销企业累计减亏155亿元，减幅为62%。

回顾五年来国有粮食企业改革的历程，我们始终抓住了以下四个工作重点，为企业改革和发展积累了经验。

一是加强改革指导，制定合理改革方案，因地制宜稳步推进改革。制定合理改革方案，是推进企业改革的基础。但科学合理的改革方案必须建立在广泛、深入调查研究的基础上。近几年来，各级政府和有关部门在制定改革方案和指导企业改革时，都注重调查研究，广泛听取基层企业和职工的意见。特别是2003年，国家粮食局会同原国家计委、原国家经贸委、财政部、劳动和社会保障部、原国务院体改办、国务院研究室、中国农业发展银行和中国储备粮管理总公司等部门和单位，就国有粮食企业改革问题进行了专题调研，分析了改革中存在的主要问题，提出了改革的政策措施和建议，为国务院制定粮改总体方案提供了基础材料。为了加强对改革的指导，近几年国家粮食局会同有关部门连续制定下发了关于积极稳妥推进国有粮食购销企业改革的文件，针对粮食产区、销区和产销平衡区的不同情况，提出了"因地制宜、分别决策、统筹规划、积极推进"的要求，对国有粮食企业改革提出了具体的指导性意见。各地也因地制宜制定了改革方案，采取了符合本地实际的政策措施，加上广大基层粮食部门深入细致地做好职工思想政治工作，推动国有粮食企业改革取得了重点突破，为粮食流通体制改革的顺利进行创造了良好条件。

二是稳妥分流富余职工，突出抓好再就业，切实维护职工合法权益。稳妥分流安置富余职工是推进企业改革的重点。近几年来，在全国国有粮食企业大幅减员的情况下，没有出现大规模上访现象，改革比较平稳，主要得益于各级粮食行政管理部门在当地党委和政府的领导下，把企业职工的切身利益放在了重要位置，尊重了职工意愿，较好地保护了职工合法权益。如各地结合当地实际情况，对企业分流职工普遍实行了经济补偿，建立了社会保障，有的地方对特困职工群体还实行援助制度。与此同时，各地粮食部门突出抓好下岗职工的再就业，一方面，将企业下岗职工纳入当地再就业体系；另一方面，充分利用企业现有资源，新办经济实体，安置下岗职工，促进职工再就业，维护了社会稳定。

三是坚持规范操作，确保国有资产保值增值，强调发挥国有粮食企业市场主渠道作用。加快企业产权制度改革是推进企业改革的关键。只有加快企业产权制度改革，才能促使企业适应粮食购销市场化要求，逐步实现投资主体多元化，创新经营管理机制，切实提高市场竞争力。近几年来，各地按照改革的总体要求，采取不同形式，积极推进国有粮食企业产权制度改革，坚持实行规范改组和改制，初步构建了适应粮食市场化需要的国有粮食企业骨干主体。同时，在推进国有粮食企业产权制度改革中，始终注重增强国有经济的控制力，逐步完善和健全中央、地方储备粮管理体系，使之成为调控粮食市场、维护粮食市场稳定的重要力量。强调保留和组建一批国有独资和国有控股的购销、加工企业，在保护农民利益、搞好产销衔接和保障国家粮食安全中发挥了主渠道作用。

四是积极落实支持政策，总结推广典型经验，推动改革平稳有序进行。积极落实支持政策是推动企业改革顺利进行的保障。由于国有粮食企业长期受计划管理体制的影响，积累的矛盾和问题比较突出，特别是企业"老人、老粮、老账"包袱沉重，这些历史遗留问题如果得不到妥善解决，企业改革就难以顺利推进。近几年来，各级党委和政府及有关部门充分考虑了国有粮食企业的实际情况，出台了一系列支持国有粮食企业改革的政策措施，推动了企业"三老"问题的逐步解决。同时，各级粮食行政管理部门在实践中不断探索和总结改革的典型和经验，积极发挥典型引路、以点带面的作用，取得了显著成效。国家粮食局在粮食主产区、主销区相继总结推介了一批先进典型，得到了中央领导同志的充分肯定，同时，还编印了《为耕者谋利、为食者造福——国有粮食企业改革与探索》典型经验专集，为全面推进国有粮食企业改革发挥了借鉴引路的作用。

我们在认真总结五年来国有粮食企业改革的成绩和经验的同时，也应当清醒地看到，当前国有粮食企业改革还存在不少困难和问题。在一些地方和企业，"三老"问题还没有彻底解决，尤其是政策性财务挂账存在认定不足，企业经营性挂账制约着企业改革和发展，有些企业富余职工的分流安置任务仍然较重；利用国债资金建设的粮库资产的产权关系还没有理顺，影响企业产权制度改革的开展；有的地方企业产权制度改革进展不快，操作不规范，有的还存在国有资产流失现象；大部分企业法人治理结构不健全，企业经营机制还不适应粮食市场化要求；总体上粮食产业化发展还处于低水平阶段，粮食流通产业体系比较薄弱等。这些问题都需要通过进一步深化改革、加快发展来解决。

二 "十一五"时期国有粮食企业改革需要着重把握的几个问题

"十一五"期间，建设社会主义新农村是我国经济和社会发展的主要任务之一。围绕这一中心任务，今年3月，全国粮食局长会议提出了"十一五"期间粮食流通工作的主要目标和任务，即深化一项改革，健全四大体系，建设六项工程。因此，"十一五"时期的国有粮食企业改革，要紧紧围绕上述目标和任务，不断完善政策措施，加快改革和发展。我们认为，根据中央的要求，结合行业的实际，做好"十一五"时期的国有粮食企业改革和发展工作，需要重点把握好以下几个问题。

（一）要始终坚持用科学发展观指导粮食企业的改革和发展，着力创新企业经营管理机制。

继续深化国有粮食企业改革，构建新型的、具有活力和竞争力的骨干国有粮食企业主体，推动企业健康快速发展，对于保护粮食生产者和消费者利益，繁荣城乡经济具有积极意义。我们必须始终坚持和落实科学发展观，正确处理好改革和发展的关系，以改革促进发展，以发展巩固改革的成果，最终实现粮食企业的发展壮大。促进粮食企业的发展，一是要创新企业的运行机制，切实做到政企分开，使企业真正成为自主经营、自负盈亏、自我约束、自我发展的市场主体，增强企业发展的动力。二是要创新企业的组织结构，通过规范的公司制改造，引进多元投资主体，优化企业资本结构，增强企业发展的后劲。三是要创新企业的经营形式，积极向生产和加工转化两头延伸，组建产业化龙头企业，开展粮食产业化经营，增强企业发展的活力。四是要创新企业的管理方式，利用信息技术改造企业传统作业和管理方式，采用现代物流管理模式，提高企业的生产效率。五是要创新企业的产品和品牌，尽快改变企业经营产品"老三样"的状况，丰富花色品种，提高粮油产品的质量和科技含量，增强企业的市场竞争力。

（二）要始终坚持为社会主义新农村建设服务，切实帮助农民实现增产增收。

今年十届全国人大四次会议通过的我国国民经济和社会发展"十一五"规划，明确了建设社会主义新农村的重要任务。今年中央一号文件就社会主义新农村建设做出了具体部署。粮食部门是一个重要的涉农部门，在社会主义新农村建设这一宏伟工程中，粮食流通工作的任务繁重并大有作为。各级粮食部门要充分认识到这项工作的重要性，在继续深化国有粮食企业改革中，始终坚持为社会主义新农村建设服务的方向，加快粮食企业发展，努力帮助农民增产增收。国有粮食企业大都扎根农村，粮站、粮库、粮油加工企业都肩负着服务"三农"，活跃农村经济的行业职责。因此，一方面，国有粮食企业要通过改革和发展，努力把自身建设成为社会主义的新型粮食企业，为社会主义新农村建设增光添彩；另一方面，国有粮食企业要充分发挥自身优势，在社会主义新农村建设中发挥重要作用。要认真落实粮食最低收购价政策，保持合理的粮价水平，保护种粮农民利益；搞好粮食购销和产销衔接，促进农民生产的粮食顺畅流通，增加农民收入；培育产业化龙头企业和企业集群示范基地，发展粮食产业化经营，使农民分享粮食加工转化增值中的好处；开展农村粮食连锁经营，推动放心粮油进农村活动，让农民感到粮食消费的安全和方便。

（三）要始终坚持粮食流通市场化改革方向，继续发挥国有粮食企业市场主渠道作用。

充分发挥市场配置资源的基础性作用，是进一步深化国有粮食企业改革的客观基础，也是社会主义市场经济发展的必然要求。在国有粮食企业改革中，必须遵循市场经济规律，通过市场机制推进企业布局和结构调整，加快企业产权制度改革，吸引多元投资主体参与企业改组和改制，构建适应市场化需要的多元化粮食企业骨干主体，形成统一、开放、竞争、有序的粮食市场体系。但是，推进国有粮食企业改革，发展多元化市场主体，并不是以国有粮食企业退出为取向，也不是以国有成分所占比重大小作为衡量标准，而是要按照有进有退的原则，对国有粮食企业进行战略性改组，优化产权结构，着重增强国有经济的控制力，继续发挥国有粮食企业的市场主渠道作用。当然，国有粮食企业发挥主渠道作用，不能靠行政手段来推动，而是要靠企业在市场竞争中去形成。国有粮食企业的主渠道作用，主要体现在带头执行国家粮食收购政策，保持粮食价格基本稳定，服从服务于国家粮食宏观调控等方面。各地粮食部门要积极指导国有粮食企业合理利用企业既有的优势，为国家粮食宏观调控和搞活粮食流通发挥重要作用。

（四）要始终坚持粮食工作省长负责制原则，因地制宜深化企业改革，促进企业发展。

粮食工作省长负责制从1995年开始实行以来，走过了十余年的历程，这十余年的实践证明，粮食工作离不开政府的领导和推动。国有粮食企业改革也是如此。2004年以来，国家粮食局对山东、河南、安徽等地国有粮食企业改革情况，进行了深入调研和认真总结，从中发现一条很重要的经验，就是他们切实落实了粮食工作省长负责制。因此，推进国有粮食企业改革，必须根据各地经济发展水平，产区和销区的不同情况，按照粮食工作省长负责制要求，统筹规划和加以推进。要把国有粮食企业改革工作纳入地方国有企业改革的总体规划，特别是对国有粮食企业富余职工的分流安置，要统一纳入当地社会保障体系，做好再就业工作。要在省级人民政府的统一领导下，实事求是地做好国有粮食购销企业财务挂账的清理、认定和剥离工作，为企业的改革和发展创造良好条件。要在当地党委和政府的统一领导下，根据本地的实际情况设计和制定企业改革方案，选择符合本地实际的改革模式。要将国有粮食企业改革发展同当地粮食生产和流通发展结合起来，有利于促进粮食生产、搞活粮食流通，有利于企业发展壮大，更好地为社会主义新农村建设服务。

三 当前深化国有粮食企业改革需要做好的主要工作

最近下发的《国务院关于完善粮食流通体制改革政策措施的意见》，对进一步深化国有粮食企业改革明确了政策和措施，刚才振邦同志又对下一步国有粮食企业改革工作提出了具体要求。根据当前各地国有粮食企业改革进展情况和存在的主要问题，我们认为，要重点抓好以下几项工作：

（一）认真总结和借鉴各地改革的典型经验，进一步指导国有粮食企业改革和发展。

国有粮食企业改革是粮食流通体制改革的重点和难点，没有现成的模式，必须靠我们在实践中不断探索，不断总结。近几年来，各地在推进国有粮食企业改革中已经摸索出许多好的做法和成功经验。这次国家粮食局表彰的先进单位，就是其中的突出代表。会上我们将邀请10个单位作典型交流发言。这些单位中，有解决“三老”问题，特别是做好富余人员分流安置的好的做法；有推进产权制度改革，实行企业改组和改制的有益探索；有服务于“三农”，开展订单农业，发展粮食产业化经营的成功尝试；有转换经营机制，在粮食流通中发挥市场主渠道作用的突出典型。他们的这些做法，尽管不能完全反映全国国有粮食企业改革的成绩，但这些单位和企业从本地实际出发，在推进企业改革中所作的有益探索和实践，为全国国有粮食企业改革和发展探索了新路子。各地要结合当地改革实际，对近几年来改革的情况进行认真总结，及时发现典型，发挥典型示范作用，以点带面，全面推进。要互相借鉴兄弟省市和典型单位的做法，只要是适合当地实际，并切实可行的，就要认真学习，加以推广。要在改革中坚持与时俱进，大胆探索，不能照搬照套，要适合当地实际，适应形势发展的要求，不断去完善改革的办法。

（二）继续解决好企业的历史包袱，为深化国有粮食企业改革创造良好条件。

各地要在当地政府的统一领导下，继续认真做好粮食财务挂账的审计认定和剥离上划工作。按照国家有关规定，对经审计认定的政策性粮食财务挂账抓紧剥离到县以上（含县级）粮食行政管理部门集中管理。各级粮食行政管理部门要耐心向当地政府反映和汇报情况，加强与有关部门的沟通，在认定和剥离政策性财务挂账中做到实事求是，不能给企业甩包袱。要会同有关部门管理好政策性粮食财务挂账本金，保证账务清晰。同时，对经清理审计的企业经营性亏损挂账，要结合推进国有粮食企业改革，实行有效管理，逐步消化或依法处置。

要千方百计多渠道筹集资金，切实做好企业分流职工的社会保障工作，特别是要做好企业解除劳动合同人员的档案移交和社会保险关系接续等工作，要创造条件将企业离退休人员一次性划转到当地社会保障部门，实行社会化管理。要多渠道筹集国有粮食企业分流安置职工和离退休人员所需资金，需要从本省节余的粮食风险基金中专项安排一部分资金的，各地粮食部门要加强与财政等部门的协商，及时向国务院有关部门提出申请。粮食企业依法出售自有产权公房、建筑物收入和处置企业使用的划转土地的收入，要优先用于企业缴纳社会保险费和安置职工。同时，国有粮食企业也要努力搞好经营，加强管理，增加收入，积极自筹改革资金。

要把改革发展和创造就业结合起来，促进企业分流职工再就业。指导国有粮食企业通过资产重组，创办新的经济实体，安置分流人员。充分利用企业现有网点、仓房和产业优势，拓展经营网络，构建新的发展平台，增加就业岗位。地处乡镇的国有粮食企业要引导和支持下岗失业人员，面向农村，面向农民，开办农村粮油中介服务组织，发展农村粮油服务；地处城市的国有粮食企业要面向市民“三餐”，积极开展放心粮油进社区活动，方便居民生活。

（三）加快企业产权制度改革和组织结构创新，继续发挥国有粮食企业的市场主渠道作用。

目前，全国大部分地方国有粮食企业改革处于产权制度改革的攻坚阶段。从我国近年来粮食市场化改革的实践看，国有粮食企业产权制度改革，必须坚持服从和服务于国家粮食宏观调控，必须有利于改革改制后的粮食企业继续发挥市场主渠道作用。总体要求是：各地都要以国有独资和国有控股形式直接掌握一批粮食储备库，作为粮食宏观调控的重要载体。在粮食主产区，可以现有国有粮食购销企业为基础，通过公司制改造，因地制宜组建国有独资和国有控股粮食企业。粮食主销区和粮食供应比较困难的山区、牧区、水库移民区以及少数民族、边疆等地区，要适当保留部分国有独资或国有控股粮食企业，确保当地粮食稳定供应。大中城市应以国有控股和国有参股形式重点掌握一部分粮食加工和批发、零售骨干企业，服从政府宏观调控应急的成品粮油供应需要。承担军粮供应任务的粮食企业，原则上实行国有独资和国有控股的产权制度。对其他国有粮食企业，可以通过改组联合、股份合作、资产重组、国有民营等形式，实现投资主体多元化。各地在推进企业产权制度改革中，要结合本地实际，采取适当的、有效的改革形式。

这里要特别强调的是，各地要切实加强对企业改制工作的指导，做到规范操作，维护职工合法权益。要严格按照国务院及有关部门的文件要求，制定企业改制方案，并按规定依法审批。企业改制时要充分考虑企业、职工和社会承受能力，妥善处理好有关政策的衔接，防止引发新的矛盾。企业改制中涉及企业国有产权转让的，要严格按照国家有关法律法规以及国务院有关部门的文件规定执行。要认真做好企业改制中的清产核资工作，加强对改制企业的财务审计和资产评估，防止国有资产流失。尤其是要加强对改制企业落实职工安置方案的监督检查，切实维护职工合法权益。

要按照分级管理、授权经营、分工监督的原则，根据有利于粮食宏观调控的实际需要，积极探索国有资产监管和经营的有效形式，明确国有资产出资人职能，并实行监管，确保国有资产安全和保值增值。各地在推进企业产权制度改革中，对国家投资和利用国债资金建设的粮食仓储设施，不得随意处置或改变其用途。

（四）着力培育一批有竞争力、带动力强的龙头企业，大力发展粮食产业化经营。

发展粮食产业化经营，是社会主义新农村建设的重要内容，是促进农民增收的重要途径，也是粮食流通工作的重要任务。但发展粮食产业化经营，要防止低水平扩张，要重点培育一批起点高、有竞争力、带动力强、效益好的龙头企业，创立名牌产品。要指导有竞争力、带动力强的龙头企业以资本运营为纽带，整合资金、技术、人才等要素，开展兼并和联合，组建大型粮食产业化企业集团。在粮食主产区，要依托粮食产业发展若干个企业集群，建立企业集群示范基地。各地特别是大中型城市粮食企业，要抓住城市建设和旧城改造的发展时机，推动城区粮食仓储、加工企业向更适合粮食物流和粮油产业化发展的地区转移，在区域规划上做文章，搞好整体搬迁，引进战略投资伙伴，扩大粮食产业化和现代粮食物流规模，为企业发展壮大和服务新农村建设提供载体与平台。

要把建立粮食合作组织作为完善粮食产业化链条的重要措施，发展“龙头企业+合作组织+农户”的组织形式，推动粮食产业化龙头企业、合作组织与农户的有机结合。重点培育一批辐射力强的粮食合作组织，加快建立优质粮食行业协会，规范行业行为，建立起较为完善的粮食市场营销网络，提高农民进入市场的组织化程度。加强企业与农户、企业与合作组织及合作组织与农户之间的联合，发展粮食订单，确保合同履约率，试行“二次结算”，增加农民收入，使农民在粮食产业化经营中得到实惠。

（五）健全和完善企业法人治理结构，创新企业经营管理机制。

各地要指导国有粮食企业按照现代企业制度的要求，实行规范的公司制改造，依据《公司法》，明确股东会、董事会、监事会和经理层的职责，并规范运作。充分发挥董事会对重大问题统一决策和选聘经营者的作用，建立集体决策和可追溯个人责任的董事会议制度，提高管理和决策水平。要改革企业内部用工分配制度，建立有效的激励约束机制。包括管理人员竞聘上岗、能上能下的人事制度；职工择优录用、能进能出的用工制度；收入能增能减、有效激励的分配制度。鼓励资本、技术、管理等生产要素参与收益分配，试行经营者年薪制。建立经营业绩考核制度和责任追究制度，凡因经营失误或违法违规等给企业造成重大损失的人员，要依法追究有关责任。要把改革同加强企业管理结合起来，以改革促进管理，以管理进一步巩固企业改革发展成果。认真做好新形势下的企业统计工作，配备统计人员，改进统计方法，完善统计手段，为粮食宏观调控提供真实可靠的信息。切实加强企业财务管理，规范企业核算，努力降低经营和管理费用，提高企业经济效益。加强企业仓储管理和安全生产工作，提升粮食仓储企业的核心竞争力，降低粮食损耗。

（六）大力推进企业科技创新建设，增强企业自主创新能力。

要把企业发展与科技创新结合起来，推进企业科技创新能力建设，增强企业市场竞争力。充分发挥企业在技术创新中的主体地位，建立以企业为主体、市场为导向、产学研相结合的技术创新体系。采取有效措施，营造良好环境，使企业真正成为研究开发投入的主体、技术创新活动的主体和创新成果应用的主体。鼓励国有大型粮食企业开展技术创新和技术开发，加大科技投入，努力形成一批集研究、开发和应用于一体的，具有国内国际竞争力的大型骨干粮食企业。要通过科技创新，着重解决粮食领域和企业发展中的关键技术，包括粮库技术改造、粮油加工产业升级、农村粮食产后减损和产后安全保障、粮食质量快速检测技术、现代粮食物流技术以及粮食流通信息技术等，促进企业产品优化升级，增强企业发展后劲。要加快科技产品的转化和应用，提高粮食精深加工和现代粮食储运的科技水平。鼓励企业开发粮食生物工程等高新技术与产业化项目，提高粮食加工转化的质量和效益，以及粮食信息化程度。鼓励多种经济主体增加对粮食精深加工及产业化项目的投入，提高粮食精深加工集约化程度和粮食综合利用水平。鼓励以企业为主体、市场为导向、科技为支撑，发展现代粮食物流，构建快捷、高效、节约的粮食现代物流体系。

（七）努力拓宽企业融资渠道，搞好粮食产销衔接和购销经营。

各级粮食行政管理部门要加强与农业发展银行的协调和沟通，努力做好粮食收购资金的发放和管理工作，支持国有粮食企业积极收购农民粮食，增加农民收益。积极探索粮食购销市场化条件下，国有粮食企业收购资金来源多渠道的路子，促使企业掌握商品粮源，搞活粮食购销。加强企业诚信建设，督促和指导企业认真执行粮食收购资金贷款管理的有关规定，维护粮食收购资金安全。要按照国家粮食局和中国农业发展银行联合下发的《支持粮食产业化经营，促进社会主义新农村建设》（国粮财〔2006〕27号）精神，加大对产业化龙头企业支持力度，做好对重点粮食产业化龙头企业信贷资金的支持工作，做大做强龙头企业，促进粮油产业发展。

同时，粮食企业是落实粮食产销衔接的主体，各地要在推动国有粮食企业改革和发展过程中，鼓励和支持产销区国有粮食企业按照“政府推动、部门协调、市场机制、企业运作”的原则，充分发挥各自的比较优势，建立长期稳定的购销合作关系，促进粮食产销衔接。鼓励销区粮食企业到主产区建设粮食生产、收购和加工基地；主产区粮食企业在销区粮食市场经销粮食，建立集储、加、销一体化的粮食经营企业。各级粮食行政管理部门要积极协调农业发展银行为粮食产销衔接提供资金及结算便利。

（八）积极发展农村粮油服务组织，推进放心粮油进农村活动。

各地粮食行政管理部门要积极争取地方政府的支持，把农村粮油服务体系建设纳入农村现代物流建设总体规划，指导国有粮食企业发挥城乡结合、以城带乡的桥梁纽带作用，加大对农村市场的辐射带动，充分利用企业现有土地、房产、人才和经营等优势，大力发展“农村粮油服务社”等农村服务组织和粮食经纪人。加强农村粮油服务组织和粮食经纪人的网络建设，促进企业与粮油服务组织、企业与粮食经纪人、粮食经纪人与农户的联合。积极探索适合社会主义新农村的新型粮食流通组织，提高农民组织化程度，努力为改善农民生产生活条件提供优质服务。

要引导和规范粮食企业广泛开展放心粮油进农村活动。以“为民、便民、利民”为目标，以服务农民生活为重点，采取连锁经营、批发配送、上门服务等形式，围绕农民群众一日三餐，积极发掘服务项目，主动参与市场竞争，组织实施 “厨房工程”，拓展农村商贸餐饮等传统服务业的新模式，不断开拓新的生存和发展空间。有条件的地方，要继续完善和发展面向农民的粮食代购、代销、代储存、代加工和兑换业务，扩大经营范围，规范经营行为，提高服务质量，努力为活跃农村市场、促进农民增收服务。

同志们，深化国有粮食企业改革，是粮食流通体制改革的重要组成部分，也是当前粮食流通工作的重要任务，事关粮食安全、企业发展和社会稳定。各级粮食行政管理部门一定要在党委、政府的领导下，争取有关部门的大力支持，加强对国有粮食企业改革工作的指导，继续深化改革，加快发展，为社会主义新农村建设做出重要贡献。

在全国粮食系统党建研究会成立大会闭幕时的讲话

国家粮食局党组成员、副局长 张桂凤
2006年9月

同志们：

全国粮食系统党建研究会成立大会已经完成了全部议程，马上就要闭幕了。今天上午，我代读了国家粮食局党组书记、局长聂振邦同志的书面讲话，振邦同志的讲话言简意赅、内容丰富，指明了成立研究会的重要意义、工作方向，对我们开展党建研究工作提出了具体要求，具有很强的指导性和针对性，请同志们深入学习领会、认真贯彻落实。金刚同志介绍了党建研究会的筹办过程，就研究会的工作性质、组织形式、目标任务讲了很好的意见，我完全赞同。会议表决通过了研究会章程，选举产生了第一届理事会，还进行了大会交流和分组讨论，大家把自己工作中好的做法和经验同与会同志进行了分享，起到了相互学习、共同提高的作用。总之，这次会议虽然时间短、议程多，但主题鲜明、内容充实，既成立了党建研究会，又交流了各地的工作经验，坚定了同志们做好新形势下机关党建工作的信心和决心，实现了会议“构筑平台、交流经验、坚定信心、共同提高”的预期目的。

在会上，大家推选我担任会长，借此机会，我感谢全体会员和各位理事对我的信任和支持！党建研究会是个新生事物，就我个人而言，尽管从事党务工作多年，但如何搞好这个研究会，却是一个新的挑战，深感责任重大。为此，我决心与全体会员、各位理事一道，牢记研究会宗旨，遵照研究会章程，尽心尽责，奋发进取，争取尽早拿出一批高质量的研究成果，促进粮食系统党建工作的健康、持续发展，为保障“十一五”期间粮食流通工作的顺利完成做出应有的贡献。

从上午开始，宁夏自治区、北京市、浙江省、四川省、江西省、大连市粮食局、河北玉田粮库、柏乡粮库等8个单位的同志作了典型发言，介绍了各自在基层党建工作，特别是在加强党的先进性建设方面的经验，由此我感到成立全国粮食系统党建研究会，符合中央关于全面推进党的建设伟大工程的精神，顺应了粮食行业改革发展对党建工作的要求，是非常必要和及时的，所以，我希望大家在今后的工作中能充分利用好党建研究会这块阵地，适应粮食行业改革发展的新形势，肩负起时代赋予的责任，坚定信念，不辱使命，以高度的政治责任感和追求真理的勇气，投身于党建研究工作中，务求有所作为。

下面，我着重就如何把握粮食系统党建研究的方向、工作的重点，提高党建研究水平，讲几点意见：

一 正确把握党建研究工作的方向和方法

我们成立党建研究会，并将在今后开展一些研究活动，发挥党建研究会的作用。那么，该如何开展工作，开展哪些工作呢？我觉得需要重点把握以下几方面。

（一）要坚持以马列主义、毛泽东思想、邓小平理论和“三个代表”重要思想为指导，用科学发展观统领党建研究工作。

马列主义、毛泽东思想、邓小平理论、“三个代表”重要思想是党的指导思想和行动指南，是党建研究工作沿着正确方向发展的根本保证，所以，在党建研究工作中，必须把马克思主义的基本原理、党建学说和党的建设实际紧密结合起来，把马克思主义的立场、观点、方法贯穿于党建研究工作的始终，绝不能搞指导思想的多元化。必须保持高度的政治敏锐性和政治鉴别力，在坚持党的指导思想的基础上开展党建研究，防止出现理论上的偏差和思想上的误区。这既是党建研究工作的主要内容，也是党建研究不可逾越的一个刚性原则。而科学发展观是指导发展的世界观和方法论的集中体现，是我们党在深刻总结我国长期以来经济建设的经验教训，吸收人类现代文明进步新成果的基础上提出的，是对社会主义现代化建设指导思想的重大发展。牢固树立和全面落实科学发展观，对于加强党的建设，实现党在新世纪新阶段的宏伟目标具有重大而深远的意义。因此，我们在粮食系统内开展党建研究，必须坚持把科学发展观贯穿始终，既要学习、宣传科学发展观，又要在具体工作中贯彻、实践科学发展观，一切要以人为本，一切从促进科学发展出发，这是我们做好工作的出发点和归宿。同时，我们还要认真学习贯彻落实胡锦涛总书记在庆祝中国共产党成立85周年暨总结保持共产党员先进性教育活动大会上的重要讲话精神，按照胡锦涛同志的要求，紧紧围绕保持和发展党员队伍先进性这个基础工程，抓好党的先进性建设理论研究，在粮食流通工作实践中不断取得新成效、积累新经验。

（二）要坚持“双百”方针、“二为”方向、“三贴近”原则，促进党建研究工作深入开展。

“百花齐放，百家争鸣”作为党繁荣科学和艺术的方针，对于粮食系统开展党建研究工作也具有十分重要的借鉴意义。坚持“百花齐放，百家争鸣”，就是在坚持党的指导思想的前提下，针对党建工作中遇到的实际问题和苗头性倾向，针对党的建设的实践形式和工作方法，展开研究、讨论，鼓励多种形式、多种声音，允许探讨，允许争论，允许发表不同意见，通过观点的碰撞，思想的交锋，开阔思路，明确认识，找到办法，推进工作。坚持“二为”方向，就是说我们进行的一切研究，都要坚持为党建工作服务，坚持为维护粮食行业改革发展稳定的大局服务。我们工作过程的所有环节，包括选题、取材、论证和结论，都要服从和服务于这个方向。不为党建工作服务，党建研究就失去了前提和基础；不为粮食流通中心任务服务，党建研究就失去了动力和源泉。同时，我们的工作要坚持做到贴近实际、贴近群众、贴近生活，与粮食行业的改革发展同步，与干部群众的思想脉搏相连，与社会发展的主流意识结合，真正了解粮食系统干部群众的现实需求，摸准他们的思想动态，掌握粮食系统党的建设的本质规律，在系统内探索实践加强党的先进性建设，提高党组织战斗力、凝聚力的办法途径，总结、推广被实践证明行之有效的理论成果，只有这样，我们的研究才能有的放矢，才能避免成为无源之水、无本之木，才能始终保持较强的针对性和鲜明的时代性，保持蓬勃旺盛的生机与活力。

（三）要坚持理论联系实际，大兴求真务实之风。

胡锦涛同志指出：“求真务实，是辩证唯物主义和历史唯物主义一以贯之的科学精神，是我们党的思想路线的核心内容，也是党的优良传统和共产党人应该具备的政治品格。”而理论联系实际是马克思主义的一条重要原则，是我们党的优良学风和党风的重要体现，是一切理论研究包括党建理论研究能够具有科学性和生命力的根本保证。党建研究坚持理论联系实际，就是要以我们正在做的事情为中心，着眼于马克思主义理论的运用，着眼于对实际问题的理性思考。所以，在我们工作的过程中，必须牢牢把握这个原则，大力弘扬求真务实精神，大兴求真务实之风，紧密联系粮食流通工作实际提出课题，解放思想，深入研究，并用推动中心工作发展的实际效果来衡量检验研究工作的成效。

当前，粮食系统的党建研究工作，要紧紧围绕推进粮食行业改革发展这个中心任务，抓住完善流通体制、深化企业改革中干部群众关心关注的重点、难点、热点问题，加以研究和分析，为全系统广大党员、干部、群众解疑释惑，为各级领导班子科学决策提供有价值的思路和建议，为推进粮食系统党建理论的发展贡献智慧和力量。今后一段时间内，我们要按照中央的要求，组织力量从贯彻落实科学发展观，促进粮食行业全面、协调、可持续发展；加强粮食系统党的执政能力建设；建立健全长效机制，加强粮食系统党的先进性建设；弘扬粮食行业优良传统，培育新的时代精神，以及国有企业改制后的基层党组织建设等方面入手，开展调查研究，着重从党的思想和作风、体制和机制、方式和方法、素质和本领等角度提出加强与改进的对策，从而有力地推动整个行业的发展。

二 切实加强党建研究会的自身建设

今天成立的党建研究会，聚集了来自粮食系统党建工作第一线的党务工作者、长期从事党务工作的领导同志。总的说，研究会的同志们政治上强，对党的历史和优良传统比较熟悉，理论水平较高，实践经验较为丰富，这是研究会的突出优势和有利条件，要充分加以运用和发挥。但是，党建研究会要在加强党建理论研究、培养和发现理论研究人才、推进全行业党的建设中发挥更大的作用，就需要大家不断学习，深入调研，发扬民主，积极探索，在研究会内形成促进工作的良好氛围，努力把党建理论研究工作提高到一个新的水平。

（一）要形成认真学习的风气。

随着粮食行业改革发展的加速推进，情况和任务总是在不断发生变化，要科学地判断形势，正确地把握方向，深入地开展研究，有序地推进工作，需要有深厚的理论素养、丰富的实践知识为依托。所以，面对新的形势和任务，我们必须要不断地加强学习，切实提高学习的水平和质量，特别要针对我们的党建研究工作，花大力气学习马列主义建党学说、毛泽东建党思想和邓小平党建理论，学习“三个代表”重要思想和科学发展观，领会其精神实质，提高运用理论武器观察、分析现实问题的能力。学习要讲求实效，要注意联系思想和工作实际，在提高思想认识水平和研究复杂问题的能力上下工夫。要把学习作为一项终生的事业来完成。理论基础较好的同志，要努力学习新知识，研究新情况，千万不要故步自封，把自己的思想禁锢起来。比较年轻的同志，一定要有虚心学习、潜心钻研的精神，打好坚实的理论和知识基础，既要有勇攀高峰的雄心壮志，又要脚踏实地，从一点一滴做起，切忌飘浮、急躁。要通过学习，不断提高粮食系统党建研究队伍的整体素质和业务能力，培养造就一批理论功底扎实、思想政治坚定、有较高业务水平的党建研究人才。

（二）要形成调查研究的风气。

毛泽东同志指出：没有调查，就没有发言权。江泽民同志也反复强调：没有调查，就没有领导的决策权；没有调查，也就没有工作的主动权。这些充分揭示了调查研究在实际工作中的极端重要性。理论研究必须为实践服务，不能离开实践的要求闭门造车，构建空中楼阁；理论来源于实践，理论的正确与否又必须经过实践的检验，不能在理论研究中搞“空对空”。党的建设具有很强的实践性，不是单靠书本上找现成结论可以弄懂说清的。只有进行大量的社会调查，充分占有第一手资料，深入系统地进行科学分析，才能得出正确的认识。因此，我们党建研究会的同志要坚持和发扬调查研究这一光荣传统、优良作风，把勤于读书思考与善于调查研究有机地结合起来，真正扑下身子，到基层粮企去，到田间地头去，到职工群众中去，到粮食购销一线去，大量掌握实际情况，正确运用相关材料，总结新鲜经验，并使之上升到理论高度，进而指导工作实践，这样我们的党建研究才有意义、有价值、有成效。调查研究还必须讲真话、讲实话，既要客观实在地肯定成绩，又要实事求是地反映问题，使各级领导班子对基层党的建设、广大干部群众的思想动态，有一个全面的了解和把握，从而进行科学决策。

（三）要形成民主讨论的风气。

在研究会内营造浓厚的民主讨论的空气，是保证粮食系统党建理论研究健康发展的重要条件。党的十五届六中全会《决定》中指出："学习和研究问题，鼓励敞开思想，各抒己见，用摆事实、讲道理的方法开展讨论。"这是非常正确的，在我们的工作中要认真贯彻执行。只有大力发扬民主，充分调动大家的积极性和创造性，才有利于同志们敞开思想、畅所欲言，才能促进新观点、新理论的产生和完善，才能培植和扩大理论创新的深厚源泉，不断创造出新的理论成果。符合事物发展规律的思想和有价值、有新意的认识，往往产生于摆事实、讲道理的民主讨论之中。只有通过民主讨论，才能使真理越辩越明，事实越辩越清，越辩越有说服力，使模糊的、错误的观点得到澄清和纠正。在强调发扬民主、敞开思想、畅所欲言的同时，还要严格把握内部研究与对外宣传的界限，充分注意理论研究与理论宣传的区别。因此，我们研究会的同志一定要做到内外有别，在我们内部研讨中，要充分敞开思想，畅所欲言；但是，对于那些尚处于研究过程中、没有明确统一意见的问题，特别是那些有可能给粮食行业改革发展稳定带来不良影响的观点，就不要随意对外发表和扩散。总的原则仍然是：内部研究无禁区，对外宣传守纪律。在这个问题上，要坚决遵守，毫不含糊。

三 积极推进党建研究和实践的创新

党的十六届五中全会强调要提高自主创新能力，这其中当然也包括推动理论创新。近年来，我在几次党建工作调研中反复强调转变思维观念，创新工作机制。这主要是因为进入新世纪以来，粮食流通体制发生了深刻变化，购销市场化改革、国有粮食企业改革取得了突破性进展，给原来长期处于计划经济条件下粮食职工的思想观念、思维方式和行为方式带来了巨大冲击，整个粮食系统党的建设同样面临许多新的情况和新的问题。如何应对改革给人们思想带来的冲击，如何增强理论宣传教育的说服力和感染力，如何坚定共产党员的理想信念，充分发挥党员先锋模范作用，如何不断增强基层党组织的创造力、凝聚力和战斗力，如何引导广大粮食职工继承传统、抗拒诱惑、立足平凡、甘于奉献等，都是摆在我们面前亟待解决的问题。特别是这几年粮食流通体制改革和企业改革、机构合并、人员分流，有的地方和企业党建工作受到影响，有的起不到应有的作用，有的党建活动新意不够明显，影响力、吸引力不强，效果不够突出，工作中仍然缺乏行之有效、生动活泼、群众喜闻乐见的活动载体，因而也不能取得很好的效果，所以，我们未来的研究和实践必须进一步解放思想，与时俱进，根据客观形势的发展变化，以实事求是的科学态度，努力做到有所发现、有所发展、有所突破、有所创新。

（一）要摆脱传统观念的束缚积极创新。

要以新的思维、新的视角、新的标准看待和推进党建工作。要像振邦同志强调的那样，正确处理继承与创新的关系，在继承中创新，在创新中发展，把一切有利于调动群众积极性和创造性、一切有利于发挥党员先锋模范带头作用、一切有利于增强党组织影响力和战斗力的方法与载体，努力运用到党建工作实践中去，从而不断增强工作的生机与活力。

（二）要尊重群众的首创精神，发挥群众的主观能动性。

要坚持党的群众路线，深入实际，深入基层，了解群众的实际需求，掌握群众的思想动态，广泛征求群众对党建工作的意见和建议，按照增强针对性、富于创造性、务求实效性的要求深入进行研究、拿出有效对策。在党建实践中要努力推陈出新，引领党员群众积极探索和实践新载体、新方法、新途径，调动群众参与党建活动的积极性，总结和宣传群众的新创造、新经验，不断增强党建工作的吸引力，力争取得实效。

（三）要坚持与时俱进，拓宽研究范围，更新研究手段。

做到党的建设实践推进到哪里，党建研究就延伸到哪里；粮食流通事业发展到哪里，党建研究就跟踪到哪里。在研究手段上，要高度重视和充分运用现代科技成果，比如运用信息网络技术、计算机技术和先进的统计方法，把定性分析和定量分析结合起来，把基础理论研究和应用理论研究结合起来，使党建研究和实践适应当前粮食市场化改革的需要，适应转变职能、加强宏观调控的需要，适应粮食行业未来发展的需要。

（四）要坚持学习借鉴，努力吸收一切先进经验。

近年来，一些地区和行业在党的建设方面积极探索，取得了宝贵经验，俗语讲“他山之石，可以攻玉”，学习借鉴这些新鲜经验，对推动我们工作的发展有着积极作用。适当时机，我们会组织各地的党务干部外出考察，开阔视野，更新观念，学习经验，对比查找工作中的不足和差距，树立新理念，拓展新思维，掌握新方法，把那些和粮食部门情况近似，可以为我们所用的有益经验学习过来，应用到我们的工作实践中去，然后再根据我们自身特点、实际情况加以调整和修正。通过学习借鉴、消化吸收、发展升华，通过我们自己的摸索实践，尽快把粮食部门党建工作自主创新能力提高到一个新的水平。

四 认真做好党建研究工作的组织协调

目前，我们党建研究会的成员有相当一部分是各地粮食部门分管党建工作的领导同志，平时工作比较忙，鉴于此，党建研究会的办事机构要加强组织协调，及时沟通联系，利用党建研究会这个阵地，借助各方面的力量，形成合力，共同开展调查研究，组织课题攻关。今后党建研究会每年都要拟定一批调研课题，分工到省(区、市)，明确责任，狠抓落实；每年我们还要在适当的时候，组织一些研讨活动，对那些针对性强、质量高、产生积极效应的调研成果，要以适当方式给予奖励，并及时予以转化运用。此外，研究会的组织发展工作也要及时跟上，努力吸收一些热心党建工作、善于进行党建理论研究、具有较高思想政治素质的同志加入研究会，逐步发展壮大研究会组织。

同时，我希望各地粮食部门要一如既往地给予研究会以支持，党建研究会不同于一般社会性学术研究团体，它以党的建设为主要研究对象，以我们粮食系统的改革发展稳定为研究对象，需要粮食部门各级党组织的大力支持。各地粮食部门的党组织要把加强党建研究作为加强党的建设工作的重要内容来抓，主要领导同志要直接参加党建重大问题的调查研究，亲自安排重大课题，重视并运用好研究成果。有关单位都要按照党建研究会的要求，建立健全组织，开展活动，努力使粮食系统的党建研究多出成果，出好成果。

同志们，今天全国粮食系统党建研究会的成立，是我们开展党建研究工作和推进党建实践工作的一个新的开始，今后，我们一定要充分运用这个平台和载体，积极开展不同形式的党建研究工作，力争通过我们的共同努力，把全国粮食系统党建研究提高到一个新层次，为全行业党建工作深入发展提供思想理论保障，为粮食流通工作的全面、协调、可持续发展提供更加可靠的政治组织保证。

认真履行党章赋予的职责 加大防治力度 深入开展粮食系统党风廉政建设和反腐败工作

——在全国粮食系统纪检监察工作会议上的讲话

国家粮食局党组成员、中纪委驻国家粮食局纪检组组长 杨 兵

2006年2月27日

同志们：

这次会议的主要任务是传达贯彻中央纪委六次全会和国务院第四次廉政工作会议精神，学习胡锦涛总书记的重要讲话和吴官正同志的工作报告，总结去年工作，研究和落实今年任务。国家粮食局党组非常重视这次会议，党组书记、局长聂振邦同志出席会议并作重要讲话，对今年粮食系统党风廉政建设和反腐败工作做出部署，我们要认真学习，抓紧贯彻落实。下面，我受党组的委托就2005年粮食系统纪检监察工作情况和今年的工作安排讲几点具体意见：

一 2005年粮食系统纪检监察工作取得了新的进展和成效

2005年，全国粮食系统以“三个代表”重要思想为指导，认真贯彻落实中央纪委全会和国务院廉政工作会议精神，围绕粮食中心工作，坚持标本兼治、综合治理、惩防并举、注重预防的方针，积极落实《实施纲要》，党风廉政建设和反腐败工作取得了新的成效。

（一）结合开展先进性教育活动，加强党风党纪教育，提高了领导干部廉洁从政的自觉性。

去年上半年，各地粮食部门纪检监察机关积极参加保持共产党员先进性教育活动并参与组织、协调、督促、检查等工作，在重点解决领导干部思想作风工作等方面突出问题的同时，普遍结合先进性教育活动，深入开展党风党纪教育。各地根据教育活动进展情况，分阶段开展党纪条规专题学习和主题实践活动，组织收看反腐倡廉教育片，参观展览，召开领导干部党风廉政建设座谈会，学习优秀共产党员先进事迹，利用当地典型案件进行警示教育，举行干部廉政宣誓，上廉政党课等，采用多种教育形式，促进了领导干部廉洁从政。在先进性教育活动中，各地纪检监察部门还积极协助党组，做好党风廉政建设的任务分解、落实责任等工作。在先进性教育活动中，各地粮食部门还重申领导干部廉洁自律规定，开展专项检查。各地普遍开展了清理领导干部兼职、清欠公款、清理违反规定购买商业保险、违反规定发放津贴、补贴等工作。江苏省粮食系统认真落实严禁公职人员收受礼金礼品的若干规定，一些地方粮食部门党员干部主动上交了礼金及有价证券。重庆市粮食局对领导干部驾驶公车问题进行了清理和整顿，制定了申报、审批、登记等一系列管理办法。辽宁、山西省粮食局开展了专项清理住房工作。河南省粮食局开展了政府采购和财政供养人员工资专项清理。山东、湖北、四川、云南、广西、甘肃等地对国家机关人员个人集资入股经商办企业进行了专项清理。国家粮食局严格控制公费出国，严格审批出访团组，压缩团组及人数、天数，节约经费50多万元。

（二）坚持服务“三农”，加强行风建设，切实解决损害群众利益的问题。

各地粮食纪检监察部门以落实粮食最低收购价政策、稳定市场粮价为重点，开展监督检查，切实解决损害种粮农民利益的问题。在收购旺季，各地纪检监察部门配合中心工作，检查粮食收购情况，

深入乡镇调研，及时反映和协调解决收购网点少、农民卖粮难的问题，保证最低收购价政策落实。为防止收购中出现压级压价、超量扣水扣杂、拖欠农民售粮款等损害农民利益的行为，福建、贵州、陕西、广东、江西等很多地方粮食部门加强诚信建设，制定《粮食收购纪律》、《服务承诺书》和《文明诚信服务公约》，上门与农民签订收购订单，确保不压级、不压价，严格执行收购政策。

加强粮食库存抽查、政策性供粮检查和陈化粮销售监管，保护消费者利益。去年6月和10月，各地纪检监察部门积极参与中心工作，共对15个省市的200多个库点进行了清仓查库。各地粮食纪检监察部门还开展军供、救灾等政策性供粮和陈化粮处理、储备粮轮换等专项检查，如北京、上海、新疆等地提前介入，加强监督，规范工作程序，落实监管措施，确保粮食质量和供应及时到位，防止陈化粮流入口粮市场。

深入进行行风评议活动，增强服务意识，加强了行风建设。很多地方，如山东、山西、陕西、重庆、内蒙、宁夏、安徽、湖北等省区市粮食部门成立了行风评议领导机构，“一把手”亲自抓，深入基层对评议活动开展情况进行全面检查，发放调查问卷表、举行民主评议政风行风听证会、参加广播电台政风行风热线节目，开展“诚信服务最佳单位”、“十佳服务明星”活动。黑龙江省粮食局为农民办期货知识培训班13期。四川省粮食系统共发出征求意见函和调查问卷60192份，回收问卷58384份，问卷对全省粮食系统政风行风总体评价“好”和“较好”的占问卷总数的98.8%。河南省粮食局机关在2005年政风行风评议中，省局机关在省直46个部门中排名第3位、粮食行业在全省46个政府部门和行业中排位第17名。

积极开展“放心粮油进农村”活动。近年来粮食系统开展的“放心粮油”工程，共授予1500多个企业的2800多个产品为“放心粮油”称号。目前，放心米、面年总产量可达3200万吨，约占全国年消费量的20%；放心油年总产量可达850万吨，约占年消费量的50%。去年以来，各地粮食部门及纪检监察机关配合中国粮食行业协会开展“放心粮油进农村”活动，总结推广河北辛集市、山东章丘市粮食局等单位“龙头企业+增设农村网点+两代一换+连锁配送”的经验。目前，有十多个省区都在积极开展“放心粮油进农村”工作，中央新闻单位也作了报道。

（三）严明纪律，继续查办违纪违法案件。

各地粮食部门坚决查处违纪违法案件。据不完全统计，截至2005年年底，全国粮食系统共受理群众举报4383件，其中：初查核实1755件，涉及县处级干部26人，科级干部171人；立案719件，结案624件，受处分人数 647人，其中县处级23人，科级93人。截至2005年年底，驻局纪检组监察局共受理群众举报案件及领导交办件96件。河南省粮食系统各级党政领导重视案件查办工作，去年共受理举报件397件，初核304件，立案171件，结案156件，其中司法机关介入35件，112人受到党政纪处分。江苏省粮食系统去年查处各类违法违纪案件62件，已结案54件，其中经济案件46件，59人受到党政纪处分或司法机关处理，挽回经济损失444万元。四川省粮食系统去年1～10月共受理举报件251件，初核191件，立案59件，结案47件，54人受到党政纪处分，挽回经济损失449.5万元。黑龙江、吉林、辽宁、湖南、江西等地也加大案件查办工作力度。

从去年的举报件内容和查办案件情况看，总体上粮食系统违纪违法案件有所减少，但不能乐观，主要有以下特点：①反映国有粮食企业在重组改制、人员分流、处置资产过程中出现问题的案件比较多。有些单位党风廉政建设削弱，权力监督缺失，财务管理松弛，引发以权谋私、贪污腐败、国有资产流失等问题。②从粮食系统查处的一些影响恶劣的案件分析，有些问题是近年来新出现的，如领导干部违反规定投资入股。从查处的三起粮食企业领导人挪用百万元公款赌博的案件看，共同之处都是在企业改革、人员置换身份、管理监督出现漏洞时得逞的。③有些基层粮食企业领导人搞“一言堂”，个人说了算，在粮食购销、物资采购、工程项目、处置资产等经营活动中不公开透明，有的收受商业贿赂，群众反映强烈。

积极做好信访工作。由于近两年企业改制力度加大，上访人数增加，各地粮食部门重视信访工作，主要领导直接抓，纪检监察部门积极配合。去年国家粮食局共接待上访180批次，656人。由于实行《信访条例》等原因，上访人数较前年减少296人次，群众来信与上年同期相比有所增加。

（四）健全制度，标本兼治，进一步加强了源头治理工作。

认真学习贯彻《实施纲要》。中央《建立健全教育、制度、监督并重的惩治和预防腐败体系实施纲要》下发后，各地粮食部门作为一项重要政治任务认真学习，结合粮食系统特点，及时制定贯彻落实《实施纲要》的具体实施意见。有的地方将《实施纲要》的学习作为先进性教育活动的重要内容。有的组织各地市粮食局开展了课题调研。很多地方粮食系统党员干部参加了《实施纲要》知识竞赛活动。在落实《实施纲要》中，各地都注意明确目标要求，建立工作机制，抓好任务分解和落实，整体推进，有的还制定了《实施纲要》监督检查制度。

去年各地粮食部门继续加大治本抓源头的工作力度，认真贯彻实施《党政领导干部选拔任用工作条例》；规范行政审批，完善审批公示、行为监控、责任追究等相关制度；加强专项资金监管，有些地方开展了“小金库”专项治理；为落实招投标制度，西藏、天津等一些地方重点对粮库建设、维修改造项目、粮食招标采购、轮换拍卖等实施全程参与，规范程序，加强监督。江西省粮食局还制定了《大宗粮食交易活动监督办法》。根据监察部的要求，河北、浙江、贵州等很多地方还对贯彻行政许可法、依法行政、依法管粮进行了专项检查，充实公开内容，推进政务公开，建立工作效绩台账，提高工作效率，建设服务型机关。国家粮食局和各地粮食局网站不断提高完善，坚持信息、互动、服务于一体，成为对外宣传、提供社会服务的重要窗口。国家粮食局网站总访问量累计已达到377万次，最近又设立了局长信箱。

各地还重视党内监督，开展领导干部述职述廉、落实重大事项报告和经济责任审计制度，坚持纪委负责人同下级党政负责人谈话和诫勉、任前廉政谈话制度。新疆维吾尔自治区粮食局实行新任职领导干部到局纪委学习工作制度。北京市粮食局重点落实“三重一大”制度。陕西省粮食局实行警示提醒、诫勉督导、责令纠错制度，探索建立廉政预警、动态监督、保护挽救三个机制。

过去的一年里，全国粮食纪检监察部门和广大纪检监察干部在当地党委、政府和驻在部门党组的领导下，坚持为粮食改革发展服务，积极探索建立健全教育、制度、监督并重的惩治和预防腐败体系，着力解决损害群众利益的突出问题，认真查处违法违纪案件，加强自身建设，实施统一管理，转变观念，求真务实，开拓创新，扎实工作，党风廉政建设和反腐败工作取得了新的成绩。但我们也要清醒地看到，我们的工作与党中央、国务院的要求还有很大的差距，各地工作进展不平衡，有些地方工作中还存在一些薄弱环节：一是对纪检监察工作要围绕中心、服务大局，惩防并举、注重预防等指导思想理解不深，工作主动性、创造性不够；二是在纪检监察工作多、任务重、人员少的情况下，工作重点不突出，一般号召多，具体抓落实不够；三是面对粮食流通体制改革新形势，对出现的新情况、新问题调查研究不够，缺乏针对性强、行之有效的防范措施。对于上述问题，我们要在今后的工作中认真加以研究解决。

二 2006年粮食系统纪检监察工作的主要任务

2006年是全面贯彻落实科学发展观、构建和谐社会、巩固宏观调控成果、保持经济社会良好发展态势的关键一年，是全面开展“十一五”规划建设的开局之年。做好粮食系统党风廉政建设和反腐败工作，对于推动粮食流通体制改革、加快粮食事业发展具有重要意义。根据党中央、国务院的统一部署，2006年国家粮食局党风廉政建设和反腐败工作的总体要求是：深入贯彻十六大、十六届三中、四中、五中全会精神和中央纪委六次全会精神，全面落实科学发展观，努力构建和谐社会，坚持标本兼治、综合治理、惩防并举、注重预防的方针，以改革和制度创新为重点，认真贯彻落实《实施纲要》，加大防治力度，紧密结合粮食改革发展实际，深入开展粮食系统党风廉政建设和反腐败工作。为认真贯彻中央纪委六次全会和国务院第四次廉政工作会议精神，结合粮食工作实际，今年我们要重点做好以下工作：

（一）维护党的纪律，推动粮食系统全面贯彻落实科学发展观。

粮食系统各级党组织要把推动贯彻落实科学发展观作为党风廉政建设的重要内容，教育干部要按照中央关于全面落实科学发展观、构建和谐社会、加强党的执政能力建设和先进性建设的要求，牢固树立和落实科学发展观，准确把握基本立足国内保障粮食供给的方针和保持粮食紧平衡的目标，努力服务“三农”，积极推进改革，坚持以人为本，维护群众利益。坚决防止和纠正违背科学发展观的错误行为，增强运用科学发展观指导粮食工作的自觉性和坚定性。要结合粮食中心工作，对落实科学发展观的情况开展监督检查，为做好粮食流通体制改革、宏观调控、粮食购销、市场监管、公共服务等各项粮食工作提供有力保证，促进粮食行业健康发展。

要认真贯彻“八个坚持、八个反对”的要求，加强对领导干部作风的监督检查。弘扬求真务实作风，牢固树立正确的政绩观，坚决克服形式主义、官僚主义和弄虚作假的行为。要检查民主集中制贯彻执行情况，促进决策的科学化民主化。要教育广大党员干部认真执行中央有关厉行节约、反对铺张浪费的规定，坚决制止讲排场、比阔气、奢侈挥霍等不良风气。

要切实维护党的章程和其他党内法规，严格遵守党的纪律特别是政治纪律，自觉同党中央保持高度一致。坚决反对有令不行、有禁不止，对违反纪律的行为要严肃批评教育、依据党内法规作出处理，保证政令畅通，维护党的团结统一。

（二）推进党风政风建设，切实纠正损害群众利益的不正之风。

要把解决损害群众利益的突出问题作为粮食系统党风廉政建设的工作重点。

对粮食收购工作，要早调研，早介入，夏粮、秋粮收购都不能放松。加强对粮食收购企业执行国家粮食收购政策情况的监督检查，坚决查处不执行国家粮食最低收购价格政策、压级压价、拖欠农民售粮款、收陈粮充新粮等损害农民利益的行为。要防止和及时解决卖粮难的问题。

要重视粮食销售工作，要加强市场监管，查处掺杂使假、以次充好、克扣数量、销售不符合卫生标准的原粮、油料和成品粮油等损害消费者利益的行为。继续纠正军粮、退耕还林、水库移民、救灾等政策性用粮中存在的不正之风，确保粮食供应质量。要继续实施陈化粮处理全程监管，严防陈化粮回流口粮市场，查处违反规定倒买倒卖陈化粮行为。要加强监督，积极配合做好最低收购价水稻竞价销售和进口小麦转储备、检查库存粮食质量等工作。

在国有粮食企业重组改制中，要认真执行《国务院办公厅转发国资委关于进一步规范国有企业改制工作实施意见的通知》（国办发[2005]60号），维护职工合法权益。要加强监督检查，对改制中未落实职工基本生活保障和安置措施，未充分听取职代会意见，未公布财务审计、资产评估结果，强迫职工将经济补偿金用于改制后企业投资的，要及时予以纠正。要充分认识国有粮食企业改革的艰巨性、复杂性，对分流职工再就业问题要多关心，多帮助。

全面清理和规范评比达标活动。继续治理党政部门报刊利用职权发行。

加强信访举报工作，只要有反映、有举报，就要调查核实，绝不能压拖不办。要变上访为下访，畅通诉求渠道，及时化解矛盾，积极预防和妥善处理群体性事件。

要充分认识加强“三农”工作的重要意义，充分认识粮食部门服务“三农”的重要职责，继续深入开展“放心粮油进农村”活动，建立防范风险机制，服务“三农”，帮助农民增收，为建立社会主义新农村作贡献。要完善基层站所管理制度，总结宣传基层政风行风建设先进典型经验，发挥示范作用。各级粮食行政管理机关要切实搞好行风评议和政风建设。

（三）深入开展反腐倡廉教育，促进领导干部廉洁从政。

深入开展反腐倡廉教育，认真学习先进典型，对广大党员干部进行理想信念和从政道德教育、党的优良传统和作风教育、党纪条规和国家法律法规教育，在领导干部中深入开展权力观和政绩观教育。要把法纪教育和廉政教育纳入公务员培训机构的教学计划，针对不同岗位工作特点，开展廉政教育培训。要重视廉政文化建设。

要严格执行“四大纪律八项要求”和中央制定的领导干部廉洁从政各项规定，开展经常性监督检查。严肃查处领导干部违反规定收受现金、有价证券和支付凭证，参加赌博等党风方面存在的问题。在地方党委集中换届中，要教育引导粮食系统各级领导干部，严格遵守组织人事纪律，正确对待进退留转，严禁“跑官要官”、“买官卖官”。严肃查处在公务员工资改革过程中自行发放津贴补贴等违反规定的行为。要注意纠正在开展革命传统和爱国主义教育活动中借机用公款旅游等行为。认真解决各种名目的研讨会、论坛、办节过多的问题。继续纠正超标准超编制配备、使用小汽车和在住房上以权谋私等问题。

（四）严格执纪，坚决查办违反党纪政纪的案件。

要继续加强查办案件工作力度。2006年要以查办发生在领导机关和领导干部中违反党纪政纪的案件为重点，严肃查办领导干部滥用权力、贪污受贿的案件，利用人事权、审批权等谋取私利的案件及国有资产严重流失案件、工程承包和政府采购中的案件。注意查办严重侵害群众利益的案件，尤其是发生在安全生产、食品安全、环境保护和社会稳定方面的失职渎职案件。对有关人员要追究责任，对腐败分子要坚决惩处。

规范粮食市场秩序，认真开展治理商业贿赂专项工作。要认真贯彻中办国办《关于开展治理商业贿赂专项工作的意见》，加强领导，深入动员，结合行业纠风，开展自查自纠。要教育领导干部重视商业贿赂问题，带头学习和自觉遵守法律法规，认真整改，健全制度，加强监督，发现苗头问题早提醒、早纠正，使干部少犯错误或不犯错误。要严格掌握政策，区别对待。严肃查处政府机关公务员利用行政权力收受贿赂的行为和国企负责人在政策性处理老粮、陈化粮、购买维修保粮设备、建设维修粮库等工作中收受贿赂的案件。

要严格依照党内法规办案，不断提高办案工作的能力和水平。要加强对办案工作的领导，完善办案协调机制，规范案件检查措施，强化对办案全过程的管理和监督，做到安全文明办案。要坚持惩前毖后、治病救人的方针，做到宽严相济、区别对待，教育与惩处相结合。既要查处严重阻碍和破坏改革发展的行为，又要支持和保护广大党员干部大胆创新。要认真剖析粮食系统违纪违法案件，总结规律、特点和作案手段，针对存在的问题，完善规章制度，改进工作。

（五）深化改革，创新制度，加强对权力运行的制约和监督，推进治本抓源头工作。

要继续推进干部人事制度、行政审批制度、投资体制改革。抓好公务员法的贯彻实施工作。建立符合科学发展观要求的领导班子和领导干部综合考核评价制度，加强领导干部交流，加强对党政领导干部选拔任用工作的监督，进一步推行领导干部经济责任审计工作。进一步减少和规范行政审批，强化对行政许可和审批全过程的监督制约，推广行政审批电子管理和监控系统。开展对社团、行业组织和社会中介组织的清理和规范，解决职能错位、行为失范等问题。全面落实“收支两条线”规定，深入推进部门预算改革。健全政府投资监管、投资项目公示等制度。

要健全工程建设项目招标投标制度，规范经营性土地使用权出让，规范产权交易，加强对政府采购工作的监督检查。

认真贯彻执行党内监督条例，加强对领导机关和领导干部的监督。建立健全行使权力的制约机制。继续落实领导干部个人重大事项报告、民主生活会、述职述廉、民主评议、诫勉谈话和函询等制度。发挥派驻机构对驻在部门领导班子及其成员的监督作用。

继续加强国有粮食企业党风廉政建设，严格执行国有企业领导人员廉洁从政若干规定，加强对企业领导人员的监督。强化对企业生产经营管理的重大事项和关键环节的监督。要采取有效措施，加强对国有企业在粮食购销、物资设备采购、工程项目等方面行使定价、发包、付款、决定等权力运行的制约机制建设。要坚持企业领导干部述职述廉制度、民主评议制度，开展企业效能监察和内部审计，完善企业民主管理制度。

深化和规范政务公开、厂务公开，保证干部职工的知情权、参与权、监督权。健全民主集中制，逐步推进党务公开。进一步落实党员权利保障条例。

三 学习党章，落实责任，保证各项工作任务顺利完成

（一）认真学习胡锦涛总书记讲话精神，按照党章要求加强反腐倡廉工作。

各级领导干部要认真学习胡锦涛总书记在中央纪委六次全会上的重要讲话。带头学习党章、遵守党章、贯彻党章、维护党章。坚定理想信念，加强道德修养，发展党内民主，严明政治纪律，强化制约监督，加强制度建设。要坚持从严治党的方针，切实加强对党风廉政建设和反腐败工作的领导，认真贯彻落实中央纪委六次全会和国务院廉政工作会议部署的各项工作任务。要将贯彻《实施纲要》纳入党风廉政建设和反腐败工作的整体工作格局，融入粮食流通工作。要紧密结合实际，突出重点，针对当前急需解决的问题，制定落实防止和减少腐败发生的源头治理具体措施，明确今年的任务、目标。要用发展的思路和改革的办法，加大防治力度，落实《实施纲要》提出的各项具体任务。

纪检监察机关要围绕中心，服务大局，全面履行党章赋予的职责，充分发挥纪检监察两项职能作用。认真完成三项主要任务，抓好五项经常性工作。要紧紧围绕实施中央为推进改革、发展、稳定而采取的重大举措加强监督检查，积极推动解决损害群众切身利益的突出问题。监察机关要认真履行行政监察法赋予的职责，切实贯彻《中央纪委监察部关于加强和改进行政监察工作的意见》。加强廉政监察和执法监察，效能监察，推进依法行政，依法管粮，提高行政效率，促进廉政建设。

（二）继续完善和落实党风廉政建设责任制。

要坚持和完善党委统一领导、党政齐抓共管、纪委组织协调、部门各负其责、依靠群众支持和参与的反腐败领导体制和工作机制，充分发挥党风廉政建设责任制的作用。要把反腐倡廉工作纳入到业务工作和党的建设的总体规划中，党政领导班子正职要对职责范围内的反腐倡廉工作负总责，重要工作和重大问题亲自过问和部署。班子成员要根据分工，抓好分管部门和单位的反腐倡廉工作，对职责范围内的党风廉政建设负直接领导责任。职能部门要按照责任分工，各司其职。要把好自己的门，管好自己的人。坚持责任考核和责任追究制度，把考核结果作为业绩评定、奖励惩处、选拔任用的重要依据。责任制，一是切实履行职责；二是出了问题要追究责任，不搞形式主义。各级粮食纪检监察机关要认真履行组织协调职责，协助党委研究、部署、督促反腐倡廉各项工作，建立健全与有关部门的协作配合、信息反馈和情况通报等制度。要抓好反腐倡廉工作任务的分解、督促和落实。

（三）不断加强粮食系统纪检监察队伍建设。

粮食系统各级纪检监察机关和广大纪检监察干部要按照胡锦涛总书记的要求，在新形势、新任务面前，增强政治责任感和工作紧迫感，求真务实，与时俱进，开拓进取，扎实工作。要结合实际，认真开展“做党的忠诚卫士、当群众的贴心人”主题实践活动，充分运用先进性教育活动的成果，进一步解决思想、组织、作风以及工作方面存在的问题。为民、务实、清廉，树立纪检监察干部可亲、可信、可敬的形象。要加强领导班子和干部队伍建设，强化内部管理；要讲政治、讲党性、讲大局，自觉维护党的形象；要加强学习，切实转变思想作风，服务基层，服务群众；要遵纪守法，谦虚谨慎，自觉接受党组织和人民群众的监督，努力成为加强学习、真抓实干、严格自律的模范；实施统一管理后，要准确定位，规范工作程序，认真履行职责。要认真研究粮食系统党风廉政建设和反腐败工作中的新情况、解决新问题、提出新举措，努力提高纪检监察工作能力。各级党组织要支持纪检监察机关履行职责，帮助他们解决工作、生活中的实际问题。

同志们，今年我们面临的反腐倡廉任务仍然十分繁重。我们要紧密团结在以胡锦涛同志为总书记的党中央周围，以“三个代表”重要思想为指导，认真贯彻十六大和十六届三中、四中、五中全会精神，与时俱进，求真务实、开拓创新、扎扎实实地做好各项纪检监察工作，以实际行动推动粮食系统党风廉政建设和反腐败工作取得新的成效，为粮食流通事业的改革发展作出积极的贡献。

认清形势 明确目标 努力做好粮食宏观调控工作

——在全国粮食调控与统计工作会议上的讲话

国家粮食局党组成员、副局长 曾丽瑛

2006年4月11日

这次全国粮食调控与统计工作会议的主要任务是，贯彻落实全国粮食局长会议精神，回顾总结2005年粮食调控与统计工作，会审汇编2005年度全国粮油统计年报，研究分析2006年粮食供求形势和价格走势，表彰2005年度粮食统计工作先进单位和个人，安排部署2006年粮食调控与统计工作。下面，我讲三个问题。

一 2005年粮食调控与统计工作回顾

2005年，在党中央、国务院的正确领导下，在有关部门的支持配合下，在各地粮食行政管理部门的共同努力下，粮食宏观调控工作取得了很大成绩，保证了粮食市场供应和粮价基本稳定，促进了粮食生产发展和农民增收，为保持国民经济平稳较快发展和社会稳定做出了积极贡献。回顾2005年的粮食调控与统计工作，主要有以下几个方面。

（一）深入分析粮食供需形势，认真编制粮食行业“十一五”规划纲要。

随着粮食购销全面市场化，我国粮食流通出现了一些新情况、新问题。对此，我们高度重视，加强调查研究，认真分析粮食供求形势发展变化规律和特点，并提出相应的调控措施和建议。2005年，我们先后上报了《关于我国粮食安全形势和对策建议的报告》、《当前粮食供需形势分析和政策建议》等10多份专题材料，及时反映全国粮食收购、销售、库存及市场价格变化等情况，提出调控政策建议。我们还适时召开了小麦、粳稻、玉米购销形势座谈会，对重点粮食品种的供需和购销形势深入分析，得到了国务院领导的肯定。

按照国务院有关要求，在全面总结“十五”期间主要工作的基础上，我们认真研究分析了“十一五”时期粮食行业面临的形势和任务，汇总编制了《粮食行业“十五”期间工作总结和“十一五”规划纲要》。

（二）积极抓好粮食购销工作，认真落实最低收购价政策。

为稳定粮食市场价格，保护种粮农民利益，我们始终把粮食收购作为粮食流通工作的中心任务来抓，会同国家有关部门积极采取有效措施，加强对粮食市场的宏观调控。一是及时对夏粮、早籼稻和秋粮收购工作做出部署，提出具体要求。注意跟踪了解收购工作进展情况，及时研究解决收购工作中的困难和问题。二是加大东北地区玉米购销和出口力度，缓解玉米供大于求的矛盾，对拉动国内玉米市场价格起到了积极的作用。三是加强对储备粮轮换出库节奏的调控，会同国家有关部门及时下发通知，要求各地在新粮收购期间暂停中央和地方储备稻谷轮换出库。四是安排中储粮总公司结合储备小麦轮换，采取先轮入的方式，在小麦主产区积极入市收购，稳定小麦市场价格。五是及时启动早籼稻和中晚稻最低收购价执行预案，认真贯彻落实最低收购价政策。我局会同有关部门先后制定并下发了早籼稻和中晚稻最低收购价执行预案，审定并及时向社会公布指定收购库点4239个。预案启动后，我局先后组织了多个检查组，分别由局领导带队，检查指导收购工作，及时了解和掌握收购进展情况，研究和解决部分主产区收购仓容不足等问题。总体看，2005年粮食收购工作进展比较顺利，稻谷收购价格保持在最低收购价水平之上，收购市场秩序较好，基层政府和农民比较满意。

（三）认真做好中央储备粮行政管理工作，积极督促和指导各地充实地方粮食储备。

中央和地方储备粮是宏观调控的重要物质基础。发挥好储备粮的吞吐调节作用，是粮食调控工作的一个重要方面。一是及时下达中央储备粮年度轮换计划，并对有关轮换的请示及时予以批复。二是做好中央储备粮增储工作，在粮食批发市场组织了5批中央储备粮的招标采购，充分发挥了市场机制的作用，对改进国家粮食宏观调控方式作了有益探索。三是会同有关部门组织了3次最低收购价早籼稻竞价销售，为今后销售最低收购价稻谷积累了经验。四是积极督促和指导各地充实地方粮食储备，进一步优化储备布局和品种结构。目前，主销区地方储备已经达到或接近预定规模，产销平衡区和粮食主产区地方粮食储备也得到一定的充实。储备粮布局和品种结构进一步优化，北京、天津、福建、青海等省（市）还增加了成品粮的应急储备。五是认真研究1998年以来国债投资建设粮库产权归属问题，目前这项工作正在抓紧进行。

（四）认真组织实施《国家粮食流通统计制度》，统计服务水平进一步提高。

2005年是我国粮食流通统计工作具有里程碑意义的一年。随着《国家粮食流通统计制度》的正式实施，我国粮食统计实现了由过去的部门统计向全社会统计的历史性转变。为确保新制度的顺利实施，各级粮食部门做了大量的工作。一是广泛开展了新制度的宣传活动，为全社会粮食统计工作营造一个比较好的社会环境。二是积极指导并督促地方粮食部门充实统计人员，落实统计工作经费。我局和国家有关部门联合下发了《关于进一步做好全社会粮食流通统计工作的通知》，对统计人员编制和调查经费提出要求。各地积极采取措施加以落实，如天津市粮食局增加1个处室，3个人员编制，承担粮食调控和统计工作。有些地方通过调整内设机构和人员，缩减其他办公经费等办法，认真落实统计人员和经费。三是努力推进粮食流通统计信息化建设。我局组织开发了粮食统计信息管理软件，免费提供给地方各级粮食部门，并举办了5期统计软件培训班。四是圆满完成2004年度社会粮食供需平衡调查工作。为更加准确地把握粮食供求形势的变化，我们在2004年度粮食供需平衡调查工作中，将粮食商品量、消费量、省际间粮食流通量、期末社会粮食库存量等作为调查的重点。在各地粮食部门的共同努力下，此次调查工作达到了预期效果，调查结果比较准确地反映了当前我国粮食流通市场化过程中粮食供求的基本特征和变化趋势。五是加强了对新制度执行情况的监督检查。在2005年国有粮食企业库存检查中，我局将非国有粮食企业执行国家粮食统计制度情况作为检查的一项重要内容。一些省粮食部门还开展了统计执法专项检查。通过统计监督检查，增强了企业依法报送粮食统计资料的意识。

2005年，各级粮食部门还加强了粮食统计分析工作，统计分析质量和实效性明显提高。为扩大统计信息的服务面，我局通过《中国粮食经济》向社会发布了国有粮食企业的粮食收购和销售统计数据，增强了粮食统计信息的透明度。

（五）建立粮食应急工作机制，初步完成粮食市场监测定点布局方案。

粮食应急工作是粮食安全保障体系的重要组成部分。按照国务院要求，我们研究起草了《国家粮食应急预案》及其操作手册、宣传报道简本和宣传提纲、典型案例。《国家粮食应急预案》已经由国务院办公厅印发各地执行，许多地区也相继制定下发了本地区的应急预案。为认真学习贯彻《国家粮食应急预案》，提高各级粮食行政管理部门的应急管理水平，我们分别组织了两期《国家粮食应急预案》培训班，共有400多人参加了培训。

在粮食购销市场化新形势下，为进一步加强粮食市场监测和预警分析，确保市场粮价的基本稳定，妥善应对各种突发事件，根据《粮食流通管理条例》和《国家粮食应急预案》的要求，我们确定了首批325个粮食市场监测点，并制定了《国家粮食局粮食市场监测方案》，从今年5月起开始启动市场监测信息直报工作。

（六）积极推进产销合作，保证粮食市场供应和价格基本稳定。

粮食产销区建立长期稳定的购销合作关系，是统筹区域经济协调发展，引导粮食有序流通，促进粮食市场和价格基本稳定，确保国家粮食安全的重要途径。2005年，我局组织召开了部分省（区、市）玉米购销工作座谈会，与有关部门共同主办了“2005中国优质小麦展示暨交易会”。今年初，我们召集部分主产区和主销区粮食部门座谈，共同起草了《关于进一步促进粮食产销合作发展的意见（初稿）》，将在征求有关部门意见后共同下发。同时，我们还积极与有关部门加强沟通，协调解决一些地方在粮食运输中遇到的问题。

粮食主产区和主销区也充分发挥各自优势，按照“政府推动、部门协调、市场机制、企业运作”的原则，积极推进粮食产销合作。如黑龙江省与部分销区共同举办了“2005年黑龙江金秋粮食交易合作洽谈会”，福建省与主产区共同主办了“2005年七省粮食产销协作福建洽谈会”。销区还通过在产区建立生产基地、设立收购点、办加工厂等方式，主产区开展了为销区代收、代储、代销等形式，努力建立长期稳定的购销合作关系。北京市先后与河北、黑龙江、河南等地企业，签订了地方储备粮委托代储代轮换合同，吸引主产区企业参与销区地方储备粮管理。

（七）努力做好陈化粮销售、退耕还林、面粉营养强化等工作。

为进一步加强对陈化粮销售和使用的监管，今年初，我们会同有关部门共同下发了《关于陈化粮销售处理有关问题的通知》，下达了陈化粮销售计划，并明确了新增陈化粮的销售处理政策。

退耕还林粮食供应政策调整后，我们积极配合有关部门做好调研工作，及时下达退耕还林、退牧还草年度任务计划，完善相关政策措施，巩固退耕还林成果。同时，继续努力做好退耕还林面粉营养强化试点工作，先后组织召开了面粉营养强化国际研讨会和面粉营养强化座谈会，就开展面粉营养强化的可行性、未来发展趋势以及政策建议进行了专题研究。

需要说明的是，2005年粮食宏观调控与统计工作取得的成绩，是各级党政领导关心支持和各有关部门密切配合的结果，是各级粮食部门高度重视、开拓进取、扎实工作的结果。在这里，我代表国家粮食局，向全国各级粮食部门从事粮食调控和统计工作的同志们表示诚挚的慰问和衷心的感谢。

二 当前我国粮食供求基本情况和调控工作面临的形势

（一）当前我国粮食供求基本情况。

从粮食供求情况看，2005年国家继续稳定、完善、强化各项支农政策，进一步加大对粮食生产的扶持力度，有效地调动和保护了农民种粮的积极性，粮食生产继续呈现良好的发展局面。2005年粮食产量9680亿斤，比上年增加291亿斤。初步预计2005年我国粮食消费量在9890亿斤左右，比上年增加70亿斤左右，继续保持平稳增长的态势。当年粮食产需缺口进一步缩小至210亿斤。小麦、稻谷当年产需虽有一定缺口，但国家粮食库存较为充裕，市场供给是有保证的。玉米继续保持平衡有余的状况，大豆产需缺口较大，需要通过进口来解决。

从粮食购销存情况看，2005年国有粮食企业按照国家有关政策要求，认真贯彻落实最低收购价政策，积极开展粮食购销工作，粮食购销量均比上年增加。2005年国有粮食企业共收购粮食2299亿斤（原粮2525亿斤），同比增加515亿斤，其中指定库点按最低收购价挂牌收购早籼稻和中晚稻245亿斤。国有粮食企业共销售粮食2428亿斤(原粮2655亿斤)，同比增加39亿斤。重点非国有粮食企业及粮食转化企业粮食收购量已达相当规模。2005年年末国有粮食企业库存比年初略有增加。在地区布局上，粮食库存大多集中在主产区，主销区粮食商品周转库存比较薄弱；在品种结构方面，稻谷库存所占比重相对偏低。

从粮食价格情况看，我国粮食连续两年增产，国内粮食产不足需的矛盾大为缓解，但同时也给市场粮价带来了一定下行压力。为保持粮食价格在合理水平上基本稳定，促进粮食增产和农民增收，国家采取了一系列稳定市场粮价的调控措施，取得了明显成效。全年国内市场粮价走势基本平稳，价格水平略低于上年。分品种看，籼稻价格平稳略降，粳稻价格高位运行，小麦价格呈下降趋势，玉米收购价格在较高水平上小幅波动，大豆市场价格下降幅度较大。

初步分析，2006年我国粮食产需仍将存在一定缺口。从生产看，今年要实现连续第三年增产的压力很大。从需求看，国内粮食消费总量则继续稳定增长。粮食价格也存在继续下行的压力。今年的粮食供求形势还有一些不确定因素，如何正确分析和把握今年粮食供求形势，及时提出调控政策建议，是今年粮食调控工作的一项重要任务。希望大家对今年的粮食供求形势进行认真分析和研究，做出比较客观、准确的判断，为做好今年的粮食调控工作打好基础。

（二）粮食调控工作面临的形势。

近年来，我国粮食购销市场化改革不断深入，加入WTO后国内粮食市场受国际市场影响明显增强，国内粮食供求关系正处于一个新的调整期，粮食宏观调控的体制环境和市场环境都发生了深刻变化，这就要求我们进一步深入分析粮食宏观调控面临的新形势，及时对调控内容和方式进行相应调整。初步分析，今年粮食调控工作面临以下几方面新情况：

一是中央对粮食工作提出了新要求。胡锦涛总书记在中央经济工作会议上指出："要稳定发展粮食生产。粮食安全这根弦什么时候都不能放松，必须坚持粮食供给基本立足国内的方针。"温家宝总理在中央农村工作会议上指出："在粮食问题上必须把握两点：一是基本立足国内保障粮食供给，这是我们要始终坚持的方针；二是努力保持粮食供求的紧平衡，这是我们宏观调控的目标。"中央领导同志关于粮食问题的重要指示，为今后我国的粮食宏观调控工作指明了方向，同时也是对粮食宏观调控工作提出的明确要求。我们作为从事粮食工作的同志一定要把思想认识统一到中央确定的方针政策上来。必须充分认识到，对于我国这样一个人口众多的发展中国家而言，粮食始终是经济发展、社会稳定和国家自立的基础，任何时候都不能出现闪失。保持粮食供求的紧平衡，一方面要求粮食供给应与粮食需求相适应，另一方面要求粮食价格应在合理水平上基本稳定。只有做到了粮食供求的紧平衡，我国粮食才能够稳定发展，农民收入才能够稳步提高。实现粮食供求紧平衡的目标，的确不是一件容易的事情，必须加强粮食综合生产能力建设和国家粮食储备体系建设，做到藏粮于地和藏粮于库相结合，同时还要掌握比较高超的调控艺术，把握好吞吐调节和粮食进出口的时机和力度。

二是国家粮食宏观调控的实施力度进一步加大。2004年以来，在中央各项支农惠农政策的引导下，在市场粮价回升的刺激下，加上气候条件总体较好，粮食生产稳定发展，农民收入持续增加。2005年粮食产量达到9680亿斤，两年共计增产粮食超过1000亿斤，这在历史上并不多见。2006年的粮食生产继续保持着良好的发展势头，但也存在一些不利因素。比如，保持市场粮价平稳或略有回升的难度很大，增加粮食播种面积的余地越来越小。另外，今年的气候条件还难以预测。为稳定发展粮食生产，持续增加种粮收益，中央进一步加大了宏观调控的力度。如：全面取消农业税，提高粮食风险基金用于粮食直补的比例，增加中央财政对粮食主产县的奖励资金，坚持和完善重点粮食品种最低收购价政策，加强农业生产资料价格调控等。就最低收购价政策而言，今年2月底，国家就公布了最低收购价粮食品种和价格水平，比上年公布时间有所提前。今年国家实行最低收购价政策的省份达到11个，比上年增加4个。在品种上，除稻谷品种外，今年还将小麦纳入了最低收购价范围。目前小麦价格正呈现下跌趋势，已接近国家公布的最低收购价水平，后期小麦价格仍存在下行的压力，因此必须提前做好实施小麦最低收购价执行预案的准备。

三是国有粮食企业产权制度改革步伐加快，市场主体结构发生明显变化。国有粮食企业是国家实施粮食宏观调控的重要载体，在保护种粮农民利益、稳定粮食市场价格方面发挥着主导作用。近年来，各级粮食部门按照中央部署，积极稳妥推进国有粮食企业改革，长期困扰国有粮食企业的“三老”问题逐步解决。国有粮食企业通过重组和整合，企业数量明显减少，企业布局和结构得到合理调整，竞争力有所增强。在国有粮食企业数量减少的同时，多种所有制的市场主体迅速增多，据不完全统计，目前这部分市场主体数量已超过10万个。随着市场主体多元化的发展，如何进一步提高国有粮食企业的竞争力，继续保持在粮食流通中的主渠道地位，发挥好宏观调控载体的作用，更好地为国家宏观调控服务，是一个新课题，需要我们认真进行研究。

四是国家调控市场的物质资源发生了很大变化。粮食购销市场化后，粮食企业自主经营，自负盈亏，在正常情况下政府不能干预企业的经营活动。在过去，除中央和地方各级粮食储备外，国有粮食企业的商品周转库存也是政府调控市场的重要资源。2004年初国内粮价出现剧烈波动，国家通过组织库存老粮的拍卖，有效地平抑了市场粮价。随着各地政策性老粮陆续处理完毕，政府可以作为调控手段的粮食主要是各级储备粮。中央储备粮主要用于应对重大自然灾害或突发事件，一般不轻易动用。中央储备的布局和品种结构还需要进一步优化。地方储备粮虽然在近几年得到充实，但各地区很不平衡，不少地区地方储备还未达到预定规模。因此，加强粮食储备体系建设的任务还很艰巨。另外，储备粮的吞吐轮换如何服从宏观调控需要，怎样把宏观调控与市场机制有机结合起来等问题，都需要在实践中不断探索。

另外，从当前情况看，粮食宏观调控工作还面临着一些困难和问题。主要是：我国粮食继续增产的潜力有限，保证粮食供需基本平衡的长效机制还不完善，保持市场粮价基本稳定的压力较大；粮食库存的区域布局和品种结构矛盾仍比较突出，粳稻等品种供求偏紧；粮食储备调节体系和产销协作机制还不完备；粮食宏观调控机制还不很健全，最低收购价政策需要进一步完善；粮食市场监测预警系统和应急保障体系还不健全，做好社会粮食流通统计工作也存在不少困难。因此，今年的粮食宏观调控与统计工作任务仍十分艰巨，大家对此必须有清醒的认识。

三 今年要重点做好的几项调控工作

2006年是“十一五”规划的开局之年，粮食宏观调控面临新的形势和任务。我们要认真贯彻党的十六届五中全会和中央经济工作会议、中央农村工作会议精神，用科学发展观统领粮食流通工作，以稳定发展粮食生产、保持合理的粮价水平为目标，进一步加强和改善粮食宏观调控。为此，需要着重抓好以下工作：

（一）正确分析粮食形势，努力保持粮食供求的紧平衡。

一是加强对粮食供求形势的分析，确保粮食供求紧平衡目标的实现。我们要及时对粮食供求形势及其变化趋势进行分析、预测，适时提出粮食宏观调控政策措施建议，努力保持粮食供求总量平衡、区域平衡和品种平衡，保持粮价在合理水平上基本稳定。要认真贯彻落实国务院领导同志的批示精神，进一步加强对重点粮食品种供求形势和价格走势分析，指导各地做好粮食购销工作。要定期发布粮食供求及市场价格信息，正确引导生产和流通。要积极配合有关部门做好粮食进出口工作，搞好粮食余缺和品种调剂。

二是积极开展粮食供需专项调研工作。当前，我国粮食流通体制改革还在不断深化，粮食供求形势也出现了一些新情况。各级粮食部门要密切关注粮食供求形势的发展变化，对粮食供求的一些重大问题进行深入调研，及时提出有价值的政策建议，更好地为粮食宏观调控服务。为此，我们研究提出了一些粮食供需专项调研题目，经与各省（区、市）粮食局沟通，现已初步确定了各省承担的调查内容，各地粮食局要对调研工作给予大力支持。

三是认真抓好粮食安全预警和粮食供求紧平衡指标体系的研究工作。为增强粮食宏观调控工作的科学性和预见性，我们正在会同有关单位进行研究，争取在今年能够初步拿出一套粮食安全预警和粮食供求紧平衡的评价指标体系，为今后进一步做好粮食宏观调控工作提供理论支撑。

（二）积极做好粮食购销工作，确保市场价格基本稳定。

一是积极抓好粮食收购工作。要认真总结经验，进一步完善最低收购价执行预案，健全启动机制、补贴机制和监督机制，逐步完善价格保护机制，充分调动中央和地方两个积极性，保证最低收购价政策的贯彻落实。目前，小麦最低收购价执行预案正在做进一步修改，争取尽快印发。中储粮总公司和地方粮食部门要提前做好执行预案的各项准备工作。我们还要及时安排部署夏粮、早稻和秋粮收购工作，继续指导和督促国有粮食企业带头执行国家粮食政策，积极做好粮食收购工作，掌握粮源，发挥主渠道作用。同时，要引导其他市场主体积极入市收购，鼓励发展订单农业，切实保护种粮农民利益，防止出现卖粮难和市场粮价大幅波动。

二是抓紧做好主产区仓库维修工作，努力扩大收储能力。目前中央财政已对部分稻谷主产省专项安排了仓库维修资金补助款，有关省粮食局要积极与财政厅和中储粮分公司等单位协调配合，做好这部分仓库的维修工作，扩大收储能力，确保今年最低收购价政策的贯彻落实。

三是做好最低收购价粮食的销售工作。按照2005年早籼稻和中晚稻最低收购价执行预案的有关规定，我们将会同有关部门根据宏观调控需要和市场需求情况，分期分批安排2005年按最低收购价所收购稻谷的销售。请各地督促有关承储企业认真履行合同，保证销售工作顺利进行。

（三）继续完善粮食储备调节体系，增强宏观调控能力。

储备粮是国家调控粮食市场的最重要手段之一。为充分发挥储备粮的宏观调控作用，要继续完善粮食储备调节体系。一是进一步加强对中央储备粮的管理和监督，指导企业适时搞好轮换，确保中央储备粮数量真实、质量良好，确保在国家调控急需时调得动、用得上。要与有关部门加强沟通协调，进一步完善中央储备粮轮换机制，推进中央储备粮轮换通过规范的粮食批发市场公开进行，逐步实现储备粮轮换的公开化、透明化。地方储备粮轮换也应逐步通过批发市场公开进行，保证储备粮轮换与宏观调控要求相适应。二是要完善储备粮紧急动用机制，做好调控粮食市场的准备。要进一步细化中央储备粮紧急动用预案，各地也要进一步完善地方储备粮的紧急动用预案。三是按照“主销区保持6

个月销量、主产区保持3个月销量”的要求，合理确定地方粮食储备规模，指导各地充实地方粮食储备，增强地方政府宏观调控的物质基础和应对市场异常波动的能力。前一阶段，各省（区、市）报送了地方粮食储备规模等情况，国家有关部门还将于近期赴有关省进行联合调研，研究提出加强地方储备粮建设与管理工作的意见，进一步推动地方储备粮的建设与管理工作。四是督促各地认真落实相关措施，进一步推动特种储备粮的建设与管理工作。同时，要配合有关部门妥善解决国债投资建设粮库的产权归属问题，理顺管理关系。

（四）继续贯彻执行好《国家粮食流通统计制度》，更好地为宏观调控服务。

2006年粮食统计工作要坚持以提高统计数据质量为中心，继续贯彻执行好《国家粮食流通统计制度》，进一步采取措施，提高统计工作的质量和水平。一是要及早研究《国家粮食流通统计制度》的修订工作。按照国家统计局有关规定，我局制定的《国家粮食流通统计制度》有效期至2006年年底，因此统计制度需要在年底前进行重新修订并报统计局审批。我们将认真开展调研，广泛征求地方粮食部门的意见和建议，及时提出《国家粮食流通统计制度》修订方案。二是做好统计制度的宣传和培训工作。结合今年统计制度的修订工作，继续加强《国家粮食流通统计制度》的宣传力度，强化各级粮食部门依法统计的职责，增强各类粮食经营和转化企业的统计法制观念，扩大粮食统计的覆盖面，不断提高统计数据的及时性、准确性和全面性。同时，针对统计制度内容上的调整变化，各级粮食部门要及时开展培训，做好新旧制度的衔接。三是加强统计制度执行情况的监督检查。针对一些涉粮企业执行国家粮食流通统计制度不力的情况，我局将开展粮食统计专项监督检查。对发现的问题，及时研究解决办法，限期整改。各省（区、市）粮食部门也要根据本地实际情况，适时组织开展统计监督检查工作。

（五）进一步完善社会粮食供需平衡抽查制度，为实现粮食供求紧平衡提供决策依据。

目前，2005年度社会粮食供需平衡调查工作已接近尾声，各地要继续努力，按时完成调查任务。今年，各级粮食部门要进一步加强社会粮食供需平衡调查的基础建设，进一步改进调查办法，提高数据质量。一是建立农户粮情固定监测点，确保调查样本基础数据的准确性。今年，我局拟对拨付各地的调查经费进行细化，明确用于农户监测点的资金数量，同时调整经费的拨付办法。二是逐步建立粮食经营和转化企业名录数据库，并做好维护更新，为今后更加科学合理地确定统计调查抽样框打好基础。

（六）启动粮食市场监测信息直报工作，为国家调控粮食市场提供信息支持。

市场粮价是粮食供求关系的集中反映，是影响农民种粮积极性的最主要因素。只有准确监测市场粮食价格的变化，才能科学测算农民种粮收益，才能合理确定重点粮食品种最低收购价水平，切实保护种粮农民利益。在市场化条件下，一些突发事件也会导致粮食价格的非正常波动，及时监测市场粮价是《国家粮食应急预案》规定的一项日常工作。目前，我局已下发了《关于认真做好粮食市场监测工作的通知》，并将于近期举办市场监测人员培训班，学习《粮食市场监测方案》和专用软件的使用方法。请各省（区、市）粮食局积极组织有关人员参加培训。各级粮食部门要指导和督促有关监测点认真做好粮食价格监测和报送工作，切实履行社会粮食流通管理的职责。

（七）认真贯彻落实《国家粮食应急预案》，完善粮食应急机制。

粮食应急预案是做好粮食应急工作的基础。各地要根据《国家粮食应急预案》的要求，抓紧时间制定或进一步修改完善本地区粮食应急预案，使各省、自治区、直辖市的粮食应急预案更加具体，更具操作性，保证一旦启动预案，各部门能够按照要求，及时反应，分工负责，密切配合，圆满完成各项应急任务。同时，各地还要加强对本地区粮食应急预案的学习培训，并结合日常工作进行演练，尽快形成一支熟悉日常业务管理、能够应对各种突发公共事件的训练有素的专业化队伍，保障各项应急措施的贯彻落实。另外，根据《国家粮食应急预案》的有关规定，各地需要向国家有关部门报送应急加工、供应指定企业名单和应急联系方式等材料，请各省（区、市）粮食局抓紧时间上报，以便我们及时进行汇总，编印粮食应急工作手册，保证应急工作的需要。

（八）积极推进产销合作，形成长期稳定的购销协作关系。

各地要适应粮食流通市场化、现代化以及国家粮食宏观调控的需要，按照“做强企业，深度合作，扩大规模，共同发展”的思路，大力支持和鼓励产销区企业发挥各自优势，积极探索建立多形式、深层次、长期稳定的粮食产销合作关系，使产区生产的粮食有稳定的销路，销区需要的粮源有可靠的保障，促进粮食总量和区域供求基本平衡，确保国家粮食安全。一是积极探索建立长期稳定的产销合作关系。要大力发展订单农业，支持有实力的企业到产区开展订单生产、订单收购，或委托产区企业与农户签订订单。鼓励产区与销区企业进一步探索新的产销合作形式，努力扩大合作规模和合作范围，促进产业化经营合作。二是进一步完善促进产销合作发展的政策措施。要建立粮食产销区利益协调机制，经济发达的粮食主销区要调整粮食风险基金支出结构，将中央财政补贴的粮食风险基金专项用于粮食产销衔接的资金需要，以支持主产区的粮食生产和流通。同时，对于履行产销合作协议的粮食，要在铁路运输、资金结算等方面给予政策支持。三是努力营造促进产销合作发展的良好环境。要建立部门间协调沟通机制，加大指导、协调力度，及时研究解决产销合作中出现的新情况和新问题，共同推动产销合作发展。

（九）继续做好退耕还林粮食供应等各项工作。

今年各地要继续配合有关部门做好退耕还林、退牧还草工作，做好政策调整后的粮食供应工作，巩固退耕还林成果，促进退耕区经济发展。对继续供应补助粮的，要严格执行国家有关规定，加大监督检查力度，确保按时按质按量供应粮食。对调整为发放现金的，要积极准备好粮源，保证市场供应，确保退耕、退牧农户能够在市场上买到需要的粮食。同时，要认真做好灾区、水库移民区和贫困缺粮地区的粮食供应工作，积极落实好粮源，保证市场供应。要严格执行国家粮食质量标准，坚决杜绝供应质量不合格的粮食，违者要严肃查处。

农村是我国营养相对缺乏的地区，今年要在继续做好退耕还林面粉营养强化试点工作的基础上，加强农村地区营养强化面粉宣传和推动工作，引导生产消费，改善营养状况，为社会主义新农村建设服务。

（十）积极稳妥地做好陈化粮销售处理工作。

根据我局和有关部门联合下发的《关于陈化粮销售处理有关问题的通知》精神，今年销售处理陈化粮的总体思路是：对于2001年清仓查库时鉴定出的库存陈化粮，原则上在今年内全部安排销售处理。对于新鉴定的库存陈化粮，分两类处理。一是吉林、黑龙江两省目前新鉴定出的陈化粮数量比较大，对这两个省新鉴定的陈化粮，由国家有关部门根据市场情况和需要，统一下达销售计划，省有关部门按计划安排销售处理。二是其他省（区、市）由于库存陈粮较少，新鉴定出的陈化粮数量不多，按照粮食“省长负责制”的原则，由省（区、市）有关部门报省级人民政府同意后，在按照国家有关政策规定严格监管的前提下，由省级有关部门统一安排销售处理，并将销售处理情况及时报国家有关部门备案。

各地在销售处理陈化粮时，要注意把握好以下两点：一是要严格按已经下达的计划销售处理陈化粮，并坚持对大、中型酒精、饲料生产企业定向销售的原则，把握好销售时机和节奏，防止对粮食市场造成大的冲击。一旦出现粮食价格大幅下跌的情况，要立即暂停陈化粮销售。二是要加强监管，严格执行陈化粮销售处理的各项规定，严防陈化粮流入口粮市场。要按照有关政策规定和要求，认真落实好各项监管措施，确保陈化粮销售处理工作的顺利进行。

同志们，2006年的粮食宏观调控与统计工作，头绪多，任务重。各级粮食部门一定要进一步增强责任感，全面落实科学发展观，坚定信心，奋力拼搏，圆满完成今年的各项工作任务，为全面实现今年粮食流通工作目标做出积极的贡献。

3

第三篇

全国粮食工作

粮食生产

一 粮食生产情况

2006年是实施“十一五”规划的开局之年，也是推进社会主义新农村建设的起步之年。各地各部门在党中央、国务院的正确领导下，认真贯彻中央农村工作会议精神，不断推进粮食综合生产能力建设，粮食生产继续实现稳定发展。据国家统计局统计，全年粮食总产量49747.8万吨，比上年增加1345.4万吨，增产2.8%。

（一）2006年粮食生产特点。

1．粮食面积继续恢复性增加。2006年粮食播种面积10548.9万公顷，在上年恢复增加267.2万公顷的基础上，又增加121.0万公顷，粮食面积增加对粮食增产的贡献率为41.7%。

2．粮食单产再创历史新高。2006年全国粮食单产每公顷4715.9公斤，在上年提高21.2公斤的基础上，又提高74.3公斤，再创历史新高。

3．粮食总产实现恢复性增长。2006年粮食总产49747.8万吨，在上年增产1455.2万吨的基础上，又增产1345.4万吨。这是自1985年以来，首次实现连续三年增产。

4．优质专用品种快速发展。2006年四大粮食作物综合优质率达到57.0%，比上年提高5个百分点。其中：优质稻谷面积2024.3万公顷，优质率达到69.1%，比上年提高5.1个百分点；优质专用小麦面积1267.5万公顷，优质率55.2%，提高7.2个百分点；优质专用玉米1132.8万公顷，优质率42.0%，提高5.0个百分点；高油高蛋白大豆609.7万公顷，优质率65.7%，与上年基本持平。

（二）分季节看，三季粮食“两增一平”。

1．夏粮增产。2006年夏粮播种面积2664.2万公顷，比上年增加30.3万公顷，增幅1.2%；总产11389.0万吨，比上年增产749.1万吨，增幅7.0%；单产每公顷4274.9公斤，比上年提高235.4公斤，增幅5.8%。

2．早稻持平。2006年早稻播种面积599.0万公顷，比上年减少3.8万公顷，减幅0.6%；总产3186.8万吨，与上年基本持平；单产每公顷5320.1公斤，比上年提高32.4公斤，增幅0.6%。

3．秋粮增产。2006年秋粮播种面积7285.7万公顷，比上年增加94.6万公顷，增幅1.3%；总产35172.0万吨，比上年增产596.9万吨，增幅1.7%；单产每公顷4827.5公斤，比上年提高19.5公斤，增幅0.4%。

（三）分品种看，稻谷、小麦、玉米增产，大豆持平略减。

1．稻谷增产。2006年稻谷播种面积2929.5万公顷，比上年增加44.8万公顷，增幅1.6%；总产18257.1万吨，比上年增加197.9万吨，增幅1.1%；每公顷产量6232.2公斤，比上年降低28.1公斤，减幅0.4%。

2．小麦增产。2006年小麦播种面积2296.2万公顷，比上年增加16.9万公顷，增幅0.7%；总产10446.4万吨，比上年增加701.9万吨，增幅7.2%；每公顷产量4549.5公斤，比上年提高274.2公斤，增幅6.4%。

3．玉米增产。2006年玉米播种面积2697.1万公顷，比上年增加61.3万公顷，增幅2.3%；总产14548.5万吨，比上年增加612.0万吨，增幅4.4%；每公顷产量5394.2公斤，比上年提高106.8公斤，增幅2.0%。

4．大豆略减。2006年大豆播种面积928.0万公顷，比上年减少31.1万公顷，减幅3.2%；总产1596.7万吨，比上年减产38.1万吨，减幅2.3%；每公顷产量1720.6公斤，比上年提高16.1公斤，增幅0.9%。

（四）分地区看，主产区增产幅度大。

辽宁、福建、广东、广西、重庆、四川、贵州、西藏、甘肃、青海等10省（区、市）减产，其他21个省（区、市）均有不同程度的增产，其中河北、吉林、黑龙江、江苏、安徽、山东、河南等7省增产100万吨以上。主产区继续保持较高的增长贡献率，13个粮食主产区增产粮食1381.0万吨，占全国增产总量的102.6%。

二 国家扶持粮食发展的政策

2006年，党中央、国务院继续稳定、完善、强化各项支农惠农政策，采取最直接、最有力的措施扶持粮食生产稳定发展。主要有“四取消”、“四补贴”和“四保障”。

（一）“四取消”。

2004年在全国范围内取消了农业特产税，2005年取消牧业税，从2006年起，又全面取消了农业税和屠宰税。“农业四税”及各种附加取消后，农民每年减负约1250亿元，人均减负约140元。

（二）“四补贴”。

1．粮食直接补贴。2006年，粮食主产区将粮食直补资金规模普遍提高到粮食风险基金的50%以上，其他地区也根据实际情况加大对种粮农民的直接补贴力度。补贴资金达142亿元，比上年增加10亿元。

2．良种推广补贴。2006年，国家良种推广补贴资金达41.5亿元，比上年增加2.8亿元，补贴省份17个，补贴面积2488.3万公顷，补贴作物涉及水稻、小麦、玉米、大豆四大粮食作物。

3．农机具购置补贴。2006年，国家共安排农机具购置补贴资金6亿元，比上年增加3亿元，涉及全国31个省（区、市）。

4．农资增支综合直补。2006年，国家新增120亿元补贴资金，对种粮农民柴油、化肥、农药等农业生产资料增支实行综合直补。

（三）“四保障”。

1．种粮收益保障。2006年继续实施重点粮食品种最低收购价政策。在安徽、江西、湖北、湖南4省启动了稻谷最低收购价执行预案，按每公斤早稻谷1.40元、中晚籼稻谷1.44元进行收购；并首次在河北、江苏、安徽、山东、河南、湖北6省启动了小麦最低收购价执行预案，按每公斤三等白麦1.44元、红麦和混合麦1.34元进行收购，稳定了粮食市场价格和种粮农民的收益。

2．农资价格保障。2006年国家继续落实对化肥生产用电、用气和化肥运输的价格优惠政策，中央财政贴息的化肥淡季储备比上年有显著增加，省级化肥淡季储备也达到了相当规模。继续控制化肥出口，在暂停对尿素、磷酸二铵、磷酸一铵出口退税的基础上，对尿素征收出口暂定关税，强化对化肥的价格管理，对列入中央定价目录的大型氮肥企业生产的尿素继续实行政府指导价管理，化肥出厂到零售的综合经营差率原则上不得超过7%，在种子、农膜、农药市场价格出现异常波动时，及时采取规定进销差率、最高限价、提价申报等措施进行干预。

3．耕地面积保障。实行最严格耕地保护制度，严格控制非农占用耕地的审批。各地按照国务院办公厅《省级政府耕地保护责任目标考核办法》和农业部、国土资源部等部门联合下发的《关于进一步做好基本农田保护有关工作的意见》，建立省级政府耕地保护目标责任制度，切实加强耕地保护，落实保护基本农田的各项措施，较好地控制了非农建设占用耕地。通过组织实施优质粮食产业工程、沃土工程等项目，提高了项目区的耕地基础地力，增加了高产稳产农田面积。

4．财政支持保障。2006年，中央财政安排85亿元用于对全国800多个产粮大县进行奖励，缓解县乡财政困难，调动地方政府重农抓粮的积极性。

三 粮食综合生产能力建设

为认真贯彻落实《中共中央国务院关于推进社会主义新农村建设的若干意见》（中发[2006]1号）精神，2006年农业部继续重点加强与粮食综合生产能力建设相关的农业基础设施建设。

（一）种子工程。

安排有关项目126个，当年下达中央投资28595万元。其中：农作物种子质量监督检测中心（分中心）项目49个，当年安排中央投资5970万元；农作物品种区域试验站项目21个，当年安排中央投资6050万元；粮食类作物改良中心（分中心）项目10个，当年安排中央投资3375万元；粮食类作物良繁基地项目46个，当年安排中央投资13200万元。

（二）植保工程。

继续加强基层病虫害防控基础设施建设，建设县级农业有害生物预警与控制区域站57个，当年安排中央投资8430万元；省级农业有害生物预警与控制分中心6个，中央投资1330万元当年全部下达。

（三）优质粮食产业工程。

继续在13个粮食主产区建设粮食良种育繁、病虫害防控、标准粮田和农机装备推进四大类项目，安排中央投资共11.5亿元。其中安排良种育繁项目中央投资34605万元，病虫害防控项目中央投资34060万元，标准粮田项目中央投资21590万元，现代农机装备推进项目中央投资24745万元。

四 农业科技入户工程

农业科技入户工程是按照发展现代农业和扎实推进社会主义新农村建设的要求，通过选择一批科技示范户，组织科技人员面对面、手把手地传授生产技能，以探索建立“科技人员直接到户、良种良法直接到田、技术要领直接到人”的科技成果快速转化长效机制，提高农业科技成果入户率和到位率，为粮食增产、农业增效和农民增收提供强大的科技支撑和人才保障。2006年，共在212个县（其中粮食作物示范县130个）培育13余万科技示范户，辐射带动260余万周边农户。

（一）主要做法。

1．加强组织领导，严格项目管理。农业部建立了部内联席会议制度，各省和示范县都组建了由政府主要领导和农业主管部门负责的工作机构，形成了部、省和试点县上下联动的行政工作体系。制定了《全国农业科技入户示范工程管理办法》（试行）、《全国农业科技入户示范工程项目资金管理办法》、《科技入户工程专家组工作制度》等规章制度和指导性文件。建立“农业科技入户网”，反映各地工作动态，及时发布有关信息，加强宣传并接受社会监督。

2．抓住关键环节，确保工程顺利实施。一是选准科技示范户。以种养规模较大、综合素质较高、热心帮助他人、群众拥护为标准，采取农民自愿申报、村民小组推荐、乡镇统一评议和张榜公示、县农业行政主管部门确定的方式，在每县10个左右的乡镇、100个村、遴选1000名科技示范户。二是建好技术服务网络。组建专家队伍，实行专家组技术负责制。根据不同产品，聘请行业权威专家为首席专家，由首席专家牵头组织省、县农业科研、教学、企业科技人员成立专家组。在农技推广、科研、教学、企业和农民专业合作社等单位中招标产生技术指导员。形成了由“专家组－技术指导员－科技示范户－周边农户”的技术传播与服务网络。三是推介发布主导品种和主推技术。农业部确立了农业主导品种和主推技术推介发布制度，在广泛征集的基础上，推介发布全国农业主导品种和主推技术。各省、示范县根据本地实际，分别推介发布主导品种和主推技术。四是抓好示范片建设。以示范户为基础建立示范片，让技术指导员不出县乡、农民不出村组，就能看到新品种、新技术的展示与示范。

3．创新运行机制，积极探索公益性农技推广服务模式。一是建立专家组技术负责制。专家组负责制定科技入户工程的技术实施方案，筛选主导品种和主推技术，培训技术指导员，督导工作落实。二是实行技术指导员包户制。每县公开招聘50名左右的技术指导员，每人包20个科技示范户，在关键环节、关键农时、突发事件及农民有需求时，深入田间地头，“手把手、面对面”开展指导与服务，确保良种良法、物化补贴和信息服务“三入户”。三是科技示范户辐射带动制。每个科技示范户承担辐射带动周边20个农户的义务。四是绩效考核和激励机制。实行自下而上和自上而下相结合的方式，采取随机抽样、电话问卷调查等“盲考”形式，以农民满意度为绩效考评的重要指标，对专家、技术指导员、科技示范户和示范县进行绩效评价。对成绩突出的示范户、技术指导员、管理人员、示范县进行奖励，差的进行批评或末位淘汰。

（二）主要成效。

1．科技示范户普遍增产增收，辐射带动作用明显。据统计，种植业示范户年均每公顷增产10%以上、节本345元以上，每公顷新增效益1500元左右；辐射带动户年均每公顷新增效益750元以上。科技示范户已经成为农民看得见、问得着、留得住的“乡土专家”，成为基层农技推广的重要力量，成为新农村建设的科技能手和致富带头人。农民形象地说：“村看村、户看户、群众就看示范户”。初步形成了“专家+推广人员+科技示范户”的农技推广网络，能够解决农村基本经营制度下小规模分散经营农户的科技需求。

2．构建了科技成果转化快捷通道，科技成果转化率和入户率显著提高。科技入户工程选聘了617名中央及地方农业科研、教学单位的专家、10600名基层技术指导员，针对农民个性化技术需求，开展一户一策的技术指导与服务，在专家与技术指导员、技术指导员与农民、示范户与普通农户之间实现了“零距离”对接，构建了“专家组－技术指导员－科技示范户－辐射带动农户”的科技成果转化应用快捷通道，有效解决了农技推广“最后一公里”的问题。科技成果大面积推广应用的速度有较大幅度提高，推介的主导品种和主推技术入户率达100%，科技成果的转化率提高了5个百分点。

3．科技人员进村入户积极性提高，农科教、产学研结合更加紧密。通过项目带动和政策激励，广大科研人员深入田间地头，指导农民生产，了解农民需求，找到了科技创新的方向。通过专家带技术指导员，技术指导员帮农户的农技推广模式，推广人员找到了用武之地，工作积极性空前提高。科技入户工程有效地连接了农业科研与生产，在技术指导员的纽带作用下，科研专家与农民的联系日益紧密，科研选题来自生产一线、科技成果直接作用于农业生产的格局正在形成。

4．发挥了示范作用，促进了全国农技推广工作。科技入户工程“三直接”工作思路及工作机制已深入人心，各地加大投入力度，将科技入户工程与良种推广补贴、测土配方施肥等项目结合起来，激活了基层农技推广体系，起到了“接线、补网、聚能人”的作用。各地建立省级科技入户示范县349个，地方财政投入1.21亿元，尤其是江苏、湖北等省全面开展了科技入户工作。同时，地方也创造了一些好的科技入户经验。如南京农业大学的“百名教授兴百村工程”、黑龙江省农科院的“院县共建”、福建省的农民技术员扶持政策等。

5．催生了新型农民合作组织，为新农村建设进行了有益探索。黑龙江省绥化市北林区兴福乡聚宝村在核心示范户张德山的带领下，结合科技入户工程的实施，组建了兴聚农业科技合作社，为新形势下农民合作经营创造了有益的经验。2006年，兴聚农业科技合作社共有社员217户，耕地面积4200亩，主要从事大豆、玉米等作物的订单生产。

五　测土配方施肥

2006年，在财政等有关部门的大力支持下，通过各级农业和土壤肥料技术推广部门的共同努力，测土配方施肥在促进粮食产量增加、农业节本增效、农业可持续发展、农民施肥观念转变、肥料营销体制创新和土肥技术服务能力提升等方面取得了显著成效，得到农民的普遍欢迎和社会各界的认可。

（一）主要做法。

1．及早安排部署，争取工作主动。突出了一个“早”字，做到早准备、早发动、早安排、早实施。元旦刚过，农业部就下发了开展测土配方施肥准备工作的通知；春节过后，立即召开全国测土配方施肥工作视频会议进行全面动员和部署；及时组织制定项目实施方案和工作方案，并积极与财政部沟通，下达项目资金，启动项目实施。各地按照农业部的统一安排和部署，迅速成立了工作组织，整合人员力量，制定工作方案，明确工作目标，落实工作任务。由于启动早、行动快，使测土配方施肥工作实现了与春耕生产相同步、相配合，有力地支持和服务了春季农业生产。

2．创新工作方法，做到服务到位。农业部成立测土配方施肥工作办公室和技术专家组，建立和完善了总体部署、定期研究、阶段推进的抓落实制度，为推动测土配方施肥工作提供了有力的组织和技术保障。农业部测土配方施肥工作办公室先后组织开展了管理与技术、项目进度统计、耕地地力评价、肥料配方师等培训，进一步明确了工作要求，规范了技术操作。各地结合实际，创新工作方法，制定了奖惩并举的激励机制和工作制度，鼓励和支持科技人员深入乡村、农户和田间地头，采用农民喜闻乐见的形式，寓教于乐，提高农民的学习兴趣和培训效果。据统计，全年各地共举办各类技术培训班4.7万场次，培训各类人员1亿多人次，有效地保证了技术指导服务到位。

3．强化监督管理，确保项目顺利实施。农业部组织修订了测土配方施肥技术规范，组织制定了项目进度统计办法和补贴项目验收暂行办法等，开发应用了项目进度统计管理系统。组织开展了冬小麦施肥效果调查，工作监督检查，化验室土样检测质量考核等活动。各地建立健全制度，制定招投标办法，严格操作程序，加强对项目监督管理。绝大多数省份建立了周报、月报、季报、督查、巡回检查、交叉检查制度，以及资金使用和监管制度，确保了项目的有效实施和资金的安全使用。

4．注重舆论宣传，营造有利氛围。紧紧围绕农业生产季节，各级农业部门组织开展形式多样的宣传活动。为配合春耕生产，农业部及时组织中央电视台、新华社、人民日报等各大媒体记者分赴项目区，进行集中采访宣传。同时，在第四届中国国际农产品交易会上设立测土配方施肥展区，组织专场新闻发布会。各地进行重点宣传和连续报道，并采取现场会、明白纸、宣传周（月）、流动广播车等形式，开展了灵活多样、丰富多彩的宣传，做到了电视有影、广播有声、报刊有文、墙上有画、网上有消息，为测土配方施肥的深入开展营造了良好的舆论氛围。

（二）主要成效。

1．促进了粮食增产增效。2006年，全国600个县实施了测土配方施肥补贴项目。通过项目实施，免费为4000多万农户提供测土配方施肥服务，推广测土配方施肥面积1733.4万公顷，减少不合理用肥50万吨（折纯，下同）左右，化肥利用率提高5个百分点，每公顷平均节约375元以上。据河南省调查，45个项目县推广测土配方施肥面积145万公顷，项目区较常规施肥相比，每公顷平均减少不合理用肥30.45公斤、节本121.5元、增产8%～15%，其中小麦每公顷平均增产516公斤、玉米588公斤、水稻579公斤、花生396公斤、皮棉114公斤、油菜225公斤，节本增效总额6.92亿元。

2．促进了农业可持续发展。通过测土配方施肥，有效地解决了过量施肥和施肥比例不合理问题，不仅提高了肥料利用率，减少了养分流失，而且带动了增施有机肥。据对2005年启动的项目县调查，2006年春播时节200个项目县推广测土配方施肥595万公顷，肥料总用量228万吨，较2004年减少用肥近10万吨。其中，氮肥施用量134万吨，减少10万吨；钾肥施用量40万吨，增加4万多吨。项目区出现了氮肥用量减少、钾肥用量增加的趋势。自2005年以来，肥料市场单质化肥销售量明显下降，复合肥、配方肥销售量上升，项目区“一袋白（碳酸氢铵）一袋黑（磷肥）”的施肥现象基本消除，有机质肥料施用量增加，肥料使用结构得到了调整优化。

3．促进了群众施肥观念转变。各地通过建立示范区、示范方，使广大农民看到了测土配方施肥的实际效果，“粪大水勤，不用问人”的传统施肥观念正在被“缺什么补什么”、“按需施肥”的科学施肥观念所取代，项目区越来越多的农民群众开始摒弃传统施肥方法，许多地方农民主动上门要求农技人员到自家田里取土化验，不少农民自己直接送样到土肥部门要求化验。据北京市对895份农户调查问卷统计，90%以上的农户盼望农技部门提供测土配方施肥技术服务。

4．促进了肥料生产营销体制创新。各地在全面推广测土配方施肥过程中，从强化利益联结、促进产销结合入手，探索了一些行之有效的模式，促进了“测、配、产、供、施”的衔接。2006年以来，“测土到田，配方到厂，供应到点，指导到户”和“免费测土，提供配方，按方购肥，指导施肥”等模式逐步推广。在企业参与方面，各地从本地实际出发，大胆创新机制，探索了许多各具特色的运作模式，如辽宁省的“定配方、定生产企业、定经销商、定区域、定价格”模式，江西省的“专家配方、省级核准、统一品牌、一县三企、委托加工”模式，山西省的“一区一方、一县一厂、一户一卡、一村一点、一人一乡”模式，江苏省的“统一产品标识、统一服务方式、统一服务承诺、统一供货渠道、统一零售价格”模式等。通过机制创新，有效地调动了企业参与测土配方施肥的积极性。据不完全统计，目前以省为单位认定的测土配方施肥企业已达240多家次。

5．促进了技术服务能力提升。项目县土肥技术队伍普遍得到加强，土肥化验设备明显完善，检测能力和水平得到提高。据不完全统计，项目实施以来，大部分项目县化验室面积增加到200平方米以上，并增添了必要的化验设备。许多省份还开发应用了测土配方施肥专家咨询系统、耕地资源管理信息系统、触摸屏式配方查询系统等。

六 良种推广补贴

目前，国家对种粮农民的补贴主要分为综合补贴和专项补贴两部分，其中由财政部和农业部负责组织实施的良种推广补贴属于专项补贴。良种推广补贴的宗旨，是帮助项目区种粮农民科学选用优良品种和配套栽培技术，提高种粮科技水平，提升粮食综合生产能力，确保国家粮食安全。

（一）基本情况。

2006年主要对水稻、小麦、玉米、大豆四大粮食作物进行补贴。其中，水稻补贴涉及湖南、湖北、江西、安徽、辽宁、吉林、黑龙江7个省，共计补贴面积1555万公顷，比上年增加44.6万公顷，补贴资金27.54亿元，比上年增加8500万元；玉米补贴涉及辽宁、吉林、黑龙江、内蒙古、河北、河南、山东、四川8个省（区），共计补贴面积200万公顷，比上年增加133.3万公顷，补贴资金3亿元，比上年增加2亿元；小麦补贴涉及河北、山东、山西、江苏、安徽、河南、湖北、四川、陕西、甘肃、新疆11个省（区），共计补贴面积666.7万公顷，补贴资金10亿元，与上年持平；大豆补贴涉及辽宁、吉林、黑龙江、内蒙古4省（区），共计补贴面积66.7万公顷，补贴资金1亿元，与上年持平。四大粮食作物共计补贴面积2488.33万公顷，比上年增加177.93万公顷，补贴资金41.54亿元，比上年增加2.84亿元。

（二）操作办法。

从补贴资金到户的方式看，良种推广补贴操作办法大致可分为三种类型。

1．招标采购，差价供种。通过招标采购确定供种企业和价格，以扣除补贴后的优惠价格统一供种到户。以江苏省的做法最具代表性，初步形成了补贴品种推介制、实施方案申报制、省级政府统一采购、供种价格实行最高（合理）限价、补贴方案公示制、补贴资金报账制、责任追究制等良种推广补贴的项目运行机制及管理办法，基本符合财农两部管理办法的规定。

2．市场购种，事后补贴。通过资质审查与招标相结合的办法确定供种企业，供种价格随行就市，购种结束后，农业部门根据企业的销售台账，确定补贴农户和补贴资金，农户凭良种推广补贴卡、购种发票和身份证兑现补贴。以吉林省的杂交玉米良种推广补贴以及安徽、湖北等省试行的水稻良种挂钩补贴做法最具代表性。

3．按计税面积直接将资金补贴到户。中央财政对水稻良种推广补贴在补贴区内实行普惠制，实行以计税耕地面积为基础的实际种植面积补贴，通过财政所“一卡通”直接将资金补贴到户，没有与农民购买主推品种直接挂钩。

（三）实施成效。

良种推广补贴政策抓住了农业生产的关键要素，不仅提高了良种覆盖率，实现了良种良法配套，增强了粮食综合生产能力，同时推进了种子市场环境的改善，对确保国家粮食安全和增加农民收入发挥了重要作用，实现了“一补多效”，深受基层干部和广大农民的欢迎，已成为一项提升粮食综合生产能力的重大政策。

1．提高了农民种粮积极性。粮食播种面积实现恢复性增加，2004～2006年连续三年全国累计增加607.89万公顷，其中17个良种推广补贴省增加586.86万公顷，占96.5%。

2．提高了粮食单产水平。2004～2006年全国粮食公顷单产累计提高384公斤，总产增加6680万吨，单产贡献率达60.6%。项目区单产水平较非项目区普遍提高一成以上，据初步统计，2006年项目区小麦、玉米、大豆每公顷产量分别为5829公斤、16047公斤、2563.5公斤，比非项目区增加501公斤、2692.5公斤、426公斤，增幅达9.4%、18.1%和19.9%。

3．提高了粮食优质率。2006年项目区良种覆盖率达95%以上，小麦优质率由补贴前（2002年）的30.4%提高到55.2%，增加24.8个百分点；玉米优质率由补贴前（2003年）的28.3%提高到42%，增加13.7个百分点；大豆优质率由补贴前（2001年）的36.6%提高到65.7%，增加29.1个百分点；水稻优质率由补贴前（2003年）的54.6%提高到69.1%，增加14.5个百分点。

4．提高了种植效益。通过补贴资金、招标采购竞争降价、增产增收，以及订单生产优质优价等，放大了财政资金的补贴效应。2006年优质专用小麦、专用玉米、高油大豆项目区每公顷纯收益分别为4578元、6435元和3313.5元，比非项目区增加1158元、1254元和1014元，增幅达33.9%、24.2%和44.1%。初步估算，财政资金的补贴效应放大了5倍以上。

5．提高了产业化经营能力。良种推广补贴有效地引导优质专用品种向优势产区集中，推动了优质专用品种的区域化生产和产业化经营。通过集中连片种植优质专用品种，为加工企业提供了品质优良、性状统一、数量充足的优质原料，有力带动了订单生产和优质优价。2006年优质专用小麦、专用玉米、高油大豆、水稻项目区优质优价订单面积分别为366.03万公顷、119.39万公顷、56.11万公顷和411.66万公顷，订单率达54.9%、62.9%、84.2%和28.0%。

6．提高了专业化、社会化服务水平。项目区生产过程采用统一布局、统一品种、统一供种、统一播栽、统一病虫害防治、统一肥水管理、统一机收储存等措施，推动了标准化生产、专业化服务，为基层农技推广工作提供了新平台。据调查，项目区有效解决了品种多乱杂的问题，项目县一般选择3～5个主推品种；主要良种推广补贴省耕种收综合机械化水平多在50%以上，比全国高10多个百分点。

7．提高了种子市场运行效率。通过实行补贴品种推介制，有效地控制了项目区非审定（认定）或已审定但有明显缺陷、农民不愿种植品种的使用，推进了质量较差的老品种淘汰步伐。通过严格企业准入制度，将经营资质差、信誉不良、无证生产和经营的企业挤出市场，使信誉好、服务好、能力强的企业脱颖而出。通过加强对生产基地的监管，严把种子生产和质量检测关，增加了质量控制关口。通过公开政府采购，引进竞争机制，有效控制了种子价格的虚高，同时使非补贴区种子价格有所下降。通过要求受知识产权保护的品种出具独占许可经营权证书或委托书，从根本上防止了企业侵权行为，激发了企业开发自主知识产权品种、提高企业自主创新能力的积极性。通过签订具有法律效力的《政府采购合同》，一旦发生种子质量事故，财农两部门可以代表农民起诉供种企业，依法追究其责任，保护农民利益。

粮食流通

一 2006年粮食商品率50%，比上年提高3个百分点

2006年，国家进一步巩固、完善、强化对农业和农民的各项优惠政策，继续实行重点粮食品种最低收购价政策，并首次在部分主产区启动了小麦最低收购价预案，有效地保护了种粮农民的积极性，粮食生产继续稳定发展。2006年，全国粮食商品量约为24980万吨，商品率为50%，比上年提高3个百分点。商品量持续增加的主要原因是，粮食连续三年增产，粮价基本合理，农民售粮踊跃，市场商品粮源增加较多。从地区分布看，西北和西南地区粮食商品量减少较多，其中四川减少205万吨；其他地区都有不同程度的增加，其中河南、河北、安徽、山东、内蒙古、湖北等6个省区都比上年增加110万吨以上。从品种看，小麦商品量6170万吨，比上年增加1470万吨；稻谷商品量7590万吨，减少70万吨；玉米商品量8335万吨，增加355万吨。

二 2006年全国跨省粮食流通量12400万吨，增幅减少

2006年，全国跨省粮食流通量为12400万吨左右，同比增加400万吨。分品种看，小麦2700万吨左右，与上年基本持平；稻谷3400万吨左右，同比减少250万吨；玉米4150万吨左右，同比增加350万吨；大豆（含豆粕）和其他粮食2150万吨左右，同比增加300万吨。分地区看，粮食主产区销往省外粮食数量为10500万吨左右，同比增加200万吨；主销区为800万吨左右，同比减少100万吨；产销基本平衡区为1100万吨左右，同比增加300万吨。我国粮食生产逐步向主产区集中，粮食消费量继续刚性增长，促进了跨省粮食流通规模的不断扩大。但与上年相比，跨省粮食流通增长量有所减少，主要原因：一是粮食生产稳定发展，各地区产消缺口进一步缩小；二是市场粮源较为充裕，粮价总体平稳，粮食主销区充实粮食库存的意愿不强；三是为保持市场粮价在合理水平上基本稳定，国家在部分主产区继续实行粮食最低收购价政策，同时注意把握临时存储粮拍卖的节奏，也在一定程度上减少了跨省粮食流通量。

三 粮食收购继续增长

2006年，国家继续实行粮食最低收购价政策，并首次在6个小麦主产省启动了小麦最低收购价预案。在国家粮食购销政策引导和国内外粮食供求形势的影响下，各类粮食企业积极开展购销活动，国有粮食企业粮食收购量继续增加，粮食销售基本保持上年较高水平。

2006年，社会各类粮食企业（包括国有粮食企业、重点非国有粮食企业和转化用粮企业）共收购粮食20159万吨（贸易粮，下同），比上年增加1943万吨。

（一）国有粮食企业收购粮食12257万吨，比上年增加763万吨，增幅为6.6%，是2000年以来收购最多的年份。

分品种看，小麦收购增加，其他粮食品种收购减少。小麦收购创历史新高，首次突破6000万吨，达到6040万吨，增加2295万吨；大米2153万吨，减少419万吨；玉米3425万吨，减少1105万吨；大豆492万吨，减少14万吨。分性质看，国有粮食企业政策性收购增加，自主经营收购减少。国有粮食企业中的委托收储库点按最低收购价收购4751万吨，占全国国有粮食企业粮食收购总量的39%，其中按最低收购价收购小麦4098万吨、早籼米254万吨、中晚籼米399万吨。分地区看，华东和华南地区收购增加，东北、西北和西南地区收购减少。粮食收购增加较多的是首次启动小麦最低收购价预案的河南、安徽、河北、江苏、山东和湖北等6个小麦主产省，增加2183万吨，其中河南增量达到1308万吨，居全国首位。收购减少较多的是吉林、辽宁、内蒙古、甘肃、四川、陕西、山西和江西等8省（区），减少1326万吨，其中吉林、辽宁、内蒙古3省（区）玉米收购明显减少，减量占全国玉米收购减量的86%。

（二）重点非国有粮食企业和转化用粮企业粮食收购均比上年增加，增幅分别为18%和17%。

粮食购销市场全面放开后，具有粮食收购资格的非国有粮食企业和转化用粮企业数量和市场份额逐步增加。2006年重点非国有粮食企业收购粮食5000万吨，比上年增加768万吨，其中小麦、大米和玉米的收购量分别增加339万吨、163万吨和318万吨，大豆减少68万吨。重点转化用粮企业收购粮食2902万吨，增加413万吨，其中玉米增加505万吨，大豆减少96万吨。

总体上看，2006年各类粮食企业收购量均有所增加。主要原因：一是粮食继续增产，商品量增加，市场粮源较多。二是国有粮食企业积极执行国家粮食收购政策。由于新小麦上市前市场价格低于国家公布的最低收购价，在6个小麦主产省启动小麦最低收购价执行预案后，农民售粮较为集中和踊跃，作为委托收储库点的国有粮食企业收购明显增加，按最低收购价收购的小麦占全国各类粮食企业小麦收购总量的52%。国有粮食企业粮食收购总量仍高于其他多元市场主体，收购量占社会收购总量的61%，继续发挥收购主渠道作用。但其他多元市场主体粮食收购增长量和增长速度高于国有粮食企业，重点非国有粮食企业和转化用粮企业的小麦、大米和玉米收购总量均比上年增加，特别是玉米收购高达3886万吨，已超过国有粮食企业收购量。

四　粮食销售基本平稳

2006年，国有粮食企业累计销售粮食12034万吨，比上年减少104万吨。随着库存“老粮”销售基本结束，国有粮食企业粮食销售趋于平稳，销售量仍然较大。分品种看，小麦销售4246万吨，比上年减少31万吨；大米2671万吨，增加115万吨；玉米4133万吨，减少216万吨；大豆848万吨，增加6万吨。分地区看，13个粮食主产区和7个主销区国有粮食企业粮食销售分别比上年减少292万吨、17万吨，11个产销平衡区粮食销售增加205万吨。河北、辽宁、吉林、黑龙江、江苏、山东和河南等省粮食销售量都在600万吨以上，7省共销售7072万吨，占全国销售总量的59%。国有粮食企业大米销售增加，主要原因是国家有关部门加大了2005年最低收购价稻谷的销售力度，实际销售出库大米473万吨。玉米销售减少，主要是受收购减少的影响。

五 粮食进出口均比上年减少

由于近两年粮食生产增长大于消费增长，我国粮食供求矛盾得到有效缓解，2006年粮食产消缺口比上年进一步缩小，但是大豆缺口仍在扩大，需要通过进口弥补。为了保持国内粮食基本平衡，稳定市场粮价，国家延续上年进出口政策，对主要粮食品种采取适度调节。据海关统计，2006年，全国粮食（含大豆）累计进口3185万吨，比上年减少101万吨。其中：进口小麦61万吨，比上年减少293万吨；进口大米73万吨，比上年增加21万吨；进口玉米7万吨，是近3年以来的首次进口；进口大豆2824万吨，比上年增加165万吨，大豆进口量再创历史新高。小麦、大米和玉米三大品种配额粮食进口占关税配额的6%，比上年下降12个百分点。2006年，我国粮食出口683万吨，比上年减少371万吨，减幅为35%。其中：出口小麦151万吨，比上年增加125万吨；出口大米125万吨，比上年增加56万吨；出口玉米310万吨，比上年减少554万吨；出口大豆38万吨，比上年减少2万吨。

粮食调控

在粮食生产连续三年丰收、粮食价格走低的情况下，各地加大工作力度，采取有效措施，积极落实国家宏观调控的各项政策，保证了粮食市场供应，抑制了粮食价格下行的压力，并把市场粮价稳定在比较合理的水平上，促进了粮食生产稳定发展和农民增收，保护了农民的种粮积极性，为保持国民经济平稳较快发展和社会稳定做出了积极贡献。

一 认真落实最低收购价政策，积极做好粮食收购工作

一是明确粮食最低收购价格水平。为了推进社会主义新农村建设，调动农民务农种粮的积极性，促进粮食生产发展和农民增收，保护农民利益，中共中央、国务院《关于推进社会主义新农村建设的若干意见》（中发[2006]1号）明确指出：要“坚持和完善重点粮食品种最低收购价政策，保持合理的粮价水平”。根据中央1号文件精神，2006年2月，国家发展改革委、国家粮食局、财政部、农发行等四部门联合下发了《关于公布2006年稻谷和小麦最低收购价格的通知》（发改价格[2006]315号），规定2006年小麦（三等，下同）最低收购价格为每50公斤白小麦72元、红小麦69元，早籼稻最低收购价格为每50公斤70元，中晚籼稻最低收购价格为每50公斤72元，粳稻最低收购价格为每50公斤75元。

二是适时组织召开小麦、早籼稻、中晚稻、玉米等主要粮食品种的收购工作座谈会。在主要粮食品种上市之前，国家粮食局都及时召开了部分主产省参加的收购工作座谈会，研究分析生产收购形势和价格走势，统一思想认识，加强指导协调，安排部署收购工作，提出明确要求。同时，督促各地积极做好粮食收购的各项准备工作，对收购工作中可能出现的新情况和新问题，要采取有效措施，妥善加以解决。

三是制定并公布小麦和稻谷最低收购价执行预案。在2006年小麦上市之前，国家发展改革委、财政部、农业部、国家粮食局、农发行、中储粮总公司等6部门（单位）联合下发了《关于印发2006年小麦最低收购价执行预案的通知》（发改经贸[2006]872号）。预案中明确了实行小麦最低收购价政策的地区、执行责任主体、委托收储库点的确定、公布程序以及预案的适用时间等，同时预案还明确2006年混合麦最低收购价格为每50公斤69元。7月和9月，国家发展改革委、财政部、农业部、国家粮食局、农发行、中储粮总公司等6部门（单位）先后联合下发了《关于印发2006年早籼稻最低收购价执行预案和做好早籼稻收购工作的通知》（发改经贸[2006]1383号）和《关于印发2006年中晚稻最低收购价执行预案的通知》（发改经贸[2006]1814号），明确了早籼稻和中晚稻最低收购价政策的有关规定。

四是认真落实粮食最低收购价政策。为做好粮食收购工作，落实好粮食最低收购价政策，各地各有关部门及国有粮食企业认真做好资金、仓储、器材、人员等各项准备工作。预案下发后，各地充分利用当地的电视、电台、报纸、网络等媒体，广泛宣传粮食最低收购价政策。按照预案要求，中国储备粮管理总公司还及时审核并向社会公布了执行最低收购价政策的委托收储库点及延伸收购点名单，为收购托市粮做好充分的准备。

新粮上市后，根据主产区粮食市场价格情况，由于当时市场价格低于最低收购价水平，在有关粮食主产区及时启动了小麦、早籼稻和中晚稻最低收购价执行预案，由指定的粮食收储企业按最低收购价格挂牌收购，不仅保护了种粮农民利益，而且也稳定了粮食市场价格。为了解和掌握粮食收购工作进展和最低收购价政策执行情况，督促指导各地做好粮食收购工作，国家粮食局会同有关部门先后组成多个工作组，分赴有关主产省检查指导粮食收购工作，及时协调解决收购过程中出现的困难和问题。

总体看，2006年粮食收购工作进展比较顺利，小麦和稻谷收购价格保持在最低收购价水平之上，收购市场秩序良好，最低收购价政策得到了较好的贯彻落实，基层政府、农民和粮食企业普遍比较满意。据统计，截至2006年年底，启动小麦最低收购价执行预案的河北、江苏、安徽、山东、河南、湖北等6省按最低收购价收购小麦4098万吨，占11个小麦主产区收购总量的55%。其中：中储粮总公司委托收储库点收购最低收购价小麦4069万吨（河南1810万吨、安徽621万吨、江苏610万吨、河北487万吨、山东341万吨、湖北200万吨）；江苏、河南和山东3省地方储备粮公司委托收储库点收购最低收购价小麦29万吨。启动早籼稻最低收购价执行预案的4省，中储粮总公司委托收储库点收购最低收购价早籼稻363万吨，其中：安徽17万吨、江西163万吨、湖北19万吨、湖南164万吨。启动中晚稻最低收购价执行预案的4省，中储粮总公司指定库点收购最低收购价中晚籼稻475万吨，其中：安徽192万吨、江西25万吨、湖北204万吨、湖南54万吨。

二 积极做好最低收购价粮食销售工作，稳定粮食价格，保证市场供应

从2005年开始，国家先后在部分主产区启动了最低收购价执行预案，并由委托收储库点收购了一定数量的最低收购价粮食。预案规定，最低收购价粮食要在粮食批发市场公开竞价销售。国家有关部门和单位自2005年年底开始，分别组织在北京、江西、湖南、安徽等省（市）粮食批发市场竞价销售2005年最低收购价稻谷。2006年11月开始，国家有关部门和单位在安徽粮食批发交易市场和郑州粮食批发市场及其分会场竞价销售2006年最低收购价小麦。

为保证竞价销售活动规范有序进行，国家有关部门明确提出要逐步建立统一高效、安全可靠的粮食电子竞价交易系统。自2006年4月国家有关部门和单位组织在安徽粮食批发交易市场进行最低收购价稻谷竞价销售活动以来，即开始研究跨区域粮食电子竞价交易系统的建设问题。2006年收购的最低收购价临时存储小麦销售工作开始后，跨区域粮食竞价交易系统的建设步伐加快，2006年11月25日首先在安徽粮食批发交易市场（中心市场）外设立了河北分会场。随着国家粮油交易中心网上交易工作顺利推进，江西、山东、江苏、湖北、湖南先后设立了分会场，2007年1月10日在郑州粮食批发市场（中心市场）外设立了分会场。这样，由中心市场和分会场共同承担最低收购价粮食竞价销售工作的局面基本形成。

为加强对粮食市场的宏观调控，做好临时存储粮食销售工作，国家发展改革委、财政部、国家粮食局、中国农业发展银行、中储粮总公司于2006年年底联合下发了《关于印发〈国家临时存储粮食销售办法〉的通知》（发改经贸[2006]2700号），对国家临时存储粮食销售的有关问题作出了明确规定。

随着竞价销售工作的持续进行，粮食竞价销售网络平台逐步完善，服务功能进一步提升。目前，跨区域粮食竞价交易系统除提供多市场联网交易服务外，还具有强大的远程交易功能，办理远程交易手续的客户已超过1000家。在跨区域粮食竞价交易系统的建设中，国家粮油信息中心积极提供技术支持，并与各有关批发市场合作建立了“国家粮油交易中心”网站，作为跨区域粮食竞价交易系统的对

外服务窗口，为客户提供远程竞价交易服务，及时发布交易信息，向所有访问者提供竞价交易实时行情报道。跨区域粮食竞价交易系统的建设，不仅得到了国家有关部门和单位、有关省级人民政府和省粮食局的大力支持，而且粮食批发市场也积极创造条件，投入了大量的人力、物力和财力，以最快的速度建立了计算机交易系统，及时开通了远程网络交易，保证了多市场联网同步进行交易，极大地方便了客户。

目前，通过批发市场联网进行竞价交易，已覆盖了2006年启动最低收购价预案的所有省份，标志着跨区域竞价交易系统的初步形成，做到了常年常时公开竞价销售，实现了网上挂牌销售，降低了交易成本，增加了交易透明度，也体现了公开、公正、公平的原则，从而促进了全国统一粮食市场的发育和发展。最低收购价临时存储粮食通过批发市场公开进行竞价销售，既满足了用粮企业需求，保证了市场供应，稳定了粮食价格，同时又有效地缓解了部分主产区收储库点的仓储压力。

三 积极采取措施，解决部分主产区仓容不足问题

为缓解部分主产区仓容压力，2006年初，国家粮食局对安徽、江西、湖北、湖南、四川等5个稻谷主产省提报的需维修库点及仓容情况进行了审核，并及时报送给财政部。中央财政安排了仓库维修补助资金1.26亿元，有关省地方财政也配套了部分资金，使部分危旧仓房及时得到了维修，有效改善了这些地区的仓储条件。

2006年由于最低收购价高于市场粮价较多，农民售粮踊跃，委托收储企业收购量大幅增加，部分主产区出现了收购仓容紧张的情况。为此，国家发展改革委、国家粮食局、财政部、中国农业发展银行、中储粮总公司于7月21日联合下发了《关于妥善解决仓容问题,进一步做好夏粮和早籼稻收购工作的紧急通知》（国粮电[2006]8号），通知要求：一是积极鼓励各类经营主体入市收购，充分利用社会仓储资源。二是主销区要积极按最低收购价到产区采购粮食，充实地方储备和商品库存。三是积极挖掘仓容潜力，搞好粮食集并工作。四是抓紧仓库维修工作，扩大收储能力。五是加强技术指导，确需露天储粮的必须保证储粮安全。六是加强仓储管理，确保储粮安全。同时要求各地，要加强领导，统筹安排，精心组织，妥善解决好收购仓容等问题，确保粮食收购工作顺利进行。

2006年9月，国家有关部门下发了《关于最低收购价粮食省内跨县集并和跨省移库等有关问题的通知》（国粮调[2006]144号），安排第一批2006年最低收购价小麦跨省移库计划187.25万吨，2005年最低收购价稻谷省内跨县集并计划60.4万吨，同时还安排露天储粮设施存粮计划225万吨。

四 加强粮食储备体系建设与管理，夯实宏观调控的物质基础

2006年，各级粮食行政管理部门继续加强粮食储备体系建设与管理，各项工作取得了新进展。一是国家粮食局会同有关部门及时下达中央储备粮年度轮换计划，进一步加强对中央储备粮轮换计划执行情况的了解和跟踪，保证了轮换工作的平稳有序开展。中储粮总公司积极按照下达的轮换计划组织实施轮换，轮换工作进展顺利，轮换计划总体完成情况好于上年，确保了库存粮食质量良好，储存安全。二是积极督促各地充实地方储备。2006年年末全国地方储备粮库存有所增加，其中主销区地方粮食储备已经达到或接近国家规定的规模，粮食主产区和产销平衡区的地方粮食储备得到了进一步充实，储备布局和品种结构进一步改善。三是逐步建立健全地方储备粮管理和运行机制，管理能力和水

平稳步提高。近年来，浙江、福建、广东、吉林、辽宁等省成立了省级储备粮管理公司，具体负责地方储备粮管理工作。宁夏自治区成立了粮食储备管理局，与粮食局合署办公，并对地方储备粮实行垂直管理。北京、天津、内蒙古、福建、山东、河南、广东等地已由当地政府或有关部门颁布实施了地方储备粮管理办法，储备粮管理工作有了充分的制度保障。江苏省还通过实行省级储备粮合同管理制度、承储资格认定制度、轮换审批制度、质量检验制度、入库确认制度、库存检查制度等，进一步规范了地方储备粮管理和运作程序，保证了储备粮数量真实、质量良好、储存安全、管理高效。四是总结推广地方储备粮管理工作经验，进一步明确工作重点。国家粮食局于2006年10月在山东省青岛市召开了全国地方储备粮管理工作现场会，总结交流近年来地方储备粮建设与管理工作经验，研究分析地方储备粮管理工作面临的形势和任务，提出了进一步做好地方储备粮管理工作的思路，努力把地方储备粮管理工作提高到一个新的水平。

五　积极落实国家粮食应急预案，完善应急工作机制

2006年上半年，国家粮食局举办了两期粮食应急预案培训班，对《国家粮食应急预案》进行了系统的学习培训，对进一步增强各级粮食行政管理部门的应急意识、提高应急管理水平发挥了积极作用。浙江杭州、山东东营等地还结合本地区实际情况，对粮食应急保障工作进行了演练，取得了较好效果。

为加强粮食应急能力建设，国家粮食局下发通知，要求各地按照国家粮食应急预案的有关规定，及时报送本地区粮食应急预案制定（修订）工作进展情况、粮食应急工作指挥部及其办公室通讯录、粮食应急加工指定企业名单和应急供应指定企业名单，同时督促和指导各地进一步健全应急工作体系，提高应急保障能力，保证应急工作需要。

六　积极推进粮食产销合作，进一步加大政策扶持力度

2006年中央一号文件和国发16号文件对粮食产销衔接提出了明确的要求。为贯彻落实文件精神，2006年年底，国家粮食局会同国家发改委等七部门共同研究制定并印发了《关于进一步促进粮食产销合作发展的指导意见》（国粮调[2006]224号）。文件明确了促进粮食产销合作发展的重要意义、总体思路、基本原则和主要任务，并就建立粮食产销区利益协调机制、改善运输环境、加大信贷资金扶持力度以及完善工作机制等方面提出了相应的政策措施，支持和鼓励产销区积极探索新的合作模式，以资产为纽带，紧密合作，逐步建立长期稳定的购销合作关系。

各地按照“政府推动、部门协调、市场调节、企业运作”的原则，积极为产销合作搭建平台，及时协调解决运输、资金等方面的困难和问题，努力营造有利于产销合作发展的外部环境。通过签订省间粮食产销合作协议、联合举办粮食贸易洽谈会、发挥粮食交易市场作用、发展粮食订单和粮食生产基地、促进跨区域产业化经营、推进以资产为纽带的产销区企业合作、组建农业合作社、探索地方储备粮异地储备等形式，积极推进产销合作发展，逐步建立长期稳定的产销合作关系。如：黑龙江省联合京、津、沪、苏、浙、闽、滇等主销区省市共同举办了第三届“黑龙江金秋粮食交易合作洽谈会”，参会企业来自28个省区市共1100多家，签订粮食购销（含代购、代储）合同671万吨。福建省与山东、江西、吉林、安徽、河南、黑龙江等主产省共同主办了第二届“七省粮食产销协作福建洽谈

会”，参会企业达581家，签订粮食购销合同527万吨。这些洽谈会的规模和成交量稳定增长，已成为粮食产销协作的知名品牌。广东华南粮食交易市场共举办37场竞价交易会，成交粮食84万吨，成交金额13.4亿元。宁夏全区办理粮食收购许可证的企业基本都开展了“粮食订单”收购，其中15家龙头企业共签订“粮食订单”17754份，收购粮食28万吨，履约率达84.8%。云南省积极探索与黑龙江、吉林、湖南等省建立省级储备粮动态储备试点，北京市在黑龙江、河南等省探索建立地方储备粮异地存储。浙江省大力扶持主产区企业在本省建立储加销基地，引导产区经营户进入当地批发市场。粮食产销合作形式更加多样化，主体多元化，实现了由单一购销向代储、代销、代加工方式转变，由单纯贸易向联办经济实体转变；由代购代销向订单收购、建基地转变，产销合作规模不断扩大。产销合作为切实解决产区粮食销路和销区市场粮源，保护种粮农民利益，促进粮食供求的区域平衡发挥了积极作用。

粮食流通体制改革

2006年，各级粮食部门认真落实《国务院关于完善粮食流通体制改革政策措施的意见》（国发[2006]16号），加大改革力度，健全体制机制，粮食宏观调控取得显著成效，多年困扰国有粮食购销企业的“三老”历史包袱基本解决，国有粮食企业产权制度改革稳步推进，全社会粮食流通监管工作进一步加强，粮食行政管理职能进一步转变，粮食流通体制改革成果不断巩固和发展，取得了“十一五”良好开局。

一 从全面推进粮食流通体制改革出发，加强对改革的宏观政策指导

2006年年初，国家粮食局在原有工作的基础上，认真开展调查研究，加强同有关部门的沟通协调，研究修改完善《国务院关于完善粮食流通体制改革政策措施的意见（代拟稿）》。代拟稿以科学发展观为统领，坚持中央确定的粮食流通体制改革总体目标和基本思路，针对改革中出现的新问题，提出了七个方面的政策措施意见：一是加快推进国有粮食购销企业改革，使国有粮食购销企业真正成为市场主体，加快国有粮食购销企业组织结构创新，规范国有粮食购销企业产权制度改革，大力发展粮食产业化经营，研究建立新型粮食仓储管理机制，做好粮食收购资金贷款发放和管理工作，切实转换企业经营机制。二是加快清理和剥离国有粮食企业财务挂账，继续做好国有粮食购销企业分流职工再就业和社会保障工作，认真做好现有库存中按保护价（含定购价）收购的高价位粮食的分步销售工作，妥善解决企业历史包袱。三是积极培育和规范粮食市场，继续培育、发展和规范多种粮食市场主体，健全粮食收购市场准入制度，加强粮食市场监管执法，完善粮食市场体系建设，加强粮食现代物流体系建设，加快建立全国统一开放、竞争有序的粮食市场体系。四是加强粮食产销衔接，大力发展长期稳定的粮食产销合作关系，建立有利于产销区协作发展的支持体系，逐步建立产销区之间的利益协调机制。五是进一步加强和改善粮食宏观调控，健全粮食宏观调控体系，完善粮食直接补贴和最低收购价政策，进一步完善中央储备粮管理体系，充实地方粮食储备，保证粮食供给和市场稳定，确保国家粮食安全。六是加强粮食流通的监督检查，做好全社会粮食流通统计工作。七是加强领导，全面落实粮食省长负责制，加强和充实粮食行政管理机构、人员，确保粮食流通体制改革顺利推进。

3月，召开全国粮食局长会议暨全国粮食系统先进集体和先进工作者（劳动模范）表彰大会，国务院副总理曾培炎代表党中央、国务院，亲切会见了与会代表并发表重要讲话，指明了深化粮食流通体制改革的方向和工作重点。国家粮食局局长聂振邦在会上作了题为《深化改革促进发展，加强调控稳定市场，为建设社会主义新农村努力做好粮食流通工作》的工作报告。会议在全面总结“十五”时期粮食流通工作的基础上，结合学习领会贯彻国务院领导讲话精神，研究提出了“十一五”时期粮食流通工作的基本思路、工作目标和主要任务，对2006年粮食流通体制改革和粮食流通各项工作进行了部署。

5月，国务院第131次常务会议讨论通过了《国务院关于完善粮食流通体制改革政策措施的意见》，并以国发[2006]16号文件正式印发。文件出台后，国家粮食局及时召开全国国有粮食企业改革

工作会议，学习领会和贯彻文件精神。国家粮食局局长聂振邦在会上作了题为《完善体制机制，保障粮食安全，为建设社会主义新农村和构建和谐社会做出新贡献》的讲话。会议进一步提高了各地对完善粮食流通体制重要意义的认识，进一步加深了各地对国务院16号文件精神的理解，有力地推动各地贯彻落实文件提出的各项任务。

6月，根据国务院领导批示，国家发展改革委、国家粮食局、财政部、农业部、中国农业发展银行等部门，联合对宁夏粮食流通体制改革的经验进行调研和总结，形成了《关于宁夏粮食流通体制改革经验的调研报告》（以下简称调研报告）。10月，经国务院同意，国家发展改革委、国家粮食局等五部门正式联合印发调研报告，供各地学习借鉴。调研报告在总结宁夏粮食流通体制改革主要做法的基础上，归纳总结了宁夏粮食流通体制改革“一坚持、四注重”的主要经验，即：坚持粮食省长负责制，全面落实国务院关于粮食流通体制改革的各项政策；注重发挥粮食风险基金保障粮食安全的作用，保证粮食风险基金足额到位；注重健全地方粮食储备调节机制，加强和改善粮食宏观调控；注重创新粮食行政管理体制，加快政府粮食行政管理职能的转变；注重理顺政府与企业的关系，用市场化的理念和运作方式发挥国有粮食企业主渠道作用。

11月，经国家发展改革委报请国务院同意，国家粮食局会同国家发展改革委、财政部、农业部、中国农业发展银行在银川召开了全国粮食流通体制改革宁夏现场经验交流会，深入学习推广宁夏经验，推动各地进一步贯彻落实国务院16号文件精神。国家粮食局局长聂振邦在会上作了题为《认真学习借鉴宁夏经验，继续深化完善粮食流通体制改革》的讲话。会议在进一步总结全国粮食流通体制改革进展和宁夏粮食流通体制改革经验的基础上，要求各地以推广宁夏经验为契机，继续深化完善粮食流通体制改革。一是切实加强粮食综合生产能力建设，促进粮食生产稳定发展；二是积极采取有效措施解决国有粮食企业财务挂账，加快推进企业产权制度改革；三是积极培育、发展和规范多元粮食市场主体，加强对全社会粮食流通的监管；四是切实加强地方粮食储备，进一步增强地方政府调控粮食市场的能力；五是积极开展粮食产销衔接，推动建立长期稳定的产销合作关系；六是切实加强和充实粮食行政管理机构和人员，理顺和转变粮食行政管理职能。

各地对贯彻国务院16号文件精神十分重视，吉林、甘肃、宁夏、四川、陕西等省（区、市）以省政府文件形式下发了完善粮食流通体制改革政策措施的意见，其他省（区、市）大多已经起草了文件，省（区、市）政府有关部门正在抓紧协调印发。

与此同时，为进一步了解基层改革的第一手情况，国家粮食局建立县级粮食流通体制改革联系制度，在全国初步确立30家粮改联系点，并抓住推广宁夏经验的时机，适时组织总结交流，相互启发，相互促进。湖南、山西、北京三省（市）粮食局先后组织召开主产区、产销平衡区和主销区粮食流通体制改革座谈会，结合各地不同特点，总结新情况，研究新问题。通过加强改革的分类指导，使改革整体推进，不断深化。

二　适应粮食供求形势的变化，逐步健全粮食宏观调控机制

在认真分析粮食生产、收购形势和价格走势的基础上，针对小麦、稻谷上市后面临的价格下行压力，国家粮食局和有关部门及时公布实行最低收购价政策的粮食品种和价格水平，研究制定小麦和稻谷最低收购价执行预案并及时启动。在粮食收购期间，多次派出由局领导带队的工作组，深入粮食主产区，加强对粮食收购工作的检查指导，及时协调解决最低收购价粮食收购过程中的问题，研究提出

完善执行预案的政策建议。为了缓解主产区仓容不足的矛盾，及时向有关部门申请专项资金，对有关主产区仓库进行维修改造，实施最低收购价小麦跨省移库和最低收购价稻谷省内跨县集并计划。各地粮食部门加强对粮食收购工作的指导、协调、监督和服务，督促国有粮食企业发挥主渠道作用，使粮食最低收购价政策得到较好落实。2006年国有粮食企业全年收购粮食12257万吨，同比增加763万吨。在启动小麦、稻谷最低收购价执行预案的省份，按最低收购价收购小麦4098万吨、早籼稻363万吨、中晚稻475万吨，分别占这些省份国有粮食企业同期小麦、早籼稻、中晚稻收购总量的94%、90%和73%。粮食最低收购价政策的落实，有力地支撑了市场粮价。初步测算，实施小麦最低收购价政策，使农民增收40亿元以上。

针对下半年局部地区市场粮价上涨的情况，及时与有关部门共同制定并下发《国家临时存储粮食销售办法》，分期分批在规范的粮食批发市场组织最低收购价粮食竞价销售。截至2006年年底，共组织24次2005年最低收购价稻谷拍卖，共销售843万吨；共组织7次2006年最低收购价小麦拍卖，共销售503万吨，保证了市场供应不断档、不脱销，稳定了市场粮价。同时，储备粮行政管理、政策性粮食购销管理和粮食产销衔接政策指导也得到进一步加强，夯实了粮食宏观调控的基础。

三 根据粮食流通体制改革的进程，进一步推进国有粮食企业改革

国家粮食局会同国家发展改革委等部门制定《关于进一步推进国有粮食企业改革和发展的意见》，对继续深化国有粮食企业改革提出了指导性的政策措施。各地按照粮食省长负责制的要求，结合本地实际，制定可操作性强的企业改革实施方案，保证了企业改革的顺利推进。截至2006年年底，企业“三老”问题基本解决，粮食财务挂账的清理审计已基本完成，29个省（区、市）对政策性粮食财务挂账进行了认定并从企业剥离，实行集中管理。北京、广东、宁夏已开始对政策性挂账进行消化。企业产权制度改革取得新的进展，全国国有粮食企业总数为25174个，其中购销企业15946个。19181个国有粮食企业已经改制，其中购销企业改制数12356个。多元市场主体进入流通领域，企业布局和结构趋于合理。国有粮食企业扭亏增盈成效明显，经营状况明显好转。据统计，全国国有粮食购销企业全年亏损额为29.7亿元，比上年减少67.8%，为10年来最低。有12个省（市）国有粮食购销企业实现了赢利，4个省（市）全行业赢利。

四 按照中央关于建设社会主义新农村的战略部署，积极参与和服务社会主义新农村建设

在调研的基础上，按照中央的部署，研究制定《国家粮食局关于粮食部门积极参与和服务社会主义新农村建设的意见》。把发展粮食产业化作为参与新农村建设的抓手，会同中国农业发展银行联合印发《关于支持粮食产业化经营，促进社会主义新农村建设的通知》。截至2006年年底，从各地上报的2687个粮油产业化龙头企业中，筛选审定1212个作为第一批由国家粮食局和中国农业发展银行共同重点支持的企业。各地粮食部门积极参与到推进新农村建设中，湖南、安徽、重庆、云南、福建、天津等省（市）粮食局已经下发了当地粮食部门参与和服务社会主义新农村建设的意见。湖北、四川、河南等省分别在发展粮食产业化经营、指导农户科学储粮等方面，采取资金支持和政策扶持的支农惠农措施，促进企业增效、农民增收。各地积极推动放心粮油进农村活动，提升农村居民生活质量。

五 根据监管全社会粮食流通的需要，理顺和转变粮食行政管理职能

认真贯彻执行《粮食流通管理条例》和《中央储备粮管理条例》，会同有关部门制定和完善《粮食库存检查暂行办法》、《国家粮食流通统计制度》等条例的配套规章。加强全社会粮食流通监管工作体系建设，截至2006年年底，全国已有28个省级粮食行政管理部门设置监督检查机构，市、县两级监督检查机构分别达到50%和44%。认真开展粮食库存和粮食流通监督检查以及社会粮食流通统计调查。启动国家粮食质量标准和监测体系建设。初步建立粮食行业特有工种职业技能鉴定和培训工作体系。

国有粮食企业改革和发展

一 国有粮食企业改革和发展的主要政策和措施

为贯彻落实《中共中央、国务院关于推进社会主义新农村建设的若干意见》（中发[2006]1号）和《国务院关于完善粮食流通体制改革政策措施的意见》（国发[2006]16号），进一步深化国有粮食企业改革，加快企业发展，2006年8月18日，国家粮食局会同国家发展和改革委员会、财政部、劳动和社会保障部、国家税务总局、中国农业发展银行六部门制定下发了《关于进一步推进国有粮食企业改革和发展的意见》（国粮财[2006]123号）。主要内容是：

（一）继续妥善解决企业历史包袱。

对经审计认定的政策性粮食财务挂账要抓紧剥离到县以上（含县级）粮食行政管理部门集中管理。对经清理审计的企业经营性亏损挂账，按照债务与资产一并划转和防止逃废银行债务的原则，结合推进国有粮食企业改革，实行有效管理，逐步消化或依法处置。

多渠道筹集资金，切实做好企业分流职工的社会保障工作。国有粮食企业分流安置职工和离退休人员所需资金，按照国务院有关文件要求，由省级人民政府统筹考虑，采取多渠道加以解决。在正常经营期间，企业支付给分流职工的经济补偿金和按国家规定缴纳的社会保险费，按现行税收政策规定在企业所得税前扣除。

（二）加快企业产权制度改革和组织结构创新。

一是构建新型国有粮食企业骨干主体。在重点地区以国有独资和国有控股形式直接掌握一批粮食储备库。在粮食主产区的产粮大县，以现有国有粮食购销企业为基础，通过改制重组，因地制宜组建国有独资或国有控股的公司制粮食购销企业。在非粮食主产区和主产区的非产粮大县，以及粮食供应比较困难的山区、牧区、水库移民区和少数民族、边疆等地区，也要保留必要的国有独资或国有控股粮食购销企业。大中城市应以国有控股和国有参股形式重点掌握一部分粮食加工和批发、零售骨干企业，以适应政府宏观调控应急的成品粮油供应需要。稳定军粮供应渠道，承担军粮供应任务的粮食企业，原则上实行国有独资或国有控股的产权制度。对其他国有粮食企业，可以通过改组联合、股份合作、资产重组、国有民营等形式，实现投资主体多元化。

二是规范企业改制工作，切实维护职工合法权益。国有粮食企业在改制过程中，要严格按照《国务院办公厅转发国资委关于进一步规范国有企业改制工作的实施意见的通知》（国办发[2005]60号）要求，制定企业改制方案，并按规定依法审批。企业改制中涉及企业国有产权转让的，要严格按照国家有关法律法规以及《企业国有产权转让管理暂行办法》（国资委、财政部令2003年第3号）、《国资委、财政部关于印发〈企业国有产权向管理层转让暂行规定〉的通知》（国资发产权[2005]78号）及相关配套文件的规定执行。

三是加强国有资产管理，探索国有资产经营和监管的有效形式。各地在推进企业产权制度改革中，对国家投资和利用国债资金建设的粮食仓储设施，不得随意处置或改变其用途。要根据有利于粮食宏观调控的实际需要，积极探索国有资产经营和监管的有效形式，明确国有资产出资人及其职责，实现国有资产的保值增值。

（三）切实转换企业经营管理机制。

正确处理粮食宏观调控下的政企关系，加快目前粮食企业政企分开工作。按照现代企业制度的要求，健全法人治理结构。改革企业内部用工分配制度，建立有效的激励约束机制。全面实行劳动合同制度，建立和完善人员能进能出的用工机制。加强粮食企业统计、财务和仓储管理工作，提高企业经营管理水平。推进企业文化建设，培育高素质的员工队伍。

（四）大力发展粮食产业化经营。

实施“退城进郊”战略，推动城区粮食仓储、加工企业向更适合粮食物流和粮食产业化发展的地区转移。特别是大中型城市粮食企业要抓住城市建设和旧城改造的发展时机，在区域规划上做文章，搞好整体搬迁，引进战略投资伙伴，扩大粮食产业化和现代粮食物流规模，为企业发展壮大和服务新农村建设提供载体与平台。

积极培育产业化龙头企业和企业集群示范基地，大力发展粮食产业化经营。要重点培育一批起点高、有竞争力、带动力强、效益好的龙头企业，创立名牌产品。大力发展产业化龙头企业、合作组织与农户有机结合的组织形式，使农民在粮食产业化经营中得到实惠。

（五）加强领导和政策支持。

各级粮食行政管理部门要在当地政府的统一领导下，加强对国有粮食企业改革工作的指导，积极推进国有粮食企业改革。

提高企业融资能力，支持企业开展粮食购销。对中央和地方储备粮所需信贷资金，要按计划保证供应；对粮食企业受政府委托收购粮食以及启动最低收购价执行预案收购粮食所需的信贷资金，在落实收购粮食的费用、利息和可能出现的价差亏损补贴来源的前提下，应及时足额发放。按照企业风险承受能力，积极支持各类具有收购资质的粮食企业入市收购。鼓励和支持产销区国有粮食企业建立稳定的购销合作关系，促进粮食产销衔接。

完善粮食企业增值税政策，在粮食企业增值税政策调整以前，国有粮食购销企业继续按现行政策执行。对有困难的国有粮食购销企业的生产经营性用房和土地，按规定程序审核批准后，减征或免征房产税和城镇土地使用税。

二 国有粮食企业改革和发展政策措施执行情况

2006年，各地按照国务院16号文件与国家发展和改革委员会、国家粮食局等六部门国粮财[2006]123号文件精神，加快推进粮食流通体制改革和国有粮食企业改革，国有粮食企业改革进展顺利，取得了明显成效，开局良好。

（一）国有粮食企业“三老”包袱基本解除。

一是粮食财务挂账包袱正在解除。截至2006年年底，各地已基本完成政策性粮食财务挂账的清理和审计工作，29个省（区、市）对政策性粮食财务挂账进行了认定，并从企业剥离，上划到县级以上（含县级）粮食行政管理部门集中管理。北京市、宁夏区和广东省已开始对政策性粮食财务挂账直接消化。

二是富余职工分流安置工作取得实质性进展。各地通过地方财政补助、从粮食风险基金中列支和企业自筹等多渠道筹集资金，稳妥做好企业富余职工的分流安置工作。截至2006年年底，全国国有粮食企业职工总数为94.85万人，其中购销企业职工数为62.76万人，分别比上年减少18.60万人和11.76万人，减幅分别为16.4%和15.8%。与粮改初期的1998年相比分别减少235.72万人和132.00万人。2006年安置国有粮食企业下岗职工再就业19.55万人，其中粮食部门安置下岗职工再就业12.10万人，占全部安置数的61.9%。1998年至2006年全国累计安置国有粮食企业下岗职工再就业114.37万人，其中粮食部门安置下岗职工再就业66.91万人，占全部安置数的58.5%。基本没有出现大的群体性事件，保障了改革平稳推进，维护了社会稳定。

三是老库存粮食已基本处理完毕。截至2006年年底，"老粮"库存数量较少，主要集中在黑龙江、吉林等粮食主产省，正在按计划销售处理。

（二）国有粮食企业市场主体地位初步确立。

各级粮食行政管理部门不断规范政府粮食宏观调控与企业经营的关系，积极推进企业产权制度改革，为国有粮食企业成为自主经营、自负盈亏的市场主体创造条件。各地采取改组联合、兼并重组、股份制改造、整体转制、国有民营等形式，优化国有粮食企业产权结构，实现投资主体多元化。截至2006年年底，全国国有粮食企业改制企业数为19181个，其中购销企业12356个，分别比上年增加2344个和1504个，增幅分别为13.9%和13.9%。

（三）国有粮食企业布局和结构得到进一步优化。

各地因地制宜，积极调整国有粮食企业的布局和结构，大部分地方以县（市）为单位，组建一个或几个国有独资、国有控股的粮食公司，对国有粮食企业进行重组和整合，增强了企业的活力。截至2006年年底，全国国有粮食企业总数为25174个，其中购销企业15946个，分别比上年减少2657个和1768个，减幅分别为9.5%和10.0%。各地国有粮食企业适应粮食购销市场化需要，从传统的"收原粮、卖原粮"的一元经营方式，主动向粮食生产和加工转化领域延伸，实现多元化经营。与此同时，积极培育粮食产业化龙头企业，组成集科研、生产、收购、加工和销售一体化的经济实体，大力开展粮食产业化经营。截至2006年年底，全国国有粮食企业中粮食产业化龙头企业达1496个，其中购销企业717个。

（四）国有粮食企业继续发挥市场主渠道作用。

国有粮食企业在加快自身改革的同时，主动参与市场竞争，积极入市收购粮食，掌握粮源。2006年全国国有粮食企业收购粮食12257万吨，同比增加763万吨，占全社会粮食收购量的61%，有效发挥了市场主渠道作用，增强了在粮食流通和宏观调控中的影响力。同时，国有粮食企业经济效益明显提高。2006年全国国有粮食购销企业亏损总额比上年减亏67.8%。亏损额是近10年来的最低水平。北京、河北等12省（市）实现了赢利，其中，北京、江西、山东、湖南4省（市）实现全行业赢利。

粮食流通监督检查

2006年，各级粮食行政管理部门认真贯彻落实《粮食流通管理条例》和《中央储备粮管理条例》，按照国务院16号文件对监督检查工作提出的要求，不断加强监督检查机构、队伍和制度建设，逐步提高行政执法人员素质，并积极筹措监督检查工作经费，为开展监督检查行政执法工作打好基础。同时，各级粮食行政管理部门积极开展各项监督检查行政执法活动，认真查办各类涉粮案件，努力营造粮食流通行政执法的良好氛围，为保障粮食法律法规和有关政策贯彻落实，维护粮食流通秩序，保护粮食生产者、经营者和消费者的合法权益，保障国家粮食安全，作出了积极的贡献。

一　积极出台粮食流通监督检查指导文件

按照"十一五"粮食流通工作的目标、任务和2005年南昌会议精神，2006年1月，国家粮食局印发了《"十一五"粮食流通监督检查工作目标和2006年粮食流通监督检查工作要点》（国粮办检[2006]3号）。明确提出了"十一五"粮食流通监督检查工作目标是：到2010年，形成一套比较完整的、适应社会主义市场经济要求的依法管粮法规体系、质量标准体系和配套的工作制度体系。2006年粮食流通监督检查工作要落实"五要"的要求，即：监督检查重点要为粮食工作大局服务，行政执法重心要向基层转移，工作体系建设要向市县延伸，队伍建设关键要提高整体素质，制度建设目标要突出依法管粮。

2006年6月，国家粮食局印发了《关于进一步加强粮食流通监督检查工作的通知》（国粮检[2006]91号），贯彻国务院16号文件精神，推动各地进一步加快粮食流通监督检查工作体系建设，落实好文件提出的监督检查工作任务，并随文布置了全国粮食流通监督检查定期调查统计工作。

二　逐步夯实粮食流通监督检查工作基础

（一）监督检查体系建设步伐加快。

2006年，先后又有北京、天津、福建、河南、广东、四川、云南、甘肃、青海和宁夏等10个省（区、市）的省级粮食行政管理部门，经当地编办批准，内设了专门的监督检查职能处室。截至2006年年底，全国已设立监督检查机构的省级粮食行政管理部门达到28个，占88%，其他未设立机构的省（区）也在积极争取。各省(区、市)还积极推动粮食监督检查机构向市、县延伸。全国市（地）级粮食行政管理部门内设监督检查机构的已有201个，占52%；县（市）级1109个，占44%。其中，天津、吉林、江苏、湖南、重庆、宁夏等省（区）的市（地）级粮食行政管理部门已全部建立监督检查机构。山西、内蒙古、吉林、上海、江苏、安徽、江西、山东、湖北、湖南、广西、四川、重庆、宁夏、新疆等省（区、市）的县（市）级粮食行政管理部门建立监督检查机构的比例已超过50%以上。一些市、县还成立了粮食流通监督检查行政执法队，以适应行政执法工作的需要。

（二）各项规章制度不断完善。

2006年，国家粮食局与国家发改委、财政部、中国农业发展银行等有关部门和单位联合制定并颁布实施了《粮食库存检查暂行办法》。各省（区、市）粮食局积极推动粮食流通监督检查配套规章制度建设。北京、河北、山西、贵州、甘肃、青海等省（市）制定了《粮食流通管理条例实施细则》和《粮食流通监督检查暂行办法实施细则》。河北、辽宁、浙江、宁夏等省（区）完善了地方储备粮管理制度。山西、吉林、上海、安徽、山东、湖南、重庆、贵州等省（区、市）粮食局制定了粮食监督检查行政执法的各项制度和规程。各省（区、市）粮食局还积极指导市县粮食流通监督检查制度建设工作。

（三）执法队伍培训力度加大。

2006年上半年国家粮食局组织了3期监督检查行政执法培训班，积极培训省级粮食流通监督检查行政执法人员和市县业务骨干，并带动各省（区、市）搞好辖区内的培训。截至2006年年底，全国通过培训取得行政执法资格的执法人员共22319人，比2005年增加10183人。其中省级粮食行政管理部门766人，地级4326人，县级17227人。通过系统学习和培训，行政执法人员的法律素质和业务能力得到明显的提高。

（四）监督检查专项经费逐步落实。

截至2006年年底，全国有19个省级、85个地（市）级和377个县（市）级粮食行政管理部门得到了同级财政部门的监督检查专项经费支持。其他地方采取从本单位行政经费中调剂的办法，保证行政执法工作需要。许多市、县粮食局还配备了执法交通工具，添置了调查取证专用设备、器材。

（五）基础工作不断得到加强。

地方各级粮食行政管理部门按照《国家粮食局关于进一步加强粮食流通监督检查工作的通知》，确立了粮食流通监督检查调查统计制度，认真开展监督检查调查统计工作。北京、天津、黑龙江、上海、江苏、湖北、四川、重庆、甘肃、青海、新疆等省（区、市）报表报送及时，为各级粮食行政管理部门准确、及时掌握粮食流通监督检查工作进展情况，加强工作指导提供了依据。为掌握粮食流通监管对象的基本情况，有的放矢地开展监督检查工作，北京、天津、河北、山西、内蒙古、安徽、广西等省（区、市）粮食局指导基层粮食部门对各类粮食经营者建立粮食流通监督检查数据库。

三　不断加强粮食库存检查工作

按照《粮食库存检查暂行办法》的规定，2006年9月，国家发展改革委、国家粮食局、财政部、中国农业发展银行等部门和单位共同组织了2006年全国粮食库存检查，并对河北等10个省（区、市）粮食库存情况进行了抽查，中储粮总公司派员配合开展中央储备粮库存的抽查工作。这次库存检查参加人数多、检查内容全、工作重、要求高。各地粮食行政管理部门对库存检查高度重视，精心部署，会同有关部门和单位认真开展了自查和复查。河北、山西、福建、江西、四川、新疆等省（区）粮食局监督检查机构首次牵头组织开展辖区内的库存检查，取得良好效果。通过检查，进一步摸清了全国粮食库存情况，发现并纠正了库存管理中存在的一些问题，提出了加强管理、完善政策的建议。检查报告和有关建议上报国务院后，得到国务院领导同志的重视。在这次检查实践中，监督检查队伍得到了进一步的锻炼。2006年，国家粮食局根据曾培炎副总理的批示，派出巡查组对部分省地方储备粮管理情况进行巡查，有力地促进了地方储备粮管理工作。

四 稳妥开展面向全社会的粮食流通监管工作

（一）推动执法重心下移，维护粮食流通秩序。

江西、四川、贵州、甘肃、新疆等省（区）及时部署开展粮食经营者收购资格专项检查活动。河北、江苏、安徽、山东、河南、湖北、湖南等省认真组织了最低收购价预案和粮食流通统计制度执行情况的监督检查。截至2006年年底，全国各级粮食行政管理部门共开展各种形式的监督检查行政执法工作6万多次，出动人员265071人次，检查企业302539个次。其中，对14990例违反《粮食流通管理条例》的案件进行了处理。通过检查，保证了粮食购销政策的落实，有效维护了粮食流通秩序，化解了矛盾，保护了广大群众的合法权益。

（二）认真查办涉粮案件。

2006年，各级粮食行政管理部门在查办涉粮案件方面做了大量工作。全年各省（区、市）粮食部门共受理涉粮案件243件，其中直接查办43件。国家粮食局受理29件，直接查办6件，其中国务院领导批示的重要案件3件。所受理案件基本做到了年底结案。通过案件查办，有效维护了企业、职工的正当权益，也为粮食流通体制改革和国有粮食企业改革的顺利推进创造了和谐的环境。

五 初步形成粮食监督检查行政执法良好氛围

国家粮食局不定期编发了《粮食流通监督检查工作简报》，通报工作开展情况，推广交流经验。山西、吉林、上海、安徽、山东、湖北、湖南、重庆、贵州等省（市）粮食局利用《粮食流通管理条例》颁布两周年，开展《粮食流通管理条例》“宣传月”活动，张贴标语、办画廊、挂横幅、发放宣传单、设立宣传台等多种形式宣传，使《粮食流通管理条例》的有关规定深入人心。各地还通过报纸、杂志、网络等新闻媒体，积极宣传粮食部门开展行政执法工作的情况，提高了社会对这项工作的认知度。2006年，辽宁、安徽、山东等省粮食部门在全省范围内开展了“依法监管年”活动，推动工作向纵深发展。国家粮食局还在全国范围内开展了粮食行政管理部门“粮食流通监督检查行政执法标识”的设计评选活动，在一定程度上扩大了社会各界对粮食流通监督检查工作的认知度和影响力。

粮食标准化与质量安全监管

一 粮食质量标准的制（修）订

（一）粮油标准的发布、废止与转化。

2006年，由国家标准化管理委员会颁布和实施《小麦粉、面团的物理特性、吸水量和流变学特性的测定——粉质仪法》、《小麦粉、面团的物理特性、流变学特性的测定——拉伸仪法》、《小麦粉中溴酸盐的测定 离子色谱法》、《粮食、油料水分两次烘干测定法》、《油菜籽》、《植物油脂烟点测定》、《稻谷储存品质判定规则》、《玉米储存品质判定规则》、《小麦储存品质判定规则》等9项粮油国家标准（见附录表35）；颁布和实施了《稻谷》国家标准第二号修改单、《小麦》国家标准第一号修改单和《粮食、油料检验 类型及互混检验法》第一号修改单。

（二）粮油标准制（修）订工作。

2006年，国家粮食局按照粮油标准制（修）订计划，共安排标准制（修）订计划任务168项，申报2007年标准计划300项。2006年8月，全国粮油标准化技术委员会在北京召开了一届五次会议，会议审定并原则通过了《大米》、《营养强化小麦粉》、《稻谷储存品质判定规则》、《玉米储存品质判定规则》、《小麦储存品质判定规则》等16项国家标准；2006年12月，全国粮油标准化技术委员会在深圳召开了一届六次会议，会议审定并原则通过了《小麦粉与大米粉及其制品中甲醛次硫酸氢钠含量测定》、《小麦粉馒头》、《橄榄油、油橄榄果渣油》、《芝麻油》、《食用植物油中叔丁基对苯二酚的测定》等11项国家标准。

2006年2月，报送了粮食行业标准《粮食钢筋混凝土浅圆仓设计规范》中的强制性条文（质检办便函[2006]6号），3月报送了《小麦粉》国家标准报批稿（质检办便函[2006]8号），5月报送了《小麦硬度测定——抗粉碎指数法》国家标准报批稿（质检办便函[2006]38号）、《稻谷》国家标准第二号修改单（质检办便函[2006]40号）、《小麦》国家标准第一号修改单（质检办便函[2006]41号）和《粮食、油料检验——类型及互混检验法》第一号修改单（质检办便函[2006]42号），7月报送了《油菜籽》国家标准报批稿（质检办便函[2006]63号），8月报送了《小麦、稻谷、玉米储存品质判定规则》三项国家标准报批稿（质检办便函[2006]68号），12月报送了《大豆》国家标准报批稿（质检办便函[2006]83号）。

2006年，在小麦、早籼稻、中晚籼稻上市之前，国家发展和改革委员会、财政部、农业部、国家粮食局、中国农业发展银行和中国储备粮管理总公司等六部门（单位）联合制定并下发了《2006年小麦最低收购价执行预案》（发改经贸[2006]872号）、《2006年早籼稻最低收购价执行预案》（发改经贸[2006]1383号）和《2006年中晚稻最低收购价执行预案》（发改经贸[2006]1814号）等文件，对当年收购预案小麦的类型进行了明确规定，并对稻谷的整精米率控制指标进行了调整。

2006年3月，全国粮油标准化技术委员会致信全国食品添加剂技术委员会，原则上同意在方便米面生产加工过程中使用食添标[2006]6号中所列出的7种天然着色剂，同时提出应根据方便米（或其他制品）、方便面饼（或其他制品）和调味料（如酱包、料包等）分别制定限量标准；对申请使用量超过GB2760《食品添加剂使用卫生标准》规定的使用量的着色剂，建议由卫生部门确定其使用限量。

2006年8月，国家粮食局致函国家标准化管理委员会，就早日发布《小麦粉》国家标准提出申请（国粮发[2006]119号）。

2006年12月，国家粮食局标准质量管理办公室致函卫生部卫生监管局，就在《小麦粉》国家标准中禁用过氧化苯甲酰和过氧化钙的有关情况进行了说明（质检办便函[2006]81号）。

二 粮油标准体系建设

（一）标准化工作体系建设。

2006年，全国粮油标准化技术委员会（简称粮标委）技术工作组正式运行，在标准规划制定、计划申报、研究起草、审核报批等方面做了大量有效工作。这是新形势下加强粮油标准化工作的一项重要举措，对于扩大标准的社会参与程度，提高标准制（修）订工作的质量和效率起到了重要作用。

2006年3月，国家粮食局标准质量管理办公室委托河南工业大学，在郑州分两期举办了原粮卫生检验技术培训班，对全国31个省（区、市）的省级粮油质检站和中储粮22个分公司共计90余名技术骨干，就国家标准中有关原粮卫生检验样品的采集、制备及保存，农药残留检验技术，重金属污染检验技术，真菌毒素污染检测技术，储粮熏蒸剂残留检测技术，色谱数据分析处理等内容进行培训。

2006年12月，在粮标委一届六次会议上，国家标准技术审查部专家就“国家标准起草中应注意的问题”，粮标委秘书处的有关同志就“标准起草中易出现的错误”和“ISO国际标准投票要求”等内容，对来自全国粮食行业标准化工作单位的80余人进行了培训。

为配合国标委推进标准化工程师制度工作，国家粮食局对全国粮食行业从事粮油标准化工作的专业技术人员进行了调查统计。共调查统计1771人，全面掌握了全国粮油标准化工作队伍的基本情况。

2006年1月，国家粮食局标准质量中心组织粮标委工作组的7人考察团赴日本和泰国，对两国的大米标准质量管理与检测技术进行了专题考察，重点考察了日本、泰国大米（包括糙米）标准的构成、标准制（修）订过程、标准的变化及其原因、大米品质评价环境条件、品质评价人员的条件要求、大米成分与食用品质的相互关系、流通和加工环节粮食质量检验仪器的研发重点和方向等方面的内容，同日本、泰国大米标准制（修）订机构、质量监督管理部门、科研部门进行了交流座谈，并对大米生产加工企业、相关农协和检测仪器生产厂家进行了实地考察。

（二）国际标准化工作。

经过国家粮食局和国家标准化管理委员会的努力，我国争取到了承担国际标准化组织食品技术委员会谷物与豆类分技术委员会（ISO/TC34/SC4）秘书处的工作，这是我国在农业领域争取到的第一个国际标准化组织的秘书处，对于提高我国在国际农业标准化活动中的地位和影响力具有重要作用。秘书处设在国家粮食局标准质量中心。

2006年完成了52项ISO国际标准的投票工作，切实履行了我国作为ISO的P成员国应尽的义务。

（三）标准基础研究。

重点对主要粮油产品、粮油产品质量安全检测方法以及为国家粮食宏观调控和储备提供服务等方面的标准进行了研究，包括《大米》、《营养强化粉》、《营养强化油》、《芝麻油》、《食用油中溶剂残留测定方法》、《大米掺油掺石蜡检测方法》、《小麦粉中苯甲酸次硫酸氢钠（吊白块）测定方法》等。

在总结“十五”期间粮油标准化工作经验基础上，编制了《粮油标准化“十一五”发展规划》，制定了《粮油标准体系表》，提出了“十一五”期间粮油标准若干重大项目建议。开展近红外检测技术在粮食收购环节应用的研究，提出了近红外技术发展规划，开展了全国范围的定标验证工作。对大米食味、色泽等的检测方法和仪器进行了研究，并取得阶段性成果。

三 粮食质量安全监管体系建设

（一）积极贯彻《粮食流通管理条例》，加强粮食质量监管制度建设。

各地粮食部门根据《粮食流通管理条例》和相关配套文件要求，结合当地实际，加快了粮食质量安全监管制度建设。全国已有27个省份出台了各种形式的省级粮食质量安全监管制度，为进一步加强粮食质量监管，推进依法行政工作奠定了良好的基础。2006年，广东省人大将制订《广东省粮食安全保障条例》列入了地方立法计划；山东、四川、重庆、青海等省（市）颁布了《粮食质量监管实施细则》；河南、四川、山西、内蒙古等省（区）在出台的《粮食流通管理条例实施办法》、《省级储备粮油管理办法》中明确了质量监管的条款；北京市还制定了《粮食质量和原粮卫生抽查监测暂行规定》及《储备粮质量跟踪管理办法》等。这对于加强和促进各地依法行政和依法管粮，保障粮食质量安全发挥了重要作用。

（二）大力推进粮食质检体系建设，粮食质检机构整体实力显著提高。

一是地方粮食质检体系建设得到明显加强。截至2006年年底，全国粮食系统共有专业粮食质量检验机构776个，取得计量认证的376个，其中省级机构31个，市级机构125个，县级机构220个。大部分机构确定了独立法人地位，完成了从企业向事业的机构性质转变、从自收自支到财政拨款的调整，还有一些机构完成了机构的更名和计量认证的复审扩项。据不完全统计，2006年全国粮食质检机构共检测样品25万多份，为开展粮食质量监管和提供社会服务发挥了重要作用。粮食质检队伍专业素质水平也不断提高，全国粮食质检机构在岗人员8054名，其中专业技术人员5832名，中级职称以上的占38.5%。各机构仪器设备投入力度也明显加大，全国近三年新增检验仪器设备价值约1.4亿元，为提高粮食质检机构的整体实力提供了重要保障。

二是各地积极探索粮食质检体系建设取得新成果。北京市以市质检机构为核心，推进50家国有粮食购销与加工企业实验室的统筹统建，全面落实粮食出入库质量把关和监测抽查制度。内蒙古自治区积极发挥区域质检机构的作用，在各旗（县）设工作站或联系点，配合开展全区粮食调查、采样和基础检验等工作。辽宁省以省质检机构为龙头，全面加强市、县级质检机构建设，形成了上下联动、比较健全的粮食质检体系。黑龙江省积极推广讷河市质检机构的建设经验，逐步发展批发市场监管、监督检查、区域性服务相结合的三位一体的机构模式。宁夏自治区规划建立省级、市级、储备库三级垂直质检体系，基本实现了区粮食局对省级、市级质检机构人、财、物的垂直管理。青海省粮食部门与质监、工商等部门加强合作、相互融合、突出服务，把质检机构建在市场。陕西、云南、河南、江西、湖北、湖南、新疆等省（区）也为健全质检机构、改善设施条件积极争取财政资金，落实了专项经费。

三是启动国家粮食质量监测体系建设工作。为认真贯彻落实《粮食流通管理条例》和《国务院关于完善粮食流通体制改革政策措施的意见》（国发[2006]16号）精神，进一步做好粮食质量与原粮卫生监管工作，2006年国家粮食局启动了国家粮食质量监测体系建设工作。各地对此高度重视，31个省份及新疆生产建设兵团向国家粮食局推荐了候选机构156个，经组织专家严格审核，国家粮食局第一批命名了66家国家粮食质量监测机构，并已逐步开展区域粮食质量与原粮卫生情况监测工作，技术服务作用已初步显现。

（三）不断提高粮食标准质量工作队伍素质。

为全面提高粮食标准质量队伍的整体素质和执业水平，培养“精通业务、熟悉政策、懂得管理”的粮食标准质量工作人员，国家粮食局大力加强从业人员的政策理论和专业技术培训考核工作。2006年，国家粮食局举办了两期粮食卫生标准专题培训班，并组织全国省级粮食检验机构开展了一期粮油卫生项目检验比对考核，15个机构取得了良好以上成绩，吉林、黑龙江、浙江、江西、广东、甘肃等6个机构取得了优秀成绩。此外，国家粮食局还举办了两期国家标准编制专题培训。2006年，全国累计培训粮食标准质量人员2.64万名，粮食质检技术的培训范围也由国有企业扩展到了民营企业。浙江、福建、云南、陕西等省也组织开展了辖区内粮食质检机构的比对考核工作。天津市还通过举办知识大赛等形式有效加强粮食标准质量管理业务学习。

四 认真履行职责，积极开展粮食质量与原粮卫生监管

（一）加强各级储备粮、军供粮等政策性粮食的质量监管。

2006年，各地粮食部门加大了对地方储备粮质量安全的监管力度，积极推行第三方检验机构验收把关制度，实行粮食质量一票否决制，确保地方储备粮质量安全。天津市粮食局坚持每年定期开展两次地方储备粮质量强制检验，及时在内部网站上公布储备库点的粮食品质状况。各地在军粮、退耕还林粮、救灾粮供应中，严格执行供应标准，严格原料采购、加工、运输各环节的质量把关，严格执行“一批一检一报告”制度，受到部队和用粮群众的好评。在2006年全国粮食库存检查中，国家粮食局将粮食质量检查作为重点内容之一，抽查了10个省份84个库点的粮食，抽查结果表明中央和地方储备粮的质量状况都比上年有明显提高。

（二）做好最低收购价粮食的质量管理和指导工作。

2006年，为确保小麦、稻谷最低收购价政策的落实，针对粮食质量的实际情况，国家粮食局召集专家对执行小麦、稻谷国家标准的有关问题进行专题研讨，提请国标委以发布标准修改单形式对标准的个别条款进行了修改，确保了收购工作的顺利开展，促进了种粮农民增收。同时，组织预案执行省份和周边省份的小麦、早籼稻、中晚籼稻和粳稻收获质量集中会检工作，共采集样品4400余份，范围涉及15省197市700余县（区），取得检验数据24000余个，对当年收获的小麦和稻谷质量状况作出了全面客观的评价，对做好最低收购价粮食收购工作起到了重要作用。各地粮食部门也切实加强了对收购企业执行国家质量标准的指导和检查，督促企业制作和摆放实物等级样品、配备仪器、培训收购验质人员、规范检验操作程序，有力地促进了最低收购价政策的落实，维护了种粮农民的利益。

（三）积极推进粮食品质测报工作。

2006年，全国共有17个省份开展了小麦、稻谷、玉米和大豆等主要粮食品种的品质测报，有15个省份报送了测报数据，共采集样品3936份，取得检测数据近7万个。河南、湖北等省建立了比较完整的测报服务体系，通过定期召开新闻发布会、媒体报道、发放宣传手册等多种形式，及时发布测报信息。新疆维吾尔自治区积极争取财政资金，大力加强当地品质测报工作投入。通过粮食品质测报工作的开展，有效地引导了当地粮食种植结构调整、品质的优化和粮食产销衔接，起到了促进农民增收、收储加工企业增效的作用。

（四）大力开展社会粮食质量监管。

2006年，许多地方粮食行政管理部门积极开展了对社会粮油的质量安全监管，发挥了行业主管和指导作用。南京市粮食局每月对粮食购销和加工企业进行例行抽检，并向市政府及时报告抽检结果。福建省粮食局坚持开展粮油产品质量卫生安全季度抽查、半年检查，及时发布质量抽检结果，并向各部门通报情况。一些地方的粮油检验机构还在粮食批发交易市场设立工作站，派驻质量监督员，加强对入市粮油产品质量的监管。大多数地方粮食部门在指导和督促粮食企业建立和执行出库检验制度、自觉履行质量义务方面也取得明显成效，浙江、福建、四川、云南、宁夏等省（区）的国有粮食购销企业和大中型私营粮食企业粮食销售检验出证和索证率达到了85%以上。各级粮食检验机构还充分发挥专业技术优势，积极为企业提供检验服务，配合工商、技术监督等部门开展准入检验和市场抽查，参与“放心粮油”的鉴定和抽查等活动，为加强粮油产品质量安全监管提供了有力的技术支撑。

（五）组织全国原粮卫生专项调查。

为认真履行《粮食流通管理条例》赋予的原粮卫生监管职责，全面掌握原粮卫生状况，2006年，国家粮食局组织开展了全国原粮卫生专项调查工作，调查品种包括稻谷、小麦、玉米、大豆、花生和油菜籽，检验项目包括农药残留、有害重金属和真菌毒素污染等三类卫生指标，调查范围覆盖26个省（区、市），共采集样品1.25万份，取得检验数据2.4万个。这次调查初步掌握了目前收购和储存环节粮食的卫生安全状况和存在的安全隐患，为加强粮食质量安全监管提供了重要依据，对于保证加工食品原料安全，确保消费者吃上放心粮油具有重要意义。

粮食市场体系建设

一 粮食现货与期货市场发展情况

（一）粮食现货市场。

粮食现货市场是联结生产和消费的纽带，在粮食市场体系中占有极为重要的位置。国务院在《关于完善粮食流通体制改革政策措施的意见》(国发[2006]16号)中明确提出，要“鼓励各类具有资质的市场主体从事粮食收购和经营活动，培育农村粮食经纪人，开展公平竞争，活跃粮食流通”，“健全粮食收购市场准入制度”，“重点扶持大宗粮食品种的区域性、专业性和成品粮油批发市场，加快大中城市成品粮油交易市场建设”。国家粮食局高度重视粮食市场体系建设工作，在2006年全国粮食局长会议上明确将“健全市场主体多元化、经营方式多样化的粮食市场体系”作为“十一五”时期主要目标和工作任务，聂振邦局长在讲话中特别强调，“要继续培育、发展和规范多种粮食市场主体，鼓励各类具有资质的市场主体从事粮食收购和经营活动，吸引多元投资主体参与粮食流通，培育农村粮食经纪人”，“重点扶持大宗粮食品种的区域性、专业性粮油和成品粮油批发市场。重点建设华中、华南的稻谷市场，华北及中原地区的小麦市场，东北地区的玉米市场”。

按照国务院文件的精神以及全国粮食局长会议的部署，有关单位加强了对粮食现货市场建设工作的指导和扶持，有力促进了粮食现货市场快速发展。一是加强粮食收购市场准入制度建设。截至2006年12月底，有30个省（区、市）建立了粮食收购市场准入制度，共有81870个粮食经营者取得粮食收购资格。多元市场主体参与粮食收购，活跃了粮食市场，方便了农民售粮，取得了很好的效果。二是进一步完善成品粮批发市场重点联系制度。2006年在部分省粮食局推荐基础上又新确定了11家重点联系成品粮批发市场。目前，国家粮食局重点联系的成品粮批发市场已达24家。5月，召开了第二次重点联系成品粮批发市场会议，会议通过了国家粮食局重点联系成品粮批发市场关于开展“放心粮油”进市场活动的倡议书。三是促进商流型粮食批发市场发展。8月，国家粮食局召开重点联系粮食（商流）批发市场会议，及时了解商流粮食批发市场的发展经营状况，同时也对其发展建设进行积极指导和扶持。截至12月底，有关部门通过规范性商流粮食批发市场组织了24次2005年最低收购价稻谷拍卖，累计销售843万吨；共组织7次2006年最低收购价小麦拍卖，累计销售503万吨。四是建立国家粮食交易中心。为贯彻落实《中共中央、国务院关于促进中部地区崛起的若干意见》（中发[2006]10号）和《国务院关于完善粮食流通体制改革政策措施的意见》(国发[2006]16号)精神，充分发挥重点地区商流粮食批发市场在国家粮食宏观调控中的作用，2006年国家粮食局先后批复组建了武汉、合肥、郑州和哈尔滨4个国家粮食交易中心。从实际情况看，这4个国家粮食交易中心都承担了国家或地方政策性粮食拍卖销售任务，发挥了很好的作用。

同时，国家有关部门对粮食现货市场加大了扶持。2006年，国家发展改革委继续安排国债专项资金支持农产品市场建设，共有十多家粮食批发市场获得该项目支持，其中国家粮食局重点联系批发市场有两家。商务部开展的“双百市场工程”和“万村千乡市场工程”也支持了部分粮食零售企业和粮食批发企业。

总体上看，2006年粮食现货市场交易活跃，在保证粮食市场供应、稳定市场粮价、引导粮食生产、搞活粮食流通和服务国家粮食宏观调控等方面发挥了积极作用。

（二）粮食期货市场。

2006年，粮食期货市场呈现出交易活跃、涨跌起伏大的特点。从交易情况看，2006年我国粮食期货合约共交易27011万手，比上年增加4.8%；交易总金额达57229亿元，比上年增加7.22%。从价格变化情况看，影响粮食期货价格的因素主要有以下几个方面：一是粮食供求关系变化。以小麦为例，1月到4月上旬小麦市场保持平稳走势，4月下旬预期小麦增产，夏粮丰收已成定局，小麦期货价格大幅下跌。二是国家宏观政策调控。2006年国家在河北、河南、山东、安徽、湖北、江苏等6个小麦主产省实行最低收购价政策。由于国家收购了大量商品粮，市场小麦供应减少，引起小麦期货市场价格上涨，随后国家开始对最低收购价粮食有计划地拍卖，小麦期货市场价格又逐步回落。三是国际市场的影响。2006年下半年，基金对于“生物燃料”替代能源题材炒作等因素引起国际农产品期货市场价格上涨，也间接影响了我国粮食期货市场。

二 粮食市场信息体系建设

（一）国家粮油信息中心主要工作。

2006年，国家粮油信息中心为进一步完善全国粮油市场监测系统，为宏观调控和企业经营提供及时准确的市场信息，适应全国粮食市场供求形势的新特点和粮食流通体制改革带来的新变化，开展了一系列有针对性的工作。

一是加强力量深入各地市场开展市场调研，了解市场真实情况，在把握全局的基础上，比较深入地分析和研究市场变化。与各地粮油信息监测机构密切合作，全面反映粮油市场的动向，使信息工作不断深入。

二是在全面掌握市场信息的基础上，编发国内外粮油市场的谷物类和油脂油料类的日报、周报、月报、专报、进出口报告、大型专题报告等二十几种市场信息报告，谷物类的监测品种已扩展到25种，价格类有14种，价格采集点300多个；油脂油料类监测品种已扩展到22种，价格类有11种，价格采集点300多个。各种信息报告在粮油业界已产生广泛影响。其中一些报告，得到国家和有关部门的重视，为粮食宏观管理和调控、稳定全国粮食市场起到了积极作用。

2006年，国家粮油信息中心开发了《农产品市场趋势指数报告》，样本取自国内17个重点省份，数据来自粮油收储企业、加工企业、饲料企业、养殖企业、贸易商、农户。内容包括“市场趋势指数”、“市场分歧度指数”。“市场趋势指数”反映未来一段时间市场的供需状况和价格走势趋向；“市场分歧度指数”反映受调查企业对未来市场在预期上的偏差，反映未来市场稳定性趋势。

三是申请国家专项资金，建立全国粮食行情会商信息系统的项目已获正式批准，目前正进入实施阶段，将与各省、区、市粮食信息机构及有关单位共同合作，再次提升全国粮油市场监测预测体系工作水平。

四是与中国科学院遥感所合作，完成了“863”粮食遥感预警预测应用项目的研发工作，借助遥感监测结果，从市场行情预测角度开展辅助决策分析，建立信息服务系统，为国家制定粮食宏观调控和农业生产政策提供科学依据，为公众和企业提供粮食市场信息、粮食供需平衡、粮食遥感动态监测信息服务。

五是根据国家粮食工作的需要，国家粮油信息中心于2006年开发建设了全国性的粮食购销竞价交易平台，并与有关省粮食批发市场合作，成功地开展了全国性粮食网上交易。从4月至年末，在该平台系统上进行了27次竞价销售，共成交最低收购价粮食846.81万吨，其中稻谷683.78万吨，小麦163.03万吨，成交金额120多亿元。全国性粮食购销竞价交易平台的建设，有利于完善粮食流通体制改革，适应竞价销售大批量国家政策性粮食的需要，实现了公开、公平、公正交易原则。全国性粮食远程交易平台的建立，将全国省级粮食批发市场组织起来，并充分发挥远程交易的优势，方便全国客户就近入市交易，形成真正的全国性粮食交易市场，并便于国家有关部门监管，也有利于全国粮食市场宏观调控，有利于我国粮食市场体系的成熟和发展。

六是为促进国内粮食市场分析与研究工作，在夏季和冬季组织了两次全国粮油饲料市场研讨会。每次会议都邀请了几十位专家学者到会作专题报告，参加会议的人员都超过500人。2006年6月，针对市场发生的新情况，在安徽和河南又分别召开了中国菜籽市场专题研讨会和夏粮小麦市场专题研讨会。上述市场研讨会均受到粮食系统业内各界的广泛关注，并取得良好效果。

国家粮油信息中心还于10月中旬召开了全国粮食市场信息年度工作会议，交流各地信息工作经验，为进一步做好粮食市场信息工作进行了探讨和部署，并根据上级领导的明确指示，确立全方位开展粮食市场信息工作的方针，确定下一年度粮油市场信息工作目标，制定促进我国粮食市场信息事业发展的措施。

（二）各地粮油信息分中心主要工作。

2006年，各地粮油信息机构和粮油信息工作者针对粮食市场的新形势、新变化，进一步完善信息采集体系和价格报告制度，加强粮油市场监测工作，不断完善市场信息服务体系和粮食安全预警系统；加强对国内外粮食行情的全方位监测，为各级领导决策提供可靠的信息支持，为粮油市场稳定作出了积极贡献。

北京市粮食局信息中心为保证首都粮食供给，不断完善粮油市场信息监测体系，通过市与区县两级监测网络，对全市主要粮食批发市场、加工企业、购销企业、零售企业经营的主要粮油品种的价格和部分单位的库存、销量进行监测；投入使用的“粮食市场行情监测地理信息系统”，实现了地理信息、行情信息和粮食总量信息的关联；与9个粮食产销区的粮食局或批发市场建立了粮油市场信息紧密交流制度；加强信息发布，每周出一期《粮油信息》，每月出一期《粮油综合信息》，每季度举行一次粮油市场形势分析会。一年来编报预警性、预测性信息达255份。

天津市粮油信息中心积极做好市场分析预测工作，向国家粮食局、天津市粮食局报送《国内稻米市场的走势分析预测报告》、天津稻米市场的走向分析等报告，粮油信息工作成绩显著。全年共出刊物339期7745份；发布粮油信息近2000篇次，其中新华社引用956篇，国家粮油信息中心摘用406篇。津粮网发布各种粮油信息9385篇，发展会员1898个。

河北省粮油信息中心初步建成省级储备粮管理信息系统，实现对储备粮油出入库台账数据和储存保管状况的采集、加工、存储、交换和共享，建成省级储备粮油购销调存的实时监测、调控和决策信息网络，所有承储库实行数据联网，省级储备粮管理信息系统正式运行。在加强市场分析和预测工作方面，继续完善粮油市场价格监测体系，编辑发行《粮食政策与信息》近50期。

浙江省粮油信息中心做好市场价格趋势的分析、整理、归纳，日报、周报、旬报的发布，《粮油市场行情专报》的编报等工作，定期发布各地粮油主要品种价格行情简报。在早稻和晚稻上市前，专门发布早晚稻生产和市场价格信息，便于各地在制定收购政策和价格水平时搞好衔接。开展早晚稻等主要粮食品种的专题分析，并提出政策建议。

江西省在加强价格监测方面形成制度，出台了《粮食市场价格信息监测管理办法》，建立固定监测点，定期监测报送市场信息，为各级领导管理和决策，为有关部门了解掌握市场价格信息，特别是为全省2006年启动早晚稻最低收购价政策执行预案，提供了准确可靠的价格依据。2006年不断改进和提高信息工作质量，使《中外粮油信息》越来越贴近市场实际，为宏观调控提供了信息支持，为企业经营带来了效益。

重庆市加强粮油市场分析预测工作，做到每周有简评、半月有概述、每月有综合评述、季度有分析、半年有全面的分析与预测。各区县的粮油市场分析、预测上报信息资料数量大幅度增加，分析预测的水平也有所提高。及时向市政府和局领导提供价格信息，为出台稻谷最低收购价执行预案、其他粮食政策以及储备粮食轮换等提供了比较全面、准确的市场行情报告。

山东省不断完善金粮网，为适应粮食部门职能转变，开辟了行政许可专栏，开辟了市县粮食、企业网站专栏，把全省所有市县的基本数据放入各自的分网站，由各市县按规定方式分别加载信息，收到了良好效果。

广西区进一步加强信息服务平台建设，2005年度发布文档信息约3000多条，将近几年的全国、全区各类粮油信息7万多条数据加载到相关数据库中，大大丰富了网站的信息量，为全区粮食宏观调控提供了比较及时准确的信息支持。

湖北省加快粮食信息化的进程，建立支持全省粮食行业对信息共享、协同工作、辅助办公的网络化应用平台，建立“湖北粮食网”网络平台，进行华中粮食中心批发市场信息系统改扩建工程，与各产粮大省和沿海销区城市建立了信息协作关系，建立了覆盖全省16个地（市）、40多个企业单位和20多个粮食集贸市场的粮食市场价格监测网。

湖南省在努力办好“潇湘粮网”的同时，积极建设网上湖南粮食价格监测系统以及历年来粮食统计的数据库，精心维护省粮食局计算机局域网，参与地方计算机网络设计工作、日常维护工作、计算机管理信息系统的设备安装、系统调试以及售后服务等工作。

吉林省加大对玉米、水稻、大豆等主要的粮食品种市场价格监测的力度，扩大市场监测范围，把省内原粮的进出口价格、数量的监测也纳入工作之中，并及时发布月度监测报告。认真编发《中外粮油信息》周刊，本年度共撰写粮油市场分析预测文章70篇及其他粮食信息30篇，近18万字，受到基层粮食部门的欢迎。

安徽省做好粮食市场价格监测和预警预报工作，对全省100多个粮油价格重点监测点进行监测，对收集的数据按时整理、加工、汇总、上报，并提出分析报告提供给有关部门、会员单位和粮食企业参考，为掌握市场动态和价格行情发挥了重要作用。一年来，全省17个市普遍认真及时地上报价格周报，无论是在质量上还是在数量上都有了很大的进步，较好地完成了粮油市场价格监测预报工作。

宁夏自治区根据不同需要，编发《宁夏粮食工作》、《粮食信息快报》、《决策参考》三种刊物，汇集国家粮食局、国家粮油信息中心，各地批发市场、本区市县动态等多种信息，有针对性地提出《形势分析报告》，在此基础上又作了延伸预测，并提出应对预案。建立并运行“宁夏粮食信息”网站，与众多信息平台对接，全方位反映宁夏粮食工作和市场形势。

青海省基本完成省局计算机局域网的建设。建成了与省农发行共享的“青海粮食网”。做好《青海粮食工作信息》、《中外粮油信息》网刊及《粮食市场信息快报》、《粮油价格采集报告》的编发工作，使粮食信息紧紧贴近市场、企业，准确反映省内外粮食价格、供求的变化趋势，为青海粮食工作提供了强有力的信息支持。

上海市充分发挥“上海粮食网”、《中外粮油信息上海版》和“粮食批发（零售）市场监测网络”的作用，一年来共提供粮油市场价格信息9447条、市场分析预测信息1481篇，反映对国内外市场粮食供求的分析，提供本地稻米、小麦、玉米、大豆、油菜籽、豆油等市场走势分析和趋势预测等信息，以及周边地区如江苏、浙江和东北等相关地区的粳稻购销价格、菜籽收购价格的预测信息。由于定期收集提供粮食批发市场每周价格信息，上海市场的粳米价格信息已成为全国大米市场信息的重要组成部分。

云南省加强对全省38个粮油集市价格监测点工作，及时掌握市场粮价和需求变动情况，研究粮食市场价格走势，为宏观决策提供依据，确保粮食价格基本稳定。对大米、小麦、玉米等主要粮食品种零售价格指数的涨跌幅度与全省总水平对比情况进行监测，为实施《云南省粮食行政首长负责制考核指标和奖惩办法》提供准确依据。做好《中外粮油信息》网刊发行工作，《云南粮食简报》的报送工作，为粮食调控和管理做好信息服务。

广东省坚持每周采集广州黄埔港、火车南站、深圳蛇口港及省内部分市县的主要粮油品种价格，坚持做到每周报送出港口、车站行情，坚持省内粮油集贸市场价格报送制度，提供准确的广东粮油集贸市场价格行情。由于提供的港口车站和集贸市场两个价格板块基本符合当地市场走势，广东省发改委、粮食局向省政府、国粮局报送情况时多次参考采用广东省粮油信息中心提供的数据；省财政厅拍卖省级储备粮制定底价时也多次参考该中心提供的数据。

三 粮食调控信息

为加强对粮食市场供求形势的监测和预警分析，进一步做好粮食市场信息监测工作，更好地服务于国家粮食宏观调控，满足粮食应急工作的需要，2006年，国家粮食局有关司和郑州华粮科技股份有限公司合作完成了粮油市场信息监测系统专用软件的开发工作。该系统包括价格报送子系统、市场监测子系统和管理子系统三个部分，以互联网为依托，以国家粮食局政府网站为平台，通过网上信息直报的方式，采集、整理和分析粮食市场信息。在系统软件的设计上，采用了先进的设计理念，实现了信息平台化、网络化管理，能够同时在互联网和局域网上运行。

2006年4月和5月，国家粮食局分别在大连市和银川市举办了两期粮油市场信息监测系统专用软件培训班，对各地粮食局的统计人员和分布各地的325个国家粮食局粮油市场信息监测直报点人员进行了全面系统的培训。通过培训，使大家充分认识到做好市场监测工作的重要意义，全面了解和掌握了价格信息的采集方法以及应用软件的操作流程，为粮油市场信息直报工作打下良好的基础。从2006年5月开始，粮油市场信息监测系统正式启动。半年多来，该系统运行情况良好，各地粮油市场信息监测直报点能够通过网络及时报送粮油价格信息。

粮食流通基础设施建设

2006年，是粮食流通设施建设“十一五”规划的第一年，各项基础设施建设和技术改造工作取得了新的进展。三批国债粮库建设项目收尾工作进展顺利，中央预算内投资基本建设稳步推进，粮食物流问题研究及专项规划修改工作取得进展，地方粮库仓房维修改造工作成效显著，农村粮食产后减损安全保障工程积极推进，粮食工程建设行业管理工作进一步加强。

一 国债建设项目收尾工作进展顺利

（一）项目建设与验收进展顺利。

2006年国债剩余投资新安排项目共有47个。截至2006年年底，32个项目完成建设任务并验收。尚余3个粮库项目未验收，其中两个项目正在压仓，1个项目正在施工；12个各类专项在建，其中散粮汽车试点（10个项目）正在批量生产。2006年共有37个项目完成正式验收。2006年年初三批国债全部3137个项目中，共有1552个项目未批复竣工决算（粮库项目599个、各类专项953个）。2006年共完成决算批复808个（粮库项目293个、各类专项515个），还剩744个项目未批复决算。2006年度共下拨资金2.38亿元，其中项目尾款1.3亿元、项目进度款1.08亿元。

（二）机械化粮库还贷工作基本完成。

根据国务院关于机械化粮库项目还贷问题协调会议精神，在协调解决机械化粮库还贷工作的基础上，2005～2006年国家共安排地方预算内专项资金（国债）1.09亿元，用于天津、河北、辽宁、安徽、河南、湖南、四川、陕西等8个省（市）11个地方机械化粮库功能提升项目建设，预计2007年年底前可全部完成建设任务。

（三）国债粮库建设项目拖欠工程款问题得到妥善解决。

国家粮食局根据研究确定的拖欠工程款补贴方案，经组织召开专项工作会议，落实了有关单位解决拖欠问题的承诺，并对250个存在拖欠问题的粮库拨付补助资金11191万元。

（四）世行遗留资金问题得到妥善解决。

根据审计署的审计意见，为妥善解决世行项目剩余4363万元资金问题，经多次与有关部委沟通，下达了4363万元投资分解计划，专项用于大连金窑铁路扩能改造项目（大连北良公司承担部分）。

二 中央预算内投资基本建设稳步推进

（一）完善项目管理程序。

按照《国务院关于投资体制改革的决定》和国家发改委关于政府投资项目管理的有关要求，结合粮食流通事业发展和局属单位基本建设内容的变化需求及目前存在的问题，修订完成了《国家粮食局中央预算内投资基本建设项目管理办法》并正式发布实施。

(二) 加强科研楼等项目的管理和验收工作。

严格控制工程进度、质量和投资,积极组织局属单位做好已经安排的中央预算内投资项目的实施。总投资1.3亿元的局科研院科研楼项目于2006年11月17日通过竣工验收并投入使用;使用中央预算内专项资金1260万元,为国家粮食局科学研究院、郑州科研设计院、无锡科研设计院、武汉科研设计院、西安油脂设计院、成都粮科所等6家粮食科研机构配置了粮食检测仪器设备;国家粮食局科学研究院小汤山中试基地总体改造项目等也已陆续开工建设。上述项目的建设,使我国粮食科研机构的科研基础条件得到较大改善。

(三) 积极落实2007年中央预算内投资并取得突破。

经过多次调研和沟通,落实2007年度中央预算内投资2000万元,用于国家粮食局科学研究院粮食储藏实验室、中谷集团锦州中孚仓储有限公司粮食仓储设施项目、国家粮食局科学研究院中试基地供电系统改造项目等3个项目的建设。同时,经过研究论证,向国家发展改革委申报了“中国粮食行业现代远程职业教育培训系统”和“国家粮油电子交易平台系统”两个中央预算内专项投资项目。

三 粮食物流问题研究及专项规划修改工作取得进展

为落实国发16号文件,会同国家发改委经贸司进行规划修改和关键问题的研究工作。先后召开东北等重点地区和研究机构的座谈会、大连物流研讨会,并到上海、江苏、浙江、黑龙江等地进行重点调研。在此基础上,修改完善了粮食现代物流规划,研究提交了“2006~2015年中国粮食进出口预测”、“东北地区粮食跨省流通趋势分析”和“散装粮食流通经济效益分析”等三个专题报告。同时,根据国务院领导同志关于粮食物流问题的批示精神,配合国家发展改革委认真研究了东北地区“北粮南运”面临的问题和解决措施,研究了全国粮食仓储、运输、装卸等设施条件方面存在的问题,起草了报送国务院的专题报告。

四 地方粮库仓房维修改造工作成效显著

2006年,按照国务院领导同志关于做好粮食收购和抓紧进行粮库维修工作的指示精神,国家粮食局研究提出了湖南、湖北、安徽、江西、四川等5省的仓库维修改造方案,共申请安排中央财政专项资金1.26亿元补助上述5省仓房维修改造。到2006年8月底维修工作全部完成。5省共落实维修改造资金3.53亿元(包括省、市、县等地方财政配套和企业自筹资金2.27亿元),安排维修库点4226个,维修仓容1284万吨。这些仓房的维修,为执行国家最低收购价政策、保障国家粮食安全和宏观调控发挥了重要作用。

五 农村粮食产后减损安全保障工程积极推进

在粮食科技丰产工程取得成果的基础上,研究起草了报温家宝总理的《关于改善我国农户储粮条件的报告》。根据总理批示精神,组织人员到河南、辽宁、四川、江西、湖南等5省进行调研,专题研究开展农户储粮减损工程的必要性、可行性和操作方案,形成了《农村粮食产后减损安全保障工程实施方案》和《2007年农村粮食产后减损安全保障工程试点方案》,并正式报送国家发展改革委。

六 粮食工程建设行业管理工作进一步加强

（一）积极推进粮食工程建设标准编制工作。

在认真做好2005年安排的5项粮食工程建设标准编制管理的基础上，2006年新安排了《粮食仓房维修改造技术规程》、《散粮接收发放设施设计及应用技术规程》、《粮食工程建设技术标准体系》、《植物油库设计规范》、《粮油仓库工程验收规程》等5项标准的编制，计划在2007年8月底全部完成编制。根据工程建设标准管理的要求，研究制定了《粮食工程建设标准管理办法》。

（二）努力提高粮库建设设计水平。

针对粮库运营管理过程中因工程建设设计缺陷而出现的一些问题，为总结粮库设计经验，提高行业整体设计水平，在郑州组织召开了粮库设计研讨会，认真总结归纳了各地反映的粮库设计问题，提出了处理意见。特别是针对接连发生的6起钢罩棚坍塌事故，研究印发了《关于做好拱形波纹钢屋盖结构罩棚安全隐患防范和改造工作的通知》，对做好近40个此类结构钢罩棚的安全防范和加固工作提出了具体要求。

（三）加强粮库信息化建设培训。

为实现粮库信息化管理和整个粮食流通环节的供应链管理，做好粮食现代物流和粮食仓储企业信息化管理基本知识和要求的培训工作，在总结我国粮库信息化建设工作取得的经验和教训的基础上，组织编写了《粮库信息化建设与管理实务》培训教材，并在上海、江西成功举办了两期粮库信息化建设与管理培训班。

（四）积极推进粮食流通基础设施建设投资统计工作。

对2003～2005年全国粮食流通基础设施建设投资情况进行了专项统计，编印了《2003～2005年全国粮食流通基础设施建设投资统计汇编资料》，对各地做好粮食流通基础设施建设工作提供参考。在本次专项统计工作的基础上，建立了粮食流通基础设施建设投资统计制度。

中央储备粮代储资格认定

一 进一步完善了中央储备粮代储资格认定政策

（一）规范中央储备粮代储资格企业重大变更管理行为。

2006年3月，国家粮食局发出了2006年第2号公告，对代储资格企业的变更内容、变更程序进行了规范。文件规定，代储资格企业的下列情况发生变化后，应履行变更手续：企业名称、代码、企业法定代表人、企业所有制性质及联系电话变更，仓房灭失，设施、设备及检验仪器损坏、灭失后数量已达不到资格条件，保管、检验等技术人员减少后数量已达不到资格条件，粮库环境及交通条件发生变化后已达不到资格条件，发生违反国家粮食政策法规的现象或储粮安全事故、安全生产事故等。文件规定，代储资格企业变更程序为：企业应在相关情况发生变化的30个工作日内报告省级粮食行政管理部门；省级粮食行政管理部门汇总企业变更情况，于每年12月的第一个星期一报至国家粮食局；国家粮食局将企业变更报告记入代储资格管理档案，需要对外公告的认定变更内容由国家粮食局进行公告，并由企业在《中国粮食经济》杂志上声明。

按照《中央储备粮代储资格认定办法实施细则》的规定，2006年1月，国家粮食局发出了2006年第1号公告，向社会公布了29户企业基本信息变化情况，予以变更。变更主要涉及企业名称、企业代码、企业法定代表、仓房灭失等。

（二）细化中央储备粮代储资格地下仓认定标准。

通过组织专家调查研究，并经国家粮食局局长办公会议审定，针对地下仓（含石平洞仓、土窑仓、石立洞仓、土立洞仓、喇叭仓）粮食进出仓和进出库的特点，国家粮食局于2006年5月8日以国粮通[2006]1号文件向社会公布了地下仓中央储备粮代储资格认定标准。文件规定地下仓的代储资格认定条件除必须符合《中央储备粮代储资格认定办法》和《中央储备粮代储资格认定办法实施细则》的一般规定标准外，还应具备一定粮食进出仓和进出库的能力。普通地下仓应配备作业量不小于100吨/小时的出粮设备；上口出粮的立洞仓需配备作业量不小于50吨/小时的吸粮机、清理筛各2台；地下仓门前应具备与仓容量相适应的作业场地，最低不小于400平方米；对距离10公里以内同一法人单位的若干个山洞库可视为一个库区。

二 开展了两批中央储备粮代储资格认定

根据《中央储备粮代储资格认定办法》和《中央储备粮代储资格认定办法实施细则》的规定，中央储备粮代储资格认定工作每年开展两批，时间分别从5月、10月的第三个星期一开始。

（一）2006年首批（总第四批）中央储备粮代储资格认定工作。

2006年首批代储资格认定工作受理时间从2006年5月15日开始至5月24日结束；各省级粮食行政管理部门于5月29日前将企业申报材料及相关文件报送国家粮食局；国家粮食局从5月29日至6月9日组织专家对申报材料进行了审核，并于6月12～18日安排专家对河北、陕西、贵州、湖南的部分企业进行了现场检查；6月20日国家粮食局召开会议审议了专家审核结果，并决定从6月22日开始将初步审查意见上网公示（公示期7天）；2006年7月7日，国家粮食局以2006年第3号公告的形式向社会公布了取得资格的企业名单，本批共有347户企业提出了申请，其中258户企业取得了中央储备粮代储资格。本批认定工作的特点是首次将地下仓企业纳入中央储备粮代储资格认定范围。

（二）2006年第二批（总第五批）中央储备粮代储资格认定工作。

2006年第二批代储资格认定工作受理时间从2006年10月16日开始至10月25日结束；各省级粮食行政管理部门于11月6日前将企业申报材料及相关文件报送国家粮食局；国家粮食局于11月6日至11月14日组织专家对申报材料进行了审核，并于11月15～18日，安排专家对国家物资储备局部分单位进行了现场检查；11月23日国家粮食局召开会议审议了专家审核结果，并决定从11月27日开始将初步审查意见上网公示（公示期7天）；2006年12月26日，国家粮食局以2006年第6号公告的形式向社会公布了取得资格的企业名单，本批共有235户企业提出了申请，其中124户企业取得了中央储备粮代储资格。

粮食安全生产

2005年12月，国家粮食局召开了“全国粮食安全生产工作会议”，会议分析了当前粮食行业安全生产形势，研究部署2006年粮食行业安全生产工作。会后，各省、自治区、直辖市积极落实会议精神，将安全生产列入各级粮食行政管理部门的重要议事日程，召开地方安全生产工作会议，出台强化安全生产的政策意见，深入开展安全生产检查与培训，积极开展安全生产宣传教育活动，安全生产工作得到了前所未有的重视，粮食行业安全生产工作得到了加强。

一 出台了《国家粮食局关于加强粮食行业安全生产工作的指导意见》

为了规范粮食行业安全生产监管行为，突出行业安全生产监管重点，完善粮食行业安全生产管理制度，明确粮食管理部门在行业安全生产工作的地位和作用，按照“全国粮食安全生产工作会议”要求，经过近一年的调查研究，反复征求有关方面意见，国家粮食局于2006年11月印发了《国家粮食局关于加强粮食行业安全生产工作的指导意见》（国粮展[2006]190号），提出了行业安全生产工作的宗旨、总体目标和粮食行政管理部门的主要职责。

粮食行业安全生产工作的宗旨是：深入贯彻《中华人民共和国安全生产法》和国务院关于深化粮食流通体制改革的有关精神。坚持“安全第一、预防为主、综合治理”的方针，按照政府承担监管责任，企业负责事故责任，部门负责行业指导和监督管理职责的原则，努力构建部门指导有力、企业全面负责、职工积极参与的安全生产工作的新格局。

粮食行业安全生产工作的目标是：初步建立适应粮食行业发展要求的安全生产管理制度和技术标准体系；进一步明确各级粮食行政管理部门的安全生产监管职责；进一步提高企业管理规范化、标准化程度；企业安全生产条件得到明显改善，从业人员安全生产意识得到加强；安全生产事故起数、伤亡人数和经济财产损失明显下降；淘汰不利于安全生产的技术工艺和设施设备，规范操作程序和方法。

粮食行政管理部门的主要职责是：组织安全生产法律法规和安全生产知识宣传教育，提高粮食行业安全生产意识；及时制（修）订与安全生产有关的国家和行业标准；制定颁布粮食安全生产管理制度；鼓励和支持安全生产技术研究和推广应用；淘汰影响安全生产的工艺、设备；督促检查粮食行业落实安全生产责任；按规定报告安全生产事故并根据需要组织救援；组织或参加安全生产事故调查；编制安全生产应急预案或救援措施。各级粮食行政管理部门要在当地政府的统一领导下，在管辖区域内认真履行上述职责。

粮食行业安全生产工作的重点是：全面落实部门监督管理职责，完善安全生产监督管理机制；加强安全生产宣传教育，增强各级领导和企业负责人的安全生产意识，落实安全生产责任制；建立健全安全生产监督管理制度，完善安全生产监督检查制度，强化对行业安全生产的管理；认真开展安全生产形势分析，建立安全生产信息报送渠道；推进企业安全生产工作的规范化、标准化管理进程，夯实企业管理基础；切实提高整个行业从业人员素质，严格执行各项技术操作规程；重点防范化学药剂丢失被盗、设备伤人、粮堆倒塌、粉尘爆炸以及火灾等安全生产事故；积极开展应急救援演练，提高安全生产事故救援能力。

《指导意见》提出了建立健全安全生产责任制、进一步完善以排查隐患为主的安全生产检查制度、安全生产事故报告和登记备案制度、安全生产事故责任追究制度等4项管理制度。《指导意见》提出了建立粮食行业安全生产工作的长效机制：建立健全组织机构，加强对安全生产工作的领导；督促企业建立健全安全生产投入机制，提高安全生产保障水平；加强安全生产教育和培训工作，强化企业职工安全意识；加强安全生产预警，提高安全生产事故处置能力；规范生产操作，严格按程序组织生产；加强安全生产标准制定工作；广泛开展安全生产宣传教育活动，促进企业安全文化建设。

二 认真分析粮食行业安全生产形势，加强对行业安全生产工作的指导

2006年4月上旬，国家粮食局联合国家安全生产监督管理总局赴山东省，调查处理了山东恒仁工贸有限公司（民营）钢板立筒仓崩裂坍塌事故，针对事故教训，发出了《国家安全生产监督管理总局 国家粮食局关于加强储粮钢板筒仓安全监督管理的通知》(安监总管二[2006]64号)，要求各地开展对储粮钢板筒仓设计、建造和使用企业的安全生产排查工作；督促储粮钢板筒仓设计、建造企业严格执行《粮食钢板筒仓设计规范》（GB50322–2001)，严把储粮钢板筒仓质量关；加强使用储粮钢板筒仓企业的安全监督管理；督促使用储粮钢板筒仓的企业认真做好事故应急救援预案工作。

2006年5月下旬，针对我国部分地区降雨较往年偏多，部分流域可能会发生洪涝灾害；大部分地区气温偏高，不利于库存粮食储存等情况，发出了《国家粮食局办公室关于做好夏季储粮安全工作的通知》（国粮办展[2006]120号)，对粮食行业仓储工作进行部署。文件提出了五个方面的工作。一是加强领导，建立和完善新型粮食仓储管理机制。要求各级粮食管理部门要高度重视库存粮食的储藏安全，加强标准和制度建设，推进粮食企业规范化管理进程，加强人员培训，加强预警预测，建立储粮事故报告制度和应急处理机制，并加强对社会粮食企业仓储工作的指导。二是加强分析预测，指导企业做好仓储管理工作。要求各地针对当地气候特点、粮情状况、仓储设施条件、仓储管理手段等各种影响粮食安全储藏的因素，会同有关专家分析预测粮食安全储藏形势，定期向社会发布储粮安全信息，制定应对政策，排除储粮安全隐患。三是加大协调力度，引导企业做好夏粮收购的准备工作。要求各地进一步挖掘现有仓储设施的潜在能力，提高企业收购和储存能力。要加强对露天储存粮食的管理，降低库存粮食的损失损耗。四是发挥技术和设施优势，积极开展农村储粮工作。要求各地粮食部门和粮食企业，要利用自身优势，指导农民提高粮食收获品质，提高农民家庭用粮的转化率，指导农户做好粮食储藏保管工作，积极参与社会主义新农村建设。五是扎实工作，确保库存粮食安全度汛度夏。要求粮食企业要控制好入库粮食品质，加大粮情检查范围和频率，注意分析粮情变化趋势，采取科学的储粮技术并做好防汛工作。

2006年9月下旬，针对秋粮收购即将开始，国庆和中秋佳节即将来临的情况，发出了《国家粮食局关于做好国庆期间安全生产工作的通知》（国粮电[2006]14号），要求各地防范各类安全生产事故的发生，做好节日期间的安全生产工作。一是提高认识、加强领导、切实做好节日期间的安全生产工作。要求各级粮食行政管理部门做到责任到位、职能到位、人员到位、措施到位，行政一级抓一级，层层抓落实的工作局面。二是突出重点，加强检查，坚决消除安全生产隐患。指出安全生产工作的重点是加强储粮化学药剂管理，防止火灾事故、交通事故、设备伤害事故、仓房及粮堆坍塌事故。三是加强预警，完善预案，及时妥善处理好各类突发事故。要求各级粮食行政管理部门加强分析预测，指

导企业做好防火、防汛、防台、防粉尘爆炸、防设备伤害等各类事故的应急救援预案。四是密切监测粮情，防止出现储粮安全事故。针对当时粮食库存数量大，粮情比较复杂，储粮安全压力大的情况，要求粮食企业严格入库标准，加强监测检查。五是完善值班制度，保持信息畅通。要求在节日期间，建立24小时值班制度。

2006年12月下旬，针对储粮化学药剂丢失问题，发出了《国家粮食局办公室关于广东河源市白领头粮库磷化铝药剂被盗事件的通报》（国粮办展[2006]261号），要求各地要规范储粮化学药剂采购、运输、储存和使用行为，认真做好储粮化学药剂的管理。

2006年年底，发出了《国家粮食局关于切实做好两节期间安全生产工作的通知》（国粮电[2006]24号），要求各地针对节日期间生产任务重，人员流动频繁的情况，加强领导，提高认识，切实树立安全生产意识；要以仓房超储、库区防火、药剂管理、大型设备作业为主要内容，全面检查，排除隐患，防止发生安全生产事故；同时，要求各地认真学习贯彻监察部、国家安全生产监督管理总局颁布的《安全生产领域违法违纪行为政纪处分暂行规定》。

三 组织编写培训教材，认真做好安全生产培训工作

2006年11月下旬，出版发行了《粮食行业安全生产培训教程》。针对粮食行业安全生产特点，组织行业内有关专家编写了《粮食行业安全生产培训教程》。内容涵盖粮食行业安全生产管理、粮食企业安全生产管理、安全生产预案编制、设施设备安全生产管理、安全防火、安全防汛等各个方面。

2006年年底，国家粮食局在大连举办了“全国粮食安全生产业务培训”，来自全国31个省、区、市和中直企业的120多名代表参加了培训，有关专家和学者就粮食行业安全生产管理、粮食企业安全生产管理、粮食企业安全生产预案、粮食企业的防火防汛设施设备安全管理等知识进行了讲解。会后，近20个省、区、市按照国家粮食局的要求，针对本省粮食企业和基层粮食管理部门开展了安全生产知识培训。

粮食法制建设

2006年粮食行业法制建设的重点是贯彻落实《粮食流通管理条例》，加强粮食行政管理的层级监督，研究推进行政执法责任制，促进粮食行政管理部门依法行政、依法管粮。

一 积极宣传贯彻《粮食流通管理条例》

2006年，围绕社会主义新农村建设和依法行政，确定了“保护粮农利益、保障粮食安全”作为《粮食流通管理条例》颁布实施两周年的宣传主题，印制了8万份宣传画，发放到各省（区、市）粮食局，在全国范围内张贴。同时，各地粮食部门还采取悬挂横幅和标语、散发资料、新闻发布会等多种形式，开展了《粮食流通管理条例》进机关、进农村、进粮食企业、进粮食市场、进城镇主要街道和社区、进粮食学校等“六进”活动，并充分发挥行业报刊、政府网站、广播、电视等新闻媒体的作用，取得了明显的宣传效果。

二 认真做好“四五”普法表彰和“五五”普法启动工作

国家粮食局对各省级粮食部门推荐的“四五”普法先进单位和个人进行了认真评选，分别授予其中的84个单位和84名个人“全国粮食系统‘四五’普法先进单位”和“全国粮食系统‘四五’普法先进工作者”荣誉称号，并在全国粮食政策法规会议上进行了表彰。

根据全国普法办《关于印发〈二〇〇六年全国普法依法治理工作要点〉的通知》、《中共中央、国务院转发〈中央宣传部、司法部关于在公民中开展法制宣传教育的第五个五年规划〉的通知》和第十届全国人大常委会第二十一次会议通过的《全国人民代表大会常务委员会关于加强法制宣传教育的决议》精神，国家粮食局在总结粮食“四五”普法工作经验的基础上，先后制定了2006年全国粮食系统普法依法治理工作要点、《全国粮食行业法制宣传教育第五个五年规划》，指导各地粮食行政管理部门认真做好“五五”普法规划宣传启动工作，切实抓好“五五”普法规划的贯彻落实。各地粮食部门也积极研究制定本地区粮食行业“五五”普法规划，截至2006年年底，北京、安徽、陕西、上海、青海、四川、湖北、福建、湖南等9个省（市）粮食局已经印发了规划。很多地方进一步加强了普法工作的领导和组织机构，落实工作经费，按规划要求启动了各项工作。

三 研究推进粮食行政复议工作

为有效指导各地建立健全粮食行政复议机构，充实行政复议人员，推动行政复议工作，国家粮食局下发了《关于了解粮食行政复议工作有关情况的函》，详细了解各省（区、市）粮食行政复议工作的开展情况。12月，为贯彻国务院行政复议工作会议精神，在贵阳组织召开了全国粮食行政复议座谈会，学习了国务院关于行政复议工作的有关精神，交流了各地粮食行政复议工作的经验，分析了存在的问题，并对下一步的粮食行政复议工作作了部署。

四 认真部署行政执法责任制

《国务院办公厅关于推行行政执法责任制的若干意见》印发后，国家粮食局高度重视，抓紧研究建立各项配套规章制度；对照现行有效的法律、法规、规章和“三定方案”的规定，对国家粮食局的行政执法主体、行政执法依据和每项具体行政执法职权及其依据条款进行了认真梳理、归纳；根据梳理结果，将法定职权分解到具体执法机构和执法岗位，以行政执法岗位责任说明书的形式明确了岗位执法人员的具体执法责任，根据行政执法人员违反法定义务的不同情形，依法确定了其应当承担责任的种类和内容。各地粮食行政执法责任制工作也取得了显著进展。浙江、江西、湖南、四川、贵州等5个省粮食局制定了粮食行政执法责任制、分解行政执法职权工作方案，并对粮食行政管理部门的执法主体地位、作出的具体行政行为及其法律依据、权限、行政执法程序、承担的责任等，进行了较为详细地梳理、归纳。

五 加大对地方粮食法制建设的指导力度

组织对地方粮食法制建设专项检查，了解地方粮食法制建设的现状。在检查过程中，组织各地开展粮食法制工作交流，从政策和法律层面给予积极指导，促进各地建立健全地方储备粮管理的规章制度和《粮食流通管理条例》的配套规定。

粮食行业发展

一 粮食政务信息体系建设

国家粮食局政务信息工作紧密围绕贯彻“三个代表”重要思想，全面落实科学发展观，认真贯彻党中央、国务院关于粮食工作的各项部署，围绕粮食流通中的热点、难点和苗头性、倾向性问题，及时、准确、全面地反映了粮食工作情况和粮食部门的意见和建议，为领导科学决策提供了重要的参考依据。

（一）围绕粮食工作中心任务，认真开展政务信息报送工作。

在上一年工作的基础上，进一步加强了政务信息工作规范化建设，创新信息收集和处理方式，完善工作制度，规范工作程序，同时着手制定规划，落实相关措施，初步建立起较完善的政务信息体系和快速灵敏的信息传递机制。一年来，政务信息工作人员根据各级领导关注的中心工作和热点问题，以及有关方面对信息的需求，主动与业务司、直属联系单位和地方粮食部门联系，抓好选题，及时约稿或自主编写，向中央办公厅、国务院办公厅报送了一批质量较高的粮食政务信息，取得了可喜的成绩，全年共向中办、国办报送《粮食信息》141期，得到了中央办公厅、国务院办公厅的肯定，国家粮食局办公室分别被中共中央办公厅、国务院办公厅评为2006年度报送信息先进单位。全年编印《情况通报》94期（含增刊30期），使局领导和各单位及时了解国务院领导及有关部门领导对粮食工作的指示和要求，掌握全国宏观经济形势和粮食工作动态，通报有关粮食信息和重要业务工作。全年共编印《粮食工作通讯》12期，及时传达局领导重要讲话，通报有关粮食信息和国家粮食局重要业务工作进展、各地工作动态等，做到上情下达、下情上达。

（二）积极开展粮食电子政务体系建设，不断创新粮食政务信息传输方式。

1.顺利完成全国粮食调控信息系统功能整合和优化工作。全国粮食调控信息系统正式上线运行以来，根据办公和业务处理的实际运行情况，对系统进行了多轮次的修改和完善，系统性能、稳定性和可操作性逐步提高，完全具备了办公和业务处理网上运行的条件，可以满足局内公文运转和行政事务等多方面工作的需要。为进一步整合和优化全国粮食调控系统体系，实现信息网络的无缝集成和信息资源的有效共享，在随后开展的系统二期项目建设中，重点完善了协同办公子系统，同时着手开发业务处理系统和纵向网等模块，将业务处理系统植入全国粮食系统纵向网，构建国家粮食局与地方粮食局工作互动的沟通渠道和信息平台，初步实现了国家粮食局各业务司（室）与地方粮食局的信息互通和工作互动，业务处理、数据采集汇总和分析的效率显著提高。目前，各个子系统已经建成，系统的全面运行和管理培训工作也按计划完成。从使用单位反馈的情况和测试结果来看，全国粮食调控信息系统在总体上比较成熟，目前正按计划组织项目正式验收工作。

2.积极开展省级粮食局通过发展改革委纵向网接入全国粮食调控信息系统工作。按照原国家计委批复的全国粮食调控信息系统“整体构架于国家计委主干平台上”的设计要求，各省节点通过专线与本省发展改革委连接，接入国家发展改革委纵向网，实现与国家粮食局的互联互通。经与国家发展改革委办公厅、“金宏”工程管理办公室沟通协商，确定了具体实施方案，决定比照物价部门的做法将省级粮食局与当地发展改革委节点进行连接，并将实现省级粮食局接入纵向网和系统推广使用工作列为全国粮食调控信息系统三期建设的主要内容。目前，全国47个节点的粮食局已确定接入发展改革委纵向网的技术可行性，国家粮食局正着手进行省级粮食局接入工作方案的设计，预计年内完成接入工作。

3.认真做好“金农”、“金宏”工程粮食子系统建设的相关工作。由国家发展改革委牵头的“金宏”工程中，国家粮食局主要负责建设国家粮食局与省（区、市）粮食局之间的信息交换平台、国家粮食综合信息库和粮食信息分析应用系统。目前，“金宏”工程粮食子系统已按照“金宏”工程项目协调领导小组办公室的统一部署，完成了项目的报批工作，项目已于2007年4月中旬正式启动研发等相关工作。

由农业部牵头、国家粮食局参与建设的“金农”工程（一期）项目中由国家粮食局负责建设的子项，主要是国家和省两级粮食购销调存数据中心、安全运行维护系统以及相关配套环境，并作为“金农”工程中农产品预警子系统的一个信息源，采集和处理粮食市场购、销、调、存的业务数据。按照项目总体部署，国家粮食局办公室和农业部办公厅联合印发了《关于开展金农工程一期项目可行性研究报告编制和初步设计工作的通知》（农办市[2006]7号），指导各省农业和粮食部门做好“金农”工程（一期）省级项目可行性研究报告、初步设计书编写及有关管理工作。国家粮食局还专门组织山东、河北、黑龙江等省粮食局的有关人员，就“金农”工程中涉及省级粮食流通数据中心可行性研究报告的编写工作进行座谈和调研，并以山东、河北、黑龙江等3省为重点，先期完成了省级可行性研究报告的编写工作，作为其他省（区、市）粮食局编制可行性研究报告的参照样本。2006年9月，国家粮食局与农业部举办项目建设与管理培训班，各省级粮食局负责“金农”工程项目建设及管理人员参加了培训。目前，中央本级的《初步设计》已报国家发展改革委。

4.抓好全国粮食动态信息系统建议书的申报等工作。按照有关要求，就《全国粮食动态信息系统项目建议书》的内容，征求了国家发展改革委、农业部、国务院信息化领导小组办公室和中储粮总公司等部门和有关单位的意见，并根据反馈意见做了认真研究和修改，正式上报国家发展改革委。国家发展改革委委托中咨公司组织专家对项目建议书进行了评审，对项目建设目标、建设内容、建设方案、设备配置及投资估算等内容提出了修改意见。按照专家组评审意见，在认真研究论证的基础上，国家粮食局对相关内容再次进行修改和完善。

5.全面启动信息系统安全基础设施改造和中心机房改造项目。为进一步加强信息系统的安全防护，改善现有信息系统的安全状况，国家粮食局于2005年组织申报了2006年中央预算内投资项目“信息系统安全基础设施改造工程”。为做好该项目的实施工作，依托“国家粮食局电子政务与信息化工作领导小组”，成立了信息系统安全改造工程领导小组，由主管局领导任组长，成员包括办公室、财务司、发展司、军粮中心等单位有关负责同志，领导小组办公室设在局办公室，具体负责信息系统安全基础设施改造工程项目建设的实施工作。目前，按照《招标投标法》、《政府采购法》的有关规定，正在组织招标文件的编写。

随着信息网络建设不断推进和应用信息系统规模逐步扩大，现有的局域网环境已经无法满足办公自动化网络高效、安全运行的需要，经有关部门批准，国家粮食局正式启动了中心机房及相关设施改扩建工程，对原有的中心机房及相关传输设备等基础设施进行全面改造升级，重点是对机房进行改造、装修和综合布线，更换各楼层交换机，以提升中心机房的功能、使用效率和安全性能，确保国家粮食局全国粮食调控信息系统的安全运行。

（三）做好国务院办公厅"二邮"系统运行维护管理工作，加强与国务院系统的情况沟通和工作信息交流。

2006年，国务院办公厅对"二邮"系统进行了全面升级。按照国务院办公厅的要求，国家粮食局派人参加了系统培训，完成了对新开发系统的调试工作，尽快熟悉相关功能并积极使用，使该系统成为国家粮食局与国办、国务院各部门办公厅（室）和省级人民政府办公厅（室）沟通情况、交流工作信息的重要渠道。

（四）加强国家粮食局政府网站建设，进一步提升粮食政务信息发布功能。

2006年，国家粮食局对政府门户网站的页面、栏目和内容等都做了较大的调整、充实和完善，陆续开设了"局长信箱"、"农民之友"、"企业之窗"、"市场行情"、"消费指南"等互动、服务类栏目，推出了"全国粮食局长会议"、"新农村建设"、"粮食科技活动周"等9个专题，网站功能得到提升，信息量大幅增加。同时，按照中国政府网的要求，及时建立了顺畅的信息报送渠道，指定专人负责报送信息，认真做好相关内容的保障工作。

进一步加强网站管理制度建设。先后印发了《关于做好国家粮食局政府网站内容保障工作的意见》等多个文件，制定了《国家粮食局政府网站信息报送考评管理办法》、《国家粮食局政府网站内容保障方案（分解）》等工作制度，通过制度保障网站信息来源和信息质量。印发了《关于做好粮食部门政府网站建设工作的通知》，督促各级粮食部门进一步完善地方粮食信息联络员机制，推动地方粮食部门政府网站建设。目前，各地粮食局网站信息报送和网站建设工作都有了很大的进展。截至2006年年底，省级粮食行政管理部门中建有网站的有18家。

二 粮食财政补贴与金融政策

（一）加大对农民直接补贴力度，促进农民增收和粮食生产稳定发展。

1.2006年，经国务院批准，财政部发出《关于对种粮农民柴油、化肥等农业生产资料增支实行综合直补的通知》，新增120亿元补贴资金，对2006年种粮农民柴油、化肥、农药等农业生产资料增支实行综合直补。这是在现行粮食直补制度基础上，对种粮农民的又一支持措施。2006年，对种粮农民直接补贴资金142亿元，比上年增加10亿元，其中13个粮食主产省（区）126.8亿元，均占本省（区）粮食风险基金的50%以上。对新增农业生产资料增支综合直补后，2006年对种粮农民的直接补贴总额达262亿元，比上年增长98%。同时，中央财政继续安排补贴资金进行良种补贴、农机具购置补贴和实施产粮大县奖励政策。2006年，共安排良种补贴资金41.5亿元、农机具购置补贴资金6亿元、产粮大县奖励资金85亿元，分别比2005年增加2.8亿元、3亿元和30亿元。这些补贴政策的顺利实施，调动了农民种粮积极性，促进了农民增收和粮食生产的稳定发展。

2.2006年新粮上市，市场价格低位徘徊，国家及时启动了小麦、稻谷最低收购价预案。最低收购价政策实施三年来，已逐步成为与粮食直补同样重要的惠农政策。2006年，中央财政拨付粮食最低收购价各项补贴59亿元，收到了良好的政策效果。

（二）做好粮食收购资金供应工作，建立信贷资金支持粮食产业化发展的机制。

1.2006年，中国农业发展银行下发了《关于修订〈粮食流转贷款办法〉的通知》、《关于做好小麦最低收购价贷款发放与管理工作的通知》、《关于做好最低收购价粮食搭建露天设施费用贷款发放和管理工作的通知》和《关于开办农业科技贷款业务的通知》等文件，进一步扩大政策性金融的业务范围，规范粮食信贷资金的发放和管理，并确保了粮食收购资金的足额供应。2006年农发行累计发放粮食收购贷款1387.49亿元，同比增加408.94亿元；发放粮食调销贷款331.22亿元，同比增加182.33亿元，支持企业收购粮食15695万吨，同比增加3410万吨，其中国有粮食企业收购12257万吨，同比增加763万吨。特别是河北、河南、江苏、山东、安徽、江西、湖北、湖南等省启动了小麦、早籼稻和中晚稻最低收购价执行预案，国有粮食购销企业接受政府委托，按最低收购价挂牌收购，有效地稳定了市场粮价，保护了种粮农民利益。

2.为积极推动粮食产业化发展，促进社会主义新农村建设，2006年2月，国家粮食局联合中国农业发展银行下发了《关于支持粮食产业化经营，促进社会主义新农村建设的通知》。10月，又下发了《关于印发重点支持的粮油产业化企业名单的通知》，从各地上报的2687个粮油产业化龙头企业中，筛选审定了1212个作为第一批由国家粮食局和中国农业发展银行共同重点支持的企业，在粮食收购、基地建设、技术改造等方面提供贷款支持，逐步建立起信贷资金支持粮食产业化发展的机制，有力地促进了粮油产业化发展。据农发行统计，截至2006年年底，农发行共发放产业化龙头企业贷款505.53亿元，同比增加344亿元。

三 粮食高新技术产业化与粮食深加工食品工程

（一）组织粮食深加工食品工业示范工程项目。

国家发展改革委自2002年开始实施农产品深加工食品工业示范工程专项，重点支持农产品深加工建设项目。截至2006年年底，由国家发展改革委批准的农产品深加工食品工业示范工程国债专项中，涉及粮油加工的专项共有6项，粮油加工项目总投资规模达到31.28亿元，其中中央预算内投资经费1.01亿元。这些项目涉及大豆、玉米、小麦、稻谷、薯类、杂粮等粮食产品加工。

通过专项支持，2006年农产品深加工规模得到进一步提高，初步形成了大豆深加工能力约1.4万吨，大米深加工能力约102.9万吨，杂粮深加工能力约30万吨，各类油料作物深加工能力约6.1万吨。深加工工业专项项目，共转化粮食140.6万吨。2006年，经国家发展改革委验收后授牌的项目7项。

2006年，国家粮食局组织实施的中粮（江西）米业有限公司蒸谷米深加工及副产品综合利用项目和山东香驰粮油有限公司大豆分离蛋白及副产品综合利用项目通过了项目验收，其中中粮（江西）米业有限公司蒸谷米深加工及副产品综合利用项目获国家发展改革委授予“国家农产品深加工食品工业示范工程”称号。

（二）推动粮油加工高技术产业化发展。

2006年度，国家发展改革委在“现代农业高技术产业化专项”中重点支持了具有明显增产效果和品质优良的粮油良种产业化专项6项，总投资4.43亿元。

由国家粮食局组织实施的山东邹平怡康糖业有限责任公司粮食增值转化——无水葡萄糖等高技术产业化示范工程项目已完成工程总投资2.0亿元，2006年实现营业收入12.15亿元，其中出口创汇1673万美元，产品已销往世界30多个国家和地区。黑龙江双河松嫩大豆生物工程有限责任公司利用膜技术提取大豆活性因子高技术产业化示范工程项目已完成工程总投资0.76亿元，预计2007年6月底项目建设完成并进入调试生产。

（三）促进粮食科技成果转化项目。

2006年，科技部在粮油新品种推广、产后加工领域对科技成果转化给予了大力支持，仅在农业科技成果转化资金项目中即支持涉及粮食的项目共33项，安排中央预算内资金1990万元。这些项目对粮食科技成果转化应用，提高粮食科技的现代化水平具有重要的推动作用。如郑州金苑面业有限公司承担的“适应中国国情的八辊磨制粉工艺技术转化”项目，使用并验证了包括适量使用八辊磨粉机在内的多项创新成果，摸索出了可大规模推广应用的优化工艺、设备和工程方案。该项目建设实际投资4101万元，而常规工艺同规模项目投资约为9000万元，项目建设节约资金50%以上。由国家粮食局科学研究院承担的“饲料添加剂朴菇多糖粉生产技术中试”项目，主要在国家科技工作引导性项目鉴定成果基础上进行新型朴菇多糖粉饲料添加剂的生产技术中试；以自行筛选的高产菌株作为生产菌种，进行液体深层发酵生产朴菇多糖粉；通过改进生物发酵工艺，进一步提高菌丝体得率，降低生产成本，提高有效成分含量。项目转化后，实现产值120万元，利税18.5万元，创造利润37.5万元，对减少养殖企业的药物使用量，降低生产成本，改善畜禽产品质量，提高产品附加值，增加农民收入具有重要意义。

四 粮油加工业指导

2006年，国家粮食局认真贯彻落实《中央关于推进社会主义新农村建设若干意见》（中发[2006]1号）文件精神，积极开展全国粮油加工业行业指导管理工作，重点在政策措施研究等方面做了大量工作，取得了一定成效，为“十一五”期间行业指导工作奠定了基础。

（一）召开粮油加工业行业指导管理会议，开展相关调研。

1.组织粮油加工机械设备制造企业座谈会。2006年4月组织有关粮油机械制造企业在江苏扬州召开了“粮油加工设备制造企业座谈会”，会议贯彻了《国务院关于实施科技发展纲要若干配套政策的通知》（国发[2006]6号）和《国务院关于加快振兴装备制造业的若干意见》（国发[2006]8号）精神，引导企业做好“粮油加工设备制造技术的引进消化吸收再创新”工作。江苏牧羊粮食机械工程公司、江苏正昌粮机股份有限公司等粮油机械制造企业以及有关科研院所的代表参加了会议。会上国家粮食局介绍了关于振兴我国粮油加工机械设备制造业、加大政策支持和引导力度的工作思路。与会代表沟通了各企业、院所进行自主创新方面的情况，提出了相关的政策建议。会议加强了国家粮食局与粮机设备制造企业间的联系，形成了促进粮油加工设备制造业的自主创新，推动粮油加工设备制造业的可持续发展的有关政策建议。通过对牧羊、佐竹、布勒等粮油加工机械制造业企业进行调研，了解了行业现状和市场竞争结构。在会议和调研的基础上，提出了促进粮油机械设备制造业在区域发展、龙头引领、协调服务、市场竞争、技术扶持等五方面的政策建议。

2.召开部分省区市粮油加工业指导管理工作会议。2006年6月在沈阳召开了“部分省、区、市粮油加工业指导管理工作座谈会”，北京、河北等16个省（区、市）粮食局、大连北良公司及河北黑马粮油工业有限公司的代表参加了会议。国家粮食局副局长郄建伟出席会议并讲话。会议确定了粮油加工业近期主要做好规划、科技、统计、标准、政策以及社会化服务体系建设等6项重点工作，讨论了关于促进粮油加工业发展指导性文件的有关问题并形成了具体意见和建议。各省粮食局一致认为，在中央高度重视“三农”问题的形势下，粮食行政管理部门抓粮油加工业指导管理工作很有必要，应将其作为重要工作之一来落实。会议对“关于做好粮油加工业指导管理的意见”进行了认真地讨论，对整体思路、发展目标、具体措施等方面提出了修改意见。通过会议了解到各省在粮油加工业发展指导管理工作方面已经做了大量工作，制定了本省的规划，在标准建设、质量管理等方面出台了本地的产业发展目标和支持政策。

3.开展对东北地区粮食外运与加工的研讨。2006年9月组织有关协会、学会在大连召开了“东北地区粮食外运与加工研讨会”，就“十一五”期间东北地区粮食生产加工和外运发展趋势、玉米加工转化以及建设粮食现代物流等问题进行了深入的研究和探讨。研讨会上呼吁降温东北地区新一轮玉米加工业项目，引起了新闻媒体的广泛关注，国务院领导也就此问题作了明确的批示。

（二）做好粮油工业统计，完善修订相关统计制度。

2006年7月前指导中国粮食行业协会完成了2005年度粮油加工业统计工作，并印发了《2005年度粮油加工业统计报告》（国粮办展[2006]143号），开展了全国粮油加工业2003～2005年度新建项目投资统计工作。为完善粮油加工统计有关指标体系，与中国粮食行业协会于8月上旬共同召开了“粮油工业统计工作座谈会”，邀请6个省、地市粮食局、行业协会负责粮油统计工作的同志组成了粮油工业统计制度修订工作小组，对完善现行的粮油工业统计制度进行了座谈，研究提出了《粮油加工统计制度修订工作方案》，主要内容已纳入国家粮食局《2007～2008年粮食流通统计制度》。9月，部署了2006年度粮油加工业统计工作。

（三）抓好粮油加工业产业发展政策研究，避免盲目建设。

2006年10月，国家发展改革委发布了《“十一五”食品工业发展纲要》，吸纳了国家粮食局编制的《粮油加工业“十一五”规划》主要内容，结合行业实际，明确了“十一五”期间粮油工业的发展方向，提出了关于中部地区崛起加快发展粮油加工业必要的扶持政策建议以及《〈外商投资产业目录（粮食行业）〉修订建议》和《〈外商不予免税目录〉修订建议》。同时，重点对国家软课题“影响粮油加工业发展的几个关键因素及政策建议”进行了认真研究，针对当前“产能过剩与区域布局”、“技术创新与产业升级”、“产业整合与管理体制”、“外资进入与产业安全”、“生物质能源与粮食转化”等5个问题，形成了课题研究报告。

针对国内玉米加工业发展过热，为避免玉米加工项目盲目建设，促进粮油加工能力与粮食供求的协调、健康发展，确保国家粮食安全，2006年12月，国家粮食局及时转发《国家发展改革委关于加强玉米加工项目建设管理的紧急通知》（发改工业[2006]2781号）和《国家发展改革委、财政部关于加强生物燃料乙醇项目建设管理　促进产业健康发展的通知》（发改工业[2006]2842号）等两个文件，要求各地粮食局积极配合，控制规模，适度发展；统筹规划，合理布局，调整结构；循环经济，综合利用；完善标准严格市场准入，严格项目建设管理与核准。坚持“非粮为主，多元发展”的原则，稳步推进生物燃料乙醇试点。

（四）推进粮油加工业国内外技术交流与合作。

2006年7月，组团赴瑞士布勒集团总部进行粮油加工业技术考察培训，并与布勒集团初步达成了合作意向。2006年7月，组织召开了“粮油加工业对外技术合作座谈会”，就对外合作技术如何选择自主创新的方向以及与国家粮食局建立信息交流平台和广泛联系机制等方面听取了部分省粮食局、有关企业和科研院所的意见和建议。2006年12月，召开了“日本稻米检测技术合作交流会”，促进了企业与国外先进粮油加工企业的合作，进一步与佐竹、布勒公司就粮油深加工和稻谷检测技术具体合作意向进行蹉商并形成了初步合作协议。

五 国际交流与合作

2006年，国家粮食局围绕粮食行业中心工作，积极开展对外交流与合作。全年共接待国外来访团组30多个，来访外宾200多人次；派出国考察和培训团组29个，出访人员266人次；组织国际研讨会7次。

（一）热情接待国外来访团组。

2006年来国家粮食局访问的外国政府和企业粮农代表团仍然比较多。国家粮食局有关领导分别会见了匈牙利农业部国务秘书、联合国儿童基金会司长、国际面粉强化联盟主席、美国内布拉斯加州农业局长、俄罗斯、阿根廷驻华使馆农业参赞等政府和国际组织高级代表团，以及加拿大小麦局总裁、法国粮食出口协会会长、日本佐竹公司常务副社长、瑞士布勒集团中国区总裁等率领的企业高级代表团。国家粮食局有关领导向来访的外国代表团介绍了我国粮食供求形势和粮食流通体制改革情况，回答外宾所关心的问题，并探讨加强合作与交流的方式和途径。通过接待国外来访团组，进一步加强了国家粮食局与国外粮食主管部门和企业的交流与合作。

（二）认真组织出国考察和培训。

为了深化我国粮食流通体制改革，借鉴国外在粮食管理、流通、储存、加工等方面的经验和技术，2006年国家粮食局组织考察了国外粮食流通体制和粮食管理政策，以及粮食储藏、检测、加工技术等。根据地方粮食工作的需要，组织了地方粮食局长赴英国和荷兰考察粮食流通体制。

2006年国家粮食局还归口审批和组织实施了8个出国培训项目，主要有“粮食流通管理政策培训”、“粮食储备体系与宏观调控培训”、“粮食加工设备培训”、“粮食流通组织体系与产业化发展培训”、“粮食行业公共管理培训”、“职业教育培训”、“粮食现代物流技术培训”和“粮食储运技术和管理培训”等。通过组织出国考察和培训，使粮食管理部门和企业的干部及技术人员了解了国外的先进技术和经验，开阔了眼界，增长了知识，为提高粮食管理与储粮技术水平起到了积极的促进作用。

（三）积极借鉴国外粮食科学技术和管理经验。

为了提高我国的粮食储藏、检测、加工等科技水平，国家粮食局积极申请和利用国家外国专家局的引进国外智力资金，分别邀请加拿大、澳大利亚、美国、日本等国的16位专家来华介绍粮食储藏、检验和深加工等方面的先进技术。国家粮食局标准质量中心邀请国际谷物科技协会秘书长和加拿大谷物研究实验室专家来华，与国家标准委员会、郑州工业大学粮油食品学院等单位的专家就粮食标准体系建立和粮食质量安全检测研究等问题进行了交流，使我国相关人员对国际粮食标准质量管理及发达国家粮食质量检验体系的建立和运作有了更深入的了解，进一步提高了我国粮食标准的制（修）订工作水平和粮油检验技术水平。

国家粮食局科学研究院邀请英国克兰菲尔德大学和澳大利亚昆士兰农业渔业部的两位专家到科研院指导“粮食储藏生态系统生物危害因素防控研究”项目，使国内专家了解到国外食品及粮食储藏安全控制方面有关情况，以及真菌及其毒素的现代检测技术与发展趋势，对粮科院目前开展的研究项目有所帮助。国家粮食局科研院还邀请了丹麦工业大学食品生物化学研究中心和加拿大联邦农业和食品部的三位专家到科研院小汤山实验基地，指导科研人员进行研究工作，传授国外新型油脂加工技术，并与科研人员对淀粉水解机理及水解物的开发和应用方面进行技术研讨，对改进我国食用油脂生产、储藏和使用技术，提高我国油脂安全控制水平和油脂产品的市场竞争能力具有指导意义。

国家粮食局还为中谷集团科技总公司申请到国家外专局资助，邀请美国伊利诺伊大学、澳大利亚新南威尔士大学和日本佐竹株式会社五位专家来华进行指导“粮食保质干燥技术研究项目”，使我国相关人员了解了主要发达国家为减少粮食干燥过程中品质下降所采取的工艺措施和法规措施，系统地掌握了干燥技术发展状况和干燥后粮食品质的检测技术、仪器和标准。中谷集团科技总公司还利用国家外专局资助聘请美国三位专家来华指导“大豆组织蛋白（TSP）的挤压膨化技术”研究项目，使我国相关人员了解了国外挤压膨化技术及设备的发展动态及研究应用发展方向，掌握了大豆组织挤压膨化加工工艺及基本技术参数，有助于进一步改善我国粮食烘后品质，使粮食行业取得间接经济效益和社会效益。

（四）促进粮食行业的对外交流与合作。

为了提高我国人民饮食营养水平，借鉴国外面粉营养强化的经验，中国粮油学会和国家发展改革委公共营养中心于6月在人民大会堂举办了“面粉营养强化国际高层论坛”。联合国儿童基金会、开发计划署、国际面粉强化联盟等国际组织和国内外有关专家、学者及企业200多位代表参加了会议，并就国外发展面粉营养强化的过程、法规、技术和经验等进行了交流。为了借鉴国外的粮食质量检验和粮食流通监管经验，国家粮食局外事司和标准质量中心共同主办了美国谷物质量检验体系讲座，邀请美国联邦谷物检验局的专家来华介绍美国的粮食质量检验体系和粮食流通监管经验。为了帮助国内粮机企业开拓中亚国家市场，国家粮食局发展交流中心和粮食行业协会于8月在新疆举办了首届中国与中亚诸国粮油企业合作发展研讨会暨粮油机械产品推介会，俄罗斯、哈萨克斯坦、乌兹别克斯坦、吉尔吉斯斯坦等国的50多位代表和国内150多位粮油企业的代表参加了研讨会。随着国内粮油企业走向国际市场和参与国际竞争增多，中国粮食行业协会应国际谷物贸易联盟的邀请加入了该国际组织，为国内粮油企业提供国际市场信息，帮助解决国际粮油贸易纠纷。为了积极参与国际粮油标准的制定，增强我国在制定国际粮油标准过程中的话语权，国家粮食局标准质量中心向国际标准化委员会申请，已将该组织的“谷物与豆类”分委会秘书处设在标准质量中心。

为增进国内外粮食储藏技术的交流，探讨储粮有害生物的防治、粮食干燥、质量控制、农户储藏技术、真菌毒素与食品安全等方面的科研成果，促进国际粮食储藏技术的发展，保障食品安全，中国粮油学会和国际谷物科技协会（ICC）于2006年5月在成都共同举办了“2006年国际粮食储藏与干燥大会”，参会代表200余人。会议的召开促进了国际谷物储藏新技术的推广，对我国储粮安全产生了积极的作用。为了促进中日专家、学者在稻谷品质测控及美味技术研究上的学术交流，介绍有关稻米储藏、保鲜、流通及精深加工的最新技术，中国粮油学会、中国农业大学与日本美味技术研究会于2006年8月在北京共同主办“2006′中日稻米品质测控及美味技术学术研讨会”。大会主题是“从农田到餐桌——稻米的品质测控及美味技术”。与会代表200余人。经过大会上专家学者们深入的研讨与交流，我国稻米加工企业对稻米的品质测控技术和美味技术有了全面的了解和把握。为贯彻落实《国家中长期科技发展规划纲要》和“十一五”科技规划的建议，推动我国传统食品以及方便、休闲、冷冻、烘焙、发酵、微波等谷物食品和配料、添加剂工业的发展，促进谷物科学技术及食品工业的跨国交流与合作，中国粮油学会、江南大学和ICC于2006年10月在江苏无锡共同主办了“2006′IFCS国际谷物科学高层论坛暨专题展示会”。大会主题是“谷物食品——跨学科、越国界的合作机遇”。来自ICC十几个会员国的专家学者和国内高等院校、科研机构和企业的代表300余人出席了会议。这次会议的召开，促进了我国谷物食品学科的发展。

六 会展、世界粮食日、粮食贸易争议仲裁等

（一）会展。

2006年全国举办的各类综合性、专业性的粮食展览会、交易会和公益性展览共9个，分别是首届三明粮油精品展销会（3月28～4月1日）、第二届七省粮食产销协作福建洽谈会(7月15～16日)、2006中国衢州粮交会（9月22～23日）、河北粮油精品展示交易会（9月26～28日）、第六届中国粮油精品展示交易会（10月16～18日）、全国爱粮节粮成果交流展览会（10月16～18日）、2006中国五台山杂粮豆论坛及产品推介洽谈会（10月28～29日）、2006黑龙江金秋粮食交易合作洽谈会（11月15～16日）、第八届湖北粮油精品展示交易会（12月18～20日）。以上会展活动展览总面积共计约52700平方米，展位总数2444个，参加展示、交易的企业总数5716个，参观总人次24971人次。粮油交易总量达1958万吨，交易总额273.186亿元（含意向交易），其中机械设备交易总量368台套，总金额3468万元。

粮食行业会展自1999年以来，发展较快，各种会展活动已初具规模，办展数量呈逐年递增趋势，并已创出自己的品牌，如“中国粮油精品展”等，在办展数量和质量上都呈现良好的发展势头。会展活动在粮食流通中为衔接产销，促进交流和贸易发挥了应有的作用。但从总体上看，与其他行业的会展业相比仍处于起步阶段。

粮食会展活动已逐渐成为促进产销衔接和贸易的重要手段之一，逐步成为交流信息、宣传品牌、引导消费的平台。企业通过展示、论坛、推介会、研讨会等多种形式，宣传自己形象和品牌的同时，获取了更多的市场信息和宏观经济信息，从而及时调整市场战略，提高生产经营管理水平。粮食会展活动通过对粮油精品、放心粮油展示和宣传，使更多的消费者增加了食品科学知识，了解了各种粮油的功能和作用，从而逐步树立起科学消费、健康消费的新观念。

（二）世界粮食日。

2006年世界粮食日中国宣传活动由农业部和国家粮食局共同主办。主会场宣传活动开幕仪式于10月16日在郑州国际会展中心举行。为更广泛地宣传世界粮食日的重要意义，扩大宣传力度和范围，2006年世界粮食日宣传活动与第六届中国粮油精品展示交易会同期举办。

联合国粮农组织驻华代表处首席代表维多利亚·赛奇托勒克女士、中共河南省委书记徐光春、国家粮食局局长聂振邦、副局长张桂凤和农业部国际合作司司长李正东等参加了世界粮食日活动的开幕仪式。维多利亚·赛奇托勒克女士在大会上宣读了联合国粮农组织总干事的祝词。

2006年世界粮食日的主题是：“投资农业促进粮食安全”。目的是要强调公共和私人对农业投资的作用，扭转过去二十年来农业公共投资减少的趋势，支持改善农村生计的行动。

（三）粮食贸易争议仲裁。

1．粮食行业争议仲裁工作情况。2003年，国家粮食局批准组建成立粮食行业争议仲裁中心，秘书处设在国家粮食局发展交流中心。为了加强仲裁工作的管理，开展了以仲裁法、合同法为主要内容的宣传和培训工作，成立了一支由行业专家、法律专家组成的仲裁员队伍，现有在册粮食行业仲裁员40人，为解决粮食贸易纠纷奠定了良好的基础。

2．依法开展粮食争议仲裁。粮食行业争议仲裁中心的业务活动，受中国国际经济贸易仲裁委员会的领导和监督，案件由其直接受理，按照仲裁委统一的仲裁规则，依法、公正地解决粮食行业各种经济实体间发生的经济贸易争议，仲裁裁决书与法院判决书具有同等的法律效力，并可以在140多个

《纽约公约》签字国得到依法执行。粮食行业争议仲裁程序适用中国国际经济贸易仲裁委员会制定的仲裁规则。仲裁员的聘用、培训、管理由仲裁委统一负责，保证了涉粮争议仲裁在程序上的权威和公正、公平。

（四）建立中国—中亚粮油企业合作机制。

根据国家粮食局2006年工作安排中提出“要积极开展国际、国内合作与交流，扩大为涉粮企业服务范围”的要求，鉴于中亚各国粮油加工业正处于发展期，对粮油机械设备有相当的市场需求，搭建一个中国—中亚粮食行业交流合作的民间组织机构平台，将有助于我国粮油机械设备生产企业走出国门。为此，国家粮食局发展交流中心和新疆维吾尔自治区粮食局于2006年8月31日在乌鲁木齐市共同举办了中国—中亚粮油企业合作与发展研讨会。新疆维吾尔自治区副主席胡伟、国家粮食局副局长张桂凤出席会议并讲话。中国驻吉尔吉斯斯坦大使馆也派员参加了此次会议，并介绍了相关国家的情况。来自哈萨克斯坦、乌兹别克斯坦、塔吉克斯坦和俄罗斯等国的37位代表以及国内部分省市粮食行业设备生产厂家代表180多人，共同就粮油企业合作与发展问题进行了研讨，并就成立“中国—中亚粮食行业交流促进会”取得共识。此次会议得到了上海合作组织中国实业家委员会的支持，为正式建立中国—中亚粮食行业的交流与发展奠定了基础。

七 放心粮油工程

为净化粮油市场，营造诚信环境，提高产品质量，保障人民群众身体健康，在国家粮食局等行政主管部门的支持和指导下，中国粮食行业协会和各省市粮食行业协会从2001年开始实施“放心粮油工程”，并在全行业逐步推开。

粮食行业协会主要承担活动的组织实施，搞好放心粮油产品的评审，加强行业自律，确保放心粮油食品安全。其主要内容和做法：一是大力宣传贯彻粮油产品质量标准、卫生标准和有关法律法规，总结交流推广先进经验，组织骨干企业向全行业联合发出《生产放心粮油倡议书》、《禁止滥用面粉增白剂呼吁书》和《食品安全信用宣言》，增强企业的质量意识、安全意识、诚信意识和服务意识，提高产品质量。二是广泛开展科普宣传活动，通过报刊杂志、科普丛书等宣传材料以及产品展示、现场咨询等，向广大消费者宣传粮油食品科学知识，增强消费者的自我保护能力。连续几年利用元旦、春节粮油旺销之机，开展放心粮油专题宣传活动。据初步统计，各地方和企业共组织各种形式的宣传展示、咨询活动200多次，印发宣传材料上百万份。三是推出放心粮油产品和放心粮店，示范自律、带动生产、引导消费，并积极推动放心粮油进社区、进农村，使放心粮油产品在城乡市场的占有率不断提高。四是开展粮油食品安全信用体系建设，提升粮食企业的信用水平。五是培育名牌产品，对放心粮油重点企业加大培育扶植力度，帮助企业提高产品质量，搞好产品开发和市场开发，增强竞争能力，争创名牌。到2006年年底，城乡共有放心粮油网点179963个。其中，县以上建配送中心57个，农家店、农村超市10634个，进社区的网点38502个，农村服务网点63736个，放心粮油生产能力及销售量已达到一定规模和效益。

六年来，中国粮食行业协会和各省市粮食行业协会共推出2106个企业生产的4034个放心粮油产品，531个放心粮店。2006年产品销售量达7378万吨，放心粮油在城市的市场占有率达到50%左右，在农村市场达到25%左右。

八 名牌战略

2006年，中国粮食行业协会结合放心粮油工程，积极推进名牌战略，培育名牌产品。专门组织召开全国重点粮油企业名牌工作会议，研究部署名牌培育工作，并积极配合中国名牌推进委员会和商务部做好中国名牌产品目录、中国畅销品牌目录和评价工作。经过努力，挂面、食用调和油、芝麻油被列入《中国名牌产品“十一五”重点培育指导目录》，大米、小麦粉和食用植物油三种产品被列入“中国畅销品牌”首批评价目录。

（一）加大力度，扩大名牌培育品种。

为了促使粮食行业能有更多的中国名牌，推动行业的健康发展，中国粮食行业协会曾多次向中国名牌推进委员会反映，要求将米、面、油的延伸产品，如挂面、米粉、食用调和油、芝麻油、葵花籽油、油茶籽油以及“小杂粮”和粮油机械等产品，列入今后中国名牌评选范围之内。2006年11月8日，中国名牌推进委员会公布了《中国名牌产品“十一五”重点培育指导目录》，该目录包含了17个行业的500个产品，其中粮食行业有挂面、食用调和油和香油等3个产品进入该目录。另外，还有与粮食行业直接相关的“大豆蛋白”和几种饲料机械也被收录进该目录。

（二）粮油产品入选商务部“最具市场竞争力品牌”。

2006年商务部开始进行“中国畅销品牌”（后更名为“最具市场竞争力品牌”）评价工作。8月9日，中国粮食行业协会转发了《商务部办公厅关于申请和推荐2006年“中国畅销品牌”的通知》（商产字[2006]41号），要求各省市粮食行业协会组织当地符合条件的粮油企业积极申报。根据企业申请和省粮食行业协会推荐，中粮协组织专家组进行审查，向商务部提出重点推荐名单。经商务部审核批准，20个粮油产品获得2006年度“最具市场竞争力品牌”。

（三）开展小品种粮油、粮机知名品牌评价工作。

由于挂面、杂粮等小品种粮油和粮机产品未列入中国名牌产品和中国畅销产品评价目录，为推动这些行业的品牌战略，提高产品质量，中国粮食行业协会于2006年6月14日印发了《关于进行全国粮油知名品牌评价工作的通知》（中粮协[2006]第014号），在粮油行业开展对小品种粮油、粮机知名品牌评价工作。经过企业自愿申报、省粮食行业协会推荐和专家审查，2006年9月22日印发了《关于授予北京古船油脂有限责任公司古币牌芝麻油等49个品牌“全国小品种粮油、粮机知名品牌”称号的决定》（中粮协[2006]第024号），共评出49个知名品牌，其中芝麻油等小品种油脂24个，挂面17个，方便米饭1个，杂粮2个，粮油饲料机械5个。

（四）召开第三次粮油企业创名牌工作会议。

2006年12月由中国粮食行业协会主办，上海良友（集团）有限公司、上海粮油行业协会承办的“全国大型粮油企业第二届年会暨第三次粮油企业创名牌工作会议”在上海召开。国家粮食局副局长曾丽瑛、中国粮食行业协会会长白美清、上海市粮食局局长陈海刚和50多家大型粮油企业及部分省、市粮食行业协会的代表共100多人出席了会议。会上交流了企业整合发展、争创名牌的情况和经验。

九 培育农村粮食经纪人

在农村经济快速发展、粮食购销市场全面放开、粮食流通形成多元化格局的新形势下，一批从事粮油商品交易中介或粮油经营的农村粮食经纪人队伍悄然崛起，初具规模。据17个省区400个市县的不完全统计，平均每县约有400个农村粮食经纪人。近两年粮食购销、加工企业收购的粮油，有半数以上是委托粮食经纪人从农民手里收购的；有的主产区国有粮食购销企业委托粮食经纪人收购的粮油占总收购量的80%～90%。

十 粮油加工业统计

（一）基本情况。

2006年，全国报送粮油加工业统计报表的粮油加工企业（以下简称入统企业）11719个，比上年增加601个，其中：日加工能力100吨以下企业8625个，占73.6%；100～200吨企业1887个，占16.1%；200～400吨企业767个，占6.5%；400～1000吨企业312个，占2.7%；1000吨以上企业128个，占1.1%。在全部入统企业中，国有及国有控股企业1252个，占10.7%；外商及港澳台商投资企业125个，占1.1%；民营企业10342个，占88.2%。

入统企业现价工业总产值3734.3亿元，产品销售收入3730.2亿元，出口交货值39.4亿元，利润总额76.7亿元，年末从业人数41万人，分别比上年增长24%、24.5%、21.2%、82.5%和8.5%。

按现价工业总产值排序，前10位的省份依次是：山东、江苏、河南、河北、黑龙江、广东、安徽、湖北、江西、福建。总产值超过100亿元的有13个省，比上年增加4个，其中山东省达545.5亿元，江苏省达525.8亿元。

1.大米加工业。2006年，全国入统大米加工企业7548个，年生产能力14778.4万吨，其中：日加工能力100吨以下企业6143个，占81.4%；100～200吨企业1059个，占14%；200～400吨企业251个，占3.3%；400～1000吨企业77个，占1%；1000吨以上企业18个，占0.2%。在大米加工企业中，国有及国有控股企业848个，占11.2%；外商及港澳台商投资企业24个，占0.3%；民营企业6676个，占88.5%。

入统企业大米总产量3844万吨，其中：特等米1304.6万吨，占33.9%；标准一等米2229.4万吨，占58%；标准二等米239.6万吨，占6.2%。总产量超过100万吨的有江西、湖北、江苏、安徽、黑龙江、湖南、福建、吉林、辽宁、四川、广西、浙江、广东13个省(区)，其中江西省达538.9万吨，湖北省达483.9万吨，江苏省达414.1万吨，安徽省达398.5万吨，黑龙江省达302.4万吨。

入统大米企业现价工业总产值1078.9亿元，产品销售收入1065.3亿元，出口交货值10.7亿元，利润总额18.4亿元，年末从业人数15.3万人，分别比上年增长46.4%、41.7%、143.2%、40.5%和11.7%。

2.小麦粉加工业。2006年，全国入统小麦粉加工企业3159个，年生产能力9473.2万吨，其中：日加工能力100吨以下企业2014个，占63.8%；100～200吨企业603个，占19.1%；200～400吨企业371个，占11.7%；400～1000吨企业136个，占4.3%；1000吨以上企业35个，占1.1%。在小麦粉加工企业中，国有及国有控股企业296个，占9.4%；外商及港澳台商投资企业31个，占1%；民营企业2832个，占89.6%。

入统企业小麦粉总产量4345.8万吨，其中：特制一等粉1874.7万吨，占43.1%；特制二等粉1250.6万吨，占28.8%；标准粉456.8万吨，占10.5%；专用粉512万吨，占11.8%。总产量超过100万吨的有河南、山东、江苏、河北、安徽、陕西、湖北、广东、新疆、四川10个省（区），其中河南省达937.7万吨，山东省达886.7万吨，江苏省达503.5万吨，河北省达420.3万吨，安徽省达326万吨。

入统小麦粉企业现价工业总产值918.2亿元，产品销售收入925.2亿元，出口交货值6.3亿元，利润总额11.5亿元，年末从业人数15万人，分别比上年增长6.3%、16.1%、10.5%、17.3%和5.6%。

3.食用植物油加工业。2006年，全国入统食用植物油加工企业1012个，年处理油料能力7177.4万吨，精炼能力2166.2万吨。其中：日处理能力100吨以下企业468个，占46.2%；100～200吨企业225个，占22.2%；200～400吨企业145个，占14.3%；400～1000吨企业99个，占9.8%；1000吨以上企业75个，占7.4%。在食用植物油加工企业中，国有及国有控股企业108个，占10.7%；外商及港澳台商投资企业70个，占6.9%；民营企业834个，占82.4%。

入统企业食用植物油总产量1730.2万吨，其中：大豆油946.8万吨，占54.7%；菜籽油285.3万吨，占16.5%；花生油87.4万吨，占5%；棉籽油57.9万吨，占3.3%。在总产量中，一级油924.2万吨，占53.4%；二级油170.2万吨，占9.8%；三级油98.7万吨，占5.7%；四级油292.7万吨，占16.9%。总产量超过50万吨的有江苏、山东、广东、河北、天津、黑龙江、福建、河南、上海、湖北、浙江、广西、辽宁、四川、新疆15个省（区、市），其中江苏省达311.9万吨，山东省达224.5万吨，广东省达164.7万吨，河北省达117.1万吨，天津市达101万吨。

入统食用植物油企业总产值1737.2亿元，产品销售收入1739.7亿元，出口交货值22.4亿元，利润总额46.8亿元，年末从业人数10.7万人，分别比上年增长23.1%、20.2%、0.1%、145%和8.1%。

（二）当前粮油加工业运行的主要特点。

1.企业组织结构和产权结构继续调整优化，企业活力增强，生产集中度提高。2006年全国入统粮油加工企业中，国有及国有控股企业减少202个，比重由上年的13.1%下降为10.7%，减少了2.4个百分点；民营企业增加了798个，比重由上年的85.8%上升为88.2%，增加了2.4个百分点，产权结构继续发生变化。与此同时，一批骨干企业通过改制重组，整合提升，进一步向集团化发展；一些规模小、条件差、质量低的小企业逐渐被市场淘汰，行业生产集中度进一步提高。

从生产能力来看，在2006年入统企业中，日生产能力400吨以上的企业达440个，比上年增加75个，其中1000吨以上的大型企业达128个，比上年增加27个。

从产品产量来看，年产量达到10万吨以上的企业达123个，比上年增加20个。其中：年产量10万吨以上大米企业33个，总产量达785.1万吨，占入统大米企业总产量的20.4%。黑龙江北大荒米业有限公司和江西金佳谷物有限公司产量均达到50万吨以上，分别为58.9万吨和52.8万吨。年产量10万吨以上小麦粉企业60个，总产量达1722.2万吨，占入统小麦粉企业总产量的39.6%。河北五得利面粉有限公司和中粮集团小麦粉产量均达到100万吨以上，分别为180.3万吨和115.6万吨。年产量10万吨以上食用植物油企业30个，总产量达1079.9万吨，占入统食用植物油企业总产量的62.4%。中粮集团、嘉里粮油集团、益海粮油集团食用植物油产量均达到100万吨以上，分别为205.4万吨、188万吨、152.3万吨。国有油脂企业九三油脂集团实行“公司+基地+农户”经营模式，提高了企业竞争力，继2005年在大连和天津建成两个油厂后，2006年又在广西防城港建成一座日处理5000吨大豆的油脂加工厂，使九三油脂公司年加工大豆能力达到了700万吨，2006年食用植物油产量达到66.9万吨。前10家企业总产量占本行业入统企业总产量的比重分别是：大米10.4%，小麦粉17%，食用植物油44.7%。

2.产品结构逐步优化，名牌产品、放心粮油产品市场占有率进一步提高。2006年，粮油产品结构继续向优质和高档方向调整，标准一等米以上的精制米（含特等米）在大米中所占比重达91.9%，比上年提高1.6个百分点；特等粉（包括特一粉和特二粉）在小麦粉中所占比重达到71.9%，比上年提高3个百分点；二级油以上的精制油在食用植物油中所占比重达到63.2%，比上年提高2.3个百分点。

几年来，通过大力培育和宣传知名企业和品牌，普遍增强了企业的质量意识和品牌意识，推动了经营管理水平和产品质量水平的提高，名牌产品越来越受消费者欢迎，市场占有率越来越高，优势越来越明显。

被国家质检总局和中国名牌战略推进委员会授予"中国名牌产品"称号的大米、小麦粉和食用植物油企业产品生产量和经济效益又有大幅度提高。6个名牌大米生产企业的总生产量（不含黑龙江五常市绿风优质米开发有限公司）达199.3万吨，利润总额达0.87亿元，比上年分别提高61.5%和77.2%；13个名牌小麦粉生产企业的总生产量达581.1万吨，利润总额达5.87亿元，比上年分别提高21.9%和148.3%；10个食用植物油名牌产品的生产量和利润也都有较大幅度增长，仅中粮集团食用植物油产量就达205.4万吨，利润达8.62亿元，分别比上年增长32.1%和395.5%。

2006年，商务部开展了"最具市场竞争力品牌"评价工作。被授予最具市场竞争力品牌的大米品牌有北大荒、国宝、东南香、金佳、乐惠、天山雪；小麦粉品牌有五得利、古船、半球、白樱花、苏三零、鹏泰；食用植物油品牌有九三、富虹、海狮、鲁花、爱厨、胡姬花、元宝、金龙鱼。

通过开展"放心粮油工程"，大大增强了粮油企业的质量意识、安全意识、诚信意识和服务意识，提高了产品质量，扩大了市场。2006年，中国粮食行业协会和各省市粮食行业协会又推出一批放心粮油产品和放心粮店，进一步提高了放心粮油的市场占有率。

3.粮油加工业各项主要经济指标创近年来最好水平。2006年，入统企业各项主要经济指标都创近年来最好水平，特别是经济效益又有了较大提高。入统企业共实现利润总额76.7亿元，比上年提高82.5%，其中大米企业实现利润18.4亿元，比上年提高40.2%；小麦粉企业实现利润11.5亿元，比上年提高17.2%；食用植物油企业共实现利润46.8亿元，比上年提高145%。按所有制划分：国有及国有控股企业实现利润0.95亿元，比上年减少44.3%；民营企业实现利润44.37亿元，比上年提高44.8%；外商及港澳台商投资企业实现利润31.4亿元，比上年提高224.3%。

在经济效益提高的同时，企业的资产结构进一步优化。2006年入统企业资产负债率平均为64.3%，比上年降低4.2个百分点。其中：大米加工业平均为61.6%，比上年降低2个百分点；小麦粉加工业平均为59.9%，比上年降低2.7个百分点；食用植物油加工业平均为68%，比上年降低5.7个百分点。按所有制划分：民营企业资产负债率平均57.6%，比上年降低4.9个百分点；国有及国有控股企业平均为80.7%，比上年降低2.1个百分点；外商及港澳台商投资企业平均为70.5%，比上年降低0.6个百分点。

（三）粮油加工业存在的主要问题。

1. 生产能力利用率低，企业开工不足。2006年大米企业生产能力利用率平均为37%，小麦粉企业生产能力利用率平均为64%，虽比前几年有所提高，但仍属于较低水平。油脂企业生产能力过剩现象也很严重，特别是近几年各地新建了不少大型油厂，存在着盲目投资，重复建设现象。

2. 产品质量及卫生标准制（修）订工作有待加强。目前，大米和小麦粉生产仍在执行1986年颁布的国家标准，已远远不能适应粮油加工业发展和市场变化的需要。而且，按照现行《食品添加剂使用卫生标准》，过氧化苯甲酰（面粉增白剂）仍在普遍使用，超标问题时有发生，在有些地区还比较严重。

3. 粮油加工产业链较短，精深加工、综合利用发展较慢。虽然近几年来一些地方和企业上了一批深加工综合利用项目，但总的来看，粮油加工业还处在以初级加工为主的状态，许多粮油资源特别是粮油加工副产品资源没有充分开发利用，粮油主食品工业化程度也较低，不能满足市场发展和人民生活水平提高的需要。

教育科研

一 粮食行业教育培训

2006年，全国粮食系统认真落实大规模培训干部的战略任务，紧紧围绕中心工作，积极开展了职工教育培训活动，全年在岗职工参加学历学位教育、政治理论和业务培训共210612人次，参训率达31.87%。其中，公务员培训27845人次，参训率为82.26%；企事业管理人员培训53139人次，参训率为46.38%；专业技术人员培训41852人次，参训率为46.19%；工人培训85833人次，参训率为21.57%。

全国粮食系统各级单位共举办培训班10923期，培训人员达250879人次。其中，中央级单位（含国家粮食局、有关中央企业）举办培训班2021期，培训38437人次；省级粮食行政管理部门及下属机构举办培训班1054期，培训40562人次；地市级粮食行政管理部门及下属机构举办培训班2128期，培训50515人次；县级粮食部门及下属机构举办培训班5720期，培训121365人次。

国家粮食局继续深入贯彻《粮食流通管理条例》，面向粮食行业广泛开展了业务培训。重点加强了行政执法人员培训和国家粮食应急预案及宏观调控业务培训，全年培训粮食流通监督检查人员800多人，举办宏观调控及应急预案培训班4期。另外，还举办了财会人员培训4期，粮库信息化建设及安全生产培训3期，纪检监察人员培训1期。

二 粮食行业职业技能鉴定

（一）制定规章制度，规范鉴定管理工作。

根据国家职业技能鉴定的有关政策规定和《粮食行业特有工种职业技能鉴定实施办法（试行）》，结合粮食行业的实际情况，国家粮食局研究制定出《粮食行业特有工种职业技能鉴定规程》、《粮食行业特有工种职业技能鉴定站管理办法》、《粮食行业特有工种职业技能鉴定考评人员管理办法》、《粮食行业特有工种职业技能鉴定试卷运转管理办法》、《粮食行业特有工种职业资格证书核发与管理办法》、《粮食行业特有工种职业技能鉴定监考人员守则》、《粮食行业特有工种职业技能鉴定考评人员工作守则》、《粮食行业特有工种职业技能鉴定考场守则（理论知识考试）》、《粮食行业特有工种职业技能鉴定考场守则（技能操作考核）》、《粮食行业特有工种职业技能鉴定考生须知》、《粮食行业特有工种职业技能鉴定理论知识考试和评分办法》、《粮食行业特有工种职业技能鉴定技能操作考核和评分办法》等12项规章制度。12项规章制度是粮食行业开展职业技能鉴定工作的依据和准则。

（二）建设完成职业技能鉴定国家试题库粮食行业分库。

为确保职业技能鉴定工作的统一化、科学化、规范化，国家粮食局组织专家编制完成了职业技能鉴定国家试题库粮食行业分库。试题库包括粮油保管员(初级、中级、高级)、粮油质量检验员(初级、中级、高级)、粮油竞价交易员(中级、高级、技师、高级技师)、制米工(初级、中级、高级)、制粉工(初级、中级、高级)、制油工(初级、中级、高级)等6个职业的2.2万道鉴定试题。劳动和社会保障部对试题库进行了验收并印发了《关于同意职业技能鉴定国家题库粮食行业分库运行的函》（劳社厅函[2006]460号），同意在全国范围内统一使用。

（三）批准建立第二批粮食行业特有工种职业技能鉴定。

为扩大职业技能鉴定工作覆盖面，经国家粮食局申请，劳动和社会保障部第二批批准在粮食行业建立14个特有工种职业技能鉴定站，颁发了《职业技能鉴定许可证》和《行业特有工种职业技能鉴定站》标牌，并对考务管理人员进行了培训。至此，除海南省、广东省和西藏自治区外，全国已建立47个粮食行业特有工种职业技能鉴定站，实现了鉴定站覆盖粮食主产区，为全面开展职业技能鉴定工作提供了组织机构保障。

（四）建立粮食行业职业技能鉴定考评人员队伍。

国家粮食局在各省（区、市）粮食局和有关中央企业推荐的基础上，于2006年4月和6月分别在山东省烟台市和四川省成都市对申报的考评人员进行了业务培训。其中，514人通过了劳动和社会保障部的资格考试，成为职业技能鉴定考评员。这些考评员在粮食行业特有工种职业技能鉴定中承担着考评任务，发挥着质量把关的核心作用。

（五）全面部署粮食行业特有职业（工种）技能培训，加强培训基地建设。

为使粮食行业职业技能培训达到规范化的要求，国家粮食局印发了《关于开展粮食行业特有职业（工种）技能培训工作的通知》（国粮人[2006]44号），强调了职业技能培训的重要性，明确了培训目标和任务，对培训管理、教材使用、基地建设等方面提出了具体要求，并在全国范围内确定了41个培训基地承担高级工以上高技能人才培训任务。

（六）粮食行业职业技能培训系列教程出版发行。

规范的培训教材是开展规范化培训的重要基础。国家粮食局组织编写了6本粮食行业职业技能培训系列教程。2006年4月由中国农业出版社出版发行了粮油保管员(初级、中级、高级)、粮油质量检验员(初级、中级、高级)、粮油竞价交易员(中级、高级、技师、高级技师)等3本职业技能培训教程。教程出版后，在粮食行业职业技能培训中得到了广泛的使用，受到了普遍欢迎，成为广大粮食行业职工自学的重要辅导教材。为推进粮食加工从业人员职业技能培训工作，国家粮食局于2006年12月委托中国轻工业出版社出版发行制米工(初级、中级、高级)、制粉工(初级、中级、高级)、制油工(初级、中级、高级)等3本职业（工种）培训教程。6本职业技能培训教程共计400多万字，填补了粮食行业无专门职业技能培训教材的空白。

（七）鉴定试点工作取得初步成效。

粮食行业特有工种职业技能鉴定在完成前期准备工作后正式进入实施试点阶段，北京、河北、内蒙古、吉林、安徽、江西、山东和宁夏等8个省（区、市）粮食局和中国储备粮管理总公司、中谷粮油集团公司两个中央企业组织开展了职业技能培训和鉴定工作。经职业技能鉴定，980人取得了职业资格证书。

（八）组织开展了全国技术能手和全国粮食行业技术能手评选表彰活动。

国家粮食局组织各省（区、市）粮食局和有关中央企业推荐了全国粮食行业技术能手。经过专家评选，产生出全国粮食行业技术能手20名。在此基础上，经国家粮食局推荐，易军萍和马明志被评为全国技术能手，安徽经济技术学校被评为国家技能人才培育突出贡献奖，劳动和社会保障部和国家粮食局分别对获奖人员和单位进行了表彰和奖励。

三 科技进步与创新

国家粮食局

（一）发布并推进实施《“十一五”粮食科技发展指导意见》。

《“十一五”粮食科技发展指导意见》于2006年3月修改完善后，经广泛征求业内外有关单位和专家的意见后于4月印发颁布。其后，启动了优先发展领域的重点工作，如生物技术、信息技术在粮食储藏方面的应用、粮食熏蒸剂的替代技术等均列为“十一五”支撑计划“绿色安全储粮关键技术研究开发与示范项目”（以下简称“绿色储粮”项目）的重要课题。创新体系建设也有明显进展，在粮食丰产科技工程和绿色储粮项目中，除了继续发挥行业优势科研单位的作用外，还重视企业创新主体作用的发挥。共有14家企业承担绿色储粮课题，2/3的子课题有企业参与。为构建粮食行业的创新体系，在丰产科技工程产后减损三个课题实施方案中，还请各有关省粮食局及相关单位参与课题示范工作。以国家级科研院所（校）为骨干，省级粮食主管部门、科研单位及企业参与的粮食科技创新体系正在形成。

（二）召开全国粮食科技大会。

为认真学习贯彻全国科学技术大会精神和《国家中长期科学和技术发展规划纲要》，总结“十五”粮食科技工作，研究落实《“十一五”粮食科技发展指导意见》，全面部署“十一五”和当前粮食科技工作，国家粮食局于2006年8月31日至9月1日在北京召开了国家粮食局成立以来的第一次“全国粮食科学技术大会”。国家粮食局局长聂振邦在会上作了题为《认真贯彻落实全国科学技术大会精神　大力推进粮食行业科技进步》的重要讲话，副局长郄建伟作了《全面建设小康社会　保障国家粮食安全　加快推进粮食科技创新体系建设》的工作报告。

会议全面总结了“十五”期间粮食科技取得的显著成绩，充分肯定了粮食科技进步对推动粮食流通现代化，促进粮食产业发展，保护广大种粮农民利益，满足城乡居民日益增长的需求，保障国家粮食安全起到的重要支撑作用。

会议提出粮食科技的发展目标是：到2020年使我国粮食科技自主创新能力显著增强，科技促进粮食流通产业发展和保障国家粮食安全的能力大幅度提高，粮食科技整体实力进入世界前列。“十一五”期间粮食科技发展要力争在重点产品、重点工艺、重点技术、重点装备上实现重大技术突破。粮食储藏技术达到同期国际先进水平，粮食物流和加工技术与装备得到优化升级，粮食质量标准检测技术不断完善，农村传统的粮食流通方式得到改造，建设一支结构合理、研发能力强的基础科研队伍。完善粮食科技创新机制，形成以企业为主体、产学研相结合、科技资源共享、技术优势互补的粮食科技创新体系。

会议明确了“十一五”期间粮食科技要在五个方面持续加大自主创新的力度：一是注重应用基础研究和边缘学科的高新技术的结合，培育粮食科技持续创新能力。二是加大信息技术和生物技术在粮食流通领域的研究和应用，带动和促进粮食科技跨越式发展。三是组织和实施科技攻关，重点突破一批重大关键技术。四是搭建粮食科技公共基础条件平台，为推动粮食科技创新活动提供支撑。五是加快先进适用技术的推广应用，促进产业技术升级。

国家粮食局向全国的粮食科研单位、龙头企业征集了130份科技工作经验材料，有50余篇经汇总、研究，形成会议材料，同时还汇集了有代表性的行业科技成果，制作了40余块展板进行成果展示。40多位院士、专家，370多位代表参加会议，大会起到了推动和促进全行业科技工作的作用。

（三）出版《“十五”粮食科技发展报告》。

2006年5月，为贯彻全国科技大会精神，落实《国家中长期科学技术规划纲要》，在“十五”粮食科技发展的基础上，针对行业的实际情况和科技管理的问题，更好地研究和制定《“十一五”粮食科技发展指导意见》，并向社会各界宣传“十五”粮食科技工作成绩，宣传粮食行业科技成果，加强粮食科技成果的交流和推广，国家粮食局编写出版了《“十五”粮食科技发展报告》。

（四）成功举办粮食科技活动周。

2006年4月，国家粮食局向各省粮食局下发了《关于举办2006年科技活动周的通知》，提出了《2006年粮食科技活动周筹备工作方案》并上报科技部备案，研究制定了《总体工作方案及要求》，制定了《农村储粮科技下乡服务活动总体方案》和《农户储粮讲科学专题片摄制工作方案》，5月印发了《关于发放2006年粮食科技活动周宣传材料的通知》等共20多个文件。5月20～26日通过“三个层面互动、两条主线贯穿”的活动方式，在全国范围内成功举办了以“粮油食品安全与农村科学储粮”为主题的2006年粮食科技活动周，宣传粮食科技成果，促进粮食科技成果服务社会。“科技周”突出了服务社会主义新农村建设的主旋律。“科技周”期间，全国开展了510多场次形式多样、内容丰富、特色鲜明、城乡联动、气氛热烈的群众性粮食科普活动，在北京世纪坛举办的主会场活动吸引了大量群众，获得了很好的效果。全国40多个大中城市和200多个县，约有1.2万名粮食职工，现场为40多万城乡居民提供了咨询服务，向2.8万名农民培训了农户科学储粮知识。还结合粮食丰产科技工程项目的实施，一方面向农民介绍科学储粮技术和知识；另一方面为农民提供直接技术服务，得到普遍欢迎，吸引了众多媒体的关注，共有20家电台、电视台和30多家报刊、网络媒体做了专题报道。

（五）组织实施国家重点科技项目。

2006年，国家粮食局组织了“十一五”国家科技支撑计划重大项目“粮食丰产科技工程”（产后领域）课题（以下简称丰产工程项目）和“十一五”国家科技支撑计划重点项目“绿色安全储粮关键技术研究开发与示范项目”（以下简称绿色储粮项目）的申报、评审工作。经组织专家反复研究、专题调研，经多次论证形成了丰产工程项目、绿色储粮项目的可研报告和申报指南，在可研报告起草过程中还就绿色储粮项目的关键技术（传感器等）与国内有关单位和专家进行多次研究论证。在食品加工、杂粮加工及物流项目的前期，也都做了大量的研究和准备工作，组织有关人员赴山西、天津等四省市进行调研，研究制定了可研报告和申报指南并报有关部门。

除组织申报评审粮食科技项目外，国家粮食局还积极组织系统内各单位申报了国家863计划项目、“十一五”国家科技支撑计划项目、农业科技成果转化资金项目等多个项目。经有关部门审核批准共有42个粮食科研项目，主要包括：“十一五”国家科技支撑计划项目20个课题，“农业科技成果转化资金项目”7项，国家星火计划项目12项，国家新产品计划项目3项。

2006年3月，召开“十五”科技攻关项目“粮油储藏安全保障关键技术研究开发与示范”课题中期检查会；4月，召开“十五”国家科技攻关重大项目“粮食丰产科技工程”（产后）课题中期检查会；11月，召开“十一五”国家科技支撑计划项目“安全绿色储粮关键技术研究开发与示范”课题实施方案论证会。

（六）继续组建国家粮食局工程技术研究中心。

修改完善了局级工程研究中心管理办法，公布了《国家粮食局工程技术研究中心组建管理办法》，印发了《关于开展第一批国家粮食局工程技术研究中心组建项目年度总结及验收工作的通知》，布置了对2004年度组建的局级工程中心的验收工作。2006年6月印发了《关于继续开展工程技术研究中心组建项目申报工作的通知》，同时，开展以省级粮科所为依托单位的局级工程中心审核工作，在组织申报和考察工作基础上，经专家评审，2007年3月，下达了《国家粮食局办公室关于同意组建第二批国家粮食局工程技术研究中心的通知》，同意辽宁省粮食科学研究所组建“国家粮食局玉米干燥工程技术中心”，组建期三年；同意湖南省粮油科学研究设计院组建“国家粮食局稻谷产后工程技术研究中心”，组建期两年；同意陕西省粮油科学研究设计院组建“国家粮食局粮情测控工程技术研究中心”，组建期两年。

（七）国家科技项目验收和科技成果推广等工作。

2006年6月和10月，分别对适应中国国情的八辊磨制粉工艺技术转化等6个2003年农业科技成果转化资金项目进行验收；6月，召开院所科技开发专项“抗破损常压修饰a化淀粉工程技术研究”项目验收会；9月，分别对“十五”国家科技攻关计划项目“粮食丰产科技工程”(产后领域)和“十五”国家科技攻关项目“粮油储藏安全保障关键技术研究开发与示范”各课题和子课题进行了验收。

（八）农户科学储粮工作稳步推进。

截至2006年年末，国家粮食局通过组织科研单位的联合攻关，针对东北、华北、长江中下游三大平原粮食储藏特点，开发了适应农户储粮(稻谷、玉米、小麦)需要的新技术，共开发了10种先进实用的农户储粮新装具，两种高效低毒储粮药剂，6种适合农户需求的综合储粮技术，编辑出版了3本农户科学储粮技术手册，制作了农户科学储粮实用技术VCD，开通了“中国粮食储藏科技网”，向农民发放书籍6万册，举办培训班1000多期，共有16.6万农民直接参加了培训，重点培养了8000名农户储粮技术骨干。通过赠送新装具，在11个粮食主产省、36个县、92个乡镇共建立了3644个农户科学储粮示范点，产生了很好的辐射作用，达到了“一项技术带动一个农户、一个农户带动一个村、一个村带动一个乡、一个乡带动一个县”的综合示范效应。这项工作引起了国家领导人的重视，温家宝总理在《国家粮食局关于改善我国农户储粮条件的报告》中作了重要批示。2006年，由四川省粮食局和各地（市）县粮食局直接组织了各地推进农户科学储粮工作，在10个地（市）县储粮示范农户带动下，帮助指导农户新建、改建了33000多个家庭粮仓；组织开展了630期培训讲座，受训农民近5万人次。

国家粮食局科学研究院

2006年，国家粮食局科学研究院（以下简称粮科院），在国家粮食局领导及有关部门的大力支持下，抓住科技大会召开和“十一五”开局之年的大好时机，在院全体管理人员和科技人员的共同努力下，科技进步和创新工作取得了比以往更好的成绩。

（一）科技基础设施和条件建设。

近两年，随着国家对科研基础能力建设的不断投入，粮科院的科技工作环境与科研条件大为改善，为培养、吸引、凝聚优秀科技人才和今后科技事业的持续发展打下了坚实的物质基础。

1.科研楼建设。科研楼建设是粮科院建设的一项重要基础性工程，从破土动工到建成，历时两年半时间，于2006年11月27日通过验收正式启用。

2.科研仪器设备购置及中试条件建设。2006年新购置各种仪器设备50余台（套、件），总价值710万元人民币，其中使用外汇采购的进口仪器设备约合人民币430万元。目前生物发酵车间正在建设中。

3.其他基础设施建设。小汤山中试基地总体改造项目正在进行中；电教楼和专家楼的装修项目，2006年年底已进行了四方验收。

4.专项资金项目。财政部修缮购置专项资金项目“粮油营养研究与功能性评价系统条件建设”，投入专项资金900多万元；申报了国家发改委基本建设专项“粮科院粮食储藏实验室建设项目”，已批准立项。

（二）课题立项创历史最好水平。

2006年，粮科院对申报国家科技计划课题工作高度重视，精心组织、周密安排，改变原有课题申报的管理思路，充分调动全体科技人员的积极性，激发科技人员的创新思维，使确定立项的课题数量与研究方向比较可行，因此取得好的成效，不仅数量多，而且实现了粮科院申报立项国家自然科学基金课题和国家高技术研究发展计划（863计划）课题零的突破。

1．申报并立项的国家科技计划课题包括：①国家自然科学基金课题：小麦储藏过程中蛋白质和淀粉及显微结构的变化对加工品质劣变的影响。②国家高技术研究发展计划（863计划）课题：生物兽药及新产品研究（中国农大动物科技学院牵头，粮科院参加）。③国家科技支撑计划课题："安全绿色储粮关键技术研究开发与示范"项目中，共8个课题申报立项了7个。"特色杂粮生产及加工利用技术研究与开发"项目中两个课题批准立项。"食品加工关键技术研究与产业化开发"项目中1个课题：食品物性修饰与油脂加工新技术开发研究批准立项。"功能性食品的研制和开发"项目中，功能因子生物活性稳态化技术研究课题的子课题"功能食品包埋保护技术的研究"由大连化物所与粮科院合作申报并获立项。"高效安全新型饲料研制与产业化开发"项目中，农副产品饲料转化和高效利用关键技术研究（粮科院牵头，中国农大、中国农科院、北京农学院、北京中棉紫光生物科技有限公司参加）获准立项。"粮食丰产"项目中，粮食干燥防霉技术和质量控制关键技术创新研究，粮科院参与子课题"三大平原农村粮食安全储藏期限品质比较分析研究"批准立项。

2．承担国家粮食行业课题。在国家粮食局粮食仓储行业淘汰甲基溴项目中，粮科院承担了"中国粮食仓储业淘汰甲基溴保障技术"子项；在中储粮总公司科技计划项目中，粮科院与广西库共同承担了"低氧防治储粮害虫关键技术与设备研究开发"课题。

3．粮科院科技型企业申报并立项的课题项目。包括国家新产品"电子式粉质仪"，国家重点成果转化项目"电子式拉伸仪"，国家"十一五"科技支撑项目"粮食品质快速检测关键技术及仪器研究开发"。

4．安排院级预研课题。根据粮食行业的公益性需求并考虑院的科研后劲问题，粮科院自筹资金安排了三个院级预研课题：粮堆的声传播特性研究；纳米惰性粉杀虫剂防治储粮害虫研究；我国主要杂粮豆资源调查及其深加工实用性研究。

（三）组织进行在研课题的督促检查和国家课题的预验收工作。

1．在研课题的督促检查。为保证课题如期完成，粮科院组织了在研课题的集中检查。检查的重点是研究进度、阶段成果、存在的问题和解决的办法等。通过检查交流，以期及早发现和解决问题，确保课题如期完成。

2．国家课题的预验收。为使粮科院承担的国家科研课题能够顺利通过国家的正式验收，把问题解决在正式验收之前，同时通过预验收，让年轻的科研人员了解如何对待课题验收工作，粮科院组织对国家农业科技成果转化资金项目中"改进制油工艺生产新型高效低毒饲用菜籽粕中试"、科研院所社会公益研究专项资金项目中"食用油脂质量安全保障研究"、科研院所社会公益研究专项资金项目中"我国粮油储藏加工重要科技基础标准研究"三个课题进行了院内预验收，并就课题完成情况进行了交流。

（四）科技成果及课题进展情况。

1．通过国家有关部门正式验收的课题。2006年粮科院在研课题20多项，大部分按进度实施，进展顺利，2006年正式验收的课题有四项：改进制油工艺生产新型高效低毒饲用菜籽粕中试；粮油储藏安全保障关键技术研究开发与示范项目中"新粮判定及油脂储藏稳定性检测技术研究与开发"；我国粮油储藏安全保障技术体系及发展战略研究；油脂储藏安全保障关键技术研究与开发。

2. 科研人员发表的论文。2006年在国内外核心刊物发表论文（文章）20多篇，并有多篇论文被SCI索引，文章数量和质量比往年有明显增加和提高。

3. 编著出版的书籍。2006年9月由中国社会出版社出版两本书籍，即《农村储粮技术》、《农村储粮虫鼠防治技术》。

4. 国家授权发明的专利。2006年获得两项国家授权发明专利："高活性纤维酶制备技术"、"腐植酸生物饲料添加剂以及生产方法"。已申请国家发明专利，现进入实审阶段的两项："脱溶饼粕化学脱毒方法及其设备"，参与研究的"产伊维菌素的工程菌及其构建方法与应用"2007年有望获得授权。

5. 科技型企业技术研究及产品研发课题进展顺利。2006年同时进行的主要产品研发课题有7个：吹泡仪、水浴、降落数仪、面筋仪、氧化稳定性测试仪5个产品已进行了样机试制和初步试验，米粒判定仪、试验面条机尚在研发设计或试制中。国家粮食局下达的课题任务：散粮汽车等项目（车型设计专家组），已经完成样车试验和样车实际运行试验，通过了专家验收，正在进行小批量生产准备。完成了"十五"攻关项目"粮库玉米减碎技术开发与示范"，通过国家粮食局的验收。

（五）国际科技交流与合作。

1. 邀请国外专家来院进行学术交流。邀请英国克兰菲尔德大学应用真菌学教授Naresh Magan作赭曲霉素和单端孢霉烯族毒素的控制策略和产后真菌毒素的控制及其加工对储粮生态系统影响的报告；邀请澳大利亚农业渔业部教授Collins来院作澳大利亚粮食储藏技术的学术报告，邀请加拿大联邦农业和食品部食品研究中心专家来院进行淀粉的结构与功能方面的学术交流。

2. 赴国外考察交流。根据粮食储藏实验室建设项目的需要，派员赴加拿大曼尼托巴大学进行生态储粮实验系统考察，同时还访问了曼尼托巴大学新建的功能食品研究中心、加拿大农业和食品部谷物研究中心、加拿大谷物学院等机构，取得较大的收获。

■ 中国粮油学会

2006年是中国粮油学会科学技术奖(以下简称"粮油科技奖")实施奖励工作的第二届，在国家粮食局、中国科协和国家科学技术奖励工作办公室等有关部门的大力支持和指导下，经学会及所属各专业分会、评审委员、推荐单位和奖励办公室工作人员的共同努力下，2006年度粮油科技奖的评审工作取得圆满成功，保证了评审工作的科学性、公正性和权威性，受到行业内科技工作者的一致好评。

此次评审工作坚持"依靠专家、规范操作"的原则，按照既定的程序与规则，经过形式审查、专业评审、综合评审三级评审并在学会网站进行公示，广泛征求行业意见后，经学会理事长办公会议审定，评选出一批优秀的粮油科学技术成果以及为粮油科学技术进步作出突出贡献的科技人员和企事业单位。2006年度粮油科技奖获奖项目共33项（详见附件），其中：授予"中央储备粮安全储藏技术示范"等3个项目为一等奖，授予"YJCX型箱链式浸出器"等10个项目为二等奖，授予"挤压生产焦糖色素工艺研究"等20个项目为三等奖。

实践证明，粮油科技奖的设立对于促进粮油科技事业的发展、推动行业科技进步、鼓励科技人员的科学探索和技术创新，发挥了重要的作用。"十一五"将是我国粮油行业发展的重要时期，中国粮油学会将继续贯彻全国科技大会精神，努力做好奖励评审的各项工作，充分发挥科技奖励的激励和导向作用，把奖励的重点与行业的科技发展方向有机地结合起来，把粮油科技奖办成更具权威性和影响力的科技奖，为中国粮油行业的可持续性发展作出应有的贡献。

四 国家粮食局学术研究

（一）软科学课题研究。

为进一步开展粮食流通政策研究，提高粮食软科学研究的学术价值和实用价值，推动粮食流通工作发展，及时为领导决策提供理论与实际紧密结合的前瞻性研究成果和政策依据，年初经国家粮食局软科学评审专家委员会审议通过，确立了2006年软科学课题研究方向，内容主要涉及粮食补贴政策体系、完善粮食最低收购价政策、加强和改善粮食宏观调控，保证国家粮食安全、建立长效和稳定的粮食产销合作机制、储备粮管理体制和宏观调控机制、完善粮食法制体系和监督检查体系、农村粮食产后安全保障工程、国有粮食企业国有资产的监管、推进企业产权制度改革、贫困缺粮地区的粮食市场供应政策、粮食现代物流体系和开展粮食产业化经营等方面。

各级粮食行政管理部门对开展课题研究给予高度重视，5月，在公布的课题研究方向基础上，结合本省的实际，上报了一批具有一定针对性和广泛性的软科学课题研究项目。年底，全国粮食系统共提交了59篇具有较高理论水平和实践指导意义的课题研究结果。从专家的评审意见中可以看出，部分研究结果在理论性和可操作性等方面有创新，对有关部门制定粮食政策具有参考价值。经过国家粮食局软科学评审专家委员会的评审，有22个单位被授予国家粮食局优秀软科学研究成果奖。其中，北京市粮食局、四川省粮食局、国家粮食局流通与科技发展司和国家粮食局财务司4个单位获得优秀软科学研究成果一等奖，国家粮食局办公室、政策法规司、调控司、中国粮食研究培训中心、广东省粮食局、广西壮族自治区粮食局6个单位获得优秀软科学研究成果二等奖，国家粮食局监督检查司、国家粮油信息中心、中国粮食研究培训中心、中国粮食行业协会、中国粮食经济学会、国家粮食局科学研究院、湖北省粮食局、荆州区粮食局、江苏省粮食局、北京市粮食局、天津市粮食局、湖南省粮食局、新疆维吾尔自治区粮食局13个单位获得优秀软科学研究成果三等奖。

2006年，在组织好软科学课题研究组织工作的同时，国家粮食局还十分重视课题成果的推广和利用。目前，国家粮食局政府网站专门开辟了“软科学研究”专栏，刊登获奖研究成果供社会各界参考。此外，还将获奖优秀成果汇编成册，发送各省粮食局供学习参考。

（二）粮食工作优秀调研报告评选。

2006年，为推动粮食行业深入开展调研工作，不断提高粮食调研工作水平，发挥调研报告的借鉴和参考作用，国家粮食局继续组织了粮食系统优秀调研报告征集和评选活动。各地粮食行政管理部门的领导高度重视这一活动，共有78份调研报告参加了评选。经过国家粮食局软科学评审专家委员会评审，共有26篇调研报告获奖。

从各地上报的调研报告看，内容涉及粮食流通体制改革政策、最低收购价预案、粮食安全、夏粮收购情况、参与社会主义新农村建设、企业改制、发展粮油加工机械制造业、玉米深加工、推动股份经营、农户存粮调查、农村销区粮食供应、开展产业化经营、推动企业组织形式创新、社会粮食供需平衡调查等方面，围绕粮食流通工作中的重点和难点开展调查研究，一些调研报告还得到省级领导同志的重视，做出了重要批示，所提建议被有关部门采纳。为鼓励各地继续深入细致地开展调查研究，经过国家粮食局软科学评审专家委员会的评审，对福建省粮食局等26个单位给予表彰并授予“国家粮食局优秀调研报告”获奖证书。

全国粮食系统先进集体和劳动模范、先进工作者评选表彰工作

为了表彰先进，树立典型，充分调动粮食系统广大干部职工的积极性和创造性，2006年3月，人事部、国家粮食局颁发了《关于表彰全国粮食系统先进集体和劳动模范、先进工作者的决定》，授予北京市密云县粮食局等90个单位“全国粮食系统先进集体”荣誉称号，授予张志强等51名同志“全国粮食系统劳动模范”荣誉称号，授予周光俊等75名同志“全国粮食系统先进工作者”荣誉称号。被授予全国粮食系统劳动模范和先进工作者荣誉称号的人员，享受省部级劳动模范和先进工作者待遇。这是粮食系统自1980年以来第一次对全国粮食系统先进集体和先进个人表彰。

2006年3月19日至20日，国家粮食局在北京召开了全国粮食局长会议暨全国粮食系统先进集体和先进工作者（劳动模范）表彰大会，全国粮食局长、90名先进集体单位代表和126名先进个人出席了会议。会议期间，曾培炎副总理亲切接见了全体会议代表，并作了重要讲话。会上，国家发改委、人事部、国家粮食局领导为先进集体和先进个人颁发了奖牌、奖章和证书。32名先进代表参加了先进集体代表和先进工作者（劳动模范）座谈会。大家结合本职工作，围绕粮食行业改革发展踊跃发言，一致认为这次全国粮食系统表彰会，充分体现了党和政府对粮食工作的高度重视，对全国粮食系统全体干部职工的亲切关怀，纷纷表示要鼓足干劲，扎实工作，在今后的工作中作出新的贡献。会议讨论通过了《全国粮食系统劳动模范、先进工作者倡议书》，向全国粮食系统的干部职工发出了提高素质、坚定信念，积极参与、顾全大局，立足本职、爱岗敬业，模范带头、遵纪守法，努力学习、适应形势的倡议。

党建工作

一 深入学习贯彻《党章》

为贯彻胡锦涛总书记在中央纪委第六次全会上的重要讲话精神，按照中央要求，在国家粮食局开展了“学习、遵守、贯彻、维护党章”专题活动，组织广大党员干部认真学习党章原文，使广大党员干部努力做到熟悉党章的总纲和条文，熟悉党章的主要内容和基本观点，掌握党章的精神实质，强化党章意识和党员意识、组织观念和纪律观念。同时，把学习贯彻党章作为理论武装的重要内容，作为培训党员干部的必修课，进一步建立健全了相关学习制度，加强了对党章执行情况的监督检查，使学习、遵守、贯彻和维护党章走向规范化、制度化轨道。

二 开展学习《江泽民文选》活动

2006年8月中旬，《江泽民文选》在全国出版发行后，国家粮食局机关党委按照中央要求，及时印发有关通知，迅速在全局开展了学习《江泽民文选》活动，要求党员干部全面理解“三个代表”重要思想的时代背景、实践基础、科学内涵和精神实质，增强实践“三个代表”重要思想的自觉性和坚定性，时刻以“三个代表”作为粮食流通工作的出发点和落脚点，认真履行职责，扎实完成工作任务，促进粮食流通事业健康持续发展。通过开展专题学习教育，局党员干部的理论和工作水平得到了进一步提高，践行“三个代表”重要思想的自觉性不断增强，有力地促进了基层党组织建设。

三 召开全国粮食系统党建研究会成立大会

2006年9月中旬，经国家粮食局党组批准，机关党委在宁夏银川市召开全国粮食系统党建研究会成立大会。全国各地粮食局主管机关党建工作的领导同志、机关党委书记或副书记近100人参加了会议，国家粮食局党组成员、副局长兼直属机关党委书记张桂凤出席会议并讲话。会议的主要内容是成立全国粮食系统党建研究会，选举产生研究会第一届理事会，交流各地近年来在机关党建方面，特别是在开展先进性教育活动推动党建工作中取得的有益经验。各地对党建研究会的成立反响强烈，一致认为，研究会的成立充分体现了国家粮食局党组对机关党建工作的高度重视，是粮食系统党的建设工作的一件大事，是对粮食系统机关党建工作的创新和突破，进一步坚定了粮食系统广大党建工作者做好新形势下党建工作的信心和决心。

四 认真开展党的十七大代表候选人和中央国家机关党代表会议代表推选工作

根据中央和中央国家机关工委的安排部署，按照国家粮食局党组的指示，认真开展十七大代表候选人和中央国家机关党代表会议代表选举工作。

在国家粮食局党组的领导下，推选工作严格依据党章，坚持民主集中制，充分发扬党内民主，在全局范围内，以支部为单位，通过自下而上、上下结合、反复酝酿、逐级遴选的方式，选举出了十七大代表候选人和中央国家机关党代表会议代表初步人选，并于2006年年底前将推荐提名名单上报中央国家机关工委和国家发展改革委。

五　举办2006年度入党积极分子培训班

为加强对入党积极分子的培养教育，提高入党积极分子的思想政治理论水平，国家粮食局机关党委于2006年10月上旬举办了2006年度入党积极分子培训班。通过培训，入党积极分子的政治素质得到进一步提高，对新时期如何做一个合格的共产党员并保持党员先进性有了更加深入的思考，进一步坚定了入党的信念。

六　认真完成党内统计填报

针对党内统计工作的变化情况，及时在全局范围内组织相关培训，就党内统计填报工作中的变化和特点进行讲解，经过全局各单位党内统计工作者的共同努力，全局党内统计报表在规定时间内保质保量地上报中央国家机关工委，第二次被评为“中央国家机关党内统计全优报表”。

七　加强精神文明创建

在国家粮食局党组的统一领导下，全局精神文明创建工作紧紧围绕粮食流通中心任务，按照“以人为本，和谐发展”的要求，全面深入地加以推进，通过组织开展各种内容积极、形式健康的主题活动，干部职工的凝聚力、战斗力和创造力不断增强，全年工作取得了一定成绩。

2006年，国家粮食局第四次被中央国家机关精神文明建设协调领导小组评为“中央国家机关文明单位”，并受到表彰。

八　进一步做好对口扶贫

2006年，国家粮食局认真落实中央扶贫工作会议精神，以“推进新村建设”为抓手，积极做好对口贫困地区的帮扶工作。在局领导的带领下，赴金阳县召开了扶贫工作座谈会。同时，还围绕扶贫济困开展各类募捐活动，一年来，全局为贫困地区人民捐款捐物，折合人民币14万余元，捐赠计算机19台，打印机9台，传真机2台，扫描仪1台，棉被93床，棉衣、毛衣等886件，为建设和谐社会贡献了力量。

廉政建设

2006年以来，在中纪委、监察部和国家粮食局党组的领导下，驻国家粮食局纪检组监察局认真贯彻中纪委六次全会和国务院廉政工作会议精神，继续落实《实施纲要》明确的任务，开展治理商业贿赂专项工作，加大教育、监督、办案和制度建设工作的力度，切实履行职责，主要做了以下几方面工作：

一 贯彻中纪委全会和国务院廉政会议精神，加强廉政教育，做好工作落实

（一）及时传达中央精神，做好工作部署。

1.及时传达了中央纪委六次全会精神和国务院第四次廉政会议精神，同时组织召开全局和直属联系单位负责人会议，组织召开机关干部大会，对贯彻中纪委六次全会及国务院廉政会议精神提出明确要求。

2.组织召开全国粮食系统纪检监察工作会议，传达贯彻中央精神，部署系统纪检监察工作。2006年2月，国家粮食局在广西南宁召开了全国粮食系统纪检监察工作会议。国家粮食局党组书记、局长聂振邦到会并讲话，纪检组长杨兵作了工作报告。会议要求，全国粮食系统广大干部职工，一定要认真学习、贯彻胡锦涛总书记、吴官正纪委书记在中纪委六次全会上的讲话精神和温家宝总理在国务院第四次廉政工作会议上的讲话精神，全面落实科学发展观，深入学习、遵守、贯彻和维护党章，深入开展治理商业贿赂专项工作，结合粮食工作的特点，标本兼治、突出重点，认真做好2006年的粮食纪检监察工作。

3.制定下发《实施意见》和《任务责任分解意见》，落实任务，明确责任。在年初代党组起草下发的《2006年国家粮食局党风廉政建设和反腐败工作实施意见》及《任务责任分解意见》中明确了局党组成员分管工作的党风廉政建设任务和责任，全面部署了机关和全系统纪检监察工作。

（二）加强机关和直属联系单位的廉政警示教育，做好宣教工作。

1.深入开展理想信念、思想道德、廉洁从政和党纪政纪教育，增强了机关工作人员和企事业单位领导的廉政意识。及时传达中央和国家机关纪检监察宣传教育工作会议、认真学习刘峰岩书记讲话精神，做好宣传教育工作部署。在中纪委全会后，认真开展学习党章、遵守党章、贯彻党章、维护党章活动。认真开展学习胡锦涛总书记提出的“八荣八耻”社会主义荣辱观，抓好廉政教育、廉政文化建设。

2.大力开展警示教育，强化干部职工廉政意识。整理摘编全国粮食系统发生的典型案例，汇编成册分期印发各单位，组织广大党员干部学习。结合治理商业贿赂，编印了《治理商业贿赂专项工作学习材料汇编》，提高干部对治理商业贿赂工作的认识，推动治理商业贿赂工作开展。同时组织广大干部观看反腐败警示教育片，利用粮食系统业务会议，进行廉政教育讲座，提高防腐拒变的能力。

3.加强宣传报道，通畅信息渠道。配合中心工作，充分利用《粮食纪检监察简报》这一平台，宣传反腐倡廉政策，及时传达中央反腐倡廉的有关精神，沟通、交流全国粮食纪检监察系统的先进经

验，进一步指导治理商业贿赂专项工作，编印纪检监察简报23期，治理商业贿赂专项工作简报专刊34期，工作月报11期。

4.举办粮食系统纪检监察干部培训班，对粮食系统部分纪检监察干部进行业务培训，及时对贯彻十六届六中全会精神进行辅导，同时用事实案例分析，提高基层纪检监察干部的政治理论水平和纪检监察业务素质。

二 完善规章制度，加强监督检查，推进党风廉政建设

一是纪检组建议局党组两次开会学习讨论中纪委领导“关于加强监督工作”的讲话，学习贯彻“中纪发[2006]8号”文件精神，印发了纪检组《关于贯彻中纪委派驻纪检组履行监督职责意见的实施办法》，主要是加强了对涉及权、钱、物等粮食流通主要业务和干部提拔任用等工作的监督，文件规范和加强了派驻纪检监察机构的监督职责。

二是为进一步落实党风廉政建设责任制，制定印发了《国家粮食局党组成员党风廉政建设情况沟通办法》，明确沟通的内容和方法，促进相互知情，互相支持，互相监督。2006年以来，两次向局党组报告治理商业贿赂工作和核查违纪问题的进展情况，多次与党组成员就其分管工作中党风廉政建设方面存在的问题交换意见，研究解决办法。

三是为进一步规范司级以上干部述职述廉工作，加大监督力度，制定了完善领导干部述职述廉的有关规定，细化了具体措施。

四是制定了局党组成员和司级领导干部重大事项报告制度和廉洁自律情况统计表，规范和加大对领导干部廉洁自律情况的监督力度。

三 严肃查处违纪案件工作，坚决惩治腐败

2006年年初，认真梳理、总结过去查处案件工作，针对存在力度不够、能力水平不高、工作薄弱等问题，制定了改进措施，要求主动发现线索，积极努力，坚持不懈，严格维护党纪政纪。对司处级干部廉政情况仔细分析，对案件线索认真排查，可疑之处绝不放过。

截至2006年12月15日，登记案件95件。其中领导交办1件，为《国内动态清样》第841期反映湖北库区移民长期食用劣质米问题；媒体曝光两件；系统和直属单位办结报告11件；受理群众举报81件。在81件群众举报信中，反映系统问题的52件，反映中储粮总公司及直属机构的17件，反映国家粮食局机关及直属联系单位的12件，涉及7人1事。

四 开展治理商业贿赂专项工作

根据党中央、国务院的统一部署，国家粮食局从2006年4月至11月开展了治理商业贿赂专项工作。纪检组协助局党组制定了治理方案，承担了专项治理工作办公室的日常工作，并对粮食系统专项治理工作进行指导。

（一）治理商业贿赂专项工作开展情况。

根据中纪委的要求，注意将专项治理工作与落实《实施纲要》提出的有关任务紧密结合。

1.在宣传动员阶段，将安徽省粮食部门在从事粮食购销业务过程中发生的15起商业贿赂案件进行剖析，连续编发了6起粮食部门商业贿赂典型案件作警示材料，将有关治理商业贿赂的文件、领导讲话、法律、政策规定汇编成册，教育干部提高抵御能力。编发治理工作简报专刊34期。

2.在自查自纠阶段，通过对粮食系统的调查，确定粮食购销、粮库建设、粮食企业产权改革、行政审批、物资采购五个方面为治理重点。总结归纳了上述工作中容易产生商业贿赂的10个薄弱环节，督促机关各司室及直属单位结合实际工作对照检查，找出存在的问题和制度上的漏洞。并在7月召开了粮食系统治理商业贿赂专项工作座谈会，听取汇报，交流情况，推动工作。

3.整改建制阶段，根据《实施纲要》提出的有关任务，纪检组对各司室、直属单位逐个检查，重点落实有粮食部门特点的18项具体防范制度，针对反映出的问题，进行核查处理。其间，纪检组分别与10个单位的负责人就加强党风廉政建设，落实《实施纲要》任务交换了意见，下一步要扎扎实实地搞好监督检查和阶段性总结工作。

（二）治理商业贿赂工作取得显著成效。

1.提高了认识。通过对中央关于治理商业贿赂有关精神的学习，全局干部职工进一步认识到，“商业贿赂”不仅是经营者问题，还有管理者问题。通过学习，全局党员干部充分认识了商业贿赂的严重性和危害性及治理商业贿赂的重要性，增强了责任感和紧迫感，推动了治理商业贿赂工作。

2.强化了自律意识。通过开展专项治理工作，各单位、各地区都大张旗鼓地开展了学习宣传、自查自纠工作，对广大干部职工触动非常大，大家都自觉进行自查，增强了抵制商业贿赂的自律意识，在工作中注意防范商业贿赂行为。

3.对商业贿赂案件进行了初步调查。到目前，在受理的76件举报信件中，有35件涉及商业贿赂行为，其中有4件涉及局管干部。驻国家粮食局纪检组监察局会同有关单位对反映局工作人员商业贿赂方面的问题，采用了直接赴有关地区进行调查取证、同有关当事人谈话等多种方式进行了初步了解调查。对受理的31件有关粮食部门商业贿赂举报案件，已按照工作程序进行办理，重点督办了8件。

4.逐步建立健全长效机制。通过一个阶段学习和认识的提高，纪检组监察局深感要做好治理商业贿赂的专项工作，就要在建章立制上下工夫，通过与一些业务司室沟通，督促和共同制定对陈化粮拍卖、项目招投标、代储资格认定、干部提拔任用等工作建立起监督制约机制。

5.推动了行业治理工作迅速开展。对全国粮食系统开展治理商业贿赂的专项工作开展，通过抓典型，带动和推动全行业的工作，安徽省黄山市对粮食企业存在的商业贿赂问题进行深刻剖析，总结出了粮食系统在业务工作中容易产生商业贿赂的10个薄弱环节，纪检组监察局及时利用简报的形式向全国粮食系统进行通报，指导各地治理商业贿赂工作的开展，治理商业贿赂工作在全国粮食系统取得了初步成效。

五 结合粮食业务实际，开展行政监察工作

（一）围绕粮食购销工作开展监督检查。

2006年夏粮收购中，为保证国家粮食最低收购价政策落实，纪检组监察局事先布置各地粮食纪检监察部门要把监督检查落实收购政策情况作为工作重点，监察局参加了3个检查组到小麦主产区检查收购工作。

（二）开展中央储备粮库存检查。

2006年9月，驻国家粮食局纪检组监察局抽调5人参加由国家粮食局和有关部门组成的联合检查组，对10个省粮食库存进行了抽查。

六 加强自身建设，提高干部素质

3月中旬，驻国家粮食局纪检组监察局召开专门会议，认真学习胡锦涛总书记在全国政协民盟民进联组会上提出的“八荣八耻”的荣辱观，着重做好两方面工作：一是抓好自身建设，进一步深入学习“八荣八耻”荣辱观；二是认真落实“八荣八耻”的荣辱观，把社会主义荣辱观作为党风廉政教育和文化建设的重要内容，协助驻在单位开展扎扎实实的廉政教育活动，营造“以廉为荣、以贪为耻”的良好氛围，推动形成良好的党风政风，提高干部道德水平，特别是提高领导干部的从政道德素质。

驻局纪检组监察局同时向全国粮食系统纪检监察干部提出要求，要率先垂范，牢固树立社会主义荣辱观，结合荣辱观教育，进一步明确党的纪律，加强对落实科学发展观的监督检查，纠正损害群众利益的突出问题，认真开展商业贿赂专项治理，认真贯彻《实施纲要》。

粮食新闻宣传工作

一 新闻宣传工作取得显著成效

2006年，国家粮食局新闻办紧紧围绕局中心工作和重点任务，多次协助局有关单位组织策划一些重要宣传活动，取得显著成效。如宣传全国粮食局长会议暨粮食系统先进集体和先进工作者表彰大会，国务院副总理曾培炎代表党中央、国务院亲切会见先进集体和先进个人代表；粮食科技宣传周；《粮食流通管理条例》颁布实施二周年；全国粮食流通体制改革宁夏现场交流会等。中央电视台《新闻联播》、中央电视台农业频道多次播出反映粮食工作的新闻。新华社、人民日报、经济日报、中国经济导报、粮油市场报等多家主流新闻媒体开展了一系列的报道，全年共刊发各类稿件70余篇。一些大型网络媒体也不断登载国家粮食局的工作信息，多侧面、多角度地向社会展示了粮食流通领域工作和所取得的成绩，鼓舞了广大干部职工的信心和干劲。

二 不断加强新闻宣传的体系和制度建设

在国家粮食局领导的高度重视下，建立了国家粮食局新闻宣传工作机制，并和部分中央主要媒体建立了良好的合作关系和工作渠道，为在更高层面上策划新闻宣传活动奠定了基础。先后制定了《国家粮食局新闻宣传工作暂行规定》和新闻发言人制度等，使新闻宣传管理有了基本的依据。国家粮食局新闻出版管理工作规范有序，较好地完成了中国粮食经济杂志社的管理工作。

三 政府网站建设不断完善

国家粮食局党组高度重视政府网站建设，坚持把政府网站作为对外宣传的重要渠道，努力扩大宣传范围，让社会各界充分了解国家的粮食政策。局领导多次作出重要批示，强调要建设好国家粮食局政府网站，推进粮食行业政务信息公开，加强对粮食流通工作的指导和信息服务。一是加强国家粮食局政府网站制度建设。2006年2月，制定了《国家粮食局政府网站信息报送考评管理办法》、《国家粮食局政府网站内容保障方案（分解）》，为局政府网站规范信息发布打下良好基础，保障了网站信息的及时性、准确性，从而进一步扩大了网站的社会影响力。二是完善国家粮食局政府网站。为实现网站信息的数量、质量全面提升，按照政务性与服务性、互动性相结合的目标，对网站的页面、栏目和内容等方面进行了调整、充实和完善，在版面布局设计、栏目设置等方面有了新的突破，在集信息、互动、服务于一体，强化互动性和服务性的功能上进行了较大的提升。目前，主页展示的信息量由过去的16条增加到89条，栏目由19个增加到40个，全年共组织上网信息11000余条，设立"全国粮食局长会议"、"粮食科技周"、"国有粮食企业改革"、"建设新农村"、"粮食科技大会"等8个专题，一些信息被中国政府网和国内其他有影响的网站采用。三是为保障网站信息发布和更新，认真抓好《考评办法》和《分解方案》的落实，召开信息员会议，对优秀信息员和优秀信息单位提出表彰。通过建立激励机制，调动各单位积极性，促进信息报送工作。

经过几年的不断完善，国家粮食局政府网站从内容到形式都上了一个新台阶，初步实现形式上的多样化，内容逐步丰富，信息量逐步增加，具有较强的可读性，社会反响越来越大，2006年总访问量累计达到400余万次，已经成为粮食行业政务信息发布的权威网站和对外宣传、提供社会服务的重要窗口。

四 《中国粮食经济》牢牢把握国家出台的一系列大政方针，报道粮食系统大事要情，传达国家粮食工作部署

2006年，《中国粮食经济》新闻宣传工作紧紧围绕粮食行业一系列大事要情和广大干部群众关心的热点问题进行广泛深入的报道，引导正确的舆论导向，指导和监督粮食流通工作各项方针、政策的贯彻落实，奏响“内增凝聚力、外树新形象”的强音。

（一）唱响社会主义新农村建设主旋律。

2006年年初发布的中央一号文件为建设社会主义新农村提出行动纲领。粮食行业与“三农”休戚相关，这就要求新闻宣传工作不能脱离“三农”。对此，《中国粮食经济》每期都刊发相关文章，旨在提高粮食企业服务新农村建设的意识，探索建设新农村的路子。

（二）关注粮油科技。

2006年初，全国科技大会发出加强自主创新、建设创新型国家的号召。国家粮食局也在全国范围内开展一系列粮食科技宣传活动，并召开全国粮食科学技术大会。配合这一系列活动，《中国粮食经济》在粮食科技宣传周期间出版科技增刊，在北京主会场及各地各分会场免费向市民、农民发放，为宣传粮油科技动态，普及粮油科普知识发挥了重要作用，受到广泛好评。

（三）继续深入宣传《粮食流通管理条例》。

《粮食流通管理条例》的颁布实施是具有标志性意义的重大事件，是粮食流通体制改革及粮食流通工作的重要指导。2006年是《粮食流通管理条例》颁布实施的第二年，《中国粮食经济》刊发了专访文章，使《粮食流通管理条例》深入人心，并引发读者思考探索贯彻实施《条例》的多种途径。

（四）配合完善粮食流通体制改革政策措施，深化国有企业改革做好宣传工作。

完善粮食流通体制改革，深化国有企业改革是2006年粮食工作的主线，《中国粮食经济》沿着这条主线，重点策划了以下几项宣传。一是全国粮食局长会议的宣传报道。年初召开了全国粮食局长会议，《中国粮食经济》以专题形式进行全面的报道。内容主要包括曾培炎副总理的重要指示、全国粮食局长会议的主要精神、部分省粮食局长在会上的讨论发言和十省市粮食工作的经验。二是围绕受国务院领导肯定的宁夏经验策划组织了专题，对宁夏经验进行了全面的报道和推广。三是围绕国有粮食企业改革报道了“十五”时期国有粮食企业改革成效、“十一五”时期深化国有粮食企业改革的主要任务等内容，同时也对各地国有企业改革情况进行了探讨和经验交流。

（五）做好粮食系统队伍建设、行业建设等方面的宣传报道工作。

2006年，《中国粮食经济》配合国家粮食局在粮食系统队伍建设和行业建设方面所做的工作，也做了大量的宣传报道。一是国家粮食局表彰了全国粮食系统先进单位和先进工作者，这对肯定粮食职工的成绩、稳定粮食职工队伍、调动粮食职工的工作积极性有重要作用。配合这一工作，《中国粮食经济》编发了《学先进赶榜样》倡议号召性的文章，以《闪光者的足迹》为题目分几期系列报道了先

进单位和先进工作者的突出事迹，在树正面形象、典型引导方面发挥了重要作用。二是配合纪检监察工作，《中国粮食经济》对全国粮食系统纪检监察工作会议以专题的形式做了全面报道，使读者了解党风廉政建设的总体要求、主要目标和任务，还针对治理商业贿赂专项工作编发了相关文章。三是针对粮食行业党建工作，编发了有关思想建设和发挥粮食部门党组织作用的文章。

（六）就热点问题进行深入报道。

2006年，《中国粮食经济》始终把握各个时期群众关心的热点问题，致力于为读者提供最有效最丰富的信息。小麦托市收购期间组织《关注小麦收购》特别报道，从多个角度实时反映各地小麦收购动态；年初针对读者关心的最低收购价政策实行效果情况，刊发有关探讨性文章，对最低收购价政策的具体操作方式及效果引发思考和探索；根据企业关心粮食市场动态的需求，每期发布粮食市场权威分析，为企业经营提供参考；年底粮油市场价格出现较大波动时，跟随局领导深入批发市场了解最新供需状况，并刊发专家对市场行情的预测分析。

（七）发布中央储备粮代储资格公告。

配合流通与科技发展司中央储备粮代储资格评定工作，作为中央储备粮代储资格认定信息指定媒体，采用特殊纸张两次在杂志上刊登获得资格的838户企业信息，使公告信息一目了然。

（八）充分发挥中国粮食经济网的优势，利用网络媒体开展粮食新闻宣传。

为使读者更方便、更快捷地阅读《中国粮食经济》，2005年12月开通了中国粮食经济网，主要开设了“粮食新闻”、“本期导读”、“往期浏览”、“粮食百家”、“企业展示”等宣传内容，另外为方便读者订阅和作者投稿，开发了“网上订阅”和“网上投稿”功能，为方便网站访者发表言论，开辟了“网上讨论”区。该网站作为纸介质《中国粮食经济》的补充和扩展，发挥了良好的作用。2006年网站注册会员和浏览量稳步上升。

老干部工作

一 概 况

截至2006年12月31日，国家粮食局有离退休人员367人。其中：离休149人，退休218人；副部级以上离休干部3人，司（局）级离退休干部95人，处级及以下离退休干部250人，退休工人19人；第一、二次国内革命战争时期参加革命工作2人，抗日战争时期参加革命工作28人；70岁以上离退休人员243人，占66%，最高年龄94岁；中共党员272人，建党支部6个，其中在职人员党支部1个，离退休人员党支部5个；为老干部服务的在职工作人员35人。

2006年，国家粮食局离退休干部办公室在局党组的领导下，以“三个代表”重要思想和党的十六届五中、六中全会精神为指导，全面贯彻落实科学发展观，紧紧围绕建设和谐社会的奋斗目标和改革发展稳定的大局，认真落实离退休干部的政治待遇和生活待遇，加强党委班子和职工队伍的自身建设，完成了各项工作任务。

二 认真落实政治待遇，加强离退休干部的思想政治建设

（一）切实加强离退休人员的思想政治建设。

在离退办党委的统一领导下，各党支部认真落实党日活动和学习日制度，组织离退休人员学习了“两会”精神、胡锦涛总书记关于社会主义荣辱观的重要论述和讲话、《江泽民文选》、十六届六中全会《决定》等重要文件和会议精神，组织了粮食工作情况报告会，使老同志对党和国家的方针政策、特别是对科学发展观的精神实质、树立社会主义荣辱观的重大意义和“十一五”规划以及粮食流通体制改革和发展的重要意义等有了深刻认识。在抓好政治学习提高思想觉悟的同时，坚持把解决实际问题与解决思想问题相结合，做好经常性的思想工作。各党支部正副书记、党小组长与工作处的同志密切配合，经常深入到老同志中间了解情况，及时解决问题，化解矛盾。先后为25位离退休干部落实待遇、办理因私出境审批手续、补办离休证、出具各类证明材料等。

（二）开展丰富多彩的文体活动。

2006年，围绕纪念建党85周年和红军长征胜利70周年的主题，组织参加中央国家机关工委“颂歌献给党”征文活动，1人获优秀奖，5人获纪念奖；参加中组部组织的党史党建知识竞赛，获“优秀组织奖”；有17幅作品参加了局书画摄影展，分获一、二、三等奖和优秀奖；组织140多位老同志参观了纪念长征胜利70周年展览。离退办还先后举办了“迎春书画展”、纪念建党85周年和红军长征胜利70周年书画展、承办了有10个部委的30余名老干部参加的书画笔会，有的活动站还组织老同志们自编自演文艺节目，召开座谈会等。通过这一系列活动，大家回顾了建党85年来取得的辉煌成就，重温了中国工农红军长征胜利的辉煌历史，进一步激发了牢记光荣历史，珍惜来之不易的幸福生活，支持中心工作，参与和谐社会建设的积极性。为丰富老同志们的精神文化生活，离退办组织开展了多种适合老年人特点的文体活动。春节前夕，举办了春节联欢会，邀请武警文工团的演员与老同志同台演出，

受到大家热烈欢迎。各活动站把开展各类文体活动作为一项日常工作，做到了经常化、制度化、小型多样化。通过开展文明健康、格调高雅的文体活动，使老同志们振奋了精神，增强了体质。

（三）进行经常性的走访慰问。

2006年元旦、春节期间，国家粮食局领导和中储粮总公司领导出席了老干部春节团拜会并发表了讲话。国家粮食局领导分头走访慰问了老部长、老部长遗孀和部分生活困难的老同志；七一前夕，局领导看望慰问了老党员、老红军。有的工作处还对所有老同志普遍走访了一遍，全年共走访慰问老同志800余人次，及时了解掌握了老同志的一些特殊困难并努力帮助解决，把党的温暖送到了老同志的家中。

一年来，广大离退休干部思想稳定，精神振奋，关心支持粮食事业的发展，有的被聘为行业协会、粮经学会或粮油学会会员，继续发挥专长，参与中心工作；有的撰写回忆文章，吟诗作画，创造了许多精神文化产品。特别是在为灾区募捐中，老同志们积极奉献爱心，有的老同志一次捐款1000元，有的老同志买来新棉被捐赠，共有470人次捐助人民币28765元，棉衣棉被324件。

三 认真落实生活待遇，努力为离退休干部办实事

医疗保健待遇得到较好落实。在标准医药费严重不足的情况下，为保证离退休人员的医疗保健需要，积极推进了公费医疗管理改革。按照稳妥、慎重、平稳过渡，确保离退休干部思想稳定的原则，在充分调查研究的基础上，学习有关部委的成功经验，充分考虑具体情况，反复研究讨论，于6月下旬出台了扩大离退休干部就近医疗范围和加强公费医疗管理改革的方案，由个人承担了部分医疗费，依据北京市公费医疗有关规定变更了住院费结算办法。这一措施有效地遏制了医药费上涨过快的势头。为早发现、早治疗，认真组织了健康体检和宣教系列活动。先后分六批组织410人次进行体检并认真做了病种统计分析。针对“三高”（高血压、高血脂、高血糖）、脂肪肝、前列腺增生率较高的问题，先后组织220人次听取了“饮食与健康”、“预防前列腺增生”、保健科普等专题讲座，利用音像、杂志、展板等多种形式开展系列宣教活动，倡导科学健康的生活方式，增强了大家的防病意识。为更好地给老同志提供医疗保健服务，加强了巡诊探视工作。上半年增聘一名医生、调整医务人员分工，由办领导带领医务人员定期巡诊，登门看望行动不便人员，送药到家，先后巡诊556人次，探视、看望住院老同志332人次。严格执行公费医疗各项规定，加强了门诊工作，全年门诊量8100人次。

努力帮助老同志解决实际问题。先后为4名符合“独生子女父母年老时享受一次性奖励”政策的退休干部发放了一次性补贴；投资15万元，解决了马尾沟活动站厕所漏水、马连道活动站墙面渗水、西单活动站增加活动用房等问题；积极协助、配合局机关服务中心完成了南菜园旧房改造和互助巷47号院油改电供暖工程；为63位老同志举办了祝寿活动；先后为16位（其中离休5位、退休11位）去世的老同志办理了丧事。

认真做好离退休费的调整工作。针对调整离退休费过程中遇到的实际问题，积极向局人事司和主管局领导提出解决问题的建议，维护老同志的正当利益，12月按新的补贴标准，为离退休人员发放了津补贴。

四 努力提高"两个能力"，为做好离退休干部工作提供保证

2006年，离退办在进一步健全党的各级组织、完善制度、加强集体领导，努力提高党委班子集体领导能力的基础上，重点抓了工作人员服务能力的提高，促进了以落实离退休干部"两项待遇"为中心的各项工作任务的完成。

（一）加强制度建设，提高规范化管理的水平。

为了进一步规范办公秩序，提高工作效率，针对形势任务的变化和老干部工作出现的新情况新问题，从年初开始对各项规章制度进行修订和完善，在充分调查论证的基础上，多次召开办公会研究，3月汇编成册下发各单位执行，为制度化规范化管理奠定了基础。

（二）加强思想作风建设，增强了工作人员的服务意识。

按照离退办党委的统一部署，在职人员党支部认真组织学习了党中央、国务院以及中组部、局党组的一系列重要文件和有关领导的讲话精神。为增强学习效果，正确处理工学矛盾，坚持每周四下午集体组织学习，采取读原著与办领导宣讲辅导看专家辅导录像相结合、各党小组组织讨论与办组织大会讨论相结合、学习文件与参观展览相结合的方法，使大家深刻理解了全面落实科学发展观，建设社会主义和谐社会的重大战略意义；明确了做好离退休干部工作与贯彻落实党的十六届六中全会精神建设和谐社会的内在联系，增强了热情为老同志服务，做好离退休干部工作的责任感、使命感和紧迫感。

为进一步改进在职党员干部的思想和工作作风，建设"和谐单位"、"学习型支部"，根据国家粮食局机关党委关于创新教育形式，丰富教育内容，"领导讲党课、专家讲理论、典型讲事迹、自己讲体会"的要求，在职党支部组织开展了党课教育活动。

（三）狠抓治理商业贿赂专项工作，促进了党风廉政建设。

3月，中办9号文件下发后，离退办按照动员学习、小组讨论、制定整改措施的步骤，主动安排进行了学习贯彻。国家粮食局统一部署后，离退办又结合离退休干部和在职干部的不同情况，按照以在职人员为主、以班子成员为主、以一把手为主、离退休干部以正面教育为主的原则，深入抓了落实。为确保学习质量，针对工作人员办公地点分散、学习易受事务性工作干扰的问题，坚持每周四下午集中组织在职人员学习，遇有特殊情况，提前调整时间。学习中坚持边学边改，把理论学习与查找工作中的薄弱环节相结合，把解决眼前问题与建立长效机制相结合，针对本办的实际情况，查找出药品采购、办公用品采购、车辆维修、国有资产管理等易发生问题的薄弱环节，制定了《离退办关于防治商业贿赂的规定》和《离退办领导班子加强党风廉政建设的措施》并严格贯彻执行。通过半年时间的专项治理，进一步提高了党员特别是领导干部的廉政意识，堵塞了可能发生问题的漏洞。

（四）加强经费管理，提高了资金的使用效益。

按照规范、透明、严格的要求，加强了财务管理。重新修订了经费管理办法，规范了经费开支审批报销手续；按照财政部有关规定，规范了津补贴的发放形式；坚持精打细算，杜绝浪费性开支，全年基本实现收支平衡。

（五）加强业务建设，提高了为老干部服务的能力。

针对工作人员的礼仪常识与为老同志服务有差距，公文写作能力与在局级机关工作的要求有差距等问题，上半年专门组织了礼仪常识和公文写作基础知识培训，使大家掌握了工作中常用的礼仪规

范和公文处理的基本要求，同时加强了文稿审核，文稿质量有明显提高。特别是网站信息报送成绩突出。积极向局有关部门建议，在国家粮食局网站中开设了“老干部园地”专栏并积极提供信息，编发信息140余条，被评为信息报送先进单位。通过一年的建设，使“老干部园地”专栏成为宣传离退休干部工作的方针政策、交流工作经验、展示离退休干部精神风貌的重要平台。

4

第四篇

各地粮食工作

北京市粮食工作

基本情况

北京市简称京，是中华人民共和国首都，是全国的政治、经济、交通和文化中心，也是世界闻名的历史古城、文化名城。北京市位于华北平原西北边缘，东南距渤海约150公里，西、北和东北群山环绕，东南是缓缓向渤海倾斜的大平原，地势是西北高、东南低。气候为典型的暖温带半湿润大陆性季风气候，夏季炎热多雨，冬季寒冷干燥，春、秋季短促，年平均气温10～12摄氏度。全市土地面积16410平方公里，其中平原面积占38.6%，山区面积占61.4%。全市下设16个市辖区、2个县。

截至2005年年底，全市总人口为1538.0万人，其中：城镇人口1286.1万人，乡村人口251.9万人；户籍人口1180.7万人，外来人口357.3万人。2006年，全市耕地面积23.3万公顷；粮食总产量109万吨，比上年增加14万吨；全市粮食消费量475万吨，比上年减少22万吨。

2006年粮食工作情况

一　粮食市场繁荣稳定

2006年粮食消费总量近500万吨，比2005年略有下降。郊区粮食生产继续呈恢复性增长，产量达到109.2万吨，比2005年增产15%，粮食自给率有所提高。粮食品种结构日趋多样化，粮油经营主体进一步向多元化发展，粮食流通渠道发生显著变化，骨干粮食批发市场的主导作用更加明显。2006年重点粮食批发市场交易量193.7万吨，80%供本市消费，20%销往周边省区。全社会粮食库存充足，市原粮储备相当于全市6个月的粮食销售量，成品粮储备及社会成品粮库存可供1个月左右的居民口粮消费。据北京市消费者协会调查，在全市10种主要食品中，大米、面粉成为消费者满意度最高的食品，放心和基本放心的产品比例达到96.3%。北京市粮油交易服务中心的粮食竞价交易平台对市场的带动作用进一步增强。全年举办竞价交易会15次，粮油交易总量73万吨，交易总金额13.6亿元，会员单位已达500多家。

二　市级储备粮规模到位，管理水平进一步提高

北京市级储备粮宜存率达到100%，粮食质量达到历年最好水平。按时完成了25万吨稻谷调运工

北京市副市长陆昊同志、北京市粮食局局长李广禄同志陪同国家发展改革委常务副主任王春正、国家粮食局局长聂振邦等领导同志参加粮食科技周活动。

北京市商务局局长卢彦同志到北京市顺义区粮油总公司所属粮库检查工作，并慰问接卸一线的粮食职工。

作，储备粮品种结构更加合理。进一步完善市储备粮承储合同管理制度，规范政府调控与企业经营之间的关系。严格执行市储备粮货位移动申报制度，强化对具体货位的监管。《北京市储备粮质量跟踪管理办法》和《北京市储备粮储存工作规范化管理办法》正式实施，加强对粮食入库、储存和出库过程中的质量跟踪与监控。启用北京市储备粮通用台账管理系统和储备粮管理地理信息系统，健全和完善了市储备粮监管措施和监管手段。完成对黑龙江省代储库专用仓房的挂牌工作，建立异地储备粮管理档案，确保了异地储粮的安全。科学储粮工作取得新进展，紧紧抓住降低粮温这一关键环节，采取严格控制入库时间、仓房改造、增加制冷设备等措施，有效延缓稻谷品质劣变，全面完成粮食安全度夏工作。认真落实储备粮库建设规划，粮食流通基础设施进一步改善。

三　粮食应急保障能力进一步提高

根据《国家粮食应急预案》和《北京市突发公共事件总体应急预案》的要求，重新修订并以北京市突发公共事件应急委员会文件的形式印发了《北京市粮食供给应急预案》，进一步完善应急工作机制。10家大米、面粉加工企业经过企业申请、协会推荐和市粮食局审核，加入本市应急粮食加工体系，进一步提高了应急状态下的成品粮供给能力。

四　粮食市场信息监测和预警机制进一步完善

提高数据的收集、汇总、分析能力和安全预警水平。建立北京、上海、天津、石家庄、杭州、南京等城市间粮油市场信息的互动制度，健全主销区重点城市粮油市场沟通机制。坚持粮食、财政、银行共同参与的粮食价格形势分析会议制度和联席会议制度，为适时调控市场和轮换市储备粮提供信息支持和资金保障。完成6家骨干粮油批发市场的大型电子屏幕建设，进一步完善信息发布方式，为政府利用信息手段调控市场创造了条件。

五　成功应对市场粮价恢复性上涨

北京市2006年第四季度粮食价格出现了恢复性上涨，特别是面粉和大豆油价格升幅明显。市粮食局与区县商务局（粮食局）加强监测力度，健全沟通机制，密切关注市场变化；启动价格监测日报制度，综合分析粮油价格上涨的原因，对供求和价格走势做出正确判断；以日报、周报和专报等多种形式及时向市政府、国家粮食局及有关部门报告情况；在市政府的统一部署下有针对性地加强舆论宣传，稳定了居民购买心理；加强市储备成品粮油库存核查，做好随时出库的各项准备工作；定向拍卖4万吨小麦，保证7家应急面粉加工企业的原料供应，维护了正常的粮油购销秩序。

六　依法行政工作取得新进展

市粮食局增设信息统计处和监督检查处两个职能处室。认真落实国务院《粮食流通管理条例》，出台《北京市粮食流通行政执法和行政执法监督暂行规定》等5个配套文件，推动粮食行政管理工作的规范化、程序化。进一步加强粮食行政执法队伍素质培训，50多名行政执法人员参加了岗位资格培训。组织多种形式培训和宣传活动，制定“五五”普法工作规划，强化粮食管理部门的依法行政意识。全市172家粮食收购企业和4家陈化粮购买企业通过资格认定，粮食行政许可工作进一步规范。按照国家粮食局关于开展粮食库存检查工作的部署，进一步核查市储备粮库存实物、账务、质量、原粮卫生、储粮安全及库存管理等情况。认真开展粮食流通行政执法检查，市和区县共检查904次，出动2855人次，检查了1153个单位，对粮食经营违法行为及时做出处罚，维护了良好的粮食流通秩序。

七 国有粮食企业连年实现赢利

2006年，国有粮食企业实现利润3028万元，其中国有粮食购销企业实现利润2405万元，保持了自2002年全行业实现扭亏为盈以来连续5年盈利的好形势。

八 市粮油食品检验所较好地完成了粮油质量检测工作

完成国家质检总局、国家粮食局、国家食品药品监督管理局在食品安全监督检验方面的任务；配合北京市工商局、北京市技术监督局对北京的粮油市场及粮油加工企业的监督检查；按照市粮食局的要求，做好市储备粮质量检验和质量普查工作，共完成各类检测样品7200份。

九 粮食流通统计工作取得新进展

完成全市2005年社会粮食供需平衡调查任务，共抽样调查城镇住户1377个、农村住户610个，调查了全部国有粮食企业、815家非国有粮食企业和个体户以及636家转化用粮企业及养殖户，基本上掌握了本市社会粮食供需情况。在全国率先建立了城乡粮情固定调查点，共建立固定调查点1434个。首次开展了全市粮食流通统计专项检查，共抽查重点非国有涉粮企业77家。初步创建了全市涉粮企业的名录库，收录各种经济类型的涉粮企业1747家。

十 较好地完成退耕还林补助粮食供应等其他任务

继续做好2006年退耕还林补助粮供应工作，供应面粉、大米折合原粮5万吨，保护了退耕农户的利益。开展了“首都军粮供应精细化管理年”活动，较好地完成了军粮供应工作。昌平粮库大米加工厂正式开工建设，“引厂进京”工作取得新进展。完成了两个重点研究课题，为建立现代粮食物流体系和保障本市粮食加工能力提供了理论支撑。举办了粮食科技周和世界粮食日系列宣传活动，“粮食安全、放心消费”的观念深入人心。

天津市粮食工作

基本情况

天津市地处华北平原的东北部，东临渤海，北依燕山，西靠首都，南北长189公里，东西宽117公里，距北京120公里。市域面积11760.26平方公里。全市下设15个市辖区，3个县。其中12个区县有农业生产。截至2006年年底，全市常住人口约1075万人。

2006年，全市粮食播种面积29.52万公顷，粮食总产量143.5万吨，比上年增产6万吨。分品种看，小麦增产4.6万吨，稻谷基本持平，玉米增产2.6万吨，大豆减产1.2万吨。全年粮食消费总量为497.9万吨，产消缺口约354.4万吨。

据调查，2006年度全市国有及社会涉粮企业共收购粮食86.6万吨，比上年减少3.4万吨，其中玉米和大豆收购量增加，小麦和稻谷收购量减少。全市粮食消费总量比上年增加3.6%，其中大豆消费量增幅较大，小麦、稻谷和其他杂粮消费量比上年减少。全市粮食进口101.2万吨，其中大豆占进口量的98.0%。出口粮食2.8万吨，其中杂粮占出口量的71.4%。全市粮食净进口96.4万吨。种粮农民出售粮食97.8万吨，比上年增加6万吨。粮食商品率68.2%，比上年提高1.4个百分点。跨省粮食流入量347.2万吨，比上年减少11万吨，其中玉米跨省流入量增加，小麦基本持平，稻谷、大豆和其他杂粮跨省流入量呈不同幅度减少。

2006年粮食工作情况

一 粮食安全体系建设得到进一步加强

1．加强与粮食主产省的联系，巩固扩大稳定的粮源渠道。本着“政府参与，重点扶持，企业主体，引粮入津”的总体思路，积极探索多形式、深层次、长期稳定的粮食产销合作关系。2006年，分别与吉林、黑龙江、河南、河北、山东省建立了长期的稻谷和小麦产销合作关系，实现了五省稻谷、小麦资源与天津市稻谷、小麦市场两个优势的互补，保证了本市稻谷、小麦两大主要粮食消费粮源的有效供给。天津市粮食局组织了全市50余家粮食企业从粮食主产区分别采购小麦75万吨、稻谷61万吨，还与黑龙江、北京、上海等七省(市)粮食局联合在哈尔滨市举办了2006年粮食交易合作洽谈会，会上共成交粮食37万吨。通过省际粮食产销合作，增强了粮食宏观调控和供应保障能力。

2．搞好沟通协调，推动了全市粮食应急体系建设。制定了“天津市粮食应急预案”，加强对区县粮食应急工作的指导。全市18个区县分别成立了粮食应急组织机构，制定了粮食应急预案。按照国

2006年3月2日，天津市粮食局在东丽区召开了全市粮食工作会议。

家粮食局的要求，启动了9个国家粮食市场价格监测直报单位，确定了15个定点粮油应急加工企业和295个骨干粮油应急销售网点，目前运转正常，初步形成了粮食应急保障体系。

3．搞好社会粮食统计工作，为各级政府提供可靠的决策依据。全市国有粮食经营企业和重点非国有规模以上粮食经营企业建立统计台账工作基本达到100%；完成了社会粮食供需平衡调查工作，在国家粮食局调查方案的基础上，增加了食用油和餐饮业、农贸市场的调查，使调查数据更加全面；开展粮食统计与调控调研，完成了粮食收购损失损耗和工业转化用粮两个课题。

4．推动粮食立法工作，《天津市粮食流通管理办法》正式出台。《天津市粮食流通管理办法》于2006年12月25日，经天津市人民政府第83次常务会议讨论通过，以天津市人民政府令第109号正式颁布执行，对于全市实现依法管粮，规范粮食流通秩序，确保粮食安全，提供了法律保障。

5．加强粮食政策调查研究工作。针对粮食形势和粮食工作出现的新情况、新问题，围绕如何保障“十一五”期间天津市粮食安全，确保粮食市场稳定，促进和谐社会建设和全市经济持续、快速发展，天津市粮食局结合实际，提出了可操作性强的对策和措施，形成了《关于“十一五”期间我市粮食安全的思考与建议》的调研报告，引起了各级领导和有关部门的高度重视。

二 及时应对粮油市场波动，进一步提升天津粮食工作地位

在2006年11月的粮食市场价格波动中，天津市及时启动粮食价格监测系统、应急加工体系，确保了全市粮油市场供应稳定。具体措施包括：

1．迅速捕捉分析国内外、市内外粮食行情动态。向市委、市政府和国家粮食局上报了信息和工作报告，为各级领导掌握情况、科学决策提供依据。

2．市局领导带队深入市场，深入基层。及时了解经营、生产和成品粮油储备情况，及时启动粮油应急保障体系的准备工作。

3．区县粮食行政管理部门及时收集粮食价格变化情况和动态，上报监测情况。对粮食批发交易市场、农贸市场及销售部门的监督检查，督促各类粮油经营企业、销售网点保持必要库存，保证市场供应；各定点粮食加工企业，全力组织米、面的加工销售，为市场提供了充足的货源。

4．市、区县两级政府对粮食工作非常重视。对粮食部门的机构编制、工作经费和政策方面给予大力支持。粮食工作在市、区县政府工作中的地位不断提升。

三 强化地方储备粮管理，确保全市地方储备粮安全储存

1．适时进行储备粮轮换。按照均衡轮换的原则，及时组织市级储备稻谷和食用植物油轮换，按期完成了轮换任务。

2．保证库存粮食品质良好。全市开展了粮油安全普查和防雨防汛检查，对于检查中发现的保管问题，及时进行整改。

3．提高全市粮食保管人员的业务素质。通过开展粮油仓储知识竞赛，组织中央在津和承储市级、区级储备粮的粮库千余人参训参赛，提高队伍素质，促进规范管理。

4．推动科学保粮。积极采取措施，规范制度，强化管理，完善设备，完成好粮食仓储基础工作。

四 搞好粮食流通监督检查，保证国家粮食政策、法规执行

1．加强体系、机制和制度建设，为搞好监督检查提供了组织保障。截至2006年年底，全市18个区县全部设立了粮食监督检查机构，做到了监督检查机构、人员、经费三落实；建立了以监督检查队伍为核心、社会参与为外延、专业监管为基点的内外一体化、网络化的防控体系；制定《天津市粮食流通监督检查工作实施细则》和完善地方储备粮管理、粮食质量标准、粮食流通统计制度等方面的规章制度及行政执法行为规范。

2．加强粮食行政执法能力建设，提高行政执法人员的基本素质。天津市粮食局先后两次派11名同志参加了国家粮食局举办的粮食流通监督检查行政执法培训和军粮供应监督检查培训，并取得了合格证书。市粮食局还加强区县粮食监督检查人员的培训，组成一支具有明确的依法行政意识、文明执法意识和服务意识较强、执法政策水平和专业水平较高的监督检查行政执法队伍。

3．围绕重点，扎实有效地开展监督检查。加大粮食收购市场监查力度，在夏、秋两季粮食收购中，对取得"粮食收购许可证"企业的粮食收购数量、质量、原粮卫生状况以及执行国家粮食收购政策的情况进行严格的监督检查，有力地维护了粮食收购市场的正常秩序。开展粮食库存检查工作，根据国家粮食局有关部署，组织对承担中央、地方储备粮、商品周转粮储存的44家粮食经营企业的库存粮食进行自查、复查，对18个区县的20家粮食经营企业进行了重点复查，检查粮食达80万吨，库存的粮食质量和卫生指标都达到国家标准。加强对陈化粮销售处理工作的监管，对有陈化粮购买资质的企

业在市内外购买的9.8万吨陈化粮进行全程跟踪监管。据统计，2006年粮食监督检查中，全市共出动粮食行政执法人员3603人次，检查涉粮企业3004家，下达整改通知书77份、警告12份，维护了市场流通秩序，保证了国家粮食政策法规的落实。

五 强化“三个中心”建设，进一步提升市场功能定位

中国天津粮油批发交易大厦建成后于2006年年初正式投入使用，交易大厦内设有粮食交易中心、粮食信息中心、粮食质检中心为主体的功能齐全、设备先进、设施完备的现代化粮食批发市场。在组织粮食交易、调控粮食市场、配置粮食资源、调节粮食供求、采集粮食信息、指导粮食价格、检验粮油质量、保证粮食安全、服务粮食宏观调控等方面发挥了重要作用。

1．粮食交易中心开创了新局面。全年组织6次竞价交易活动，实现交易量88.5万吨，交易额13.7亿元。一是圆满完成地方储备粮的竞价采购和销售任务，合理调整地方储备粮结构。二是扩大市场影响力，拓宽了异地联合交易渠道。协助黑龙江省粮油批发市场完成了对黑龙江部分陈化粮的竞价销售。三是完善硬件设施建设，全面提升交易大厦功能，为市场发展发挥重要作用。

2．粮食信息服务质量稳步提高。一是加强和完善信息基础工作。做好天津粮食市场信息，维护好津粮网，保证津粮网的正常运行，每天增加新内容近50篇，每周均撰写反映天津或全国粮油市场的文章。目前，津粮网日均浏览量保持在1万次以上。津粮网的注册会员由2005年的1610户发展到2006年的2037户。二是认真做好粮食市场的监测工作。坚持对全市18个区县的粮油集贸市场的大米、面粉、食用油等价格进行日监测，在粮食价格波动时期，每日向国家发展改革委、国家粮食局等部门报送信息情况。

3．粮食质检中心再创新的佳绩。一是完成地方储备粮检验工作，共抽取样品967个。二是完成了在津中央储备粮强制检验工作。按照中储粮北京分公司下达的“中储粮春季安全大检验”任务，质检中心与秦皇岛、邯郸直属库共同配合，共抽取样品1352个进行了检验。三是完成了天津市技术监督局下达的100余批次QS认证单位的米、面、油样品强检任务，完成了委托检验32批次。

六 发挥职能作用，服务基层工作成效明显。

1．在粮食行政管理中为企业提供优质服务。一是对粮食收购许可、陈化粮购买资格和军粮供应站资格三项行政审批事项，依法规范审批行为，现场办公，上门服务，减少环节，简化程序，提高了办事效率。二是协助中国天津粮油批发交易市场，争取了储备粮的拍卖任务。三是为本市四个储备库完成储备粮熏蒸药剂和仓房熏蒸设施的改造，确保甲基溴淘汰后不影响储备粮的安全储存搞好服务。四是对定点粮食加工企业设施改造进行监管，协助争取到一定数额的项目贷款。

2．争取政策，为国有粮食购销企业生产、经营用房和土地减免了房产税和城镇土地使用税。根据《国务院关于进一步深化粮食流通体制改革的意见》（国发[2004]17号）“对有困难的国有粮食购销企业的生产经营用房和土地，应减征或免征三年房产税和城镇土地使用税”的精神，经与有关部门协调，为本市国有粮食购销企业生产经营性用房和土地，按照规定给予免征2006年度房产税、土地使用税政策。

3．为部队搞好各项军粮供应服务。一是重新组建的天津市兴稷军粮供应有限公司，帮助解决了

因资金短缺引发的军粮供应中的车辆运输难题。二是为西青区军粮供应站解决了因城镇规划改造拆迁后的60万元资金缺口。三是组织军供企业实行24小时值班制，搞好为部队的军粮供应服务工作。四是实行军粮供应精细化、专业化、亲情化，根据不同季节和节日，调剂、增加粮源花样和品种，为部队上门解决存粮虫害、发热变质等问题。

七 国有粮食企业改革和发展工作取得显著成效

1．调整企业布局。2000年全市国有粮食企业400家，截至2006年年底，国有粮食企业减少到221家，减少了179家，减幅近44.8%；2000年全市国有粮食企业在册职工为14359人，到2006年年底减到8775人，减幅38.9%。同时，对国有粮食购销企业进行了整合，新增了12个大型粮、油加工、仓储企业为国有粮食购销企业，为政府实行粮食宏观调控增加了骨干力量。

2．探索企业改制。截至2006年年底，全市有国有粮食企业221家，其中，改制企业173家，达到了78%。天津市利金粮油股份有限公司通过股份制改造，先后联合、兼并了12家国有粮食企业，成为集面粉加工、粮食仓储和商贸开发为一体的大型综合性企业，也成为天津市为数不多的国有控股的粮食骨干企业。

3．完善调控机制，集并调控载体。为了实现政府的有效调控，一方面发挥天津市粮食储备有限公司的作用，确保了地方储备粮油的数量真实、质量完好，调得动，用得上；另一方面发挥中国天津粮油批发市场的信息监测与服务功能，搞好全市粮油市场的监测、储备粮油质量的强制检验及储备粮的竞价交易，形成了良好的粮食宏观调控和应急供应保障体系。

4．粮食龙头企业改革步入良性循环。如天津市利金股份有限公司通过资产重组，不断扩大企业规模，2006年全年生产面粉43万吨，实现综合利润2000余万元。同时，利金股份有限公司在全市的面粉供应网点已发展到420家，市场占有率达70%以上。武清区国有粮食企业通过优良资产的集中，发挥整体和规模优势，形成“买全国粮、卖全国粮”的大流通格局。该企业粮油年经营总量超过40万吨，年经济效益在千万元左右。天津市“食为天”快餐连锁公司通过改组改制，企业已发展到近40家连锁店、年营业额超过6000万元的天津市规模最大的中式快餐连锁企业。

河北省粮食工作

基本情况

河北位于首都北京的周围，与天津市毗邻。全省有11个省辖市、22个县级市、114个县、35个市辖区，总人口6897.8万人。面积18.8万平方公里，占全国土地总面积的1.96%。全省耕地面积588.3万公顷，粮食占耕地394.2万公顷，粮食播种面积619.9万公顷。2006年粮食总产量2702.8万吨，其中小麦1149.5万吨，玉米1280.5万吨，人均粮食占有量391.8公斤；粮食商品量1513.8万吨，商品率达56%。全省农民人均纯收入3801.8元。全社会粮食企业商品粮食收购量1249.4万吨，销售量1781.2万吨，工业用粮433.8万吨，饲料用粮838.9万吨，种子用粮84.4万吨，城镇口粮230万吨，农村口粮1015万吨；全年粮食进口量201.2万吨，出口量9.9万吨。全省粮食系统现有企业1221家，其中国有独资及国有控股粮食购销企业681家，国有参股粮食购销企业159家，粮食附营企业381家。全系统职工总数34978人，其中购销企业从业人员2万人。

2006年粮食工作情况

2006年，全省粮食系统认真贯彻党的十六届五中、六中全会精神，紧紧围绕年初确定的目标任务，以加快发展为主线，不断深化流通体制改革，转变职能，完善宏观调控体系，落实国家粮食政策，依法规范粮食流通，圆满完成了各项目标任务，精神文明和党风廉政建设也取得了新的成绩。对2006年度全省粮食工作，特别是国有粮食购销企业改革任务的基本完成，省委、省政府领导给予了充分肯定。郭庚茂省长在省粮食局报送的《关于全省国有粮食购销企业改革情况的报告》上批示："粮食流通体制改革取得重大突破，成绩应予肯定。希望粮食局和有关部门再接再厉，深入推动，不断完善、活跃粮食流通，发展产业化经营，为建设沿海经济社会发展强省做出贡献"。

一 国有粮食购销企业改革任务基本完成

按照省政府的要求，在巩固改革成果的基础上，要求改制较慢的县市加快步伐，重点督促指导。按照分级负责、严格标准的原则，展开检查验收。到2006年年底，基本完成了全省国有粮食购销企业改革任务，原有的2210家企业中，有201家改制为国有独资公司，480家改制为国有控股公司，159家改制为国有参股公司，849家改为报账制购销站点，521家实行了民营制改革。各市、县成立具有粮食国有资产管理职能的机构145家，形成了责任明确的国有资产监管体系。2006年，全省国有独资、国

河北省粮食局局长马静(左一)陪同国家粮食局局长聂振邦(中)在柏乡粮库座谈指导工作

河北省粮食局党组书记、局长　马静

河北省粮食局局长马静(中)与售粮农民亲切交谈

有控股粮食购销企业统算实现利润5289万元，实现了省政府提出的统算不亏损的目标；同时，省粮食局被国家粮食局评为“全国国有粮食企业改革工作先进单位”。

二 粮食产业化经营有了新进展

按照年初省局提出的“粮食产业发展年”的要求，各级粮食部门把粮食产业化经营作为全年工作的重点，积极向前推进。一是抓基础，掌握底数。从4月开始，利用半年时间，全省上下开展了涉粮情况调查，从生产到消费、从品种到布局、从加工到仓储，基本摸清了各项粮情底数，为谋划粮食产业发展奠定了基础。二是抓项目，培育产业龙头。共谋划粮食产业化龙头项目126个，其中在建项目53个，预计项目建设总投资66.5亿元，建立了粮食产业化龙头企业项目库。经筛选推荐，河北柏乡国家粮食储备有限公司等56家企业，被列为国家粮食局和中国农业发展银行重点扶持的粮油产业化龙头企业。三是抓联合，开展对外合作。6月，省政府与中粮集团签署战略合作框架协议后，经与中粮集团有关部门建立工作协调机制，就有关问题多次进行沟通协调，推动了30万吨乙醇、廊雪面粉、骊华淀粉等签约项目的落实。在“9·26中国（廊坊）第十届农产品交易会”上，全省粮食行业成功举办了首届粮油精品展，集中展出粮油精品115类3525种，向国内外客商推荐发布项目36个，签订粮食购销合同和意向协议40份，成交粮油299万吨，金额44.3亿元。10月，又组织参加了在郑州市举办的第六届中国粮油精品展，也取得了较好效果。两次展销活动，集中展现了全省粮食行业发展的新风貌，得到了省政府和国家粮食局的充分肯定。四是抓典型，进行工作推动。8月，省局在张家口、承德召开了全省粮食产业化经营经验交流会，推广了8个单位的典型经验，实地参观了部分企业，对全省粮食产业化经营工作进行了动员和部署。

三 小麦最低收购价政策落实较好

2006年，国家首次在包括河北在内的6个小麦主产省启动了小麦最低收购价执行预案。全省各级粮食部门积极配合中储粮北京分公司等单位开展工作，确定了131个委托收储库点和754个延伸收购库点。经过各级粮食部门和基层粮食企业共同努力，小麦最低收购价政策得到了较好落实。6~9月，全省国有粮食经营企业按最低收购价收购小麦451.7万吨，占当期小麦收购总量的94%，有效地稳定了市场粮价，保护了农民利益。各级粮食部门和粮食企业还抓住玉米价格上涨的有利时机，大力开展粮食经营，1~12月，全省国有粮食企业累计销售粮食754.5万吨，同比增加43万吨，取得了较好的经济效益。同时，较好地完成了军粮等政策性粮食供应任务，受到了国家粮食局和驻冀部队的好评。

四 粮食宏观调控体系进一步完善

在制度建设上，年初《河北省粮食流通管理规定》发布后，省粮食局会同省工商局对《河北省粮食收购资格审核管理暂行办法》进行了修订，《河北省省级储备粮业务管理规定》和粮食行政执法考核评议办法、责任追究制度等文件将陆续印发执行。在应急体系上，《河北省粮食应急预案》已由省政府办公厅以冀政办[2006]12号文件正式印发，省、市两级应急指挥系统、粮食应急加工、供应、储运企业指定工作正在抓紧落实。在储备体系上，到2006年年底，全省地方储备粮已到位77.4%。同时，对35家仓储企业上报的中央储备粮代储资格进行了认真审理，经过国家粮食局审核批准，全省共有32家企业获得了中央储备粮代储资格。

五 安全生产和安全储粮工作得到加强

省局对市局、市局对县局，继续实行了安全生产目标管理责任制和岗位安全责任制，加大了监督检查和责任追究力度。按照《河北省安委会2006年“安全生产月”活动方案》，在全系统广泛开展了“安全生产月”活动，加强了仓储保管的基础工作，完善了各项规章制度，对全省800多名仓储保管人员进行了专项培训，对基层企业不定期开展检查，全系统没有发生安全生产责任事故，粮食企业“一符四无”库站率继续保持在95%以上，连续三年被评为全省安全生产达标单位。2006年，省局还与河南工业大学合作，在石家庄藁城、栾城各选择100家农户进行了农户科学储粮试点，储粮器具研制、储存试点均取得成功，受到农民欢迎。

六 监督检查工作全面起步

在机构建设上，全省11个设区市粮食局已成立了监督检查内设机构，155个县级粮食行政管理部门中，已有68个设立了监督检查机构，占总数的44%。在执法队伍建设上，3月份，省局连续举办了三期粮食行政执法培训班，全系统共有1200余人参加了培训，对从事粮食监督检查工作并考试合格的1081人，核发了《粮食监督检查证》，建立了全省粮食执法人员管理档案。12月上旬，又举办了两期粮食行政执法实务培训班，各市县粮食局主管领导及业务骨干500多人参加了培训。在制度建设上，为规范粮食行政执法行为，12月初，省局制定下发了《河北省粮食监督检查行政处罚程序（试行）》等4个规范性文件，粮食监督检查工作开始进入实质性操作阶段。在执法检查上，一年来，省、市、县三级粮食局共开展各种单项和综合检查1552次，出动监督检查人员8323人次，被检查单位7468个次。圆满完成了粮食库存检查、小麦最低收购价政策执行情况等专项检查，有效地维护了粮食市场秩序，保证了国家粮食政策的落实。2006年，省粮食局和承德、张家口市粮食局被国家粮食局评为省、市级“全国粮食流通监督检查工作先进单位”。

七 精神文明和党风廉政建设取得新成绩

一年来，省粮食局坚持“以人为本、和谐发展”，努力创建和谐机关，扎实搞好精神文明创建活动，组织开展了“迎奥运健身活动月”等文体活动，加强对口贫困地区帮扶工作，全年为贫困地区捐款捐物价值5万多元。在省直文明单位创建活动中，局仓储基建处被评为省直“十佳”文明处室，财会处、行发处、老干部处被评为省直文明处室，军供中心和局直属库分别被评为省级和省直文明单位。全面落实党风廉政建设责任制，加强了行政监察、行业纠风和案件查处工作，扎实开展了权力公开透明运行和治理商业贿赂等专项活动，制定和完善了监督制约工作机制，局机关和直属单位没有发生违法违纪案件，纪检监察工作在省直37个单位中综合测评列第8名。同时，大力加强作风转变，深入开展调查研究，全省共完成重点调研课题21项，其中省局机关各处室基本都完成了一篇以上调研课题。

山西省粮食工作

基本情况

山西位于黄河中游的黄土高原上，因位于太行山之西而得名。全省总面积15.6万平方公里，总人口3374.55万人，其中城镇人口1451.39万人，农村人口1923.16万人。下辖11个地级市，119个县（市、区）。

山西地形多为山地丘陵，山区面积约占全省总面积的80%以上。现有耕地386.7万公顷，旱地占75%；水资源十分短缺，仅占全国的0.35%左右；森林覆盖率为12%；山西属于典型的温带大陆性气候，干旱少雨，晋南和晋中盆地是重要的商品粮基地。

山西省正常年景粮食产量在900万吨左右，年消费粮食一般在1100万吨左右，缺口200万吨。小麦产量250万吨，消费500万吨，缺口250万吨；玉米产量450万吨，消费250万吨，需要销往省外或出口200万吨；稻谷需求100万吨，全部靠调入。总体上看，总量不足，结构不平衡，产粗吃细，小麦不足，玉米有余。

2006年全省农作物总播种面积382.3万公顷，比上年增加2.8万公顷，增长0.7%。其中粮食作物种植面积为312.2万公顷，增长2.9%。粮食总产1073.3万吨，比上年增产9.8%，是历史上的第3个高产年。其中夏粮总产255.3万吨，增产24.2%；秋粮总产818.0万吨，增产5.9%。

2006年全社会粮食收购量734万吨，其中国有粮食企业收购394万吨。全社会粮食销售量786万吨，其中国有粮食企业销售466万吨。工业用粮86万吨，种子用粮31万吨，饲料用粮320万吨，城镇用粮188万吨，农村口粮475万吨。

截至2006年年底，全省共有国有粮食企业1848个，在职职工47924人；其中购销企业1034个，在职职工26834人。

2006年粮食工作情况

2006年，山西省粮食工作坚持以科学发展观为指导，认真贯彻党的十六届五中、六中全会精神，严格执行党中央国务院、省委省政府关于粮改和粮食工作的方针政策，按照年初的工作部署，围绕保护农民利益、保证粮食安全的总体思路，在粮食企业改革、粮食宏观调控、市场粮食供应、粮食市场监管、储备粮管理、粮食产业化经营等方面做了大量的工作，较好地完成了年初确定的工作目标，为全省的经济发展和社会稳定作出了积极贡献。

山西省粮食局局长姚高宽，纪检组长姚允民，副局长牛银虎、张文等在阳泉市就粮食系统开展职工文化建设和创建学习型企业活动进行调研。

山西省粮食局局长姚高宽等在太原市面粉二厂检查粮食库存和查看粮情记录。

山西省粮食局局长姚高宽、副局长张文等在朔州国家粮食储备库调研。

山西省粮食局局长姚高宽、副局长张文、总经济师梁政等在大同市调研并听取该市粮食工作汇报。

一 抓好粮食购销，保护粮农利益

2006年山西省粮食总产量达到1073.3万吨，是历史上第4个突破1000万吨大关的年份。在粮食产量增加、粮食收购市场放开的情况下，抓好粮食收购、实现种粮收入、保护粮农利益，就成为粮食部门全年工作的重头戏。

1．安排部署，提出要求。适时分别召开了全省夏粮收购工作会议和秋粮收购工作会议，对粮食收购工作进行了专门的安排部署，提出了明确要求，并会同省农发行重点解决了收购资金问题，在人员、资金、仓容等方面为粮食收购做好充分准备。

2．提供信息，搞好服务。在全省各地设立了21个价格监测点，通过报纸、电视等媒体及时向社会公布粮食价格及其走势，引导粮农适价售粮。

3．舆论引导，鼓励收购。通过多种媒体宣传，鼓励和支持取得收购资格的多元市场主体，积极参与粮食收购。培育和发展粮食经纪人队伍，大大方便了农民售粮。

4．转变观念，改进方式。国有粮食购销企业充分发挥主渠道作用，改进服务方式，积极入市收购，争取多掌握粮源。

2006年，全省国有粮食购销企业收购粮食39.4亿公斤，收购量占到社会粮食商品量的75%以上，其中收购小麦12.2亿公斤、玉米25.6亿公斤；销售粮食46.55亿公斤，其中销售小麦15.65亿公斤、玉米29.35亿公斤，增加了种粮农民的收入，保护了农民利益。

二 加强宏观调控，确保粮食安全

1．充实地方储备粮规模，增强调控能力。经过各方面努力，省、市两级储备粮不断增加，部分市县还建立了政府调控粮，大大增强了各级政府的宏观调控能力。

2．重视产销衔接，保证供求平衡。为了确保省内粮食总量平衡，山西省与河南、山东、黑龙江等省建立了长期的粮食购销协作关系。6月，山西省粮食局与黑龙江省粮食局在太原市联合举办了粮食产销衔接会，签订了购销合作协议，确定本省每年从黑龙江省购进粮食5亿公斤。双方企业还签订了0.79亿公斤的意向性购销合同。

3．建立预警机制，应对突发事件。为了应对粮食供求上的突发事件，做到有备无患，省、市、县三级都建立了粮食宏观预警机制，制定了应急预案。目前，省级《粮食应急预案》已经省政府批准下发各地。近期，省粮食局将会同省有关部门调研和制定扶持政策，尽快确定各市粮食应急加工和销售网点。

2006年，针对国庆节前后本省市场上面粉、大米、食用油价格大幅上扬的情况，及时启动了各地粮油价格日报制度，收集全国各省价格信息，科学分析和判断价格走势。特别是利用与河南、山东、黑龙江等省有长期的购销协作关系，做好了调入粮食的准备，并视情况启动《粮食应急预案》，做好了动用库存小麦应急加工的准备。由于措施得力，粮油价格没有出现持续上扬。

三 加强储粮管理，保证储粮安全

1．定期检查，消除隐患。组织全省粮食部门开展了春秋两季安全储粮大检查，发现问题及时整改，把各种隐患消灭在萌芽状态。在全国粮食库存检查中，本省库存粮食账实相符，质量良好。

2. 坚持制度，严格管理。各储粮单位都严格按照储备粮管理制度和仓储技术规范，加强管理，对防汛、防震、防火和化学药品使用等工作，高度重视，严加防范。2006年，全系统未发生一起损粮事故。

3. 科学储粮，保证质量。大力推广机械通风、环流熏蒸等储粮新技术，加快实现“绿色储粮”的目标，科学保粮率达到了90%。

4. 推广典型，规范达标。继续在全省粮食系统广泛开展了现代化粮库建设和“示范站（库）”创建活动，从2004年开始到2006年年底，全省粮食系统共有239个站（库）达到省级“示范站（库）”的标准，11个省级粮食储备库达到了现代化粮库建设标准，重塑了粮食企业形象，全系统储备粮管理和仓储管理技术水平有了很大提高。

5. 竞购竞销，搞好轮换。2006年9月，在太原市举行了省储备粮竞购竞销交易会，成交粮食5.985万吨，成交金额7833.55万元。这是全省省级储备粮通过省粮油批发市场进行竞购竞销的首次尝试，为今后规范储备粮轮换，提高储备粮质量，减少轮换费用，降低轮换风险，提供了有益的经验。

四 推进企业改革，增强企业活力

1. 关于“老粮”问题。对1998年以来按保护价收购的能顺价销售的13.65亿公斤高价位粮，以县为单位实行包干销售；对0.5亿公斤高价位粮和1.2亿公斤陈化粮进行了公开竞价销售，至此，15亿公斤“老粮”已基本处理完毕。

2. 关于“老账”问题。2006年年初，省审计厅将全省国有粮食购销企业1998年6月至2004年末政策性挂账清理审计数字上报省政府，经省粮食流通体制改革领导组会议研究，确定了全省粮食政策性财务挂账数，并提出了相关剥离意见。山西省粮食局起草了全省政策性财务挂账剥离办法，按照有关规定对相关挂账科目进行了归并。到2006年11月25日已全部从企业剥离到各级粮食行政管理部门，大大减轻了企业的负担。

3. 关于“老人”问题。到2006年年底，共有33个县完成了富余人员分流任务，分流1.42万人。分流人员中，由粮食部门返聘或创造就业岗位安置的人员比例达到56%。

经过一系列的改革，国有粮食购销企业的活力得到明显增强。2006年全省国有粮食购销企业实现销售收入52.75亿元，比上年增长7.35亿元；实现毛利1.31亿元，比上年增加2486万元。

五 加强监督检查，维护流通秩序

1. 夯实基础，抓机构建设。2006年8月，省编委下发了《关于建立健全全省市县两级粮食流通监督检查行政执法体系的意见》，经编制部门批准，全省已有10个市组建了粮食流通监督检查内设机构和执法队伍，30多个县成立了粮食流通管理稽查队。

2. 完善制度，加强管理。根据《粮食流通管理条例》制定了《山西省粮食流通监督检查实施细则》等11项配套规章制度。同省工商局等5部门联合下发了《山西省粮食流通市场监管联合执法实施意见》，提出了建立联合执法制度的具体意见。2006年，全省共审核办理粮食收购资格许可证1879户。

3. 广泛宣传，依法管粮。组织开展学习《粮食流通管理条例》知识竞赛活动，通过印发宣传资料、播放录像等多种形式宣传《粮食流通管理条例》。组织进行了对省储备粮轮换、军粮采购、粮食库存等工作的专项监督检查。2006年全省各级粮食行政管理部门共进行各类检查2292次，出动执法人员9774人次，查处粮食违法案件431件。通过对粮食流通市场的监管，打击了不法经营活动，树立了粮食行政管理部门的良好形象。粮食流通监督检查工作连续两年受到国家粮食局表彰，省粮食局被授予“先进集体称号”。在2006年年初召开的全国粮食局长会议上，山西省粮食局做了典型发言，受到了与会代表的好评。

六 延伸产业链条，推进产业化经营

粮食企业改革的根本出路，在于拓宽思路、延伸产业链条，发展产业化经营。近年来，各级粮食部门结合实际，因地制宜，走出了一条发展粮食产业化经营的新路子。目前，全省社会粮食加工企业共有1000多家，年加工能力25亿公斤。年销售收入500万元以上的粮食加工企业29家（其中国有企业16家）。如山西天维尔食品发展有限责任公司，就是以粮食部门下岗职工为骨干组建起来的，以开发甜糯玉米为主，把2000多家农户以订单形式联系起来，不仅实现年利润120万元，而且还提供了500多个就业岗位，促进了当地农业增产、农民增收；山西金绿禾生物科技有限公司采取“公司+研发+农户”的新路子，建设燕麦基地200公顷，成为科技含量较高、带动力较强的产业化龙头企业。这两家企业都被命名为全省“百龙”企业。稷山县粮食局在做好粮食主业的同时，开展多种经营，打造出了红楼集团，做强做大餐饮服务业。

针对山西省粮食产业化龙头企业起点低、规模小、实力弱，仅靠自有资金发展有一定困难的实际，省粮食局在2006年3月全省对外开放工作会议后，立即成立了对外开放工作领导小组，以粮食产业化经营为重点，开展了招商引资工作，并在运城市召开了全省粮食系统对外开放工作会议，总结交流了对外开放、招商引资的经验，研究部署了“十一五”时期的对外开放工作。会后，全系统上下掀起了招商引资的新高潮。经过各级粮食部门层层把关，全系统共筛选上报招商引资项目51个，总投资54亿元，其中27个项目列入了山西省政府招商引资项目。通过招商引资，加快了全省粮食产业化发展的步伐。

七 发挥自身优势，促进新农村建设

粮食部门是重要的涉农部门。参与新农村建设是粮食部门服从和服务于大局的政治责任，也是粮食行业和粮食企业实现跨越式发展的重要机遇。为了搞活农村粮食流通，参与和服务新农村建设，山西省粮食局在总结前几年服务“三农”经验的基础上，于2006年10月在长治市召开了全省粮食系统参与和服务社会主义新农村建设，搞好农村粮食流通现场会。会议总结和推广了长治市大力推进兴农便民连锁店建设，搞活农村粮食流通的成功经验，对全系统参与新农村建设工作进行了动员和安排部署，提出了明确的要求。各级粮食部门发挥自身优势，在加大粮食收购力度，保护种粮农民利益；做好粮食产销衔接，保证市场粮食供应；开展粮食订单生产和订单收购；发展农村粮油连锁超市和粮油服务社；大力推进“放心粮油”进农村；建立健全信息服务体系，为农民提供产前、产中、产后的信息服务等方面做了大量工作，为全省新农村建设作出了应有的贡献。

八 抓好“放心粮油”，保证食品安全

实施“放心粮油”工程，是贯彻国务院《关于进一步加强食品安全工作的决定》，保证人民群众身体健康和生命安全的重要举措。全系统以“为民、利民、便民”为目标，从2000年起，开展了“放心粮油”工程。到年底，山西省已有88家企业进入“放心粮油”队伍，共有42个品牌、79个品种被评为“放心粮油”，49个店被评为“粮油销售放心店”。有15个品牌、31个品种被中国粮食行业协会授予“放心粮油”称号，有4个单位被授予“粮油销售放心店”称号。“放心粮油”和“放心粮店”成为倍受消费者欢迎的品牌产品和较为满意的购物场所。从2004年起，全省粮食系统又开展了“放心粮油进农村”活动，并创造了龙头企业+名牌产品+连锁配送+农村网点+“两代一换”的产业链模式，使“放心粮油”工程更加深入人心，“放心粮油”品牌市场占有率进一步提高，受到了农民朋友的欢迎。

九 改进机关作风，优化政务环境

根据山西省政府的统一部署，全省各级粮食部门利用两个月时间，开展了扎实有效的机关行政效能建设活动，广大干部职工优化政务环境的积极性和自觉性明显提高，责任心和主动性明显增强，干部职工的诚信意识、大局意识、服务意识、效率意识及政治和业务素质全面提高，全系统上下初步形成了政治热情饱满、工作态度认真、工作作风扎实、工作纪律严明的良好局面，确保了各项粮食工作任务的顺利完成。

内蒙古自治区粮食工作

基本情况

内蒙古自治区位于中国北部边疆，东与黑龙江、吉林、辽宁3省接壤，南与河北、山西、陕西3省和宁夏回族自治区毗邻，西与甘肃省相连，北与俄罗斯联邦和蒙古人民共和国交界。全区有9个地级市和3个盟，下设54个旗、17个县，两个计划单列市、8个县级市、24个市辖区。全区总人口为2392.4万人，全区城市人口1163.6万人，乡村人口1228.8万人。

土地总面积118.3万平方公里，占全国总面积的12.3%，在全国各省、自治区、直辖市中列第三位。全区耕地面积713.3万公顷，种植面积446.2万公顷，粮食总产量1704.9万吨，人均占有粮食712.6公斤，粮食商品率67.6%。

2006年粮食工作情况

一 粮食生产

2006年粮食总产量1704.9万吨，其中：小麦145.7万吨、稻谷65.6万吨、玉米1091.7万吨、大豆104.5万吨、其他粮食297.4万吨。

二 粮食流通

2006年，全社会粮食收购量1419.6万吨，销售量1015.4.万吨，工业用粮100万吨左右，种子用粮53.7万吨，饲料用粮551万吨，城镇口粮173.2万吨，农村口粮358.8万吨；粮食出口量57.8万吨，其中玉米44.4万吨，从区外购进193.1万吨，销往区外528.3万吨。

2006年全区粮食企业数7790个，其中国有独资、国有控股、国有股份租赁企业444个，从业人员数16574人；国有粮食购销企业402个，购销企业从业人员数15384人。

三 粮食调控

1．按照每个旗县至少保留一个基础设施好、管理水平高，对周边地区具有辐射作用的国有独资或国有控股的粮食企业，作为政府宏观调控载体的原则，经过自下而上层层筛选，确定152家粮食购

2006年4月13日至14日，全区粮食流通改革工作会议在内蒙古呼和浩特市召开。

内蒙古自治区粮食局局长卫庆国做工作报告。

销企业作为政府宏观调控的载体。按照国务院和自治区政府的要求，在广泛征求盟市意见的基础上，修改和完善了《内蒙古自治区粮食应急预案》，并以自治区政府文件印发执行。大部分盟市的粮食应急预案也以当地政府的文件印发执行。

2．2006年10月，为妥善解决部分主产省仓容不足的问题，缓解粮食主产区的收储压力，充分利用本区闲置仓容，国家有关部门下达本区最低收购价小麦跨省移库任务21万吨，分别储存在1个中央储备粮直属库和14个有中央储备粮代储资格的企业。最低收购价小麦跨省移库任务于2006年年底顺利完成。

3．为更好地调节全区粮食供应总量，稳定粮食市场，应对重大自然灾害或其他突发事件，保证部队大米供应，完善现有自治区级储备粮品种结构，经自治区人民政府同意，自治区粮食局、财政厅和农发行内蒙古分行于2006年7月联合发文，下达新增自治区级储备稻谷计划，并于2007年1月末全部完成。

4．为保证自治区级储备粮质量良好和储存安全，规范储备粮轮换工作，2006年9月，自治区粮食局、财政厅和农发行内蒙古分行联合印发了《内蒙古自治区级储备粮轮换管理办法（试行）》。

四 粮食流通体制改革

1．到2006年10月，各盟市全部完成粮食财务挂账的清理认定和剥离工作。

2．严格市场准入，大力发展多元化市场主体。《粮食流通管理条例》颁布以来，全区粮食行政主管部门累计审核发放“粮食收购许可证”3006家，其中非国有企业和个体工商户2469家。

3．积极推进企业改革。在国家粮食局、自治区政府的指导和关怀下，粮食部门把解决国有粮食企业“三老”问题，推进企业产权制度改革，作为粮改工作的重中之重。为巩固和发展粮改成果，自治区粮食局在兴安盟扎赉特旗召开了全区国有粮食企业改革座谈会，现场参观了扎赉特旗因地、因企制宜，深化企业改革，发展粮食经济的做法，有力地推动了全区粮食企业改革和发展。各地从实际出发，认真贯彻落实自治区关于加快国有粮食购销企业改革的有关文件精神，按照“有进有退、有所为有所不为”的原则，积极调整国有粮食购销企业的布局和结构，通过改组联合、兼并重组、整体转体、国有民营等多种形式，优化国有粮食企业产权结构，实现投资主体多元化。到2006年年底，粮食企业“三老”问题得到了妥善解决，实现了“老粮”全部处理、“老人”身份置换、“老账”全面认定的历史性突破。实行产权制度改革的企业已占原企业的85%，企业布局和结构进一步优化，市场竞争力明显增强，经济效益明显好转。2006年，全区国有粮食企业收购粮食355万吨，约占全社会粮食收购量的31%，销售粮食390万吨，对稳定市场粮价、促进农民增收发挥了重要作用。到2006年年底，全区国有粮食购销企业盈亏相抵亏损2303万元，比上年减亏14323万元，减幅达86%。

4．在2006年年初召开了全区粮食流通体制改革工作会议，以自治区政府名义表彰了粮食流通体制改革先进集体和先进工作者。自治区党委书记储波、自治区政府主席杨晶接见了与会代表，自治区党委副书记杨利民到会并作重要讲话，这是对粮食系统广大干部职工的鼓励和鞭策。

五 行政执法

2006年10月，经过积极努力，经自治区机构编制委员会批准将“生态建设粮食供应处”正式更名为“粮食流通监督检查处”。全区12个盟市经编办批准独立设置和加挂牌子成立监督检查科的有4个，粮食局内部调整成立监督检查科的有7个，成立粮食行政执法大队的有8个，101个旗县中有84个不同形式的成立监督检查股室，有49个成立了粮食行政执法大队。两年来共培训粮食行政执法人员790名，经考试合格全部颁发了《粮食监督检查证》，并领取了自治区人民政府颁发的《行政执法证》，做到了两证齐全，持证上岗。两年来开展各类监督检查3507次，有效地维护了自治区的粮食流通秩序，保护了粮食生产者、经营者和消费者的合法权益。《内蒙古自治区粮食流通管理办法》已起草完毕，列为自治区政府行政规章计划，报送自治区法制办审核。

六 行业发展

1．提高科技含量。在世行和国债项目建设仓容的基础上，以科技为先导，全面推广使用新技术、新仓型、新设备，改变了以往低水平储粮的落后状况，为提高粮食仓储设施建设的科技含量奠定了良好的基础。特别是世行贷款粮食流通项目的建设，引进了国外先进的设计理念、信息系统、技术装备、自动化控制和适用的储存仓型，初步形成了现代化的仓型、物流和管理的雏形，也为以后的国家储备粮库项目建设提供了有益的借鉴。在国家储备粮库项目的建设中，经过通用图的优化设计，因地制宜地选用了安全储粮性能比较好、流转效率比较高、经济效益比较好的各种现代化仓型。根据使用功能和地区特点，所建仓型几乎涵盖了我国粮食储存仓型的全部内容，部分储备粮库在装、卸、储、运方面基本实现了由计算机控制的机械化和自动化的“四散”作业，降低了成本，减少了损耗，提高了效益。一批由我国自主研发，先进实用的机械通风、环流熏蒸、计算机粮情检测和谷物冷却系统等粮食流通新技术，在我区粮食储备库项目建设中得到全面的推广和产业化应用，大幅度提高了仓储技术水平。

2．粮油加工和科技成果。在粮食大宗产品、杂粮（豆）的精深加工技术以及副产品为主要原料的、以先进技术设备为生产手段的、具有自主品牌的特种饲料加工和产品推广方面，都取得了一定的成果和经济社会效益。自治区粮科所“非蛋白氮NPN奶牛缓释饲料添加剂”通过科技成果产业化后，树立了自己的品牌，获得了国家专利；内蒙古五谷高技术杂粮加工有限公司研制生产的杂粮主食面粉加工专利技术，荣获自治区在全国“第十五届发明博览会”唯一金奖，已经完成了对“伊利领鲜食品公司”、“蒙牛速冻食品公司”速冻杂粮面条和水饺的技术对接，正在与相关企业进行凉拌杂粮面条和杂粮馍片系列的技术对接；河套绿色富硒优质小麦为原料的“恒丰”富硒毓面粉加工业，通过对国内外先进技术设备的引进、消化、吸收和再创新，加工技术和装备水平迈上了一个新的台阶。海拉尔骏龙酶解植物蛋白通过自治区科技厅组织的成果鉴定，扎兰屯大豆膳食纤维提取技术等一批新技术新产品的涌现，提高了杂粮（豆）、小麦、饲料和油脂等特色农业及其农产品精深加工的科技含量。

3．积极做好军粮供应工作，调整军粮供应站的布局，优化网点结构，加强网络体系建设，进一步密切了与驻军部队、武警部队的关系，军粮供应工作受到了部队的好评。

4．积极开展粮食产业化经营，服务于社会主义新农村建设。将国家粮食局和中国农业发展银行联合下发的《关于支持产业化经营促进社会主义新农村建设的通知》转发各地，要求各盟市按照粮食产业化龙头企业具备的条件进行上报。主动与自治区产业化办公室进行衔接，共同研究探讨扶持产业化龙头企业的政策和措施。帮助企业争取和落实有关优惠政策，指导企业大力开展粮食产业化经营，延伸粮食产业链，提高粮食产品加工的附加值，让农民得到更多实惠。

5．截至2006年，国家级农业产业化龙头企业有3家。自治区级粮油龙头企业有43家。以市场为导向，积极创新“公司+基地+农户”等多种产业化模式，以突出区域优势为重点，合理布局粮食产业化经营区域、面积及种植品种，用订单农业大力发展优质专用粮油，为粮油龙头企业精深加工提供了稳定、优质、丰富的粮油原料。

七 党群工作

1．2006年，内蒙古自治区粮食局党群工作以围绕机关中心工作和提高干部执政能力建设为中心，以扎实开展巩固扩大先进性教育活动成果为重点，以开展“三创一落实”活动为载体，积极推动机关党建工作的长效机制建设，开创了党建工作新局面。

2．社区共建工作圆满完成。按照自治区党委组织部、区直机关工委、先进性教育活动办公室《关于开展区直机关与呼市社区结对共建活动的实施意见》（内直党工通字[2005]18号）要求，本着尽力而为、量力而行的原则，经全局干部职工共同努力，圆满完成了结对共建活动，2006年被评为结对共建先进单位。

3．积极成立群众组织，注重为群众办实事。成立了内蒙古自治区粮食局职工互助会，更好的关心职工生活和为困难群众解决实际困难。筹备成立了自治区粮食局系统工会，为更好地服务职工群众和开展有益于群众的各项活动提供了组织保证。

4．帮扶工作取得良好成效。筹措资金15万元在帮扶点建立了爱心助学基金，制定了基金资助方案、基金管理办法。从现实出发，提出每年拿出约4万元现金资助20名左右困难家庭孩子上学。积极争取资金，创造帮扶工作基础条件。从粮食局机关实际出发，尽最大努力安排项目资金，储备粮指标和生活物资。2006年落实安排资金、物资、粮食折合人民币达106万元。

5．扎实抓好基层党组织的全面建设。自治区粮食局机关党委委员分工负责，指导和监督各基层党支部工作。各党支部认真开展“五个好”党支部创建活动，普遍达到了五个好要求。结合《党章》专题教育和党纪集中教育，组织支部党员学习《党章》和《中国共产党纪律处分条例》，进一步增强广大党员学习党章、遵守党章、贯彻党章、维护党章的意识，不断提高广大党员永葆先进性的自觉性和坚定性。

辽宁省粮食工作

基本情况

辽宁省位于中国东北地区的南部，是中国东北经济区和环渤海经济区的重要结合部。陆地面积14.75万平方公里，占中国陆地面积的1.5%，排第21位。陆地面积中，山地面积8.78万平方公里，占59.5%；平地面积4.82万平方公里，占32.7%；水域和其他为1.15万平方公里，占7.8%。土地资源按利用现状划分，耕地面积410万公顷，占全省土地总面积的27.68%，人均占有耕地约0.097公顷，其中80%左右分布在辽宁中部平原区和辽西北低山丘陵的河谷地带；未利用土地面积138.46万公顷，占土地总面积的9.3%。

2006年，全省人口约4271万人，出生人口27.2万人。常住人口中，城镇人口2507万人，占总人口的58.7%；乡村人口1764万人，占总人口的41.3%。全省下设14个省辖市、17个县级市、27个县（其中8个少数民族自治县）、56个市辖区、376个乡（含民族乡）、602个镇、550个街道办事处。

全省粮食作物播种面积324.97万公顷，非粮食作物播种面积61.04万公顷。全年粮食产量1725万吨，为历史第三个丰收年，比上年下降1.2%。粮食消费总量1677.3万吨，其中工业用粮190万吨，种子用粮17.2万吨，饲料用粮727.3万吨，城镇口粮288.9万吨，农村口粮453.9万吨。

全省国有粮食企业数为753个，其中粮食购销企业544个；全行业从业人数为19751人，其中国有粮食企业人数16012人，离退休32685人；国有粮食购销企业从业人数为14029人，离退休23589人。全省共有仓储企业823户，其中国有粮食仓储企业586户。

2006年粮食工作情况

一　粮食生产

全年粮食产量1725万吨，其中稻谷427.6万吨、小麦6.5万吨、玉米1138.7万吨、大豆32.9万吨、其他119.3万吨。

二　粮食流通

粮食购销顺畅，市场运行平稳。各地主动适应粮食购销市场化改革的新形势，指导包括国有粮

李汪洋局长视察大连北方粮食交易市场

李汪洋局长视察大连吴家粮食储备库

李汪洋局长视察辽阳沈旦粮库

食购销企业在内的社会多元化市场主体积极参与粮食购销，实现了农民余粮顺利出售，粮食经营企业顺畅运营。全年共收购粮食1857.6万吨，其中国有企业收购780万吨，非国有企业收购1077.6万吨；销售粮食2087.3万吨，其中国有企业销售969.7万吨，非国有企业销售1117.6万吨，非国有企业购销量第一次超过国有企业。全年省外购入粮食1290万吨，其中外购小麦210万吨、稻谷165万吨、玉米600万吨、大豆280万吨、其他35万吨。销往省外粮食1360万吨，其中小麦15万吨、稻谷110万吨、玉米1030万吨、大豆130万吨、其他75万吨。全年进口粮食186.6万吨，其中小麦0.1万吨、大豆138.2万吨、其他48.3万吨。全年对外出口67.1万吨，其中小麦2.9万吨、稻谷6.8万吨、玉米46.7万吨、大豆7.3万吨、其他3.4万吨。

通过合理顺畅的购销活动，保证了农民余粮的及时出售，保护了种粮农民的生产积极性，实现了农民增产增收。保证了军需民用和加工转化企业用粮需求，较好地实现了粮食供求平衡和市场稳定。

三 粮食调控

1. 认真贯彻落实国务院16号文件，不断完善粮食流通体制改革的政策措施。按照《国务院关于完善粮食流通体制改革政策措施的意见》（国发[2006]16号），全省上下把进一步完善粮食流通体制改革政策措施作为全局工作的重点，集中精力研究措施，全力以赴狠抓落实。经过省政府组织与粮食流通有关的十几个部门反复修改和完善，省政府下发了《辽宁省人民政府关于完善粮食流通体制改革政策措施的实施意见》（辽政发[2006]46号），对推进全省粮食流通改革起到了积极的促进作用。

2. 充实储备，加强管理，储备粮管理体系不断完善。按照省政府的要求，全省地方储备完成了布局和品种调整，其中省级储备已全部落实到位，市级储备粮已完成计划的76%。在储备粮管理中，按照“一符、三专、四落实”的要求，切实加强管理，通过推广科学储粮，强化保粮措施，做好轮换工作，保证了储备粮的质量和安全。同时，完成了第二批省级储备粮油承储资格企业的认定工作，使全省具有省级储备粮油承储资格的企业达到65家，仓容量达到313万吨，储油罐容量达到5.7万吨。

四 国有粮食企业改革

按照国务院和省委省政府的要求，全省国有粮食企业通过改造、重组和采取不同形式的放开搞活，推进体制机制创新，进一步增强了企业活力。

1. 企业产权制度改革取得新进展。截至2006年年底，全省国有粮食企业从2005年末的937户减少到753户，减幅19.6%；职工人数由2005年的2.3万人减少到1.6万人，减幅30.4%。各地根据宏观调控的需要，合理调整企业布局，因地制宜地保留部分规模大、实力强的国有和国有控股粮食企业作为宏观调控的载体，充分发挥了粮食流通主渠道的作用。

2. 企业扭亏增盈工作取得新的成效。2006年，经省政府批复认定的政策性粮食财务挂账从企业剥离，实行集中管理，卸掉了企业沉重的债务包袱，促进了企业扭亏增盈工作。全省国有粮食购销企业全年亏损7.4亿元，比上年减亏2.7亿元，减幅为26%。

3. 省粮食局直属企业顺利完成改革重组，企业实力进一步增强。省国资委正式批复由省粮食局作为国有资产出资人，对省储备粮管理公司、省粮食集团公司的国有资产进行管理，进一步理顺了产权关系，为企业的发展创造了有利的环境。省粮食集团公司及其所属企业实行资产重组，省粮油储运公司等7个企业的资产全部划归省粮食集团有限公司，使集团公司固定资产达到7600万元，仓容能力达到43万吨，日烘干能力达到2590吨。省储备粮管理公司建立了新的法人治理结构，初步形成了资产统一管理、经营统一运作、人员分级聘任、会计分级核算的现代企业管理制度，进一步增强了企业活力。

五 粮食行政执法

1．认真贯彻《粮食流通管理条例》，建设执法队伍，开展执法检查。全省7个市、15个县（市、区）成立了粮食监督检查处（科），5个市、12个县（市、区）成立了粮食行政执法队；共举办4期粮食流通监督检查培训班，培训人员640人，颁发粮食监督检查证516个；配置了执法工具和执法设备，省局和各市共同筹措资金购置了执法车辆，争取省财政专项拨款130万元，为市县两级执法机构配置了执法设备；全省共执行粮食监督检查任务1533次，出动监督检查人员6671人次，对5951个涉粮企业进行了执法检查，有力地维护了全省粮食流通秩序，使消费者、经营者的合法权益得到保障。

2．认真做好粮食收购企业的入市资格审核工作。全省各级粮食行政管理部门已办理许可证2641户，其中非国有粮食企业1986户，占总数的75.2%，促进了粮食流通。

3．对全省粮食库存进行了清查。按照《国家粮食局关于开展2006年全国粮食库存检查工作的通知》（国粮检[2006]117号）的要求，对全省503家粮食购销企业进行了粮食库存检查，基本查清了全省国有粮食购销企业的中央储备粮、地方储备粮和商品周转粮的库存情况。

4．全面展开了面向全社会的粮食统计工作。建立了社会粮食统计信息制度；按照国家要求，启用了新的统计报表软件系统；加大了对全社会粮食经营主体提供统计报表的督查力度。

六 粮食行业发展

1．保证了粮油市场的稳定。11月以后，市场粮油价格出现一定程度上涨，按照国务院办公厅关于做好粮油供应工作稳定粮食市场的通知及省政府领导的批示精神，对全省粮食市场形势进行了详尽的调研分析，并及时召开局长会议进行部署，加强了对市场粮油价格的监测。各市根据市场供求形势，及时修改完善了粮食应急供应预案，落实粮食应急加工和供应企业75户。截至年底，全省有13个市建立了粮食应急供应预案，落实了粮食应急供应的具体措施，保证了市场粮油供应及价格的基本稳定。与此同时，进一步加强了粮油市场价格信息监测工作。全省确定13户企业和55个粮油市场为价格监测直报点，加强了粮油市场供求及价格的监测分析，及时提供国内粮食生产、收购、销售、库存变化情况，为政府决策当好参谋。

2．全面完成了军粮供应工作，供应质量完好。按照国家粮食局下达的供应站资格认定办法和平战结合、军民兼容、经济高效的布局原则，全省54个单位取得军粮供应站资格，16个单位取得军粮供应代供点资格。军供部门不断提高服务质量，受到部队的好评。

3．市场建设有序发展，在区域粮食流通中起到了积极作用。全省已建立18个各类粮食批发市场，年交易量达到3145.76万吨，交易额609.34亿元。其中年交易量10万吨以上的市场8个。批发市场建设的不断完善，有力地促进了区域粮食流通，保证了城镇粮食供应。

4．积极培育粮食产业化龙头企业，大力推动粮食产业化经营。一是制定规划。省局在认真分析国有粮食企业发展趋势的基础上，制定了《辽宁省“十一五”期间粮食产业化经营发展规划》和《辽宁省粮食产业化“精粮工程”方案》，向省政府提出了全省发展粮食产业化经营的工作思路、目标及实施意见。二是重点扶持。省局会同省农发行对全省农业产业化龙头企业进行了调查摸底，对其中56户（国家级3户、省级38户、市级15户）粮食产业化龙头企业实行信贷支持。三是加速发展。全省粮食产业化龙头企业，以实行订单生产和订单收购为切入点，不断扩大产业化经营，取得了较好的业绩。2006年，全省签订订单生产22万公顷，其中水稻订单10万公顷，占全省水稻种植面积的近1/5，为稳定粮食生产做出了贡献。

5．粮油科技创新步伐加快。在全省范围内开展了以“粮油食品安全与农村科学储粮”为主题的粮油科技活动周活动，向城乡居民宣传了科学储粮等知识，得到了社会广泛参与和好评。召开了全省粮食科技工作会议，编写了《辽宁省“十五”粮食科技回顾和“十一五”粮食科技发展规划》，组织开展了《东北平原农户储粮减损技术集成与示范》等课题研究。省粮食科研所承担的辽宁农村科学储粮课题被列入2006年度国家科技星火计划。

6．粮油检验监测工作取得较好成绩。全省5个质检机构被批准为国家级质量监测中心（站），10个被撤销的县级质量检测机构恢复工作，全省争取810万元资金更新了设备，组织了库存粮油质量的全面检查，开展了收购、储存环节原粮卫生状况专项调查和检查，扦取各种粮油样品4423份，抽查样品1887份；在粮油质量调查和品质测报中，扦取样品5404份，较好完成了工作任务，从源头上为食品安全把关，切实保护了消费者利益。

七 党群工作

1．认真开展政治理论学习，加强领导班子的思想政治建设。全年省粮食局中心组共集中学习6次，组织专题辅导两次，专题调研两次，6月组织了全局公务员及局直单位中层以上干部参加的中心组扩大学习。

2．加强社会主义荣辱观的教育。下发了《省粮食局关于开展社会主义荣辱观学习教育活动的安排意见》，组织全局干部职工观看了“社会主义荣辱观”专题辅导录像，组织242名党员参加了省粮食局学习贯彻党章和社会主义荣辱观知识测试活动。

3．积极开展扶贫帮困工作。选派两名同志负责阜新县紫都台乡的扶贫工作，领导班子成员进点现场办公5次；走访、慰问贫困户100户，每户送优质大米50公斤；资助和为困难群众捐款52900元、捐物1236件；向昌图县捐赠扶贫大米5万公斤。

4．充分发挥群团组织的作用。参加全省“爱我地球，建设和谐辽宁”青年志愿者植树活动；召开了省粮食局“回顾昨天、认识今天、把握明天”青年工作座谈会；积极支持青年文明号创建活动，省粮食科研所被团省委授予“辽宁省青年文明号”集体。

吉林省粮食工作

基本情况

吉林省位于东北地区中部，地处北温带，总面积18.7万平方公里，约占全国总面积的2%，居全国第14位。全省共有9个市、州，41个县（市）、19个市辖区，总人口为2723万人，其中城市人口为1442.4万人，占总人口的52.97%，农业人口为1280.6万人，占总人口的47.03%。

全省耕地面积500.2万公顷，粮食作物面积约432.5万公顷。2006年，全省粮食总产量为2720万吨，其中水稻493万吨、玉米1984万吨、大豆121万吨，杂粮122万吨。全省粮食收购量为818.5万吨、销售量为1368万吨、进出口量为194.5万吨，商品量为2250万吨、流通量为2500万吨。人均粮食占有量为1015公斤，粮食商品率为82.7%。工业用粮1131万吨，种子用粮13万吨，饲料用粮453.5万吨，城镇口粮198万吨，农村口粮324万吨。

全省经批准直接入市收购的粮食企业2866家，其中国有粮食购销企业877家，占全省粮食企业的30.6%。从业人员数为33359人。

2006年粮食工作情况

2006年，全省各级粮食部门认真贯彻党中央、国务院关于粮食工作的部署，在省委、省政府和国家粮食局的正确领导下，在有关部门的支持配合下，各项工作稳步推进，“十一五”粮食流通工作开局良好，较好地完成了各项工作任务。

一 鼓励多元主体入市经营，粮食购销市场化程度稳步提升

2004年国家对种粮农民实行直接补贴，全面放开了粮食购销市场和购销价格，鼓励多元主体入市经营。为加快本省粮食购销市场化进程，吉林省制定了比较宽松的粮食收购市场准入制度，经过两年多的培育，取得了明显的效果。全省经批准直接入市收购的粮食企业由2004年末的1536户发展到目前的2866户，其中国有粮食购销企业877户，占30.6%；非国有粮食经营及加工企业1989户，占69.4%。

由于多元主体入市收购，市场活跃，粮食收购进度是近几年最快的，玉米价格好于历年。国有粮食购销企业继续发挥粮食流通的主渠道作用。玉米（折干粮）收购价格每公斤平均在1.36元左右，比上年高0.32元，农民收益得到保护。据统计，在这个收购期，全省农民卖玉米比上年多收入52.3亿元，人均增收348.5元（农业人口1500万人）。水稻收购价格每公斤1.76元左右，比上年下降0.12元。

9月8日，省政府召开全省完善粮食流通体制改革政策措施电视电话会议，贯彻落实《国务院关于完善粮食流通体制改革政策措施的意见》，安排部署我省国有粮食购销企业产权制度改革。

4月7日，全省粮食局长会议暨全省粮食系统先进集体和先进工作者表彰大会在长春召开。杨庆才副省长到会并做重要讲话。会议总结了吉林省“十五”粮食工作、确定了“十一五”发展思路，重点部署了2006年粮食工作。会上表彰了全省粮食系统先进集体和先进工作者、全省国有粮食购销企业改革先进单位、安全管理工作先进集体和先进个人。

社会多元主体入市收购，农民真正实现了增产增收，达到了主渠道保稳定、多渠道活市场的目的。

二 巩固粮改成果，适时启动国有粮食购销企业产权制度改革

到2005年年底，“老人”分流基本完成，“老账”剥离上划工作基本结束，对已锁定的“老粮”进行了稳步处理。在此基础上，2006年初，省局适时着手研究国有粮食购销企业产权制度改革工作。根据国家要求和本省实际，起草了《关于完善粮食流通体制改革政策措施的意见》，经过广泛征求意见和修改完善，以省政府文件下发，9月8日召开了电视电话会议，对企业产权制度改革进行了全面部署。到2006年年底，各市州、县（市、区）粮食行政管理部门都认真学习有关文件，积极开展思想发动，对企业进行了清产核资，做好了前期准备工作。有的地方制定了改革方案，有的地方积极试点操作，为全面开展国有粮食购销企业产权制度改革奠定了基础。

三 粮食宏观调控体系基本建立，调控手段得到加强

1．全面落实《吉林省粮食流通统计制度》，开展了全社会粮食流通统计工作。通过产需平衡调查和统计，基本掌握了全省社会粮食供需情况，为国家及地方粮食宏观调控提供了重要的依据。

2．进一步管好省级储备粮。2006年对省储备粮公司4个直属库进行了扩建，储备能力进一步提高。同时，还对承储情况和轮换情况进行了监督检查，保证了省级储备粮数量真实，质量完好。

3．进一步完善粮油盐应急体制。在2005年制定并下发了《吉林省粮油盐应急预案》基础上，重点抓好市州、县（市、区）粮油盐应急预案制定和应急加工、供应体系建设，明确了97户应急加工企业和134户应急供应企业。

4．实施了粮食市场价格监测。按照国家粮食局的要求，本省建立15个粮油市场信息监测点，定期上报价格信息，为国家粮食宏观调控做好服务。

5．搞好军粮供应。主要抓了军供站资格确认和粮源统筹工作，有36个站确认了资格，军粮供应保证了质优量足。

四 积极推进监督检查工作

截至2006年年底，全省有17个市县粮食局成立了独立的监督检查科，10个市县在业务科室加挂了监督检查科牌子，其他市县也都明确了监督检查责任科室，珲春等10个县（市）成立了行政执法大队。有220人取得了监督检查资格，做到了监督检查工作有机构管、有人抓。吉林、磐石、集安、延吉等市、县得到了财政部门的专项经费支持，珲春、蛟河、东丰和抚松等市、县配备了执法专用车辆和调查取证设备。省局和各市州、县（市、区）粮食局都制定了粮食流通监督检查配套规章制度，规范了行政执法程序和执法行为，工作取得了实效。

1．加大监管力度，对省级储备粮进行全面普查。为进一步促进本省地方储备粮的管理水平的提高，强化地方储备粮的代储库管理水平，省局下发了《2006年度省级储备粮检查方案》，按照《方案》要求，从5月中旬开始，依据《粮食流通管理条例》，对分布在全省9个地区36个代储粮库储存的省级储备粮油的数量、质量、轮换及日常管理情况进行全面检查。在检查过程中，严格履行《粮食监

督检查工作规程》有关规定，当场填写《现场检查记录》，记录检查基本情况、存在问题等内容，并由检查组和被检查对象双方签字存档。对部分粮库出现的省级储备粮质量不合格等问题，视不同情况，予以相应的行政处罚。

2．开展了粮食库存清查工作，确保粮食库存真实准确。8月末，按照《国家粮食局关于开展2006年全国粮食库存检查工作的通知》和局党组要求，全面部署全省粮食库存检查工作。下发了《关于开展2006年粮食库存检查工作的通知》（吉粮检[2006]88号），明确粮食库存检查的具体要求。9月1日起，清仓查库全面展开。在粮食库存复查阶段，省粮食局和省财政厅、省农发行、中储粮吉林分公司组成了4个工作组，对随机抽取的省内12个粮库进行了认真复查。复查人员按照国家库存检查办法的规定，亲自动手清点、现场丈量货位，认真填报工作底稿，并核对统计账、保管账和财会账，以及账实情况，并进行质量检查，切实负起复查责任。按时完成了粮食库存检查任务，确保粮食库存账实基本相符，还顺利通过国家粮食局组织的库存抽查。

3．做好粮食收购期间的监督检查。重点检查在粮食收购过程中是否存在压级压价、不及时结算粮款等侵害农民利益行为。对群众举报拖欠收粮款问题，专门进行了调查，予以及时解决。

4．对群众反映的竞价销售粮食出库存在的问题，认真进行调查核实。对竞价成交的“老粮”在合同履约期内出现的问题，进行了及时调查和严肃处理，在全省粮食系统进行通报批评，按规定进行处罚，并对责任人给予行政处分。还积极查处来信来访举报涉粮案件。对国家粮食局督办的关于群众反映倒卖陈化粮问题，进行认真调查、走访和核实，调查结果已反馈给国家粮食局。

据统计，截至2006年年底，全省各地共开展各项检查近1200余次，出动3800余人次，检查企业6200多次，共查案件430余次，其中责令改正307次，警告94例，罚款18例，取消粮食收购资格36户，移交其他部门处理9例。

五　严格管理，狠抓落实，粮食安全管理工作取得了显著成效

2006年，各级粮食部门认真贯彻落实国务院、省委省政府关于安全生产的有关精神，对粮食安全管理工作认识程度高，各级一把手认真履行第一责任人的职责，分管领导经常督促检查；责任制落到实处，工作力度大，措施有力，防范严密，发现并整改安全隐患563起。全年没有发生火灾和重大人身伤亡事故，为保障改革和发展起到了重要作用。同时，各地还开展了全员消防安全教育，加大了对消防设施的投入，维修了消防车、消防井，更换了泡沫灭火药粉，保证消防设备正常运行。此外，销毁了库存多年已过期的害虫防治有毒药剂，消除了长期储存潜在的隐患。

六　法制工作取得进展

1．开展了立法调研。就《吉林省贯彻〈粮食流通管理条例〉实施办法》、《吉林省储备粮管理条例》开展了调研论证。

2．开展好普法和依法治理。每年根据国家粮食局下发的年度普法和依法治理规划要求，结合实际情况，具体部署各年度法制工作。2006年，重点是提高各级粮食部门和粮食企业干部职工的法律素质，特别是提高各级领导干部依法决策、依法行政和依法管理的能力，提高执法队伍的执法水平，提高企业依法经营、运用法律手段维护自己合法权益的能力。突出领导干部带头学法用法，先后组织学

习了《信访条例》、《行政许可法》、《行政复议法》、《立法法》、《合同法》、《招投标法》、《安全生产法》等法律法规，并积极支持处级干部参加党校法律培训班，积极推进领导干部学法用法的制度化。同时开展了《粮食流通管理条例》宣传活动。

七 狠抓机关思想作风建设

1．认真抓好机关的学习。省粮食局党组始终重视抓机关的学习，把“学习型机关”建设摆在突出的位置，用学习统一思想，推动工作，促进机关的思想作风建设，建立了一整套学习制度，保证学习的经常化、制度化。主要是采取党组理论中心组学习带动学，制定切实可行的计划坚持学，请专家学者作报告推动学，建立健全奖惩机制促进学等方法，有效地保证了学习时间、内容、人员的落实，促进了机关的思想作风建设。

2．努力践行“三个代表”重要思想。局党组始终坚持以“三个代表”重要思想为指导，树立科学发展观，把关注民生、关心机关干部职工生活作为工作的出发点和落脚点，找准工作的结合点和联系群众的切入点，设身处地为企业职工着想，为机关干部职工的切身利益着想，努力干实事、办好事，收到了实实在在的效果。

3．下大力转变机关作风。局党组对转变机关作风高度重视，注重深入实际，真抓实干，扎实工作。坚持从严要求，从我做起，发挥表率示范作用，使机关的作风发生了明显的变化，决策的民主性、科学性、实效性都有了新的提高。两年来，在机关基本形成了调查研究的风气，求真务实的风气，严守纪律的风气。机关上下思想统一，行动一致，政令畅通，较好地保证了各项工作任务的完成。

4．高度重视和谐问题。在具体工作上，努力做到在班子中强调和谐共事，在机关中强调和谐共处，在外部交往中强调和谐共进。

八 抓好党风廉政建设和政风行风建设，营造经济发展宽松环境

1．加强思想教育。结合保持共产党员先进性教育和《党章》学习等大型教育活动，认真组织开展廉洁自律教育，运用正面典型和先进事迹教育党员，用反面典型进行警示教育，进一步增强反腐倡廉的决心和信心。

2．建章建制，靠制度管人。制定下发了贯彻落实《纲要》的实施办法，明确了各业务部门在建立健全惩治和预防腐败体系中的职责和任务。下发了《关于加强干部监督工作的实施办法》、《领导干部重大事项报告制度》等一系列规章制度。

3．从严规范领导干部从政行为。制定了《关于实行领导干部任职前廉政谈话制度的办法》，对新提拔任用的处级干部，逐个进行廉政谈话，起到了岗前提示和警示作用。

4．切实解决好“热点”问题，开展了治理商业贿赂工作，认真查处违纪案件。

5．认真落实党风廉政建设责任制。研究制定了《省粮食局领导同志党风廉政建设岗位责任制》，强化了“一岗双责”和责任追究等措施。同时，按照管行业必须管“行风”的要求，2006年，组织了民主评议软环境和政风行风的内评工作，共发放问卷调查表1万余份，收回7千余份，征求意见和建议60余条。除两个市县（区）粮食部门综合满意率较低外，其余52个粮食行政管理部门的综合满意率都在90%以上。

黑龙江省粮食工作

基本情况

黑龙江省位于我国最东北部。北部、东部以黑龙江、乌苏里江为界，与俄罗斯相望，西部与内蒙古自治区毗邻，南部与吉林省接壤。截至2006年年底，全省常住总人口3823万人，其中城镇人口2045.3万人、乡村人口1777.7万人。辖13个地级行政单位，市下辖66个县（市）、64个区。

黑龙江省是粮食主产省，是国家重要的商品粮基地。全省土地总面积45.4万平方公里，占全国的4.7%，居全国第6位。耕地面积1170.6万公顷，占全国的10%以上，居全国第一位。2006年粮食作物播种面积1017.6万公顷，比2005年增长5%。粮食总产量3780万吨，人均粮食占有量988.8公斤，粮食商品量2695万吨，商品率达到71.3%。农民收入稳步提高，农村居民人均纯收入达3552元，比上年增长10.3%。按社会粮食流通统计口径，全年粮食收购量2063.8万吨，销售量2175.1万吨。全年工业用粮422.8万吨，种子用粮89.7万吨，饲料用粮570.6万吨；城镇口粮341.3万吨，农村口粮351.1万吨。现有粮食经营企业5044户，其中国有及国有控股企业974户。全省国有粮食购销企业644户，从业人员2万人。

2006年粮食工作情况

2006年，黑龙江省各级粮食行政管理部门按照国家和省委、省政府部署，紧紧围绕服务“三农”、把粮食资源优势转变为经济优势和保障国家粮食安全这个中心，结合全省粮食工作实际，认真贯彻落实国家和省关于国有粮食购销企业改革的一系列政策，进一步完善购销市场化粮食流通工作新机制，培育多元化、竞争型的粮食市场流通主体，确保农民余粮购销顺畅，全面搞活粮食流通；以产权主体多元化为重点加快推进国有粮食企业改革，增强企业活力；进一步发展国有粮食购销企业主渠道作用，发展壮大粮食产业；加强粮食宏观调控体系建设，保证粮食安全；继续推进粮食部门依法行政，为推进深化粮改和粮食经济发展创造良好条件，为服务社会主义新农村建设做出了积极的贡献。

黑龙江省粮食局党组副书记、副局长 金辉

2006年6月15日，黑龙江、浙江两省粮食产销合作座谈会暨签约仪式在哈尔滨市金谷大厦举行。

从2004年开始，黑龙江省粮食局和省农垦总局联合京、津、沪、苏、浙、闽、滇等主销区省市连续三年共同举办了“黑龙江金秋粮食交易合作洽谈会”，为推进粮食产销区企业合作的快速健康发展搭建了平台。

一 粮食生产情况

2006年黑龙江省虽然气象和病虫害因素对农业生产的影响较突出，但由于加大了防灾投入和采取有效的减灾措施，做到了早动员、早部署、早预防，有效地降低了灾害影响程度，而且各项惠农政策得到落实，加之近年来市场粮价稳步走高，极大地调动了农民种粮积极性，粮食作物播种面积和产量再创新高。全年粮食作物播种面积1017.6万公顷，比上年增长2.9%；粮食总产量3780万吨，增长5.0%；粮食商品量2695万吨，增长7.2%。受水稻、玉米比较效益增加的拉动，粮食作物种植结构进一步调整，四大粮食作物产量“两增两减”：水稻产量1360万吨，增长16.0%；玉米1453.5万吨，增长5.4%；小麦93万吨，下降4.3%；大豆652.5万吨，下降12.8%。杂粮、杂豆产量为136万吨，比上年增长15.7%，薯类产量85万吨，比上年稍有下降。

二 粮食购销两旺

全省各级粮食行政管理部门紧紧围绕服务“三农”、服务“新农村建设”和把粮食资源优势变为经济优势这个中心，采取各种有效措施，搞活粮食流通，呈现企业粮食购销两旺的局面，基本实现了省委、省政府提出的“保质、提价、增收”的目标。

1．农民余粮销售顺畅，卖粮收入增加。通过全面落实粮食购销政策，强化市场信息、储粮技术、流通设施、购粮资金和铁路运输等服务措施，帮助农民实现粮食提质，吸引省内外粮食经营者，促进了农民面向市场自主适时适价出售余粮，增加了卖粮收入。一是从服务农村备春耕生产，解决农民实际问题入手，深入村屯，扎实开展“送信息、送技术、送客户”的“三下乡”活动，受到农民好评，取得了良好的社会效益；二是深入基层调查研究，全面掌握全省粮食作物播种进度、苗情、灾情和粮食作物生长发育等生产情况，为指导粮食收购工作奠定坚实的基础；三是认真分析粮食市场供求形势和价格走势，通过新闻媒体为农民提供信息和技术服务，引导农民了解粮食市场行情，适时适价销售余粮，促进农民增产增收。2005年度农民生产的余粮全部实现了顺畅销售，与2004年秋粮收购期相比，按实际出售水稻、玉米两个品种测算，仅粮价提高因素，农民可增加收入15.7亿元。2006年度粮食购销进展顺利，全省水稻、玉米、大豆三个主要品种农民余粮共出售2726.3万吨，粮食购销活跃，农民卖粮收入进一步增加。2006年按水稻、玉米、大豆三个品种商品量测算，单价变化因素农民可比上年增收22.9亿元。

2．积极培育多元粮食市场主体，国有粮食企业较好地发挥了主渠道作用。严格按照相关法律、法规，认真做好粮食收购资格审核、审批工作，做到随申请、随受理、随审核，为社会多元主体参与粮食购销创造了条件。全年新增取得粮食收购资格许可证的粮食经营者898户，累计达5044户，其中国有及国有控股粮食企业974户，其他粮食经营者4070户，构建了市场主体多元化的粮食流通新格局。按社会粮食流通统计口径，全省国有粮食企业粮食收购、销售（含加工、转化）量分别达到1150万吨、1422万吨，占社会粮食购、销总量的55.7%、59.4%，其中：国有粮食购销企业粮食收购量770万吨，销售量1012万吨，分别占国有粮食经营企业粮食购、销量的67%、71.2%，超额完成了年度粮食收购、销售目标，较好地发挥了粮食流通主渠道作用。

3．企业粮食购销两旺，经营良性循环。2005年秋粮收购期全省粮食经营（含加工及转化）企业

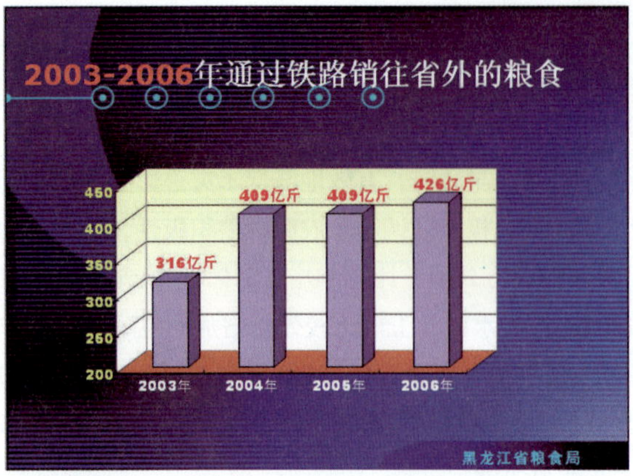

2003—2006年黑龙江省通过铁路销往省外的粮食逐年增加，2006年达到426亿斤。

收购的2135万吨新粮已基本实现了销售（含加工、转化），其中加工、转化粮食1060万吨，占同期粮食销售总量43.4%。针对粮食运输难的问题，积极协调铁路部门，采取和扩大粮食品类在铁路日装车中的份额，特别是对产销合作、政府采购、出口等粮食的运输计划，采取了单独协调、重点保护等措施。2006年全省通过铁路销往省外的粮食达2131.5万吨，同比增加111.5万吨，发运大米折水稻销售650万吨，占水稻销售总量的67.6%。库存“老粮”销售步伐加快，节约了粮食风险基金，减轻了财政负担。

三 产销合作硕果累累

继续坚持“政府推动、部门协调、市场机制、企业运作”和“丰歉互相保障、同等条件优先”的原则，与主销区省市建立长期稳定的粮食产销合作关系，为促进粮食合理、有序、顺畅流通，稳定销区粮食市场，保障国家粮食安全作出了积极的贡献。2004年以来，全省粮食企业每年仅通过铁路运往省外的粮食达到2000万吨。2005年秋粮上市起到2006年秋粮上市止，全省销往京、津、沪、苏、浙、闽、滇等主销区省市粮食达到700万吨，较上年增加100万吨。2006年，全省粮食企业加工、转化粮食1060万吨，占同期粮食销售总量的43.4%，其中通过铁路发往省外的大米折水稻销售650万吨，占水稻销售总量的67.6%。本省是全国粮食净调出的6个省份之首，不但使销区所需粮食有了可靠保障，而且使本省生产的粮食有了稳定的销路。

1．进一步拓展了合作的区域范围。2006年又开辟了西北市场，与产销平衡的晋、陕、甘三个省签订了政府部门间粮食产销合作协议，建立了长期稳定的合作关系，并签订了粮食购销合同及协议110万吨。

2．提升了合作层次。积极推动合作方式由单纯粮食贸易向粮食产、购、加、销一体化发展，由传统粮食购销向吸引销区到本省建立粮食生产、加工、储存基地发展。2006年北京、上海等主销区委托省内粮食经营企业收购地方储备粮源达到39.5万吨，在本省建立粮食生产基地2.7万公顷。

3．充分利用本省资源优势，推广“企业+农户”链条式发展格局，发展粮食“订单”。2006年，全省签订粮食“订单”面积43.3万公顷，其中省外企业在本省签订了3.3万公顷的订单种植协议，省内有90多家购销企业实行了“订单”收购。

4．进一步发挥了“黑龙江金秋粮食交易合作洽谈会”的品牌效应。“2005年·金秋粮食交易合作洽谈会”签订粮食交易合同及协议649万吨，已实际履约454.3万吨，合同履约率达到70%。成功组织了“2006年·金秋粮食交易合作洽谈会”，增加推介的内容，签订粮食交易合同及协议777万吨，比上年增加125万吨。

四 企业改革稳步推进

认真落实《粮食流通管理条例》和国务院《关于完善粮食流通体制改革政策措施的意见》(国发[2006]16号)、国家发展改革委、国家粮食局、财政部、劳动和社会保障部、税务总局、农发行《关于印发进一步推进国有粮食企业改革和发展的意见的通知》(国粮财[2006]123号)以及黑龙江省人民政府《关于进一步深化粮食流通改革的实施意见》(黑政发[2004]55号),采取有效措施,积极稳妥地推进国有粮食企业改革。

1. 国有粮食购销企业“三老”问题已得到基本解决。企业社保并轨后档案移交、社保关系接续等后续工作基本完成,政策性财务挂账已全部剥离到各级粮食行政管理部门集中管理,库存“老粮”销售处理进入最后阶段。非骨干国有粮食购销企业新完成改制144户,改制面累计已达到65%。省粮食局和3个市粮食局被国家粮食局评为“全国国有粮食企业改革工作先进单位”,省粮食局被省政府评为“全省完善城镇社保体系试点先进单位”。

2. 招商引资取得新突破。通过实施开放式招商,积极支持和鼓励省内外多元粮食经营主体参与本省国有粮食企业改革,盘活国有粮食存量资产,提高粮食企业整体实力。2006年引进到位资金22亿元,超额完成了年度工作目标,为推进企业改革和搞活经营创造了有利条件。

3. 培育壮大粮食企业集团。重点培育壮大年销售额20亿元以上的粮食企业集团10户,积极帮助他们争取粮食产业化龙头企业粮食流转贷款、短、中、长期贷款的信贷支持等优惠政策,提供有关的指导服务,使其健康快速发展。

4. 认真做好粮油科技和粮油加工工作。重点抓好“利用膜技术提取大豆活性因子”国家现代农业高技术产业示范工程项目的一期工程;认真组织相关科研单位和企业申报四个“十一五”科技项目并完成“十一五”国家科技攻关“粮食丰产科技工程”东北平原玉米产区农户储粮减损技术集成与示范项目;组织开展全国科技周活动,做好粮食行业特有工程技能鉴定的准备工作;按照省政府和国家粮食局的部署,提出了粮油加工“十一五”发展规划思路,建立了地方粮油加工项目库。全省现有具备一定规模的粮食加工企业1423家,有45个市、县,164个国有粮食购销企业实施产、购、加、销一体化经营。

5. 通过改革,多数国有粮食购销企业经营方式和内部机制得到较大转变,企业效益增加。扣除历史客观因素和当年政策性因素后,骨干国有粮食购销企业盈利额比上年增加24.3%,非骨干国有粮食购销企业亏损额比上年减少32.8%,实现了1/3企业扭亏为盈的目标。

6. 按照粮食购销市场化的要求,针对粮食收购资金到位不及时等问题,积极协调农业发展银行出台了粮食收购资金供应办法。即放宽了贷款条件,做到了贷款“不限时间、不限地点、不限品种、不限方式、不限贷款数量、不限价格”的“六个不限”;简化了贷款审批程序,提前了贷款发放时间,确保了粮食收购资金及时到位。2006年共核定国有粮食购销企业583户,占全省总数的90.5%;从2005年秋粮收购期,农业发展银行共发放贷款90亿元,比上年收购期多投放34亿元。

五 粮食宏观调控体系初步建立

省政府发布实施了《黑龙江省省级储备粮管理办法》的政府规章,进一步完善了省级储备粮管理制度。《黑龙江省粮食应急预案》已纳入省政府公共突发事件应急保障整体预案之中。建立了全省粮食市场监测、预警分析和信息服务体系，初步确定120多个信息报送定点单位，联系单位达2000多户，涵盖了全省几大品种粮食重点主产区。进一步加强了统计制度建设和基础单位建设，开展统计业务培训，巩固完善了统计信息采集和上报体系，统计人员的素质得到较大提高，使统计数据更加及时、准确。粮食流通社会统计覆盖面已占到社会粮食商品量的85%以上，比上年提高了30.6%。对全系统开展安全储粮检查工作，及时发现并整改储粮管理中存在的问题。全省参加各种检查的人数3289人，共检查储粮货位40725个。同时，深入实施“放心粮油工程”，加大食品安全工作的力度，确保良好的市场供应秩序和保护消费者合法权益；严格按照国家标准，保质保量地做好军粮供应工作，受到了驻军部队的好评。通过实时监控粮食市场价格走势，分析供求形势，面向社会提供优质信息服务，狠抓库存管理和食品安全工作，促进了粮食顺畅流通，维护了粮食市场稳定，为保障国家粮食安全作出了贡献。

六 深入推进依法行政

随着粮食流通体制改革的不断深入，进一步转变部门职能，加强依法行政工作，维护了粮食流通正常秩序，为促进粮食经济发展创造良好的发展环境。

1．转变部门职能，全面落实行政执法责任制。各级粮食行政管理部门认真落实省政府《关于贯彻实施全面推进依法行政实施纲要的意见》（黑政发[2005]77号），积极履行粮食流通行政管理、行业指导和盐业行政执法监督职责，完善落实了粮食行政管理部门行政执法责任制。

2．依法开展粮食流通行政执法活动。集中开展了以粮食收购和粮食流通统计等为主要内容的粮食流通行政执法活动，检查面达到30%以上。及时纠正了粮食经营违规违法行为，维护了粮食流通正常秩序，为粮食经营者提供了优质服务。

3．进一步加强行政执法层级监督工作。加强对盐政执法机构和各级粮食行政管理部门行政执法工作的监督检查。认真执行行政执法程序，规范了各项制度、法律文书等基础工作，切实加强了粮食、盐业市场监管，提高了行政执法水平；认真做好全省粮食质量检验人员的培训、考核、资质认定、发证工作和原粮质量、卫生的监督检查工作，为粮食企业改革和经济发展创造良好条件。

七 狠抓反腐倡廉和行风建设

认真贯彻中纪委六次全会和省纪委五次全会精神，坚持标本兼治、综合治理、惩防并举、注重预防的方针，继续实施一把手工程，落实行风建设工作责任制，把治理商业贿赂作为工作重点，进一步加大了防治力度。深入学习《党章》，在全系统开展党规党纪和社会主义荣辱观教育，筑牢拒腐防变的思想道德防线；认真履行监督职能，加强监督检查，健全防范制度；坚持预防与惩处相结合，认真检办违纪违法案件；深入开展治理商业贿赂专项工作，在建立长效机制上下功夫；以开展政风行风评议活动为载体，促进行业风气不断好转，取得了明显成效。2006年，全省粮食行政管理部门参加省委、省政府部署的开展“端正政风行风、优化发展环境”最佳最差单位评议活动中，省局和4个地市级、41个县级粮食行政管理部门被评为最佳单位，振奋了粮食队伍的精神，促进了各项业务工作的开展，树立了粮食部门的良好形象。

上海市粮食工作

基本情况

上海地处太平洋西岸，亚洲大陆东沿，长江三角洲前缘。东濒东海，南临杭州湾，西接江苏和浙江两省，北界长江入海口，长江与东海在此连接。上海交通便利，腹地广阔，地理位置优越，是一个良好的江海港口。全市面积6340.5平方公里，其中区域面积5155.01平方公里，县域面积1185.49平方公里。在上海北面的长江入海处，有崇明、长兴、横沙三个岛屿，其中崇明岛为我国的第三大岛，面积为1041.21平方公里。

上海现有18个区、1个县，其中中心城区有9个区，郊区有9个区、1个县。据上海市统计局统计，2006年年末，上海全市常住人口1815万人。

一 粮食生产情况

2006年上海粮食生产呈现粮食播种面积稳定，粮食总产量和单产双增的特点。

1．粮食播种面积稳定。据统计，2006年粮食播种面积16.5万公顷，其中：夏粮播种面积4.4万公顷（其中小麦播种面积3.1万公顷），秋粮播种面积12.2万公顷（其中粳稻播种面积11.1万公顷）。

2．粮食总产量增加。据统计，2006年粮食总产量111.3万吨，比2005年增加5.9万吨，增长5.6%。其中：夏粮总产量16.1万吨，增加2.2万吨，增幅为15.8%（其中小麦总产量为11.3万吨，增加1.4万吨，增幅为14.1%）；秋粮总产量为95.2万吨，增加3.7万吨，增幅为4.1%（其中粳稻总产量为89.7万吨，增加4.2万吨，增幅为4.9%）。

3．粮食单产增加。据统计，2006年粮食单产6713公斤/公顷，比2005年增加368公斤，增幅为5.8%。其中：夏粮单产3666公斤/公顷，增加291公斤，增幅为8.6%（其中小麦单产3612公斤/公顷，增加295公斤，增幅为8.9%）；秋粮单产7814公斤/公顷，增加491公斤，增幅为6.7%（其中粳稻单产8109公斤/公顷，增加523公斤，增幅为6.9%）。

二 粮食收购情况

2006年上海粮食收购呈现收购总量较上年增加、收购价格同比上升、粮食质量良好的特点。

2006年全市国有粮食购销企业共计收购粮食210249吨，比2005年增加48138吨，增幅为29.7%。其中：收购小麦53927吨，增加12906吨，增幅为31.5%；平均收购价格为0.65元/500克，同比增加0.02元，增幅为3.2%；质量良好，水分13%左右，杂质1.5%以内，容重一般为755克/升。2006年共计收购粳稻谷156322吨，增加35232吨，增幅为29.1%；平均收购价格为0.903元/500克，同比持平；质量良好，水分小于15%，杂质小于1%，出糙率大于80%。

上海市政府胡延照副市长视察上海市外高桥储备粮库建设(前排居中为上海市副市长胡延照，左二为上海市经委副主任、市粮食局局长陈海刚)

上海市粮食应急加工企业之一——上海天下粮仓米业有限公司大米加工车间

上海市外高桥储备粮库及码头设施

三 粮食消费情况

上海是一个特大型粮食消费城市，年粮食需求量为570万吨左右，其中口粮370万吨、饲料用粮170万吨、工业用粮30万吨；本市食用油年消费需求量38万吨左右。

本市郊区提供粮源约18%，80%以上粮源从国内采购和国外进口。

1．口粮消费以粳米为主。粳稻谷年需求量300万吨（折粳米210万吨），郊区生产提供粳稻谷85万吨（折粳米60万吨，占28.6%），向江苏省、安徽省、东北地区（黑龙江省和吉林省）等地采购215万吨（折粳米150万吨），其中：江苏占60%左右、东北地区占25%、安徽占10%。

2．小麦。年需求量70万吨左右（包括面粉折小麦），本地产小麦占口粮消费约15%，向江苏、河南、安徽等省采购占75%以上，从美国、加拿大进口占10%左右。

3．玉米主要用于饲料。玉米年需求量为150万吨左右，主要是国内采购（以吉林省和内蒙古自治区为主）。

4．大豆以油料和豆制品加工为主。大豆年需求量50万吨左右，豆制品加工大豆原料以国内采购为主，食用油加工大豆原料以进口为主。

四 粮食市场情况

上海市积极推进粮食流通市场化改革，坚持以“市场吸引流量，价格引导流向”的原则，加快粮食市场体系建设，发挥市场机制配置粮源的基础性作用。目前，粮食市场体系初具规模，粮食大市场大流通格局基本形成。

全市现有10家粮食批发市场，年粮食交易总量已超过150万吨，其中粳米交易量120万吨，占全市粳米年消费量的57.1%。居民家庭粮油消费约占全市粮油总消费量的60%左右，以超市、大卖场、便利店购买为主，传统粮油商店、农贸市场购买为辅；粮油帮困供应网点不断完善，军粮供应体系更加完备。上海良友（集团）有限公司作为国有大型粮油加工经营企业在粮油供应方面发挥着市场稳定作用，社会多元主体粮油加工经营企业发展迅速，粮油连锁经营、品牌化、包装化发展已成为粮油零售发展主要趋势。

2006年粮食工作情况

2006年，在市委、市政府的领导下，在国家粮食局的指导下，全市各级粮食行政管理部门以“三个代表”重要思想为指导，以科学发展观为统领，认真贯彻党的十六届六中全会精神和市委、市政府工作要求，务实开拓，围绕“十一五”规划确定的发展目标和主要任务，进一步稳定粮源、畅通物流、确保供应、丰富市场、保障储备、依法监管，使粮食工作为城市经济社会持续发展和确保城市粮食安全发挥了保障作用，各项工作取得新的进展。

一 主动抓好粮食供需平衡，组织粮源渠道进一步拓宽

全市各级粮食行政管理部门从主销区特点出发，始终把保证本市粮食供需平衡作为中心工作，着力抓好产销合作、地方储备和夏秋收购，进一步拓宽粮源组织渠道，充实调控市场的物质基础，确保市民消费有可靠保障。

1．粮食产销合作规模和市场化运作扩大。2006年与东北粮食主产区协议购销粮食85万吨（其中黑龙江省65万吨，吉林省20万吨），比2005年增加1.6倍。通过市场化运作的数量继续扩大，从2005年12.5万吨增加到65万吨。有关区县也积极发展粮食产销合作，奉贤区和黑龙江省哈尔滨市木兰县建立了从种植收购到销售的产销合作关系，进一步拓宽了粮源组织渠道，有效确保本市粮食供应。

2．地方储备粮管理水平有提高。在有序轮换市级储备粮的同时，继续完善和优化粮食储备运行机制，安排市级储备粮竞价销售10.4万吨，选择9家企业承担"藏粮于企"14万吨，储备质量稳定提高。

3．本地粮源收购量增质优。2006年全市收购小麦5.39万吨，同比增长31.5%；收购粳稻谷15.63万吨，同比增长29.1%，粮食质量良好。本市秋粮收购价格略高于周边地区，国有粮食购销企业主渠道作用得到较好发挥。金山、松江等区国有粮食购销企业在收购过程中主渠道作用比较突出。

二 发挥市场机制作用，粮食市场流通规模继续扩大

坚持市场化取向，继续充分发挥市场配置粮源的基础性作用，并注重运用先进科技手段和现代信息技术等为粮食流通提供技术支撑，本市粮食流通健康有序，流通规模继续扩大。

1．加强规模交易和规范经营，粮食市场体系建设有成效。粮食批发市场交易量稳步提高，2006年粮食交易总量超过150万吨，其中粳米达120万吨；同时，努力按照"法治市场、诚信市场、放心市场"的要求加强市场经营管理，上海农产品中心批发市场被评为全国四个"绿色批发市场"之一。

2．积极推进粮食物流基础设施建设，重大项目有进展。在市政府领导的关心支持下，完成奉贤邬桥粮库扩建项目，邬桥仓库的粮食仓容量已达到35万吨，油库5万吨；外高桥储备粮库项目基本完成码头设施建设，完成16万吨散粮筒仓、1万吨熏蒸仓、17万吨油罐等工程主体结构，整个项目将于2007年底基本建成。

3．推进发展粮食加工项目，粮油品牌建设有突破。以粮食加工项目为龙头，积极推进粮食产业化发展，同时注重加强粮油产品品牌建设，"乐惠"大米和"海狮"食用油被国家商务部评选为2006年"最具市场竞争力品牌"。

三 注重行政监管，依法行政规范有效

全市各级粮食行政管理部门深入贯彻实施《粮食流通管理条例》和《上海市商品交易市场管理条例》，依法监管粮食流通秩序、依法促进市场发展。

1．依法加强监督检查，粮食流通正常有序。着力建立健全监督检查体系，19个区县均明确了法定的粮食流通监督检查主体；全程监管销售处理陈化粮9万余吨，杜绝陈化粮流入本市口粮市场；依法开展粮食出入库质量检验制度执行情况和粮食经营台账、收购环节专项检查，有效维护粮食流通正

常秩序。

2．强化粮食质量监管，粮食质量安全放心。认真开展了2006年库存粮食质量检查和粮食收购及储存环节的原粮卫生状况调查，并对本市真新等粮食批发市场流通粳米的新陈度专项测定，确保粮食质量安全、放心消费。

3．认真开展全社会粮食流通统计，基础工作扎实推进。根据《上海市粮食流通统计报表制度》，以强化基层统计工作为重点，全面地完成年度粮食仓储设施统计和粮油加工企业法定统计等各项粮油统计工作，及时、准确地报送各项粮油统计资料，并会同有关部门开展2006年本市粮食（地方储备粮和商品粮）库存检查，为国家和本市粮食宏观调控提供重要的决策依据。

四 加强市场预警监测和应急管理，粮食供应保障有力

1．认真做好粮油供应工作，应对粮油价格波动及时有效。针对2006年第四季度粮油价格出现恢复性上升情况，根据国务院和市委、市政府有关工作要求，市粮食局专题部署并督促指导各区县粮食行政管理部门和有关粮油经营企业切实安排好粮油市场供应，积极组织货源，增加成品粮储备库存和商品库存，组织好加工配送，满足粮油市场供应需要；加强粮油市场监测，对重点品种、重点品牌重点监测，重点市场重点监管，特别是重点确保低收入群体和高等院校粮油供应。市政府胡延照副市长到静安区第六粮油食品商店检查节日市场供应和粮油帮困情况，并慰问一线职工，要求认真做好节日市场主副食品供应工作，特别是做好帮困粮油供应工作，加强食品安全监管，确保市场稳定，保障人民群众基本生活必需品供应和安全。

2．粮食政策性业务水平有新提高。坚持把以人为本做好粮食政策性业务作为维护社会和谐稳定的重要内容。共有26家帮困供应粮店被中国粮食行业协会授予“放心粮店”称号，帮困粮油供应服务水平不断提升，静安六店为全市帮困粮油供应工作树立了典型；积极推进“副补”发放工作纳入街道“一门式”管理，推广使用“副补”发放管理软件，“副补”发放管理整体水平进一步提升，黄浦、徐汇等区的“副补”发放工作发挥了表率作用；军粮供应工作水平进一步提高。

3．完善粮食应急预案，应急保障体系更加健全。协同市有关部门多次修改完善的《上海市粮食应急预案》，已经市政府同意发布执行。据此做好从加工、配送、网点等各环节进行细化落实；制定了《建立和完善本市粮食应急供应保障系统的工作方案》、《粮源应急保障网络方案》，不断健全本市粮食应急保障体系。

4．切实加强粮油市场信息监测，预警监测能力进一步提高。在粮食批发市场监测系统的基础上，在本市建立了国家粮食局粮油市场监测直报体系，及时关注市场动态，收集报送市场信息，提高监测能力，确保预警先兆。

五 切实加强队伍建设，依法行政能力有新提高

全市各级粮食行政管理部门围绕建设服务政府、责任政府和法治政府，既立足依法管粮，又着眼城市发展大局，全面加强机关和队伍自身建设，不断提高依法行政能力和水平。

1．贯彻实施《公务员法》，切实加强队伍建设，扎实抓好行政执法和专题业务培训。认真梳理本市粮食行政执法依据并向社会公布，粮食行政管理队伍综合素质和依法行政水平有了提高，浦东新区

粮食局和静安区第六粮油食品商店有限公司经理杨信均同志，分别被评为全国粮食系统先进集体和劳动模范，受到国家人事部和国家粮食局的联合表彰。

2．组织总结验收“四五”普法，完成“五五”普法规划工作。经国家粮食局考评，市粮食局和嘉定区粮食局荣获全国粮食行业普法工作先进集体，南汇区粮食局钱惠钢和黄浦区粮食局沃慧珍被评为全国粮食行业普法工作先进个人。

3．继续坚持“调研出思路、思路成方案、方案促工作”的工作机制。通过深入调研，制定了《上海市粮食流通“十一五”发展规划》，并根据粮食工作重点任务，开展了多项前瞻性专题调研，形成调研报告，推进粮食工作。

4．深入开展学习党章活动，加强落实先进性建设长效机制，不断推进党的建设。按照建立健全教育、制度、监督并重的惩治和预防腐败体系的要求，突出重点，强化教育监督，扎实推进党风廉政建设。

江苏省粮食工作

基本情况

江苏位于我国大陆东部沿海中心、长江下游，东濒黄海，东南与浙江和上海毗邻，西连安徽，北接山东。2006年年末，全省常住人口7549.5万人，占全国的5.7%。全省户籍人口为7317.7万人。其中，城镇人口3918.2万人，比上年增加143.6万人；乡村人口3631.3万人，比上年减少68.6万人。全省现设13个省辖市，下辖106个县(市、区)，其中27个县级市、25个县、54个市辖区。

全省面积10.26万平方公里，占全国的1.06%，列全国第24位，人均国土面积在全国各省区中最少。全省耕地面积476.9万公顷，占全国的3.8%，人均占有耕地0.95亩。全省粮食播种面积498.5万公顷，比上年增加7.6万公顷。全省粮食总产量3041万吨、棉花总产量38.14万吨、油料总产量218.18万吨。

2006年，全省粮食商品量约1733万吨，商品率近57%。粮食收购总量达到1628万吨，同比增加166万吨。全省国有粮食企业销售1259万吨，同比增加4万吨。重点转化用粮企业转化粮食206万吨，比上年增加8万吨，其中饲料用粮101万吨，工业用粮59万吨，食品酿造业用粮46万吨。

截至2006年年底，全省原有1890家国有粮食购销企业中，565家实行了多种形式的产权制度改革，全省国有粮食购销企业在岗职工1.63万人。全省现有规模以上粮油加工企业886家，其中国有粮食企业80家，产权制度改革面91%。

2006年粮食工作情况

2006年，江苏省粮食行业积极稳妥推进粮食流通体制改革，加强粮食宏观调控，发展粮食产业化经营，推动粮食物流体系建设，依法加强对全社会粮食流通管理，实现了“十一五”粮食工作的良好开局。突出表现在：一是粮食购销市场化改革取得明显成效。初步实现了粮食市场主体多元化、经营方式多样化、价格形成市场化、管理步入法治化的新格局。截至2006年年底，全省获准从事粮食收购的经营者累计为7271家，其中，国有经营者与非国有经营者比例为22：78，多元主体同台竞争的粮食收购市场格局基本形成。二是粮食安全保障能力进一步增强。初步建立起粮食储备体系、粮食市场体系、粮食产销合作机制和粮食应急保供机制。出台了《江苏省粮食应急预案》，健全了全社会粮食平衡统计调查机制，建立了特殊群体口粮供应措施。三是粮食产业化经营呈现良好发展态势。2006年，全省158家各级粮油龙头企业实现销售收入420.9亿元、利税

江苏省人民政府黄莉新副省长在省粮食局视察调研粮食工作

王元慧局长在南京六合检查指导秋粮收购工作

王元慧局长在南通调研粮食工作

8.32亿元，利润6.62亿元，分别占全省粮油加工业总量的71%、65%、71%。建立生产基地83.3万公顷，同比增长25%；带动农户252万户，同比增长23%。四是粮食流通基础设施建设得到加强。按照《江苏粮食现代物流发展规划》，规划粮食物流园区，启动物流项目。截至2006年年底，已开工项目26个，完成投资近8亿元。加强粮食仓储建设和维修工作，新建仓容71.8万吨，维修仓容336万吨。五是粮政管理职能得到加强。省、市、县三级粮食流通执法体系初步形成。截至2006年年底，全省13个省辖市全部建立了监督检查机构，76个县（区）级粮食局有63个成立了监督检查机构。

一 做好粮食购销，发挥储备功能，保障粮食供应安全

1．搞活粮食购销，促进粮食流通。大力开展订单收购，引导农民种植适销优质品种。全省共签订粮食订单260万吨，同比增加12万吨。积极推广“一次收购，二次结算”等收购方式，促进了粮食收购。全省国有粮食企业收购1145万吨，同比增加132万吨；销售总量1012万吨，同比增加6万吨，购销总量均创2001年实行市场化改革以来最高纪录，也是历史第三位。加强产销衔接，促进供需平衡。举办省内粮食产销区对口产销衔接洽谈活动，产销区企业共签订对口产销衔接合同协议216万吨，同比增加43万吨，销区市还在粮产区共落实粮食生产基地4.87万公顷。组织企业参加黑龙江金秋粮食洽谈会，签订购销合同（协议）102万吨，居各省交易总量首位，弥补了省内玉米、大豆等品种的缺口。

2．发挥储备粮调节功能，促进市场稳定。秋粮收购之初，稻谷收购价格低迷。为促进稻谷价格回升，加大稻谷储备轮入力度，稳定了市场信心，促进了稻谷价格的止跌回升。11月，由于市场上小麦流通量减少，小麦、面粉价格上涨较快，为了稳定粮价，稳定民心，及时争取国家在苏最低收购价小麦的销售，同时，要求承储企业轮出小麦，增加了市场供应，缓解了面粉企业的加工需求压力，有力地促进了市场稳定。开发并试运行省储粮管理信息系统，推动储备粮管理的规范化和现代化，进一步加强储备粮的管理和运作。

3．健全应急机制，促进粮食畅通应急。省政府出台了《江苏省粮食应急预案》，各地也据此抓紧修订完善本地应急预案，省市县三级应急预案体系进一步健全；重新审核确定了各地特别是城市市区粮食应急保供销售网点和加工载体，以保证突发事件情况下的粮食供应畅通应急、顺利应急。进一步完善了由全省近100个采价点组成的市场价格监测日报制度、全社会粮食平衡统计调查制度等，加强市场监测和预警分析，密切关注市场动态，及时采取相关措施，确保市场稳定。

4．落实惠农政策，促进了农民增收。严格执行小麦最低收购价政策。夏粮收购量达840万吨，同比增加180万吨，其中最低收购价收购小麦610万吨，位居全国第三位。小麦收购均价每50公斤较上年提高了4～5元，全省农民通过夏季售粮同比可增加现金收入近20亿元。秋粮收购中，加大稻谷储备轮入力度，促进了稻谷价格回升，激活多元主体企业积极入市收购，稻谷平均收购价格由开秤初期的每50公斤82元上升至87元。在金湖县、宿豫区、射阳县推广了“农户储粮减损技术集成与示范项目”，向农户赠送“粮食安全储藏仓”，配送“安全储粮保护剂”，减少农户粮食损失4%以上，帮助农民

实现了丰产增收。

5．健全军粮供应保障机制，促进军粮供应安全。苏州、镇江、南京等市根据全年粮源需求量，到东北采购高品质粮源，为确保全年军供打下了坚实的物质基础。通过严把原粮采购关，严把加工关，严把储存关，严把检验关，保证军供粮质量。2006年军供粮质量完全达标，未发生任何质量问题。

6．加强粮食质量监测体系建设，促进粮食质量安全。省粮食局粮油质量监测所通过了国家实验室监督评审。无锡市粮食局粮油质监所、南通市粮食局粮油质监所、盐城市粮食局粮油中心化验室以及省粮食局粮油质量监测所等四个单位第一批通过国家粮食局的挂牌验收，被纳入到国家粮食质量监测体系。各地粮食行政管理部门正逐步加强质量检测机构的建设，添置更新仪器设备，调整运行管理机制，合理布局，逐步形成了省、市、县三级粮食质量检测体系。全省粮食质量检测机构在粮食收购质量调查和品质测报、储备粮监管、放心粮油工程、防止陈化粮流入口粮市场等方面做了大量的质量监督和监测工作，促进了粮食质量安全。

二 做加快发展粮食产业化经营，狠抓企业扭亏增盈，推进了粮食经济发展

1．粮食产业化经营发展势头良好。为加快粮食产业化发展，省局召开了各市粮食局长产业化专题会议，进一步明确了产业化经营的目标、思路和措施，各地加大力度，真抓实干，取得了明显成效。全省规模以上粮油加工企业完成总产值621.3亿元，同比增长21.4%；销售收入592.8亿元，增长19.8%；利税总额12.8亿元，增长32.1%；利润总额9.3亿元，增长35.2%。粮油产业化龙头企业在全省粮油加工业中发挥了领头和支撑的作用。158家各级龙头企业，实现销售收入420.9亿元、利税8.32亿元、利润6.62亿元，分别占全省规模以上粮油加工业总量的71%、65%、71%；建立生产基地83.3万公顷，同比增长25%，带动农户252万户，增长23%，促进了农民增收。成功举办了“放心绿色苏米、走进上海人家”专场推介会，进一步扩大了江苏大米在上海市场的影响，22家企业分别与上海企业对口签订了16万吨大米购销协议。全省粮食行业获得省名牌产品称号40个，获得中国名牌产品6个、中国名牌农产品两个，品牌影响力不断提高。

2．现代粮食物流建设进展较快。编制完成了“2006～2015江苏粮食现代物流发展规划”。规划定位为：到2015年，在全省范围内基本建立起突出“两纵两横”、立足长三角、辐射华东、衔接全国与世界的现代粮食物流区。全省各地以此规划为方向，加快规划建设粮食物流中心，积极有效地开展物流园区建设、项目招商引资等各项工作。截至2006年年底，全省13个省辖市共规划了40个粮食现代物流、仓储、加工基础设施项目，规划总投资达79亿元；开工项目26个，完成投资近8亿元。

3．粮食仓储建设和维修工作得到加强。首次开展全社会粮食仓储设施统计工作，为科学决策提供了重要依据。加大对粮食仓储基础设施的投入，为粮食收购和粮食安全提供保障。全省2006年仓储设施投资达7亿元，其中新建仓容71.8万吨，投资达5.6亿元；维修仓容336万吨，投资达1.4亿元。为保证粮食安全储存和收购农民粮食的需要，省财政安排粮库维修资金3140万元，主要用于维修苏北和苏中粮食收购大县及承担省级储备粮存储任务的仓储企业和急需维修的一线收纳粮库。

4．企业扭亏增盈工作成绩明显。在全省范围内开展了国有粮食购销企业财产清查工作，清查企业达1629家，基本摸清了全省国有粮食购销企业的资产总量、资产形态、资产收益、资产潜力以及不良资产等方面的情况，为服务企业，促进企业扭亏增盈提供了决策依据。推进产权制度改革，将改革改制与创新企业经营机制有机结合起来，建立激励约束机制，提高了企业的经营能力，为企业扭亏增

盈增强了后劲。全省国有粮食企业亏损0.21亿元，同比减亏1.60亿元。

三 贯彻落实《粮食流通管理条例》，转换粮食行政管理职能，强化对全社会粮食流通的监管

1．初步建立了依法管理社会粮食流通的相关制度。对粮食行政执法的依据进行了全面梳理，对执法部门及岗位职责进行了认真的分解落实，建立了粮食行政执法责任制及相关配套制度。在全省推行粮食、工商、质监、卫生、物价等部门参加的粮食流通监督检查联席会议制度。目前，本省已基本形成“政府组织、粮食牵头、部门联动”的粮食流通监督检查协调机制，形成了各部门齐抓共管的良好局面。

2．初步建立了粮食流通监督检查工作体系。截至2006年年底，全省13个省辖市全部建立了监督检查机构，其中无锡、泰州还成立了监督检查执法支队，无锡市各级粮食部门配备了执法车，并与当地公安部门协作成立“粮食110”社会服务联动工作办公室，成为“110”社会服务联动工作网络的新成员，24小时接受群众举报，处理粮食行业违法违规案件；76个县（区）级粮食局有63个成立了监督检查机构，其中17个县（区）成立了监督检查执法大队。举办了第四期粮食流通监督检查行政执法培训班，对各市、县（区）粮食局选送的200名学员进行了培训。目前，全省已初步建立起一支初具规模的粮食行政执法队伍。

3．积极开展了粮食监督检查行政执法。全省各级粮食行政管理部门，组织开展粮食收购、粮食质量、地方储备、军粮供应等各项监督检查2716次，依法对262家购销企业和个体工商户实施了行政处罚，有效地规范了粮食流通市场，保护了粮食生产者、经营者、消费者的合法权益。2006年与2005年相比，执法检查、行政处罚量明显增加，充分显示了主动监管的作用。受理各类投诉、举报9起，部分案件转交地方查办，并按法定程序向当事人进行反馈。省粮食局直接查处2起违反《条例》规定的案件，严肃处理了涉案当事人和粮食购销企业。

4．粮油食品安全信用体系建设试点工作顺利开展。在对全省粮食行业的企业进行调查摸底的基础上，筛选了条件较好的大米、面粉、油脂三大类13个企业作为试点企业。组织召开了全省粮食行业食品安全信用体系建设试点工作会议暨试点企业培训班。制定了《江苏省粮食行业食品安全信用体系建设试点工作方案》，试点单位加强领导，认真落实，通过努力，全省粮食行业食品安全信用体系建设试点工作进展顺利。无锡市作为全省食品安全信用体系建设的试点地区，经过一年的努力，粮油食品安全信用体系的基本框架和运行机制初步建立。

四 加强党风廉政建设，为构建和谐粮食行业提供保障

1．深化反腐倡廉教育，进一步促进领导干部廉洁从政。开展了“遵守党章、执政为民”主题教育和树立“社会主义荣辱观”的学习教育活动；组织参观“省反腐倡廉成果展”，宣传学习先进典型，剖析反面典型案例，进行反腐倡廉形势教育、激励教育和警示教育；针对粮食行业特点，推进廉政文化建设，积极营造反腐倡廉的氛围和环境。

2．强化制度建设，进一步促进惩防腐败体系的建立和健全。制订了《行政执法责任制》、《行政执法过错责任追究暂行办法》等，明确粮食行政执法责任，规范涉粮执法行为和程序；完善修订

《机关行政经费暂行管理办法》，进一步规范了机关经费开支，加强了财务管理；制订《出国（境）管理工作暂行规定》，规范了出国（境）学习考察工作。

3．突出对权力运行的监督，进一步促进了从源头上预防腐败工作。认真贯彻执行党内监督条例，抓好领导干部个人重大事项报告、述职述廉、勤廉公示、民主评议、诫勉谈话等监督制度的贯彻落实，加强对领导干部的监督。加强对重大经营决策、重要干部任免、重大事项的决定、大额资金的使用等重点环节和重点部位权力行使的监督。以防止国有资产流失作为重点，积极推进企务公开，加强对国有粮食企业的监督。

4．深入开展治理商业贿赂，进一步促进粮食流通规范有序。通过加强组织领导，深入宣传发动，结合实际制订方案，实行自查自纠、查办案件、建立健全长效机制三项工作联动，积极推进治理商业贿赂专项工作深入开展。突出粮食购销经营、储备粮轮换、军粮供应；工程建设、资产转让、企业承包租赁；办公用品等政府采购、企业物资采购、财务结算；粮食收购资格行政许可、资金分配等重点部位和环节方面，认真开展了自查自纠。

5．认真查处违纪违法案件，进一步促进了党纪政纪严肃性的维护。2006年，全省粮食系统积极自办案件并协助各级纪委和司法机关办案，共查处各类违法违纪案件62件（司法机关介入32件），与上年持平，已结案57件。其中经济案件47件，涉案总金额为530万元，比上年下降10%，通过办案追回464万元。在抓好查案工作的同时，重视做好信访举报工作，积极维护和谐稳定。

浙江省粮食工作

基本情况

浙江地处中国东南沿海长江三角洲南翼，境内最大的河流钱塘江，因江流曲折，又称浙江，省以江名，省会杭州。全省有2个副省级城市、9个地级市，90个县（市、区）。2006年年末常住人口4980万人，户籍人口4629.4万人，其中农业人口3317.26万人、非农业人口1312.17万人。

浙江全省陆地面积10.18万平方公里，为全国面积的1.06%，是我国面积最小的省份之一。浙江人多地少，山地和丘陵占70.4%，平原和盆地占23.2%，河流和湖泊占6.4%，耕地面积仅208.17万公顷，素有“七山一水二分田”之称。2006年全省耕地面积158.9万公顷，人均占有耕地0.48亩；2006年全省粮食播种面积152.5万公顷，粮食产量884万吨，人均占有量177.51公斤，粮食商品率约28%。

2006年，全省GDP15649亿元，比上年增长13.6%。人均31684元。财政总收入2568亿元，其中地方财政收入1298亿元，按可比口径分别增长15.1%和15.3%。2006年城镇居民人均可支配收入和农村居民人均纯收入分别达到18265元和7335元，实际分别增长10.9%和9.3%；城镇居民人均可支配收入连续6年、农村居民人均纯收入连续22年列全国各省区第一位。

2006年全省粮食企业粮食收购量82.4万吨。全省粮食需求量为1853万吨，其中城镇人口口粮257万吨、农村人口口粮678万吨、饲料用粮680万吨、工业用粮226万吨、种子用粮12万吨。

2006年年末，全省粮食企业数507家，其中国有及国有控股粮食企业235个数；从业人员18615人，其中国有及国有控股粮食企业从业人员13419人。

2006年粮食工作情况

2006年，按照省委建设社会主义新农村的总体部署和全省粮食工作指导思想，各地紧紧围绕保证全省人民任何时候“有饭吃、吃好饭”这个总目标，进一步深化和完善粮食流通体制改革，认真抓好粮食市场体系、粮食调控体系和粮食法制体系建设，着力提高粮食产业化、流通现代化和管理法制化水平，确保了全省粮食安全和市场稳定。

一 继续推广“订单粮食”，促进省内粮食生产稳定发展

经过粮食购销市场化改革后，“订单粮食”已成为本省农村粮食购销的主要形式和种粮农民增收的主要渠道。2006年，全省国有粮食购销企业和36.6万户农户签订粮食订单58.8万吨。截至12月底，全省粮食部门累计收购粮食55.8万吨，其中订单收购47万吨，订单履约率为80%。同时，根据省政府的要求，2006年扩大了“订单粮食”预购定金的发放范围和数量。各地共向676户种粮大户发放粮食预购定金1391万元，其中早稻预购定金1016万元，比上年增加了63%。

二 深化粮食产销合作，搞活市场粮食购销

在供求关系趋缓的形势下，各地着眼长远，进一步与粮食主产区发展更为紧密的产销合作关系，逐步建立稳定的粮食购销渠道。据不完全统计，2006年全省在主产区建立粮食生产基地10万公顷，并通过“哈洽会”等形式与外省达成粮食产销合作签约项目46项，其中粮食购销协议41项，协议成交量63万吨，粮食基地建设项目4个。通过省际间的粮食产销合作，不仅保障了浙江市场的有效供给，而且为浙江老百姓带来了更多优质、绿色的粮油产品。与此同时，各地批发市场经销户购销活跃，全省粮食批发市场成交量继续增加。2006年全省主要粮食批发市场成交总量495万吨，比上年增加10%。

三 统筹城乡市场供应，积极服务社会主义新农村建设

各地结合社会主义新农村建设，在规划和建设粮食物流体系时，充分考虑原产粮乡镇经济结构调整后无法保证粮食自给这一因素，确保粮食物流网络延伸到农村市场，并且在粮食应急供应网点的部署上也以乡镇为单位组织落实，切实做到统筹城乡市场供应。同时，各地粮食部门和行业协会在组织“放心粮油进社区”活动的基础上，积极引导粮食企业开展“放心粮油进农村”活动，并以评定农村“放心粮油示范店”为抓手，净化农村粮油市场，让广大农民真正吃上放心、安全的粮油产品。为切实提高服务“三农”的水平，各级粮食部门还积极拓展为农服务的范围、内容和形式，通过开展“联大户、搞服务”等活动，为种粮大户提供产前、产中、产后全方位服务，在政策、资金、信息以及技术等方面支持广大农民发展粮食生产。

四 整合粮食物流资源，推进粮食现代物流建设

2006年，各地积极推动区域性粮食物流中心建设，为全省粮食现代物流的发展奠定了坚实的基础。由省粮食局和省发改委共同制定的《浙江省粮食物流发展规划》通过专家评审后正式发布。各市的区域性粮食物流中心建设也有了较大进展。舟山市粮食物流中心又新建成了5万～8万吨级粮食专用卸货码头1个，2万吨和5000吨级的粮食装船码头两个以及300吨/小时的散粮装船输送设施1套，同时引进了年产15万吨啤酒的外资粮食转化项目；杭州海关区首家粮油公共保税仓库也在该中心开始筹建，目前该物流中心已累计接卸、中转、减载散粮275万吨，国际化粮油集散中心已显雏形；已投入运营的嘉兴市粮食物流中心按照梯度开发的目标，开工建设嘉兴港独山港区的5万吨级粮油专用

局长李林访向省委领导介绍粮库情况

李林访局长陪同省委副书记周国富视察粮库

浙江省粮食局领导向省领导汇报工作

码头；宁波市粮食物流中心散粮接卸项目投入使用后，已在当地粮食流通中发挥重要作用；衢州市粮食物流中心充分利用“四省通衢”的优越条件和批发市场的良好基础，发挥了本省粮食物流承东启西的节点功能。此外，杭州、温州、湖州等市的粮食物流中心正在加紧规划和建设中，金华、绍兴、丽水、台州等市的粮食物流中心也在进行项目前期可行性论证及初步规划。

五 加强粮食仓储管理，完善全省储备粮管理体系

2006年，全省市县中心粮库建设继续推进，竣工中心粮库46个，建成标准仓335幢，仓容67.4万吨，完成计划建设任务的94%。全省地方储备粮台账管理系统联网工程开始在市县中心粮库实施，各市县收储公司、中心粮库的软硬件安装调试工作已基本完成。并通过在杭州举行的全国首届“粮食储藏技术与管理论坛”，推广应用了一批先进的科学储粮技术，确保了库存粮食的质量安全。

六 加强粮食应急管理，完善市场监测预警体系

根据《浙江省突发公共事件总体应急预案》，省政府出台了《浙江省粮食安全应急预案》。各地按照省里的要求，结合当地实际情况，对已制定的粮食应急预案进行了修订和完善，并重新确定落实粮食应急加工企业和应急供应网点。2006年，全省共确定应急供应网点1657个，应急加工企业333家，日应急加工能力1.9万吨，落实应急成品粮库存3.26万吨。各地还精心组织了粮食应急供应二级预警演练，通过演练检验了粮食应急预案在实战中的效果，锻炼了粮食应急队伍。同时，建立全省粮食市场监测报告制度，75个粮食批发价格监测点和40个零售价格监测点较好地执行了行情周报制度，9家重点粮食批发市场每日报送市场交易情况，健全了市场监测网络，及时开展粮食安全预警和粮情预报工作。

七 加强流通监督检查，推进粮食法制体系建设

《浙江省地方储备粮管理办法》经过修改和征求意见后已进入省政府立法程序。同时，各地严格依法管粮、切实抓好收购许可和粮食流通监督检查等一系列制度的执行，市场粮食质量监管工作得到进一步加强，有效防止了陈化、劣质粮食流入口粮市场。地方储备粮轮换拍卖出库的粮食没有出现一起质量案件。2006年，全省已累计批准728家企业和个体经营户具有粮食收购资格，具有陈化粮购买资格的企业51家。

八 强化干部学习教育，推进机关自身建设

坚持以人为本、更新观念、转变职能、改进作风，创新工作思路，改进工作方法，加强部门自身建设。2006年，省粮食局机关以建设学习型和创新型机关为目标，通过集中学习与业余学习相结合、讲座与参观相结合、网络论坛与读书笔记相结合、示范教育和警示教育相结合以及歌咏比赛、征文比赛等多种形式，深刻领会党的十六届六中全会和省委十一届十一次会议精神，并把各种学习教育活动与粮食工作、机关工作等紧密结合起来，以活动促各项工作落实，以工作带活动深入开展，建立机关

教育活动的长效机制，夯实思想基础。同时，省粮食局党组高度重视局机关的建章立制工作，坚持从粮食业务工作的特点和局机关工作实际出发，逐步制定了一系列工作制度和规范。2006年，根据工作环境条件的变化和新形势的需要，尤其在治理商业贿赂自查自纠阶段针对查找的薄弱环节和问题进行了认真分析，对机关制度再一次进行全面的修订、补充和完善，重新编印下发了《浙江省粮食局机关制度汇编》。该汇编从处室职能、人事任免、重大事项决定、业务流程、办事程序、廉政建设等方面作出了更为详细的规定，确保用制度来管人、管事、管物，推进了局机关行政权力的公开透明运行，初步建立起反腐倡廉、防治商业贿赂的长效机制。2006年，还开展了形式多样、内容丰富、寓教于乐的文体活动，陶冶干部职工的情操，培养干部职工的团队合作意识，极大地增强了全局的凝聚力和向心力，展现了和谐机关的良好风貌。

安徽省粮食工作

基本情况

安徽省地处华东腹地，是我国东部襟江近海的内陆省份，总面积13.96万平方公里，约占全国总面积的1.45%，居全国第22位。现设17个地级市、105个县（区，县级市）。2006年年末，全省户籍人口6593.5万人，城镇化率37.1%，比上年提高1.6个百分点。全年GDP6141.9亿元，按可比价格计算，比上年增长12.9%。三次产业结构为16.7：43.3：40。按常住人口计算，人均GDP10044元，比上年增加1374元，首次突破万元大关。全社会劳动生产率16576元/人，比上年增加1799元。全年财政收入816.2亿元，比上年增长24.3%，财政支出915.8亿元，增长28.4%。全年城镇居民人均可支配收入9771.1元，比上年增长15.4%；农村居民人均纯收入2969.1元，增长12.4%。

安徽襟江带淮，长江、淮河横贯其中，农业生产区位优势明显，是农业大省，也是全国粮食主产省之一。2006年全省粮食种植面积616.83万公顷，比上年扩大18.02万公顷，是1999年以来的最高水平。安徽农产品品种比较齐全，盛产稻谷、小麦、油菜籽、大豆、玉米等，水稻、小麦占总产量80%。全省77个县（区、市）中，有47个是全国商品粮生产基地，粮食生产和流通在全省国民经济中占有重要位置。近年来，全省粮食综合生产能力稳定在2750万吨左右，位居全国第八，油菜籽总产180万吨左右，位居全国第二。正常年景粮食商品率在40%左右，社会粮食商品量1000万吨以上，国有及国有控股粮食企业收购750万吨以上。每年销往省外粮食在500万吨以上。2006年全省粮食产量2860.7万吨，比上年增加255.4万吨，增产9.8%，创历史最好水平。油料产量261.6万吨，减产3.3%。

丰富的粮油资源为安徽粮油加工业的发展提供了坚实的物质基础。2006年全省规模以上粮油加工业529个，大米加工能力1034万吨，面粉580万吨，油脂220万吨。粮油加工实绩759万吨，实现销售收入208亿元，实现利润3.04亿元，综合经济指标居全国第五位。

2006年年底安徽省国有粮食系统机构数1236个（行政单位97个，事业单位82个，企业单位1057个）。其中购销企业785个，附营企业308个，分别比2002年减少30%和67%。全省粮食系统现有在岗职工28836人，比2002年减少近14万多人，其中粮食购销企业在岗职工23380人，比2002年减少9.4万多人。

2006年3月2日，全省粮食工作会议在合肥召开

2006年8月11日，国家粮食局局长聂振邦和安徽省省长王金山共同为合肥国家粮食交易中心揭牌

2006年6月12日省委常委、副省长赵树丛同志深入收购一线检查指导夏粮收购工作

2006年8月25日，安徽省首期新农村科学储粮示范工程正式启动

2006年粮食工作情况

2006年，是安徽省粮食流通改革向纵深推进的一年，是全面实施“十一五”安徽粮食行业改革发展规划的开局之年。一年来，全省各级粮食部门始终坚持以科学发展观统领全局，紧紧围绕服务社会主义新农村建设这一主线，以提升效能强力推进“依法监管年”、“产业发展年”活动，以改革创新促进粮食产业经济快速健康发展，坚决有效地执行了最低收购价政策，充分发挥了国有粮食企业的市场主渠道作用；认真贯彻《粮食流通管理条例》，保证了粮食市场健康规范有序；全面启动粮食产业园区建设，促进粮食产业化整体水平显著提升；进一步提升为基层为企业为群众的服务意识和服务水平，实现粮食行业社会形象进一步提高，保持了安徽粮食工作继续走在全国前列的好形势。

一 严格执行最低收购价政策，有效促进农民增收

2006年，国家先后在安徽省启动小麦和早籼稻、中晚籼稻最低收购价执行预案。各级粮食部门和国有粮食企业从建设社会主义新农村、保护种粮农民利益、增加种粮农民收入这一政治大局出发，严格执行收购政策，严明收购工作纪律，严把入库粮食质量关，切实搞好优质服务，千方百计克服收购量大、仓容严重不足等困难，充分发挥了国有粮食企业主渠道作用，有效促进了农民增收。特别是积极协调增加小麦收购库点200多个，批准了12家国家省级农业产业化企业参与小麦、稻谷最低收购价收购工作；通过筹集资金修仓、停止出租收仓、多种渠道租仓、抓紧销售腾仓、品种归集并仓等途径，千方百计挖掘仓储潜力，全省共挖掘仓容200多万吨；积极争取跨省集并粮食76万吨；争取国家批准本省搭建露天储粮设施70万吨，最大限度地满足了农民出售粮食要求。至最低收购价预案执行期止，全省按最低收购价收购小麦620万吨，是2005年收购量的3倍，创历史新高，居全国第二位，提前超额完成年初省政府确定500万吨的目标；收购稻谷210万吨。全年国有粮食企业直接从农民手中收购粮食达到950万吨，比上年多收300万吨，比历史最高年份多收135万吨，为农民增收50多亿元。

二 园区建设步伐加快，粮食产业化整体水平明显提高

2006年，安徽省把加快发展粮食园区经济，建立现代粮食物流作为全年粮食工作的“头号工程”，重点落实《安徽省政府办公厅关于加快建设粮食产业园区的通知》，全面启动“退城进郊”工程，强力推进粮食“产业发展年”活动。按照布局集中、产业集聚、用地集约和可持续发展的原则，因地制宜，科学规划，分类分期建设，把粮食产业园区建成粮食收储的中心、粮油加工的中心、现代物流的中心、粮油检测的中心、粮食交易的中心。到年底全省粮食产业园区建设规模总占地218.6万公顷，新征地1067公顷，总投资72亿元。全省已有78个市、县（区）规划和建设粮食产业园区或产业集聚区91个，其中，已动工兴建38个，完成规划和正在进行征地和项目论证的53个。园区建设呈现“高起点、多元化、多功能、多业态”的蓬勃发展态势。

围绕“四率”大力发展粮食订单，2006年安徽省落实粮食订单面积218.6万公顷，完成目标任务的131%，较上年增加28万公顷，增长15%，其中：水稻101.8万公顷、小麦79.2万公顷、油菜37.6万公顷。订单收购量538万吨，完成目标任务300万吨的179%，较上年增加182万吨，增长51%，其中：水稻218万吨、小麦301万吨、油菜籽19万吨。全省粮油订单覆盖率47%，履约率85%，品种优质率80%。由省粮食局牵头引进的中粮集团未来5年将以合并、合资和合作等形式在生物质能源、粮油食品加工、粮油贸易等投资50亿～80亿元，将进一步提升安徽省农业产业化水平。实施“662强龙工程”取得新进展。通过重点对25家粮食产业化龙头企业精深加工项目的政策扶持，实现了销售收入超10亿元和超5亿元的龙头企业各4个，超亿元的龙头企业20个，提前完成了“662”强龙工程65%以上的目标。2006年新增138家省农业产业化龙头企业中，粮油加工企业42家，占30.4%，至此，省农业产业化龙头企业粮食类达到86个，占31.5%。品牌粮油产品初具规模。有1家企业产品被评为中国名牌，6家企业的6个产品获全国粮油知名品牌，16家企业25个产品被评为全国“放心粮油”称号，有13个粮油类产品被评为安徽名牌产品，占15%，43个企业的58个产品进入安徽省名牌农产品榜。粮油精深加工和副产品综合利用有了新进展。面粉经蛋白提取生产谷朊粉产量居全国第三，产品主要供出口；有20多家大米加工企业上马了稻壳发电项目，收到良好的社会效益和经济效益。以龙头企业和军粮供应站为主要载体的城市连锁店和农村服务社建设不断延伸。截至12月底，全省军供连锁店发展到660个，比上年增加了117个。发展城市连锁店1749个、农村服务社1953个，分别增加231个和914个。有19家粮食企业被商务部确定为“万村千乡市场工程”试点企业，先后建设了农村服务社1024个、配送中心42个。

三　全面启动科学储粮示范工程，积极投身新农村建设

针对农村储粮技术落后的现状，安徽省粮食局在广泛调研的基础上，形成《关于本省民间粮食储备情况的调查报告》，引起了省领导的高度重视，并作出明确批示。根据省领导要求，省局把引导农民科学储粮，实施新农村科学储粮示范工程，作为粮食部门参与和服务社会主义新农村建设的重要内容，出台了《安徽省新农村科学储粮示范活动实施方案》，于2006年8月25日在合肥市包河区大圩乡沈福村正式启动，省委常委、副省长赵树丛出席新农村科学储粮示范工程启动仪式。示范工程遵循“实用、引导、服务、支持”八字方针，首期在全省17个市的44个县、区的44个村4321个农户积极推开。首期示范工程总投资150万元，共使用彩钢板130吨、配送彩钢板储粮仓4521套、保粮药剂1.5万袋、发放科学储粮手册和宣传挂图各5000份，并于2006年11月10日全面到位，有效地解决了农民储粮难、损耗大等问题，受到了农民朋友的普遍欢迎。

四　粮食宏观调控体系建设进一步加强，粮食市场基本稳定

按照省政府的要求，督促建立市县粮食储备制度，督促市县储备粮规模到位。2006年年底，全省地方粮食储备到位65%，为调控粮食市场、确保粮食安全奠定了坚实的物质基础。按照《安徽省省级储备粮管理办法》的要求，制定了《安徽省省级储备粮入库验收规程》，加强了对省级储备粮的日常监督检查，进一步规范了省级储备粮管理；按照储存年限，依据品质检测结论，适时对小麦、稻谷进行了轮换，确保了省级储备粮质量。编制了《安徽省“十一五”期间粮食应急体系规划内容及建议》和《安徽省突发粮食事件应急预案》（简本），健全了全省粮食应急预警机制。全省正式启动18家粮

食购销、加工、批发市场等各类企业直报点市场价格直报工作；继续完善粮油市场价格监测周报制度，选取了31个县级价格监测点，坚持每周定期发布全省粮油价格信息，编发粮油价格监测周报147期，为政府决策、科学调控提供了依据。加强粮食产销衔接，探索在最低收购价政策平台下粮食产销合作的新机制、新办法，逐步建立产销区之间的利益协调机制，发展长期稳定的粮食产销合作关系。组织参加“第二届七省粮食产销协作福建洽谈会”，签订粮食销售合同81万吨。各地在抓好托市粮收购的同时，做好市场粮购销，特别是优质粮购销，2006年企业自营商品粮比上年增加50万吨。军粮供应实现省级统筹，军用购粮卡改革试点稳妥；军供连锁经营稳步发展，受到国家粮食局的肯定，军供连锁经验在全国推广。

五 推进粮食市场体系建设，做大做强安徽粮食批发市场

指导全省粮食批发市场建设，制定并下发了《关于进一步促进安徽省粮食批发市场发展的指导意见》，将安庆皖西南粮食批发市场列为国家粮食局重点大中城市成品粮批发市场；争取国家支持，重点做大做强安徽粮食批发交易市场，实现了安徽粮食批发市场两年三大步快速发展。该市场继唯一获得国家指定的2005年最低收购粮食竞价销售权后，2006年8月11日，经国家粮食局批准正式增挂“合肥国家粮食交易中心”，成为大连、郑州之后的第三大全国区域性交易中心。同年底，国家粮食局又对最低收购价粮食的竞价交易方式进行了创新和完善，进一步明确了安徽粮食批发交易市场作为最低收购价稻谷和小麦竞价交易的中心市场，受托负责整个竞价交易活动的组织协调。当年，又建立起网上远程交易系统，并陆续在条件成熟的河北、山东、江苏、江西、湖南、湖北等六省设立了分会场，实现了无论何时、何地都可以参加交易，交易成本进一步降低，交易效率进一步提高，是粮食流通历史上一次里程碑式的跨越。安徽市场粮油产品的交易方式已经完成了由传统的举牌竞价到现场电子竞价，再到现场电子竞价、分会场和远程网上交易同步进行的历史性飞跃。安徽粮食批发市场累计实现粮食交易量2300万吨，成交额350多亿元，是全国粮食现货交易量最大的交易市场，成交价格是影响国内外粮食行情的重要指标，显示出在粮食宏观调控中的重要作用。

六 加大粮食执法体系建设力度，监督检查初显成效

安徽省粮食局把2006年确定为“依法监管年”。

1.各地围绕“依法监管年”这一中心任务，进一步加大粮食法规宣传力度。在全省各级粮食行政管理机关组织开展了从领导班子成员到工作人员共1693人都参加书面竞赛考试和17个市粮食局各组织一支代表队参加现场竞赛的粮食法规知识竞赛活动，进一步提高机关干部法律意识和依法行政水平。根据中宣部、司法部和省委、省政府关于“五五”法制宣传教育工作的要求，制定下发了《安徽省粮食行业法制宣传教育第五个五年规划》，市、县粮食局和省属学校也制定了相应的规划。省局统一汇编了《粮食流通法律法规》，印发到省局及各市县粮食局，人手一册，作为“五五”普法学习材料。省粮食局被国家宣传部和国家司法部联合授予2001～2005年全国法制宣传先进单位。

2.积极争取党委、政府支持，监督检查机构设置取得实质性进展。2006年年底，全省已有12个市级粮食局设立了监督检查科，比上年底增加8个，有51个县粮食局设置了监督检查科、股或执法大队，占66%，比上年底增加28个。

3.继续开展监督检查行政执法培训工作。目前，全省取得监督检查证资格达753人，基本满足全省监督检查工作需要。

4.监督检查工作制度进一步完善。在总结推广繁昌县试点经验的基础上，出台了《安徽粮食流通监督检查信用分级监管办法（试行）》和《安徽省粮食流通监督检查重大行政处罚备案审查办法》，促进监督检查工作的法制化、规范化。

5.清理审批项目，规范粮食行政执法行为。在梳理执法依据的基础上，对行政审批项目进行了清理，经省政府批准，保留5项行政审批项目，即：粮食收购资格许可，陈化粮购买资格许可，军粮供应站资格、军粮供应委托代理资格认定，省级储备粮库点承储资格认定，国有粮站（库）拆除、变卖审批。同时，经请示省政府办公厅同意，省局行政审批项目不进省政务服务中心办理，在机关设立窗口，实行“八公开”。

6.依法开展监督检查工作。先后组织开展了全省粮食库存检查、省级储备粮管理、最低收购价政策执行情况以及统计制度、收购资格和军粮供应等专项监督检查，依法对违规的粮食经营者给予责令纠正1221例，警告374例，移交有关部门处理案件11起，协助有关部门没收非法收购的粮食124吨，有13名企业负责人或有关责任人受到党纪政纪处分，有效维护了正常粮食流通秩序。省粮食局被国家粮食局评为“2006年度全国粮食流通监督检查工作先进单位”。

7.开展行政执法案卷评查。通过评查，全省向社会企业及个体工商户核发的粮食收购资格许可证共计8083份，基本做到合法适当。在行政处罚方面，由于粮食行政管理部门具有行政处罚权时间不久，各地正在逐步建立和完善行政处罚案卷。

8.完善行政复议制度。省局在《安徽省粮食行政复议实施办法》的基础上，又研究制定了《安徽省粮食行政复议工作规程》和《安徽省粮食行政诉讼应诉程序》，已印发各地执行。这一做法在全国是第一家。

七 强化经营管理，扭亏增盈成效显著

继续巩固改革成果，不断深化国有粮食企业产权制度改革，加大资产重组力度，积极推进组织形式和管理体制创新。全省有44个县采取资产管理模式、9个县采取集团带动模式、264个企业实行股份制、292个企业实行风险抵押租赁或承包经营；按照现代企业制度要求，进一步完善了法人治理结构，注重加强内部制度建设，规范业务行为，形成完善的激励、监管机制，不断激活企业内在活力和发展动力。企业改革工作被国家粮食局授予全国国有粮食企业改革工作先进单位。推进精细化管理，堵塞漏洞，开源节流，降低企业运营成本，严格经营目标考核奖惩制和亏损问责制。严格企业核算，组织对控股企业定期审计，杜绝资金体外循环。指导企业消化、处理历史遗留问题，甩掉包袱，轻装上阵。抓住托市收购这一有利契机，积极探索市场管理新思路，拓展企业经营新范围，发掘企业利润新亮点。通过改革，国有粮食企业市场主渠道作用更加凸现。2006年全省国有粮食购销企业盈利4713万元，同比减亏增盈1.69亿元，居全国前列。

八 粮食行业精神文明建设进一步发展，全系统政风、行风进一步端正

巩固以实践“三个代表”重要思想为主要内容的保持共产党员先进性教育活动成果，深入开展

以“八荣八耻”为主题的社会主义荣辱观教育活动，不断提高干部职工的思想政治素质。6月份安徽省粮食局采取“学、看、讲、谈、改”五个步骤，集中在局直机关开展以“学习贯彻党章、遵守党的纪律”为主题的“党风廉政学习教育月”活动。重点组织了“红船杯”党章知识竞答活动，举办了“构建和谐机关迎新年庆元旦”演唱会，同时还组织观看反腐倡廉和警示教育专题录像，使党员干部受到一次深刻的党风廉政教育。以治理商业贿赂专项工作为重点，深入开展“反腐败、反违规、反造假”活动，强化党风廉政责任制。为确保治理商业贿赂专项工作有序推进，2006年5月印发《安徽粮食局治理商业贿赂专项工作实施方案》，着重对局直机关治理商业贿赂工作进行部署；6月30日出台了《安徽省粮食系统治理商业贿赂专项工作实施意见》，对全系统治理商业贿赂工作提出具体意见。为把中央和省两个惩防腐败体系《纲要》落到实处，2006年5月份还相继出台六项制度，分别是：《安徽省粮食局党风廉政建设责任制实施办法》、《安徽省粮食局部门领导行政问责暂行规定》、《安徽省粮食局否定报备制度》、《安徽省粮食局机关办公电话使用管理规定》、《全省市级粮食行政机关政风建设考评工作实施意见》、《安徽省粮食局服务承诺制度》(修订)。同时出台了《2007年底前安徽省粮食局惩防腐败体系建设重点工作安排意见》，把惩防腐败体系建设任务逐项落实到责任处室和分管领导，确保整个体系建设在2007年底初步形成框架。坚持依法行政，大力推行政务公开制、首问负责制、办文办事限时制和责任追究制，效能建设取得了新成果。省局荣获省直“三优”文明单位，政风评议位次前移。省局直属安徽经济技术学校在由中国教育联合会组织的全国职业教育学院评选中荣获“中国一流职业学校”称号，同时该校被劳动和社会保障部评为“国家技能人才培育突出贡献奖”单位。文明行业创建工作成效显著。合肥市包河区义城粮站被评为全省“人民满意的基层站所”，省粮食批发市场等被授予“安徽省文明窗口”称号，有14个单位被命名为“省级青年文明号”，铜陵市北斗山粮库便民连锁店店长王兵被授予“安徽省文明职工”荣誉称号。全省上下已形成了凝心聚力谋发展的浓厚氛围和昂扬奋进的精神风貌，粮食行业社会形象进一步提升。

福建省粮食工作

基本情况

福建地处东南沿海，邻近港澳，面对台湾，全省划分为8个省辖市，1个计划单列市，45个县，14个县级市，26个市辖区。陆地面积12.14万平方公里，海域面积13.6万平方公里，2006年年末总人口3558万人，其中城镇人口1708万，乡村人口1850万，是著名的侨乡和台胞祖籍地。福建省是全国最早实行对外开放的省份之一，改革开放以来经济社会取得了长足的发展。2006年全省GDP7501.6亿元，按可比价格计算，比上年增长13.4%，人均GDP21152元，比上年增长12.7%，财政总收入1011.86亿元，比上年增长28.4%。城镇居民年人均可支配收入13753.28元，扣除价格因素，实际增长10.4%，农民年人均纯收入4833.35元，扣除价格因素，实际增长8.3%。

2006年全省粮食种植面积139.6万公顷，比上年减少4.5万公顷，粮食总产量701.5万吨，其中稻谷508.8万吨、大豆18.4万吨、玉米13.1万吨、小麦1.9万吨。其他杂粮159.3万吨。全年纳入统计的粮食收购量为86.3万吨、粮食商品量为209.2万吨。全省粮食购销总经营量为1950.3万吨，其中国内总销售量为794.3万吨。全省粮食消费量为1512.1万吨，其中城镇口粮233.5万吨、农村口粮572.5万吨、饲料用粮486.2万吨、工业用粮82.8万吨、种子用粮13.6万吨。

截至2006年年底，全省共有国有粮食企业609家，企业在册职工人数10871人，其中购销企业305家，在册职工7213人。全省有粮站(库)768个(含具备仓容1000吨以上的非国有粮食企业)，其中国有粮(站)库643个，占全省社会粮(站)库的83.7%，全省有油罐256个，有铁路专用线5565米，专用码头泊位10个，总吨位43500吨。

2006年粮食工作情况

2006年，福建省由于受“桑美”、“格美”等特大台风的影响，粮食产量有所下降，为701万吨，比上年的715万吨略有减少。2006年福建市场的粮食价格，上半年总体表现低迷，价格稳中下滑，下半年后价格一路上涨，特别是11月后涨幅较大，达到15%左右，到年末达到高位平稳。由于市场粮源较为充足，全年粮食市场供应平稳。2006年度本省进一步深化粮食流通体制改革，完善各项政策措施，工作取得了新成绩。

刘昌霖局长到南平调研粮食收购工作

春节期间省粮食局刘昌霖局长（中）视察超市粮油供应情况

第二届七省粮洽会签约现场

第二届七省粮食产销协作福建洽谈会（2006.7.16）

一 落实惠农政策，促进了农民增收

继续实施储备订单粮食直接补贴政策，确定了早、中晚籼稻最低收购价格(早籼稻70元/50公斤，中晚籼稻72元/50公斤)，并出台了最低收购价格执行预案。据统计，2006年，全省共下达各级储备粮食收购订单数量33.6万吨(其中省级储备粮收购订单20万吨)，订单分解落实到39.8万户农户。实际收购粮食29.9万吨(其中省级计划全部完成)。全年早、中晚稻市场价格均高于最低收购价，农民卖粮比上年增收，种粮积极性得到了有效保护。

二 积极开展产销协作，巩固了引粮入闽通道

2006年3月底，在三明市召开了第五届省内粮食购销协作洽谈会，81对企业共签订粮食购销合同64.8万吨，促进了省内粮食有序流通。7月16日，由福建与山东、江西、吉林、安徽、河南、黑龙江等省粮食局共同主办的“第二届七省粮食产销协作福建洽谈会”在福建泉州举行，七省政府的代表、企业家共计1600多人参加了会议，会上共签订粮食购销合同527万吨。此外，本省与黑龙江等七省粮食局共同主办了“2006 · 黑龙江金秋粮食购销协作洽谈会”；组织了18家企业参加第六届中国粮油精品展。据不完全统计，2006年本省各类企业从省外调入和进口粮食705万吨，其中纳入统计的重点企业从外省调入原粮497万吨，同比增加了124万吨。

三 加强粮食宏观调控，保障了军需民食

1.在2005年开展全省储备粮管理年活动并取得成效的基础上，2006年进一步巩固活动成果，强化储备粮管理，切实做好地方储备粮的轮换工作，对储存年限达3年的储备粮，要求有关单位无条件安排轮换。

2.加强储粮安全监管工作，组织了对2005年度新增的省级动态储备粮的专项检查，开展了全省春秋两季粮油库存大清查和安全大普查工作。核查结果表明本省地方各级储备粮管理总体情况较好，数量真实，品质良好。认真落实储备粮油品质质量半年检测和粮食进出库品质检测制度。按粮权归属、分级管理的原则，各级粮油质量监测站完成了74万吨地方储备粮品质鉴定任务。

3.做好军粮供应工作。全省各地按军供政策保质保量供应军粮，确保部队日常、演练和处理突发事件军粮供应需要。精心组织做好军用购粮卡改革培训、设备购置等各项准备工作，确保2007年1月1日全省全面使用军用购粮卡供应军粮。

4.做好粮食流通统计工作，按月对储备粮及其年限和轮换进度进行统计跟踪检查。

5.加强市场调控，完善应急机制。针对去年第四季度市场粮价波动的情况，各级粮食部门加强粮食市场监测和调控，组织成品粮供应，稳定了市场粮价。省粮食局还同省财政厅、教育厅共同研究、制定了对部分高等院校贫困学生的粮油供应补贴办法，将补助款及时拨到了高等院校。召开粮食安全应急指挥部办公室成员会议，通报了全省粮食安全情况，分析粮食供需形势，根据《国家粮食应急预案》精神，对《福建省粮食安全预警应急方案(试行)》提出了修订意见。积极发挥骨干企业作用，2006年全省通过年检的骨干粮食加工企业为136家、骨干粮店为265家。通过一系列宏观调控措施的落实，稳定了粮食市场，全省市场粮食供应有序，粮价总体平稳。

四 抓好粮库和批发市场建设，改善了粮食仓储和流通设施

1.积极协调配合有关单位，按照粮库建设规程要求，如期完成了晋江、福清、南安省级粮库项目的预验收工作，保证了粮库按时装粮压仓投入使用。

2.加大扶持力度，改善市县中心储备粮库条件。下拨898万元用于市县中心储备粮库新(扩)建项目的奖补，各县市也投入5957万元，共新建、扩建和维修粮库23.5万吨仓容，进一步改善了市县储备粮仓储条件。

3.省粮食局会同省财政厅制定有关政策，扶持粮食批发市场建设，明确了政策扶持的对象、扶持项目、扶持办法，有效地推动了粮食批发市场公共项目建设。

4.对新建、扩建的粮食批发市场采取“分期建设、分区运作”方式，全省粮食批发市场特别是省内四大粮食批发市场建设进展顺利。福州市粮食批发市场投资2.3亿元，正式开业；南安官桥粮食城完成了第一期工程建设，已有6家粮食企业入驻并投产，第二期、第三期建设正在进行；漳州浦口粮食批发市场一条街基本完成建设，部分店面已投入使用，第三期、第四期加工区已引进部分企业；龙岩闽西粮油饲料城第一期已完成，开始试营业。此外，三明、南平粮食批发市场已建成并开业运营，宁德、莆田、福鼎等区域性及边界粮食批发市场建设也有较大进展。据统计，2006年全省各级粮食批发市场共入驻企业740家，总交易量达到466万吨，成为本省粮食宏观调控不可或缺的载体。

五 深化国有粮食企业改革，实现了全系统盈利

1.认真贯彻落实全国国有粮食企业改革工作会议精神，组织开展专题调研，进一步摸清了本省国有粮食企业现状，为制定国有粮食企业改革政策提供了第一手资料。

2.认真做好国有粮食购销企业财务挂账清理工作。至2006年年底，全省粮食企业经审计认定为政策性粮食财务亏损挂账大部分已从粮食购销企业剥离上划到粮食主管部门。

3.粮食产业化经营进一步推进。2006年购加联营企业增加到66对，经营量达45万吨，取得经济效益500多万元。联营形式向储加结合、代收代储、委托加工、联合订单收购等方向发展。有25家粮食购销企业或国有控股粮食企业在产区建立了粮食收购基地，落实粮食订单面积5.93万公顷，并取得较好效益。

4.继续抓好扭亏增盈工作。2006年全省国有粮食企业盈利1096万元，比上年减亏增盈1588万元，其中国有粮食购销企业实现盈利1761万元，比上年增加利润530万元。全省共有71个县(市)的粮食购销企业实现盈利，盈利额1044万元。这是1998年粮食流通体制改革以来，经过全省粮食系统的9年实践探索，全省粮食系统首次实现盈利。

5.粮食风险基金到位良好。2006年，市县区自筹粮食风险基金到位21581万元，到位率112.4%，全省各市县自筹风险基金全部足额到位。莆田等9个市县从粮食风险金节余中列支解除劳动关系补助金1878万元，解决了部分粮食企业改革资金不足的困难。

六 重视发展粮食科技，加快了行业发展

1.召开全省粮食科学技术大会，全面部署了“十一五”全省粮食科技发展工作，讨论通过了“十一五”期间福建省粮食科技工作发展目标和发展重点，在全省上下形成了发展粮食科技的共识和合力。

2.粮油质量检测网络基本形成，全省已设立粮油质量检测机构22个，其中通过计量认证的21个，拥有仪器设备934台。

3.粮油工业技术水平明显提高。全省136家骨干粮食加工企业，80%以上使用了大米抛光机、光电色选机，大型食用植物油生产企业采用了连续式物理化学一体化油脂精炼技术。

4.储粮新技术进一步推广应用。全省8个省级粮食储备库应用了环流熏蒸技术，占总仓容量的13%；47个库点应用了粮情监测系统，占总仓容量的22%；281个库点应用了机械通风降温技术，占总仓容量的57%；地方储备粮20%采用了低剂量杀虫熏蒸技术，科学保粮水平有了较大提高。

5.粮油精深加工开始起步。莆田、漳州、南平、龙岩等地的大型粮油加工企业米、面制品生产已形成规模；福州、莆田、泉州等地的粮油加工企业在副产品综合利用方面取得进展；粮食转化企业应用生物化工技术也取得一定成效。

6.科技进步带动企业效益提高，骨干粮食企业走科技兴粮之路，与农业、粮食科研部门联合，2006年年底建立优质稻谷生产基地4.7万公顷，年增收达2000多万元。

七 加强粮食流通监管，逐步推进了依法管粮

1.积极推进全省粮食流通监督检查体系建设。省粮食局及厦门等7个设区市粮食局成立了监督检查机构，全省76个县(市、区)粮食行政主管部门有38个组建了监督检查机构，有26个县成立了行政执法队。截至2006年年底，全省有593人获得粮食监督检查行政执法资格。

2.认真开展粮食法治工作。为进一步贯彻《粮食流通管理条例》，在征求各地及有关部门意见的基础上，上报了《福建省实施〈粮食流通管理条例〉办法》，经省政府批准,作为规章列入省政府立法项目。各地稳妥实施行政执法责任制工作，完成了粮食行政执法依据梳理工作，并对社会公布，接受社会监督。加强普法宣传教育，总结“四五”普法工作，制定了“五五”普法规划，并开始实施。

3.全年共对全省各类粮食经营企业开展了2018次检查，行政处罚案件317例，其中罚款5例。完成了798家粮食收购资格证的年检和98家企业的审批发证工作，暂停了11家年审不合格企业的收购资格。

4.组织开展了全省粮食库存的监督检查，复查了25个地方储备粮存储单位，未发现有严重违纪、违规现象。

5.治理“餐桌污染”。围绕2006年省政府下达的治理目标和任务，制定工作方案。全省136家骨干粮油加工企业全部通过考核，获得食品生产许可证。组织粮油产品质量抽查，完成了1285批次大米、小麦粉、食用植物油、粮食制成品的抽检工作，合格率为96.2%，质量水平处于稳定状态。结合市场整规工作，元旦、春节期间，组织粮油卫生质量专项检查，检查了1781家(次)、2401批次粮油，合格率为98%以上，达到了省政府下达的治理目标。

6.加强粮食质量监管。围绕贯彻《粮食质量监管实施办法》，组织制订粮食质量检测检验体系建设规划，提出本省粮油质量体系建设基本框架和发展重点。开展了粮食质量监管情况调查。调查情况表明，本省粮食收购企业的质量检测能力明显提高，粮食出库质量检验制度得到有效实施，国有粮食企业销售粮食出证率达到90%，储备粮承储单位和军粮供应认真执行按批检验制度和定期检测制度，质量保证机制正在完善。

八 加强党风廉政教育，提高了干部队伍素质

坚持以邓小平理论和“三个代表”重要思想为指导，深入学习贯彻党中央和省委重要会议、文件精神，重点学习胡锦涛同志视察福建时的重要讲话精神，围绕全局、围绕履职、围绕作风、围绕形象，全面推进机关党的思想组织作风建设。召开了省局机关第七次党代会，完成了党委换届选举，认真开好2006年度党组民主生活会。局机关本部和省储备粮公司分别获得了2003～2005年度省直机关文明单位荣誉称号。认真学习胡锦涛总书记在中纪委六次全会上的重要讲话和政协会议上关于“八荣八耻”的重要论述，加强干部防腐教育。抓好“两节”期间廉洁自律专项治理，严格执行“四大纪律、八项要求”和领导干部廉洁从政各项规定，开展经常性监督检查，坚决反对奢侈浪费行为。认真组织开展了治理商业贿赂专项检查，切实加强队伍的廉政建设。认真做好扶贫帮困工作，帮助省局挂钩的武平县两个村实现了脱贫目标，受到好评。

江西省粮食工作

基本情况

江西省地处中国东南偏中部长江中下游南岸，土地总面积16.69万平方公里，占全国陆地总面积的1.74%；在土地总面积中，耕地面积214.06公顷。

江西全省共设南昌、九江、景德镇、萍乡、新余、鹰潭、赣州、宜春、上饶、吉安、抚州等11个设区市，99个县（市、区）。根据省统计局统计资料显示，2006年底，全省人口4311.2万人。

江西属中亚热带温润季风气候区，气候温和，雨量充沛，四季分明，日照充足，是一个农业比重较大的省份。粮食、油料、蔬菜、生猪、蜜桔、淡水鱼类等农产品在全国占有重要地位。随着农业科技推广和产业化经营步伐的加快，传统农业正迅速向现代农业转变。生态农业前景可喜，绿色农产品正成为重要增长点。

2006年全省GDP4619亿元，财政总收入518.1亿元，人均生产总值10713万元，人均财政收入1201元。城镇居民人均可支配收入9551元，农民人均纯收入3585元。

江西是全国粮食主产省之一，粮食生产以水稻为主，水稻产量占全省粮食总产量93%以上。近几年稻谷常年总产在1800万吨左右，2006年接近1900万吨，人均占有量418公斤，粮食商品量在750万吨左右。2006全省粮食收购量612万吨，销售量566万吨，工业用粮57万吨，种子用粮18万吨，饲料用粮454万吨，城镇口粮265万吨，农村口粮663万吨。

2006全省粮食行业企业数3705个，其中国有及国有控股粮食企业数1394个，国有粮食购销企业数942个。全省粮食行业从业人员数54241人，其中国有及国有控股粮食企业31067人，国有粮食购销企业从业人员数23567人。

2006年粮食工作情况

2006年，全省粮食部门在省委、省政府的正确领导和国家粮食局的指导下，坚持以邓小平理论和“三个代表”重要思想为指导，全面落实科学发展观，认真贯彻落实十六届五中、六中全会精神，以发展粮食经济为中心，以深化企业改革为重点，以依法行政为保障，以服务新农村建设为己任，拓宽思路，锐意进取，全省粮食工作取得了可喜成绩，得到了省委、省政府领导的充分肯定，国有粮食企业改革、粮食流通监督检查等业务工作受到国家粮食局的表彰。

江西省粮食局注重加强对粮食收购市场的监管，引导各类粮食收购主体执行国家粮食收购政策，指导各地国有粮食企业广泛开展优质服务

江西省委书记孟建柱（前排左一）在省粮食局熊根泉局长（前排左三）刘承芳副局长（前排左二）陪同下考察指导粮食收购工作

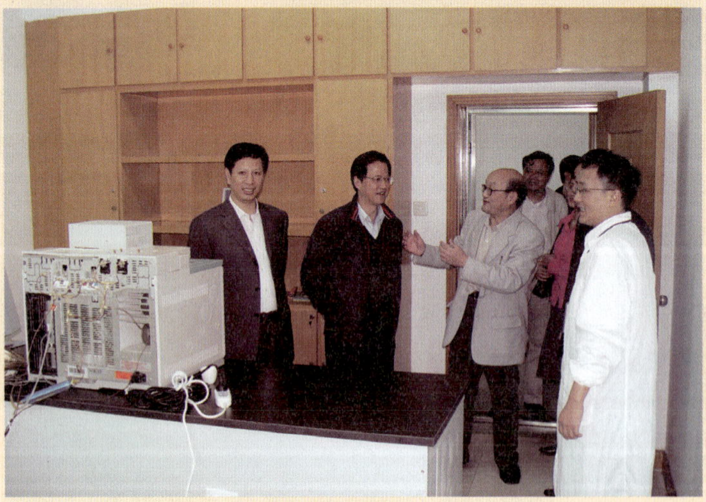

国家粮食局副局长任正晓（左二）在省粮食局局长熊根泉等陪同下视察省粮油质量监督检验中心

一 坚持科学发展，着力推进国有粮食企业改革与发展

1．出台了完善全省粮食流通体制改革的政策措施。重点开展了为省政府起草贯彻国发16号文件实施意见代拟稿的调研。经过深入调研，在广泛听取基层粮食部门意见和反复与省发改委、省财政厅等部门协调的基础上，提出了《江西省人民政府关于进一步完善粮食流通体制改革政策措施的实施意见》，省政府以赣府发〔2007〕6号文件正式印发，为进一步深化本省粮食流通体制改革提供政策依据。

2．明确了下一步发展思路。结合贯彻国务院和省政府关于进一步完善粮食流通体制改革政策措施意见，确定了“1133”的企业发展目标：即做优做强1个全国粮食行业强势龙头企业集团；争取1个国有粮食企业上市；着力培育省内3个区域性国有粮食企业集团；实现国有及国有控（参）股粮食企业粮食经营达到“三个一百”，即年收购稻谷100亿斤、加工大米100万吨、实现销售收入100亿元。提出了全省订单粮食面积达到2000万亩，直接带动300万户农户的目标。提出了理顺政企关系，粮食行政管理部门负责国有粮食企业人事管理、事权管理的国有资产监管思路等。

3．全力推进国有粮食企业改革。国有粮食企业进一步完成劳动用工制度改革扫尾工作，年底95%以上县（市、区）的国有粮食企业完成了改制，累计解除劳动关系和内退协保职工13.15万人。与此同时，各地将改革重点放在探索企业产权制度改革和体制机制创新方面。确定吉安市及高安市作为全省国有粮食企业产权制度改革的试点单位。吉安市探索组建粮油集团，宜春市探索国有粮食购销企业股份制改革，在袁州区洪塘粮管所等3个粮管所进行了股份制改革试点，积累了有益的经验。

4．实现了全省粮食行业扭亏增盈。制定了全省国有粮食企业扭亏增盈考核管理办法，并实行月度盈亏情况通报制度，加大了对扭亏增盈工作指导和督查力度，实现了全行业扭亏为盈的目标，是4个实现全行业盈利的省（市）之一，实现利润4522万元，列全国第二位。

二 坚持履行保障粮食安全职责，着力抓好粮食宏观调控基础工作

1．加强了对粮食市场的监测分析。开展常年粮食市场监测，及时向省政府相关部门报送价格监测报告，适时提出了启动最低收购价执行预案的建议。

2．完善了粮食应急体系。制定了《〈江西省粮食应急预案〉实施细则》，确定了一批具备资质条件的应急粮食加工、供应和储存企业，建立了应急企业档案，完善了应急工作方案。

3．认真做好军粮供应等政策性粮油供应工作。全省军粮供应工作坚持以部队满意为原则，以确保部队官兵需要为目标，保障了辖区内军粮供应。

4．启动了省级储备粮轮换。按照省级储备粮新老划断、重新采购、重新布点的工作思路，于2006年年底正式启动了对现有省级储备粮的销售处理工作，省级储备粮销售处理竞价拍卖工作进展顺利。

5．制定了全省“十一五”粮食物流发展规划。根据《江西省国民经济和社会发展第十一个五年规划纲要》和省政府确定的“十一五”规划体系，与省发改委联合组织编制并印发了《江西省粮食现代物流发展规划》。

三　坚持服务新农村建设，着力帮助农民实现增产增收

1．加强信息指导，帮助农民种好粮。通过广泛调查和筛选，省局根据市场粮食销售情况，编制并印发25000份《江西省2005年部分优质稻谷品种市场购销信息》送到农民手中，供农民朋友在安排粮食生产时参考。

2．开展了仓库维修，帮助农民卖好粮。利用中央财政补助的仓库专项维修资金和省财政配套资金，加上各地自筹，全省共筹集8100多万元对400万吨旧仓房进行了维修，全部维修工作在当年新粮上市前如期完成，为做好全年粮食收购工作准备了充足的仓容。

3．强化收购服务和督导，帮助农民增产增收。经报国务院有关部门批准，本省先后启动了早籼稻和中、晚稻最低收购价执行预案。为鼓励国有粮食企业积极收购农民手中余粮，省局争取了省政府对早稻收购每市斤补贴1分钱费用的政策，并协调有关部门在国家指定收购库点的基础上，增加了延伸收购点，指导各地国有粮食企业广泛开展收购优质服务，方便农民卖粮。同时，加强了对粮食收购市场的监督检查，维护了粮食流通正常秩序，帮助农民实现增产增收。

4．积极推广新技术，帮助农民储好粮。联合有关单位开展了农户储粮减损技术集成与示范课题研究，为试验示范区近300户农户免费发放了简易粮仓。在全国粮食科技周期间举办了农户储粮科普活动，向农户免费发放了科技书刊、宣传资料和防虫药剂。

由于措施得力，工作到位，全省国有粮食企业共收购粮食351万吨，占全省粮食收购量的58%。国有粮食企业收购最低收购价粮220万吨。粮食收购取得了保护农民利益各级政府满意、得到价格实惠种粮农民满意和粮食流通主渠道作用得到充分发挥粮食企业满意的效果。

四　坚持依法管粮，着力加强和完善粮食行政执法体系建设

1．加强依法行政机构建设。全省已有宜春、九江、上饶、景德镇、萍乡、新余、鹰潭等7个设区市及22个县（市、区）粮食局调整了“三定”方案，赣州、南昌市粮食局经编办批准调整了内设机构，58个市、县（区）粮食局设立了行政执法机构。

2．制定完善粮食行政执法制度。为认真贯彻落实《粮食流通管理条例》和省政府公布施行的《江西省粮食收购资格许可管理办法》，省局制定了粮食流通监督检查工作制度、粮食行政复议工作制度、军粮代供点资格认定与年审办法和粮食行政执法责任制，完善了粮食流通统计制度。绝大多数市县粮食局建立了行政执法责任制，完善了相关配套办法，制定了粮食行政复议实施办法等规范性文件，确保了依法行政有章可循。各地在办理各项行政许可事项、开展粮食监督检查过程中，坚持服务第一、依法办事的原则，方便了广大粮食经营者，保障了经营者权益，树立了粮食行政管理部门良好的社会形象。

3．严格依法办理各项行政许可事项。继续开展了核发粮食收购许可证工作，目前全省累计核发粮食收购许可证4284户；会同省工商局重新认定了全省48家企业的陈化粮购买资格；对全省具备军供粮站（点）供应资格的企业资格进行了审核认定；完成了对全省152家申报中央储备粮代储资格库点的初审工作，经国家粮食局批准，全省共有103家企业取得中央储备粮油的代储资格。

4．开展粮食行政执法监督检查。在全省范围开展了粮食收购资格核查，共核查了3396户，占发

放收购许可证总数量的81%；会同有关部门组织对全省粮食购销企业储存的中央储备粮、地方储备粮、其他政策性粮食和商品粮进行了全面检查，检查面达到100%，摸清了全省粮食库存情况。开展了执行最低收购价政策情况的监督检查，加强了对收购过程中行政执法的检查指导，及时纠正了不当和违规行政行为。全省共开展各类监督检查1833次，查处违反《粮食流通管理条例》的案件2329例。

五 坚持服务大局，着力加强和谐行业建设

1．全面加强机关党的建设。组织开展了学习《江泽民文选》、《党章》等活动，加强了领导干部参加双重民主生活会监督指导，按照省委和省直机关工委的部署，扎实开展了“抓作风、促效能、创事业”等主题实践活动，完成了国家粮食局3项党建课题的研究，推动了机关党建工作。

2．加强了机关党风廉政建设。认真落实党风廉政建设责任制，对局机关和直属各单位党风廉政建设责任制落实情况进行了检查。重点开展了治理商业贿赂专项工作，针对粮食系统的实际，提出了治理工作的主要任务和实施步骤。全系统全年共立案50件，查处54人。对个别基层单位在粮食销售中掺水事件进行了查处，对相关责任人作出了处理。

3．加强了行风和机关效能建设。省局先后5次组织参加了省人民广播电台“新闻话题”直播节目和由省政府纠风办、省人民广播电台共同主办的“政风行风热线”直播节目，听取和答复听众朋友对本省粮食行业有关方面工作的意见和建议。组织开展了全系统工作考核评比，推进了各级粮食局机关工作效能建设和各项工作的开展。经考评，吉安、宜春、南昌市粮食局被评为2006年度全省粮食工作综合先进单位前三名、11个设区市粮食局分获四个单项前三名、21个县（市、区）粮食局被评为全省粮食工作先进单位。

4．做好安全稳定和维护职工权益工作。认真做好信访工作，受理来信56件，接待来访21批次近100人次，化解矛盾纠纷，努力做好维护干部职工权益工作。加强了对全行业安全工作的指导，签订了安全生产责任状，开展安全生产检查，确保了安全生产形势稳定。

5．加强了干部队伍建设。制定了全省粮食系统2006年教育培训计划，落实2006年度国家粮食局培训任务。举办各类知识讲座和培训班16期，培训1488人次，提升了全省粮食系统广大干部职工的基本素质。

6．充分发挥各类群团组织的桥梁纽带作用。老干部、工、青、妇等群团组织根据自身特点广泛开展了劳动技能竞赛、青年文明号创建、巾帼建功等精神文明创建等活动，促进了局直单位干部职工道德素养的提高。省粮食行业协会、学会热心为企业服务，评选出31个产品和2个粮店分别授予省“放心粮油”和“放心粮店”称号。此外，经企业申报和省粮食行业协会推荐，江西赣特米业有限公司的“赣特牌”大米等12个产品获得中国“放心粮油”称号，南昌市军粮供应站获得中国“放心粮店”称号，提升了本省粮油生产企业和产品的市场影响力，受到中国粮食行业协会表彰。

六 坚持提升市场竞争和发展能力，着力加快局直属企事业单位建设

1．省粮油集团公司在继续完善自身改革的同时，完成了樟树粮油公司的改制。妥善安置1180名员工；所属新干、吉安公司和南良、温圳、樟树粮库较好完成了粮食收购和储备粮轮换任务；推进粮食产业化、盘活良茂大厦资产及房地产、期货等各项业务均有新进展，期货业务实现盈利320万元；

集团公司控股的金佳谷物公司优质米加工及副产品综合利用项目即将竣工投产。一年来，省粮油集团致力探索集团化发展新路，集团公司现代企业制度基本建立，运行良好，扭转了经营亏损的被动局面，呈现出良好的发展态势。

2．省粮油科研所科研与开发继续保持了稳步发展良好势头。完成了国家级重大科技攻关项目子课题《无公害储粮杀虫剂应用技术开发与示范》及江西省科技专项资金课题《杂粮苦荞、玉米系列粉条的开发》。《冬化棉籽油固碱催化异构开发活性油脂》被列为江西省2006年农业科技攻关项目，《废弃茶叶籽的综合开发》被列为江西省科技专项资金项目。全年共完成工程技术服务项目5项，新签约工程技术服务项目8项，其中两项米粉技术服务项目分别出口越南和菲律宾，技术服务合同签约金额400多万元，全所实现经济效益100多万元。

3．省粮油质监站圆满完成了2006年全省粮食质量调查、品质测报和原粮卫生专项调查工作。配合省局进行了省级储备陈化粮核查和2006年粮食库存检查及省储粮销售处理的粮食质量检测工作，全年共扦取样品7800多个，检测样品2600多批次；开展了对县级粮油质监站资质论证和推荐国家粮油质量监测网候选单位等工作。被国家粮食局授予全国粮食系统先进单位称号，是全国唯一获此殊荣的粮油质监站。

4．省粮油批发市场在继续做好信息服务同时，开展了与南方粮食交易市场进行资源整合的调研工作。南方粮食交易市场信息系统建设项目通过验收；争取了国家发改委粮食电子商务建设项目支持资金450万元和国家最低收购价粮的拍卖交易业务，累计成交稻谷83万吨；顺利完成了第一批省储粮的竞价拍卖。

5．江西工贸学院继续坚持深化教育教学改革，招生规模不断扩大。2006年入学人数已达3000多人；学院坚持教书育人，服务学生成长成材，学生就业率位居全省高校第三；特别是在学生多、办学场地紧张的情况下，加强内部管理，较好地维护了学校的稳定；积极协调有关部门，新校园已正式开工建设。

一年来，省粮食局各项工作得到了上级主管部门的充分肯定，获得不少荣誉。省粮食局被国家粮食局授予全国国有粮食企业改革先进单位称号，被国家标准化委员会授予中国标准创新贡献奖，被省“双拥”领导小组授予江西省拥军优属先进单位称号，被省直机关文明委授予省直机关第三届文明单位称号。还被评为全国粮食系统“四五”普法法制宣传教育工作先进集体、省直“四五”普法先进集体、2006年度全国粮食流通监督检查、全国粮食系统政务信息报送、全国粮食流通社会粮油统计工作先进单位、省直机关党的工作优秀奖、全省保密工作先进集体、全省老干部宣传思想工作先进单位及省直机关“抓促创”主题实践活动先进单位，获得省直机关青年英语演讲和计算机操作技能竞赛三等奖等。

山东省粮食工作

基本情况

山东省位于中国东部沿海，地处黄河下游。境域东临海洋，西接大陆，西北与河北接壤，西南与河南交界，南与安徽、江苏毗邻。土地总面积15.71万平方公里，约占全国总面积的1.6%。境内地形以平原、丘陵为主，平原、盆地约占全省总面积的64%；山地、丘陵约占34.9%；河流、湖泊占1.1%。山东海岸线全长3024.4公里，占全国的1/6，居第二位。

全省分济南、青岛、淄博、枣庄、东营、烟台、潍坊、济宁、泰安、威海、日照、莱芜、临沂、德州、聊城、滨州、菏泽17个省辖地级市，省会济南市；140个县级行政单位，其中49个市辖区、31个县级市、60个县。2006年年末，全省总人口9309万，自然增长率5.5‰。2006年全省GDP21846.7亿元，按可比价格计算，比上年增长14.7%，人均23546元，增长13.9%；实现境内财政总收入4110.2亿元，比上年增长22.7%，地方财政一般预算性收入1355.3亿元，增长26.3%；农村居民人均纯收入4368元，比上年增长11.1%。

2006年，全省耕地面积750.7万公顷，粮食播种面积460.3万公顷，总产4048.8万吨，人均占有量435公斤，粮食商品率达到54.7%。纳入统计范围的粮食经营企业累计完成商品粮收购2550.5万吨，销售1533.8万吨。全省社会粮食总消费量4022.9万吨，其中工业用粮614.3万吨、种子用粮100.8万吨、饲料用粮1366.3万吨，城镇口粮545.1万吨，农村口粮1133万吨。

2006年年底，全省共有各类粮食购销企业713家，其中国有及国有控股（参股）392家，在岗职工2.8万人。纳入统计范围的仓储企业779家。

2006年粮食工作情况

2006年，粮食部门完成销售收入168亿元，实现综合经济效益1.79亿元。引进各类项目206个，合同引资额28.5亿元。

一　国有粮食购销企业改革顺利完成

历时两年的国有粮食购销企业改革顺利完成。温家宝总理先后四次批示本省粮改经验，省粮食局被国家粮食局评为全国国有粮食企业改革先进单位。

山东省粮食局综合服务楼

山东省粮食系统第一所高等学府——山东商务职业学院

在济南泉城广场举行庆祝《粮食流通管理条例》颁布实施两周年大型宣传活动

省政府召开会议，总结全省国有粮食购销企业改革工作，安排部署粮食产业发展工作

1.成功破解“三老”难题。各级粮食行政管理部门采取有效措施，累计消化处理老粮500多万吨，“老粮”库存压力彻底解决。“老人”得到妥善安置，全省筹集改革成本18.1亿元用于职工身份置换，累计减员分流102349人，其中身份置换83676人。在抓好人员分流的同时，积极推进再就业工作，粮食企业重新竞聘安置分流职工近3万人。按照吃透政策、摸清底数、手续完备、应挂尽挂的原则，政策性挂账从国有粮食购销企业剥离，划转到县级以上粮食行政管理部门集中管理。

2.企业布局和结构趋于合理。大力推进企业重组和资源整合，优化布局，初步构建起粮食购销市场化条件下的新型经营框架。通过兼并联合、股份改造等形式，对1623家国有粮食购销企业进行了改革改制，重组粮食购销企业713家。其中，国有独资186家、国有控股98家、国有参股108家、民营或混合所有制企业321家。改革后比改革前减少粮食购销企业910家。

3.粮食事业发展基础进一步巩固。通过改革，广大粮食干部职工进一步解放思想，转变观念，更多地运用市场和法律的办法、科学发展的理念来推动工作。粮食企业实现轻装上阵，经营机制更加灵活，管理体制更加适应市场经济。

二 集中开展粮食行政执法年活动

认真落实《粮食流通管理条例》，切实规范粮食流通秩序，省局和烟台市粮食局、淄博市周村区粮食局、齐河县粮食局被国家粮食局评为全国粮食流通监督检查工作先进单位。

1.健全执法体系。大力加强“五个一(一局一科一队一站一车)”和“四落实(落实机构、编制、经费、人员)”执法体系建设，权责明确、行为规范、监督有效、保障有力的粮食行政执法体系初步形成。省编委正式批复省局单独设立监督检查处。各级粮食管理部门全部具备了行政执法主体资格，全省13个市、98个县设立了粮食监督检查机构，62个县成立执法大队，配备执法车辆46部。青岛、淄博、枣庄、东营、烟台、威海、德州、聊城、临沂等9个市所辖县（市、区）全部成立行政执法机构，其中威海市成立了市级粮食执法大队。全省建立（恢复）质检机构23家，从业人员和检化验仪器配备状况大大改善。

2.加强制度建设。省局先后制定了《山东省粮食流通监督检查人员行为规范（试行）》、《山东省粮食质量管理实施细则（试行）》等一整套规章制度。各市进一步加快执法配套制度建设。截至2006年年底，全省1117名同志通过国家粮食局或省局的培训考核，获得粮食监督检查证。

3.深入开展执法业务。严格把好市场准入关，全省累计核批收购资格企业4253家，其中非国有收购主体占65%以上。切实加强市场监管，各级粮食行政管理部门集中开展了收购资格等专项执法检查活动，全年检查业户3884家，其中注销收购资格175家，责令改正453家，实施行政警告的232家，移送其他部门处理案件39起。

三 大力加强地方储备粮管理

按照三年争创全国一流的目标，2006年大力推进以“流程细、操作精，指标细、控制精”为主要内容的精细化管理年活动。到年底，全省核定地方储备粮规模和实际到位规模均居全国第一位。10月，全国地方储备粮管理工作会议在青岛召开，山东省作经验介绍。

1.突出依法管理，不断完善规章制度。坚持以制度管粮、以制度管钱、以制度管人，推广青岛、滨州、东营等地精细化管理经验，各地进一步建立健全承储企业管理、内部岗位工作标准和仓储管理技术标准等一系列规章制度。全省8家承储企业通过了ISO9001质量管理体系认证。大力加强地方储备粮法规建设，《山东省地方储备粮管理办法》以省政府令正式颁布，各地相继制定具体的实施意见。

2.突出科技型、环保型粮库建设，努力推广储粮新技术。截至2006年年底，全省应用三项储粮新技术的储备粮库库容占地方储备粮总库存的74%，其中省级储备粮承储库达到93%。省局直属粮库积极与科研院所联手，实施“1+1”技术依托工程，在提高储粮水平上成效明显。青岛、淄博、东营、威海、聊城等市基本实现了地方储备粮集中储存，全省18个粮库被评为“规范化管理示范粮库”。与此同时，积极引导农户科学储粮，开展了“建设社会主义新农村，科学储粮减损增收”储粮下乡服务活动。

3.突出储存安全和经济安全，探索储备粮轮换新机制。加大监管力度，9月组织了全省粮食库存大检查，12月组织了省级储备粮大检查。积极探索储备粮科学轮换新机制，通过省粮油交易中心公开竞标“阳光操作”，全年组织省级储备小麦竞价销售和采购7次近30万吨。总体看，全省地方储备粮基本做到账账、账实相符，储存安全、经济安全，数量真实、质量良好。

四 粮食流通主渠道作用进一步发挥

坚持市场化改革取向，大力构建城乡粮食流通新格局，进一步发挥主渠道作用。

1.大力抓好粮食购销。2006年是山东执行最低收购价预案的第一年，省局严格落实最低收购价政策，及时会同中储粮山东分公司认定托市收购点和储存库点，争取省农发行贷款规模60亿元，保证了收购的顺利进行。全年社会粮食收购总量2180万吨，国有粮食企业收购800万吨，是近年来收购量最大的一年。其中执行最低收购价预案收购小麦360万吨，有力地带动了农民增收。坚持均衡销售原则，通过发展粮食订单、工商联手以及加强产销衔接等方式，进一步活跃粮食流通，2006年销售总量达到1530万吨，其中国有粮食企业销售610万吨。

2.确保粮食购销市场稳定。一方面，加强应急体系建设。制定下发了《山东省粮食应急预案》，各市粮食应急预案相继出台。在国有粮食购销企业改革中保留了一批骨干粮食收储企业，重新指定了110家应急加工企业和226家应急供应点。全省市场监测网络进一步健全，设立价格测报点35处，其中国家粮食局认定17处。截至2006年年底，纳入统计体系的各类粮食企业3067家，认定农户粮情固定调查点6168个。另一方面，全力做好11月份粮价波动期间粮油供应工作。按照省委、省政府的要求，省局及时下发了《关于加强粮食宏观调控保持粮价在合理水平上基本稳定的通知》，及时代省政府起草了《关于做好粮油供应工作稳定粮食市场的通知》，适时组织了两期省级储备粮拍卖，积极做好最低收购价小麦拍卖工作。全省粮食购销基本平衡，粮价稳定在较为合理的水平。

3.大力推进放心粮油工程。把推进放心粮油进家入户上餐桌作为一项重点工作，城乡群众主食社会化供应主渠道建设取得新进展。在城市，结合“居民厨房工程”，进一步推广济南金德利和滕州金利园“两金”经验，发展快餐连锁店。在乡村，围绕服务新农村建设这个主题，进一步推广广饶、章丘经验，着力发展农村放心粮油店，全省粮食部门新增了一大批农村粮油服务网点。到2006年年底，在全国推出的4批“放心粮油”产品中，本省82家企业的131种产品荣获全国“放心粮油”称号，9家粮油食品店荣获全国“放心粮店”称号。4月，全国放心粮油进农村工作会议在济南召开，介绍推广本省经验。

4.切实抓好军粮供应工作。认真落实军粮供应政策，大力加强军供体系建设，扎实开展创建规范化军供站活动，圆满完成各项军供任务。顺利开展全国军用购粮卡改革试点工作。全省16个市成立了专门的军粮供应管理机构。

五 粮食产业化发展工程稳步推进

按照省委、省政府要求，本省重点实施了“粮食产业化发展工程”。

1.大力发展县域粮食产业化。各地注重结合实际，充分依托交通、省界等区位优势，农产品主产区的资源优势，以及现有产业优势，进一步把资源优势转化为产业优势，把优势产业做大做强。同时根据各自优势，或突出某一品种、或突出某一环节，着力培植特色产业、拳头产品，发展品牌经济。沂水的粮油食品加工、邹平的无水葡萄糖等一批各具特色的县域粮食产业典型相继涌现，成为推动当地经济发展的支柱力量。

2.推进实施科技进步、龙头企业、产业园区和借力发展“四轮驱动”。坚持以科技进步为先导，把科技进步做为产业发展的“助推器”，香驰、蓝山等一批高科技粮油加工企业有了新的发展。按照扶优扶强的原则，发展壮大龙头企业，全省54家粮食企业纳入国家粮食局和中国农业发展银行重点支持龙头企业名单。“四个十（十大粮食产业化龙头企业、十大粮食购销企业、十大粮油食品连锁供应企业、十大粮食产业园区）”工程发挥了很好的示范带动作用，园区建设初见成效。日照市依托港口建设大豆加工高科技园区，威海依托大企业建设饲料工业园区。与此同时，各地注重发挥当地特点，以资产承载项目，以资源吸引投资，以优质服务创造发展环境，广借外力促发展。

六 切实加强队伍建设

各地把队伍建设作为粮食事业发展的一项基础工程来抓，加大队伍建设的力度，粮食干部职工的整体素质进一步提高。

1.班子建设进一步加强。经过努力，粮食系统领导干部的年龄和知识结构进一步优化，为粮食事业发展注入了新力量、增添了新活力。近几年，通过社会招考、基层调任、选调生录用等多种渠道，省局机关充实年富力强的中青年干部20多名。市、县粮食局的领导班子也进行了较大幅度的调整和充实，一批学历高、能力强、发展潜力大的优秀干部充实到粮食干部队伍中来。省级储备库的领导班子成员中，具有硕士、学士学位的超过一半。

2.行风建设进一步加强。以“勤政廉政，科学发展”为主题，认真组织开展学习贯彻《党章》、社会主义荣辱观教育等活动，积极参与“阳光政务热线”，加大粮食行政管理部门为民服务的工作力度。围绕纪念建党85周年和长征胜利70周年，开展了一系列丰富多彩的纪念活动。大力倡导“进取、认真、宽厚、和谐”八字行风，风正气顺心齐、团结和谐稳定的局面进一步形成。

3.反腐倡廉工作力度不断加大。认真抓好廉政建设责任制的落实，严格遵守党纪国法，提高拒腐防变能力。坚持把廉洁从政作为各级班子建设、队伍建设的重要内容，要求各级领导干部自觉抵制拜金主义、享乐主义、极端个人主义的侵蚀，抵得住权力、金钱、美色的诱惑，永葆国家公务员的蓬勃朝气、昂扬锐气和浩然正气。全年重点开展了治理商业贿赂活动，自上而下查找问题，堵塞漏洞，构筑拒腐防变的坚固防线。

七 认真抓好直属单位事业发展

按照“一级带一级，重点抓本级”以及“本届事本届毕、不留后遗症”的原则，省局直接抓了一批建设项目。经十中路综合工程项目基本竣工；山东商务职业学院新校区一期工程主体全部完成，通过教育部备案，经省编委批准为副厅级建制，首次面向全省招收普通专科生700人，当年全部完成计划；总仓容10万吨的周村谷丰储备库建设项目，到年底建成仓容6万吨；粮油交易中心交易大厅顺利通过国家粮食局验收，多次举办托市收购小麦网上交易会。

河南省粮食工作

基本情况

河南位于中国中东部、黄河中下游，东接安徽、山东，北接河北、山西，西连陕西，南临湖北，呈望北向南、承东启西之势。河南属北亚热带向暖温带过渡的大陆性季风气候，同时还具有自东向西由平原向丘陵山地气候过渡的特征，具有四季分明、雨热同期、复杂多样的气象灾害频繁的特点。全省由南向北年平均气温为15.7～9.5℃，年均降水量1380.6～532.5毫米，6～8月降水量占年总量的45%～67%，年均日照1140.1～2525.5小时；全年无霜期189～240天。

河南是全国人口第一大省，总人口9768万人，其中居住在城镇的人口2994万人，占总人口的30.65%，居在乡村的人口6774万人，占总人口的69.35%，全省人口密度每平方公里585人；人口自然增长率5.32‰。

河南辖郑州、开封、洛阳、平顶山、安阳、鹤壁、新乡、焦作、濮阳、许昌、漯河、三门峡、南阳、商丘、信阳、周口、驻马店等17个省辖市、21个县级市（含省直管市济源市）、88个县、50个市。

河南国土面积16.7万平方公里，居全国各省区市第17位，占全国总面积的1.73%，其中耕地面积713.3万公顷，人均1.05公顷，低于全国平均水平。地势基本是西高东低。平原和盆地、山地、丘陵分别占总面积的55.7%、26.6%、17.7%。

河南是全国第一产粮大省。2006年种植面积为686.7万公顷，粮食总产量达到5055万吨，创历史最好水平，占全国粮食总产量的9.5%，已连续7年居全国第1位，为保障国家粮食安全作出了贡献。主要品种有小麦、玉米、大豆、稻谷、花生、芝麻、红薯、绿豆、小米、小豆、油菜籽等。2006年全省优质专用品种种植面积已占到粮食播种面积的60%，其中优质专用小麦种植面积273.3万公顷，占小麦播种面积的56%，2万公顷以上优质专用小麦主产县已达到40多个。其中夏粮产量2609万吨，约占全国的1/4。粮食平均单产5005.5公斤/公顷。粮食商品率达到40%以上。

2006年全省GDP达到12464.1亿元，居中西部省份之首。地方财政一般预算收入678.4亿元。全省城镇居民人均可支配收入9810元，农民人均纯收入3261元。

全年粮食收购量2754万吨，其中国有粮食购销企业收购2200万吨；全省粮食总销售1519万吨，其中国有粮食购销企业销售1020万吨。2006年全省按最低收购价收购小麦1810万吨，占全国最低收购价收购小麦的44.5%。全省工业用粮690万吨，种子用粮146万吨，饲料用粮856万吨，城镇口粮405万吨；农村口粮1550万吨。

截至2006年年底，国有独立核算粮办工业企业115家，从业人员3750人；国有粮食购销企业700家，在岗职工37370人。

组织最低收购价小麦在省粮食交易物流市场竞价拍卖

2006年10月18日，第六界中国粮油交易会在郑州成功举办

省粮食局曹濮生局长深入收购企业检查夏粮收购工作

2006年粮食工作情况

一 粮食流通

1．农民种粮积极性得到有效保护。认真贯彻小麦最低收购价政策，在全省确定委托收储库点301个、延伸收购点1692个，基本上达到了每个主产乡镇都有1个收购点。在收购工作中，各收购库点坚持按质论价、优质优价，做到收购政策公开、价格公开、质量标准公开、验粮公开、计量公正，按时结算农民交售小麦的价款，切实保护售粮农民的利益。执行最低收购价政策有效地稳定了市场小麦价格，全省售粮群众增收20亿元左右。加强对粮食收购活动的监督检查，严厉打击无资格、无证照入市收购、扰乱市场秩序等行为。省粮食局组织了由局领导带队的8个工作组，对夏粮收购工作准备、政策贯彻执行、服务措施落实等情况进行专项监督检查。各地也相应成立了检查组，深入基层企业和农户，检查指导收购工作，及时协调解决收购工作出现的问题，确保了最低收购价政策执行到位，达到了群众满意、企业满意、政府满意。

2．粮食市场供应得到有效保障。认真组织粮食企业做好临时存储粮食在批发市场竞价拍卖工作，加强对市场价格信息的收集和分析，指导粮食经营企业采取灵活多样的销售方式，努力搞活粮食经营，增加粮食市场供应量，保证粮食市场需求。积极开展粮食产销衔接，在继续加强与北京等16个省（市、区）粮食购销合作关系的同时，拓展了与天津市、福建省等主销区的粮食经贸关系。严格执行军供政策，创新军供粮源联购分销办法，建立健全军供粮油质量体系，加快军供网点设施建设步伐，不断提升军供服务网络功能和水平。妥善安排好灾区、贫困区、水库移民区和城镇低收入群体、高校等单位的政策性粮油供应工作，确保了社会大局的稳定。

二 粮食调控

1．宏观调控能力进一步增强。认真落实《河南省省级储备粮管理办法》，争取当地党委、政府的支持，积极充实地方储备，增强了地方政府对粮食市场调控的责任和能力。全省地方储备粮规模基本达到国家拟定的标准。

2．粮食市场监测工作得到加强。起草下发了《河南省粮食应急预案》（征求意见稿），确定了粮食预警调控指标、责任单位和应急保障时原粮、加工、运输、供应部门，为做好紧急状态下粮食市场正常供应工作打下了基础。充实调整价格监测点，将省级储备粮承储企业、承担粮食应急保障供应的加工企业购销价格纳入到监测范围。认真做好粮油市场价格的监测工作，坚持价格监测的月报、周报制度，全省粮食价格监测点由15个扩大到28个。

三 粮食流通体制改革

1．粮食市场主体多元化逐步完善。加大培育、发展和规范各种粮食市场主体力度，健全粮食收购市场准入制度，鼓励各类有资质的市场主体从事粮食购销经营活动，依法为从事粮食经营活动的法人、其他经济组织和个体工商户创造公开公平竞争的法制环境、政策环境和市场环境，搞活粮食流通，市场主体多元化格局基本形成。全省累计批准了4074家粮食经营企业从事粮食经营活动，其中非国有粮食经营企业2596家。

2．企业重组整合步伐加快。以县市为单位，实行兼并、租赁和拍卖等形式，对原有粮食购销企业进行进一步重组和整合，组建一个或几个国有独资、国有控股的粮食公司，企业的布局和结构趋于合理。全省国有独资和国有控股粮食购销企业减少到700家，比改革前减少了1958家。继续做好分流人员的政策落实工作，加大安置分流职工再就业力度，累计完成职工再就业60152人。省粮食局直属企业职工身份置换工作全面完成，产权制度改革步伐加快。2006年直属企业共分流安置职工1885人。

3．粮食“老账”历史包袱基本得到解决。积极做好2004～2005年政策性挂账审计认定工作，并及时分解落实到各省辖市。配合有关部门对历史财务挂账处理政策进行了统一，并进行了审计认定。做好政策性财务挂账的剥离工作，有效地减轻了企业的历史包袱，为扭亏增盈工作奠定了基础。

四 行政执法

粮食行政管理职能逐步转变。起草了《河南省实施〈粮食流通管理条例〉办法》，经省政府140次常务会议研究通过，并以省长令正式颁布实施。积极推广依法管粮、监督检查工作的经验，健全粮食行政管理机构，转变行政职能，把工作重点逐步转移到指导、协调、监督和服务上来。各级粮食行政管理部门依照法规，认真履行行政执法、监督检查和统计调查的职责，健全粮食行政管理队伍，做好管理全社会粮食流通、粮食行政执法工作，依法规范了粮食经营行为，维护了粮食流通秩序。

五 行业发展

1．粮食现代物流发展步伐加快。以大型小麦加工企业和粮食储备库为龙头，以完善基层收纳库、储备库、小麦加工企业的发放接收设施为重点，大力发展现代物流方式。及时向国家上报了《河南现代粮食物流示范项目》规划，启动实施以公路散运为特征的现代粮食流通方式。注重粮食市场体系建设，完善市场服务功能，提高服务质量，粮食市场交易活跃。河南省粮食交易物流市场通过交易会和场外协商交易模式，已累计成交粮食600多万吨。目前，全省建立县级以上粮食批发交易市场92个，年成交粮食500多万吨。

2．粮食统计体系建设取得新进展。加大社会粮食企业统计信息管理力度，依法将所有从事粮食收购、销售、储存、加工的粮食经营者及饲料、工业用粮企业纳入统计范围，提高了社会粮食统计覆盖率。在全省范围内组织开展了2005年度粮食供需平衡调查工作。抽调1000多名统计人员，深入到6018家农户、1575户城镇居民，3635家粮食经营企业、700家加工转化用粮企业，对粮食收入、支出及库存情况进行了调查，进一步摸清了本省2005年全社会粮食供需情况，为粮食宏观管理和粮食经营活动提供了全面可靠的信息资料。

3．粮食产业链条进一步拉长。主动适应粮食购销市场化需要，从传统的“收原粮、卖原粮”的单一经营方式，向粮食加工转化领域延伸。对大中型粮食加工企业进行重点扶持，通过新建、技术改造、扩大规模等，组成集科研、生产、收购、加工和销售一体化的经济实体，粮食精深加工规模不断扩大，粮油精制产品比重不断提高，粮油产品市场竞争能力不断提升，促进了农业产业化发展。全省粮食加工企业达2850家，加工能力达到3200万吨。面粉、挂面、方便面、面制速冻食品、味精等总产量均居全国第一位。

4．粮食第三产业健康发展。基层粮食企业利用仓储设施和场地优势，积极参与农业结构调整，大力发展农产品、农业生产资料和消费品连锁经营，培育新的经济增长点。鼓励和支持龙头企业与农民共建农村经济合作组织，积极延伸农村粮油服务网点，完善农村经营服务网络，扩大适合农村消费的粮办工业品、日用工业品的销售，促进了粮食多种经营工作快速发展。

5．粮食产业发展有了新支撑。以有效地利用外资、扩大出口创汇为重点，跟踪落实2005河南—广东粮食行业投资暨贸易洽谈会的有关项目，广泛开展对外经济技术的交流与合作。全省共完成招商引资项目30个，引资金额7亿多元。河南省粮油对外贸易总公司积极组织货源，不断拓宽国际市场，扩大进出口贸易，实现出口创汇800万美元。

6．订单粮食生产有了新发展。坚持以市场为导向，以效益为核心，以订单为载体，依托骨干龙头企业，充分发挥国有粮食企业购销网络、储运设施、加工设施的优势，通过“订单农业”、“公司加农户”等形式，建立订单生产基地，掌握粮源，减少粮食生产经营风险，增加农民收入。全省粮食企业发展小麦订单面积133万多公顷，订单收购粮食400多万吨。

7．粮食安全储存和安全生产工作取得新成绩。认真贯彻“以防为主，综合防治”的保粮方针，落实安全储粮责任制，组织开展春、冬季粮油安全大普查，安全储粮的环境得到改善。坚持防汛组织、责任、措施和物资器材四落实，保证了粮食安全度汛和仓储设施的安全运行。组织进行全省土堤仓和露天储粮情况逐仓专项检查，排查整改储粮安全隐患，确保全省粮食库存安全。狠抓安全生产管理，层层落实安全生产目标责任制，健全各项规章制度，加强督促检查，杜绝了全省粮食系统重特大安全事故的发生。

8．粮食质量安全得到加强。加快粮食质量检验检测资源整合的力度，建立市县级粮食检验检测机构，进一步改善检验设备和基础设施条件。积极推进和规范粮食质量调查和品质测报工作，面向全社会开展标准质量信息服务。组织开展了夏粮质量抽样、原粮卫生、军供粮油检验等项工作。配合质监、工商等部门对全省粮油产品进行了市场抽查、行业检查和产品跟踪监督检验，维护了广大消费者的合法权益。

9．粮食科技应用推广和人才队伍建设不断加强。制定了《河南省粮食局科技创新体系专项规划》，重点做好科技宣传、项目申报、费用协调划拨、成果推广应用和食品质量监管工作。全年共向国家和省两级有关部门组织申报粮油科技项目14项，在全省范围内成功开展了以“粮油食品安全与农村科学储粮”为主题的粮食科技活动周活动。河南省粮食科学研究所的《粮食中霉菌毒素的快速监测和关键控制技术研究》等3个项目被列入省级科技攻关项目。加强对粮食教育培训工作的宏观管理和指导，分级、分层次举办了粮油统计、粮食储运、财会知识、监督检查等项业务培训和技能竞赛，培训人员14507人。省粮食局直属3所院校积极拓展办学领域，办学质量、办学水平进一步提高。2006年招生人数达到10000多人，应届毕业生就业率均在95%以上。

六 粮食经营

1. 粮食行业经营效益明显好转。把扭亏增盈工作列入了重要议事日程，认真落实扭亏增盈工作目标责任制，层层分解省政府确定的经营目标。年初召开了全省粮食财会工作会议，对扭亏增盈工作进行了具体安排。定期召开经营形势分析座谈会，帮助协调解决扭亏增盈工作中的困难和问题，定期通报情况，加强督促检查，促进了扭亏增盈工作深入开展。剔除历史包袱等客观因素影响，18个省辖市国有粮食企业全部盈利，90%以上的县市粮食企业实现盈利。

2. 企业经营管理水平提高。严格规范国有及国有控股粮食经营企业改制工作，推进改制后的企业按照建立现代企业制度的要求，完善公司法人治理结构，深化企业劳动、用工和分配制度改革。健全国有资产出资人制度和授权经营制度，有效地避免了国有资产的流失。加强财务管理，提高资金管理水平和使用效率，搞好成本核算，降低经营成本；广泛开展增收节支活动，有效地控制了各项不合理费用支出。全年国有及国有控股粮食经营企业费用支出减少10.5亿元，减少幅度达30%。

3. 省粮食局直属企业经营效益不断提高。制定下发了《河南省粮食局直属企业经营管理业绩考核奖惩意见》和《河南省粮食局直属企业国有资产保值增值考核办法》，建立和完善了激励约束机制。成立以局领导带队的督查组，每月月初到直属企业督查一次，及时帮助企业协调解决企业经营活动中的困难和问题，加强分类指导，确保了省粮食局直属企业经营健康发展。全年省粮食局直属企业完成经营收入18亿元，实现经营利润2559万元。

七 10月18日在郑州举办的第六届中国粮油精品展示交易会取得圆满成功

共有60个独立展团、3125家国内外粮油企业参展，展位2019个，展出面积4.3万平方米；展品涉及粮油、食品、机械、粮油科技、教育多个领域和行业，新加入了土特产品、饲料产品、农业机械设备、粮食文化、票证、科研成果和爱粮节粮等展示内容，展出展品千余种。实现交易量326万吨，金额76亿元；达成投资项目38个，投资金额40.2亿元。参会参观人数达到10万人次。作为独立的河南展区，展位达到1619个，占全部展区的80%以上，其中特装面积2879平方米。

八 党群工作

1. 党建工作进一步加强。认真贯彻党的十六届六中全会和省八次党代会精神，以加强党的执政能力建设和先进性建设为重点，强力推进基层党组织的思想、组织、作风和制度建设。深入开展以“八荣八耻”为主题的社会主义荣辱观教育活动，不断提高干部职工的思想政治素质，为促进粮食改革发展、完成全年粮食工作任务提供了思想和政治保证。坚持把思想政治建设放在首位，组织党员干部认真学习党章，自觉遵守党章，切实贯彻党章，不断提高各级领导班子贯彻科学发展观的能力、驾驭全局的能力、处理利益关系的能力和务实创新的能力。在加强领导方面，坚持一级抓一级、层层抓落实的责任体系。省粮食局在创新载体方面，重点抓了争创“五型”党支部、“五好”党员活动等七个载体，丰富了活动内容。在直属国有企业开展了“四好”领导班子创建活动，提高了企业领导班子的整体素质和领导能力。

2．党风廉政建设取得新的成绩。认真贯彻中纪委、省纪委和省政府廉政工作会议精神，结合粮食工作实际，坚持标本兼治、惩防并举注重预防的方针，严格教育，完善制度，强化监督，有力地推动了反腐倡廉各项任务的落实。坚持把反腐倡廉宣传教育与保持共产党员先进性教育相结合，重点开展了理想信念教育、权力观教育、法纪教育和正反方面典型教育，增强了各级领导班子和领导干部廉洁从政的自觉性。以治理商业贿赂专项工作为重点，认真组织开展不正当交易行为自查自纠工作，建立完善各项监督制度，提高领导干部廉洁从政和自觉接受监督意识；充分发挥职能作用，严肃查处违纪案件，受理信访举报179件，初查核实105件，57人受到党纪政纪处分，维护了党纪政纪的严肃性。

3．精神文明建设取得明显成效。加强和改进党委中心组学习，制定下发专题安排意见，对县处级以上领导干部的理论学习作出部署。在省粮食局党组学习的示范带动下，各级党委中心组理论学习的积极性、主动性不断提高，加强精神文明创建工作。在全系统内广泛开展民主评议行风活动，向社会公开承诺，自觉接受社会各界监督。对社会各界和群众反映的意见建议进行认真梳理和归纳分类，加强督促检查，认真纠正行业不正之风，促进了粮食行业精神文明建设的不断发展。全省粮食系统各级文明单位达到2300多个，其中省级文明单位36个；省粮食局继续保持省级文明单位荣誉。扎实做好联县驻村帮扶工作，协调争取各类项目资金和扶贫物资550多万元，解决了所驻村群众的生产生活困难，受到当地党委政府和群众的高度赞扬。省粮食局驻村工作队被省委授予“全省优秀驻村工作队”荣誉称号。

4．机关建设取得新的进展。进一步转变作风，完善和落实各项工作制度，推进机关工作制度化、规范化。认真做好机关办公等后勤服务保障工作，省粮食局科技信息中心投入使用，房产管理、文明楼院创建等项工作有了新发展。抓好离退休干部工作，千方百计落实老干部政治待遇和生活待遇。公文处理、新闻宣传、督促检查、机要档案、保密教育、工青妇建设等工作也都有新的提高。

湖北省粮食工作

基本情况

湖北省位于中国的中部，长江中游的洞庭湖以北，故称湖北，简称“鄂”。现设12个省辖市、1个自治州、3个直管市、1个林区、38个市辖区、21个县级市、39个县（包括2个自治县）。2006年年底，全省总人口6050万人，其中，常住人口5693万人，城市人口2493.5万人，乡村人口3199.5万人。2006年，全省完成GDP7497.17亿元，人均13150元，地方财政一般预算收入469.82亿元，城镇居民人均可支配收入9803元，农民人均纯收入3419.35元。

湖北省地势呈三面高起、中间低平、向南敞开、北有缺口的不完整盆地。地貌类型多样，山地、丘陵和岗地、平原湖区分别占全省总面积的55.5%、24.5%和20%。全省除高山地区外，大部分为亚热带季风性湿润气候，光能充足，热量丰富，无霜期长，降水充沛，雨热同季。湖北省是粮食主产省和全国重要的商品粮生产基地。粮食作物主要为水稻、小麦、油菜籽。全省粮食商品率在35%左右。

湖北省土地面积为185897平方公里，占全国土地总面积的1.94%。2006年，耕地面积320.2万公顷，粮食播种面积421.9万公顷，粮食总产量2210.14万吨，在全国居第10位，油料总产量279.8万吨，在全国居第3位，人均粮食占有量388.22公斤。全省工业用粮79.3万吨，种子用粮25.9万吨，饲料用粮644.1万吨，城镇口粮464.5万吨，农村口粮882.8万吨。2006年，全省纳入统计的各类粮食经营主体共收购粮食823.1万吨，其中国有粮食企业收购547.6万吨；纳入统计的各类粮食经营主体共销售粮食744.9万吨，其中国有粮食企业销售386.8万吨。

全省现有国有粮食企业968个，在岗人员30266人，其中国有粮食购销企业673个（含储备库85个），在岗人员24290人。

2006年粮食工作情况

2006年，全省粮食部门以科学发展观统领粮食工作全局，进一步深化粮食流通体制改革，加快粮食行业发展，大力推进各项粮食工作，努力实现新的突破，较好地完成了各项目标任务，国家粮食最低收购价政策得到认真贯彻落实，国有粮食企业改革取得新的进展，粮食产业化工作迈上新的台阶，现代粮食物流体系建设力度加大，全社会粮食流通监管得到加强，参与和服务社会主义新农村建设取得实效，精神文明建设成效明显，实现了“十一五”计划的良好开局。

截至2006年12月底，纳入统计的各类粮食经营主体共收购粮食823.1万吨，其中国

湖北省粮食局沈昌发局长（左二）下基层调研指导工作

湖北省粮食局大力推广农户科学储粮示范工程

有粮食企业收购粮食547.6万吨；纳入统计的各类粮食经营主体共收购食油13.89万吨，其中国有粮食企业收购食油3.50万吨；纳入统计的各类粮食经营主体共销售粮食744.9万吨，其中国有粮食企业销售粮食386.8万吨；纳入统计的各类粮食经营主体共销售食油4.11万吨，其中国有粮食企业销售食油2.63万吨；国有粮食购销企业全年粮食收购量创9年来最高水平，在执行国家粮食收购政策中发挥了主渠道作用，做到了农民满意和政府满意。全省国有粮食购销企业通过深化改革，规范管理，搞活经营，切实提高了市场竞争能力和盈利能力，实现了全系统扭亏增盈的可喜局面。2006年，全省国有粮食购销企业实现利润0.62亿元，比上年减亏增利5.4亿元；全省13个市州70个县市全面实现盈利，盈利面达到92%。

一　粮食最低收购价政策得到认真贯彻落实

2006年，国家继续实行粮食最低收购价政策，并增加了粮食品种，湖北的小麦和早、中晚稻均被纳入国家最低收购价政策范围。全省粮食部门以促进农民增收为己任，进一步完善方案和措施，认真贯彻执行粮食最低收购价政策。在各品种粮食最低收购价预案启动前，省粮食局积极组织各地认真做好粮食产购及市场行情的分析预测工作，主动向省委、省政府和国家粮食局报告市场行情，反映问题和建议，争取最低收购价预案在湖北尽早启动。提前做好新粮上市前的仓容、器材、人员培训等方面的准备工作。

为了解决全省大批仓库年久失修的问题，缓解收购仓容紧张的矛盾，省粮食局积极争取国家和省政府支持，分别安排3600万元和2100万元仓库维修补助资金。同时，各市、县粮食部门千方百计自筹6024万元用于仓库维修。全省共维修粮食仓库4810栋，容量420万吨，保证了收购仓容的需要。

省粮食局积极与有关部门协调，落实委托收购库点和收购资金，最低收购价指定收购企业及其延伸库点基本覆盖了全省小麦、稻谷主产县市及乡镇，确保了国家粮食最低收购价政策惠及到产区粮农。加强政策宣传和政策执行情况的监督检查。各品种粮食最低收购价预案启动后，省粮食局会同有关部门统一制定下发了《宣传提纲》，由各县市张贴到全省所有的收购现场。各地通过电台、电视台、报纸、网站等新闻媒体，采用宣传车、板报、墙报、政策宣传栏等方式进行广泛宣传，使国家粮食最低收购价政策家喻户晓。在收购过程中，省粮食局多次派出工作组深入收购一线，检查指导粮食收购工作。各级粮食部门和收储库点认真落实粮食最低收购价执行预案，严格执行质价政策，规范操作程序，强化服务意识，做到了不停收、不限收、不拒收、不压级压价、不打白条、不代扣各种税费，保证了粮食收购工作的顺利进行。截至2006年年底，按最低收购价收购粮食437.4万吨，占全年目标任务275万吨的159%。早中晚稻按国家质量标准和规定的价格挂牌收购，优质稻和优良稻实际收购价均超过最低收购价，稻谷收购576.5万吨，按每50公斤增收5元测算，农民共增收6亿元左右。全省共收购小麦226.5万吨，其中最低收购价收购188.5万吨，农民增加收入4亿多元。两项合计，农民增收10亿元左右。

二 国有粮食企业改革取得新进展

全省粮食部门认真贯彻落实《国务院关于完善粮食流通体制改革政策措施的意见》（国发,[2006]16号），继续推进和深化国有粮食企业改革，尤其是国有粮食购销企业产权制度改革取得较大进展。2006年7月，省粮食局组织各地对改革分流人员的安置情况进行了检查验收，督促仍有尾欠任务的地方加快人员安置步伐。到2006年年底，全省国有及国有控股粮食企业在岗职工3.03万人，比1998年年底28.14万人（含离退休3.54万人）减少25.11万人，减幅89.2%。分流的富余人员全部给予了经济补偿并进行了妥善安置。在岗人员中有3.01万人置换身份重新签订了劳动合同，职工置换身份比例达到99.3%。退还职工上岗保证金3.85亿元，退还比例达到99.4%。

在基本完成减员分流任务的基础上，各地积极稳妥地推进国有粮食购销企业产权制度改革。国有粮食购销企业产权制度改革主要采取国有独资、国有控股、租赁经营等形式，将粮食购销企业产权制度改革与发展粮食产业化经营紧密结合起来，实现工商联合联营和战略重组。国有粮食附营企业继续坚持以民营转制为基本取向的改革，使国有资产退出主导地位。到2006年年底，全省国有粮食购销企业由改革前1998年年底的1498个重组调减到673个（含储备库85个），企业数减少825个，企业重组比例为55.07%，全省完成产权改革的企业数590个，产权改制比例达到73%，其中改制为国有控股粮食购销企业282个；全省国有粮食附营企业完成改革改制的有1560个，改革改制面达到98.86%，其中实现民营改制的企业1434个，民营改制比例达到91%。2006年，湖北省粮食局被国家粮食局授予“全国国有粮食企业改革先进单位”荣誉称号。

三 粮食产业化工作迈上新台阶

湖北省委、省政府高度重视粮食产业化工作，全省粮食部门把发展粮食产业化作为重中之重的工作来抓，按照“突出重点，壮大龙头，整合资源，培植品牌”的工作思路，大力推进全省粮食产业化工作迈上新台阶。省政府于2006年3月底在京山召开了全省粮食产业化暨龙头企业建设现场会，按照会议要求和省委、省政府领导的指示，省粮食局认真制定规划、确立目标、强化措施，狠抓各项工作的落实。

1.加强对粮食产业化的规划指导和政策支持。精心制定了《湖北省粮食工业“十一五”发展规划》。争取省政府支持，制定下发了《省人民政府关于大力推进粮食产业化的意见》（鄂政发[2006]71号），明确了全省发展粮食产业化的指导思想、主要目标和政策措施。

2.大力推动粮食企业按照产业化经营的要求进行资源整合和战略重组。截至2006年年底，全省46个主产县市共有56个粮食加工企业通过重组、整合成为粮食加工骨干企业，发挥了示范和带动作用。集中力量抓好全省20强粮油加工龙头企业的发展壮大工作，实现重点突破。对全省20强粮油加工企业生产经营和发展情况实行按季通报制度，制定和完善了20强粮油加工企业考核办法，实行动态管理，在粮油精深加工贴息资金的安排上给予倾斜，支持20强粮油加工企业做大做强。省粮食局出台了支持京山国宝桥米公司发展的意见，从政策、资金、项目上给予重点扶持。京山县充分发挥国宝桥米公司的资金、品牌和市场优势，整合6家企业，组建湖北国宝桥米集团，年生产能力达到36万吨，销售收入达10亿元。湖北梅园米业与襄樊市境内的10家企业签订梅园品牌使用协议，通过贴牌新增日加工能力1225吨。福娃集团、梅园米业、禾丰米业公司等3家企业销售额过5亿元，其余20强企业销售额全部过亿元。

3.大力支持粮油加工企业进行技术改造和创新。充分利用省政府安排的2000万元粮油精深加工贴息资金，共安排粮油精深加工项目64个，落实贷款额度4.56亿元，促进了企业产品质量和市场竞争能力的提高。

4.积极开展粮油品牌创建工作。2006年，湖北省名牌战略推进委员会在全省粮食行业评出湖北名牌产品16个，其中：大米名牌5个，面粉、面条名牌5个，油脂名牌3个，粮机名牌3个。京山国宝桥米被商务部评为粮油类“最具市场竞争力品牌”，在全国排名第二位。

5.成功举办第八届粮油精品展交会。这次展交会共有200多家粮油加工企业、800多种粮油产品参展，是历年来参展规模最大的一次。展会协议交易量达23万吨，交易额6.46亿元，现场零售120.7万公斤，金额354万元。全省粮食产业化工作取得了突破性进展，得到了国家粮食局的充分肯定，在2007年元月召开的全国粮食工作会议上，湖北省粮食局作了粮食产业化工作典型经验介绍。

四 依法行政和粮食行业管理工作得到加强

2006年，全省粮食部门以深化粮食流通体制改革为契机，进一步转变职能，切实加强粮食宏观调控和依法管粮工作，认真履行全社会粮食流通监管职责，努力开创粮食行政管理和行业指导的新局面。

1.全省粮食行政执法体系的架构基本形成。2006年，省粮食局成立了政策法规处和监督检查处，80个市、州、县粮食局成立行政执法机构103个，其中经编办正式批准的有60个粮食局共66个行政执法机构。

2.规范和加强依法管粮工作。加大了粮食流通法规宣传的力度，开展了以“保障粮农利益、维护粮食安全”为主题的普法宣传活动，制定了《全省粮食行业法治宣传教育的第五个五年规划》，启动了粮食行业“五五”普法工作。加强了执法配套制度建设，梳理公布了《湖北省粮食行政执法依据》，下发了《关于切实加强粮食行政复议和行政应诉工作的意见》，对粮食行政许可、行政执法、行政复议和行政应诉等工作进行了及时指导和严格规范。加强了对全社会粮食流通的监管，全省先后组织开展了粮食收购资格专项检查、粮食最低收购价政策执行情况检查、粮食库存检查和粮食统计专项检查，检查对象涵盖各种所有制的粮食经营者，并依法对各种的违法行为给予了责令纠正、行政警告、取消收购资格、移交工商部门处理等不同形式的处罚，为粮食部门今后开展行政执法积累了经验。2006年，湖北省粮食流通监督检查工作获得了国家粮食局的表彰。

3.加强全社会、全行业粮食流通统计工作。督促和规范各类粮食企业建立粮食经营统计台账。举办了非国有粮食企业统计专业培训。建立了粮食价格监测直报体系。认真做好社会粮食供需平衡调查工作，为粮食宏观调控提供重要决策依据。

4.规范和完善粮食财务管理。从2006年下半年开始，对县市粮食购销企业盈亏情况实行按月通报制度，加强财务分析，开展亏损企业和盈利企业的财务调查研究工作，总结推广扭亏增盈先进经验，促进了全省扭亏增盈工作的全面开展。

5.加强和规范粮食仓储管理。全面落实安全储粮责任制，层层签订《安全储粮责任状》，在基层仓储企业推行《仓储管理百分考核》办法。开展春、冬两季安全储粮大检查，做到“有点必到，有粮必查，查必彻底，不留隐患”。加强了全社会仓储设施的统计工作，严格规范了仓储设施处置行为，摸清了全省国债资金扩建粮库的基本情况和资产构成。

6.加强和完善地方储备粮管理。对地方储备粮实行动态管理，制定了更加灵活的轮换措施，对省级储备粮不再下达具体轮换计划，由承储企业在年度内根据储存品质和市场情况上报轮换计划，经省粮食局审批后实施，扩大了企业轮换的自主权。聘请社会中介机构对全省储备粮油承储企业2005年财务收支和资产负债情况进行了专项审计，并根据审计结果对承储企业抗风险能力进行了评估，确保省级储备粮储存安全。

7.加强和规范军粮供应管理。按新的规定和审批程序对全省军供站点的资格进行了重新审核和认定，经过严格的审查，全省重新认定军供站点90个。全面推行军供粮油省级统筹配送工作，逐步实行大米采购招标，保证了粮源，稳定了质量，降低了成本，受到部队官兵的好评。

8.规范和完善粮食质量监管。认真贯彻《粮食质量监管实施办法（试行）》，进一步规范全省粮食质量监管工作，积极开展粮食品质测报，指导农民调整种植结构，在社会上引起了很好反响。粮食品质测报范围覆盖了全省15个市州的50个粮食主产县市、500个乡镇、近5000个村，走访调查了14.9万个农户。

9.加快电子政务和信息化建设步伐。按照全省电子政务建设的部署和要求，以“总体规划、分步实施、需求主导、立足实际、整合资源、安全保密”为指导原则，切实加快了粮食系统电子政务建设步伐。首先，明确和落实了粮食系统信息化建设的职责。省粮食局成立了信息化建设工作专班，由办公室牵头，每个处室明确一名工作人员作为专班成员，负责省局信息化建设的具体工作。由局办公室负责局机关电子政务网络运行的日常管理。按照对口管理的原则，各市、州、县粮食局办公室负责本局信息化管理工作。其次，完成了湖北省粮食局政务门户网站建设。网站于2006年10月28日正式开通，设立了“市场调控”、“粮食统计”、“粮食收购”、“仓储管理”、“精深加工”、“政务公开”、“便民服务”、“行政许可”、“办事指南”、“局长信箱”等栏目，为宣传粮食政策、公开粮食政务、传播粮食信息、服务社会大众开辟了新的窗口。

五 粮食现代物流体系建设力度加大

在组织专家进行深入调研和科学论证，并广泛听取各方面意见的基础上，认真编制了《湖北省“十一五”粮食现代物流设施建设规划》，并通过了省发改委组织的专家评审。2006年7月，国家粮食局正式批复同意湖北省在华中粮食中心批发市场的基础上组建武汉国家稻米交易中心。2006年完成了武汉粮食物流园暨武汉国家稻米交易中心项目可行性论证及征地等前期工作。经过积极争取，武汉市作为华中地区的重要粮食物流基地被纳入了《全国粮食现代物流设施规划》。

六 参与和服务社会主义新农村建设取得实效

2006年中央和省委1号文件下发后，湖北省粮食局按照省委“深化认识，细化目标，实化措施”的要求，制定了为社会主义新农村建设办实事的具体工作方案，下发了《关于粮食部门积极参与和服务社会主义新农村建设的意见》。全省粮食部门发挥贴近农民、连接城乡的优势，积极开展为新农村建设办实事活动。

1.加强优质粮基地建设和订单经营，增加种粮农民收入。2006年，仅全省20强粮食加工企业就落实优质粮基地订单面积31.5万公顷，实行优质优价收购，调动了农民种植优质稻的积极性。

2.开展粮食品质测报，指导农民调整种植结构。粮食品质测报推出的鉴真2号、鄂中5号、中国香稻、晚籼系列等优质稻品种，已成为全省主要粮食种植品种，稻谷优质高产品种在主产区逐步向规模化连片种植发展。

3.推广农户科学储粮，减少粮农储粮损耗。针对全省农户储粮方式落后、设施简陋、虫霉鼠害严重、储粮损失大的情况，省粮食局会同成都粮科院开展了农户“丰产仓”科学储粮示范运用活动，大大降低了储粮损失，受到广大农户的欢迎。在试点示范的基础上，把实施范围扩大到沙洋、武穴的5个乡镇。在沙洋县建立了“丰产仓”加工基地，发放“丰产仓”386套，举办了10期培训班，发放《农户安全储粮手册》等宣传资料2万多份。

4.推进“放心粮油”进农村活动，引导农民健康消费。2006年4月，省粮食局在宜昌召开了全省“放心粮油”进农村工作会议，部署“放心粮油”进农村工作，确定了重点粮食龙头企业进农村活动方案，推动“放心粮油”进集镇、进乡村、进农村校园，不断提高“放心粮油”在农村市场的占有率。2006年全省评选国家级“放心粮油”品牌23个，省级“放心粮油”33个。

5.创办农村粮食服务社和专业协会，拓宽服务新农村的领域。2006年初，粮食部门创办的首家“新农村粮食服务社”在江夏区法泗镇八塘村开门服务。服务内容主要为“四代”（即代农民销售粮食、代农户加工口粮、代农民储备粮食、代农民选购优良稻种）和“三服务”（粮油兑换服务、农副产品信息服务、农技知识服务）。湖北唯天粮食产业公司牵头成立的优质稻专业生产协会，积极推行“公司＋协会＋基地＋农户”的产业化经营模式，在农企双赢的路子上进行了有益探索。

七　精神文明建设成效明显

湖北省粮食局始终坚持“两手抓”，扎实开展“创文明单位，建和谐机关”活动，党建、文明创建、社会治安综合治理等各项工作取得了明显成效，获得了多项荣誉。被省委、省政府授予“2005～2006年度省级文明单位”、“2006年度综合治理优胜单位”；2004、2005、2006年，连续三年被省绿化委员会、省直机关绿化委员会授予“省直机关园林绿化花园式单位”；被武昌区政府授予“‘四五’普法先进单位”等。

1.切实加强机关党建工作。建立了一把手亲自抓，领导班子两手抓，党政工妇齐抓共管的领导体制和工作机制。积极开展社会主义荣辱观教育。党员干部理论学习做到了“六有”：有学习制度、有学习安排、有考勤记载、有讨论记录、有学习专栏、有体会文章。在庆祝建党85周年之际，省粮食局组织机关党团员踏访了革命圣地延安，实地开展革命传统教育，使党员干部受到了一次深刻的精神洗礼。

2.积极开展文明创建活动。省粮食局与所在社区签订了《文明共建责任书》，密切配合，积极开展文明共建活动。在机关内部开展“先进处室”、“先进个人”评选活动，在家属大院开展“文明门栋”、“五好家庭”评选活动，在女职工中开展“好妻子、好女儿、好媳妇、好妈妈”评选活动，在离退休人员中开展争创“五好老干部”、“优秀党员”活动，经常性地开展反对“黄、赌、毒”的宣传教育活动。在职工中形成了比学习、比奉献、比团结的和谐氛围，有力促进了中心工作。在全省粮食系统大力开展树典型、学先进活动。2006年全省粮食系统有4家单位和7名个人受到人事部和国家粮食局表彰，省粮食局以此为契机，通过新闻媒体报道、举办先进事迹报告会并制成光碟、编印成书等多种方式，在全省粮食系统广为宣传，营造了学先进、赶先进、争当先进的良好氛围。积极开展扶贫帮困的社会公益活动。除了参加全省组织的“冬衣暖人心”、“慈善一日捐”等扶贫捐助活动外，还连续5年坚持开展与恩施州建始一中结对捐资助学活动，受助贫困生中累计有78人考取了大学。

3.标本兼治地抓好党风廉政建设。层层签订《党风廉政建设目标责任书》，并对责任制落实情况进行检查，狠抓“三谈两述”制度的落实，确保党风廉政建设责任制落到实处。开展了“廉洁从政，从我做起”为主题的宣传教育月活动和“学党章知识竞赛”活动，帮助党员筑牢反腐败的思想道德防线。狠抓领导干部廉洁自律各项规定的落实，涉及人、财、物、指标的重大决策，坚持公开、公平、公正的原则，严格按党组议事规则办。严肃查处违纪违法案件，做到了事事有着落，件件有回声。深入开展商业贿赂专项治理工作，成立专班，制定下发实施方案，进行广泛动员和全面部署，认真开展自查自纠，不走过场，使广大党员干部受到了一次深刻的教育和警示。

湖南省粮食工作

基本情况

湖南位于我国东南腹地，长江中游，是连接东部沿海省与西部内陆省的桥梁地带。有连接东西、贯穿南北的区位优势，有铁路、公路、航空等交通方面的明显优势。水稻生产在全国一直处于领先地位，优良农产品品种已形成自己的品牌，近年来，湖南工业呈蓬勃发展的势头。湖南土地总面积21.1875万平方公里，占全国土地总面积的2.21%，在全国各省区中居第10位，其中耕地面积为391.26万公顷，人均0.057公顷。辖14个市（州）、122个县（市、区）。2006年年末，全省总人口为6768.1万人，增加36万人。其中城镇人口2619.93万人，乡村人口4148.17万人。

2006年，全省GDP7493.17亿元，人均约11830元；财政总收入891.16亿元，城镇居民人均可支配收入达10504.67元，增长10.3%，农村居民人均纯收入3389.81元，增长8.7%。全省粮食播种面积529.542万公顷，其中稻谷播种面积420.222万公顷，油料种植面积92.023万公顷；粮食总产量2706万吨。全省社会粮食消费总量2625万吨，其中城镇人口口粮414万吨，占16%；农村人口口粮1077万吨，占41%；饲料用粮990万吨，占38%；工业、食品及副食酿造用粮96万吨，占4%；种子用粮48万吨，占2%。

2006年，全省各类粮食企业共收购原粮893万吨，销售原粮1151万吨（含销售省外）；跨省粮食流通量582万吨，其中从外省购进粮食297万吨，销往省外粮食285万吨。2006年年末，全省有粮食企业3806家，从业人员为23541人，其中国有粮食经营企业407家，国有及国有控股企业人员14354人；全省具有粮食收购资格企业3818家，其中国有441家。

2006年粮食工作情况

一 粮食生产与流通

全省粮食生产总量2706万吨，其中稻谷产量2320万吨（早籼稻718万吨，中晚籼稻1602万吨），小麦13万吨，玉米137万吨，大豆43万吨，杂粮193万吨。全省粮食商品量910万吨，粮食商品率约为34%。

全省各类粮食企业共收购原粮893万吨，分性质：国有粮食企业收购327万吨，重点非国有粮食企业和转化用粮企业收购566万吨；分品种：收购稻谷862万吨，其中早籼稻420万吨，中晚籼稻438万吨。

湖南省粮食现代物流园奠基仪式（从右至左：国家粮食局副局长任正晓，省政协副主席、中国工程院院士袁隆平，湖南省人民政府副省长杨泰波，湖南省粮食局党组书记、局长吴奇修）

著名经济学家、北京大学经济学院院长刘伟教授应邀为湖南省粮食系统讲座

湖南省粮食行业发展战略座谈会（著名经济学家、北京大学经济学院院长刘伟教授应邀出席会议）

全省各类粮食企业共销售原粮1151万吨，分性质：国有粮食企业销售253万吨，重点非国有粮食企业和转化用粮企业销售898万吨；分品种：销售小麦58万吨，稻谷841万吨，玉米183万吨，大豆56万吨。

全省跨省粮食流通量582万吨。从外省购进粮食297万吨，分品种为玉米142万吨，大豆66万吨，稻谷33万吨，小麦54万吨；分流向以从河南、河北、黑龙江、湖北、广西五省（区）调入为主，占购进总量的73%；分性质为国有粮食经营企业购进14万吨，非国有粮食经营企业购进90万吨，转化用粮企业购进193万吨。销往省外粮食285万吨，分品种为稻谷276万吨，占销售总量的97%；分流向以销往广东、广西、福建为多，销量分别为178万吨、38万吨、24万吨，占省外销售总量的84%；分性质为国有粮食经营企业销售31万吨，转化用粮企业销售13万吨，非国有粮食经营企业销售241万吨。

二 粮食宏观调控

湖南省粮食局将落实执行最低收购价政策，作为保护粮农利益，加强粮食宏观调控的一项重要工作。全省分别于7月24日、10月20日启动早籼稻和中晚籼稻最低收购价执行预案，早稻收购指定企业由上年的289家增加到689家，中晚稻收购指定企业由上年的329家增加到602家，满足了农户就近售粮的需要，争取了粮食购销工作的主动。全年各类粮食企业累计收购粮食893万吨，其中国有粮食企业收购327万吨。按最低价收购粮食225万吨（早稻165万吨，中晚稻60万吨）。全省早稻平均收购价格每50公斤73元，普通中晚稻75元，优质晚稻90元，有效地促进了农民增收。进一步落实湘政发[2005]15号文件，建立灵活有效的粮食宏观调控机制，在全国市场粮价波动较大的情况下，保持了湖南粮食市场价格的稳定。全省65家粮库纳入骨干网络建设工程，在中央下拨仓库维修资金2300万元的基础上，争取省财政支持配套2700万元、市县配套4744万元倾斜安排骨干粮库，维修了1927栋仓房456万吨仓容，65个骨干粮库在粮食收购中发挥了支撑和带头作用。编制了《湖南省粮食行业“十一五”发展规划》及配套的六个子规划、《全省粮食流通数据中心建设方案》和《全省粮食安全预警方案可研报告》，开展了全省社会粮食供需平衡调查和贫困县社会粮食供需平衡调查，开通了粮价网上直报系统，建立了湖南粮价在线参考，粮情监测点增加到51个，全省粮食统计三级联网基本实现。省级动态储备试点运作基本成功。军粮供应工作得到广州军区和省国防动员委员会肯定。

三 省级动态储备粮试点

积极探索静态储备与动态储备、原粮储备和成品粮储备的有机结合，支持粮食产业化龙头企业发展，确保粮食市场应急需要。省粮食局、省财政厅、中国农业发展银行湖南省分行根据省人民政府湘政发[2005]15号文件精神，安排湖南金健米业股份有限公司、衡阳市金雁粮食购销有限公司、常德广积米业有限公司、湖南绿海粮油有限公司等5家省以上农业产业化龙头企业省级动态储备粮代储计划10万吨，并制定了《省级动态储备粮试点管理办法》。省粮食局、省财政厅等部门依据《管理办法》不定期对代储企业动态储备粮库存数量、质量及储粮安全进行检查。省级动态储备试点运作基本成功。

四 粮油加工与产业化经营

全省纳入统计的408家规模以上的粮油加工企业完成工业总产值89亿元，实现利润2.4亿元，加工大米286万吨、面粉25万吨、食用植物油18万吨。全省43家企业筹集资金1.88亿元对加工工艺设备进行了技术改造，省粮食局、省财政厅为22家技改企业争取并拨付技改贷款贴息1000万元。截至2006年底，全省有农业产业化国家级龙头企业4家，省级龙头企业39家，市级龙头企业142家，龙头企业总资产达到50亿元，加工能力达200万吨。全省建立基地订单面积160多公顷，订单收购量达430多万吨。有65家企业被国家粮食局、中国农业发展银行批准为首批信贷重点支持的粮油产业化龙头企业。省级以上龙头企业均通过了ISO9000质量体系认证，新增"湖南名牌"16个，22家企业的64个产品被评为全国"放心粮油"产品；3家企业的产品被评为"全国知名粮油品牌"；5家企业被评为"全国放心粮油进农村优秀企业"；在10月的"第六届全国粮油精品展交会"、11月的"第五届中国稻米博览会"上，集中展示了湖南粮油精品。

五 粮食财务

全省粮食企业实现利润10266万元，比2005年增加3947万元。其中粮食购销企业实现利润8312万元，增加1256万元；粮食经营性企业实现利润1954万元，扭亏增盈2691万元。14个市（州）全部实现盈利，其中盈利1000万元以上的4个；122个县（市、区）有105个县（市、区）实现盈利，其中盈利100万元以上的24个；盈利企业309个，盈利面80%。全省粮食企业经济效益增加的主要原因：一是加强对扭亏增盈工作的领导，认真落实扭亏增盈目标责任制，促进了扭亏增盈工作任务的全面完成；二是继续深化国有粮食企业改革，转换企业经营机制，促进了企业的良性发展；三是认真履行国有资产管理职能，努力盘活存量资产，促进了企业收入的增加；四是大力发展粮食产业化经营，努力拓展经营领域，增强了企业的盈利能力；五是积极筹措资金，加强基础设施建设，改善了企业经营条件；六是加强企业管理，控制成本费用，提高了企业效益。

六 粮食企业改革

全省新增改制企业22家，其中股份制改造14家，兼并重组5家，其他3家，分流职工5700人。截至2006年年底，全省依法有偿与11.59万名职工解除了劳动关系，7800名职工实行了内部退养，返聘在岗职工2.23万人；全省国有（含国有独资、控股、参股）粮食企业精简为493家，以县市为单位，重新组建1～2家股份制的粮食购销公司，逐步实现了企业投资主体多元化。企业市场主体地位初步确立，企业布局和结构优化，市场竞争力和经济效益提高，初步实现了向"市场主渠道"的转变，在保护种粮农民利益、稳定市场和价格方面起到了重要载体和主导作用。在2006年全国国有粮食企业改革工作会议上，湖南省粮食局被评为全国国有粮食企业改革工作先进单位。

七 粮食行政执法

全省14个市州粮食局建立了监督检查工作机构，其中11个市州局由编办批准设立了监督检查科，7个市局成立了行政执法队；110个县市局中有106个建立了监督检查工作机构，97个县市局成立了行政执法队。全省有1062人获得粮食监督检查证，落实监督检查专项经费近498万元。省市县三级从制度建设入手，依法行政工作逐步规范。省粮食局和部分市州粮食局成立了依法行政领导小组和粮食行政复议机构。出台了《湖南省粮食收购资格管理办法》，制定下发了《湖南省执行粮食流通监督检查暂行办法》、《湖南省粮食收购经营者质量检验能力要求及其认定程序（试行）》和《湖南省粮食局行政执法职权分解方案》、《湖南省粮食局行政执法责任制规定（试行）》。突出重点，积极履行全社会粮食流通监管职能，组织开展了粮食收购市场、最低收购价政策、社会粮食统计、粮食库存等专项检查，全省共查处案件1509例，其中责令改正954例，警告269例，罚款186例，暂停、取消粮食收购资格15例，移交其他部门处理86例。2006年湖南省粮食局和益阳市粮食局、娄底市粮食局、冷水滩区粮食局被评为全国粮食流通监督检查先进单位。

八 粮食质量监测

首次开展了原粮卫生调查。有针对性扦取村级样品油菜籽100份、早稻140份、中稻101份、晚稻45份，检测了农药残留、黄曲霉毒素B_1、重金属等。扦取省储粮和中储粮湖南分公司仓库样品126份，检测储粮药剂残留、黄曲霉毒素B_1等。扦取早中晚籼稻样品550份参加国家粮食局收获质量调查会检，中等以上稻谷占89.2%，整精米率平均值为56.2%，其中达到50%以上的样品占79.3%。全省粮食质量调查检样1900多个、品质测报检样800多个，获得数据近万个，在一定范围内进行了公布。推荐湖南省粮油产品质量监督站等9个单位为国家粮食质量监测机构，国家粮食局已授予省粮油产品质量检测站等4家单位为国家粮食质量监测机构。

九 项目建设与招商引资。

完成了全省粮食行业2005～2020年土地利用规划数据统计并上报省政府。湖南省粮食行业现有用地3820公顷，2006～2020年拟新增用地2033公顷，其中新增物流用地760公顷，加工用地693公顷，扩建用地387公顷。建立了全省粮食行业招商项目库，向国家粮食局推荐11个项目，3个项目获得立项。向省政府提出了“十一五”时期筹融资计划，一批新建和扩建项目陆续启动。国家粮食局批准设立长沙国家粮食交易中心和湖南国家粮食质量监测中心落户湖南现代粮食物流园。园区建设：省粮食中心批发市场正式启动粮食网上交易，5万吨仓储区启动基础建设，累计完成投资额1.2亿元；湖南长沙霞凝国家粮食储备库千吨级码头改造开工建设；长沙芙蓉北路国家粮食储备库整体搬迁、打造全国最大粮食饲料交易市场一期工程主体建设基本完成。龙山、韶山、城陵矶粮库提升功能项目争取追加投资950万元。全省引进招商项目190个，协议引资23亿元，到位资金10.8亿元，其中外资8000万元，完成投资16亿元。建立了300万元规模的湖南省粮食科技发展专项基金。

十 服务新农村建设

组织开展了“储粮科技下乡与放心粮油进农村”活动。宣传普及农村储粮技术，帮助农民改进农村储粮装具和推广除害技术，指导农户科学储粮，减少产后储粮损失，为1000户农户免费发放了储粮装具，并通过多种形式进行了农户储粮技术培训；大力发展农村粮油超市及集贸市场，推广“放心米”、“放心面”、“放心油”，让“放心粮油”进乡村、集镇；开展“四代一换”——代购、代销、代农储粮、代农加工和品种兑换活动，受到了农民的欢迎。省粮食局“储粮科技下乡与放心粮油进农村”活动，获湖南省科技周“先进集体”。省粮科院“长沙中下游平原农户储粮减损技术集成与示范”等两个课题获国家粮食局“十一五”科技支撑计划立项，并获得“国家粮食局职业技能培训基地”授权，研究开发的“农村新型粮仓科学储粮”技术，9月30日人民日报作了报道并推广。永州市局推荐的“无公害稻米种植、储藏、加工技术研究与应用”获科技部“2006年度国家星火计划”立项。

十一 十二省粮食局长协作座谈会

由湖南省粮食局邀请，中部6省及北京、吉林、广东、广西、四川、云南等6个相关产销衔接省（市、区）粮食局长首次协作座谈会于2006年5月11日在长沙召开。国家粮食局局长聂振邦出席会议并作重要讲话。湖南省委常委、常务副省长肖捷与聂振邦局长会见了与会代表。会议遵循党和国家对粮食工作的一系列指示要求和国家粮食局的总体部署，就粮食行业积极参与社会主义新农村建设的主要任务和当前迫切需要解决的问题进行了交流，并在达成共识的基础上,形成了会议纪要。会议认为，在粮食流通体制改革向纵深发展、国有粮食企业改革取得重大突破的新形势下，应着重抓好以下四项工作：一是要充分发挥流通对生产的引导作用，促进粮食种植结构调整；二是要认真落实国家惠农政策，做好粮食最低收购价的有关工作；三是推进粮食产业化经营，提高粮食流通效率和加工转化增值能力；四是指导和帮助农户科学储粮，保障农村储粮安全。会议就加大对粮食产业化经营龙头企业的扶持问题进行了认真的讨论：一是要争取农业产业化政策；二是要切实帮助粮食产业化龙头企业落实国家和各级政府在财政、税收、信贷方面的扶持政策；三是争取为粮食产业化龙头企业开辟粮食运输绿色通道，争取免收粮食运输过路过桥费。会议提出了采取有效的宏观调控措施、完善粮食产销区协作机制的思路：一是明确产销衔接主体；二是平衡产销区利益关系；三是由中央和有关省共同建立产销区粮食余缺调剂价格风险基金，用以保证履约；四是运用宏观调控手段开展政策性粮食的购销协作；五是国家应支持各省充实地方粮食储备。会议建议，应采取一些具体措施，妥善解决历史遗留问题，进一步理顺粮食流通管理体制。《纪要》呈报国务院，温家宝总理作了重要批示。

十二 湖南省粮食行业发展“十一五”规划

《湖南省粮食行业发展“十一五”规划》总结了“十五”主要成就，明确了“十一五”时期全省粮食行业的发展目标、发展重点和对策措施。“十一五”发展总体目标为：宏观调控手段进一步加强，粮食安全有充分保障；基础设施得到加强，行业可持续发展能力不断增强；从业人员收入稳步增长，干部职工素质明显提高；资源优势充分发挥，粮食经济强省基本形成。到2010年，力争行业综合水平跃居全国先进行列；粮食经济总量超过800亿元，年均增长10%。“十一五”发展重点为：构建宏观调控体系，保障粮食安全；构建粮食产业化经营体系，促进粮食经济发展；构建物流体系，搞活粮食流通；构建科技创新体系，增强可持续发展能力；构建粮食流通监督检查体系，提高依法管粮能力。编制了配套的六个子规划，即湖南现代粮食物流发展规划、湖南粮食产业化发展规划、湖南粮食宏观调控体系建设规划、湖南粮食流通监督检查体系建设规划、湖南粮食科技发展规划、湖南省粮食局直属粮食企业发展规划。

十三 全省市县粮食局长培训

为适应粮食流通体制改革不断深化和粮食购销市场全面放开的新形势、新任务，提高各级粮食局长和骨干粮食企业厂长（经理）的政策理论水平和统领全局、解决实际问题的能力，省粮食局在5～6月分三批组织对全省近500名市县粮食局长、骨干粮食企业厂长（经理）进行了集中培训。培训既有政策形势分析，也有专门的业务辅导；既有宏观层面的研究，也有具体工作的指导。培训有“如何做一名合格的粮食局长”、如何做一名新型的企业管理者、“湖南粮食行业‘十一五’发展规划的编制与实施”、“关于湖南粮食产业化经营的几个问题”、“粮食购销与宏观调控”、“社会粮食流通管理与粮食执法”、“市场营销与粮食批发市场基本知识”、“国有资产管理与国有资产运营”、“财务管理与资本运营基本知识”、湖南粮食系统营销战略、“社会主义荣辱观与党风廉政建设”、世界粮油加工业概况等专题讲座和国外粮食政策与流通体制概要等书面知识介绍，并安排了经验交流和分组讨论。

十四 湖南省粮食考察团赴印度考察

8月中下旬，以省人大常委会副主任周时昌为团长的湖南省赴印度粮食考察团，对印度粮食问题进行了考察。这是建国以来我省第一个由省领导带队的赴印专题考察粮食问题的考察团。在新德里市，考察团成员访问了中央政府粮食政策的主要执行机构——印度粮食公司并进行了友好会谈，拜会了中国驻印度大使馆官员；在孟买市访问了印度粮食公司西大区办事处；在旁遮普邦参观了在“绿色革命”中发挥了重要作用的旁遮普农业大学，考察了堪纳粮食市场。考察团完成了《关于印度粮食问题的考察报告》。

十五 党风廉政建设

加强学习教育，组织党员干部开展了“学习党章、回忆历史、缅怀先烈、对照标准、查找差距、落实行动”以及读《英特纳雄耐尔一定要实现》，树立正确的权力观、利益观、道德观教育活动；组织党员干部观看了电影《生死牛玉儒》和反腐法治教育片《天职》，对全省市州、县粮食局长和龙头骨干企业法人代表进行了党风廉政建设、社会主义荣辱观和企业廉政文化的培训讲座。完善创新制度，层层签订了党风廉政建设责任书，坚持了诫免谈话、领导干部任前廉政谈话，全面推行了厂务公开民主管理制度。切实履行党章赋予的职责，加强了对领导干部执行廉洁从政各项规定的监督检查，深入治理“五股歪风”；加强了对贯彻落实科学发展观、遵守党的纪律特别是政治纪律、贯彻落实湘政发[2005]15号文件、领导干部擅自驾驶公车和局直单位执行财务制度情况等的监督检查；认真开展了治理商业贿赂专项工作。做好信访、维稳和应急工作，成立了省粮食局应急工作领导小组，调整和加强了信访工作领导小组，专门成立了信访办，配备了专职工作人员，安排了足额的工作经费，完善了突发事件的应急预案。接待上访达100多批，采取教育、协商、疏导等办法，化解了矛盾，维护了行业的稳定。

广东省粮食工作

基本情况

广东省地处中国大陆最南部，全境共辖2个副省级市，19个地级市，23个县级市、54个市辖区、44个县（其中3个自治县）。2006年年末常住人口9304万人，其中城镇人口占63%，乡村人口占37%。全省土地面积18万平方公里，约占全国土地面积的1.8%，其中耕地面积203万公顷。2006年，全省GDP26204.5亿元，比上年增长14.6%；人均28332元，来源于广东的财政总收入5122亿元，进出口总额5272亿美元；城镇居民人均可支配收入16015.6元，农村居民人均纯收入5079.8元。

2006年，全省粮食播种面积276.7万公顷，粮食总产量1387.6万吨，其中谷物1173.6万吨、豆类25万吨、薯类189.1万吨。按照常住人口计算，年人均粮食占有量149公斤。全省粮食商品量约300万吨，商品率约22%。全省粮食总需求量3774.8万吨，其中口粮1852.6万吨，饲料用粮1439万吨，工业用粮97.8万吨，其他用粮385.4万吨。全省粮食产需缺口2387万吨。全年本省企业进口谷物及谷物粉99.18万吨、大豆324万吨，出口谷物及谷物粉13.9万吨、大豆0.6万吨。

2006年年末，全省国有粮食企业1031家，从业人员20642人。其中，国有粮食购销企业756家，从业人员15330人。全省纳入统计范围的粮食仓储企业578家。

2006年粮食工作情况

2006年，全省粮食工作坚决贯彻党中央、国务院的粮食方针政策，全面落实科学发展观，紧紧围绕建设和谐广东、构建符合社会主义市场经济要求的粮食安全体系这一中心任务，进一步深化粮食流通体制改革，促进粮食行政职能转变，加强和完善粮食宏观调控，健全粮食市场体系，加快粮食法制建设，确保了粮食安全，为全省经济社会又好又快发展提供了有力保障。特别是在遭受严重洪涝灾害的情况下，粮食部门坚决按照省委、省政府的统一部署，较好地完成了各项粮食应急供应任务，维护了粮食市场和社会的稳定。

一 推进粮食流通体制改革

省政府根据《国务院关于完善粮食流通体制改革政策措施的意见》（国发〔2006〕16号）精神，结合实际情况制定了全省的贯彻意见。省政府召开了全省粮食工作会议，全面总结了“十五”粮食工作，对“十一五”粮食工作进行了总体部署。省政府办公厅转发了省发展改革委《关于进一步落实粮食工作政府负责制的意见》。全省按照省委、省政府的统一部署，扎实推进粮食流通体制改革工作，

广东省委常委、常务副省长钟阳胜（前排左起第八位）在全省粮食工作会议暨全省粮食流通体制改革先进集体和先进工作者表彰大会上与先进集体代表和先进工作者合影

广东省发展改革委（粮食局）副主任董富胜深入基层粮库指导工作

广东省政协经济委员会考察团视察省直属粮库

特别是在加快国有粮食企业改革、消化粮食政策性财务挂账等方面取得了积极进展。

1.国有粮食企业改革取得了明显成效。全省基本完成了国有粮食企业布局调整和职工安置工作。国有粮食企业整体素质和经营效益明显提高，企业资产负债率同比下降3个百分点，所有者权益增加8亿元，增幅达38%；全行业亏损1891万元，比上年减亏57%，省直和广州、深圳等8个市实现赢利5217万元。

2.全面启动新一轮粮食政策性财务挂账消化工作。按照省政府的要求，省有关部门与相关的18个市政府签订了消化挂账责任书，全年应消化粮食政策性财务挂账及利息2.9亿元，至年底已消化3.12亿元，有14个市按照规定进度足额或超额完成了年度消化任务。

3.加强了全省粮食行政管理职能。省级粮食行政管理机构得到了充实和完善，进一步强化了全省粮食监督检查和统计财会职能。

二 完善粮食宏观调控措施

全省较好地完成了储备粮收储轮换任务，推进了省际间粮食产销合作，保障了粮食供需平衡，落实了粮食最低收购价政策。

1.充实粮食储备，规范储备粮管理。省级储备粮完成了28万吨粮源采购任务。省有关部门联合印发了《广东省省级储备粮代储条件确认工作规范》，全面开展省级储备粮代储条件确认工作，对124家申请企业进行了逐一审核。各地大力推行储备粮“阳光轮换”，珠海、东莞、汕头、河源等11个市和顺德等8个县区，委托广东华南粮食交易中心进行地方储备粮公开拍卖轮换和粮源采购。同时，全省认真按照国家的统一部署，服从国家粮食宏观调控大局，把握和控制小麦轮换方式和节奏，保证粮食市场稳定。

2.不断巩固和推进省际间粮食产销合作。广东与吉林、江西两省分别签署了新的粮食购销合作协议，其中江西向广东提供的商品粮数量，由原来每年185万吨增至225万吨。各地也结合自身实际大力发展与粮食主产区的购销协作关系，如中山市分别与江西吉安、广西贵港和玉林市签约采购稻谷40万吨。

3.顺利完成全省粮食供需平衡调查工作。全省粮食系统开展广泛调研，完成了全社会粮食供需平衡统计调查，摸清了粮食生产、收购、加工、运输、储存、消费等情况。

4.贯彻落实最低收购价执行政策。按照国家发展改革委等部门的要求，省及时出台了2006年早籼稻、晚籼稻最低收购价，保护了种粮农民利益和种粮积极性。

三 抓好粮食应急供应体系建设

夏季，全省大部分地区遭受了严重洪涝灾害，各级粮食部门及时采取有力措施，保障粮食供应，受灾地区没有发生粮食脱销或抢购现象，粮食市场价格和社会保持稳定。

1.积极做好灾区粮食应急供应。在遭受严重洪涝灾害关键时刻，各级粮食部门按照省委、省政府的统一部署积极投入抗洪救灾工作，落实粮食应急职责，全力保证灾区粮食供应。特别是韶关市启动了粮食应急预案，动用了2.5万吨市级储备粮救济全市27万灾民，确保了灾民有饭吃。还及时制定了动用省级储备粮保证韶关、清远、潮州等地粮食紧急供应预案。

2.抓好粮食应急体系建设和粮食市场监测。各地认定了一批粮食应急企业，并以签订协议和挂牌等形式，进一步明确了政府与企业在应急工作中的权利和责任。全省还确定了14个国家粮油市场信息监测点，建立起粮食市场信息监测体系。

四 提升“珠江粮食走廊”效能

全省粮食流通基础设施建设进展顺利。省直属粮库韶关、珠海、中山、顺德库项目均已完成工程预验收，并陆续进行装粮压仓；东莞库第一期22万吨仓容的浅圆仓主体工程施工基本完成。广东华南粮食交易中心配套项目方案初步确定，省级储备粮信息管理系统、“金农”工程粮食项目建设顺利推进。中山市新建的5万吨仓容储备粮库已建成并投入使用，深圳、梅州、河源、东莞、顺德和潮州等市（区）正抓紧建设地方储备粮库，韶关市已规划建设新的粮食批发交易市场。经省政府同意，省有关部门印发了《关于加强国有粮食流通基础设施管理问题的通知》，强化了国有粮食流通基础设施的管理。

五 加快依法管粮进程

1.全省加快了粮食建章立制工作。组织起草了《广东省粮食安全保障条例》并上报省政府，起草了省级储备粮质量监督暂行规定和轮换管理办法。按照国家和省的要求，各地加强在储备粮管理、粮食经营管理、市场监管等方面的制度建设，如珠海市以政府令形式颁布了《珠海市储备粮管理办法》。

2.加强粮食流通监督检查。按照《粮食流通管理条例》和国家有关部门规定，全省继续加强对陈化粮销售处理的全程监管，没有出现陈化粮流入口粮市场的情况。

3.依法实施粮食流通行政许可。各地根据省政府颁布的《广东省粮食收购资格审核及监督管理暂行办法》，全面执行粮食收购市场准入制度。按照国家要求，做好全省企业申报中央储备粮代储资格的审核工作。根据《军粮供应站资格认定办法》，做好军粮供应资格的审核和认定工作。

4.做好法制宣传工作。全省粮食系统开展了“四五”普法评比和总结工作，制定了全省粮食系统“五五”普法规划。

六 搞好粮食行业管理

1.继续抓好军粮供应管理工作。推动各地实行多形式的军粮统筹，控制军粮筹措成本，强化军粮质量管理。根据国家部署，积极做好军用购粮卡改革各项工作。

2.抓好粮食行业安全生产。全省开展了报废储粮药剂调查工作，加强储粮药剂管理，及时做好库存粮食安全度夏、度汛工作，强化对储粮钢板筒仓安全监督检查工作。

3.认真做好粮食统计财会工作。各地克服人手少、经费不足的困难，认真实施粮食流通统计制度。专项用好省级财政预算内安排的资金，改善困难地区粮食统计信息化工作条件。

4.加强行业培训教育。经国家粮食局批准，省设立了粮食行业特有工种职业技能鉴定站和培训基地。各级粮食部门积极派员参加国家粮食局举办的粮食流通监督检查行政执法、国家粮食应急预案、会计专业培训、职业技能鉴定考评员等培训，提高人员的业务水平。

七 加强系统精神文明建设

1.总结表彰粮食工作先进典型。经省政府批准，省人事厅、发展改革委、粮食局联合表彰了全省粮食流通体制改革先进集体22个和先进工作者60名。此外，全省粮食系统有3个单位和3名个人被人事部、国家粮食局分别评为全国粮食系统先进集体和先进工作者，有3个单位被评为全国国有粮食企业改革先进单位，有3个单位和3名个人分别被评为“四五”全国粮食普法先进单位和先进个人。全省粮食系统开展了学习先进、赶超先进，大力弘扬“为耕者谋利，为食者造富”、“宁流千滴汗，不坏一粒粮”的优良传统活动，激发了广大粮食干部职工工作的积极性和创造性，努力推动粮食工作再上新台阶。

2.在全省开展向抗洪救灾烈士学习活动。广大粮食干部职工学习粮食系统抗洪救灾烈士吴楚镇、刘练修在关键时刻敢于挺身而出、甘于奉献、大公无私的崇高品质以及爱国主义和集体主义精神，并以实际行动积极投身抗洪救灾第一线，扎实做好各项工作，保证灾区粮食供应，帮助受灾群众渡过难关。

八 开展粮食重大问题研究

由省发展改革委牵头组织，在全省范围内开展了《广东省平战结合粮食应急加工问题研究》和《广东省建立全社会粮食储备体系问题研究》两项粮食重大课题研究，其中《广东省建立全社会粮食储备体系问题研究》获得国家粮食局2006年度软科学研究二等奖。完成了《广东省“十一五”粮食流通基础设施建设规划》的研究编制，并印发各地实施。同时，全省还对地级以上市军供粮源统筹问题进行了专题调研。

珠海市粮食储备库

珠海市粮食储备库主任、书记骆伟声

珠海市粮食储备库始建于1996年，是市委、市政府贯彻落实党中央、国务院“关于深化粮食流通体制改革，全面实行‘米袋子’省长、市长负责制”的重大举措，是省市“九五”计划的重点工程项目。现有在职员工52人,退休员工34人,临散工141人，1998年完成一期建库，库容3万吨；2002年底完成二期建库，库容3万吨，现有总仓容5万吨；占地面积4.5万m^2、建筑面积2.69万m^2，工程总造价4.5千万元，是珠海市粮食储备、粮食批发、粮食加工能力最大并融为一体的现代化粮食基地，多年来为确保全市军需民食和社会经济发展、构建“和谐、平安珠海”做出了较大贡献。近年来，粮库分别被评为“全国精神文明建设先进单位”、“全国粮食系统先进集体”、“广东省先进基层党组织”、珠海市“固本强基工程示范点”、“党员电化教育示范点”、“现代公民教育示范点”和“安全生产示范点”等50多项荣誉称号，粮库班子被评为“构建和谐珠海‘十佳’和谐好班子”，书记、主任骆伟声同志荣获“全国五一劳动奖章”等荣誉称号。如今，一个“管理科学化、保粮安全化、市场规范化、队伍专业化、库区园林化”的现代化花园式粮库已展现在人们面前。

珠海市粮食储备库荣获先进单位、广东省先进基层党组织等

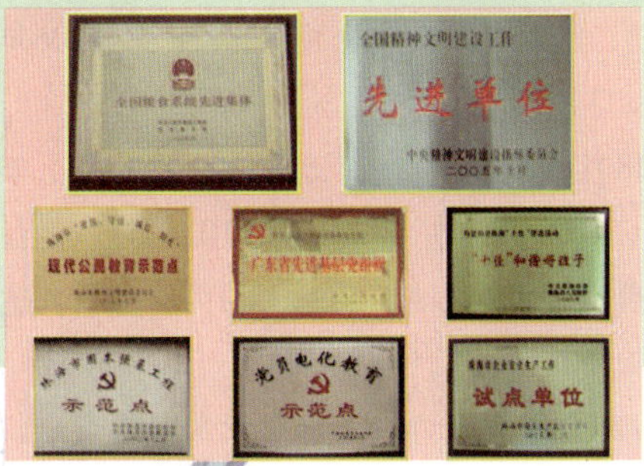

珠海市粮食储备库园林式库区景观

珠海市粮食储备库全家福

广西壮族自治区粮食工作

基本情况

广西地处祖国南疆，南临北部湾，面向东南亚，背靠大西南，与越南毗邻。全自治区设14个地级市，7个县级市，56个县，12个民族自治县，34个市辖区。2005年末全自治区人口总数为4961万人，其中城镇人口1718万人，乡村人口3243万人；广西世居有壮、汉等12个民族，另有25个其他少数民族成分。全自治区少数民族人口占总人口的38.5%。少数民族人口总数在全国居第1位，其中壮族人口占总人口的33%，壮族是中国人口最多的少数民族。全自治区土地面积23.67万平方公里，约占全国土地总面积的2.5%。2006年年末全区耕地面积256万公顷，全年粮食播种面积332.6万公顷。

2006年，广西生产总值（GDP，当年价）4801.98亿元，按可比价格计算，比上年增长13.5%，增幅创1995年以来最高水平。人均GDP（按常住人口计算）10240元，增长16.87%。全年财政收入为568.08亿元，比上年增长19.5%。城镇居民人均可支配收入达9898.8元，增长11%；农民人均纯收入2770.5元，增长11.1%。

广西是一个结构性缺粮的省区，以生产稻谷和食用大米为主，丰年大米自给有余，小麦、玉米均产不抵消。2006年粮食总产量1539万吨，人均粮食占有量310公斤，粮食商品率为26.6%。全年全区国有和重点非国有粮食经营转化企业共购进粮食约666.8万吨(贸易粮，下同)，比上年同期增加4.1万吨；共销售粮食471万吨，2006年全区粮食消费量1927万吨，比上年增加30万吨，其中农村口粮913万吨，城镇口粮160万吨，工业用粮136万吨，饲料用粮700万吨，种子用粮12万吨。

2006年年末，广西国有粮食企业共1866家，从业人员15863人。其中国有购销企业870家，从业人员10470人；粮食附营企业996家，从业人员5393人。

2006年粮食工作情况

一　粮食流通体制改革政策措施进一步落实，国有粮食企业改革稳步推进

2006年以来，各市、县（区、市）根据《自治区人民政府关于加快我区国有粮食企业改革有关问题的通知》（桂政发[2006]17号）要求，结合实际制定了加快国有粮食企业改革的具体实施办法，稳步推进国有粮食企业改革，部分市、县（市、区）已基本完成国有粮食企业优化重组和职工分流安置工作。全区14个市和自治区直属企业已完成了粮食财务挂账的清理审计工作，对政策性粮食财务挂账进行了认定。截至2006年年底，全区国有粮食企业比1998年粮改前减少722家，职工总数减少2.27万

自治区陆兵主席、郭声琨、穆虹、陈武副主席
视察防城港粮食物流中心项目

广西防城港粮食物流中心鸟瞰图

自治区粮食局领导班子合影

荣获粮食系统二等功先进集体代表和先进个人与自治区领导合影

人，全区通过各种渠道已筹措改革资金6.19亿元，其中，已支付解除劳动关系补偿金4.36亿元。全区国有粮食企业职工已纳入养老保险体系。企业分流人员得到妥善安置，职工思想比较稳定。

国有粮食企业产权制度改革稳步推进，企业新的经营机制初步形成。各地通过改组联合、兼并重组、股份制改造、整体转制、国有民营等多种形式，优化国有粮食企业产权结构，实现投资主体多元化。改革改制后的国有粮食企业焕发了生机和活力，在粮食流通中继续发挥市场主渠道作用。新办的经济实体体制多样、经营管理机制灵活，安置了一批下岗分流人员，促进了经济发展和社会稳定。据统计，全区国有粮食购销企业全年亏损额为0.49亿元，比上年减少14%。如剔除企业改革和挂账因素，全年国有粮食购销企业全年盈利0.55亿元。

二 粮食宏观调控进一步加强，保持粮食市场和价格基本稳定

2006年，在粮食购销面临多元市场主体激烈竞争、粮食市场价格波动较大的情况下，全区各级粮食部门及时采取应对措施，做好粮食收购工作，主动协调铁路部门解决区外采购粮食运输问题，适时轮换销售储备粮，满足市场需求，平抑市场粮价，保持了粮食市场和价格基本稳定。全年全区国有和重点非国有粮食经营转化企业共购进粮食约666.8万吨(贸易粮，下同)，比上年同期增加4.1万吨；共销售粮食471万吨，转化用粮204.3万吨，有效保证了市场供应。颁布实施了《广西壮族自治区储备粮管理办法》，并根据《广西壮族自治区储备粮管理办法》的要求，组织制定了一系列的配套实施办法，使自治区储备粮管理正式步入法制化管理轨道。各地积极筹集资金，建设和改造仓储设施，不断提高粮油仓储管理条件。军粮供应体制改革扎实推进，军粮供应体系信息化建设顺利进行，军粮加工网络建设步伐加快，全区军粮自主供应能力得到进一步提高。

三 继续执行粮食直补订单收购政策，确保了农民增收和粮食安全

在总结前两年试点工作的基础上，2006年继续实行与储备粮订单收购挂钩的直接补贴政策，将直补范围扩大到40个粮食主产县（市、区），直补订单收购总量由50万吨增加到60万吨，收购粮食的品种在原来早籼稻的基础上增加晚籼稻和晚籼优质稻，直补资金总额由5000万元增加到6000万元。全年全区国有粮食企业与农户签订粮食直补收购订单125万份，收购直补订单粮食52.23万吨，完成收购计划的87%，兑现直补资金5330万元。促进了种粮农民增加收入，调动了农民种粮积极性，确保了自治区储备粮的轮换粮源，保障了全区粮食安全，成为推进社会主义新农村建设的民心工程。

四 大力发展粮食产业化经营，积极参与和服务社会主义新农村建设

2006年全区粮食系统参与粮食产业化经营面积46万公顷，签订优质稻订单收购合同面积11.3万公顷，收购优质谷30万吨，带动农民增收7亿元左右。积极组织实施优质山茶油、优质高产木薯、马铃薯等特色粮食品种的研发，推进特色粮油品种产业化经营。全区粮油加工发展较快，粮食产业化龙头企业不断发展壮大。2006年，全区粮油加工总量达229万吨，其中，年销售额10亿元以上加工企业4家，共有国家级农业产业化重点龙头企业两家，自治区级农业产业化重点龙头企业12家。以防城港为重点的沿海粮油加工园区发展迅速，粮油食品加工、饲料加工等得到了良好发展。以种植、养殖和

特色粮农产品加工为主要内容的多种经营快速发展。各地进一步拓宽粮食产业化经营空间，积极开展经济作物和水果种植、桑蚕业、粮油转化、特色产品加工和接受东部产业转移，既搞活了企业经营，增加企业经济效益，又带动了农民增收。积极发挥粮食行业协会的作用，推动粮油加工和销售企业开展“放心粮油”活动，命名了33个“广西放心粮油”和3个“广西放心销售店”。粮食科技工作迈出了新步伐，召开了全区粮食科技工作会议，贯彻落实全国粮食科技大会精神，全面部署“十一五”我区粮油科技发展工作。建立了粮食科技创新奖励资金，聘请了科技顾问。粮食科技体制改革进一步推进，粮食部门与科研部门的合作进一步加强，粮油精深加工科技含量进一步提高，科学储粮和粮油检测水平等得到了较快发展，一些先进的储粮技术得到了推广和应用。

五 粮食流通监督检查工作得到加强，依法行政水平进一步提高

2006年，全区各级粮食行政管理部门加强了对粮食流通监督检查和行政执法工作体系建设的指导，进一步加强粮食流通监督检查工作。目前,全区有8个市、15个县(市、区)经编办批准成立了独立的监督检查科、股,有3个市、13个县(市、区)经编办批准加挂了监督检查科、股的牌子,有3个县经编办批准成立了粮食执法队,有3个市、23个县由粮食局内部调整成立了粮食执法队，粮食流通监管工作体系建设进一步加快。积极推进粮食法制工作，依法行政意识和依法管粮水平进一步提高。粮油质量检测体系得到进一步完善，积极组织开展粮食库存、粮食直补、储备粮管理以及全区原粮卫生状况的监督检查工作，依法抓好粮食收购资格的审批和检查工作，加大对陈化粮处理的监管力度，强化对粮食收购市场的监管，有效地维护了全区粮食流通正常秩序。自治区粮食局和南宁市、桂平市、宾阳县粮食局被评为全国粮食流通监督检查先进单位。

六 粮食现代物流体系建设稳步推进

为了更好地发挥全区作为西南出海通道和中国—东盟自由贸易区中间地带的区位优势，自治区粮食局会同自治区发展改革委组织编制了《广西粮食物流发展专项规划》，指导推动粮食现代物流发展。各地按照全区粮食现代物流规划的要求，加快粮食物流基础设施建设，进一步完善粮食市场体系。南宁国际粮农产品物流中心和防城港粮食物流中心两大物流龙头项目建设进展顺利，以南宁、柳州、防城港、贵港、凭祥五大中心物流区域为核心的全区粮食现代物流网络正在逐步形成，广西粮食现代物流体系建设步伐进一步加快。

七 招商引资取得了新成效

2006年全区粮食系统招商引资项目总投资10.8亿元，有8个项目在“第三届中国—东盟博览会”上签约,被博览会组委会授予投资促进组织奖。贺州金泰粮油发展有限公司通过招商引资，筹资1.2亿元建设商贸城、筹资950万元建设水电站，凭祥市粮食局引资6900万元建设国际商贸大厦，鹿寨粮食局通过引资兴建总投资5500万元的物流仓储交易中心，总投资1.5亿元的广西农乐粮油食品深加工基地首期工程已建成并进行预验收。由广西粮油科研所与加拿大免疫化学药剂有限公司共同研发的“合成抗小猪痢疾全谱疫苗及其被动免疫抗体”项目，已通过了自治区科技厅的中试立项，双方还签订了

《食品营养及残毒快速酶标免疫分析检测技术》项目的合作开发协议。

八 党风廉政建设和社会主义精神文明建设取得了新进展

2006年，各级粮食部门认真贯彻执行党中央和自治区党委关于加强党风廉政建设的各项规定，加强对党员干部的监督管理工作，有效防止了各类商业贿赂和粮食经营中压级压价、损害农民利益和国家利益的违法违纪行为。还结合粮食系统实际，积极开展学习贯彻《党章》和社会主义荣辱观学习教育活动，切实加强党的组织建设和党员先进性教育长效机制建设。全区有贺州市八步区粮食局、桂林力源粮油食品有限公司两个单位荣获全国粮食系统先进单位，3位同志被评为全国粮食系统劳模。自治区粮食局还召开了全区粮食系统先进集体和先进个人表彰大会，自治区人事厅和粮食局联合对记集体和个人二等功的49个单位、59名个人给予表彰，自治区领导接见了先进集体和先进个人代表。举办了全区粮食系统歌手比赛暨文艺汇演和自治区粮食局直属单位职工运动会等各种文体活动，增强了党组织凝聚力，活跃了干部职工业余生活，增进了队伍的团结。

海南省粮食工作

基本情况

海南省位于我国南疆，四面环水，是我国第二大岛，隔琼州海峡与广东省相望，面积3.43多万平方公里，约占全国土地面积的0.25%，属热带季风气候，长夏无冬，高温多雨。全省设2个地级市，6个县级市，10个县，6个市辖区。2006年年末全省人口总数为835.88万人，其中农村人口501.53万人，城市人口334.35万人。世居有汉族、黎族、苗族、回族等11个民族。

2006年，海南省国民生产总值（GDP）为1052.43亿元，按可比价格计算，比上年增长12.5%，增速提高2.3个百分点。财政收入179.88亿元，比上年增长24.3%；全省年人均GDP收入12650元，城镇居民年人均可支配收入9395元，比上年增长11.2%，农民年人均纯收入3265元，比上年增长8.4%。

海南省耕地面积72.75万公顷，其中灌溉水田面积总量为33.3万公顷，人均耕地面积为1.31亩，低于全国1.39亩的平均水平。2006年粮食总产量186万吨，其中稻谷145万吨，杂粮41万吨，比上年减少约10%。人均粮食223公斤，粮食供给有缺口，是粮食主销区，大量的粮食需求靠岛外输入。

海南省是一个结构性缺粮省，2006年全年省外购进粮食108万吨，国有粮食企业收购粮食31.4万吨，销售53.1万吨。当年食品及工业用粮4.2万吨，种子用粮2万吨，饲料用粮113.3万吨，城镇口粮65.3万吨，农村口粮110.4万吨。全省粮食企业489个，其中国有粮食购销企业233个，从业人员1747人。

2006年粮食工作情况

2006年，全省粮食部门以确保粮食供应安全和市场稳定为目标，着力打造粮情监测预警应急，地方储备粮管理，政策性粮食供应，社会粮食流通监管四大粮食工作体系，有效地开展各项粮食工作，全省粮食市场平稳，购销畅通，价格稳定，粮食库存充足，为全省经济建设和社会发展奠定了可靠的物质基础。

刘琦副省长在海南省粮食企业改革会议上发言

海南省召开全省粮食局长会议

海南省粮食局“七一”党的传统教育活动剪影

一 粮食调控工作

1．切实做好粮食供应工作。针对省内自产粮源不足的实际，组织对全省粮食供求平衡情况的专题调研。分析省内自产粮源有限对全省粮食供求格局和市场价格的影响，全省粮食供求平衡关联程度较高的全国稻米产需总量、价格变化、库存和进出口等因素，走访部分稻米经营大户了解情况，作出“全国稻米供应相对充裕，给本省的供求缺口提供补充空间；只要粮食流通渠道畅通，有市场需求和价位差，各种经营主体有能力组织粮食进岛补充缺口”的判断，采取措施做好粮食供应工作：一是加强粮食市场监测和报告，加强对各市、县粮食供应有关情况的了解，实行分类指导；二是搞活市场流通，支持和引导各种所有制粮食经营主体组织粮食投放市场；三是组织国有粮食购销企业根据市场需求适时增加粮食投放量，确保粮食市场稳定；四是指导国有粮食购销企业积极配合当地政府做好需要救助群众的粮食供应工作。通过综合措施确保全省的粮食供应。

2．积极应对全国粮油价格恢复性上涨对本省的影响。2006年，国内粮油价格总体上呈前低后高走势，全省粮油市场面粉、玉米、粳米、豆油、小包装成品油等的价格也出现不同程度的上涨。因此采取措施：一是加强粮情监测和预警预报工作。加强对与本省粮食供求平衡关联程度较高的全国粮食生产、消费、价格、库存和进出口等情况，以及本省粮食生产、流通、消费、价格情况的调查研究，掌握粮情，综合分析，认为本省虽面粉、玉米价格上涨幅度较大，但作为本省主要口粮的大米及本地产食油与上年同期比基本持平。整体上本省粮油市场受影响不大，价格仍呈平稳态势，市场供应稳定。二是及时向省政府报告粮情，提出做好粮油供应工作稳定粮食市场的政策意见和建设。加强对全国粮油价格恢复性上涨以及对省的影响的综合分析研究，根据国家要求结合本省实际提出“加强粮食市场监测和报告工作、适时适度增加粮食投放量保证粮食供应、做好粮食应急预案启动的准备工作、加强粮食市场管理、正确引导市场粮食供给舆论方向、落实粮食市县长负责制”等六条做好粮油供应，稳定粮食市场的工作意见。三是切实做好舆论引导工作。与物价部门互相配合，交流信息，向《海南日报》、《海南特区报》、《南国都市报》等媒体提供全国、全省的粮油供求平衡、粮油市场价格情况以及对粮油市场走热的基本判断，正确宣传粮油供求形势，让人民群众了解真实粮情，消除恐涨心理，正确引导消费。保证全省的粮油市场价格在国家调控的合理范围之内。

3．搞活市场流通，为多种所有制结构的粮食经营企业创造平等竞争的市场环境。一是主动走访粮食生产经营大户了解情况，听取意见改进工作，为粮食经营企业创造优良环境；二是扩大粮食流通统计覆盖面，建立和完善海南省粮食经营、转化用粮企业粮食收支存统计台账制度，全面对各种所有制企业进行行业管理和政策指导；三是做好粮情监测预警工作，通过各种途径提供粮油市场信息，为全社会的粮油生产者、经营者、消费者提供信息服务；四是认真组织实施《海南省粮食收购许可管理若干规定》，认真做好粮食收购许可管理工作，规范粮食收购市场秩序，保护粮食生产者、经营者和消费者的合法权益；五是配合相关职能部门结合贯彻落实《粮食流通管理条例》，进一步整顿和规范粮食市场秩序，注意防范因省内缺粮囤积居奇、哄抬物价和从省外调进不合格粮食的行为发生。

4．发挥国有粮食购销企业在粮食供求平衡中的主渠道作用。一是根据粮食市场变化情况，把握好储备粮轮换节奏，适时、适度轮换销售储备粮调节市场。二是把握省内粮食市场需求，加大省外采购力度，及时补充库存和调进市场急需的粮食。全年全省国有粮食购销企业共从省外调入粮食31.4万吨。三是积极参与粮食收购。全年全省国有粮食购销企业共收购稻谷12万吨，占全省稻谷商品量的

78.4%。四是积极配合当地政府做好需要救助群众的粮食供应工作，对保证粮食的有效供给和社会安定起积极作用。五是严格执行国家的粮油价格政策和粮食流通法规，在粮食供求缺口增大、粮油市场价格波动的关键时刻，在粮油价格上起引导作用，在维护市场秩序上起带头作用。

二 全社会粮食流通统计和粮情监测预警应急工作

1．做好粮食统计工作。一是根据《国家粮食流通统计制度》，扩大粮食流通统计覆盖面，加强对各种所有制粮食生产经营企业的粮食统计业务指导，按企业类型、粮食购销时间和品种分类，建立和完善海南省粮食经营、转化用粮企业粮食收支存统计台账制度。全面完成粮食统计周报、旬报、月报和年报的审核汇总上报，做好统计资料的收集、整理和分析预测工作。二是开展粮食供求平衡统计情况抽样调查。在全省18个市县全面开展2005年度社会粮食供需平衡统计调查，组织开展农户粮食收支平衡调查等6项专项调查，共调查农户629户，城镇居民户632户，非国有粮食经营企业413家，粮食转化企业55家，从而掌握2005年度全省粮食消费、生产、流通、余缺情况和农户存粮等基本粮情，充实了第一手的粮情资料。

2．完善粮情监测预警系统建设，加强对粮食市场价格监测和分析预测。一是启动粮情监测预警应急系统省级枢纽项目建设，制定项目管理方法，做好项目硬件设施购置前期准备工作。收集整理数据资料，充实粮情数据库，提升信息的储存、加工整理和分析预测的功能。二是进一步完善粮情监测报告制度。根据本省实际，合理布局、分类设置粮食批发、集贸、零售（超市）监测信息采集点31个，对海口市重点粮食批发市场指定专人重点监测，各监测点每周报一次粮价动态情况，如有异常情况随时报告，省局每周汇总粮价动态向国家粮食局和相关部门报告。三是加强粮情分析预测，根据种类粮情价格的统计和信息收集情况，进行综合分析研究，及时提供本省及周边省的市场价格分析报告。四是做好“金农”工程粮食项目的有关工作。按照国家粮食局的部署，成立“金农”工程粮食项目协商领导小组，启动“金农”工程一期项目省级粮食流通数据中心工作，组织草拟《“金农”工程一期建设项目可行性研究报告（省级粮食流通数据中心）》。

3．完善粮食应急机制。一是根据《国家粮食应急预案》和本省《突发公共事件专项预案起草修订指南》的要求，对《海南省粮食市场应急预案》进行修订，形成《海南省粮食应急预案》由省政府办公厅下发执行。二是落实粮食市场应急预案的应急措施。为增强应急预案的可操作性，确保有效应对市场突发情况，对参与市场应急预案实施的粮食加工企业和销售网点进行全面核实，确定粮食应急加工企业82个，粮食应急销售网点192个，粮食应急销售网点遍布全省每个乡镇，健全了粮食应急加工、销售网络。三是指导各市县根据《海南省粮食应急预案》和有关规定，制定本市县的粮食应急预案。

三 国有粮食企业改革工作

认真贯彻省委、省政府关于加快推进全省国有粮食企业改革的要求，确定2007年上半年完成全省国有粮食企业改革任务的部署，采取有力措施推进改革工作。在基本完成省直国有粮食企业改革工作的基础上，2006年重点指导督促市县国有粮食企业改革工作。全省18个市、县中，琼海市、海口市、保亭县已完成国有粮食企业改革任务，儋州等8个市、县已出台改革总体方案并组织实施。屯昌等7个市县正在抓紧制定或完善改革方案。

1．加强检查、指导和信息交流。根据省政府办公厅关于建立国有粮食企业改革督导工作制度的要求，认真负责处理督导工作的日常事务，检查、指导市、县国有粮食企业改革，并做好信息交流，有力地推动了改革。一是加强检查和督促。刘琦副省长两次主持召开部分市县国有粮食企业改革座谈会，省粮食局领导带队3次深入市、县进行检查，并建立了市、县国有粮食企业改革工作进度旬报制度。二是加强政策指导。做好日常政策指导，并根据省领导要求，会同有关部门于7月中旬举办了全省国有粮食企业改革政策培训班。通过征集全省国有粮食企业改革工作中碰到的政策或操作疑难问题，分为职工安置政策、各项社保费政策等6个专题，由省有关部门参与政策制定的处室或领导讲授和答疑。并编发《全省国有粮食企业改革政策培训班参阅资料》，提供政策参考。三是做好信息交流。编发《国有粮食企业改革》信息16期，撰写《国有粮食企业改革检查情况专项报告》10期，反映市、县国有粮食企业改革动态。

2．部署省直企业深化改革工作。为进一步深化省直国有粮食企业改革，切实发挥国有粮食购销企业主渠道作用，10月底，召开7家省直国有粮食购销企业深化改革座谈会。认真学习国务院、省政府有关改革文件，就深化国有粮食购销企业产权制度改革，转换和创新国有粮食购销企业经营机制等问题进行广泛的交流、探讨。提出“强化市场理念，提高企业管理水平，转换企业经营机制，理清本轮改革思路”四点要求，为进一步深化国有粮食企业改革做准备。

3．积极配合审计等有关部门做好新发生亏损的清理审计认定工作。一是积极配合审计部门对国有粮食购销企业，对1998年6月1日至2004年6月30日新发生的亏损进行清理审计，摸清国有粮食购销企业新发生亏损的基本情况。二是组织对全省国有粮食购销企业新发生亏损及相关情况进行调查研究，根据中央的有关政策和本着帮助国有粮食购销企业放下包袱、轻装上阵，更好地发挥国有粮食购销企业的主渠道作用的目的，分别向省政府和省审计等有关部门提出合理界定政策性亏损的意见和建议，经过多次沟通、协调，省粮食局的意见最终被省有关部门和省政府采纳，较好地解决了国有粮食购销企业新发生政策性亏损认定问题。

四　储备粮管理工作

1．明确年工作目标，制定扎实的工作措施。召开省级储备粮管理工作座谈会，认真总结2005年度省级储备粮管理各项工作成果，交流科技储粮和经营轮换储备粮的经验、做法，查找了工作中的薄弱环节，对做好2006年省级储备粮管理工作提出坚持严格制度，严格管理，严格责任，严格考核，确保实现省级储备粮数量真实，质量良好，储存安全，正常轮换的年度管理工作目标，并从“转换和创新企业经营机制，提高经营管理水平；积极参与市场竞争，搞好储备粮正常轮换；推广应用储粮新技术，全面提升仓储管理水平；完善监督考核体系，加强工作调研和总结提高；切实做好其他各项管理工作，促进企业全面发展”等5个方面提出了20项具体工作措施。

2．严格进行省级储备粮库存监督检查。坚持省级储备粮库存周报，作为经常性的监管措施，随时了解各企业储备粮的数量变化和轮换进度；坚持每年夏、冬两次储备粮普查和质量抽样检验，有仓必到、有粮必查，现场检查储备粮数量是否账实相符，现场抽样、科学检验储备粮质量是否达标、是否宜存；坚持深入基层，对管理中存在的普遍性问题和个别企业存在的违规问题认真调查和整改，制定切实可行的整改措施，限期改正，改善储备粮管理。全年组织两次省级储备粮普查和储备粮抽样检验，共检查省级储备粮承储企业粮食仓库381座，库存粮食质量合格率100%，宜存率84.7%，粮食水分全部处在粮食安全水分13.5%以下，粮食温度正常。个别企业超期超量挂空轮换储备粮的问题也在限期内整改到位。

3．指导企业搞好省级储备粮轮换。指导企业分析当年储备粮食轮换经营的形势，深入探讨应对市场挑战的办法和措施，促使企业增强储备粮正常轮换的信心。在2006年粮食价格恢复性上涨，粮农惜售粮食的特殊情况下，省级储备粮承储企业积极面对市场变化，千方百计拓宽粮食购销渠道，广泛采用设点收购、流动收购、委托收购、先销后购、先购后销、加工轮换、以旧粮换新粮等灵活经营方式，确保了省级储备粮的正常轮换。2006年，全省26家承储企业有25家超额完成省下达的轮换年度计划，其中有13家企业的储备粮全部轮换成2006年生产的新粮。

4．加强省级储备粮承储管理考核工作。全面贯彻落实《海南省储备粮管理办法》及其相配套的规定，坚持“四个严格”，将省级储备粮管理的数量、质量、储存、轮换、安全生产和经营管理等各项指标细化、量化，推进规范化管理工作，促进省级储备粮承储企业提升管理水平，经过深入调研和会商有关部门反复研究，制定《海南省省级储备粮承储管理年度考核暂行办法》，将省级储备粮管理各环节从6工作层面设置12个考核子项，进行定量考核，记分评比；实行自下而上由企业自我考评——市、县粮食局审核——省粮食局审定的考核程序；考核结果按评分分值分为优秀、合格、基本合格、不合格四个等级，省粮食局据此对承储企业给予相应的表彰或处罚。

5．逐步完善省级储备粮仓储设施建设管理工作。从2006年起省级储备粮库建筑维修资金50%用于新建粮库，30%用于储粮技术改造，20%用于粮库日常维修，得到省政府的批准。为了规范资金的申报、审批、使用和监管，起草了《省级储备粮库建筑维修资金管理办法（初稿）》。之后，配合省财政厅组织省级储备粮企业申报2006年省级储备粮库建筑维修资金项目，并对项目进行审核，重点审核省直粮食储备企业申报的项目，通过审核项目申报材料、现场考察和局务会研究等工作程序，确定省直企业一批急需的新建、技改和维修项目，并按照整体布局的思路，初步形成了完善省直国有粮食储备企业仓储设施的中期规划。

6．开展全省国有粮食企业粮食库存检查。根据国家粮食局要求和本省实际，统一部署全省国有粮食企业粮食库存检查。会同省发改厅、财政厅、农发行省分行、中储粮总公司海南联络处等部门、单位组成联合复查组，在市、县自查的基础上进行复查。共复查9家企业，占检查企业总数的19%。经对抽取6个企业10个样品，代表数量为22486吨的粮食进行检验，中央、地方储备粮食的质量指标全部合格。

7．申报中央储备粮代储资格。按照国家粮食局关于2006年第二批中央储备粮代储资格认定工作的安排，受理省粮食局委英粮食转运站、省粮油批发市场、省粮食饲料公司和海口铁龙粮食储备库4家企业申报中央储备粮代储资格。按照《中央储备粮代储资格认定办法》等文件规定，经对申请材料审查和现场核查，同意4家企业的申请，并将受理材料上报国家粮食局审批。

8．抓好粮食安全生产。根据粮食行业特点抓好粮食安全生产日常防范工作；重点抓好节假日粮食安全生产检查、重点部位、薄弱环节的检查整改和指导企业做好防风防汛工作，确保汛期储粮安全；对全省国有粮食购销企业、加工企业和储粮药剂经营企业的报废储粮药剂库存情况进行调查，加强对储粮药剂的管理，从源头上预防事故发生。一年来，全省粮食储备企业安全生产责任制和安全生产措施得到落实，保障了储粮安全。

五 军队粮食供应工作

1．加强军粮质量管理，确保军粮质量稳定。一是严格执行《海南省军粮质量监管办法》，认真落实军供站长军粮质量第一责任人制度、出入库检验、岗位责任制度和军粮质量检查制度，粮源采购、加工、入库、保管、出库和销售等各个环节严格把关、严加管理。二是军供站执行军粮“一批一检一报告”制度，每进一批军粮都要经过省粮油质量监督检验站检验并提供检验报告书，采取专仓、专人管理，定期检测。三是定期或不定期对军粮质量、库存、品种、品牌等情况进行抽查。四是每月汇总军粮质量报表，对部队伙食单位的意见进行综合分析研究，掌握最新动态，针对粮食市场出现的粮食质量问题采取应对措施。

2．建立健全军粮供应应急保障机制。一是针对军粮供应出现的新情况、新问题，深入调研，充实和完善部队粮食供应应急预案。认真做好应急预案有关数据的更新工作，完善特急情况下军供粮源筹措计划和流向计划，确保应急时军供粮源的落实。二是深入调查研究战时军粮供应的各项应急措施，草拟《战时军粮供应网点设置方案》和《战时军粮保障预案》。

3．加强军供基础管理工作，促进规范化建设。一是严格执行军粮财务管理的有关规定。二是加强军供手续管理。严格按照军粮供应手续有关规定，完善证、卡、票、签字等手续。三是开展军供粮源市场价格的调查。四是做好军用购粮卡改革准备工作。2007年1月1日全国进行军粮刷卡改革，全面取消纸质军用粮票，合并军粮计划与军粮票计划，实行军粮刷卡供应。

4．加强军供网点建设。主要是抓好军供站的资格认证工作。根据《海南省军粮供应站资格审核认定暂行办法》，督促各市县军粮供应部门加快军供站的资格认证工作，要求重点是明确资产和减员增效。

5．深入开展优质服务。认真履行《军粮供应服务公约》，精心组织优质粮源满足部队需求，大多数军供站实行送粮上门，全省送粮率达70%以上。严格执行军粮供应政策规定，诚恳接受部队的监督，简化手续，提高效率，方便部队，满足需求。

六 粮食市场监管工作

1．建立粮食收购许可制度，做好粮食收购许可管理工作。一是根据《粮食流通管理条例》、《粮食收购资格审核管理暂行办法》和有关法律法规，研究起草《海南省粮食收购许可管理若干规定》，2006年7月4日，卫留成省长签署第204号海南省人民政府令，颁布实施。二是研究制定相关具体措施。制定《海南省粮食收购许可管理若干规定实施意见》，对粮食收购许可申请、审核、监督检查、法律责任等方面做出具体的规定。制定《海南省粮食收购许可证异地备案办法》，对粮食收购许可证异地备案的程序、要求、期限等做出明确规定，规范粮食收购许可证异地备案管理。三是加强政策指导、检查和督促，及时发现和处理各市、县实施粮食收购许可管理过程中的情况和问题。四是各市、县粮食行政主管部门认真履行职责，建立工作制度，严格工作纪律，按规定和程序依法开展工作。

2．组织开展原粮卫生状况专项调查工作。根据国家粮食局统一部署，结合本省实际，制定《海南省原粮卫生状况专项调查实施方案》并组织实施。明确省粮油质检站具体负责原粮卫生调查扦样、检验、数据汇总以及草拟调查报告等工作。将储备粮中新收购入库的当造稻谷样品，作为收购环节的卫生状况调查对象。选择除三亚市以外17个市县地方储备粮储存库点，作为收购环节原粮卫生状况调查的抽样点，样品抽取总量200份；选择全省18个市县的地方储备粮储存库点，作为储存环节原粮卫生状况调查的抽样点。样品抽取总量100份。从调查初步结果看，本省的原粮卫生全部符合国家的卫生标准。

3. 配合有关部门做好粮食市场监管工作。一是认真组织实施《粮食质量监督实施（试行）办法》，抓好日常的粮食质量安全管理与监督工作，实行粮食入库检验制度，保障粮食质量安全。二是会同省工商局转发国家工商行政管理局、国家粮食局《关于进一步加强陈化粮监管工作的紧急通知》，切实履行陈化粮监管的职责，严防陈化粮流入口粮市场，确保广大消费者和人民群众的身体健康。三是根据省食品安全协调委员会关于开展全省食品安全工作综合评价工作要求，参加由省食品安全协调委员办公室牵头组织的对全省各市县的食品安全工作综合评价组工作，促进各市县、各部门进一步落实食品监督职责，加大食品安全监管力度，提高食品安全监管水平。

七 切实加强机关自身建设

1. 深入学习胡锦涛总书记的重要讲话，不断增强党员干部政治素质。一是认真组织党员干部学习胡锦涛总书记在中纪委六次全会上的重要讲话，切实把学习党章作为党的建设的一项重要任务来抓，研究制定理论中心组学习计划，组织5次专题学习教育活动。二是认真组织党员干部学习胡锦涛总书记提出的“八荣八耻”重要讲话，局机关和直属各单位组织了12次学习会，出版学习墙报11期。三是组织学习十六届六中全会精神，积极探索粮食工作在构建和谐社会中的地位、作用和新要求，为本省的经济建设和社会发展提供坚定的物质基础。四是在党员领导干部中开展以“立党为公、执政为民”为主题的权力观和政绩观教育；在干部职工中开展学习先进模范事迹的“示范”教育；对全体干部职工进行廉洁自律“警示”教育。

2. 深化改革，创新制度，努力推进党风廉政建设。一是加强领导班子重大问题议事制度建设。制定《中共海南省粮食局党组重大问题议事规则（试行）》、《海南省粮食局领导班子重大问题议事规则（试行）》，严格遵守“集体领导，民主集中，个别酝酿，会议决定”的原则，坚持领导班子集体议事制度，进一步提高领导班子议事决策水平。二是建立纪检监察工作联络员制度。为了贯彻落实《建立健全教育、制度、监督并重的惩治和预防腐败体系实施纲要》，为局机关和直属11个单位配备了12名纪检监察工作联络员，加强党风廉政建设监督检查，落实党风廉政建设责任制。三是进一步推行局党组成员同分管部门和单位主要负责人廉政谈话制度，落实领导干部个人重大事项报告、民主生活会、述职述廉、民主评议、诫勉谈话等制度。四是认真抓好治理商业贿赂专项工作。局纪检组主持召开局机关和直属单位开展治理商业贿赂专项工作动员会，学习传达中央、省委和国家粮食局有关决定，分析粮食系统治理工作的形势，研究提出工作意见，突出治理工作的重点，强化对企业生产经营管理的重大事项和关键环节的监督。五是继续完善和落实党风廉政建设责任制。坚持在局党组统一领导下，认真落实“一岗双责”，党政“一把手”坚持一手抓党风廉政建设，一手抓粮食流通体制改革和业务工作，对职责范围内的反腐倡廉工作负总责，重要工作和重大问题亲自过问和部署，带头执行党风廉政建设责任制。

3. 建章立制，规范机关管理工作。修订《海南省粮食局干部工作规则》，完善机关工作制度。

加强保密工作领导，调整保密领导小组成员，开展保密录像教育，并制定了《关于保密要害部门、部位管理的实施意见》、《关于涉密会议和涉密活动保密规定实施办法》、《海南省粮食局“五五”保密法制宣传教育规划》等保密工作规章制度。

重庆市粮食工作

基本情况

重庆市位于中国西南部，土地面积8.24万平方公里。东临湖北、湖南，南接贵州，西靠四川，北连陕西。长江干流自西向东贯穿全境，流程长达665公里，形成举世闻名的长江三峡。重庆中心城区为长江、嘉陵江所环抱，素以美丽的“山城”、“江城”著称于世。2006年年末总人口3100多万，常住人口2808万（比上年增加10万），其中城镇人口1311.3万，比上年增加45.3万，城镇化率达到46.7%，比上年提高1.5%。

重庆市1997年设立为中央直辖市，直接管辖40个区县（自治县），其中19个区、21个县（自治县）。重庆是大城市与大农村并存，二元结构突出。重庆市2006年GDP3486.2亿元，比上年增加12.2%，人均GDP12437元，比上年增加11.9%；地方财政收入529.5亿元，比上年增加30.5%；农民人均纯收入2874元，比上年增加2.3%。2006年完成库区移民搬迁安置8.1万人，累计搬迁库区移民102.4万人。

重庆市2001年被国家划定为粮食产销平衡地区。2006年年末耕地面积244.2万公顷，粮食播种面积250万公顷，由于遭受百年未遇的特大旱灾，粮食总产量仅911万吨，比上年减少257万吨，减少22%，其中稻谷产量380万吨，比上年减少141万吨，减少27%，小麦产量77万吨，比上年减少2.5%，玉米产量206万吨，比上年减少12%。人均粮食占有量325公斤。随着粮食消费增长，粮食产不足消，每年粮食产消缺口在100万吨以上。2006年因灾粮食减产，产销缺口达到332万吨。2006年全市粮食总消费量1243万吨，与上年基本持平。其中城镇居民口粮消费152万吨，比上年增加15万吨，占总消费12%；农村人口口粮消费434万吨，比上年减少30万吨，占总消费34.9%；饲料用粮573万吨，比上年增加13万吨，占总消费46.1%；工业及行业用粮57万吨，占总消费4.6%，种子用粮21万吨，占总消费1.7%。

重庆市2006年年末国有粮食企业265户，其中国有粮食购销企业206户。在册国有粮食职工11462人，其中在岗职工8027人。企业资产总额41.1亿元，其中国有粮食购销企业资产总额38.1亿元。

中共重庆市委书记汪洋在重庆市粮食局局长胡君烈陪同下视察重庆粮油集团红蜻蜓油脂公司

重庆市油脂公司红蜻蜓食用油生产基地暨生物柴油项目建设奠基仪式

2006年粮食工作情况

一 粮油购销

1．发展优质订单粮油。2006年，全市国有粮食企业全年发展订单粮油面积15.76万公顷，完成市政府目标任务的116%，其中稻谷14.3万公顷，小麦2933公顷，玉米1333公顷，高粱3333公顷，油菜籽3533公顷；签订订单粮油数量50.4万吨，其中稻谷46.7万吨，小麦0.64万吨，玉米0.4万吨，油菜籽0.53万吨；收购订单粮油22.6万吨，履约率45.2%。在铜梁、大足县试点建立优质水稻单品种种植基地6667公顷，为粮食加工企业掌握优质粮源，形成大米品牌优势奠定了基础。

2．推行“四代一换”试点。为发挥粮食企业在服务社会主义新农村建设中的作用，2006年，铜梁、大足、合川三个区县国有粮食企业开展代农收割、代农烘干、代农储藏、代农加工和品种兑换的“四代一换”试点工作，在试点基础上，全市共有15个区县和重庆粮油集团3个子公司先后开展“四代一换”工作。设立代农加工点58个，实现“代农加工”粮食892.5万公斤，设立代农储粮点62个，“代农储存”粮食235.2万公斤，“代农烘干”粮食6.8万公斤，购买和组织引进联合收割机16台，“代农收割”粮食64.4万公顷，设立品种兑换点203个，兑入粮食1010万公斤，兑出物资867万公斤。

3．完成粮油购销任务。2006年，全市全社会商品粮收购203万吨，比上年减少11万吨，其中小麦20万吨，稻谷135万吨，玉米28万吨，粮食商品率22.2%。国有粮食企业粮食收购72万吨，比上年减少4万吨，占全社会粮食收购的35.5%，完成目标任务的140%；粮食销售113万吨，比上年增加3万吨，完成目标任务的161%；食用油销售21.3万吨，完成目标任务的213%。

4．推进“放心粮油”进农村。全年新评定7家企业18个产品为市级“放心粮油”，推荐的21个产品被评为全国“放心粮油”，放心粮油企业销售量53.5万吨，同比增长22%，农村销售占30%。到2006年年末，全市放心粮油生产企业43家，产品141个。

二 粮油工业

2006年，全市国有粮食企业粮油工业产值13.6亿元，同比增长10.6%，大米加工量29.4万吨，同比增长16.7%；食用油加工量15.3万吨，同比增长56.1%。全市国有粮食企业筹资1.2亿元，新开工优质粮油精深加工技术改造项目26个，已完成项目21个，技改项目产品优质率达到99%。全市有5个粮油产品获重庆市名牌产品称号，3个粮油产品获重庆市知名产品称号。2006年，全市国有粮食企业储粮达到“四无”标准的占99%，储备粮“四无”100%，双低储粮90%，规范化储粮80%。全年举办3期粮油质检员培训班，267人获得职业资格。

1.2006年确定为“粮油工业年”，把振兴粮油工业作为全年粮食工作的主题。制定《关于加快重庆市粮油工业发展指导意见》和《重庆市“十一五”粮油加工业发展规划》。通过对粮油的精深加工，提升粮油产品档次，延长产业链，增加附加值。

2.发挥粮油品牌优势。提出以红蜻蜓食用油品牌为龙头，逐步做大做强重庆油脂产业，以“人和”优质米品牌为龙头，进一步整合重庆大米加工业，以“金佳”面粉品牌为龙头，逐步实现重庆面粉工业的振兴。

3.加快粮油工业项目建设。2006年9月28日，重庆市油脂公司“红蜻蜓”食用油生产基地暨生物柴油项目在九龙坡开工建设；铜梁粮油购销总公司米糠全效利用、梁平县粮油购销有限责任公司谷壳综合开发利用等一批科技含量高的项目正在进行论证；开县的方便米饭及脱水蔬菜等项目逐步建成投产；渝北的竹笋、黔江的纸巾等多种经营项目取得较好经济效益。

4.积极组团参加会展。重庆市粮食局2006年1月1～4日组团参加了2006重庆·中国西部农产品交易会，2006年10月16～18日组团参加了第六届中国粮油精品展示交易会。

三 粮食宏观调控

2006年，重庆市遭受百年未遇的特大旱灾，粮食生产受损严重，针对粮食产销缺口增大，以及大城市大农村的实际，及时提出并采取“三增”、“两减”、“五保障”措施，即增加市内粮食收购量，增加市外粮食购进量，增加企业商品粮储存量，减少和控制市内原粮和成品粮的外调，减少和控制个体粮食经营户通过各种环节向市外贩运和销售粮食，保障部队、大专院校等的粮食供应，保障超市、农贸市场的粮食不断档脱销，保障灾区、缺粮地区以及退耕还林地区的粮食供应，保障必要的牲畜饲料粮供应,保障粮食收购资金及时足额到位，确保了大旱之年粮食有效供给和粮油市场的稳定。

2006年10月以后，受国际国内粮油市场价格上涨的影响，重庆粮油市场价格普遍上涨，为此采取“五管齐下”措施——加强粮油市场监测、加强粮油市场联合执法、加强粮食产销衔接调运、加强舆论宣传引导、加强粮食行政首长负责制的落实，确保了全国粮油价格普遍上涨期间重庆市粮食市场的稳定。完成对农民8400户、城镇居民1200户、粮食经营、转化企业及个体经营户2192户的全社会粮食供需平衡统计调查；完成国家粮食局在重庆市建立的7个全国粮食价格监测直报点的选点、培训和报送工作；完成国家金农工程“粮食购销调存数据中心”项目计划书的编制；完成市级储备粮轮换任务，制定了市级储备粮考核评比办法，建立了管理储备粮的激励机制。2006年9月2～6日，重庆市粮食局组团随市政府代表团参加了“第二届中国吉林·东北亚投资贸易博览会”，重庆市粮食局与吉林省粮食局签订粮食购销协议，重庆市每年从吉林省购进玉米30万吨、粳米5万吨、大豆毛油5万吨，平衡粮食消费缺口。

四 粮食监督检查

1.继续抓好粮食流通监督检查机构、人员、职责和经费“四落实”工作。全市40个区县（自治县）粮食局全部成立了粮食流通监督检查的专门工作机构，单独设立监督检查科的有31个，加挂监督检查科牌子的有6个，成立粮食行政执法大队的有3个，人员、职能全部落实到位，1/3的单位落实了专项经费。

2.营造依法管粮的社会氛围。结合《粮食流通管理条例》颁布两周年之际，利用电视、报刊、广播、网络等新闻媒体，采取现场咨询、举办画展、组织宣传车等形式，广泛开展粮食流通管理政策法规宣传，共发放宣传资料2.4万份，挂宣传横幅283条，各种媒体宣传报道249次，营造良好的社会氛围，为依法管粮奠定了基础。

3.强化对粮油市场的监管。全年共组织对粮油市场各项检查1129次，出动执法人员5739人次，对6224户粮食经营企业进行检查，查处涉粮案件1136件，其中罚款金额4万余元，协助其他部门没收非法经营粮食70余吨。举办两期执法人员培训班，培训执法人员130多名。

4.开展对粮油市场联合执法检查。按照市政府的统一部署，重庆市粮食局牵头，会同工商、质监、物价、卫生等部门，分两个阶段在主城9区和其他31个区县开展了粮食流通监督检查联合执法行动，出动执法人员3768人次，对335个超市、252个农贸市场2811户粮食经营户进行检查，有效地维护了粮油市场秩序。2006年，重庆市粮食局继续被国家粮食局评为全国粮食流通监督检查工作先进单位，九龙坡区粮食局、垫江县粮食局被国家粮食局评为全国粮食流通监督检查工作县级先进单位。上海、山东、宁夏等兄弟省市粮食局专程到重庆市考察学习粮食流通监督检查工作。

5.严格执行粮食收购许可制度。2006年年末，全市共办理粮食收购许可证861户，其中非国有粮食经营企业488户，占57%。2006年新办理粮食收购许可证211户，其中非国有粮食企业81户。

6.初步建立依法管粮的制度框架。《重庆市粮食流通监督检查实施细则（暂行）》和《重庆市粮食质量监管实施细则（试行）》通过了市政府法制办的审查，以规范性文件下发执行。相继拟定、审核、出台了《重庆市粮食行政复议制度》、《重庆市粮食流通行政处罚制度》等5个规章制度。《重庆市地方储备粮管理条例》，纳入了市政府立法调研计划。拟定的《重庆市粮食应急预案》，通过了市预案办的审查，已报市政府审报。完成了对重庆市粮食局行政执法主体、执法依据、执法权责、执法人员和执法文书的“五清理”工作。组织开展了对限制非公经济发展的政策规定以及市级管理权限下放的清理。

五 国有粮食企业改革

1. 妥善解决“三老”问题，帮助企业轻装上阵。通过减员分流，全市国有粮食企业职工由1998年年末的6.2万人减至2006年年末的1.1万人。截至2004年年底，全市共支付改革成本7.7亿元，其中市财政负担8600万元，区县财政负担5200万元，资产变现3.78亿元，企业自筹1.9亿元，近两年，市财政又从粮食风险基金中安排了1200万元，以及各区县风险基金节余的2700万元，专项用于减员分流。通过分批竞价销售，处理了国有粮食购销企业储存的陈化粮；同时，通过财政包干差价、企业自行销售，处理了高价位非陈化粮。按照“实事求是、不重不漏”原则，对国有粮食购销企业第二、三轮粮食财务挂账进行了清理认定，2006年,全市国有粮食购销企业实现商品销售收入33.5亿元，亏损0.77亿元。同时落实财政资金1200万元对国有粮食企业进行减员分流，落实给国有粮食企业历年退耕还林粮食调运费补贴1606万元，落实财政资金600万元对粮食基础设施改造，140万元对8个军供站点进行改造补贴。

2. 抓好企业产权改革，建立现代企业制度。一是完成上桥面粉厂的股份制改造。2006年12月14日，由重庆上桥国家粮食储备库控股，四川仁吉制粉有限公司、成都汇能农业发展有限公司两家民营企业入股组建的重庆金佳面粉有限责任公司举行开业典礼。二是调整全市军粮供应网点布局，撤销军粮代供点23个，完成跨行政区域的站代点配送供应到部队。保留15个军粮供应站、两个军粮代供点。完成北部新区人和粮站管理体制调整，组建为重庆市粮食局直属单位金渝军粮供应站，2006年5月29日举行交接仪式。三是完成重庆粮油集团綦江县国有粮食企业公司制改造，组建綦江县粮油购销总公司。全市国有粮食企业的改制面达到70%以上。大足县粮食局、开县粮食局荣获全国国有粮食企业改革工作先进单位。

3. 优化整合粮食资源，打造龙头骨干企业。一是采取紧密型或松散型方式，强力推进国有粮食购销企业与加工企业一体化进程，实现优势互补，拉长产业链，增加附加值，提高企业的市场竞争能力。二是打破行政区划，根据粮源分布状况和市场辐射半径，充分利用现有的仓储、物流、加工、网点等设施，每个区县组建1～2个国有独资或国有控股的粮油总公司，成为当地粮食流通的主渠道和粮食宏观调控的主要载体。三是按照“整合直属企业、吸收区县企业、吸纳外部资本”的“三步走”发展战略，做大做强重庆粮油集团。2006年，集团资产总额达10.3亿元，销售收入达10.9亿元。

六 粮食基础设施建设

1.做好粮食现代物流建设规划。编制完成《重庆市粮食流通基础设施“十一五”专项规划》，规划建设粮食流通应急体系、信息网络体系、安全预警体系、检验检测体系、批发市场体系等“六大体系”，规划建设以主城区为中心，万州、黔江为结点的现代粮食物流体系，规划新建和改造一批粮食储备库、粮食专用线、粮食专用码头。

2.加快粮食基础设施重点项目建设。全市国有粮食企业筹资9亿多元，其中重庆粮油集团筹资4亿多元，进行粮食基础设施建设。2006年12月27日，重庆市粮食储运公司西彭国库、重庆人和米业有限责任公司西彭米厂开工建设；丰都县粮食企业投资1.4亿元，正在建设集粮油和其他产品批发、配送、仓储、加工于一体的物流设施项目；万州重庆三峡库区粮油批发市场有限公司建设的畜、禽、水产混合饲料生产项目正在实施。

3.抓好现代粮食物流中心建设。通过对上桥现代粮食物流中心、西彭10万吨粮库、九龙坡红蜻蜓食用油生产基地、规划建设中的上桥九龙坡粮库二库等项目的联结，实现功能互补，初步形成我市主城区粮食物流配送和应急系统。“一小时经济圈”内已建成规模化标准仓容200万吨，大米、面粉、食用油及各种饲料加工能力500万吨，同时，拥有一批粮油专用铁路、专用码头和粮油批发市场等基础设施，一个现代粮食物流中心已经初具规模。

七 党的建设和党风廉政建设

2006年，重庆市油脂公司荣获人事部、国家粮食局授予的“全国粮食系统先进集体”称号，潼南小渡国家粮食储备库主任高鉴荣获“全国粮食系统劳动模范”称号，万州粮油质量监督检验站站长蒋山荣获“全国粮食系统先进工作者”称号。

1.组织荣获全国粮食系统先进集体代表，劳动模范（先进工作者）和重庆市劳动模范分别在主城区、万州、涪陵、黔江等四个片区作了四场先进事迹报告会。近800人参加，在全市粮食系统掀起了“学榜样、赶先进”的热潮。

2.按照市委、市政府的统一部署，围绕大力强化五种观念，切实解决五大问题，分学习讨论、查找问题、整改提高三个阶段，开展为期四个月的“执政为民、服务发展”学习整改活动。局机关干部职工的服务水平、服务效率都有极大提高，推进了机关作风建设。

3.认真贯彻中共中央《建立健全教育、制度、监督并重的惩治和预防腐败体系实施纲要》，研究制定了《重庆市粮食局2006年党风廉政建设和反腐败分工责任制》。认真开展领导干部经济责任审计工作，完善直属单位纪检监督考核测评内容，增强了纪检监察工作力量，市油脂公司、市上桥粮库、市粮食储运公司等单位配备了专职纪委书记。

4.加强督查督办工作，局党组成立了督查督办工作领导小组，对确定的16个重点工程重点工作分上半年、全年召开两次专题会议进行督查督办。对投资上亿元的江苏盐城红蜻蜓食用油加工厂、西彭粮库建设项目全程监控，招投标进行重点监察。

5.认真开展治理商业贿赂专项工作，制定了《重庆市粮食局开展治理商业贿赂专项工作实施意见》。严格检查行业监管，规范行政行为；严格检查购销活动，规范交易行为；严格检查操作流程，规范操作程序；严格检查公务消费，规范消费行为。

四川省粮食工作

基本情况

四川省（简称川或蜀）地处中国西南内陆，面积48.5万平方公里，居全国第五位。辖21个市（州）、181个县（市、区）、4544个乡（镇），239个街道办事处。全省总人口8642万人，其中农业人口6628万人，占76.7%。向省外劳务输出814万人。四川是一个农业大省，现有耕地390.4万公顷，占全国耕地总面积的4%，列第六位，其中水田207.9万公顷，旱地182.6万公顷。全省人均耕地0.7亩。2006年粮食总产量3326.5万吨，占全国7.1%，列第三位。

全省粮食行业现有省粮食行政主管部门一个（四川省粮食局），市、州粮食行政主管部门21个（市、州粮食局），县粮食行政主管部门179个（县、市、区粮食局），独立核算企业876户，2006年年末职工人数23174人，其中粮食购销企业672户，职工20742人；粮食经营企业204户，职工2432人。全省粮食企业总资产147.3亿元，其中固定资产39.7亿元、流动资产97.2亿元，负债总额119.0亿元。粮食仓库总数864个，储油罐1633个；专用铁路25.8千米、专用码头4个。大米加工厂388家，年生产能力606.9万吨，年产量174.1万吨；面粉加工厂142家，年生产能力323.5万吨，年产量104.2万吨；油菜籽加工厂79家，年生产能力171.2万吨，精炼60.7万吨，年产量48.7万吨。

2006年全省收购粮食294.7万吨，销售粮食365.2万吨，收购油菜籽25.2万吨，销售菜油11.5万吨，发展优质、专用粮油订单面积94.7万公顷。

2006年粮食工作情况

一　《四川省人民政府关于完善粮食流通体制改革政策措施的实施意见》出台

2006年11月6日，四川省人民政府以川府发[2006]26号印发了《四川省人民政府关于完善粮食流通体制改革政策措施的实施意见》，就深化国有粮食购销企业改革、妥善解决企业历史包袱、培育规范粮食市场、加强粮食产销衔接、加强和完善粮食宏观调控、加强粮食流通监督检查和加强领导等问题，进一步完善了相关政策措施。

二　《四川省〈粮食流通管理条例〉实施办法》发布

2006年12月11日，四川省人民政府第206号令发布《四川省〈粮食流通管理条例〉实施办法》，

“四川农户科学储粮工程”启动

四川加强粮食产销衔接，签订粮食购销协议41.3万吨

四川省十佳粮油保管员

自2007年1月10日起施行。

三 《四川省粮食应急预案》出台

2006年7月20日四川省人民政府办公厅印发《四川省粮食应急预案》（川办函[2006]179号）。

四 五件实事参与新农村建设

四川省粮食局紧紧围绕“促进生产发展、增加农民收入、搞活农村流通、推进城乡和谐”的思路，作出了抓好五件实事，全力参与和服务社会主义新农村建设的决定。五件实事是：推进“川粮优化工程”，大力发展优质专用订单粮油，努力增加种粮农民收入；发展乡村粮油超市和连锁店，构建新的粮油流通体系，搞活农村流通，方便农民生产生活；帮助农户建设家庭粮仓，实施农户科学储粮工程，减少农民储粮损失；抓好粮食收购，防止“谷贱伤农”，切实保护种粮农民利益；关心群众生活，搞好灾区、库区、退耕还林（还牧）区和特殊困难群体的粮食供应。

五 全省21个市州全部实现盈利

2006年粮油销售收入56亿元，毛利收入1.3亿元，全省国有粮食购销企业统算实现利润2731万元，连续四年盈利。全省21个市州全部实现盈利，181个县中有176个县实现盈利，盈利面达97.8%；成都、绵阳、达州、南充、凉山、宜宾等市，盈利额都在150万元以上。

六 市场主体多元化格局形成

四川省在放开粮食市场的同时，建立了粮食收购市场准入制度，市场主体多元化格局已经形成。全省获准从事粮食收购活动的各类经营主体达6872个，其中国有和国有控股粮食企业827个，占12.0%；民营企业1061个，占15.4%；个体工商户4984个，占72.5%。在粮食购销活动中，国有和国有控股粮食企业充分发挥主渠道作用，仅占12%的企业户数，年粮食购销量占全社会的60%左右。

七 发展订单粮油，增加农民收入

发展订单粮油，是带动农民种粮增收的有效措施，也是粮食企业在市场经济条件下，用市场的办法掌握粮源、保障市场供给的重要手段。四川省是一个农业大省，也是一个粮食消费大省，除口粮外，酿酒、食品、饲料、制药、化工等行业的粮食消费占了相当比重。根据本省粮食消费特点，确定了以“优质、专用”为重点，扩大订单粮油覆盖范围。2006年，发展优质、专用粮油面积达146.3万公顷，比上年增加近30%，其中优质、专用面积达94.7万公顷，占订单总面积的64.7%，收购订单粮油240万吨，价格比非订单高10%～15%，助农增收4亿元以上。

八 建设乡村粮油超市和连锁店，开展便民服务活动

2006年建成乡村粮油超市和连锁店2606个。粮食部门按照连锁经营理念，整合购销网点资源，发挥企业仓储设施和场地资源优势，重组建立城乡互动的流通网络和服务体系。依托这个载体，增加就业岗位，拓展经营发展空间，服务农民生产生活，实现资产保值增值。

九 建设农户家庭粮仓，减少农户储粮损失

农村粮食储备条件较差，农民缺乏储粮技术，粮食在储存过程中霉烂变质、虫蚀鼠耗的损失严重、数量惊人。在参与和服务新农村建设中，本省提出并组织实施了“农户科学储粮工程”，制定了“十百千万”的目标（建10个典型示范区，100个粮食主产县参与，每个示范区建设1000个示范户，印发数万份农户科学储粮知识资料、读本）。有计划、有步骤地搞好规划设计、组织发动、技术培训、抓点示范和全面推进等工作。组织设计了多种形式的家庭储粮仓，供农户选择。为了推动工作，千方百计筹集资金，给试点示范农户适当的建仓补贴，调动农民建仓积极性，使这项利国利民、费省效宏的实事落到实处、见到成效。2006年，全省共建成农户家庭粮仓33361个，赠送储粮药剂1万多公斤，培训农民4.9万人次，发放安全储粮资料15万份。国家粮食局农户储粮调研组专程到四川省农村调研，中央电视台在珙县、罗江县拍摄专题片进行了宣传介绍。河北、安徽、江西等兄弟省市粮食部门相继到四川省考察指导。

十 依法管粮，粮食流通监督检查取得成效

2006年，各级粮食行政管理部门按照粮食流通监督检查工作职能、机构、人员“三落实”和专人分管、专门机构、专业队伍、专项经费“四专”的要求，加大了粮食流通监督检查工作体系建设力度。全省21个市（州）有16个设立了监督检查科或执法队，占76%；县（区）粮食行政管理部门中有147个设立了监督检查股或执法大队，占83%。全省共开展各类监督检查工作7705次，出动监督检查、行政执法人员34000余人次。开展了粮食库存检查、大小春收购专项检查、军粮供应检查等专项执法检查。查处案件2519例（其中移交其他部门处理的121例），处罚金额22.391万元，协助其他部门没收非法经营的粮食396.377吨。广大种粮农民、粮食经营者、消费者法律意识增强，思想观念逐步向依法经营和依法保护自己的合法权益转变。

十一 开展商业贿赂专项治理

2006年，全省粮食系统认真开展了治理商业贿赂专项工作，通过制定工作方案，成立领导机构和工作机构，宣传动员、自查自纠、整改建制等阶段有序开展专项治理，取得了一定成效。一是全省粮食系统干部职工增强了法制纪律观念和抵制商业贿赂的自觉性。各级粮食部门认真学习领会有关治理商业贿赂的文件、领导讲话、法律、政策规定，编发粮食部门商业贿赂典型案件警示材料，编印治理工作简报，结合每个阶段开展宣传教育，举办专题讲座，组织干部观看警示教育片，以及办板报、

墙报、专栏等多种形式宣传治理商业贿赂工作意义，提高了对治理商业贿赂重要意义的认识。二是各地粮食部门找到了薄弱环节和存在的问题，明确了治理工作重点。达州、德阳、巴中、广元、乐山、甘孜等地粮食部门把储备粮轮换、陈化粮拍卖、粮食购销、军粮供应、工程建设、企业改制、产权交易、粮食市场监督检查、政府采购和其他采购等领域和环节作为治理重点，列举粮食行政管理部门重点防范部位，归纳粮食流通领域商业贿赂表现形式。成都市粮食局归纳整理出可能出现商业贿赂的重点部位、重点环节33个。省粮食局经过深入基层调研，梳理各地查找情况，并征求机关和部分市、县和企业的意见，归纳整理为粮食行政管理部门的重点防治部位与环节10个、粮食企事业单位的防治重点部位与环节9个、粮食流通领域商业贿赂的表现形式14种。三是各级粮食纪检监察机构加强指导检查，治理工作有序开展，并取得初步成效。

全省粮食系统纪检监察机构2006年共收到信访举报件161件，其中初查核实件为151件，立案为31件，结案32件（含上年未结案件），案件涉及县（处）级干部6人，科级干部42人，挽回经济损失194.98万元。受处分人员11人（其中县处级干部2人，科级干部9人）。同时，也为83名干部职工澄清了问题。省粮食局受理和督办举报案件9件。总体上粮食系统违纪违法案件有所减少，举报案件数量、处理人数近四年均呈逐年下降趋势。

十二 表彰“四川省十佳粮油保管员”

省粮食局授予罗勇等10位同志“四川省十佳粮油保管员”荣誉称号，并号召全省粮油保管员以及全体粮食工作者向他们学习。

十三 表彰“川粮优化工程”先进集体和先进个人

1998年以来，本省各级粮食部门以“川粮优化工程”为载体，广泛开展粮油产业化经营，发展订单粮油，调整种植结构，培育龙头企业，发展精深加工，打造川粮品牌，提高了四川粮油的品质和市场竞争力。“川粮优化工程”的实施，有效地增加了农民收入，提高了企业效益，开创了四川粮食工作的新局面。在实施“川粮优化工程”中，涌现出了一大批开拓创新、团结奋进、爱岗敬业、成绩突出的先进集体和先进个人。为鼓励先进，树立典型，推进工作，四川省人事厅、四川省粮食局联合对成都市粮食局等12个先进集体，鲁冲等34名先进个人予以表彰。

十四 表彰全省粮食系统先进集体和先进个人

粮食流通体制改革以来，全省粮食系统广大职工认真贯彻执行党中央、国务院及省委、省政府一系列方针政策，深入推进粮食流通体制改革和国有粮食购销企业改革，切实履行职责，粮食流通工作取得了显著的成绩，为保障四川粮食安全，保护广大种粮农民和消费者利益，促进粮食经济健康发展作出了积极的贡献。为表彰先进，树立典型，充分调动粮食系统广大干部职工的积极性和创造性，四川省人事厅、四川省粮食局对成都市粮食局等50个“四川省粮食系统先进集体”和120名“四川省粮食系统先进个人”予以表彰。

贵州省粮食工作

基本情况

贵州省位于中国西南地区东南部，东南西北分别与湖南、广西、云南、重庆相邻。2006年年末，总人口3955.3万人。全省辖4个地级市、3个自治州、2个地区，共有88个县（市、区、特区）。2006年，全省GDP2267.4亿元，人均GDP5750元，财政总收入448.7亿元，农民人均纯收入1984.6元。

2006年年末，常用耕地面积175.4万，粮食总产量1122.8万吨，人均粮食占有量283.9公斤，粮食商品率18.9%。

2006年，全省收购粮食42.3万吨（贸易粮，下同），收购油菜籽12.4万吨；销售粮食35.2万吨（包括退耕还林粮8.3万吨、救灾救济粮2.3万吨），销售食油5.0万吨。

2006年，全省粮食商品量213万吨(原粮，下同)，社会粮食流通量1276万吨。全省工业用粮99万吨、种子用粮32万吨、饲料用粮441万吨、城镇居民口粮151万吨、农村口粮569万吨。

国有粮食购销企业196个，从业人员10248人；经营性商业企业158个，从业人员4131人；粮油加工及其他加工企业127个，从业人员4377人；运输企业15个，从业人员313人。

2006年粮食工作情况

一 粮食生产稳定发展

2006年，虽然受局部地区的严重旱灾、洪涝等自然灾害以及农业生产成本增加、部分农产品价格走低等不利因素影响，贵州粮食生产仍然得到较好发展，全省粮食总产量1122.8万吨，比上年减产2.5%，其中夏粮产量224.3万吨，同比增4.5%，秋粮898.5万吨，同比减4.1%；油菜籽产量81.0万吨，同比增5.9%，夏季粮油总产创历史最好水平；按品种分，稻谷产量447.2万吨，小麦74.5万吨，玉米339.0万吨，大豆15.9万吨，杂豆22.5万吨，薯类212.0万吨，其他11.7万吨。

二 抓好宏观调控基础工作，粮食宏观调控能力进一步增强

1．加强粮食市场监测。制定严格的粮食统计报告制度，加强对全省粮食流通统计工作人员培训。对贵阳谷丰、遵义兴邦和六盘水三大粮食批发市场的粮食价格实行日报制度，对9个市（州、

刘启云局长在全省粮食工作会议上讲话

春节期间刘启云局长走访慰问老同志

2006年4月3～4日，在贵阳召开全省粮食工作会议暨全省粮食系统先进集体和先进工作者（劳动模范）表彰大会

对全省粮食系统先进进行表彰

地）54个粮情监测点的粮油市场价格实行周报制度，对全省粮食购进、销售、库存变化及财务情况实行月报制度。在对监测到的粮食信息进行认真的统计分析后及时上报给省委、省政府。同时，通过贵州省粮食信息网向社会发布，引导粮食生产和粮食流通，保持了粮食市场的稳定。

按照国家粮食局的部署，认真开展了2005年度社会粮食供需平衡调查。共计调查各类统计对象6840户,较为准确地掌握了全省粮食供需情况，完成上报了《贵州省2005年度社会粮食供需平衡调查报告》。此外，选定赫章、关岭两县为调查对象，开展了2005年度贫困缺粮县粮食供需平衡调查，掌握了贫困缺粮县的粮食生产及供求情况。

2．认真执行国家粮食政策，抓好粮食购销工作。第一，下发了夏季粮油收购和秋粮收购通知。要求各地认真执行国家粮食收购政策法规，坚持季节性收购与常年收购相结合，为农民售粮提供优质服务，立足省内多收购粮食。第二，制定最低收购价预案。为保护农民利益，做好粮食收购工作，经省政府同意，省粮食局、省发改委等6部门下发《关于印发〈贵州省2006年中籼稻最低收购价执行预案〉的通知》，因市场价格高于最低收购价，《预案》未启动。第三，粮食购销稳定，市场平稳。2006年，全省收购粮食42.3万吨，收购油菜籽12.4万吨；销售粮食35.2万吨（包括退耕还林粮8.3万吨、救灾救济粮2.3万吨），销售食油5.0万吨。年末，全省粮食库存同比增加1.1万吨，库存食油同比减少0.04万吨。在遵义市、铜仁等地区旱灾较为严重，全省粮食比上年减产的情况下，保持了全省粮食市场供需平衡和粮价基本稳定。

3．地方粮食储备进一步充实，调控能力增强。一是地方粮食储备进一步充实。省级储备粮完成了2.2万吨补库任务，按规模全部储足；各市州地抓好地级储备粮入库，有条件的县市区建立和充实了县级粮食储备，到12月底，全省地方储备粮比上年增加3.5万吨。二是《贵州省省级储备粮管理办法》公布施行。2006年6月22日，《贵州省省级储备粮管理办法》（以下简称《办法》）以贵州省人民政府令第93号公布，2006年9月1日起施行。《办法》是为加强对省级储备粮的管理，保证省级储备粮数量真实、质量良好和储存安全，有效发挥省级储备粮的宏观调控作用，维护粮食市场稳定，根据《中央储备粮管理条例》有关规定，结合贵州实际制定。《办法》共43条，分总则、省级储备粮的计划、省级储备粮的储存、省级储备粮的动用、监督检查、法律责任、附则等七章。三是开展库存检查，保障安全储粮。全省范围开展了春夏两次粮油大普查，边查边处理虫粮1.9万吨、湿粮1.5万吨。会同有关部门开展了2006年度粮食库存检查工作，对中央储备粮、地方储备粮、商品粮库存情况进行全面清查。普查结果表明，全省库存粮食管理比较科学和规范，质量良好，账实、账账相符，实现了安全储粮无事故。

三　国有粮食企业产权制度改革稳步推进，粮改工作取得新进展

1．4月召开了全省粮食工作会议。重点对国有粮食企业产权制度改革进行部署，提出“以产权制度改革为突破口，转换企业经营机制，增强企业活力，促进粮食经济发展”的总体要求，指导各地积极稳妥地推进改革。

2．各地对深化企业产权制度改革的认识普遍有了新的提高。推进改革的决心和信心增强，工作力度进一步加大，均成立了国有粮食企业产权制度改革领导小组。有相当数量的县由政府领导任组长、相关部门负责人任成员，通力合作推进产权制度改革。

3．完成了国有粮食购销企业政策性财务挂账的剥离上划工作。全省国有粮食购销企业政策性财

务挂账全部剥离上划，减轻了企业负担，为推进产权制度改革创造了条件。

4．国有粮食企业产权制度改革工作平稳。到年底，全省有21个县的国有粮食购销企业基本完成了产权制度改革。

四 切实转变职能，依法管粮工作迈上新台阶

深入贯彻《粮食流通管理条例》，依法进行粮食流通市场监督检查，维护省内粮食市场正常的流通秩序，促进了经济社会的发展。

1．全省各地开展了《粮食流通管理条例》（以下简称《条例》）颁布两周年宣传活动。共投入宣传经费数十万元，发放各种宣传资料10余万份，张贴《条例》2000余份，接待群众咨询5万多人次。

2．努力推动地、县粮食行政执法机构的建设。贵阳市、遵义市、毕节地区、黔东南州、黔西南州5个市（州、地）的粮食部门已成立了监督检查机构，乌当区等24个县级粮食部门成立或加挂了监督检查股，盘县等29个县（市、区）粮食部门成立了粮食执法稽查队。

3．加强执法队伍建设。会同省法制办举办了为期一周的粮食行政执法培训班，79名粮食行政管理人员接受了培训。全省已有975人取得了行政执法资格证。

4．依法开展粮食行政许可和监督检查工作。**到12月底，共向1109户粮食收购主体审核颁发《粮食收购许可证》，对944户到期的《粮食收购许可证》进行了年检；全省组织5599人次，开展了788次粮食流通执法检查，对80起粮食行政执法案件进行了行政处罚，无一起粮食行政复议和诉讼案件。**根据国家粮食局的部署，开展了收购和储存环节原粮卫生状况专项检查工作，共抽取188个样品进行了专项检验。结果表明，全省原粮质量、品质和卫生状况达到规定标准，符合储存要求。

5．加强粮食质量管理体系建设。根据《贵州省粮食出入库质量检验制度（试行）》规定，对60多家申请企业进行了评审，黔东南州粮油质量监督管理所等55家企业通过了粮食质量检验能力认定，取得《粮食质量检验能力认定证书》。从财政扶持性资金中安排专项资金325万元，用于各地购置检化验设备，进一步增强了全省粮食质量检验能力。

五 发展粮食产业化经营，促进了粮食行业的发展

1．把发展粮食产业化，促进粮食行业发展作为新时期粮食部门一项重要工作来抓。一是编制下发了《贵州省粮食局“十一五”粮油工业发展规划》和《贵州省粮食局“十一五”粮食市场建设规划》。二是在4月会同省发改委等6部门联合下发了《关于推进本省粮食产业化发展的指导意见》等文件，正确引导和帮助国有粮食企业大力开展产、购、加、销一体化的粮食产业化经营。三是继续做好行业发展扶持工作。会同省财政厅共安排2180万元扶持性资金，对市场和供应网点建设、粮食加工项目、多种经营项目进行重点扶持，并加强对扶持资金使用情况进行检查，确保专款专用。

2．粮食产业化取得积极成效。**一是产业链延伸，“订单粮食”初具规模。**通过“公司+农户”、“公司+优质粮油生产基地”等形式，大力发展订单粮食种植，订单品种有优质稻、油菜籽、高粱、小麦等,面积已达13万公顷。同时，通过开展“放心粮油”进农村和“四代一换”活动，遵义县、赤水市等地粮食企业已将粮油制品连锁经营店延伸到了乡村，繁荣农村粮食市场，增加了经济效益。二是发挥带动作用，培育了一批龙头企业。康星油脂集团、德江油脂加工厂、仁怀购销公司等21

家粮食企业获得了农业产业化经营龙头企业称号，成为粮食产业化经营的骨干企业，在新农村建设中发挥着越来越重要的作用。三是实施“品牌战略”，产品的市场竞争力增强。全省有38家企业的38个品牌、47个粮油产品荣获全国“放心粮油”称号。“康星油”、“茅贡米”、“大凉山米”、“梵净山米”等成为知名品牌。湄潭县“茅贡米”、惠水县“雅晶米”荣获长沙中国稻米博览会上“全国稻米金奖”。

六 党的先进性建设和党风廉政建设进一步加强

深入贯彻中共中央关于加强党的先进性建设的战略部署和省委关于实施党的基层组织先进性建设的意见精神，进一步加强了党的先进性建设和党风廉政建设。

1．把推动落实科学发展观作为党的先进性建设的重要工作来抓。年初制定了《党组理论中心学习组学习计划》，每个季度组织一次中心组学习和讨论，进一步增强了党员干部落实科学发展观、促进经济社会又好又快发展的政治责任感；局党组成员经常深入基层企业、扶贫联系点和新农村建设联系点开展调查研究，及时帮助解决存在的困难和问题。

2．开展反腐倡廉教育和治理商业贿赂专项工作。成立了治理商业贿赂专项工作领导小组，制定下发了《贵州省粮食局2006年党风廉政建设和反腐败工作任务责任分解意见》和《贵州省粮食局治理商业贿赂专项工作实施方案》，对部分地、县粮食部门开展治理商业贿赂专项工作情况进行了检查，召开了全省粮食系统治理商业贿赂专项工作研讨会，党员领导干部和职工廉洁从政、廉洁从业、廉洁自律的意识进一步增强。治理商业贿赂专项工作得到国家粮食局和省检查组的肯定。

3．实施党的基层组织先进性建设工程。局党组、局机关党委分别制定下发了《中共贵州省粮食局党组关于贯彻落实中共贵州省委实施党的基层组织先进性建设工程意见的工作方案》和《加强机关党支部先进性长效机制建设的意见》。局机关党委制定了党员监督管理、党员教育培训、党员考核评议、党内表彰四个党建制度，举办了党员集中学习培训和党建业务专项培训，开展了“五个好”支部和“四型”机关的创建活动，促进了党的基层组织先进性和机关作风建设。

七 开展粮食系统评选表彰，促进粮食行风建设

省粮食局会同省人事厅开展了全省粮食系统先进集体和个人的评选活动。经过认真评选和推荐，江口县粮食购销公司、贵州省贸易经济学校被人事部和国家粮食局授予“全国粮食系统先进单位”荣誉称号，遵义县粮食局敖科航、安顺市粮食粮食局葛荣华被人事部和国家粮食局授予“全国粮食系统先进个人”荣誉称号。

4月，经认真推荐评选和审定，在全省粮食工作会议上，省人事厅、省粮食局对全省粮食系统先进集体和先进工作者、劳动模范进行了联合表彰，授予贵阳市龙家寨粮油仓库等10个单位“全省粮食系统先进集体”荣誉称号；授予30位同志“全省粮食系统先进工作者”或“全省粮食系统劳动模范”荣誉称号。通过此次评先表彰，树立了行业典型，促进了粮食系统行风建设，推动了全省各项粮食工作的开展。

云南省粮食工作

基本情况

云南省简称滇或云，地处祖国西南边陲，与缅甸、老挝、越南等国家山水相连，边界线长达4060公里。全省总面积39.4万平方公里，占全国陆地总面积的4.1%，居全国第八位。全省土地面积中94%的地域为山区，地貌类型复杂多样，立体气候十分突出。云南是全国少数民族最多的省，全国56个少数民族中云南有51个，其中世居民族有25个。全省下辖16个州、市，129个县、市、区。2006年年末全省总人口4483万人，其中城镇人口1367.3万人，乡村人口3115.7万人。

2006年云南省GDP4001.87亿元，人均GDP为8961元。全省财政总收入887亿元，地方财政一般预算收入379.9亿元，农民人均纯收入2250.5元。2006年全省粮食播种面积427万公顷，比上年增长0.37%，粮食总产量1542.21万吨，比上年增长1.8%，实现了从2003年以来连续4年增产的可喜成就。其中稻谷产量651.2万吨、小麦110.1万吨、玉米452.1万吨、豆类68.4万吨、薯类（折粮）204.9万吨。2006年粮食收购量377万吨，消费量1661万吨，其中城镇口粮140万吨，农村口粮691万吨，饲料用粮721万吨，工业用粮19万吨，种子用粮67万吨，食品、副食用粮23万吨。截至2006年12月底，全省国有粮食购销企业数为185户，比2002年底的818户减少633户。企业职工11867人，比2002年底的32472人减少20605人，其中保留国有职工身份4000余人。

2006年粮食工作情况

2006年，云南粮食流通工作坚持全心全意为农业、农村、农民服务，全心全意为城镇居民服务，全心全意为基层和企业服务，尽心竭力为政府确保粮食安全服务，紧紧围绕建设社会主义新农村和构建和谐社会，继续深化粮食流通体制改革，完善政策措施，扩大“国有粮食企业改革攻坚战、扭亏增盈翻身仗和确保粮食安全持久战”成果，全省国有粮食企业改革扫尾基本完成，各地粮食部门坚持“以粮为本求生存，跳出粮字谋发展”，发挥行业优势，开展资产经营，积极探索企业经营的新路子。在全省粮食系统实行目标管理责任制，建立粮食经营管理长效机制，促进国有粮食企业不断提高运行质量和效益，全省粮食系统当年实现利润1亿元。下半年，市场粮油价格出现不同程度上涨，在省委、省政府的直接领导和指挥下，全省各级粮食部门认真贯彻落实省委、省政府领导的重要批示，加强领导，落实责任，周密组织，精心安排，全力做好粮油供应和市场稳定工作，有效抑制市场粮价过度上扬的势头，确保全省粮食市场稳定。

2006年12月22日，云南省委常委、常务副省长罗正富（左二）在省粮食局局长苏全忠（左三）陪同下到昆明五里多粮油批发市场调研。

2006年9月27日，全省粮食局长会议暨全省粮食系统先进单位和先进个人表彰大会在昆明召开，云南省人民政府程映萱副省长到会并作重要讲话。

一 完善政策措施

《国务院关于完善粮食流通体制改革政策措施的意见》（国发〔2006〕16号）下发后，根据省政府的要求，在调查研究的基础上提出云南省贯彻国务院16号文件的具体意见。9月下旬，经省政府同意，召开全省粮食局长会议暨全省粮食系统先进单位和先进个人表彰大会，总结近年来本省粮食流通工作取得的成绩，分析存在的困难和问题，提出今后一段时间粮食流通工作目标和任务，对深入贯彻国务院16号文件精神，完善粮食流通体制改革政策措施进行专门部署。省政府程映萱副省长和国家粮食局郄建伟副局长到会并分别作重要讲话。省人事厅、省粮食局联合表彰了近年来全省粮食系统涌现出来的一批先进单位和先进个人。经广泛征求意见，11月初，省政府印发《云南省人民政府转发国务院关于完善粮食流通体制改革政策措施文件的通知》（云政发〔2006〕176号），从六个方面完善云南粮食流通体制改革政策措施。

二 扩大“三战”成果

继续在全省粮食系统打好“国有粮食企业改革攻坚战、扭亏增盈翻身仗和确保粮食安全持久战”。完成局直企业改革脱钩各项扫尾和粮食企业政策性财务挂账剥离、接管工作。切实加强对基层粮改工作的指导，坚持“以粮为本求生存，跳出粮字谋发展”，粮食企业发展呈现新亮点。昆明、玉溪、迪庆等州（市）粮食企业利用土地级差效益、实行科技创新，不断壮大企业实力，提高了竞争能力，收到了较好的经济效益和社会效益。组织开展粮食行政首长负责制考核，完成了2004年、2005年粮食行政首长负责制的具体考核工作。在全省粮食系统实行目标管理责任制，把扭亏增盈、安全生产和党风廉政建设作为重要考核内容，强化制度管理和目标考核，建立粮食经营管理长效机制，促进国有粮食企业不断提高运行质量和效益。2006年全省粮食系统当年实现利润1亿元。

三 加强粮食调控

2006年国庆、中秋以后，由于国际市场和国内市场拉动，云南粮油价格出现不同程度的上涨，省委、省政府高度重视，省委副书记、省长秦光荣，省委常委、常务副省长罗正富分别作出重要批示，要求省粮食局和有关部门认真落实粮油供应和市场稳定各项工作。12月22日，省委常委、常务副省长罗正富率省有关部门负责人到昆明国家粮食储备有限公司（昆明市四库）、昆明凉亭粮食批发市场和五里多粮油批发市场进行调研，详细了解市场粮食价格、粮食经营户营销变化等情况，并与省市相关部门和部分粮食企业进行了座谈，分析粮食价格走势动态，研究确定工作措施。在这次调研中，罗正富要求省粮食局、省发展改革委、省财政厅和省工商局按照国家和省委、省政府的部署安排，积极应对，采取有力措施，确保粮油供应和粮食市场稳定繁荣。

一是继续保护产区粮农的种粮积极性，对本省粮价过低的主产区，按照中晚稻最低收购价托市收购，确保粮农利益。二是加强对市场粮情监测和粮价走势分析，为省政府及时决策提供依据。三是切实加强市场监管，坚决打击囤积居奇、哄抬价格、假冒伪劣等违法行为，严防省外陈化粮流入本省的口粮市场，确保消费者的利益。四是研究与省外粮食主产区建立省级动态储备方案，依托主产区国有食企业与本省国有粮食企业共同丰富云南市场粮油供应，稳定本省粮油市场。五是适时启动《云南省粮食应急预案》。当粮价出现大幅上扬时，及时用省级、州市级储备投放市场，平抑市场粮价，确保粮食供应不断档，粮食价格不暴涨。六是涉及云南粮价方面的报道，严格审查把关，准确把握正面舆论导向。由于省委、省政府高度重视，精心安排，有效抑制了市场粮价过度上扬的势头，确保了全省粮食市场稳定。12月，省政府下发了《云南省人民政府办公厅关于印发云南省粮食应急预案的通知》（云政办[2006]216号），进一步提高了各级政府应对突发事件或其他原因引起的粮食市场价格波动，确保市场粮食供应和社会稳定的能力。同时，认真贯彻粮食流通统计制度，完成2005年度社会粮食流通统计年报会编汇总工作，加强对重点粮食品种的收购进度统计和价格监测工作，掌握全社会粮食流通和供求情况，为加强粮食调控提供决策依据。

四 创新工作机制

推进地方储备粮管理体制创新，积极向省政府建议与黑龙江、吉林、湖南等粮食主产区建立省级储备粮动态储备试点。组织参加“2006黑龙江金秋粮食购销洽谈会”等粮食交易活动，支持和鼓励云南粮食经营企业与省外粮食主产区的合作，建立稳定的粮食购销协作关系。年底，省政府安排了3000万公斤省级动态储备，用于省内粮食主产区执行最低收购价托市收购，另外还安排了3000万公斤省级动态储备，用于与省外粮食主产区国有粮食企业在本省建立省级动态储备试点。进一步创新军粮供应管理体制，做好军粮供应管理和保障工作。制定《云南省军粮统筹采购工作意见（试行）》，在部分州（市）进行招（邀）标采购试点。推进军用购粮卡改革工作，规范军粮站管理，改革军粮供应决算办法，完成了与各州（市）2004年度军粮结算工作。积极支持中央储备粮管理体系建设，5月19日，中国储备粮管理总公司云南分公司正式成立。

五 坚持依法行政

按照《粮食流通管理条例》，推进粮食依法行政，认真履行监管全社会粮食流通的职责，重点抓好粮食流通监督检查、收购资格审核、统计制度、中储粮代储资格认定、质量监管等一系列配套规章的贯彻落实。在全省范围对1200多个粮食企业开展收购资格现场核查，对粮食行政执法工作内部进行了层级监督。加强粮食行政执法队伍建设，组织粮食流通监督检查行政执法培训，目前，全省已有1000多人培训考试合格并取得粮食流通监督检查执法证书，初步建立了一支具备资格的粮食行政执法队伍。指导州（市）粮食行政管理部门设置监督检查机构或成立复议领导工作机构。组织开展全省粮食库存检查，强化粮食质量管理，初步建立了粮食出入库质量检验制度、原粮卫生抽查和监测制度、地方储备粮和政策性粮食供应质量监管制度、粮食收获质量调查和品质测报制度等，加强全省州(市)粮油产品质量监督检验站建设，加强辖区内原粮卫生质量和出库粮食质量的监管工作。与工商部门组成省、市联合执法检查组对昆明主要粮油批发、零售交易市场进行现场行政执法监督检查，防止省外陈化粮流入云南口粮市场。

六 服务新农村建设

按照中央和省委的部署，研究制定《云南省粮食局关于搞活粮食流通服务社会主义新农村建设的实施意见》。在粮食收购上，积极发展粮食经纪人队伍，鼓励多种经济成分主体进入收购环节。在粮食经营上，大力发展粮食订单收购，坚持优质优价，通过“公司+基地+农户”等形式，实现粮食种植、收购、存储、加工、销售一体化，促进粮食产业化经营。在产后粮食保管上，充分发挥国有粮食企业仓储设施和技术优势，加强对农民储粮技术的宣传指导，通过代农储粮、提供技术指导、提供适用药剂等方式，降低农民储粮损失。同时，积极争取政策扶持,大力发展粮食产业化经营。国家粮食局和中国农业发展银行确定本省7户企业作为第一批重点扶持的粮食产业化龙头企业。针对2006年秋粮上市后，云南部分粮食主产区籼稻收购价偏低情况，会同有关部门研究制定中晚稻最低收购价执行预案，报经省政府同意，批准德宏、西双版纳州启动了最低收购价预案，以省级动态储备形式进行托市收购。最低收购价预案启动后，德宏、西双版纳州粮农售粮价格迅速回升。最低收购价政策的落实，使售粮农民平均每公斤增加收入0．10元左右。

七 促进行业发展

认真组织开展云南14个三批国债粮库建设项目建设内容、建设资金使用和拨付、审减项目和资金等情况的清理、核对和上报。做好三批国债粮库建设项目收尾工作。会同省发改委组织开展对《云南省粮食物流基础设施建设“十一五”规划》的修改完善和报批、审定。组织开展省级储备粮承储基础设施配套完善功能提升建设项目前期工作。组织完成《云南省粮油产品质量监督检验基础设施建设项目》编制、上报和专家审定。完成云南商务信息工程学校教学综合楼建设项目报建和招投标,并正式开工建设。配合省农业厅完成金宏工程（一期）省级粮食流通数据中心项目可行性研究报告，制订并组织实施《云南省粮食局电子政务建设实施方案》，搭建“网上业务数据平台”。认真贯彻全国粮食科技大会精神，推动云南粮食科技创新和能力的提高。积极开展粮食软科学课题研究，切实加强粮食流通政策研究。组织进行2004、2005年度“一符四无粮仓”评比活动，开展争创“粮油仓储管理示范库”活动，授予云南思茅国家粮食储备库、云南玉溪国家粮食储备库“仓储管理示范库”称号。继续做好中央储备粮代储资格认定工作，完成了第三批整改和第四批中央储备粮代储资格认定受理工作。指导各地做好安全生产和安全储粮工作，重点抓好储粮化学药剂的使用和管理、防火、安全用电、机械设备的安全使用，避免了坏粮、损粮、人员伤亡等事故发生。

八 加强党建工作

认真贯彻党的十六届六中全会和省第八次党代会精神，巩固和发展保持共产党员先进性教育活动成果，突出抓好党员理论学习和加强组织建设，开展有针对性的调查研究。坚持“以人为本、和谐发展”，做好老干部工作，认真落实离退休干部的政治待遇和生活待遇。做好机关服务工作，着力解决涉及干部职工切身利益的问题。充分发挥工青妇等群众组织的作用，积极开展文体活动和“送温暖”活动，有力促进和谐机关建设。推进精神文明建设，组织开展市级文明单位创建活动，通过了昆明市文明委“市级文明单位”检查验收。结合全省党员领导干部专题党风廉政教育活动，组织干部职工学习胡锦涛总书记在中纪委六次全会上的重要讲话、“八荣八耻”荣辱观重要论述，学习《党章》和“八个坚持，八个反对”，运用正反两方面教材，对党员干部进行廉政教育和警示教育，建立起思想道德教育的长效机制。认真开展治理商业贿赂专项工作，加大对粮食系统违法违纪案件的查处力度，抓好惩防体系建设，认真落实党风廉政建设责任制，推进机关作风建设制度化、规范化，不断提高党员干部反腐倡廉、勤政廉政、依法行政的自觉性。

九 推进行业干部职工和人才队伍建设

贯彻实施《公务员法》，认真做好公务员登记和工资套改工作，调整充实局机关处室和局直单位领导班子，加强干部素质教育和业务技能培训，举办了粮食流通监督检查行政执法、粮食财会、粮食仓储保管、电子政务、军供购粮卡管理等7期培训班，共计培训1334人次。

西藏自治区粮食工作

基本情况

西藏自治区位于青藏高原西南部，北临新疆，东连四川，东北紧靠青海，东南连接云南，南与缅甸、印度、不丹、锡金、尼泊尔等国毗邻，西与克什米尔地区接壤。全区为喜马拉雅山脉、昆仑山脉和唐古拉山脉所环抱，地势由西北向东南倾斜，气候和地形地貌复杂多样。全区面积122.84万平方公里，占全国总面积的1/8，仅次于新疆。西藏平均海拔4000米以上，素有“世界屋脊”之称。

西藏自治区现设6地1市，即拉萨市、日喀则地区、山南地区、林芝地区、昌都地区、那曲地区、阿里地区；73个县(市、区)，140个镇，543个乡。2006年年末全区常住人口为281万人，比上年增长1.4 %，其中城镇人口55.72万人，乡村人口225.28万人。人口出生率17.4‰，死亡率5.7‰，自然增长率11.7‰。

2006年，全区GDP为291.01亿元，比2005年增长13.3%；人均GDP达10430元，比2005年增长12.1%。全年完成地方财政收入172682万元，比2005年增长20.5%。农民人均收入2435元，比2005年增长17.2%。

据2006年度社会粮食供需平衡调查显示：2006年全社会粮食经营企业收购粮食17.4万吨，消费总量101.8万吨，其中种子用粮4.9万吨，饲料用粮22.2万吨，口粮消费68万吨，工业用粮67万吨。

2006年粮食工作情况

2006年，在自治区党委、政府的坚强领导下，在国家粮食局的宏观指导下，全区粮食系统坚持以邓小平理论和“三个代表”重要思想为指导，坚持以科学发展观统领粮食工作全局，认真贯彻落实党的十六届五中、六中全会和自治区六届七次全委会、第七次党代会精神，着力转变工作职能，克服各种困难，紧紧围绕粮食工作的总体要求和主要任务，奋发进取，扎实工作，在深化粮食流通体制改革，加强和改善粮食宏观调控，强化粮食市场监管，确保粮食市场稳定和粮食安全等方面取得了成效，较好地完成了各项工作任务。

2006年4月，西藏自治区召开全区粮食工作会，自治区政府副主席郝鹏莅临大会并讲话，自治区发改委、财政、工商、农牧、农行西藏分行等有关部门的领导参加了会议。

一 调整种植结构，稳定粮食生产

2000年以来，随着粮油基本自给目标的顺利实现，西藏农业步入了新的发展阶段。自治区党委、政府审时度势，在保护和稳定粮食生产能力的基础上，积极推进粮食种植结构调整，调减低产劣质品种的种植面积，增加高产优质品种的种植面积，加大经济作物和饲草料作物的种植力度。全区粮经饲作物种植比例由2005年69：20：11调整到68：20：12。2006年，全区耕地面积23.3万公顷，粮食播种面积17.2万公顷，其中青稞11.6万公顷，小麦4.1万公顷。粮食总产量达923688吨（其中青稞592000吨，小麦265315吨），继续稳定在90万吨以上水平，人均占有粮食331公斤。油菜籽播种面积2.4万公顷，产量为54490吨。粮食生产实现了自1989年以来的连年大丰收。

二 粮食流通体制改革稳步推进

1.自治区党委、政府高度重视粮食流通体制改革工作。自治区政府多次召开会议研究部署粮改工作，成立自治区粮改工作领导小组，积极稳妥地推进粮食流通体制改革。自治区粮食局根据国务院文件精神和自治区有关部门的意见，修改完善了《关于深化我区国有粮食企业改革的指导意见》、《西藏自治区粮食收购资格审核管理办法（暂行）》、《西藏自治区粮食流通监督检查细则（试行）》等六个粮改配套材料，并报自治区粮改办和政府法制办。8月，自治区人民政府办公厅印发了《西藏自治区粮食应急预案》。

2.国有粮食企业“三老”问题逐步解决。“老人”问题，自治区政府同意粮食购销市场化改革之前未参加和中断参加基本养老保险的国有粮食企业的正式职工（含事业性质的粮食储备库正式职工）和粮食购销员（原“八大员”之一）参加基本养老保险，这些人员参加基本养老保险需由单位缴纳的养老保险费由自治区财政厅安排专项资金解决。“老账”问题，根据《西藏自治区国有粮食企业财务挂账清理方案》的要求，2006年8月成立了由自治区财政、发展改革、粮食、审计等部门组成的国有粮食企业财务挂账清理领导小组，对1998年6月1日至2005年9月30日期间国有粮食企业的粮食财务挂账进行了认真的清理。“老粮”问题，各级国有粮食部门认真执行“老粮”销售的规定，从2006年初开始，积极做好“老粮”销售工作，截至2006年年底销售“老粮”1790万公斤。

3.从2006年1月起，各级粮食行政管理部门和国有粮食企业财务管理体制基本实行了自治区、地市、县市财政分级管理。各地市粮食局行政管理经费由地市财政核拨。粮食事权管理体制也基本实行了自治区、地市、县市分级管理。

三 粮食宏观调控能力进一步加强

1.增加了自治区储备粮数量，增强了自治区级粮食宏观调控能力。

2.经自治区政府同意，会同有关部门联合下发了《关于印发2006年青稞最低收购价执行预案的通知》。

3.自治区政府制定了《西藏自治区粮食应急预案》，山南、那曲、阿里、日喀则等地区行署制定出台了地区级粮食应急预案，以及时应对重大自然灾害和其他突发事件引起的粮食市场供求异常波动。

4.制定了全社会粮食流通统计制度，开展对全社会粮食供求情况的调查，及时引导生产和消费，为宏观调控提供可靠的决策依据。

5.建立了粮食市场监测报告制度，坚持每半月监测区内外粮食供求和市场动态，指定专人负责搜集整理粮油市场信息，提高了粮食市场信息的准确性和实效性。

6.认真开展调查研究，先后向自治区党委、政府上报了青藏铁路通车对粮食供求的影响、那曲防抗灾粮源组织、粮食供求形势分析等调研报告。

7.积极配合工商等部门，强化粮食市场监管，有效应对了因国内粮油价格上涨引起的粮价波动，维护了粮食流通正常秩序，保持了我区粮食市场和价格的基本稳定。

四 粮食购销工作进展顺利

1.积极开展粮食收购。各级粮食行政管理部门积极指导国有粮食企业抓好粮食收购工作，努力掌握宏观调控粮源。国有粮食企业进一步提高服务质量，创新收购方式，积极采取订单收购、委托收购、兑换收购等多种措施，千方百计方便农民售粮。按照随行就市，“购得进、销得出、有利润”的原则，合理确定粮食收购价格，做到了依质论价，保护种粮农民的利益，维护正常的收购秩序。

2.做好粮食销售工作。在抓好“老粮”销售的同时，根据当地市场需求，积极组织采购适销对路的内地粮食，保证了本辖区的粮食市场供应。严格按照《西藏自治区退耕还林补助粮食供应管理办法》规定，保证了退耕还林补助粮食供应。

3.加强防抗灾粮源组织和粮食市场稳定工作，及时安排去冬今春的防抗灾粮源准备和市场稳定工作，积极指导各地市做好防抗灾粮源准备工作，有力地推动了防抗灾各项措施的落实。2006年，全区国有粮食企业收购粮食2540万公斤，从省外组织采购粮食1060万公斤，销售粮食4810万公斤，保证了西藏粮食市场和价格的基本稳定。

五 奠定了粮食行政执法的基础

积极开展粮食行政执法资格培训，举办了首期粮食流通监督检查行政执法培训班，全区共有96人取得国家和自治区颁发的《粮食监督检查证》，为粮食行政管理部门依法履行粮食行政执法职责奠定了基础。认真开展全区非国有粮食企业情况的调查工作，建立监督检查非国有粮食企业的工作平台。同时，在《粮油信息》中开辟《工作简讯》专栏，刊登内地省区粮食流通监督检查工作体系建设、工作制度建立、工作经验介绍等信息，为政府领导决策和各地市开展粮食监督检查工作提供了参考依据。

六 财务管理得到加强

为强化粮食企业财务监管，确保国有资产安全，各级粮食行政管理部门加强对粮食企业财务工作的监督指导，强化企业资产资金管理，指导企业完善内控机制，降低成本费用，抓好扭亏增盈工作，企业经济效益逐步提高。据统计，2006年全区国有粮食企业亏损比上年下降8%。按照国家粮食局的要求，从2007年1月起全国粮食企业执行新的《企业会计制度》和《关于粮油有关业务会计处理规定》，为切实做好新旧粮食财会制度的衔接，各级粮食部门分三批约50名财会人员参加了国家粮食局举办的粮食财会培训，为确保新的《企业会计制度》在全区国有粮食企业顺利实施奠定了基础。自治区粮食局与局直属各单位签订了财务管理责任书，加大了对局直属单位的财务指导，进一步强化了财务责任意识，完善了领导责任追究制度，针对内部审计中存在的问题，及时跟踪检查，督促整改，进一步完善了会计核算工作，规范了财务管理行为，确保了局直属单位资产资金安全和合理使用，取得了较好的经营效益，增强了发展后劲。

七 储备粮管理得到加强

各地市、各承储库按照《西藏自治区储备粮管理责任书》的要求，积极做好自治区储备粮管理工作，严格制度，严格责任，严格管理。自治区储备粮数量、库点、品种到位，质量良好，做到了“一符、三专、四落实”。按照国家粮食局的要求对全区粮食库存进行了检查，清查结果账实相符，账账相符。按照地方粮库建设项目工程结算工作要求，严格审查了工程结算，29个地方粮库工程项目的最终竣工结算工作已全部完成，总投资控制在国家批复的概算以内。按照自治区发展改革委的要求，重新测算上报了边远易灾重点乡镇粮库等项目的投资情况，为自治区发展改革委向国家发展改革委申请立项提供了依据。

八 粮食产销协作初见成效

各级粮食部门按照建立粮食产销区之间长期稳定的产销协作关系的要求，积极开展粮食产销合作，初步建立了粮食购销合作关系，促进了粮食产销衔接。一方面区内粮食产区和销区签订了粮食购销意向性协议和粮食购销合同，另一方面区内粮食企业特别是拉萨国家粮食储备库、格尔木国家粮食储备中转库充分发挥信息、渠道等优势，进一步加强与区外粮食企业的合作，为区内粮食企业提供粮源。那曲地区粮食局与青海省海西州粮食局建立了粮食产销协作关系；拉萨市当雄县、林周县、墨竹工卡县、拉萨市粮油工业总公司、拉萨市粮油经销公司之间建立了粮食产销协作关系；阿里地区分别与日喀则地区拉孜县、江孜县建立了粮食产销协作关系。

九 加强政治理论和业务学习，扎实开展党风廉政建设和反腐败工作，不断提高干部职工队伍的整体素质

1.按照中央和自治区党委的统一要求和部署，组织干部职工认真学习党的十六届五中、六中全会和区党委六届六次、七次全委（扩大）会议、第七次党代会精神，使广大职工深刻领会精神实质，真正把思想统一到中央和自治区的精神上来。

2.牢固树立忧患意识、责任意识和大局意识，始终保持清醒的头脑，深刻认清达赖集团在政治上的反动性、宗教上的虚伪性和手段上的欺骗性，自觉维护祖国统一和民族团结。

3.巩固保持共产党员先进性教育的成果，不断推进党的建设，系统领导班子和干部队伍建设得到进一步加强，基层党组织的战斗堡垒作用和广大党员的先锋模范作用进一步增强。

4.深化监督机制，切实抓好反腐倡廉工作。认真贯彻落实《建立健全教育、制度、监督并重的惩治和预防腐败体制实施纲要》，不断加深对广大党员的反腐倡廉教育和社会主义荣辱观教育，增强干部廉洁自律意识，坚持领导干部述职述廉、廉政谈话、经济责任审计等制度，加大从源头上预防和治理腐败的力度，筑牢拒腐防变的思想道德防线。

5.切实抓好法律法规的学习、教育和宣传工作，为构建和谐社会和全面建设小康社会营造良好的法制环境。

陕西省粮食工作

基本情况

（一）地理位置、行政区划及人口。

陕西地处中国西北内陆腹地的黄河中游，是个农业省份。周边与山西、河南、湖北、四川、重庆、甘肃、宁夏、内蒙等八个省区市接壤。全省分陕北、关中、陕南三大自然区域，辖10个设区市和国家级杨凌农业高新技术产业示范区，有107个县（市、区），1614个乡镇。2006年年末全省常住人口为3735.1万人。其中城镇人口1461.2万人，占39.1%；乡村人口2273.9万人，占60.9%。

（二）土地面积及粮食产量。

陕西省土地面积为20.6万平方公里，占全国2.1%。耕地面积278.8万公顷。2006年全省粮食播种面积345.3万公顷，粮食产量1150.9万吨。人均粮食占有量308.1公斤，粮食商品率为44.0%。

（三）GDP及财政收入。

2006年，陕西全省GDP4383.9亿元，人均GDP11762元。全省财政总收入完成6967712万元，其中上划中央“四税”收入完成3346417万元，地方一般预算收入完成3621295万元。全省城镇居民人均可支配收入9268元，农村居民人均纯收入2260元。

（四）粮食购销量。

2006年，陕西省粮食收购量为408万吨，销售量为487万吨，工业用粮188万吨，饲料用粮312万吨，城镇口粮160万吨，农村口粮593万吨。

（五）粮食企业状况。

2006年年末，陕西省有国有粮食企业804个，其中国有粮食购销企业613个；按照每个县组建1～2家国有或国有控股的粮食购销企业的要求，改制后新组建企业205个；粮食职工21420人，其中国有粮食购销企业职工12694人。

2006年粮食工作情况

一 粮食生产

2006年，陕西省粮食总产量为1150.9万吨，其中小麦416万吨，玉米465万吨，稻谷84.8万吨，大豆31.2万吨，杂粮品种153.9万吨。

2006年5月23日，陕西省粮食局局长姚增战和省粮食行业协会会长贾建文带领局领导班子参加粮食科技宣传日活动。

2006年6月8日，陕西省粮食局与黑龙江省粮食局在西安举行了建立粮食产销合作座谈会暨协议书签字仪式。陕西省粮食局局长姚增战与黑龙江省粮食局副局长金辉分别在粮食产销合作协议书上签字。

2006年5月下旬，陕西省粮食局和陕西省农发行联合在咸阳召开全省夏粮收购工作会议，省政府副省长赵德全出席会议并在会上作了讲话。

陕西省粮食局局长姚增战深入基层检查夏粮收购工作。

二 粮食流通

2006年，国家在6个粮食主产省实行小麦最低收购价政策。陕西属于产销平衡省份，不在政策范围之内，实行随行就市收购。全省各级粮食部门在积极推进国有粮食购销企业改革的同时，高度重视夏粮收购工作，精心组织，周密安排，采取有效措施，确保把中央和省上的惠农政策落到实处。6月6日，陕西省粮食局主动邀请陕西日报、陕西电视台、新华社陕西分社等7家主要新闻单位，召开夏粮收购准备工作情况通报会，充分利用广播、电视、报纸等宣传媒体，广泛宣传夏粮生产形势和国家政策。收购期间，通过政务信息、陕西粮食、粮油市场报等形式，及时向国家粮食局、省委、省政府办公厅和社会提供粮食收购信息，为省委、省政府领导及时决策提供依据。在加强对国有粮食购销企业政策教育的同时，各地粮食部门积极鼓励和支持多元主体入市收购粮食。对符合资格条件的从事粮食收购的企业法人、其他经济组织和个体工商户及时发放《粮食收购许可证》，鼓励其入市收购农民余粮。全省共办理粮食收购许可证1336户，其中非国有粮食收购主体671户，占到50.2%；总户数比上年增加45户，其中非国有主体比上年增加31户。

2006年1～12月，全省具有粮食收购资格的各类经济主体累计购进粮食408万吨，销售粮食487万吨。其中国有粮食经营企业收购粮食169万吨，销售粮食280万吨；非国有粮食经营企业收购粮食116万吨，销售粮食191万吨。多种所有制粮食购销企业发展较快，粮食市场主体多元化的格局已经初步形成。呈现出国有粮食经营企业、非国有粮食经营企业、粮食产业化龙头企业、粮食加工企业、贸易商、农村粮食经纪人等多种经济主体参与粮食经营、平等竞争的良好局面。全省粮食商品量为506万吨。当年全省进口粮食300万公斤，出口粮食2100万公斤。

三 粮食调控

2006年，陕西省进一步加强粮食宏观调控体系建设。

1.充实省级储备粮规模。

2.适时轮换，确保省级储备粮数量真实，质量完好。

3.对部分省级储备粮进行集并。对储存数量在1000吨左右的25个承储库点进行集并，使省级储备粮的库点由过去的83个减少到51个，减少38.6%，进一步优化了储备粮的区域布局。

4.加强对省级储备粮的规范管理。根据省级成品储备粮管理的需要，在认真调研、广泛听取各方意见的基础上，对上年出台的《陕西省省级成品储备粮管理办法（试行）》作了补充修订。制定印发了《省级储备粮仓储管理规范（试行）》和《省级储备粮油轮换业务管理暂行规定（试行）》等内部规章制度。

5.推进市级储备粮充实规模。按照省政府的要求，积极指导各设区市粮食局抓紧充实和完善市级粮食储备规模。

6.完成中央储备粮代储资格认定工作。对全省13户企业进行了初审，经国家粮食局批准有11户企业取得代储资格。

7.开展社会粮食供需平衡调查。从元月开始，历时两个月，组织开展了2005年社会粮食供需平衡调查工作，为省政府研究制定粮食政策，实施宏观调控措施提供了翔实的基础数据。

8.加强粮食市场监测预警体系建设。在全省粮食购销企业、批发市场、加工企业设立了36个粮油价格信息监测点，对9大品种原粮的入库价格和成品粮的批零价格进行监测。建立了粮食价格监测周报制度，上报价格周报52期、收购进度26期。

9.搞好粮食流通统计工作。对全省36个监测点和11个市区、107个县区粮食统计人员进行了业务培训。加快粮食统计信息化建设，为全省市、县两级粮食局和粮油价格信息监测点配置了服务器和电脑，初步实现了省、市、县三级粮食统计数据互联、互通。

10.加强粮食应急体系建设。安排18名同志参加了国家粮食局举办两期《国家粮食应急预案》培训学习。起草了《陕西省粮食应急预案实施意见》，编写了《陕西省粮食应急预案（简本）》。西安、咸阳、铜川、安康、商洛等五市建立了一定规模的应急成品粮油储备，11个市区落实了应急粮食加工企业和应急供应企业，建立了最低和最高库存量制度，完善了各项应急保障措施，为2007年在西安举办全省粮食应急演练及早做好前期准备工作。

进入11月以后，受国际、国内粮价上涨影响，陕西粮价也出现上涨的态势。陕西及时安排轮换和销售省级储备食油13314吨，其中轮换5650吨，销售7664吨。西安市抛售了市级储备食油1000吨和储备小麦5000吨。指导协调重点加工企业的粮食生产和运销。协调指导大型超市、便民店和粮油食品店等商业零售企业做好粮油食品的采购销售工作，方便群众购买。从11月下旬开始，两次组织人员深入西安、宝鸡、咸阳、铜川等大中城市，开展了市场检查活动。加强粮油市场价格信息监测工作，及时启动了省、市、县三级价格监测体系，密切关注全省粮油购销和价格走势，及时反馈市场动态。

四 粮食流通体制改革

2006年，陕西省进一步加大粮食流通体制改革工作力度，全省粮食流通体制改革取得突破性进展，长期困扰国有粮食购销企业的“老账”、“老粮”和“老人”问题基本得到解决，新型的粮食流通体制框架初步建立。截至12月底，“老账”的清理审计认定工作已全部完成，剥离到县以上粮食主管部门集中管理；全省“老粮”库存年底前已基本销售完毕；改革前全省国有粮食购销企业共有职工53869人，到12月底，已经完成人员分流安置50373人，占职工总数的93.5%；有粮改任务的104个县（区、市）中，已有102个县（区、市）完成了人员分流安置工作，占98.1%。在“三老”问题基本解决的地方，按照每个县组建1～2家国有或国有控股的粮食购销企业的要求，在保留必要的农村粮食购销点和城镇粮食供应点外，对其余国有粮食购销企业的资产进行处置，有87个县已经完成了新企业组建工作，占83.7%。各地新型的粮食企业产权制度改革和组织结构创新正在实施。随着国有粮食购销企业改制工作的全面推进，全省粮食购销企业的布局更加合理，企业结构进一步优化，经营机制有了较大转变，全省出现了一批管理体制新、经营机制活和经济效益好的新型粮食购销企业。与此同时，积极推进省粮食局直属企业改革，成立了局直属企业改革领导小组，印发了《陕西省粮食局关于推进局属国有粮食企业改革与发展的意见》，提出了“改造重组、发挥优势、规模经营、做大做强”的总体思路和逐步组建和发展西瑞、油脂、储备粮、粮食物流四个集团公司的省局直属企业改制方案。

五 粮食行政执法

1．监督检查。在机构和体系建设方面，按照《粮食流通管理条例》赋予各级粮食行政管理部门新的职能，各级粮食部门积极争取当地政府的支持，对监督检查机构和人员进行调整加强，监督检查工作体系初步形成。在队伍建设方面，组织全省各级粮食行政管理部门共84人参加了国家粮食局举办的三批监督检查培训班，监督检查人员的素质进一步提高。多次对全省监督检查工作机构及人员状况进行调查摸底，基本掌握了全省监督检查机构和队伍情况。为了适应粮食流通监督检查工作的需要，省编办2006年12月批复，将省粮食局监督检查处与资金管理处分设。分设后的监督检查处编制5人，并明确了主要职能。在制度建设方面，起草了《粮食流通监督检查暂行办法实施细则》。同时，各地也根据本地实际情况制定出了适合本地实际的贯彻意见，监督检查工作逐渐走向规范化、制度化。在具体工作方面，年初制定了《全省“十一五”粮食流通监督检查工作目标和2006年监督检查工作安排意见》，提出了监督检查的重点要为粮食工作大局服务，行政执法中心要向基层转移，工作体系建设要向市县延伸，队伍建设关键要提高整体素质，制度建设目标要突出依法管粮的要求。积极参与全省储备粮采购和轮换工作，对陈化粮拍卖全过程进行监督检查，坚持做到事前参与制定方案，事中参与竞标采购、拍卖和销售，事后进行监督检查，确保全过程不出现问题。9月，按照国家粮食局的统一部署，对国有和国有控股粮食经营企业以及仍承担政策性粮食业务的其他所有制企业粮食库存进行了认真检查，进一步掌握了全省粮食库存情况。国庆、中秋“双节”期间，针对粮食市场质量问题较多的情况，在全省统一开展了粮食质量、卫生专项检查，年底省粮食局又和省工商局、技术监督局、物价局联合在全省进行了一次规模较大的粮食流通专项检查，取得了良好效果。

2．法制建设。一是按照《陕西省全面推进依法行政五年规划》要求，制定了《陕西省粮食法制“十一五”工作规划》，提出了粮食系统全面推进依法行政的目标要求。二是在全省粮食系统开展了“四五”普法先进集体和先进个人的评选推荐工作，3个单位和3名工作人员受到了国家粮食局的表彰。在总结“四五”普法经验的基础上，制定出台《陕西省粮食行业法制宣传教育第五个五年规划》，全面启动了“五五”普法工作。三是认真落实行政执法责任制。对省粮食局行使的具体行政执法项目进行了梳理划分，明确每一项行政执法项目的执法依据和责任机构，并依照职责对相关的行政执法依据进行了认真复核。制定《陕西省粮食局行政执法过错责任追究制度》、《陕西省粮食局行政执法评议考核制度》、《陕西省粮食局行政执法案卷评查办法》等工作制度，强化了行政执法监督，落实了行政执法责任制。四是加强了省级储备粮的规范化管理工作。在多次征求意见的基础上，进一步修改完善了《陕西省省级储备粮管理暂行办法》。五是做好粮食行政复议工作。草拟了《陕西省粮食行政复议实施办法》、《陕西省粮食行政复议工作规程》、《陕西省粮食行政诉讼应诉程序》。六是完成规范性文件的清理审核、备案工作。对2002年《陕西省行政机关规范性文件备案规定》实施以来省粮食局制定的规范性文件进行了全面梳理，将现行有效的规范性文件整理报送省法制办进行备案。七是加强粮食干部职工培训。2006年，先后组织监督检查、粮食流通统计、新企业会计制度、应急预案、职业技能鉴定等培训班，共有370人参加了培训，进一步提高了依法行政能力。

六 行业发展

1．圆满完成《陕西省粮食流通“十一五”专项规划》的编制工作。该规划已作为陕西省“十一五”国民经济和社会发展的28个专项规划之一，经省政府同意由省发改委正式印发执行。

2．全省市级粮食质检机构建设工作全面展开。在对省、市、县三级粮食质检机构建设调研摸底的基础上，按照全省粮食质检体系建设规划，制定了市级粮食质检机构建设工作实施方案，组织专家进行了评审和实地考察。已完成对首批建设的6个市级机构的立项批复，进入设备招标采购阶段。共批复采购仪器199台（套），概算资金671.8万元。同时，按照国家粮食局关于建立国家粮食质量监测体系的要求，认真做好国家粮食质量监测中心和监测站的和推荐工作。

3. 加大指导力度，推动粮油加工业健康发展。12月，召开了由相关职能部门和省内主要粮油加工企业参加的全省粮油加工业发展研讨会，起草了《陕西省粮油加工业发展指导意见》，提出了推动粮油加工业发展的指导思想和基本思路。

4. 粮食批发市场体系建设取得重大进展。起草了《关于落实陕西粮食批发市场体系建设的相关意见和建议》及《陕西省粮食批发市场体系建设指导意见》。作为全省粮食物流中心的省粮食批发市场建设项目已经建成，交易大厅和电子商务系统开始运行。区域性的粮食批发市场建设已经引起各地的重视。推荐西安粮油批发交易市场和咸阳良友集团批发市场作为国家局重点联系的成品粮批发市场。省军粮培训中心建设项目主体工程已经完工。协调落实省粮食储备库2006年国债专项资金转贷计划1350万元。

5. 加强粮食系统安全生产工作，认真落实消防安全责任制，与各市区粮食局、局直属各单位签订了《2006～2007年度陕西省粮食系统消防安全责任书》。

6. 积极做好扶持粮食产业化龙头企业信贷政策的落实工作，经国家粮食局和农发总行的审核，陕西有31户粮油产业化企业被确定为第一批信贷重点支持的企业，给予重点扶持。

七 廉政建设和精神文明创建工作

1. 廉政建设。年初陕西省粮食局党组下发了《陕西省粮食局2006年党风廉政建设和反腐败工作目标管理责任一览表》，将2006年党风廉政建设和反腐败工作各项任务分解为6类25项，落实到局级领导、牵头处室和参与处室，并分别与各处室签订了《2006年党风廉政建设和反腐败工作目标责任书》，各处室根据岗位分工，对党风廉政建设和反腐败工作各项任务进行了细化和明确。按照省上的统一部署，在全省粮食系统开展了治理商业贿赂专项工作，建立了领导机构和工作班子，制定了《陕西省粮食局治理商业贿赂专项工作实施方案》，下发了《陕西省粮食局机关、直属各单位干部治理商业贿赂情况登记表》，明确了机关各处室和局属各单位治理商业贿赂的工作重点部位和重点环节，在局机关和直属各单位开展了治理商业贿赂的自查自纠工作。

2. 精神文明创建工作。2006年，在全省粮食系统深入开展了以“创佳评差”为载体的系统精神文明建设活动。年初，对全省粮食系统2005年“创佳评差”竞赛活动进行了联评，对咸阳市粮食局等32个先进单位进行了通报表彰，批评了相对落后单位，安排部署了2006年精神文明建设及“创佳评差”工作，并与各市区粮食局签订了竞赛活动目标责任书，明确了年度精神文明建设的工作任务、目标及要求。加强对“创佳评差”竞赛活动的检查督导，下发了《“创佳评差”竞赛活动考评细则》，为竞赛活动提供了考评依据。开展了“2006全国粮食系统先进集体、劳动模范、先进工作者”和“2006年度全国粮食行业技术能手”评选活动，全省有2个先进集体、2名劳动模范和2名先进工作者受到了人事部和国家粮食局的联合表彰。

甘肃省粮食工作

基本情况

甘肃省位于黄河上游，地处黄土高原、内蒙古高原和青藏高原交汇处，地形呈狭长状，东西长1655公里，南北宽530公里。总土地面积45.4万平方公里，占全国总面积的4.72%，居第七位。全省辖12个市、2个自治州、87个县（市、区）。耕地面积342.1万公顷，人均1.98亩，全省2006年年底常住人口为2606.25万人，比上年末增加11.89万人，其中城镇人口为810.28万人，乡村人口为1795.97万人。2006年，甘肃省实现GDP2275.0亿元，比上年增长11.4%，人均GDP8749元，比上年增长10.8%，农民人均纯收入2134元，增长7.8%。2006年粮食种植面积为259.9万公顷，比上年增长0.45%，全年粮食总产量808.05万吨，下降3.45%，人均粮食占有量310公斤。其中夏粮总产339.12万吨，增长0.33%；秋粮总产468.93万吨，下降6.0%。

据粮食部门统计调查，2006年全省收购粮食147.7万吨，销售粮食295.2万吨，工业用粮61万吨，饲料用粮166.1万吨，种子用粮61.2万吨，城镇口粮122.2万吨，农村口粮431.2万吨。全省粮食经营企业2686个，其中国有购销企业819个；从业人员37748人，其中国有购销企业18186人。

2006年粮食工作情况

2006年，甘肃省粮食部门坚持以科学发展观统领全局，认真落实省委、省政府“四加一”改革的重要决策，积极投身和谐社会建设和新农村建设，全力推进粮食流通体制改革、国有粮食企业改革、粮食宏观调控、粮食市场规范等重点任务，全行业各项工作取得了新的进展。

全年各类市场主体收购粮食147.6万吨，同比减少38.6%；收购油0.5万吨，同比减少71.9%。全年销售粮食295.2万吨，同比增加1.5%；销售食用油2.8万吨，同比增加5.0%。

甘肃省全省国有粮食企业改革会议

甘肃省粮食局局长朱红在基层调研粮食工作

一 粮食流通体制改革和国有粮食企业改革全面展开

深化粮食流通体制改革，是全省粮食部门的中心工作，也是省委、省政府确定的年度重点任务之一。一年来，省政府出台了《关于进一步深化全省粮食流通体制改革的意见》（甘政发〔2006〕15号）、《贯彻国务院关于进一步深化粮食流通体制改革政策措施意见的通知》（甘政发〔2006〕64号），批转了省粮食局等9部门《关于进一步深化全省国有粮食购销企业改革的指导意见》（甘政办发〔2006〕54号）。党中央、国务院2004年5月作出进一步深化粮食流通体制改革的重大决策以来，省政府先后下发6个文件，授权有关省直部门下发4个文件，全省进一步深化粮食流通体制改革的配套政策措施全部出台。

为了积极稳妥地推进全省粮改工作，省政府2月20日召开了全省深化粮食流通体制改革工作电视电话会议，6月14日召开了全省国有粮食企业改革工作座谈会，副省长孙小系两次到会作了重要讲话，代表省政府对粮改工作全面安排部署。6月5日，省长陆浩主持召开省政府第84次常务会议专题研究粮改工作，并强调指出，省市县三级党委、政府都要高度重视粮改，实行粮食流通体制改革行政首长负责制，分级负责，层层落实责任，各有关部门要紧密协调配合，确保按期完成全省粮食流通体制改革任务。

各市（州）县（区、市）党委、政府根据省委、省政府的决策，结合实际，加强组织领导，积极推进改革。各级粮食部门作为改革任务的主要承担者，做了大量的组织、协调和落实工作。全省粮食系统开展了"改革年"活动。省粮食局成立了全省国有粮食企业改革工作办公室，调整充实了省直企业改革领导小组，各市州粮食局也成立了粮改工作机构。

1. "三老"问题解决取得重要进展。为了妥善解决全省国有粮食企业"老人"身份转换和分流安置资金不足的问题，按照省政府确定的"省上下达专项补助、市州和县区财政补助、企业变现资产"的方式，多渠道筹措资金，省财政按每人4000元的标准下拨各市、州补助1.1亿元，市县财政补助1387万元，企业通过变现资产等多种方式筹集资金2.8亿元。在解决"老粮"问题上，对部分高价位库存，由省财政按每公斤0.2元的标准给予一次性价差补贴，交企业包干销售，对2003年以前以定购和保护价收购的库存，核定了费用、利息、差价补贴标准，打入挂账总额，全部交企业包干销售，大部分已经销出；剩余的部分陈化粮，于3月下旬在省粮油批发市场采取邀标竞拍的方式全部销售。在解决"老账"问题上，对1998年6月1日至2003年12月31日发生的亏损，按照"分清责任、分类处理、分级负责"的原则，以执行中央、省市县政策形成的亏损及产生的利息为基础，省财政认定了政策性亏损挂账；对1992年4月1日至1998年5月31日期间所发生的财务挂账，继续执行原有政策，过渡期延长至2008年。根据财政部等5部门有关处理政策性粮食财务挂账的规定，在省财政厅、省粮食局、省农发行的统一调度下，上述两次财务挂账于2月20日在全省范围内同时办理了粮食行政管理部门的贷款手续和国有粮食购销企业的还款手续，完成了政策性财务挂账从企业剥离的工作。

2. 国有粮食企业新的布局初步确定。按照稳定主产区粮食生产、加强重点贸易集散地辐射作用、确保城乡粮食供应、实现粮食购销市场化和市场主体多元化的原则，各地根据省政府文件规定，坚持中小企业退出国有、重组企业做强做大、热忱扶持非国有粮食企业的思路，积极调整国有粮食企业结构和布局。根据粮食企业现状和小、多、散的特点，中小企业采取了撤并、转让、出售、租赁、承包等改革方式，退出国有资本，使其进入市场自求生存、自求发展。对重组保留的承担中央和地方储备粮管理任务的企业、军粮供应企业和骨干购销企业，用积极的态度扶持发展，使其更好地发挥政府宏观调控的载体作用，保障粮食供需平衡，服务新农村建设。经过本次改革，全省拟重组国有独资、国有控股的粮食购销企业159个，比原来的1028个减少84.5%。到12月底已组建国有独资和国有控股的粮食购销企业120个。

3．各地国有粮食企业改革收效明显。各级粮食行政管理部门依据政府赋予的职能，按照“国家所有、分级管理、授权经营、分工监督”的原则，认真履行国有出资人的职责，把“管人、管事、管资产”有机地统一起来，指导和监督国有粮食企业完成了资产登记、清查工作。经清查，资产总额99.87亿元，负债总额96.32亿元，所有者权益总额3.55亿元。到年底，平凉、天水、张掖、酒泉、嘉峪关、金昌6市企业改革已全面完成，其他市州也取得了积极进展，全省完成国有独资改制53个，国有控股改制67个，国有参股改制5个，兼并80个，破产26个，租赁32个，出售拍卖143个，其他方式改革87个。全省已有21254人转换了身份，2654人办理了内退手续，占原有职工35519人的67%。在改制中，各地、各单位对职工进行了最大限度的分流安置，并对零就业、双职工解除劳动关系、有特殊困难的家庭给予了特殊关照，积极扶持下岗人员自谋职业、自主创业。据统计，国有独资企业安置4200人，国有控股企业安置2859人，国有参股企业安置146人，社会其他企业安置 1113人，政府公益性岗位安置68人，自谋职业4706人，并对自谋职业等分流人员按政策规定进行了经济补偿。

4．省直粮食企业改革全面完成。省直粮食企业是“米袋子”省长负责制的重要载体，在全省粮食宏观调控中担负的责任重大。为了确保省直粮食企业改革少走弯路、一举成功，按照“先行试点、总结经验、全面铺开”的工作思路，从2005年11月开始在陈官营仓库进行了股份制改革试点，并及时推广试点经验，点面工作交替推进。2006年6月29日陈官营仓库试点方案经省上有关部门联审正式批复，10月16日试点工作顺利结束，到12月25日参与改制的其他15个企业全面完成改革任务。在16个企业中建立了较为完善的现代企业制度和适合企业发展的法人治理结构，共组建国有独资公司6个、国有控股公司10个，委派国有股东代表、国有股董事和监事会成员58人，民主选举产生职工股东代表19人、职工代表董事16人、职工代表监事5人。参与改制的1818名职工都得到妥善安置，其中重新竞聘上岗1041人，内部退养528人，自谋职业106人。

二　全面贯彻《粮食流通管理条例》，依法管粮逐步规范

一年来，各级粮食行政管理部门深入贯彻《粮食流通管理条例》等法律法规，积极转变职能，进一步建立健全各项配套制度，加强监督检查，在构建权责明确、行为规范、监督有效、保障有力的粮食行政执法体系方面取得新进展。

1．认真做好粮食市场准入工作。各级粮食行政管理部门根据《粮食流通管理条例》和《甘肃省粮食收购资格审核管理暂行办法》，通过政府网站或政务公开栏、办公场所，向社会公布了粮食收购资格申请的规定程序和条件，做到了公开执法；在办理过程中，做到依法办证、程序合法，没有向申请者收取任何费用；在接待办证时，提供了统一的示范文本，对书面材料不齐等情况坚持做到详细解释和一次性告知，提高了办事效率和质量。共审核发放粮食收购资格证1462个，其中国有和国有控股粮食企业659个，其他企业446个，个体357个。从4月开始用两个多月时间，组织开展了以粮食收购资格许可制度落实情况为主要内容的专项监督检查，共检查各类粮食经营主体2410个。通过监督检查，保护了合法市场主体的正当权益，维护了粮食收购市场的正常秩序。

2. 广泛宣传《粮食流通管理条例》。在《粮食流通管理条例》颁布实施两周年之际，结合“粮食科技周”活动，利用25天时间，各级粮食行政管理部门采用媒体报道、设点宣讲等方式，开展了多渠道、多层次的宣传活动，广泛宣传了粮食流通政策、粮食供需变化及主渠道保障能力等，在增强广大群众依法管粮、守法经营的意识方面起到了有益的促进作用。庆阳市设宣传点81个，散发宣传资料5万份；天水市召开学习座谈会22场，举办大型咨询宣传活动6场，散发宣传资料2.4万份，均取得了较好的宣传效果。

3. 市县粮食执法机构建设有了新进展。在地方党政和有关部门的大力支持下，各级粮食行政执法队伍组建工作有了良好开端。经同级编办批复或内部调整，嘉峪关、张掖、临夏3市（州）和22个县（市、区）粮食局成立了监督检查科室，3市和宁县、正宁、合水、华池、崆峒、庄浪、泾川、灵台、崇信、华亭、静宁、麦积、秦州、秦安、甘谷、清水、武山、张家川、安定、通渭、陇西、渭源、岷县、永昌、高台等25个县（区）成立了粮食稽查队。一些市县在理顺行政机构、落实执法经费等方面也有了一定进展。

三 强化仓储管理，粮食保管水平不断提升

1. 狠抓粮油仓储管理制度的落实。各级粮食行政管理部门和仓储企业坚持“以防为主、综合防治”的保粮方针，认真落实仓储安全分级管理和分级负责制，普遍逐级签订了安全生产责任书，制定了防火、防汛、防盗等突发事件的应急处理预案；坚持粮情定期分析制和粮油安全隐患处理督查制，采取定员、定库、定质、定耗、定奖罚、包管理的“五定一包”办法，推行量化考核、绩效挂钩激励机制，有效推动了规范化管理；严格执行“一符四无”粮仓标准和储备粮“一符、三专、四落实”的要求，“一符四无”粮仓建设成果得到了巩固和提高；大力推广保粮新技术，大部分储粮单位实施了以“双低”、低温和机械通风为主的储粮科学技术，相当一部分仓库实现了计算机监测粮情。据统计，全省有847个单位实现了“一符四无”，占单位总数的98%；科学保粮率达63%，较上年提高了6个百分点。

2. 重点抓好省级储备粮油的规范化管理。省储粮油的质量情况均已纳入了档案管理，并依据品质检验结果，及时对其品质档案进行变更，使品质档案在管理中的作用得到较好发挥。根据企业改革变化，重新审核认定承储点8个，取消8个，储粮布局进一步趋于合理。以品质为依据、储存年限为参考，并征求各地意见，及时下达省级储备粮油年度轮换计划，到年底已基本完成。依据轮换验收检查情况，对不符合规范化要求的承储单位下发整改通知书27份，要求限期整改。实行品质年检制度以来，省储粮油的品质有了进一步提高，经对116个单位抽取的387份样品检验，合格率达到97%以上，高标准达到了省级储备粮管理数量真实、质量良好的要求。

3. 认真开展了春秋两季粮油普查。各地、各单位本着“有仓必到、有粮必查、查必彻底”的原则，采取自下而上、自上而下、上下结合的方式，以查数量、查质量、查“四无”、查粮情、查保管员是否持证上岗为主要内容，开展了全省春秋两季粮油大普查。两次普查，全省共组织9319人次，对864个储粮单位进行了两轮次的检查，普查的储粮单位和储粮数量均达到了100%。对普查中发现的少量虫粮、高水分粮在限定时间内及时处理完毕。通过普查，达到了掌握粮源、消除隐患、完善制度、强化管理的目的。

四 不断完善调控措施，粮食需求保障能力继续增强

1．引导企业灵活购销，满足了全省粮食供需。各级粮食行政管理部门从维护粮食市场稳定、保护农民利益的大局出发，积极引导各类粮食市场主体特别是国有粮食企业开展粮食收购，协助企业解决收购贷款28亿元。白银、兰州、临夏 3 市州积极发展“订单农业”，帮助企业分析生产流通形势，加强价格信息宣传，粮食收购量同比都有所增加。针对全省粮食销大于购、省内地区产量不平衡的状况，在鼓励市州建立产销合作关系的同时，本着“政府推动、部门协调、市场机制、企业运作”的原则，已与青海、黑龙江两省达成了购销协议，以保障粮食总量和区域供求基本平衡。

2．继续完善粮油价格监测机制。判断市场粮油价格走势，是完善粮食调控预警预报机制的重要手段。通过完善粮食市场价格监测体系，做好统计旬报、月报、价格周报、收购五日报等各类统计基础工作，指导和督促报送价格信息，及时掌握了全省的小麦、玉米、特一粉、菜籽油等主要品种的收购价、出库价、批发价、零售价的变化情况。兰州市焦家湾粮食批发市场、平凉市崆峒区粮食局、天水市第一粮库、武威市粮食仓库和白银市景泰县三福粮油有限责任公司5个单位被确定为全国粮油市场信息监测直报点。

3．市县储备粮体系建设取得重大进展。根据省政府“各地应根据调控当地市场的需要，安排一定财力，建立市、县级粮食储备”的要求，市县政府加大了对地方粮食储备建设的支持力度。截至12月底，天水、定西、嘉峪关、庆阳、临夏、武威、陇南、酒泉、甘南9市州已正式明确建立市（州）县储备粮制度，确定了储备粮规模，实际到位23.6%。

4．正确应对了粮价波动。进入11月，受国际、国内粮食市场价格上涨的影响，本省市场粮食价格出现上涨，个别品种涨幅较大。在对粮食宏观和微观形势综合分析的基础上，本着既保证农民得到实惠、又兼顾消费者利益的原则，加强粮油市场监管，完善价格报送制度，正面引导社会舆论，外松内紧，积极应对，取得初步成效。全省粮油价格基本稳定，市场货源充足，供应有序。

五 扎实做好各项基础工作，行业整体发展实力得以增强

1．抓实粮食行业项目建设。全省粮食系统认真落实科学发展观，把项目建设和招商引资作为行业发展的着力点，把抓投资作为拉动经济增长的重心，采取招商、引资、联营等各种方式抓项目，取得了实效。天水市投资1438万元建成项目5个。兰州市对10个重点发展项目，责任明确到领导、处室和企业，全力以赴抓进度。平凉市投资270万元的粮油批发交易市场、白银市神农谷物公司高档饲料生产线等一批较大项目进展顺利。省粮油批发市场投资400万元的“改造提升服务功能项目”通过验收正式使用。省局筹措资金1000万元，配套基层企业用于133个地坪、围墙、仓库等项目的维修，仓储条件进一步得到了改善。

2．粮食行业统计工作继续拓展。在上年开展全社会粮食流通统计、粮食供需平衡调查工作的基础上，根据《粮食流通管理条例》和《粮食流通统计制度》要求，2006年又新增了粮食行业机构人员统计、粮油加工业统计、粮食仓储设施统计，面向全社会的粮食行业统计工作扩展到了5大项。各级粮食行政管理部门克服工作量大、外部配合环境差等困难，主动加强与统计、工商、税务、农业等部门的沟通协调，深入企业宣传政策，使这一新的工作有序进行。

3．认真实施“放心粮油”、“放心粮店”工程。开展了全国“放心粮油”、“放心粮店”评审、复审工作，新增“放心面”5种。目前，全省有30个企业的45个产品保持全国“放心粮油”称号，两个单位保持全国“放心粮店”称号。兰州市“放心粮店”总数达到112个，“放心粮油”配送车达到50台。

4．粮食行业职业教育培训取得新进展。省局全年组织147名财务人员、101名粮油保管员和检验员、177名统计人员和129名行政执法人员参加了各类业务技能培训。截至年底，全省经培训合格持证上岗的财务人员有1184名，粮油保管员1181名，检验员473名。经劳动和社会保障部、国家粮食局批准，在省经济贸易学校、省粮油质检站设立了粮食行业特有工种职业技能鉴定站，以新机制培养和评价粮食行业特有职业技能人才的工作开始起步。

5．按照全省经济社会发展“十一五”规划纲要和全国粮食行业发展整体规划，编制了“全省粮食行业‘十一五’发展规划纲要”及粮食物流、粮食产业化、粮油加工和粮食科技等8个子规划，明确了2006～2010年全省粮食行业奋斗目标和工作措施。

六 深入开展党风廉政和行业作风建设，工作作风进一步转变

省粮食局认真学习贯彻中央和省委党建工作的一系列方针政策，围绕全省粮食工作的主要任务，坚持“立党为公、执政为民”的根本要求，进一步健全完善党风廉政建设各项制度，全面落实标本兼治、综合治理、惩防并举、注重预防的方针，教育在先、预防为主，较好完成了党风廉政建设和反腐败工作各项任务。在党员和干部中开展了“学习党章、遵守党章、贯彻党章、维护党章”、社会主义荣辱观教育、学习党的十六届六中全会精神和《江泽民文选》等主题活动，局中心组全年集体学习10次，向直属单位统一布置学习专题内容10次，组织汇报会3次，进一步巩固了广大党员永葆党的先进性的自觉性，干部职工素质有了新的提高。按照省纪委、省政府纠风办的安排，省、市、县三级联动，完成了粮食部门的“政风行风热线”广播直播，对群众咨询、投诉的属粮食部门的38个问题，均认真作了解答和处理，对其他16个问题及时转送有关职能部门。通过“热线”，不仅检验了行业作风建设，而且展示了粮食行业新形象。国家粮食局领导对这一工作给予了充分肯定。

围绕国有粮食企业改革中心工作，省粮食局组织编写了《国有粮食企业改革参考资料》、《企业公司制改建国有资本管理与财务处理相关政策规定》、《粮食企业劳动法规政策问答》等资料，印发基层学习借鉴。坚持分类指导，分3片召开了国有粮食企业改革座谈会，举办了3期企业改革培训班，组织市州粮食局负责同志考察学习了河北省国有粮食企业改革工作。局领导带队，由20名干部组成6路工作组，全年开展了3次集中调研活动，深入14个市州、80个县区、200多个国有粮食企业调查研究，指导和督促改革工作，机关作风进一步转变，服务基层的意识进一步增强。

青海省粮食工作

基本情况

青海省位于祖国西部、青藏高原东北部，总面积72.2万平方公里，占全国土地面积的7.5%，平均海拔在3000米以上。全省所辖6州1地1市及49个县级行政单位。2006年年末全省总人口为547.7万，其中城镇人口215万，乡村人口332.7万。全省GDP641.1亿元，人均11753元，按可比价格计算，分别比上年增长12.2%和11.3%。全省财政一般预算收入83亿元，比上年增长31%。其中，地方一般预算收入42.2亿元，增长24.9%。农牧民人均纯收入2358.4元，城镇居民可支配收入9000.5元。

青海省主要农作物有春小麦、青稞、马铃薯、蚕豆、豌豆和油菜籽。2006年年末全省耕地面积54.22万公顷，农作物播种总面积49万公顷，其中粮食种植面积26万公顷，比上年增长6.0%，粮食总产量88.3万吨，比上年减产5.3%，人均占有粮食161公斤。粮食商品量20.7万吨，商品率为23.4%。油料种植面积16万公顷，比上年下降1.5%，总产量26.5万吨，比上年减产16.8%。受自然条件的制约，青海一直是个缺粮省，粮食自给率低，产需缺口逐年扩大。2006年全省粮食需求量为195.6万吨，产需缺口为107.3万吨，自给率为45.1%，粮食供需平衡主要通过省际间购入解决。2006年全省粮食消费量186.6万吨。其中，农村口粮83.1万吨、城镇居民口粮32.6万吨、种子用粮8.8万吨、饲料用粮52.1万吨、工业用粮4.5万吨。

2006年年末，全省登记备案涉粮企业1011家，其中国有粮食购销企业30户，从业人数639人。目前，全省已形成由多种经济成分并存、多渠道经营的粮食流通格局。

2006年粮食工作情况

一 积极推进、稳步实施，全省国有粮食购销企业改革取得实质性进展

1.与有关部门开展广泛调研，反复研究，提出了《关于进一步深化全省国有粮食购销企业改革的意见》，报省政府常务会议研究后批转实施。

2.4月召开了全省国有粮食购销企业改革工作会议，对国有粮食购销企业的改革工作进行了全面部署，明确了改革的政策措施和任务目标。

3.与有关部门组成工作组深入8个州（地、市）、40个县、53个基层购销企业检查督导粮企改革工作，督促各地出台了具体的改革实施方案。10月18日，省政府召开了专题会议，重点对全省国有粮

青海省政府马建堂副省长（前左四）检查粮食储备工作

青海省政府马建堂副省长（左一）现场检查指导《粮食流通管理条例》的宣传工作

食购销企业改革中存在的突出问题进行了专题研究并明确了有关政策措施。10月下旬，在黄南州召开了改革现场经验交流会，交流了各地的经验，进一步明确了政策，落实了责任，强调了要求。11月23日前，各地均出台了改制方案，有力推动和加快了改革步伐。截至2006年年底，全省共从粮食风险基金中筹措3922.5万元资金，对全省65户国有粮食购销企业进行了改革。改革后，保留了30户国有独资或国有控股的粮食购销公司，安置富余职工1767人，占应安置人员2051人的86%，保留职工639人。目前，全省国有粮食购销企业改革除玉树、果洛个别地区继续组织实施外，其他地区基本完成。

4.为了尽快解决国有粮食购销企业的“老账”问题，与省财政、省审计厅、省农业发展银行等部门共同对全省粮食购销企业截至2004年年末的政策性财务挂账占用银行的贷款进行逐级逐户逐项核对，确认了全省国有粮食购销企业政策性财务挂账，对确认占用农发行贷款的政策性财务挂账已从企业剥离到粮食行政管理部门集中管理。

5.基本解决了“老粮”问题。全省国有粮食购销企业老库存粮已按照有关政策要求基本完成了销售处理工作，困扰国有粮食购销企业多年的“三老”问题得以基本解决。

二 贯彻《条例》、建章立制，使全省粮食流通管理开始步入法制化轨道

1.建立了全省粮食统计制度，并认真开展了全社会粮食统计工作，按时报送粮食统计周报、旬报、月报和有关统计信息资料，初步建立了统计台账。在省统计局等部门的支持下，认真开展了2005年社会粮食供需平衡调查，较好地完成了调查任务，为研究全省社会粮食供需平衡、搞好粮食宏观调控提供了重要依据。

2.与省发改委、省财政厅、省卫生厅、省工商局、省质量技术监督局共同制定了《青海省粮食流通监督检查实施细则（试行）》。为进一步规范全省粮食流通监督检查工作程序，制定了《青海省粮食监督检查工作规程（试行）》和《青海省粮食流通监督检查行政处罚程序（试行）》两个配套文件。

3.按照国家粮食局的统一部署与要求，根据《青海省人民政府办公厅关于推行行政执法责任制的实施意见》，制定了《关于推进粮食行政执法责任制的若干意见》，系统地梳理了粮食行政执法依据，分解了省级粮食行政管理部门内设机构的行政执法职权，规范了行政执法程序，明确了执法责任。举办了全省推行粮食行政执法责任制和粮食行政复议培训班，督导州、县全面推行粮食行政执法责任制的各项工作，组建落实粮食行政复议机构，认真做好受理粮食行政复议和行政诉讼应诉的准备工作。

4.按照国家粮食局《粮食监督检查证件管理规定》，加强全省粮食流通监督检查人员培训、审核、备案和持证上岗工作。全省粮食行政管理部门有175人取得《粮食监督检查证》，其中：23人取得了国家粮食局颁发的《粮食监督检查证》，152人取得了省粮食局颁发的《粮食监督检查证》，为做好全省粮食流通监督检查行政执法工作奠定了一定基础。

5.会同省有关部门，加强对陈化粮销售处理的监督检查，使全省陈化粮销售处理严格按照规定程序、要求进行处理。

6.切实做好有关法律法规的培训学习工作。重点安排《国家粮食应急预案》、全省粮食行政复议、粮食流通监督检查、保管员业务知识等方面的学习和培训工作，共培训人员148名。

7.在全省范围内组织开展了粮食收购资格许可和粮食经营者备案专项监督检查工作，共登记备案涉粮企业1011户。10月中下旬开展了对果洛、玉树两州粮食市场的专项检查，强化了市场监督。

8.加强了粮食质量监管工作。根据《青海省粮食质量监管实施细则（试行）》等规定，完成了省级储备粮的年检工作及黄南、大通、共和、乐都水磨营、贵德、海北、湟源7家单位的粮食质量检验工作。积极开展了社会粮油委托检验，配合工商部门开展对粮油市场和餐饮业的市场打假活动，为确保粮油市场的质量安全提供了科学的检验依据。2006年全省共开展各项粮食监督检查462次，参加人员1392人次，查处案件22例，其中责令整改21例，移交其他部门处理1例。

三 加强管理、创新机制，省级储备粮管理工作向品质化、精细化、市场化迈出了新步子

1.针对省级储备粮轮换难度加大的实际，提前与有关部门研究，3月份下达了2006年的省级储备粮轮换计划，使储备粮承储企业在2006年粮食价格上涨，粮情波动，轮换“两头”在外（轮出时主要销往省外，轮入时粮源主要从省外购入）的情况下，早计划、早安排，提前着手，完成了年度省级储备粮的轮换任务。

2.在总结经验的基础上，研究提出了《青海省省级储备粮动态轮换管理办法》。提出在省级储备粮储存规模不变的情况下，以储备粮储存品质控制指标为依据，按照市场经济规律的要求，将储备粮轮换与加工转化、竞卖竞买、建立长期稳定的粮食购销关系相结合，赋予轮换工作一定的自主权，给储备粮轮换经营更多灵活和机动调整空间，力求企业在瞬息万变的市场中，采取多种形式，完成储备粮轮换任务。

3.积极探索储备粮的“品质化”和“精细化”管理。为研究粮食品质变化规律，寻找延长储存期的储存方式，并在储粮管理的全过程中实现“精”和“细”的管理要求，达到降低费用的目的。省大通粮食储备库品质化研究初见成效。省乐都粮食储备库结合ISO9001：2000质量管理体系，探索将精细化管理的理念导入其中，使储备粮的管理工作迈入了新的阶段。通过品质化、精细化管理和动态轮换办法的逐步实施，改变了以往静态管理储备粮的模式，使储备粮管理走向适应新形势要求的静、动态相结合的新的管理模式。

4.开展全省粮食库存检查工作。根据《国家粮食局关于开展全国粮食库存检查工作的通知》（国粮检〔2006〕117号）精神，会同省发改委、财政厅、农发行和中储粮兰州分公司认真组织了全省粮食库存自查、复查工作。经核查全省粮食库存统计账面数与实际库存数一致，保管账、统计账、会计账三账与储备粮实物相符，储存品质指标符合国家规定的储藏标准，宜存率达100%。在全省组织自查、复查的基础上，国家粮食库存检查工作组采取听自查复查汇报，看粮食库存实物，查库存粮食数量，验库存粮食质量，核库存粮食账实情况等方式，对粮食库存实物、账务、质量、原粮卫生、储粮安全、中央储备粮储存资格认证以及涉及粮食库存管理的其他情况进行严格的检查、核对，经认定，抽查的基础数据符合国家规定要求。

四 完善了对局属单位考核机制，形成了安全管理、重点工作、经济目标、廉政建设、支部建设、综合评议的六位一体的考核体系

1.从吸收现代管理方式和理念入手，完善了局直属储备企业和事业单位经济、安全目标考核办法。从强化企业基础管理工作入手，加强储备粮管理的全过程的控制，包括企业财务管理、成本管

理、资金管理，堵塞管理漏洞和提高经济效益等方面全面完善了经济、安全考核目标。并吸取以往工作中的经验教训，强化系统内部审计工作，加强了企业党组织的监督保证，配套制定了《青海省粮食局直属单位领导班子成员风险抵押金管理办法》。对局机关服务中心、军供站、乐都粮食储备库、大通粮食储备库2005年经营状况及财务收支情况进行了审计，对审计出的问题及时进行了纠正和整改。

2.落实了党风廉政责任制，与局机关各处室、直属各单位签订了2006年党风廉政建设和反腐败工作责任书。

3.认真研究了直属单位特别是储备企业发展状况，为激发企业创新和适应市场发展的能力，在已有的经济、安全、廉政三项目标考核体系的基础上增加了对直属单位重点工作的考核，研究制定了《青海省粮食局2006年直属单位重点工作及目标要求》。

五 加强粮食基础建设工作，使仓储设施进一步得到改善

1.在深入调研的基础上，提出了2006年度全省粮库维修改造项目计划方案，与省发改委共同对方案中提出的项目进行了实地查看，落实年度维修改造项目9个，总投资1000万元。

2.加强了省果洛、大通粮食储备库扩建项目的建设工作。2006年3月省发改委下达省果洛、大通粮食储备库扩建（一期）项目投资计划，配合省统建办完成了省果洛粮食储备库扩建项目的施工图设计、施工及监理单位招标和项目开工前的准备工作，促使该项目于2006年4月16日正式开工，目前该库扩建工程主库和附属工程基础部分全部完工，项目预计2007年7月完工。省大通粮食储备库一期扩建工程需要的750万元投资已落实。

3.积极做好2005年项目的扫尾工作。完成了省陶家寨粮食储备库2004年度维修改造项目的竣工验收及省玉树粮食储备库维修改造项目工程评审工作。

4.完成了省西宁粮食储备库提升功能铁路罩粮棚专项的竣工验收和验收材料的上报工作。

六 进一步加强应急管理工作，初步形成了省到州（地、市）、县、储备粮承储企业多层级的粮食应急体系

1.根据《青海省突发公共事件总体预案》及《国家粮食应急预案》等有关文件精神，修改完善了《青海省粮食应急预案》，报送省政府审定后，省政府于2006年3月正式下发执行。并督促各地及储备粮承储企业制定了本级粮食应急预案，形成了省与州（地、市）、县及承储企业的多层级粮食应急预案。

2.调整了面粉、大米品种的储备，使应急能力逐步提高。在2006年粮食价格上涨后，本着早动手、早安排、早预防的原则，迅速向各级行政管理部门下发通知，提出具体的工作要求，及时向省政府有关领导汇报粮食价格走势和应急准备工作情况，并得到了肯定。

七 强化粮食安全预警预报系统项目建设工作和信息工作，增强了粮食信息搜集、整理、分析、预测能力

1.预警预报系统建设工作已基本完成，整个系统现已进入试运行阶段。

2.加强了信息工作力度，并抽调人员成立了省粮油信息中心，整合了信息资源，提升了工作，并在省内建立了20个粮油动态监测点，完善了信息报送机制。同时，在粮食价格发生波动后，及时调整了粮油信息报送制度，将市场粮油信息由旬报改为每日一报、青海粮油快报为每周两期，确保了及时、准确，全面、完整和第一时间内向省政府报告市场粮油信息。全年共报送《青海省粮食工作信息》32期，《青海粮油快报》44期，《中外粮油信息网刊（青海版）》24期，《青海粮油市场价格信息监测报表》65期。

八 开展了粮食安全体系评价课题和绿色环保粮食的研究工作，为科学评价和把握全省粮食安全提供依据

青海是一个粮食产需缺口较大的省，加之经济欠发达，与主产省运距较长，粮食安全形势较周边省区和国内销区省市更为忧虑。对此，开展了粮食安全评价指标体系课题的研究。通过全面测算和分析全国及全省粮食安全状况的各相关因素，判断粮食安全评价指标体系的敏感度及准确性，修正相关指标的权重及警限，定量得出影响全省粮食安全的主要因素的具体数值和结论，为科学评价全省的粮食安全状况、准确预警预报粮食价格提供依据。现已基本完成课题研究任务。此外，完成了省乐都粮食储备库绿色环保项目的可行性报告，被省发改委纳入2006年项目前期计划中。

九 保质保量完成了全年军队粮油供应任务

在军粮供应与管理工作中，严格执行军供粮源政策，坚持用新粮、优质粮供应部队。切实落实军粮质量责任人制度，坚持出入库检验制度，做到安全卫生、防潮、防变，杜绝不合格粮油进入军营，确保部队吃上放心粮油。

十 认真开展党性教育活动和廉政建设

根据《中共青海省委关于开展“学习党章、寻找差距、增强党性”主题实践活动的意见》，成立了领导小组，制定了《省粮食局开展“学习党章、寻找差距、增强党性”主题实践活动实施方案》，召开了动员会，把主题实践活动作为2006年党建工作的重中之重来抓。通过采取集中学习、自学、座谈会、专题辅导、板报、知识竞赛、专题组织生活会等形式，巩固了学习内容和学习效果。

1.开展了社会主义荣辱观教育。通过多种实践活动，形成人人身体力行社会主义荣辱观的良好局面，使党员的党性进一步加强，党员队伍的素质得到提高，党组织的战斗堡垒作用得到发挥，讲大局、讲协调、讲服务、讲质量、讲效率的工作作风蔚然成风。

2.紧密结合粮食行业特点，将治理商业贿赂作为党风廉政建设和反腐败工作的重点内容列入全局主要工作之中。制定了《青海省粮食局开展治理商业贿赂专项工作实施方案》，对容易引发不正当交易的环节和岗位进行了调查了解和分析，确立全局治理商业贿赂的重点环节和部位。明确局机关各处室、直属各单位查找问题阶段的重点工作，进一步建立健全科学民主的决策和财务、会计、审计等制度，加强对企事业单位经营和财务管理等重点岗位人员的规范管理，加强对重点环节的监督检查，加强单位内控机制建设，强化制度建设，建立长效机制。

3.始终坚持把做好离退休人员的服务管理工作当作一件大事来抓。按照“细心、适度、诚恳、到位、安全”的工作要求，通过组织文体活动、串户慰问、召开座谈会、走访生活困难、长年有病退休人员，认真细致地做好离退休人员的各项服务管理工作，并严格按照政策规定，使离退休人员的各项学习、娱乐等活动落到实处。

宁夏回族自治区粮食工作

基本情况

宁夏回族自治区位于祖国中部偏北的黄河中上游地区，东邻陕西，北接内蒙古，南与甘肃相连。辖银川、石嘴山、吴忠、固原、中卫5个地级市，8个县级市辖区、11个县、2个县级市、1个县级开发区，共22个县（市、区）。全区面积为5.18万平方公里，占全国总面积的0.54%。

2006年，全区实现GDP707.0亿元，比2005年增长12.5%，人均GDP为11784元。财政收入实现跳跃式发展，全年完成一般预算总收入110.2亿元，比2005年增长26.6%。截至2006年12月31日，全区常住人口为603.7万人，其中农业人口占63.6%。全区农民人均纯收入2760.1元，比2005年增加251元，增长10.0%，扣除价格因素实际增长8.0%。据自治区年度土地使用现状调查结果，2006年年底，全区耕地面积为110万公顷，其中水浇地为40.2万公顷。自1987年以来，连续20年耕地面积持续净增，累计净增4.4万公顷。

粮食供求总量基本平衡，小麦略有缺口，水稻、玉米有余。2006年，全区粮食播种面积为79.5万公顷，比2005年增长2.5%。粮食总产量为311万吨，比2005年增长3.7%。人均粮食产量515.1公斤。全年从外省区购进粮食约48万吨。区内全年工业用粮约51万吨、种子用粮17万吨、饲料用粮74万吨、农村人口口粮102万吨、城镇人口口粮33万吨、食品、副食及酿造业用粮4万吨、榨油用大豆0.1万吨，粮食消费量合计281万吨，销往外省区的粮食约75万吨。粮食商品量为190万吨。

全区具有法人资格的国有粮食购销公司为25家，基层粮库共176家。近年来，粮食购销企业分流职工5620人，2006年年底在岗人员共1302人。

2006年粮食工作情况

一 粮食产量持续增长，粮食企业购销两旺

2006年，自治区党委、人民政府以科学发展观为指导，落实耕地保护制度，全年新增灌溉面积1.3万公顷，稳步提高粮食综合生产能力。尽管宁夏中部地区遭受严重旱灾，全区粮食总产仍达到311万吨，创历史最高水平。全区各类粮食企业累计收购粮食115万吨，销售量为111万吨。国有粮食企业收购60万吨，占全社会收购量52.2%。

国有粮食企业根据自治区粮食局制定的建议指导价格，小麦收购价格保持在每公斤1.60元左右，稻谷每公斤收购价比全国粮食主产区高出0.1元，均属全国最高收购价，从而拉动农民增收达2.39亿

2006年11月15日至16日，国家粮食局会同国家发展改革委、财政部、农业部、中国农业发展银行在银川市召开了全国粮食流通体制改革宁夏现场经验交流会。宁夏回族自治区党委书记陈建国同志会见国家粮食局党组书记、局长聂振邦同志。

宁夏回族自治区人民政府常务副主席王正伟同志出席会议并致辞。

宁夏回族自治区人民政府副主席赵廷杰同志介绍宁夏粮食流通体制改革的主要做法和取得的成效。

宁夏回族自治区粮食局党组书记、局长刘卉同志以《扎实推进，狠抓落实，努力做好粮食流通体制改革工作》为题，介绍宁夏粮食流通体制改革经验。

元，平均每个农业人口增加收入62.6元。全区国有粮食企业比上年减少亏损1702万元，减幅为23%，其中国有粮食购销企业减少亏损1009万元，减幅为50%。

二 严格实行粮食工作行政首长负责制，理顺粮食行政管理关系

2006年，自治区党委、人民政府按照构建社会主义和谐社会的要求，认真贯彻落实中央关于粮食工作的方针政策，严格实行粮食工作主席负责制。年初，针对宁夏粮食市场调控难度大，粮食行政管理部门条块分割，办事效率低等问题，决定由自治区粮食局垂直管理地级市粮食局，以保证政令畅通。重申粮食工作县（市、区）长负责制，县级人民政府管理本县(市、区)粮食局，县（市、区）粮食局在粮食业务上接受自治区粮食局的领导。自治区粮食局上收地级市粮食局后，顺利地开展了监管、调控全社会粮食市场工作，发展大粮食、促进大流通，全面提高了政府调控粮食市场的能力。理顺粮食行政管理关系是自治区党委、人民政府落实粮食工作行政首长负责制做出的重要决策。

自治区粮食局在组织实施全区粮食宏观调控，管理全区的粮食流通，推进粮食产业化经营中，不断研究粮食工作新情况，化解深层次矛盾，探索适合宁夏区情的发展模式。经常、主动地向自治区领导汇报、请示工作，及时接受指示得到帮助。尽力争取自治区财政等有关部门、各市县政府及所属部门以及中储粮西安分公司等单位的支持，全面、顺利地贯彻落实中央和自治区关于粮食工作各项方针政策。自治区粮食局高效、务实的工作，有力地保证了宁夏回族自治区粮食工作主席负责制的运行。

三 加强调控，克服市场缺陷

宁夏粮食市场零售价格自2006年3月1日开始普遍上涨，3月23日，普通大米涨幅达23%。3月25日，自治区党委书记负责同志召开常务会议，研究粮食市场形势，要求全区粮食部门发挥好职能作用，国有粮食企业发挥好主渠道作用，关注全国全区粮食市场变化，并部署调控工作。在这一周里，这是自治区党委、人民政府专题分析粮食市场形势，研究调控措施的第3次会议。3月29日，自治区粮食局召开会议，全面加强粮食市场监测预报预警工作，安排应对措施。

1．加强市场监测工作，准确掌握市场变化状况。根据自治区党委、人民政府专题会议精神，依照《国家粮食局粮食市场监测方案》的规定，自治区粮食局调整粮食市场监测实施办法，采取分级负责、分段管理的方式，全面加强市场监测工作。建立了28个监测点，监测面覆盖了全区粮食收购、存储、加工、批发、零售等各类企业的粮食流通状况。报告频率增加到每周3次。自治区粮食局定期分析、预测粮食市场形势，提出调控意见。市场出现异常情况时，随时召开会议，预测走势，提出调控建议，并调整监测密度及报告频率，以保证监测信息的准确性、时效性、连续性。自治区粮食局开发出粮食市场监测信息软件，筹集资金为各监测点配备了数据处理和信息传输设备，培训了监测人员，于9月12日启动粮食市场价格监测暨信息传输系统，实现点对点的数据传输。

2．完善应急措施，做好应对公共突发事件准备工作。一是完善制度。建立市场粮食供应较为紧张、十分紧张、极度紧张三级预警制度，确定各级预警期间粮食供应应急措施。修订以低保户、困难居民和大中专院校学生为重点的粮食供应应急预案，当粮食价格上涨到超过低收入家庭承受能力的时候，全区粮食部门保质、保量、定点、定价组织供应。二是落实应急供应网络。各市粮食局确定2个以上的大中型粮食加工企业和4个以上的零售企业，各县粮食局确定2个以上的加工和2个以上零售企

业，在粮食市场出现大的波动时期承担粮食行政管理部门委托的政策性粮食加工和供应工作，为政府调控粮食市场服务。自治区粮食局具备了在短时间内按照政府调控计划组织粮食骨干企业做好粮食购销、加工、调运等各项工作的能力。三是建立应急成品粮储备。经验表明，宁夏粮食安全受到威胁时，首先是成品粮供应告急。粮店粮食脱销时，不是因为缺少原粮储备，而是成品粮库存不能满足居民购买需求。自治区粮食局、财政厅自2006年5月起，调研建立应急成品粮储备问题，提出储备规模、管理、运作意见，经自治区人民政府同意，联合印发了《自治区应急成品粮储备方案》。成品粮储备规模，根据地级市常住人口7天口粮标准核定，从自治区级储备粮总规模中分出一部分原粮计划指标，以成品粮形态储存在18个具有承储资格的军粮供应企业、粮食加工龙头企业中。自治区财政对承储企业成品粮储备费用给予补贴。四是适时竞价采购和公开拍卖储备粮。自治区粮食局全年共10次组织公开拍卖轮换出库的储备粮，销售轮出粮食1.45亿公斤，用来调节市场，稳定粮价。五是提前供应退耕还林补助粮。2006年4月初，宁夏中部地区已近600天没有有效降雨，遭受了特大旱灾，11个县（市、区）的887个行政村的群众严重缺粮。根据自治区党委、人民政府的部署，自治区粮食局安排提前供应退耕还林补助粮工作。5月底至6月底各退耕县先后完成供应总量的50%。截至2006年年底，按照退耕还林补助粮供应标准，在中央计划未下达之前，全区粮食部门提前两批，共三批供应灾区群众退耕还林补助粮13万吨，保证了灾区群众有饭吃，情绪稳定。10个退耕县（区、开发区）的粮食局在4个月时间内，筹集到11万吨粮食，保证了提前供应补助粮的货源。100多个退耕还林补助粮供应点，600多名粮食职工，每天坚持工作10小时以上。6月至8月是补助粮供应最繁忙的时候，职工们克服自身的生活困难，冒着酷暑，把补助粮供应到了群众手中。

四 加强粮食市场监管，保证粮食有序流通

年初，自治区粮食局增设了政策法规处，并将行业监管处更名为监督检查处。各市粮食局相应设置监督检查科（股），配备了工作人员，实现了粮食流通监督检查机构、人员、职能三落实。经培训，全区有113人取得了粮食执法资格证。全年两次培训粮油质量监督检验人员，考试合格者获得资格证书。

1．梳理执法依据、确认执法资格、明确执法职权。年初，自治区粮食局梳理出粮食行政执法主体及执法依据、职权及其依据，自治区人民政府确认后，于8月16日以宁政发[2006]100号文件向社会公告执行。自治区粮食局先后制定出为《粮食流通管理条例》配套的规范性文件51件，以完善、健全粮食流通监督检查行政执法依据，规范执法行为。

2．行使执法职权，积极开展监督检查行政执法工作。

一是严把市场准入关。市县粮食局全年受理申请粮食收购资格单位65家，发放收购资格许可证52家。截至2006年年底，全区粮食行政管理部门累计受理收购许可证申请单位761家，经审核，发放粮食收购许可证668个，其中发给国有及国有控股企业为152个。平罗县、青铜峡市、灵武市、吴忠市、固原市粮食局对辖区内发放的粮食收购许可证实行年审制度，以规范粮食收购主体。市县粮食局普遍建立起粮食经营者诚信档案。

二是开展粮食流通监督检查工作。各市县粮食局全年独立执法检查和与工商、质检等部门联合进行粮食流通监督检查100余次。涉及国有粮食企业14家、非国有粮食企业122家，共涉及粮食经营者近1000家。依法取消粮食收购资格的有17家，责令限期整改者102家。8月7日至18日，自治区粮食局分

别由两位副局长带领检查组深入到各市县检查粮食流通监督检查工作。检查结果表明，全区大部分粮食收购者都具备粮食收购资格，做到持证收购，遵守国家法律、法规和粮食收购政策，压级压价、短斤少两、打白条等情况很少。全区没有发生行政复议和行政应诉案件。自治区粮食局开展的节日期间的粮食市场、储粮安全、退耕还林补助粮质量等各专项检查，都收到了良好效果。

五 提高员工素质，加强储备体系建设

自治区粮食局对直属储备库和自治区储备粮代储库的人、财、物实行统一管理，建立了一整套规章制度，规范对储备库、储备粮的管理。组织储备粮承储企业负责人、业务主任全面开展观摩活动，达到了取长补短，改进工作的目的。各企业的管理水平大幅提高，差距逐步缩小。

1．开展“2006员工素质年”，开展职业技能鉴定工作。在国有粮食企业以“三减一完善”为主要任务的改革中，除了应急培训以外，没有精力开展提高员工业务素质的活动，干部、职工教育基本停止，职业技能鉴定中断多年。2006年，自治区粮食局安排了15项干部教育培训活动，提高干部队伍素质。2月，印发《关于开展“2006员工素质提高年”活动的通知》，全面提高职工素质。重点是岗位练兵，业务技能竞赛，进行职业技能鉴定。一是成立自治区粮食行业职业技能鉴定站。向国家粮食局申请成立自治区粮食行业技能鉴定站。国家粮食局同意建站后，立即组织建章立制等工作，保证鉴定站科学、规范运行。二是培训职工。3月，自治区粮食局请专业教师和区内外业务专家按照国家颁布的职业技能标准培训各储备企业业务主任、科长、总保管等人员。接受培训并考试合格者，即为各储备企业培训职工的师资力量。培训班结束后，各储备企业立即根据国家职业标准及配套教程，培训本企业职工。三是开展竞赛活动及职业技能鉴定工作。各储备企业培训工作结束后，根据自治区粮食局技能竞赛领导小组制定的竞赛实施方案，组织开展了业务技能竞赛，并根据竞赛成绩确定出参加全区竞赛和职业技能鉴定的人员名单。

9月14日，自治区粮食局技能竞赛领导小组、宁夏粮食行业特有工种职业技能鉴定站共同组织业务技能竞赛的理论考试，这次考试也是职工晋升中级工的正式理论考试。参加这次考试的共258人，及格者194人。10月上旬，组织理论考试成绩及格的194名职工进行业务技能竞赛，这次技能竞赛也是晋升中级工的技能考核。其中158人达到中级工水平。12月1～2日，举行宁夏粮食储备企业首届职工业务技能大赛暨职业技能鉴定大会。参加大赛的44名职工是从达到中级工水平的人员中推荐出来的。大赛分理论考试和实际操作两部分，严格按照《国家粮食局粮食行业特有工种职业技能鉴定规程》进行。自治区人大副主任张小素、自治区劳动和社会保障厅副厅长武平等出席大会。自治区粮食局局长刘卉出席大会并致闭幕辞。考试、考核极为规范，领导小组安排全程录像备查，并设置举报箱。44名选手理论考试平均成绩为72.5分，技能考核平均成绩为60.75分，有18人达到高级工职业技能水平。参加大赛的各单项第1名，均获得自治区粮食局技能竞赛领导小组授予的“业务能手”称号。职工普遍认为，国家粮食局在粮食行业推行职业资格证书制度，开展职业技能鉴定，是提高从业人员素质的重要措施。

2．建立储备粮轮换风险基金。由于多种原因形成的轮换亏损，困扰着粮食储备企业。自治区粮食局采取过多种措施，以规避轮换风险。2006年，研究、制定出《宁夏回族自治区储备粮轮换风险调节基金管理暂行办法》，进一步解决轮换风险问题。一是规模及筹集办法。自治区储备粮轮换风险基金规模为1500万元，采取承储企业自筹、财政补助两种方法筹集，以企业自筹为主。二是加强管理。

自治区粮食局集中管理轮换风险基金，专项用于解决承储企业在特殊情况下发生差价亏损，或轮换架空期因市场波动引起粮价大幅度变化和政策调整双重影响产生的轮换亏损。

3．研究、改进储粮技术，提高保粮水平。一是改进通风方法。全区各储备企业研究、调整通风方式、通风时机，提高储粮质量，降低能耗，节省费用。二是研究、采用高水分粮就地干燥技术。石嘴山、灵武、固原、银川新城储备库自制地上笼，就垛干燥高水分玉米，比传统的晾晒降水方法，每吨节约费用3～5元。这项技术仍在研究、改进中。三是推广保水、调质技术。温度、湿度降至合适程度的纯净、无虫的仓粮，适时压盖粮面、密闭粮堆的保温、保湿技术，已在储备企业普遍应用。采用调质通风技术的企业日益增多，各企业都在继续研究、试验，力求准确掌握，取得更好的效果。

1月，农发行宁夏分行、自治区粮食局联合核查全区粮食储备企业、购销企业2005年年底的粮食库存及收购资金封闭运行情况。核查结果表明，储备粮数量真实、质量完好、储存安全，收购资金封闭运行情况良好。9月27日，全国粮食库存抽查组在银川召开检查情况通报会，联合工作组认为，宁夏粮食库存状况抽查结果令人满意。

六 开展调研和理论研讨活动，推进国有企业改革与发展

1．开展深化粮食流通体制改革调研和理论研讨活动。自治区粮食局为了全面贯彻落实中央的粮食方针政策，推进社会主义新农村建设，根据自治区党委的指示，在全系统开展了深化粮食流通体制改革、促进社会主义新农村建设调研和理论研讨活动。各级干部积极调研，认真撰稿，提出很多有价值的观点、措施，对理清改革思路、完善工作措施、推进社会主义新农村建设具有重要作用。这次活动共收到区内外调研报告、论文176篇，召开过两次学术交流会，选择40余篇编辑出版了《宁夏粮食流通体制改革论文集》。

2．国有粮食企业改革与发展。国有粮食企业经过第一阶段的改革后，急需整合优质资产，与多种经济成分合作，优势互补，互惠互利，构建新的粮食流通服务网络。选择合适的途径，发展企业，促进粮食产业化经营。

一是培育骨干企业，发展民营企业。自治区粮食局按照“培育骨干、加强重点、合理布局、提高质量”的思路，培育、扶持国有控股的宁夏粮食产业集团，该集团总资产达11.9亿元，净资产为2.6亿元，是全区粮食购销市场中的核心企业。支持塞北雪面粉、黄河米业、大北农饲料等企业发展，推进粮食产业化经营。核定了580多家民营企业和个体工商户参加粮食经营活动。

二是改善企业管理，转换经营机制。自治区粮食局对直属企业实行目标管理，层层签订目标管理责任书和扭亏增盈责任书。全面开展增收节支活动，深化企业人事、劳动用工和分配制度改革。国有粮食购销企业新增政策性粮食财务挂账占用贷款于8月31日前全部划转到市县粮食局集中管理，优化了资产结构和资产质量，购销企业所有者权益比上年增加574万元。粮食购销企业多以承包形式开展经营活动，瞄准市场打“短平快”，“勤进快销”，资金周转快，利息支出少。部分企业利用国有企业的信誉及场地、设备优势，开展厂库联营，开展代储业务。

三是实行建议指导价格制度，兼顾各方利益。自治区国有粮食企业按照自治区粮食局确定的粮食收购建议指导价格，掌握货源，满足农民售粮需要。收购建议指导价格是自治区粮食局根据粮食生产成本和粮食生产者、经营者、市县粮食局、市县人民政府的意见，考虑与周边地区的粮食价格和国内粮食市场价格的衔接，预测收购粮食难易程度提出的，自治区人民政府同意后，在收购工作会议上公

布开秤价。在收购中，自治区粮食局跟踪调研，根据自治区人民政府关于收购价格的总体要求，及时调整，以兼顾各方利益和财政负担能力。

四是发展粮食订单，促进粮食产业化经营。宁夏自2001年开始以粮食订单形式联系粮食生产、销售、加工各环节，引导粮食生产。订单制度逐年完善，数量逐年增加，履约率逐年提高。

1月，市县粮食局总结经验，规范订单，成立"粮食订单"督导协调领导小组，全面开展粮食订单的组织工作。2月，自治区粮食局派出38个工作组，检查指导各市县的订单工作。2月20日，自治区粮食局召开通报会，肯定成绩，布置任务。在3月6日召开2006年"粮食订单"产销衔接暨签约大会上，有58家用粮企业与粮食生产单位签订订单80815份，数量为98.9万吨，涉及种粮面积18万公顷。

2006年全区国有粮食企业订单履约率为76.1%，比2005年增长5个百分点，石嘴山市订单履约率达89.33%。

五是做好安置人员工作。自治区粮食局协助各市县进一步落实已解除劳动关系人员的生活保障问题，争取优惠政策，扩大就业。对国有粮食购销企业在改革中按计划保留国有身份人员，普遍采取在企业内部设立职工劳动工龄补偿和再就业基金专户的办法，通过处置企业资产、企业自筹、当地政府配套、自治区财政适当补助等多种渠道筹集资金，予以分流安置。

七 加强党风廉政建设和政风行风建设，提升执政能力

1．抓学习，深入开展反腐倡廉教育。坚持局中心学习小组学习制度，突出重点、学以致用。坚持局机关干部学习制度，改进作风，提高工作效率。通过学习，强化党员、干部的政治观念、组织观念和纪律观念。学习内容以政治理论、党的路线方针政策、重大决策和中央领导同志的重要讲话为主。组织党员、干部学习、贯彻《实施纲要》，宣传勤政为民、清正廉洁的先进典型。剖析典型腐败案件，开展警示教育。深入进行思想道德建设，弘扬以"八荣八耻"为主要内容的社会主义荣辱观。

2．加强监督，促进领导干部廉洁从政。实行党风廉政建设责任制，严格执行廉洁从政的各项规定，开好领导班子民主生活会。坚持纪检组负责人同下级党政主要负责人廉政谈话制度，全年与下级领导干部谈话22人次。坚持领导干部任前廉政谈话和诫勉谈话制度，全年廉政谈话92人次，诫勉谈话8人次。都取得良好效果。

3．创建文明机关。4月，自治区粮食局党组决定开展创建文明机关活动，成立了以刘卉局长为组长，各党组成员为副组长的自治区粮食局创建"文明机关"领导小组，领导小组下设办公室。要求80%以上的处室在年内达到文明处室标准，自治区粮食局在年内达到文明机关标准。创建工作思路清晰、目标明确、态度坚决、措施有力、工作班子过硬。10月，96%的处室达到文明处室标准。11月，自治区粮食局通过自治区直属机关精神文明建设指导委员会的考核验收。12月18日，荣获区直机关工委授予的"文明机关"光荣称号。

新疆维吾尔自治区粮食工作

基本情况

新疆维吾尔自治区位于祖国的西北边疆，2005年年末，总人口2010.4万，其中：城镇人口746.9万，占37.2%；乡村人口1263.5万，占62.8%。新疆是多民族聚居地区，区内共有53个民族，少数民族人口1214.7万，占全区总人口的60.4%。全区共有自治州5个，地区7个，地级市2个，县级市20个（其中自治区直辖4个），县68个（其中自治县6个，市辖区11个）。

新疆土地总面积166.5万平方公里，占全国的1/6。2006年年末，全区农用地6303万公顷，其中耕地406.3万公顷。2006年农作物播种面积372.8万公顷，粮食作物播种面积147.2万公顷，粮食产量877.2万吨，其中小麦产量400.7万吨，水稻54.2万吨，玉米380.4万吨，大麦10万吨，豆类25万吨。全区人均占有粮食436公斤。

2006年，全区GDP2604亿元，比上年增长10.9%；人均13108元，比上年增长8.8%。地方财政一般预算收入180亿元，比上年增长15.8%。农村居民家庭人均纯收入2482元，比上年增长10.6%。

2006年，新疆地方国有粮食经营企业商品粮总购进196.8万吨，比上年减少41.5万吨，其中收购小麦172.6万吨，减少47.8万吨。国有粮食经营企业商品粮总销售216.5万吨，比上年增加7.9万吨，其中小麦196.8万吨，增加4.4万吨。2006年全区工业用粮17万吨，种子用粮34万吨，饲料用粮327万吨，城镇居民口粮139万吨，农村人口口粮275万吨。

2006年年末全区有粮食企业254家，从业人员9793人；国有粮食购销企业128家，从业人员7058人。

2006年粮食工作情况

2006年，在自治区党委、政府的正确领导和国家粮食局的指导下，在各有关部门的大力支持下，全区粮食部门广大干部职工认真贯彻国家和自治区的粮食政策，主动适应新形势、新变化，全面履行各项职责，粮食工作取得了新进展、新成绩。

一 继续加强和完善粮食宏观调控

1．召开全区粮食局长会议暨全区粮食系统先进集体和先进个人表彰大会。全面总结“十五”时期粮食工作，提出“十一五”时期发展思路、主要目标、任务和措施，并对工作进行了具体安排部署。

2．完善粮情监测体系。确定45个主产县，建立以产量、收购、价格、销售、库存等为主要内容的报表监测机制，为宏观调控提供依据。初步形成了三级粮情、价格搜集、分析预测体系。

3．完善粮食应急机制。加快研究制定《自治区粮食应急预案》实施细则，确定了粮食应急的储备、加工、运输供应企业建议单位，制定了粮食应急具体措施，切实提高对紧急事件的应对能力及管理水平。

4．加快粮食物流产业园建设。完成了“新疆维吾尔自治区粮食现代物流设施‘十一五’及中长期建设规划”的编制工作，重点在乌鲁木齐、伊犁、阿克苏筹建区域性粮食物流园项目；乌鲁木齐北站物流园项目及伊犁州粮食物流配送中心项目第一期工程伊犁国家粮食储备库项目（含铁路专用线）已进入总体设计阶段；新疆粮油中心批发市场功能提升项目，已完成了以信息技术和检验检测系统为主要内容的项目前期准备工作。

5．加强储粮管理。全面开展春季安全储粮及“一符五无”粮仓大检查，严格落实自治区地储粮轮换计划；14家粮食储备库经申报取得了中央储备粮代储资格；进一步做好储粮药剂的管理，开展安全检查，严格处理及销毁报废药剂，全力确保已入库粮食的安全存放；举办四期约300人次的粮油质检人员培训班，提高了全区科学储粮水平。

6．加强全区粮食财务管理。对2004年以前的政策性粮食财务亏损挂账从企业剥离，解决了粮食购销企业的部分“老账”问题，为企业今后发展奠定了基础。加强了对粮食购销企业财务管理的调查与指导，加大了企业财务人员的培训力度，培训人数达178人次。同时加强了与农发行等有关部门的协调，确保了粮食收购资金的及时供应。

7．认真做好军粮供应工作。按照“先前方、后后方，先军队、后地方”的原则，继续认真做好全区军粮统筹采购、筹集落实军供网点维修改造资金等工作，全面完成了自治区下达的供应计划，得到部队的好评。

二 认真贯彻落实国务院16号文件精神

1．加强领导，健全机构。根据人员变动情况，及时调整和充实了局粮改领导小组及其办公室人员，并明确了工作任务。

2．起草了自治区人民政府关于贯彻国务院16号文件精神的通知。按照《国务院关于完善粮食流通体制改革政策措施的意见》（国发[2006]16号）文件精神，由自治区粮食局牵头起草了贯彻落实意见，经反复讨论、修改，至年底已基本定稿。其主要内容是：加快推进国有粮食购销企业改革，切实转换企业经营机制。按照有效调控市场、国有粮食购销业务覆盖全区的要求，形成以国有独资、国有控股为主的产权制度格局，力争在1～2年内基本完成改制任务。积极培育粮食龙头企业，大力发展粮食产业化经营。“十一五”期间将积极培育出20个销售收入1亿元以上的粮食龙头企业，创建3～5个销售收入在8亿元以上的大型粮食企业集团，大力发展粮食产业化，实现粮食的就地转化增值。加快建立多元化粮食市场体系，规范粮食市场秩序。积极探索农村粮油购销服务的有效形式，培育、发展各类粮食市场主体，发展农村粮油服务组织，推进放心粮油进农村活动。加快完善粮食市场体系，加强粮食仓储设施和现代物流体系建设。进一步加强和改善粮食宏观调控，建立粮食安全和保障种粮农民收益的长效机制。坚持“立足区内，略有结余”的方针，努力实现粮食供求总量合理平衡的宏观调控目标，建立粮食产需和库存量相衔接的总量、品种调控指标体系。建立健全粮食主产区和主产县的扶持保障体系，加强区内外的产销衔接，保证粮食供给和市场稳定。加强组织领导，确保粮食流通体制改革顺利进行。继续完善粮食行政首长负责制，落实各部门分工负责制，加强和充实粮食行政管理机构、人员。

3．树立典型。2006年，昌吉、阿克苏、巴州3地州粮食行政管理部门被国家粮食局评为全国粮改先进单位，区局对全区15个先进集体和21名先进个人进行了表彰。由于近几年来，新疆粮食改革工作成绩突出，自治区粮食局被国家粮食局评为全国粮改先进单位。

4．加快推进国有粮食购销企业改革。选定并落实昌粮集团等5家改革进展较快的企业作为联系点，制定改革预案，加强改革指导。下发了国有粮食购销企业扭亏增盈工作意见，要求各地尽快建立健全扭亏增盈目标责任制、奖惩制，提出加快粮食产业化经营、强化企业内部管理、规范企业会计核算、争取地方政府支持等一系列国有粮食购销企业扭亏增盈措施。全区国有粮食购销企业全年亏损202万元，比上年减亏2321万元。其中新粮盈利2760万元。

三 认真执行粮食购销政策

1．认真落实夏粮收购电视电话会议精神。6月13日，自治区人民政府召开夏粮收购电视电话会议，区局认真贯彻落实，专门成立夏粮收购领导小组，派出由局领导带队的多个工作组赴基层指导收购工作、检查政策落实情况，及时协调收购中出现的新情况、新问题。

2．做好全区小麦供求平衡预测分析。自治区粮食局会同各地、州、县（市）粮食局及基层统计调查人员对全区6400户城镇居民、5200户农民、1300户农工及129家国有粮食购销企业、220家非国有粮食经营企业和粮食转化企业进行了调查，对全区小麦供求平衡状况、小麦生产流通、小麦供求趋势进行了分析，还会同有关部门召开小麦价格研讨会，分析预测小麦价格及走势。

3．不折不扣地执行小麦敞开收购直补政策。认真贯彻落实自治区领导对夏粮收购工作的重要批示，会同有关部门联合下发了《关于2006年度小麦收购及直补政策有关问题的补充通知》，并分别召开南、北疆片夏粮收购座谈会，对敞开收购、敞开直补的小麦收购政策进行安排部署。全区各级粮食行政管理部门和国有粮食购销企业不折不扣地执行小麦直补收购政策，较好地完成了全年收购任务。截至12月31日，全区国有粮食购销企业（含中储粮直属库）收购直补小麦215万吨，给农民兑付直补款4亿多元。

4．与中储粮建立小麦销售联席会议制度。协调解决收购销售进度及销售价格等问题。

5．抓好收购服务。各级粮食行政管理部门深入基层，蹲点指导，实地调查，加强监督，全力保证收购有序、顺利开展。国有粮食购销企业及早动手，签订小麦订单，加强政策宣传，认真执行收购信息参考价，狠抓服务质量，做到“六不”，即不压级压价、不限收、不停收、不拒收、不向农民打白条、不收人情粮、做到“户交户结”和“钱粮两清”，受到交粮农民的普遍欢迎。

四 加强粮食行政执法工作

1．严格执行《粮食流通管理条例》和政府部门规章。2005～2006年区局制定下发了《新疆维吾尔自治区粮食流通统计制度》、《关于做好粮食经营企业建立统计台账工作的通知》、《关于做好粮食收购资格审核有关工作的通知》和《关于转发国家粮食局、国家工商行政管理总局〈粮食收购资格审核管理暂行办法〉的通知》。截至2006年年底，粮食行政执法依据包括法律法规和规章3个，即《粮食流通管理条例》（国务院第407号令）、《中央储备粮管理条例》（国务院第388号令）、《新疆维吾尔自治区地方储备粮管理办法》（自治区政府133号令），规范性文件9个，即《关于贯彻国务院〈粮食流通管理条例〉的意见》（新政发[2005]54号）、《粮食收购资格审核管理暂行办法》（国粮政[2004]121号）、《粮食流通监督检查暂行办法》（国粮检[2004]230号）、《粮食质量监管实施办法》（国粮发[2004]266号）、《中央储备粮代储资格认定办法》（发改委、财政部第20号令）、《关于转发国家粮食局、国家工商行政管理总局〈粮食收购资格审核管理暂行办法〉的通知》（新粮购[2005]87号）、《关于做好粮食收购资格审核有关工作的通知》（新粮购[2005]117号）、《新疆维吾尔自治区粮食流通统计制度》（新粮购[2004]253号）、《关于做好粮食经营企业建立统计台账工作的通知》（新粮购[2005]55号）。有3个行政许可事项，即：粮食收购资格许可、军粮供应站资格和军粮供应代理资格认定、陈化粮购买资格认定，还有15个行政处罚事项。

2．加强学习培训。继续学习《粮食流通管理条例》及相关法律法规，举办了三期粮食流通监督检查行政执法培训班，进一步提高了执法人员的法律意识和执法能力。

3．健全机构、充实人员。积极与地方党委、政府及自治区编委联系协调，努力解决粮食监督检查机构和人员问题，并积极争取配套资金。全区15个地、州（市）中，14个已建立内设监督检查机构，86个县中41个设监督检查科。

4．加强对全社会粮食流通的监督检查。年初区局召开了全区粮食监督检查工作会议，对全区粮食监督检查工作进行了全面安排部署。各地主动与工商、质检、卫生等部门沟通，建立粮食执法协调机制。夏粮收购期间，我局分别对南、北、东疆片粮食经营者的收购资格、执行国家小麦质量标准、执行自治区粮食直补政策等情况进行了专项检查，逐步规范了粮食收购许可证的申请、审批、发证等工作程序，并对已经发放的粮食收购许可证进行了全面审核。

5．做好重大涉粮案件办理工作。一年来自治区共查办涉粮案件647起，有力打击了粮食违法经营者的行为，规范了粮食市场秩序，尤其是依法加强对重点、典型案件的跟踪执法，取得了良好效果。自治区粮食局被国家粮食局评为2006年度全国粮食流通监督检查工作省级先进单位，阿克苏地区粮食局、塔城地区粮食局和喀什市粮食局被评为市、县级先进单位。

6．开展全区粮食库存大检查。根据国粮局安排，区局会同自治区发改委、财政厅等有关部门对全区粮食库存情况进行了检查，确保了自治区库存粮食质量可靠、数量真实，储备粮管得好、调得动、用得上。

五 推进粮食产业化发展

1．加强行业指导。协助举办中国及中亚诸国粮油加工企业研讨会、粮油机械产品推介会，召开水稻产业化座谈会等会议，对8个地州的60多个粮油加工企业进行发展现状调研，为企业提供政策引导和信息服务。

2. 支持龙头企业发展。2006年又有8家涉粮企业新进入自治区农业产业化龙头企业行列，目前，全区已有涉粮类农业产业化龙头企业31家，有38家享受国家粮食局和中国农业发展银行信贷重点支持的粮食产业化企业。

3. 大力开展放心粮油工程。2006年全区新增区级“放心粮油产品”11个，“放心粮油销售店”30家，1家企业被授予“全国粮食行业食品安全信用体系建设优秀试点单位”称号。截至年底，全区共有56家“放心粮油产品”，1个中国名牌，11个新疆名牌。放心粮油工程活动已由“放心粮油”产品评比扩展到“放心粮油销售店”、“放心粮油进社区、进农村”等一系列深化、延伸的加工、营销、服务活动。粮油加工龙头企业和“放心粮油”产品在市场上的影响力越来越大，越来越受到广大消费者的认可和欢迎。

4. 充分发挥中介组织作用。进一步充实和加强全区粮食行业协会、粮食经济学会、面粉协会等粮食产业化中介组织作用，加强信息支持和连接互通，促进科技推广和服务。

六 加强党建和精神文明建设，创造和谐机关

1. 加强党员教育工作。落实自治区关于健全和完善保持共产党员先进性长效机制的一系列规定，组织学习胡锦涛总书记视察新疆时的重要讲话，邀请自治区党校教授作关于学习《江泽民文选》专题辅导。切实抓好党员的学习教育，不断提高党员干部的思想素质和政治水平，做到工作和学习教育“两不误、两促进”，为粮食业务工作的顺利开展奠定了坚实基础。

2. 着力做好党风廉政建设和反腐败工作。根据中央关于《建立健全教育、制度、监督并重的惩治和预防腐败体系实施纲要》的要求，做好机关和粮食系统党风廉政建设和反腐败工作，加强廉政教育，严格政治纪律，保证了国家、自治区各项粮食方针政策在粮食系统得到全面贯彻执行。

3. 加强制度建设，建立了长效机制。重新修订并印发《自治区粮食局党委工作规则》，提出《关于进一步加强局党委集体领导和分工负责制的意见》，广大党员通过学习，进一步增强了学习实践“三个代表”重要思想、树立科学发展观的自觉性和坚定性，提高了党员干部的政治意识、大局意识和责任意识，建立起了让群众满意的长效机制。

4. 提高安全生产和综合治理工作力度。局领导高度重视，严格落实安全生产各项政策措施，将安全生产与业务工作同安排、同检查、同落实、同考核。开展多次安全检查并组织消防演习，消除隐患，狠抓宣传，推进安全文化建设；在机关牢固树立“安全第一，预防为主，综合治理”的安全意识，建立危险防范网络。

2006年9月，国家粮食局聂振邦局长（左一）在新疆维吾尔自治区粮食局肖启英书记（左三）、米尔扎依·杜斯买买提局长（左二）等局领导陪同下，视察新疆粮食局军粮供应办公室。

2007年4月，国家粮食局任正晓副局长在新疆粮食局机关检查调研指导新疆军粮供应管理工作，与新疆粮食局军粮供应办公室徐立文主任（右）亲切交谈。

新疆维吾尔自治区军粮供应办公室

新疆维吾尔自治区军粮供应办公室前身为“新疆维吾尔自治区军粮采购供应中心”，成立于1997年7月。2004年9月，经自治区编委批准更名为“新疆维吾尔自治区军粮供应办公室”，为参照公务员管理的正县级区级全额事业单位。

多年来，该军粮供应办公室在国家粮食局和国家粮食局军粮供应办公室的有力指导下，在自治区粮食局的直接领导下，在驻疆部队和各级人民政府以及自治区财政厅、编委、农发行等有关部门的大力支持下，坚持以“三个代表”重要思想为指导，牢固树立“以兵为本，服务部队，服务基层”的思想，突出“平战结合、突出战备，军民兼容、部队优先，主副并进、以副补主”的发展思路，深入贯彻“先前方后后方，先军队后地方”军粮供应政策，大力推进军粮供应管理机制改革，在为驻区部队广大官兵提供“全天候”的军粮供应服务保障，狠抓科学规范化管理，加强军供粮油质量管理，开展军粮供应优质服务活动，支持和参与部队后勤保障社会化改革等项工作中，做出了显著的成绩。

该军粮供应办公室2002年被新疆粮食局、新疆军区联勤部授予“新疆军粮供应管理先进单位”荣誉称号，2005年被兰州军区、自治区人民政府授予“西北五省区军粮供应管理先进单位”荣誉称号。2006年，该军粮供应办公室主任徐立文被自治区党委、自治区人民政府、新疆军区授予“爱国拥军模范个人”荣誉称号。

2005年1月18日至19日，新疆维吾尔自治区粮食局军粮供应办公室在乌鲁木齐举办“全区军粮供应系统文艺汇演”。

新疆乌鲁木齐北站国家粮食储备库领导班子成员。左起分别为：新疆乌鲁木齐北站国家粮食储备库副主任张斌、纪检委书记胡雪岩、主任王立代、党委书记张辉、副主任尤努斯·买买提、副主任潘兵。

新疆乌鲁木齐北站国家粮食储备库仓库一角。

2007年4月，国家粮食局副局长任正晓同志来新疆乌鲁木齐北站国家粮食储备库视察指导工作，详细了解储备库粮食现代物流园区建设项目情况。

新疆乌鲁木齐北站国家粮食储备库

新疆乌鲁木齐北站国家粮食储备库地处乌鲁木齐市西郊。隶属自治区粮食局，系自治区地方粮油储备的龙头企业，承担着国家和地方（省级）储备粮油的仓储任务。企业始建于1966年8月，1992年10月，根据国家粮食储备局文件，命名挂牌为“新疆乌鲁木齐北站国家粮食储备库”，属政策性经营单位。

新疆乌鲁木齐北站国家粮食储备库自成立至今，承担并完成了国家各类储备粮油的仓储任务和南北疆粮油中转调运的重要任务，库区内有三条铁路专用线，累计中转调运量500余万吨，确保了国家储备粮油管得好、调得动、用得上，为新疆的经济发展和维护社会稳定做出了积极的贡献。企业占地面积498亩，现有粮食仓容15.01万吨。企业先后荣获“全国‘四无’粮仓先进单位”、“自治区级文明单位”、“乌鲁木齐市社会治安综合治理先进单位”、“中央储备粮代储管理先进单位”、“自治区粮食系统先进单位”等多项荣誉称号，创造了良好的社会效益和经济效益。

近几年来，在自治区粮食局的正确领导下新疆乌鲁木齐北站国家粮食储备库党委领导班子积极面对粮食流通体制改革的新形势、新任务，精诚团结，锐意改革，勇于创新，审时度势地提出了“背靠储备，面向市场，拓展经营”的企业总体发展思路，通过深化企业人事用工制度、工资分配制度的改革和企业管理制度的不断完善，逐步形成了较为科学的企业管理体系。同时，为确保国家专项储备粮和自治区地方储备粮的安全，进一步提高地方政府的粮食宏观调控能力，2004年，企业通过多渠道筹资3000余万元扩建了6.64万吨现代化粮库及仓储附属设施。2005年，又接收了国家三批粮库建设中建成的仓容为2.5万吨的南疆叶城储备库作为分库。目前，企业已形成了依托粮食储备业务，不断拓展多种经营的发展格局，步入了良性发展的轨道。

根据国家“十一五”期间粮食现代体系建设的规划和《新疆维吾尔自治区粮食现代设施“十一五”及中长期建设规划》，将对新疆乌鲁木齐北站国家粮食储备库现有老库区进行现代化物流改造，建成新疆维吾尔自治区的粮食主要中转枢纽及外运通道，实现粮食现代物流专项规划中一级节点的目标要求，形成集粮油储备、中转、粮食加工、信息服务、检验检测服务等功能于一体的综合性现代粮食物流园区。新疆乌鲁木齐北站国家粮食储备库党委将按照这一规划，继续带领全库员工，为实现仓储管理现代化、队伍专业化、储粮科学化、经营市场化、库区园林化、粮食流通“四散”化的奋斗目标，不断向前迈进。

青岛市粮食工作

基本情况

青岛市地处山东半岛南部，东、南濒临黄海，东北与烟台市毗邻，西与潍坊市相连，西南与日照市接壤。青岛市下辖七区五市，分别是市南区、市北区、四方区、李沧区、崂山区、城阳区、黄岛区、胶州市、即墨市、平度市、胶南市、莱西市。2006年年底，全市共有749.4万人，其中市区271万人，五市478.4万人。

青岛市总面积为10654平方公里，其中市区面积为1102平方公里，所辖五市为9552平方公里。2006年年末，全市实有耕地面积41.3万公顷。2006年，全市粮食播种面积为49.8万公顷，总产量达到303.9万吨。人均粮食占有量为405.6公斤，全市粮食商品率为36.2%。

2006年，全市GDP3206.6亿元，增长15.7%；全市实现地方财政一般预算收入225.8亿元。2006年，青岛市农民人均纯收入达6546元。

2006年，全市粮食收购量为85万吨，销售量为96.1万吨。全市工业用粮为19.6万吨，种子用粮为4.3万吨，饲料用粮为153.9万吨，城镇口粮为67.4万吨，农村口粮为92.5万吨。

2006年年末，全市共有粮食企业140家，从业人员19250人，其中，国有粮食购销企业28家，从业人员894人。

2006年3月，青岛市粮食局被人事部、国家粮食局评为“全国粮食系统先进单位”。

2006年粮食工作情况

一 粮食生产

2006年，青岛市粮食生产基本保持稳定。全市粮食播种面积49.8万公顷，同比下降0.3%，总产量达到303.9万吨，同比下降3.5%。其中小麦154.9万吨，同比增加0.9%；玉米137.2万吨，同比下降7.2%；花生47.2万吨，同比下降6.4%。

二 粮食流通

2006年，全市粮食购销总量为230.6万吨，其中收购85万吨，销售96.1万吨；全市粮食商品量为110万吨，流通量为590万吨；全市粮食进出口量为270万吨。

2006年，国家首次实行小麦最低收购价政策。青岛市粮食局按照《2006年小麦最低收购价执行预

2006年3月，青岛市粮食局被人事部、国家粮食局评为“全国粮食系统先进单位”。

2006年10月，全国地方储备粮管理工作现场会在青岛召开，国家粮食局副局长曾丽瑛出席。

案》要求，细密筹划、精心组织夏粮收购，积极主动与中储粮直属库进行联系和衔接，确定收储库点64个，延伸收购点近30个。并及时进行检查调度，保证托市代购代储粮的品质，做到应收尽收。2006年青岛市夏粮收购数量创五年来新高，累计小麦收购入库47.5万吨，比2005年多购26.9万吨，其中国有企业托市收购34.5万吨。

三 粮食调控

青岛市地方储备中心库建设加快推进。胶州市、即墨市共完成6万吨地方储备中心库建设任务。市本级和8个区市都拥有了储备中心库，基本实现了地方储备粮分级管理、集中储存的目标。仓储规范化管理在全市范围内推行。市级储备库和城阳区、黄岛区、胶南市共4个储备库被山东省粮食局命名为“山东省规范化管理示范粮库”。年内，委托河南工业大学、烟台商务学院举办了两期仓储企业管理人员和保管员、防化员培训班，对62名仓储企业管理干部和一线职工进行了业务知识脱产培训，职工队伍素质明显提高。组织了“军供杯”技能大赛，评选出一批高级技工、高级技师、技师，系统职工学习业务知识、专业业务技能的积极性显著提高。10月，全国地方储备粮管理工作现场会在青岛召开，会议现场参观了青岛市市级地方储备库、城阳区地方储备库建设情况，青岛市粮食局在会上作典型经验介绍。

2006年1～3季度青岛市粮油价格平稳运行。受国家临时储存粮投放、持续的秋季干旱和国际粮食市场粮价上涨等因素影响，10月中旬青岛市粮价开始出现波动，11月下旬达到高峰，小麦和面粉价格快速上涨。青岛市粮食部门密切关注市场动态，认真分析市场形势，研究对策，及时向市政府报告，并向上级主管部门提出尽快组织临时储存粮销售，平抑粮价的意见和建议。11、12两个月，本市的20.2万吨国家临时储存粮分6批陆续投放市场，市场粮价快速上涨的势头得到有效遏止，随后逐步回落到合理水平。

四 粮食流通体制改革

2006年年内，完成全市国有粮食购销企业改革。1月，市政府办公厅下发了《关于做好国有粮食购销企业改革验收工作的通知》（青政办函字〔2006〕1号），督促各区市加快工作进度。3月，全市国有粮食购销企业改革顺利完成，5月通过山东省政府的验收，获得省政府表彰和奖励。

青岛市国有粮食购销企业改革取得了显著成果。基本解决了国有粮食购销企业长期以来存在的“三老”问题。通过人员分流和身份置换，国有粮食购销企业人员由3865人精简至858人，减少了77.8%。从企业剥离政策性财务挂账。粮食购销企业资本结构趋向多元化，市场竞争主体地位逐步形成。全市国有粮食购销企业由改革前的129个调整到28个，其中储备库、军供站19个，调整重组后的国有和国有控股购销企业9个，国有购销企业减少了78.3%，形成了国有独资、国有控股和民营企业并存的新格局。建立了符合市场经济发展要求的粮食购销新体制。保留和新组建的国有粮食企业，承担地方储备粮储存、军粮供应和促进粮食流通等主要职责。通过改革实现了政企分开，建立起了符合现代企业制度要求的内部管理机制和运行机制，国有粮食购销企业活力增强。

五 行政执法

组织开展了粮食执法建设年活动。开展了“粮食收购资格专项检查活动”，对全市353家收购企业和工商业户进行了专项检查，注销了12家收购企业。全年对地方储备粮及政策性用粮组织质量监督检查102批次，对粮油批发市场交易的5430多批次粮油产品进行了质量检测并公示。夏粮收购期间，组织开展了粮食收购秩序监督检查活动，规范收购市场秩序。组织粮食行政执法人员19人次参加国家、省粮食局及市法制办组织的行政执法培训。组织全市45人次分别进行了行政许可、行政处罚培训。组织全市各市区共7个代表队进行了为期两天的行政执法演练竞赛活动。

青岛市粮食质量检测体系建设取得成效。投资50余万元对市粮油质量检测中心新址进行装修改造，改善了检测条件。区市粮油质量机构建设取得新进展，胶南粮油质量检测机构建成运转。组织全市从事粮食质量检化验人员101人参加了省局组织的培训，提高了行政执法队伍素质。对全市涉粮企业基本情况进行调查摸底，确定了144家符合《山东粮食流通统计制度》要求的粮食企业纳入2006年度社会粮食统计范围，规模企业统计面达80%，并对许可对象进行了统计检查。组织各区市对各辖区内纳入2006年度统计范围的粮食企业进行统计专项监督检查。2006年，市粮食局被山东省粮食局评为工业统计先进单位。

六 行业发展

青岛市粮油综合批发市场稳步发展，交易量突破20万吨。区市粮食批发专（兼）业市场建设取得进展，其中胶州市粮食批发市场一期工程2006年竣工并投入使用，建成网点23个，面积2800平方米。逐步形成了以市级批发市场为中心的市、区市两级粮食批发市场体系。

青岛地区粮食产业化积极推进。引进部分国内外大型粮食企业。5月，青岛市粮食局与黑龙江北大荒米业（集团）公司签订了粮食合作协议，引进了日加工180吨的稻谷加工线，与稻谷产区建立购销合作关系。莱西市引进了与印度尼西亚合资的面粉加工企业——青岛鲁杰制粉有限公司，总投资6000万元人民币，年加工能力10.8万吨。胶州市引进了北京古船面粉公司，兴建了日处理小麦350吨的加工企业。渤海油脂集团公司与青岛市港务局合作，在本市新上日处理大豆4000吨植物油项目。青岛本地粮食产业化龙头企业发展势头良好，“放心粮油工程”继续推进。“丰夏牌”特制一等粉、麦胚挂面、“淳金”牌花生油三个产品获国家2006年度放心粮油称号。“淳金”花生油被评为山东省名牌产品。平度市丰夏公司投资1700万元建设的新厂竣工并试生产。胶南市星华公司又投资1000万元新上了面粉深加工项目，引进一条日产65000袋乌冬面生产线，进一步拓展了食品深加工的领域。青岛市粮食局组织全市粮食企业开展了诚信经营自律活动，青岛白樱花实业有限公司被评为全国粮食行业食品安全信用体系建设优秀试点企业。

七 党群工作

青岛市粮食局重点抓党风廉政建设，深入开展了党章和“八荣八耻”知识学习，引导党员干部树立正确的权力观、政绩观、利益观。组织开展了“勤政廉政、科学发展”主题教育和“做党的忠诚卫士、当群众的贴心人”主题实践等活动，在粮食系统营造了“以廉为荣、以贪为耻”的廉政氛围。并在全系统开展了创建劳动关系和谐企业活动。深入开展了创建高绩效机关活动。制定并组织实施了《青岛市粮食局创建高绩效机关做人民满意公务员实施意见》。组织修订了青岛市粮食局机关“细微精良”政务品牌，采取积极有效措施，推进了机关建设水平的提高。为适应机关和企业微机化管理的需要，组织了市粮食系统电子政务知识及公文写作培训和竞赛。改进了机关考核办法，实现网上电子考核。

宁波市粮食工作

基本情况

宁波地处我国海岸线中段，长江三角洲南翼，是我国东南沿海重要的港口城市和长三角南翼经济中心。全市总面积9365平方公里，总人口560.5万。宁波市辖海曙、江东、江北、镇海、北仑、鄞州六个区，宁海、象山两个县，慈溪、余姚、奉化三个县级市。全市共有80个镇、11个乡、58个街道办事处。

2006年，全市GDP2864.5亿元，比上年增长13.4%，财政一般预算收入561.2亿元，增长20.3%。全年城市居民人均可支配收入19674元，比上年增长13%，农村居民人均收入8847元，增长13.3%。

宁波市粮食供求状况已由20世纪末的总量基本自给，丰年稍余，歉年略缺，品种余缺调剂，逐年转向全面缺粮。2006年，全市耕地面积21万公顷，粮食种植面积14.3万公顷，粮食总产量80万吨，人均粮食占有量143公斤（原粮），粮食商品率为48%；用粮人口843.6万人（包括外来务工人口用粮），比2005年增加42万人；粮食消费总量358.1万吨，其中城镇口粮32.3万吨，农村人口口粮79.8万吨，流动人口口粮71.8万吨，饲料用粮55.7万吨，工业用粮106.1万吨，食品酿造用粮11.6万吨，种子用粮0.8万吨。

2006年，全市共有粮食经营企业90余家（包括粮食加工、粮食批发企业，不包括粮食零售企业），国有粮食购销企业19家，全市粮食从业人员约7000余人（其中国有粮食购销企业从业人员1529人）。

2006年粮食工作情况

2006年，宁波市粮食局在市委、市政府和上级业务主管部门正确领导下，坚持以“三个代表”重要思想和科学发展观为指导，认真贯彻执行十六届五中、六中全会精神和粮食工作方针、政策，以保持粮食市场稳定和粮食安全为目标，以不断完善粮食供给应急机制为重点，以大力加强粮食流通基础设施建设为抓手，继续培育和发展粮食市场体系，落实政府宏观调控措施，确保了全市粮食安全和有效供给。通过全市各级粮食部门的积极努力，较好地完成了市委、市政府确定的工作目标和任务。

2006年12月27日，宁波市举行“宁波市区粮食供给应急预案”演练。图为宁波市区粮食应急供应动员大会会场。

宁波市粮食局党委书记、局长叶双猛在“宁波市区粮食应急供应动员大会”上作动员。

2006年3月10日，宁波市粮食局召开局党委扩大会，研究部署2006年度粮食产销合作工作。

一 充分发挥国有粮食购销企业主渠道作用，做好做实粮食购销工作

1．落实粮食收购政策，做好订单粮食收购工作。积极主动当好政府领导参谋，完善粮食订单收购制度，稳定价外补贴政策，合理制定收购价格，认真做好订单签订收购工作，较好地完成了全年粮食收购任务。全市订单签订农户达52800户，签订粮食数量16.5万吨，收购粮食12万吨。全市7个县（市）区共发放粮食预购定金177.5万元。

2．不断探索实践，进一步推进粮食产销合作。2006年，宁波市与粮食主产区的粮食产销合作进一步拓展稳固。北仑区在安徽巢湖市建立的粮食收储基地，开展自行收购，补充储备轮换和当地加工供应粮源获得了较好的社会效益和经济效益；慈溪市与江西省九江铅山、乐平等县和省内江山市建立的早籼稻购销、代储合作关系，为获得储备轮换粮源提供了有效保障；宁波市本级甬江收储公司已成功在江西省高安市建立了储备早籼稻的代购代储地方储备粮关系。

3．加强军供管理，提高军粮供应质量和服务水平。为保证军粮供应质量，宁波市粮食主管部门针对市面粉厂拆迁停产的实际情况，积极采取“四统一”、“二定点”的措施部署落实军供粮源统筹工作，通过专门考察洽谈，选择了江苏三零面粉集团公司为宁波市军供面粉专供单位（2006年市军供米面油经浙江省质检站两次抽检鉴定，质量全面合格）。军用购粮卡改革，新的军粮供应办法已顺利实施。一年来，宁波市军供质量优良，服务措施到位，部队比较满意。

4．注重培育和完善粮食市场体系，促进多元经营主体发展。2006年，宁波市粮食局着重在扩规模、抓大户、促外购、求平衡上做文章。一是通过市路林粮食批发市场和余姚泗门镇集散地等粮食批发大户牵线搭桥，加强与产区搞购销合作，帮助其解决仓储和转运中的困难，协调有关工作，促进市场交易量逐步增加。两地已有年批发经营粮油5万吨以上大户4户，2万～5万吨大户3户，大户经营量占两地总经营量50%以上。2006年，宁波市粮食批发市场成交粮油32.4万吨，比2005年增长15.2%。二是通过委托代购代轮换地方储备粮，帮助企业解决资金、仓储等困难，增加粮食库存，并利用地方储备轮换给予粮源供给支持。

二 粮食供给应急体系进一步完善，应对突发事件能力提高

1．认真抓好全市粮食产需供求平衡调查，全面准确掌握粮情。2006年，宁波市粮食局组织开展了全社会粮食产需供求平衡调查，将粮食消费量、流通量和全社会库存量作为调查重点。市局撰写了客观、翔实的调研报告，并提出积极的应对措施，为各级政府领导决策提供了可靠依据，获得了市委、市政府有关领导的好评。

2．全面修订完善了粮食供给应急预案。对2004年制定的《宁波市粮食供给应急预案》进行了全面修订和完善，制定了《宁波市区粮食供给应急预案现场处置方案》，把应急工作任务和措施具体落实到局机关各处室、直属企业和相关人员，制定了模拟演练方案，并在2007年1月16日浙江省各市粮食局长会议上进行了二级演练，反映较好。各县（市）区也全面修订应急预案，完善应急措施，落实应急责任。2006年，宁波市应急成品粮库存实际到位4509吨，比浙江省下达计划增加一倍多。重新落实确认应急加工企业47家，应急供应网点322个，其中挂牌点166个。

3．加强粮油市场监测，全面掌握供求价格动态。坚持粮油市场供求和价格定期测报制度，健全

完善监测网络，做到市粮油批发市场粮情周报不间断（平时一周一报，节日隔天一报，敏感时期一天一报），为及时反映粮食市场动态提供了可靠依据。2006年10月，市场粮油价格上涨幅度较大，宁波市粮食局及时准确掌握粮油货源和供求价格动态，客观反映市场实情，提供各级领导决策，引导媒体客观报道，使全市粮油市场平稳购销，居民理性对待，没有出现突击购买情况。

三 地方储备粮管理体系进一步完善，储备粮品种结构逐步合理

1．强化责任意识，确保地方储备粮规模落实。全市各地进一步强化责任意识，认真落实地方储备粮管理规定，做到规模落实，粮源到位，费用到位。2006年，宁波市地方储备粮库存比浙江省下达计划增长11.6%。

2．精心组织地方储备粮轮换，确保储存粮食品种结构逐步合理适销。市区本级、奉化市和鄞州区积极探索出委托民营加工企业代购代轮换储备晚粳谷的储备粮轮换新方式（数量1000多万公斤），双方责任明确，信守合作协约，定时间有计划轮换进出库，达到互惠互利的良好效果。部分地区晚粳谷比重达到30%以上。

3．抓好粮食保管工作，确保储粮安全。全市各地能深入开展“一符四无粮仓”活动，切实加强粮食保管和仓储管理工作，经年度考核鉴定，全市“一符四无粮仓”合格率达到99%；高标准地完成了全国统一时点的库存粮食清查工作。

4．积极开展“星级粮库”创建活动和储备粮台账管理系统的应用。经浙江省局验收，余姚市中心粮库、慈溪市庵东粮库已获三星级粮库资格。宁波市9个收储公司和5个中心粮库已安装储备粮台账系统，并都已录入有关数据。

四 粮食流通基础设施建设进一步加快，流通现代化水平逐步提高

1．加快中心粮库建设。2006年，宁波市各县(市)区中心粮库建设工作取得新的进展：库容2.5万吨、日加工大米200吨的余姚市姚东中心粮库和库容2.5万吨、日加工大米100吨的宁海县中心粮库，目前正在着手规划、设计和项目申报工作；库容5万吨、日加工大米500吨的慈溪市慈北储加贸基地已完成扩初会审和土地征用，目前正和农民签订拆迁协议；库容5万吨的鄞州区中心粮库已完成扩初会审和土地征用，进入施工前准备阶段；扩建4000吨库容的象山县中心粮库正在建设之中；库容3万吨、日加工大米100吨的奉化市中心粮库因施工现场发现晋朝古墓群而暂停，待考古挖掘结束后继续施工建造。

2．完成了庄市储备库粮食“四散”项目工程。投资2400万元的宁波庄市储备库“四散”项目工程，已于2006年4月完成了设备安装，5月进行带粮实物调试。2006年，中转粮食等货物19万吨，其中散粮2.7万吨，取得了较好的社会效益和经济效益。

3．启动了粮食批发市场项目。宁波市粮食批发市场迁建工程已列入市政府工作计划，并开展了规划、设计、征地等前期准备工作。项目征地10多公顷，总建设面积52090平方米，总投资19570万元，计划2008年底前建成完工。目前该项目已在宁波市政府专题会议上通过，并争取被省市列为重点项目。

五　认真贯彻《粮食流通管理条例》，粮食流通秩序进一步规范

2006年，宁波市已完成了粮食行政执法依据梳理，执法职权分解和实施方案制定工作；重新审核确定陈化粮购买资格企业5家；依据《粮食质量监管实施办法》，积极配合工商部门共同抓好社会粮源的质量管理，突出加强陈化粮购销加工监管工作，有效防止了陈化、劣质粮食流入市场；筹划建立宁波粮油质量检验检测站，加强对生产、储存、销售等环节的粮食质量进行检测和鉴定；加强了粮食流通行业统计工作，准确、及时、全面完成粮油商品统计工作任务，为保持粮食流通状况的历史延续和指导粮食工作提供了可靠的决策依据。

六　粮食队伍建设进一步加强，推进各项工作全面开展

1．抓教育，促廉洁。2006年，宁波市各级粮食部门认真开展了学习贯彻党章和“八荣八耻”社会主义荣辱观教育活动，市局制定出台了《宁波市粮食局治理商业贿赂专项工作实施方案》。

2．抓考核，促绩效。2006年，宁波市粮食局加强了对市本级及各县(市)区粮食行政管理部门的考核。对各县(市)区采取分类分项，定量和定性考核；对市本级企业采取“一企一策”考核，对市本级机关工作人员采取年度（绩效）考核。通过全市粮食系统干部职工的共同努力，使市粮食工作继续处于浙江省领先，在省局考核评定中荣获一等奖。2006年，宁波市国有粮食购销企业达到全面盈利，实现利润862万元，无一企业发生亏损。

3．抓创建，促作风。全市各县(市)区粮食部门以保障粮食供给安全为目标，以推进社会主义新农村建设为载体，积极创建文明机关、文明企业活动，努力在提高服务意识，改进工作作风上下工夫，树立廉洁、勤政、务实、高效的粮食部门形象。

厦门市粮食工作

基本情况

厦门市地处我国东南沿海，濒临台湾海峡。1980年设立经济特区，1994年定为国家副省级计划单列市，现辖思明、湖里、集美、海沧、同安和翔安共6个区。2006年年末总户籍人口160.4万，比上年增加4.7%；常住人口233.2万，比上年增加3.5%。在户籍人口中，城镇人口109.2万，比上年增加13.6%；乡村人口51.2万，比上年减少10.3%。

厦门陆地面积1569平方公里，约占全国的万分之二。2006年年末实有耕地面积21733公顷，比上年减少12.1%；粮食播种面积13933公顷，比上年减少18.4%。粮食总产量7.5万吨,比上年减少20.8%，粮食商品率5.5%。人均粮食占有量28公斤，而人均粮食消费量达397.6公斤，粮食自给率仅为7%，是粮食主销区。

2006年全市GDP1162.4亿元，比上年增长16.7%；人均49887元，比上年增长12.7%。财政总收入275.2亿元，其中地方级财政收入143.9亿元，分别增长31.2%和38.6%。城镇居民人均可支配收入18513元，农民人均纯收入6868元，分别增长12.9%和10.2%。

2006年年末，全市粮食企业1093家，其中具有粮食收购资格企业46家（含国有政策性粮食购销企业7家）。按经营类别分：粮食加工企业70家，粮食转化企业114家，粮食经营企业909家；按经济类型分:国有及国有控股31家，其他为股份制、合资独资企业、私营企业和个体工商户等。全行业从业人员约1万人，国有政策性粮食购销企业人员355人。

2006年年末，全市主要粮油加工企业30家，其中大米加工15家，日加工能力1059吨；面粉加工9家，日加工能力1370吨；食用油加工6家，日加工能力2435吨（其中精炼900吨）。大米日加工能力与全市日需求量基本平衡，面粉和面制品、食用油加工能力较强，产品行销省内外。有14家被确定为骨干加工企业，可承担粮食应急任务。全市较大型粮油供应网点49个，其中18个被确定为骨干粮店，可承担应急供应任务。

粮食铁路专用线建成于1990年，从厦门高崎北站至市粮食收储公司龙头山库区，全长3.4公里，站台长度384米，可同时停放16节车厢，日卸能力20个车皮1200吨，站台存量1800吨。现有万吨级粮食专用码头一个，位于厦门东渡港区2号泊位，年吞吐能力120万吨，2006实际接卸粮食89万吨。另有位于招银港区综合性码头一个，2006年实际接卸粮食116.7万吨。

2006年年末，市粮食系统有独立核算单位14家（比上年减少16家），在册职工总数422人（比上年减少336人），其中行政管理部门45人，事业单位50人，企业6家327人。全系统总资产6.68亿元。

聂振邦局长视察中储粮厦门直属库

张桂凤副局长视察厦门好年东米业有限公司

2006年粮食工作情况

一 粮食生产

2006年，厦门市继续调优调减农业生产，耕地总播种面积58.6万亩，用于播种粮食仅占36%。粮食作物主要是稻谷（品种为优质籼稻），其次是甘薯和马铃薯。在粮食作物中，稻谷播种面积68000公顷，产量3.7万吨；大豆、杂粮播种面积分别为600公顷和200公顷，产量分别为1100吨和930吨。油料主要是本地传统作物花生，播种面积5867公顷，产量1.5万吨。

二 粮食流通

厦门自产粮均为村民自用,仅可满足乡村16.3万人（不足乡村人口的1/3）的需求，没有粮食收购。2006年原粮(下同)总购入量248.1万吨（国内购进159.2万吨，进口88.9万吨），加上自产粮6.5万吨，粮食总供给254.6万吨，比上年增加5.9%。粮食总需求250.9万吨，比上年增加6.2%，其中：本市社会消费量92.7万吨，粮食总销售量（即国内销售156.9万吨和出口1.3万吨)共158.2万吨。在本市社会消费量中，城乡居民口粮45.3万吨（城镇口粮34.2万吨，农村口粮11.1万吨），饲料用粮26.6万吨，榨油用粮7.2万吨，食品、副食品及酿造用粮9万吨，工业用粮4.5万吨，种子用粮0.1万吨。

三 市场价格

全年粮价与上年相比，总体小幅上升，油脂价格则较大幅度上涨。据综合采价信息，与2005年12月批发平均价相比，2006年12月每50公斤（单位下同）中籼谷（三等）85.5元，上升7.5元，升幅9.6%；晚籼谷（三等）86.75元，上升7.75元，升幅9.8%；白麦（三等）89.8元，下降2.2元，降幅2.4%；三等大豆147.25元，上升5.25元，升幅3.7%；二等玉米81.75元，上升13.75元，升幅20.2%；标一早籼米123元，上升11元，升幅9.8%；标一中籼米125元，上升11元，升幅9.6%；标一晚籼米131.25元，上升11.25元，升幅9.4%；特等晚粳米153.25元，上升3.25元，升幅2.2%；特一面粉116元，同比持平；一级散装花生油585元，上升90元，升幅18.2%；一级菜籽油520元，上升124元，升幅31.3%；一级散装大豆油390元，上升117元，升幅42.9%。

第四季度，同国内部分地区一样，厦门市也出现部分粮油价格上涨现象。据监测，12月12日与1月相比，每500克早籼米零售价从1.25元上升到1.35元，涨幅8.0%；中籼米从1.32元上升到1.40元，涨幅6.0%；晚籼米从1.46元上升到1.58元，涨幅8.2%；晚粳米从1.70元上升到1.77元，涨幅4.1%。面粉从1.44元上升到1.47元，涨幅2.0%。食用油价格涨幅较大，每500克大豆油零售价从3.30元上涨到4.30元，涨幅30.3%；菜籽油从4.80元上涨到5.30元，涨幅10.4%。

四 粮食宏观调控

1．贯彻落实国家订单粮食补贴政策。2006年，向与本市建立粮食产销协作关系的湖南省岳阳市、常德市和本省的龙岩市、三明市、南平市共采购了1万吨订单粮食，及时给予产区100万元的种粮补贴和良种补贴。

2．加强储备粮管理。提前1个月完成2005年度市级储备粮轮换任务，确保市级地方储备规模数量真实、质量良好。召开全市储备粮管理工作会议，总结2005年开展“储备粮管理年”活动经验，提出创新储备粮管理要求和措施。制定实施2006年轮换计划，并安排6000吨指标实行滚动轮换。按照“稳定市场、降低成本、提高质量”的原则，坚持陈粮公开拍卖、新粮招标采购的“阳光操作”制度，轮出粮拍卖总金额3991万元，超出底价96.6万元；轮入粮招标采购总金额2944万元，低于最高限价101万元。国有政策性粮食购销企业仓储管理均达到“一符四无”粮仓优质标准。

3．深化粮食产销协作，多方引粮入厦。在积极落实订单粮食采购任务的同时，分别组织14家粮食企业参加福建省粮食产销区协作洽谈会、22家粮食企业参加7 · 16七省粮食产销协作会，共签订48.6万吨粮食购销合同或协议，积极引粮入厦。引导和帮助本市3家粮食企业到产粮区建成共近1万公顷粮食生产基地。围绕2006年世界粮食日“投资农业促进粮食安全”宣传主题，组织厦门日报、厦门电视台记者赴产区实地采访粮食生产基地建设情况，宣传粮食产销协作成果，巩固和发展与粮食产区的关系。

4．修订完善《厦门市粮食安全应急预案》。编制《厦门市“十一五”期间粮油应急物资保障建设专项规划》并通过专家论证。修订《厦门市粮食安全应急预案》并加以细化，制定了《厦门市粮食储备应急工作预案》、《粮食应急采购预案》和《突发公共事件粮食应急供应预案》，进一步完善粮食应急体系。

5．及时落实粮食风险基金。2006年全市粮食风险基金规模3720万元（含省级配套720万元）全部及时落实到位。

6．积极应对第四季度粮价上涨局面，确保粮食市场供应。启动粮食市场信息监测系统，加强市场监测和分析，每周提出分析报告，并加强与省内外大型粮食批发市场的联系，及时掌握毗邻地区市场变化情况。加强粮食市场供应的指导和协调，组织粮食企业到产区调粮并加快落实已签订的各类粮食采购合同，多渠道引粮入厦，增加有效供给。动员和组织粮食加工企业开足马力提高日产量，增加成品粮市场投放量。加快市地方储备、应急大米储备轮换后补库进度，对社会成品粮库存和应急大米库存情况进行检查，确保达到居民口粮两周供应量的要求。督促各类粮食企业保持必要的库存，落实企业最低最高库存量规定，引导企业多储存粮食，自觉履行最低库存义务。配合工商、物价等部门，加大对大卖场、超市和农副产品市场的巡查，加强市场监督检查，维护粮食流通秩序。做好启动粮食安全应急预案的准备，提出对高等院校和困难家庭的补助意见。在此期间全市粮食市场供应未出现断档脱销、排队抢购的现象。12月17日，中共厦门市委召开常委会，听取市粮食局曾耀民局长关于粮油市场供应的工作汇报并研究决定：2007年新增1万吨市级粮食储备；发挥民营粮食企业的作用，政府可考虑予以必要的经费支持，以确保民营企业在关键时服从政府的调配。

五 粮食流通体制改革

1．贯彻落实国务院粮改政策精神。根据国发[2006]16号文件精神，结合本市实际，制定实施了加快国有粮食购销企业整合、发展粮食产业化经营、加强粮食流通监督检查、完善粮食安全预警和应急体系等贯彻措施，进一步深化粮食流通体制改革。利用开展《粮食流通管理条例》颁布实施两周年纪念活动及世界粮食日宣传活动，通过市政府网站、闽南粮油网、《厦门粮油信息》等载体，广泛宣传市情、粮情和粮改政策，发动行业企业积极参与粮食流通体制改革。

2．深化国有粮食企业改革。实施市委市政府关于市属国有企业和企业资产整合方案，按要求于4月30日将市粮食局所属13家国有经营性粮食企业、302名职工、4.55亿元资产(其中净资产1.92亿元、土地9.47万平方米、建筑物8.13万平方米)划转给厦门夏商集团公司。制定国有政策性粮食购销企业整合方案并着手有关工作，按照“一区一储”的布局要求，调整保留岛内市粮食收储有限公司和市粮油进出口接运公司、岛外4个区各1家共6家政策性粮食购销企业。国有政策性粮食购销企业继续增盈，全年实现利润190万元，比上年增加25万元。

3．实施区级粮食事业单位上收管理。同安军供站、同安粮油质监站和集美军供站的上收由市级站管理的方案获得批准。

六 粮食行政执法

1．组建粮食行政执法机构，落实执法责任。市粮食局获准在行业管理处加挂监督检查处牌子；选派26人参加国家粮食局、福建省粮食局举办的粮食行政执法培训并取得《粮食监督检查证》。成立粮食行政执法责任制实施工作领导小组，建立并完善有关的粮食行政执法制度，汇编《粮食行政执法依据和职责》。

2．严格实施粮食收购许可证审批制度。全年新审批粮食收购资格企业7家，年审39家。简化粮食行政许可申办手续。修订《粮食收购资格许可实施办法》，在厦门市政府网站设立粮食行政许可预审系统，实行粮食行政许可网上预审批。

3．开展粮食流通监督检查。按照国家粮食局的部署，重点检查了储备粮承储单位、骨干粮食加工企业、骨干粮店、军供网点等13家粮食企业的粮食库存、政策性用粮、粮食质量、执行流通统计制度等情况，未发现违反《粮食流通管理条例》和有关规定的行为。粮食流通监督检查工作获得国家粮食局的表彰。

4．做好全社会粮食流通统计。市粮食、统计、发改委等部门联合召开粮食流通统计工作会议，举办面向全行业的粮食流通统计培训；市粮食局编发《粮食流通统计制度手册》并上门指导企业建立台账登记和定期报表报送制度。根据福建省粮食局有关规定确定132家企业作为定期报表报送单位。在市政府网站建立粮食流通统计网上报送系统。粮食流通统计工作连续三年受到福建省有关部门的表彰。

七 行业发展

1．粮食基础设施建设。市粮食局提出的“四库（海沧散粮中转库、旗山储备库、集美储备库和翔安中心储备库）一场（粮食批发市场）”建设项目被列入厦门市“十一五”规划重点建设项目及2006年、2007年市重点建设项目。“四库”项目陆续启动，其中海沧散粮中转库将于2007年完工并投入使用；粮食批发市场项目选址于集美前场。厦门市粮油质监站迁建项目用地已获批复并投入工程前期工作。

2．粮食产业化经营。2006年，全市有3家企业分别在福建省、辽宁省、湖南省等地建立粮食生产和收购基地，与当地政府、粮食企业合作，以订单方式收购指定的优质品种粮食。其中，经市粮食局牵线搭桥，厦门好年东米业公司与厦门大学生命科学院水稻育种组开展产研合作，进行优质水稻“佳辐占”的育种栽培和推广种植，并在龙岩市长汀县建立4667公顷生产基地，形成从育种、种植、收购、储存、加工、销售的“一条龙”服务体系，在探索“公司+科研院校+基地+农户”的粮食产业化发展模式并取得初步成功。“佳辐占”的选育和推广获2006年福建省科技进步最高奖——一等奖；“佳辐占”大米推向市场后，供不应求，深受消费者喜爱。国家粮食局张桂凤副局长年底调研考察了该公司与厦门大学合作开展优质稻谷培育、种植推广科研合作情况。

3．开展放心粮油进社区、进农村活动，提高放心粮油覆盖面。市粮食局贯彻落实全国放心粮油进农村工作会议精神，发挥市粮食行业协会的作用，多次组织粮油加工、经营企业开展放心粮油进社区、进农村服务活动，同时开展食品安全知识和放心粮油消费宣传。加强对获得全国、全省“放心粮油”称号的生产和经营企业自律规范的引导，维护市民群众对本市“放心粮油企业”、“农业产业化龙头企业”及其产品的信任度。全年新建骨干粮店两家。

八 党群工作

落实党建和党风廉政建设责任制。召开全市粮食系统党建工作会议和庆祝建党85周年暨先进基层党组织、优秀共产党员、优秀党务工作者表彰大会，检查落实全系统第五轮党建工作责任制落实情况，与所属各党组织签订新一轮党建工作责任书，党建工作得到厦门市委党建办的充分肯定。开展市粮食系统治理商业贿赂专项工作。完善市地方储备粮公开采购和拍卖监督机制，对重要环节进行跟踪监督。针对粮食基础设施“四库一站一市场”建设项目陆续开工的实际，召开专题会议，部署抓好建设工程项目廉洁工作，落实项目依法实行公开招投标、建设单位与施工单位签订工程建设廉洁责任书等措施，此举被福建省粮食局纪检组向全省粮食系统宣传推广。

大连市粮食工作

基本情况

2006年年末，大连市户籍人口为572.1万，比上年末净增6.7万，其中非农业人口328.9万，占全市人口比重57.5%。2006年粮食播种面积为27.9万公顷，粮食总产量152.2万吨，单产5446.6公斤/公顷，分别比上年增长12.3%和11.4%。全市年需消费粮食335.2万吨，其中城市人口口粮79.2万吨，农业人口口粮64.6万吨，饲料用粮152.9万吨，行业及食品业用粮37.6万吨，种子用粮0.9万吨。全市拥有粮食加工企业44家，其中油脂加工企业5家，大米加工企业22家，面粉加工企业2家，饲料加工企业15家。大米年加工能力20万吨（成品），面粉加工能力18万吨（成品），食用油年加工能力67万吨，加工油料能力336万吨。2006年，大连港实现粮食中转量1661万吨，其中实现进口和国内调入210万吨，实现出口和调出1223万吨。

2006年粮食工作情况

2006年，在市委、市政府的领导下，在国家和省粮食局指导下，大连市粮食工作紧紧围绕国务院16号文件精神，继续深化粮食流通体制改革，清理剥离政策性粮食财务挂账，积极推进依法行政，合理引导市场有序发展，大力加强粮食宏观调控，确保了全市粮食市场的平稳运行和粮食安全，圆满完成了全年工作任务。市县两级直属国有粮食企业实现销售收入152358万元，同比增加31188万元，增幅25.7%；费用总额23944万元，同比下降2388万元，减少9%，取得了明显的成效。

一　加强宏观调控，粮食安全得到保障

1．粮食购销进展顺利。按照政府引导，企业运作，全面放开，随行就市的原则，较好地完成了2005～2006年度的粮食收购任务。国有粮食企业积极入市收购，严把收购质量标准，做到价格公开，及时结算，在市场上起到主导作用。截至2006年9月末，全市粮食企业共收购粮食17.4万吨（水稻5.3万吨、玉米12.1万吨），其中市县国有粮食企业收购8.1万吨，社会粮食企业收购9.3万吨，为促进农民增收，稳定农业生产发挥了积极作用。为做好2006～2007年度的粮食收购工作，全市各级粮食主管部门积极落实收购资金，提早做好仓容、器材等准备，保证了收购仓容。

2．储备粮轮换成效明显。2006年，受国际、国内多种市场因素干扰，粮食市场价格波动大、变化快，给储备粮轮换工作带来难度，如果操作不慎，将会造成巨额亏损。为此，即把市级储备粮轮换作为全年粮食工作的一项重点工作来抓，根据市场行情的不断变化，及时调整计划，改变轮换方式，

大连市国有直属粮食购销仓储企业法人代表拉练会

大连市粮食经营企业"诚信承诺"签约大会

确保了轮换工作的稳妥进行。各区市县也都基本完成了本级储备粮的轮换任务。

3．应急保障机制更加完善。在借鉴国内部分城市经验的基础上，结合实际，对大连市《粮油市场应急供应预案》中的有关内容进行了补充、完善。在原有基础上，对《方案》中要求的加工、运输、销售环节进行了明确，对企业的经营地址、联系方式和负责人等基本情况进行了重新核对、修改，提高了预案的可操作性。加强了对大连粮食批发市场和双兴商品城粮食交易市场及市内主要大型超市的粮食购销、库存及价格动态的日常监测，及时为市、局领导及相关部门提供科学准确的依据。同时，通过大连商业网站、报刊等新闻媒体，向全社会发布粮油市场信息，保证了企业和市民对市场信息的需求。

二 加强监督检查，市场管理得以规范

1．监督检查全面启动。根据《粮食流通管理条例》赋予的职能，通过开展“粮食监督检查年”活动，扩大了对外宣传影响，规范了监督检查的工作流程，确保了粮油市场的有序规范。一是完善了监督检查体系。各县（市）区粮食行政管理部门主动向当地政府汇报，积极与编制部门沟通，大力推进粮食监督检查体系建设。截至2006年年底，全市8个县（市）区中具备行政执法主体资格的有7个；在内设机构设置方面，8个县（市）区中成立专门的粮食监督检查机构的有2个，占全市区市县总数的25%，占全省县（市）区已成立专门监督检查机构总数的20%。二是不断规范监督检查行为。全面建立和完善了本部门的行政执法责任制，梳理执法依据，分解执法职权，完善执法流程，强化执法责任，建立健全行政执法各项保障制度。三是监督检查执法工作成效突出。制定了《大连市商业局（粮食局）开展“粮食监督检查年”活动实施方案》，集中力量在全市开展以粮食流通监督检查工作为主要内容的“粮食监督检查年”活动。一年来，共开展各类粮食监督检查238次，出动监督检查人员476人次，责令整改8例，取消粮食收购资格1例。通过检查，有效维护了粮食流通秩序，促进了全市粮食工作的开展。

2．社会粮食统计更加规范。贯彻《辽宁省粮食流通统计制度》，规范了对社会粮食工作的统计。一是统计范围进一步扩大，119家社会粮食企业已经纳入全市粮食统计行列，按经营量计算的覆盖面达80%以上；二是统计数据更加准确、翔实；三是加大了指导力度，通过改善基础设施建设，统一填报格式，配置统计台账，进一步改善了统计条件；四是全面开展社会粮食收支平衡调查，准确掌握了全市粮食生产、消费数量及其结构变化，为领导决策和做好宏观调控提供了可靠依据。

3．强化了粮食收购许可工作。根据《辽宁省粮食收购资格审核管理暂行办法》的要求，下发了《关于对〈粮食收购许可证〉年检的通知》，并通过大连商业网站向全社会公布了年检的具体办理程序，对符合粮食收购资格条件的165家企业和个体工商户给予了年检，对不符合条件的依法做了相应处理。下发了《关于对粮食行政许可工作检查情况的通报》，提出了整改意见，责令限期纠正。此外，还对全市粮食收购许可工作进行了全面检查，就发现的问题及时提出了整改意见。举办了粮食收购许可工作培训班，为全面规范和提高粮食收购许可工作质量奠定了基础。

4．行业指导深入有效。积极转变管理职能，不断加强对全社会粮食行业的政策指导，引导企业有序发展。一是组织了社会粮油企业参与“放心粮油”的评选及中粮协举办的交易、分析会和培训班，引导企业树立品牌意识，提升经营理念；二是指导企业提升服务功能。大连北方粮食交易市场率先在全国24个重点粮食批发市场实行电子商务模式，中央电视台、新华社等各大媒体给予了广泛报道；三是组织国有粮食企业法人代表拉练检查，通过相互观摩、交流、借鉴，推动全市国有粮食仓储企业整体管理水平均衡发展。

2006年的一个突出的变化是县区企业扭亏增利成果明显，7个县市区中全部实现减亏增利，实现利润总额139万元，比同期亏损的1112万元，增加利润1251万元。

三 加强军供业务管理，保障能力有新提升

1．按要求完成了对我市军供粮使用“放心米面”品牌的粮源、配送等环节的考察、调研，调整了供应品种，丰富了官兵的饮食结构，受到驻军的好评。

2．积极组织落实国家军供粮票改革工作，加强了对军供工作人员的业务培训与考核，为全面实施做好军粮供应管理信息系统打下了坚实基础。

3．加强了对全地区军粮质量监督检查。委托市粮油检测站先后4次对全市各军供站的米、面、油采样检查，质量均合格，全年中市局没有接到有关军粮质量的投诉。

4．完成了大连军粮供应站新址的选定、购置和装修工作，对全市军供站的资格认定进行了审核，整合了军供网点，在一定程度上降低了基层站的费用开支。

5．积极推进军供企业文化建设，提升各军供站的企业文化氛围、管理理念和管理水平。通过开展军地共建，加深了感情，增进了理解，有效推动了军供岗位责任制的落实，促进了“双拥”工作的有效开展，2006年省局被评为辽宁省“拥军优属模范单位”。

四 巩固与提高并举，行业性工作全面推进

1．粮食仓储管理水平进一步提高。2006年，市局与各区市县粮食行政管理部门及有关企业签订了《2006年粮食仓储工作目标责任状》，各县区粮食主管部门和有关企业，能够严格执行规章制度，高度重视粮食仓储管理工作，实现了储备粮的数量准确、库存真实、质量完好的责任目标。在全国粮食库存检查中，经自查和省局、国家局复查、抽查，没有发现问题。承储市级储备粮的企业粮情检测基本实现电子化，标志着大连市国有粮食购销企业粮情检测技术上了一个新台阶。全市有8家粮食企业取得中储粮代储资格，2家粮食企业取得省级储备粮代储资格，按要求完成了3家粮食企业环流技术设备的安装使用工作。

2．粮油检测能力有新的提升。市粮油检测站完成了全地区2005年度生产粮食的质量调查和品质测报。共调查9个乡（镇）、50个村、800家农户，调查品种23个；扦取样品800个，经混合制备质量调查样品180个，推荐优质品种12个，扦取制备品质测报样品36个。完成了市级储备粮轮换入库质量检测工作。市粮食质量监测站被国家粮食局在全国首批批准加挂“辽宁大连国家粮食质量监测站”，具备了履行国家主管部门赋予的粮食质量监测任务的资格，提升了服务功能。普兰店粮油检测站重新恢复挂牌并开展工作；旅顺口区粮油检测站由于工作出色，在全省介绍了经验，被区政府赋予行政执法资格，并授予粮食以外的多项监测检验权力。市粮油监测站和有关区市县站还配合工商行政管理部门对市场流通的成品粮定期进行产品质量抽样化验，为确保全市居民食用粮油质量安全做出了贡献。

3．“放心粮油”工作稳步推进。组织企业参与“放心粮油”工程，经过申报、复审，大连阳光农业发展有限公司冬一牌特等晚粳米（阳光米），获得全国“放心粮油”称号；大连天发面粉厂获得“放心粮油进农村”优秀企业称号；对有效期将满的中央储备粮大连直属库面粉厂的“三发”牌超级小麦粉、高筋小麦粉、高级小麦粉，大连华农豆业集团股份有限公司的“汇宝”牌三级、四级大豆油、大连金柱商务拓展有限公司的“槐花”牌高级免淘米、珍珠免淘米，普兰店市粮食收储库的“米兔”牌标一大米进行了复审，复审合格报告已报中国粮食行业协会。

深圳市粮食工作

基本情况

深圳市1979年设市，1980年设立经济特区，现为国家副省级计划单列城市。深圳市东临大亚湾和大鹏湾，西濒珠江口，北与东莞、惠州两市接壤，南与我国香港特别行政区隔河相望。全市土地总面积1952.84平方公里，其中经济特区面积395.81平方公里。现辖特区内罗湖、福田、南山、盐田等四个行政区和特区外宝安、龙岗两个行政区。2006年年末常住人口为846.43万，其中户籍人口为196.83万。

2006年，深圳市国内生产总值5684.39亿元，比上年增长15.0%。其中：第一产业增加值7.48亿元，下降24.4%；第二产业增加值3021.03亿元，增长16.8%；第三产业增加值2655.88亿元，增长13.1%。三次产业结构由上年的0.2：53.2：46.6发展为0.1：53.2：46.7。按常住人口计算的人均国内生产总值为67907元，增长11.9%。

2006年深圳市农业生产规模进一步缩小，农业生产以“三高”农业和创汇农业为主，主要为深圳、香港市场提供农副产品及鲜活产品。全年农作物播种面积6040公顷，蔬菜播种面积5966公顷，水果播种面积8520公顷，水产品养殖总面积4605公顷，水产品总产量5.61万吨，全年鲜活产品出口额1.04亿美元。

2006年，深圳市共有粮食企业53家，国有粮食企业13家，国有粮食企业在岗人员367人。深圳市粮食年需求量约为530万吨，其中小麦100万吨，稻谷（大米）320万吨，玉米60万吨，大豆50万吨；按用途细分，工业用粮272.5万吨，饲料用粮61万吨，城镇口粮196.5万吨。全市属粮食纯销区，所需粮食靠市外调入或进口解决，每年由市外调入各种粮食约480万吨，进口各类粮食约50万吨。

2006年粮食工作情况

一 抓粮食储备规划，优化配置资源

2006年，深圳市发展和改革局负责编制包括粮食在内的8种重要物资储备“十一五”规划。针对重要物资储备过程中存在的仓储设施缺陋、储备成本偏高、监管法规和运行机制不健全等主要问题，市发展和改革局以构建科学合理的重要物资储备体系和运行机制，优化配置储备资源为指导思想，对粮食储备规模、结构、储备模式、运作机制、资金需求等方面进行科学规划，以实现粮食储备经济适量、保障可靠，满足重大突发事件和公共卫生事件的应急需要，维护社会稳定和粮食安全。2006年底

2007年春节前夕，许宗衡市长率领分管食品安全和市场供应的卓钦锐、陈应春两位副市长及八个职能局的局长到我市最大的粮食仓库曙光粮库进行检查。市发改局局长陈彪同志陪同检查。

前，深圳市重要物资储备“十一五”规划通过专家评审并由市政府常务会审议通过，于2007年3月颁布实施。

二 抓粮食法规建设，强化依法行政能力

2006年，为改变深圳市尚未有规范性文件对粮食进行依法管理的被动局面，市发展和改革局牵头商相关政府部门抓紧制定两项粮食管理法规：

1.拟订并报审深圳市储备粮管理办法。为进一步规范深圳市地方储备粮管理，确保储备粮库存真实、质量良好，增强我市粮食调控能力，市发展和改革局会同相关单位，拟订了《深圳市储备粮管理办法》（送审稿），并于2006年9月报市法制办履行立法程序。该办法将粮食商业储备纳入深圳市粮食储备管理办法的管理范围，使政府对政府储备粮和商业储备粮进行全覆盖的宏观管理，以确保深圳的粮食安全。同时，该办法要求相关部门对深圳市的粮食风险基金管理办法进行修订，对全市粮食储备规模、品种、布局等问题提出意见，制定政府储备粮承储资格认定办法，规范粮食管理和引入市场竞

争机制，明确政府和承储企业的权利和义务，加强储备粮管理，降低储备成本，确保粮食储得进、调得动、用得上。

2.制定并印发粮食收购资格行政许可实施办法。为便于深圳市辖区内从事粮食收购的法人或其他经济组织在外地开展粮食收购业务，根据《粮食流通管理条例》和《广东省粮食收购资格审核及监督管理暂行办法》，市发展和改革局制定了粮食收购资格行政许可实施办法，并按行政许可规范完成报审和公告程序，于2006年8月公布实施，同时，启动深圳市粮食收购行政许可审批工作。截至2006年年底，市发展和改革局共为4家粮食企业核发了粮食收购资格许可证。

三 抓新粮库建设，增加粮食储备仓容

深圳市政府和国有粮食企业粮食有效仓容有限，广东省政府要求深圳市增加粮食储备任务，粮食储备规模已大大超出深圳市现有的有效仓容。为落实新的储备任务，从2004年7月开始，市、区发展和改革局开始筹建新的粮食储备库，在2004～2005年完成粮库建设立项可行性研究报告的编制和报批等前期工作。2006年，市发展和改革局进一步协调和落实粮食储备库初步设计方案的招标评标、专家咨询论证、初步设计方案报审、规划备案等工作。新建粮库计划于2007年破土动工，力争在2008年投入使用。

四 抓粮食储备管理，提升储备粮管理水平

2006年，市发展和改革局及时下达年度粮食储备计划，明确粮食储备规模、品种、结构、库点，要求承储单位按照要求严把粮食入库出库质量关，并进行合理的轮换管理。为更好地对粮食储备情况进行监督管理，市发展和改革局建立粮食储备情况月报制度和粮食储备情况及粮食市场情况季度分析制度，并定期不定期地对粮食储备计划执行情况进行调研和实地检查，加强对粮食储备计划的跟踪管理。

五 抓粮食进口管理，畅通进口粮源渠道

从20世纪90年代初开始，深圳粮食市场供应一直得到国家发改委的关心和支持，对深圳粮食进口配额实行计划单列管理。目前，进口粮已是深圳市粮食市场的重要组成部分，也是国内粮源的重要补充。深圳市发展和改革局一直十分重视粮食进口管理，加强和完善粮食进口配额管理，为企业提供及时的服务。同时，市发展和改革局积极配合国家发改委做好粮食进口关税配额申请的受理、上报和配额证的发放等工作，为企业及时换证，确保粮食进口管理工作的顺利开展。2006年，全市从事粮食一般贸易进口和加工贸易进口的涉粮企业共有40余家，全年进口粮食约50万吨。

六 抓军用购粮卡改革，确保军粮供应系统平稳过渡

2006年，根据国家、省军用购粮卡改革准备工作的有关规定和要求，市发展和改革局高度重视，多次与市区各相关政府部门、驻深部队、各军粮供应站及供应点进行军粮供应改革工作座谈，针对改

革面临的各种困难和问题，加强沟通、积极协调、妥善解决，做好人员培训组织工作，提前配置软硬件设备，保证军用购粮卡改革的平稳过渡。同时，根据省粮食局的通知要求，开展军粮供应站（点）资格认定工作，科学配置资源。为进一步做好军粮供应管理工作，从2007年起，深圳市军粮供应行政管理工作由市发展和改革局负责。

七 抓粮食流通统计，逐渐落实粮食全行业管理

在2005年粮食流通统计工作的基础上，根据《粮食流通管理条例》和《广东省粮食流通统计制度》的要求，2006年，市发展和改革局配备高素质的专职统计人员，并指定统计负责人，进一步加强和完善粮食流通管理，提高流通统计的质量，扩大粮食流通统计范围，不断增加对粮食流通环节信息的掌握，为制定深圳市粮食流通管理政策、选择粮食应急定点企业提供依据。同时，认真做好《粮食流通统计月报》和《库存粮油月报》等粮食统计上报工作。据统计，2006年，深圳市已纳入统计范围的约有70余家企业，估计纳入粮食流通统计的流通量占深圳市粮食流通总规模的40%以上。

新疆生产建设兵团粮食工作

基本情况

新疆生产建设兵团（简称兵团）分布在新疆维吾尔自治区境内，与蒙古、哈萨克斯坦、吉尔吉斯坦3国接壤，管辖着2019公里的国界线。兵团下辖13个农业师（局）和1个工程建筑师、179个农（牧、渔）团场，分布在自治区14个地、州、市，开发建设了石河子、五家渠、阿拉尔、图木舒克、奎屯、阿克苏、库尔勒、北屯等10多个大型垦区和新型城市。兵团现有总人口257.94万，2006年实现国内生产总值380.16亿元，比上年增长12.6%；人均14766元，比上年增长12.2%。

兵团土地总面积7.45万平方公里，占新疆总面积的4.47%，约占全国农垦总面积的1/5，是全国最大的垦区之一。2006年，兵团耕地总面积105.7万公顷，粮食总播种面积22.1万公顷，较上年减少2.9%；粮食总产量146.2万吨，较上年增加1.9%；粮食商品率达80%。

兵团现有粮油加工企业58家，其中大米加工企业10家、小麦粉加工企业28家、食用植物油加工企业20家，年末从业人员3699人。兵团国有粮食购销企业12家，年末从业人员199人。

2006年粮食工作情况

2006年，兵团粮食工作受到了各级党委的高度重视，加大了粮食生产科技投入力度，提高了良种普及率，加之气候条件适宜，使粮食生产在播种面积比去年减少2.9%的情况下，粮食总产较上年增加1.9%，实现了粮食产量稳定增长。

一 粮食行业管理工作

2006年，为促进中国与中亚各国粮食行业之间的交流与发展，加强与中亚各国的经贸往来，推广我国的粮油机械设备，兵团粮食局配合自治区粮食局和中国国际贸易促进委员会粮食行业分会，举办了“中国与中亚诸国粮油企业合作发展研讨会”及“粮油机械设备推介会”。国家粮食局副局长张桂凤、吉尔吉斯共和国工商会主席别尔斐利也夫、上海合作组织中国实业家委员会秘书长王卫东、自治区副主席胡伟等领导同志出席了大会，国内外客商及各省（区、市）粮食局、粮食行业协会相关人员、粮油加工设备企业代表等共120余人参加了会议。利用国家实施“金农”工程等重大科技项目的有利机遇，积极推进兵团粮食流通电子信息化体系发展，编制完成了“金农”工程一期建设项目可行性研究报告。建立了兵团粮食行业特有工种职业技能鉴定工作站，共有8名同志取得了劳

兵团发展和改革委员会（粮食局）郭毅峰副主任（副局长）（左一）在兵团丰庆国家粮食储备库检查工作

兵团克孜勒布拉克国家粮食储备库

动和社会保障部、国家粮食局认可的职业技能鉴定考评员资格，为兵团职业技能鉴定工作奠定了基础。

2006年，农九师粮食局荣获“全国粮食系统先进集体”称号，塔城克孜勒布拉克国家粮食储备库主任李献同志荣获“全国粮食系统劳动模范”称号，农五师新疆博乐新赛油脂有限公司被评为“国有粮食企业改革先进单位”。兵团粮食局的粮食会计工作获得了全国粮食系统会计报表优胜单位三等奖，统计工作获得了全国粮油工业统计工作先进单位和粮食行业机构、从业人员及教育培训情况统计优秀报表单位称号，农十师粮食局谢秋举同志获得了全国粮油工业统计工作先进个人。

二 粮食产购销工作

2006年，兵团粮食总播种面积22.1万公顷，较上年减少6733公顷，减幅2.9%，其中：小麦播种面积10.8万公顷，较上年减少4.7%；水稻播种面积2.5万公顷，较上年减少0.3%。全年粮食总产146.2万吨，较上年增加2.7万吨，增幅1.9%；其中：小麦产量64.1万吨，较上年减少1.7万吨，减幅2.5%；水稻21.5万吨，与上年基本持平；玉米46.8万吨,比上年增加0.5万吨,增幅1.1%。

当年，由于新疆粮食市场供求关系发生较大变化，自治区的粮食收购政策多次进行调整。年初，粮食补贴政策由敞开收购进行补贴调整为在收购计划内实施补贴，补贴标准不变，即小麦0.2元/公斤，大米0.3元/公斤。4月27日，自治区发改委下达全区收购计划130万吨，其中兵团35.0万吨；6月16日，自治区发改委又追加计划70万吨，其中兵团追加10.7万吨，使兵团的收购计划达到45.8万吨，增幅31.3%；8月15日，自治区党委、人民政府又将补贴政策调整为小麦敞开收购全面实施补贴，标准不变。12月1日，自治区发改委又追加大米收购计划1.2万吨，其中兵团追加0.5万吨，使兵团2006年的收购任务达46.3万吨，增幅32.1%。兵团全年累计交售粮食46.6万吨，其中小麦45.4万吨,完成收购计划的100.8%;大米1.2万吨，百分之百完成收购计划。

由于夏粮收购之际新疆粮食市场出现了阶段性供大于求的现象，粮食销售困难，“卖粮难”矛盾突出，兵团所属粮库积极开展托市收购，共收购商品粮8739吨。是年，兵团所属粮库累计共收购粮食39438吨，对稳定疆内市场粮价、保护农民利益、有效缓解“卖粮难”矛盾起到了积极的作用。

三 粮食价格

2006年，自治区人民政府公布的全区小麦信息参考价为：三等白冬麦，图木舒克市1.20元/公斤，喀什地区、和田地区1.22元/公斤，伊犁州1.24元/公斤，阿拉尔市1.26元/公斤，巴州、阿克苏地区、克州1.27元/公斤，哈密地区、塔城地区、博州1.28元/公斤，阿勒泰地区、吐鲁番地区1.30元/公斤，奎屯市、克拉玛依、石河子市1.34元/公斤，乌鲁木齐市、昌吉州、五家渠市1.36元/公斤；白冬麦三等以上等级差为0.03元/公斤。继续实行定购粮价外补贴政策，定购粮不分产区、品质和等级享受价外补贴，即小麦0.2元/公斤，大米0.3元/公斤。实际收购时的小麦价格由各地州政府根据本地区情况制定，大米收购价格继续随行就市。

四 中央储备粮油

2005年年末，中国储备粮管理总公司新疆分公司对兵团所属的克孜勒布拉克国家粮食储备库承储的中央储备粮(小麦)实行了统贷统还。克孜勒布拉克库承储的中央储备粮规模不变。

2006年，兵团粮食局对所属国家粮食储备库的管理及粮食储存情况、账实相符情况、规章制度情况等进行了监督检查，中央储备粮油均库存真实，质量可靠，管理规范，制度健全。

五 粮库建设

为改善粮食仓储环境，提高粮食仓储水平，兵团粮食局积极引导各师进行了粮食基础设施改造，以确保储粮安全。农四师71团粮库项目于2006年5月开工建设，建成后可新增仓储能力2.6万吨，仓储条件可达到国家粮食储备库的同等水平，是年主体工程全部完工。农一师4团、农十师188团粮库项目的前期工作完成，列入了2007年项目计划。

六 行政执法

1.结合《粮食流通管理条例》实施两周年的宣传活动。在夏粮收购时，开展对《粮食流通管理条例》等粮食法规、规章及收购政策的宣传活动，通过报纸、电视、网络、板报、现场咨询、送法下团连等形式，积极宣传粮食法律、法规，使各级领导、粮食工作者、粮食经营者、种粮农工、消费者了解有关法律、法规，营造了良好的执法环境，增强了广大干部职工的维权意识。

2.依照法律、行政法规规定的职责，对粮食经营活动进行了监督检查，切实加强了对粮食库存和粮食质量的监管工作。对7个国有粮食购销企业的粮油品种、质量、数量、品质等情况进行了检查，扦取了6个库的18份样品，委托兵团粮油产品质检中心进行检测。据查，各国有粮食购销企业库存真实，账实相符，小麦质量各项指标合格，原粮卫生指标全部合格，粮食储存安全情况良好，粮食出入库时均执行了国家出入库检验制度。通过加强粮食流通监督检查工作，进一步规范了粮食流通行为，维护了粮食经营者和消费者的合法权益。

3.组织了“放心粮油”复审。新疆北屯油脂化工有限责任公司、新疆天锦油脂化工有限公司、新疆乔尔玛食品有限责任公司、新疆兵团农十三师红山农场穗神面粉加工厂4家企业通过了中国粮食行业协会组织的“放心粮油”品牌复审，保留了“金屯”牌葵花油、“保康”牌棉籽油、“乔尔玛”、“穗神”牌小麦粉的“放心粮油”品牌；农四师霍尔果斯天佳粮油食品总厂由于企业改革重组，已在伊犁察布查尔县重新申报了“放心粮油”品牌，经报中国粮食行业协会批准同意，取消了该企业“天佳”牌小麦粉的“放心粮油”品牌。

七 廉政建设

2006年，结合兵团开展治理商业贿赂专项活动的契机，兵团粮食系统积极开展了此项工作。在加强学习，提高认识，结合业务特点进行自查自纠的基础上，兵团粮食局召开了国家粮食储备库主任治理商业贿赂专题会议，要求所属国家粮食储备库认真开展此项活动，并将活动开展、学习讨论和贯彻落实情况及时上报兵团粮食局党组。通过治理商业贿赂专项活动的学习和对照检查，兵团粮食系统广大干部职工充分认识到了开展治理商业贿赂专项工作的重要性和必要性，切实增强了反腐倡廉意识，进一步树立了党员干部廉洁从政、全心全意为人民服务的思想，从源头上防止了商业贿赂、不正当交易和不廉洁行为的滋生。

5

第五篇

粮食行业相关机构

粮食行业相关机构

全国性社团组织

中国粮食行业协会

中国粮食行业协会成立于1996年，是全国性粮食社团组织，现有单位会员695个，主要由各省市粮食行业协会和大中型粮油骨干企业组成。协会下设大米分会、小麦分会、玉米分会、杂粮分会、粮食批发市场分会、财会分会、教育培训分会、建设工程分会、粮油工业专业委员会等9个分支机构。

截至2006年，全国除港澳台外，共有省级粮食行业协会28个，省级粮食行业协会筹备组3个，共发展单位会员5000余个；地（市）级粮食行业协会99个，发展单位会员22601个；县（市）级粮食行业协会91个，发展单位会员17201个。

目前，全国粮食行业协会的组织体系和工作网络已基本建立，并正在逐步完善。各级粮食行业协会在沟通政府和企业之间的联系、反映企业诉求、传递市场信息、衔接粮食产销、推广先进技术、发展经贸合作、开展行业自律、维护公平竞争、促进行业发展等方面做了大量工作，发挥了越来越重要的作用。

中国粮油学会

中国粮油学会是中国科学技术协会领导下的全国性一级学会，挂靠国家粮食局，是以从事粮食和油脂科学研究、工业生产的高中级科技人员和企业家为主体的跨行业、跨地区、跨部门的群众性学术团体。现有个人会员6152人，团体会员571个。

中国粮油学会下设油脂、食品、饲料、储藏、信息与自动化、发酵面食、粮食物流、米制品、粮油营销技术9个专业分会，五个工作委员会，即：组织、学术交流、国际联络、科技普及与出版、科技咨询工作委员会；学会的常设工作机构为秘书处。学会涉及的学术领域涵括了粮油和饲料的原料资源开发、优质品种选育；粮油加工和后处理工艺及设备；成品、副产品加工利用；粮油食品加工、品质控制和检测；谷物和油脂化学；粮食物流与粮食营销技术以及粮油、食品、饲料添加剂等各个方面，是多学科、高水平的学术团体。

中国粮油学会的工作方向是：以经济建设为中心，努力促进科技与经济相结合，为广大会员服务，为经济和社会发展做出贡献。按照中国科协的要求，通过自身开拓性的工作，努力使学会成为“学术交流的主渠道、科普工作的主力军、国际科技交流的主要代表”，使学会成为本专业领域的科技工作者之家。

经中国科学技术协会和原中国国家科学技术委员会批准，中国粮油学会作为国家会员单位参加了国际谷物科技协会（ICC），并与美国、德国、加拿大、澳大利亚、英国、法国、日本、意大利等国的谷物、油脂方面的学术团体建立了良好的交流和合作关系。

中国粮油学会的主要出版物是《中国粮油学报》、《粮食储藏》和《粮食与食品》——均为中文版双月刊，在国内外发行。《学报》是国家一级学术和科技期刊，学会还出版国内外各种学术交流活动和专题研讨会的论文集和国外考察报告，为提供粮油科技信息服务。

中国粮油学会近些年主要从国际学术交流与科技合作、行业科技成果评价与推广、高级技术职称评定与人才培育、科技咨询与技术培训等四个方面进行拓展与创新，并获得可喜成效。如成功举办"国际谷物科技协会第十三届国际粮油科技大会"；正式签约欧盟"食品安全科技合作"（MoniQA）项目；有效开展行业年度科学技术奖励工作和行业自然科学研究系列正副高级专业技术职称的评审；以营养强化为主的专家咨询服务工作在全国近60家粮油加工企业展开。这些工作的有效开展，大力地推动了粮食行业的科技进步和经济发展。中国粮油学会将紧密围绕粮食流通这一中心工作，当好政府部门的参谋和企业的助手，成为现代一流学术团体。

中国粮食经济学会

中国粮食经济学会成立于1987年2月，是全国各省（区、市）粮食经济学（协会）、有关粮油企业、科研单位和高等院校组成的群众性粮食经济研究社团组织，是非盈利性社会组织。在国家粮食局的领导下，团结组织全体会员单位，本着"立足国情、调查研究、围绕中心、服务大局"的原则，发扬实事求是，理论联系实际的作风，面向"三农"，面向企业，开展粮食经济理论和粮食政策研究，以粮食宏观调控和为企业提供咨询服务为宗旨。学会的主要任务是贯彻落实党中央、国务院关于粮食工作的方针政策，对粮食流通体制改革、国家粮食安全、粮食产业化经营以及粮食价值规律的影响和作用等课题，进行研究和探讨；针对不同时期粮食行业在改革与发展中出现的新情况，积极开展调查研究，向粮食行政主管部门提出政策性意见和建议；研究世界或有关国家粮食发展状况和粮食商品经营管理经验；收集、整理有关粮食工作史料，编辑出版粮食经济著作，为粮食行政主管部门当好助手和参谋。

中国国际贸易促进委员会粮食行业分会

中国国际贸易促进委员会粮食行业分会、中国国际商会粮食行业分会（以下简称粮食行业分会），成立于1997年8月，受国家粮食局领导，具有独立法人资格，是中国国际贸易促进委员会、中国国际商会在粮食行业的分支机构。

中国国际贸易促进委员会粮食行业分会的成立为利用和发挥本行业优势，促进中国粮食行业的对外贸易和经济技术合作，开辟了一条新的重要的渠道。我国粮食行业的对外经贸已涉及世界上的几十个国家和地区，特别是与欧美、澳大利亚、亚太等地区国家粮食进出口商、贸易组织、生产者协会、机械制造厂商建立了经贸往来和业务关系，与许多国家粮食组织也有了固定联系。粮食行业已成为我国对外开放的一个重要窗口。作为政府和民间的中介组织，中国贸促会粮食行业分会将广泛地拓展与国外同行业的联系与合作，全力促进中国粮食行业的对外贸易，利用经济技术合作，为中国粮食行业与世界各国、各地区粮食行业的相互交往起到桥梁与纽带的作用。

根据中国国际贸易促进委员会章程的规定，结合粮食行业的特点，中国贸促会粮食分会的主要职能是：

①开展调查研究，向国内外粮油企业及相关机构提供经贸、技术方面的信息和咨询，介绍合作对象，利用外资、引进先进技术，为国内外粮油企业合作牵线搭桥；

②开展同世界各国粮油贸易界的联络工作，邀请和接待国外有关人士和代表团来访，组织中国相关企业及技术代表团、考察团出国访问和考察；

③发展同国外商会、经济贸易协会和其他国际经贸组织的活动，负责同中国贸促会粮食行业分会相应的外国工商团体驻京机构的联络工作；

④组织中国粮食企业及相关部门到国外投资、开发项目；

⑤组织、协调中国粮油企业及相关团体在国外举办经济贸易展览会或参加国际博览会，组织、协调国内有关方面主办和接待外国来华经济贸易与技术展览会；

⑥接受委托，承办国内外粮油企业国际货运业务的咨询、代理工作；

⑦出版、发行有关国际粮油市场行情的刊物、书籍，介绍中国粮食行业对外经济贸易的方针政策、发展情况，介绍进出口商品等；

⑧对企、事业单位的人才引进、人才培训提供咨询和服务，促进开发劳务合作业务；

⑨办理其他事宜。

中粮集团有限公司

中粮集团外景

中粮集团有限公司（简称“中粮集团”，英文简称“COFCO”），是中国最大的粮油食品进出口公司和实力雄厚的食品生产商，享誉国际粮油食品市场，在与大众生活息息相关的农产品贸易、生物质能源开发、食品生产加工、地产、物业、酒店经营以及金融服务等领域成绩卓著。1994年以来，中粮集团一直位列《财富》世界500强企业。

中粮集团拥有50余年的国际贸易经验，是中国粮油食品市场与国际市场之间最重要的桥梁，是小麦、玉米、大米、食糖等大宗农产品进口、出口的主渠道。2006年3月，中谷粮油集团公司并入中粮后，中粮建立起国内与国际市场结合，内贸与外贸结合，市场与储备结合，产业发展与国家粮食安全结合的粮食产业化运作体系。

中粮集团积极投身于生物质能源的开发，作为国内生产燃料乙醇的先行者和主要提供者，努力为国家能源安全和环境保护做出贡献。

中粮集团致力于为13亿中国人民提供营养、健康的优质食品，在葡萄酒、精炼食用油、面粉、大米、啤酒麦芽、番茄制品等行业居中国领先地位，旗下的“长城”葡萄酒、“福临门”食用油、“金帝”巧克力、“黄中皇”绍兴酒、“中茶”茶叶等品牌和产品深受消费者喜爱。中粮集团还是美国可口可乐公司在中国最重要的合作伙伴，生产和销售可口可乐系列饮料。

中粮集团拥有“中国食品有限公司”（0506.HK）、“中国粮油控股有限公司”（0606.HK）、“中粮屯河”（600737.SH）、“吉生化”（600893.SH）、“丰原生化”（000930.SZ）、“中粮地产”（000031.SZ）等6家上市公司。

中粮集团在集团有限相关多元化、业务单元专业化的战略指导下，发扬诚信、团队、专业、创新的企业精神，奉献营养健康的食品、高品质的生活空间和生活服务，实现客户、股东、员工价值最大化。

粮食进出口

中粮麦芽

东海粮油

地方粮食行政管理机构变更（领导班子成员名单）

北京市

新增信息统计处和监督检查处，职能处室增加到9个

信息统计处主要职责：负责社会粮食流通统计工作；负责粮食市场供求形势的监测和预警分析，发布粮食生产、消费等信息；负责组织粮食流通统计制度执行情况的监督检查，指导区县粮食行政管理部门的粮食流通统计工作。

监督检查处的主要职责：负责本市粮食经营者从事粮食收购、储存、运输活动和政策性用粮的购销活动的监督检查；指导区县粮食行政管理部门在粮食流通方面的监督检查工作。

对各处室职能做了重新调整

1．粮油市场动态的预测预报工作由市场管理处划归信息统计处；全行业年度工作报告的起草、粮食志和年鉴的编纂工作由办公室划归信息统计处；信息统计处联系局信息中心。

2．行政执法责任制的推行工作由政策法规处划归监督检查处。

3．国企改革的指导工作由政策法规处划归财务基建处。主要工作有：指导国有粮食企业扭亏增盈、增收节支工作，研究制定本市国有粮食企业改革方案，指导和推动国有粮食企业的改革和发展。

4．局党组办公室的职能由人事处划归办公室。主要工作有：党组会议的组织、纪要的起草、决定事项的催办，全局年度工作报告的起草，局党组交办的其他事项的落实。

5．调查研究和软科学研究的组织工作由办公室划归政策法规处。

6．企业信用信息的上网公示工作由办公室划归市场管理处。

粮食局领导班子成员

局　　长：李广禄

纪检组长：周爱华

副 局 长：马长旺

副 局 长：朱　雷

天津市

天津市粮食局隶属于天津市人民政府，正局级行政机关，下设八个处（室）：办公室、政策法规处、综合处、财务处、储备基建处、市场管理处、人事处、老干部处。

粮食局领导班子成员

局　　长：马春波
副 局 长：穆金生
副 局 长：周庆平
副 局 长：田少生
副 局 长：李久彦

河北省

河北省粮食局编制57人，内设办公室、购销调控处（政策法规处）、财务会计处、仓储基建处、行业发展处、监督检查处、机关党委（人事处）、老干部处和纪检监察室等处室。

粮食局领导班子成员

局　　长：马　静
副 局 长：赵学敏
副 局 长：陈同文
纪检组长：伍　林
副 局 长：杨洲群
副巡视员：佟军亭

山西省

粮食局领导班子成员

局　　长：姚高宽
纪检组长：姚允民
副 局 长：牛银虎
副 局 长：张　文
副 局 长：吕苛青
总经济师：梁　政
副巡视员：冀保国

内蒙古自治区

粮食局领导班子成员

局　　长：卫庆国
副 局 长：张国治（3月调离）
　　　　　康昱幸（蒙古族）
　　　　　张忠何
纪检组长：铁　钢（蒙古族）
副 局 长：王斯琴（女，蒙古族，9月任职）
副巡视员：刘永旺

辽宁省

粮食局领导班子成员

局　　长：李汪洋
副 局 长：刘昌志

副 局 长：李景阳
副 局 长：钱程广
纪检组长：潘殿元
巡 视 员：杨喜海
副巡视员：宿丙军
局长助理：王丽桥

吉林省

吉林省粮食局是吉林省人民政府的直属机构，承担全省粮食流通管理和食盐专营工作。局机关内设办公室、人事处（机关党委）、综合处、监督检查处、调控处、财会处、仓储处、基建处、市场处、老干部处、纪检组监察室等11个处（室）。到2006年底，局机关实有53人，其中公务员编制47人，工勤人员6人。

粮食局领导班子成员

局　　长：李福升（至9月）
局　　长：祝业辉（12月任）
副 局 长：柴春艳（女，至8月）
副 局 长：高乃民（女）
副 局 长：韩福春
副 局 长：王铁云
副 局 长：李贺军
纪检组长：王凯伦（3月任）
副巡视员：沈启地

黑龙江省

粮食局领导班子成员

副 局 长：金　辉
副 局 长：张　赋
副 局 长：肖培尧

纪检组长：赵柏树
副巡视员：赵守志
副巡视员：齐　瑶
副巡视员：陈德志

上海市

粮食局领导班子成员

局　　长：陈海刚（市经委副主任）
副 局 长：孟洪恩（纪检组长）
副 局 长：夏伯锦
副 局 长：姚　海

江苏省

粮食局领导班子成员

局　　长：王元慧
副 局 长：严长俊
副 局 长：于国民
副 局 长：卢保全
纪检组长：沈祖方
副 局 长：王建国
副巡视员：刘成龙

浙江省

粮食局领导班子成员

局　　长：李林访
副 局 长：周柳军
副 局 长：钟传厚
巡 视 员：沈云飞
副巡视员：高荣泰

安徽省

安徽省粮食局是省政府直属行政管理机构，行政编制59个，内设10个职能处室，派驻单位1个，直属事业单位7个。

粮食局领导班子成员

局　　长：桂梅生
副 局 长：孙良龙
副 局 长：黄　红
副 局 长：戴绍勤
纪检组长：王用华
副巡视员：刘伯林

福建省

粮食局领导班子成员

局　　长：刘昌霖
副 局 长：黄希敏
纪检组长：黄恩盛
副 局 长：徐桂春
巡 视 员：孙　竹

江西省

粮食局领导班子成员

局　　长：熊根泉
副 局 长：路　线
副 局 长：刘承芳
纪检组长：肖文群
巡 视 员：邱吉玲
副巡视员：尹国柱
副巡视员：刘作棣

山东省

根据《中共山东省委、山东省人民政府关于山东省人民政府机构改革实施意见》（鲁发[2000]9号），设置山东省粮食局，是主管全省粮食工作的直属机构。2004年3月，省发展计划委员会改组为省发展和改革委员会，为省政府组成部门，省粮食局由省政府直属机构改由省发展改革委管理，正厅级建制不变。省粮食局现设7个职能处室和离退休干部处、机关党委，7个职能处室为：办公室（政策法规处）、人事教育处、调控处、监督检查处、储备粮管理处、财务处（省粮油结算中心）、产业发展处。2006年底，局机关共有行政编制56名（含纪检、监察），实有公务员58名。

粮食局领导班子成员

局　　长：邹大民
副 局 长：孟庆秀
副 局 长：张翠玉
副 局 长：乔延亭
副 局 长：缑怀祯
纪检组长：王顺厚
副巡视员：丁兆石

河南省

河南省粮食局机关经省编办批准，撤销了局基建外经处，其职能分别划到局储运处、行业发展处；设立监督检查处。调整后的局机关处室为：办公室、人事教育处、调控处、储运处、财务会计处、监督检查处、行业发展处、政策法规处等8个职能处室和机关党委，设立离退休干部工作处和驻局监察室。机关公务员编制为73名。

粮食局领导班子成员

局　　长：曹濮生
副 局 长：杨天义
巡 视 员：黄东民
纪检组长：于前锋
副 局 长：刘大贵
副 局 长：李国范
副 局 长：乔心冰
副巡视员：李志强

湖北省

粮食局领导班子成员

局　　长：沈昌发
副 局 长：王新堂
副 局 长：沈桥梁
副 局 长：赵启玉
纪检组长：闵建华
华中粮食中心批发市场管理委员会办公室主任（副厅级）：朱运清
巡 视 员：杜留栓
副巡视员：马木炎

湖南省

粮食局领导班子成员

局　　长：吴奇修（中共湖南省委委员、省政协委员）
副 局 长：皮祖玉
副 局 长：焦小毅
纪检组长：李昌浩
副 局 长：邓德林

广东省

7月，广东省机构编制委员会下发《关于增加省发展改革委粮食管理机构编制的函》，明确广东省粮食局局长为正厅级，增加省粮食局副局长（副厅级）职数1名；省发展改革委增设粮食监督检查处、粮食统计财会处，增加行政编制14名。12月，李敏被任命为省粮食局副局长。

广西壮族自治区

全自治区设有广西壮族自治区粮食局以及南宁市粮食局、柳州市粮食局、桂林市粮食局、梧州市粮食局、北海市粮食局、防城港市粮食局、钦州市粮食局、贵港市粮食局、玉林市粮食局、百色市粮食局、贺州市粮食局、河池市粮食局、来宾市粮食局和崇左市粮食局等14个地级市粮食局，共有92个县、市、区粮食局。自治区粮食局设有办公室（人事处）、调控处、政策法规处、监督检查处、粮食行政管理处、离退休人员工作处、机关党委7个处室。

粮食局领导班子成员

局　　长：梁雨祥
副 局 长：黄显阳
副 局 长：谢　俊
纪检组长：刘文志
副巡视员：何孔健

海南省

粮食局领导班子成员

局　　长：宋建海
副 局 长：郭泽云
副 局 长：黄　驹

重庆市

粮食局领导班子成员

局　　长：胡君烈

副 局 长：程昌裕（5月离任）

副 局 长：杨元亮（5月离任）

副 局 长：陈伟国

副 局 长：蒋寿光（4月任职）

纪检组长：闵　卫

局长助理：尤祖才

四川省

粮食局领导班子成员

局　　长：李益良

副 局 长：侯　勇

副 局 长：谭嘉林

副 局 长：黎　明

副 局 长：张书冬

贵州省

贵州省粮食局内设办公室、人事教育处、市场流通处、监督检查处、储备管理处、计划财务处、军粮供应办公室7个职能处（室）。另设机关党委办公室、纪检监察室、离退休干部处。机关行政编制为55人。

粮食局领导班子成员

局　　长：刘启云
副 局 长：张和林
纪检组长：林元惠
副 局 长：乔鲁毅
机关党委书记：章　萍
总经济师：何武林
副 局 长：吴青春（2007年1月任）

云南省

粮食局领导班子成员

局　　长：苏全忠
副 局 长：何庄元
副 局 长：张　睿
纪检组长：杨韵玲
副 局 长：马红跃
副巡视员：孙卫平

西藏自治区

粮食局领导班子成员

局　　长：田福利
副 局 长：吴国汉
副 局 长：次旺诺布
副 局 长：赵放村

陕西省

2006年12月，陕西省机构编制委员会办公室就陕西省粮食局监督检查处与资金管理处分设问题批复陕西省粮食局：

“根据我省粮食流通监督检查工作需要，经研究，同意将你局监督检查处与资金管理处分设，监督检查处人员编制5名，其中从你局机关内部调剂2名，不足部分通过接收军转干部充实。处级领导职数2名，其中划转原监督检查处1名处级领导职数，增加1名处级领导职数。

监督检查处的主要职责是：监督检查国家粮食流通管理的法律、法规及粮食政策的贯彻落实情况；监督检查粮食购销活动以及粮食收购、储存、运输等经营活动执行法律、法规、政策情况；监督检查省级储备粮计划执行、管理和安全等情况；监督检查军粮、救灾粮等政策性用粮采购供应活动；监督检查国家粮食流通统计制度的执行情况。”

粮食局领导班子成员

局　　长：姚增战
副 局 长：路震霄
副 局 长：王　勇
纪检组长：秦克勤

甘肃省

粮食局领导班子成员

局　　长：朱　红
巡 视 员：谢国业
纪检组长：张曼丽
副 局 长：韩卫江
副 局 长：成文生
副巡视员：边　俊

青海省

青海省粮食局设五个职能处（室）：办公室、行业指导处、储备管理处、财务处、统计信息处、监督检查处，内设机关党委。行政编制22名、事业编制4名、工勤人员编制5名。

粮食局领导班子成员

局　　长：顾艳华
副 局 长：侯宝健
副 局 长：商卫国
副巡视员：李恒力

宁夏回族自治区

宁夏回族自治区粮食局为正厅级主管全区粮食流通(含食油)的直属事业单位，加挂自治区粮食储备管理局牌子，预算事业编制并依照公务员制度管理人员增至38人。内设机构增加人事教育处、政策法规处，政策法规处牌子挂在办公室，行业监管处更名为监督检查处。

粮食局领导班子成员

局　　长：刘　卉
巡 视 员：胡义隆
副 局 长：王少英
副 局 长：严彦召
纪检组长：叶　宁

新疆维吾尔自治区

粮食局领导班子成员

局　　长：米尔扎依·杜斯买买提

副 局 长：肖启英

纪检书记：张河维

副 局 长：卡德尔汗·米拉斯汉

副 局 长：王卫军

巡 视 员：黄建庄

副巡视员：黄国粹

总经济师：许　雷

青岛市

粮食局领导班子成员

局　　长：董德义

副 局 长：安郁宏

副 局 长：邓开明

副 局 长：岳　军

副调研员：苑瑞清

副调研员：徐立萍

宁波市

粮食局领导班子成员

局　　长：叶双猛
副 局 长：姚敬文
副 局 长：胡望荣

厦门市

粮食局领导班子成员

局　　长：曾耀民
副 局 长：虞孟森
副 局 长：卢和持
纪委书记：郭勇鹏

大连市

商业局领导班子成员

局　　长：焦正家
副 局 长：李　光
纪委书记：方健伟
副 局 长：陈祥立
副巡视员：朱保奎

6

第六篇

粮食政策与法规文件

国务院文件

关于完善粮食流通体制改革政策措施的意见

（国务院 国发[2006]16号 2006年5月13日）

各省、自治区、直辖市人民政府，国务院各部委、各直属机构：

2004年以来，各地区、各部门认真贯彻落实《国务院关于进一步深化粮食流通体制改革的意见》（国发[2004]17号）精神，积极稳妥地推进粮食流通体制改革，取得了明显成效。当前，粮食流通体制改革已进入关键时期，为妥善解决改革中出现的新问题，以科学发展观为统领，坚持中央确定的粮食流通体制改革总体目标和基本思路，进一步完善政策措施，健全体制机制，加大改革力度，确保粮食流通体制改革的顺利推进，现提出以下意见：

一 加快推进国有粮食购销企业改革，切实转换企业经营机制

（一）切实使国有粮食购销企业真正成为市场主体。各级粮食行政管理部门要依法加强对全社会粮食市场主体的指导、监督、检查和服务，不得直接干预企业的日常经营活动。国有独资和国有控股粮食购销企业要实行自主经营、自负盈亏。进一步规范政府调控与企业经营之间的关系，政府可根据粮食宏观调控的需要，委托具备资质的粮食购销企业承担相关政策性业务，并按确定的标准给予补贴。继续发挥国有粮食购销企业的主渠道作用，增强政府对粮食市场的调控能力。

（二）加快国有粮食购销企业组织结构创新。在粮食主产区的产粮大县，可以现有国有粮食购销企业为基础，通过改制重组，因地制宜地组建国有独资或国有控股的公司制粮食购销企业。在非粮食主产区和主产区的非产粮大县，也要保留必要的国有独资或国有控股的粮食购销企业。支持国有粮食购销企业进行跨行业、跨地区、跨所有制的资产重组，鼓励各种资本参与企业改组改造，以资产为纽带，逐步培育若干个大型粮食企业集团。对小型国有粮食购销企业，可以通过改组联合、股份合作、资产重组、授权经营等多种形式放开搞活。

（三）规范国有粮食购销企业产权制度改革。各地在推进国有粮食购销企业产权制度改革过程中，要按照国家所有、分级管理、授权经营、分工监督的原则，积极探索国有资产经营和监管的有效形式，明确国有资产出资人职责，实现国有资产的保值增值，防止国有资产流失。改制后的国有独资、国有控股粮食购销企业要依据《中华人民共和国公司法》建立法人治理结构，按照现代企业制度的要求实行规范运作。农业发展银行要会同有关部门研究制订促进国有粮食购销企业产权制度改革的信贷管理措施。

（四）大力发展粮食产业化经营。积极培育粮食产业化龙头企业，加快以粮食购销、加工企业为

龙头的粮食产业化体系建设，鼓励和发展粮食订单生产、订单收购，引导企业与农民建立利益共享、风险共担的合作机制。加大对国有粮食企业、大型粮食加工企业和其他多元化龙头企业的扶持力度，支持企业发展粮食精深加工，延长产业链，增加产品附加值。对以粮油为主要原料的加工企业，特别是骨干龙头企业，各级人民政府要给予重点扶持。

（五）研究建立新型粮食仓储管理机制。加快制（修）订适应新形势的粮食仓储管理办法、粮食储存标准和粮食卫生标准。加强粮食储藏技术的研究和推广，提升粮食仓储企业的核心竞争力，降低粮食的数量、品质损失，保证库存粮食安全。结合粮食企业改革和人员分流安置，鼓励国有粮食购销企业利用现有的仓储设施和技术力量向社会提供粮食仓储和技术服务，国家在政策、资金、税收上给予适当支持。加强对农民储存粮食的技术指导，降低粮食产后损失。

（六）做好粮食收购资金贷款发放和管理工作。农业发展银行要继续发挥政策性银行的职能，积极支持粮食产业发展。对中央和地方储备粮所需信贷资金，要按计划保证供应；对粮食企业受政府委托收购粮食以及启动最低收购价执行预案收购粮食所需的信贷资金，在落实收购粮食的费用、利息和可能出现的价差亏损补贴来源的前提下，应及时足额发放。按照企业风险承受能力，积极支持各类具有收购资质的粮食企业入市收购，加大对粮食产业化龙头企业、精深加工和转化企业、工商联营企业及其他粮食企业、粮食生产基地和粮食市场建设等贷款扶持力度。

二 加快清理和剥离国有粮食企业财务挂账，妥善解决企业历史包袱

（七）认真做好粮食财务挂账的清理、审计和剥离工作。要按照国家有关规定，抓紧将国有粮食购销企业政策性粮食财务挂账剥离到县以上粮食行政管理部门集中管理，为企业发挥主渠道作用和推进产权制度改革创造条件。对经清理、审计的企业经营性亏损挂账，按照债务与资产一并划转和防止逃废银行债务的原则，结合推进国有粮食企业改革，实行有效管理，因地制宜地逐步消化或依法处置，有关部门要尽快制订具体实施办法。审计、财政、发展改革、粮食、农业发展银行等部门和单位要组成联合督查组，加强对各地粮食财务挂账清理、审计和剥离工作的检查、指导。

（八）继续做好国有粮食购销企业分流职工再就业和社会保障工作。按照省级人民政府统筹考虑和多渠道筹集的原则，切实解决好国有粮食购销企业分流安置职工和离退休人员所需资金。对国有粮食购销企业分流安置职工、依法解除劳动关系等所需资金，地方各级人民政府要按规定给予适当补助；同时，继续在中央批准的限额内从粮食风险基金中专项安排一部分资金，用于企业分流安置职工。粮食企业依法出售自有产权公房、建筑物收入和处置企业使用的划拨土地的收入，优先留给企业用于缴纳社会保险费和安置职工。国有粮食企业要改善经营，加强管理，增加盈利，做好自筹资金工作。

地方各级人民政府要按规定将国有粮食企业分流职工纳入当地再就业规划和社会保障体系，并对符合条件的分流人员核发《再就业优惠证》，落实小额担保贷款、税收减免等再就业扶持政策。做好企业解除劳动合同人员的档案移交和社会保险关系接续等工作，为其再就业创造良好条件。国有粮食企业要充分发挥现有购销网点和产业化经营的优势，开展多种形式的面向农民、方便居民的服务业务，努力增加就业岗位，为分流人员创造更多的再就业机会。

（九）认真做好现有库存中按保护价（含定购价）收购的高价位粮食的分步销售工作。对这部分粮食要继续实行“新老划断、分步销售”。对销售后发生的价差亏损和尚未销售粮食发生的利息以及

必要的保管费用，继续按照有关政策规定办理。各省、自治区、直辖市人民政府要制订具体办法，根据市场情况把握节奏，按计划适时销售。要抓紧完成库存陈化粮的定向销售工作，坚决打击倒卖陈化粮的违法行为。

三 积极培育和规范粮食市场，加快建立全国统一开放、竞争有序的粮食市场体系

（十）继续培育、发展和规范多种粮食市场主体。鼓励各类具有资质的市场主体从事粮食收购和经营活动，培育农村粮食经纪人，开展公平竞争，活跃粮食流通。引导多元投资主体投资各类粮食交易市场、粮食物流设施以及高科技粮油加工企业。

（十一）健全粮食收购市场准入制度。继续做好粮食收购企业入市资格审核工作。对已经取得粮食收购资格的企业，粮食行政管理部门要加强指导、服务和监管，定期进行审核。

（十二）加强粮食市场监管执法。工商行政管理部门要加强对粮食市场以及市场开办者和粮食经营者的监管，严厉打击违法收购、囤积居奇、欺行霸市等各种违法经营行为，对粮食市场经营实行分类监管。粮食行政管理部门要加强对粮食质量的监管。质检、卫生部门要加强对粮食加工和销售的质量管理、卫生检验检疫。各有关部门要密切配合，完善信息通报机制，形成管理合力，维护粮食交易秩序，保护粮食生产者、经营者和消费者的合法权益。

（十三）完善粮食市场体系建设。做好粮食市场体系建设布局规划，规范市场交易规则，完善市场服务功能，引导企业入市交易。重点扶持大宗粮食品种的区域性、专业性和成品粮油批发市场，加快大中城市成品粮油交易市场建设。中央和地方储备粮的购销和轮换，原则上通过规范的粮食批发市场采取竞价交易方式进行，也可以通过国家规定的其他方式进行。大力推广电子商务等先进的交易方式和手段，增加交易的透明度，发挥引导粮食市场购销价格的作用。进一步完善和规范粮食期货交易，为企业和农民提供发现价格、规避风险的服务。

（十四）加强粮食现代物流体系建设。加快实施全国粮食现代物流设施建设规划，以市场为导向，以企业为主体，以现代科技为支撑，通过各级人民政府的适当投资引导，重点建设从粮食主产区到主销区的跨省区粮食物流通道和物流节点，实现跨省区粮食物流主要通道的散装、散卸、散储、散运和整个流通环节的供应链管理，形成快捷高效、节省成本的现代化粮食物流体系。

四 加强粮食产销衔接，逐步建立产销区之间的利益协调机制

（十五）大力发展长期稳定的粮食产销合作关系。按照“政府推动、部门协调、市场调节、企业运作”的原则，积极支持和鼓励产销区双方以经济利益为纽带，以市场为导向，充分发挥各自的比较优势，形成多元化的合作格局，发展长期稳定的产销合作关系。鼓励主销区粮食工贸企业在主产区建设粮食生产和收购基地。鼓励主产区粮食企业在主销区粮食市场经销粮食，建立集收储、加工、销售为一体的粮食经营企业。

（十六）建立有利于产销区协作发展的支持体系。到主产区建设粮食生产、收购基地的企业，可享受农业产业化优惠政策。铁路、交通部门要优先安排履行产销合作协议的粮食运输。农业发展银行要对产销区之间开展购销协作提供贷款和更加便捷的跨省结算服务。

（十七）逐步建立产销区之间的利益协调机制。经济发达的粮食主销区要调整粮食风险基金的支出结构，将中央财政补贴的粮食风险基金专项用于粮食产销衔接的资金需要，支持主产区的粮食生产和流通。对主产区到主销区建立粮食储备、参与主销区粮食供应并具有一定经营规模的企业，主销区可给予适当的费用补贴。对到主产区建立粮食生产基地、参与主产区粮食生产和收购、将粮食运往主销区销售且具有一定经营规模的企业，主销区也可给予适当的费用补贴。

五 进一步加强和改善粮食宏观调控，确保国家粮食安全

（十八）健全粮食宏观调控体系。粮食宏观调控的目标是基本立足国内保障粮食供给，探索建立中长期粮食供求总量和品种结构基本平衡的长效机制。落实最严格的耕地保护制度，加强农业基础设施建设，提高粮食综合生产能力，充分发挥储备粮的调节作用和进出口粮食品种的调剂作用，确保国家粮食安全。有关部门要健全粮食监测预警系统，进一步完善粮食价格监测体系和粮食供求、质量、价格信息发布制度，健全粮食应急机制。

（十九）完善粮食直接补贴和最低收购价政策。对种粮农民直接补贴和农业生产资料增支综合直补要坚持向产粮大县、产粮大户倾斜的政策。2006年，13个粮食主产省、自治区的粮食直接补贴资金，要全部达到本地区粮食风险基金总规模的50%以上。其他地区要根据本地实际，继续完善对种粮农民的直接补贴政策。国务院有关部门和有关省级人民政府要进一步完善粮食最低收购价政策的执行预案，健全最低收购价启动机制、补贴机制和监督机制。对不实行最低收购价的主要粮食品种，在出现供过于求、价格下跌较多时，政府要及时采取有效措施调节供求，防止出现农民“卖粮难”和“谷贱伤农”。有关部门要在实践中进一步探索保护农民利益和种粮积极性的政策措施。

（二十）进一步完善中央储备粮管理体系。要充分发挥中央储备粮在调节供求平衡、稳定粮食价格、保护农民利益、确保国家粮食安全等方面的重要作用，加快建立符合市场化改革要求的中央储备粮调控机制。国务院有关部门要继续加强对中央储备粮管理工作的指导和监督，完善中央储备粮的轮换和有关财务管理等方面的政策。对承储中央储备粮的代储企业实行资格认证，未取得承储资格的企业不得存储中央储备粮。中国储备粮管理总公司专职从事政策性业务，具体负责中央储备粮（含食油）的业务管理，对中央储备粮的总量、质量和储存安全负总责，除经营与储备粮油吞吐轮换直接相关的业务外，不从事其他商业经营活动。加强中央储备粮垂直管理体系建设，确保中央储备粮数量真实、质量良好，确保在国家需要时调得动、用得上。

（二十一）进一步充实地方粮食储备。要按照“产区保持3个月销量、销区保持6个月销量”的要求，核定和充实地方储备粮规模。粮食供给比较薄弱的产销平衡区，可比照销区确定地方储备粮规模。有关部门要积极指导和督促地方储备粮充实到位。地方储备粮要严格管理，及时轮换，确保质量合格、数量真实。改善储备粮布局和品种结构，大中城市要适当增加成品粮油储备。

（二十二）保证粮食供给和市场稳定。大中城市的地方人民政府应重点掌握或指定一部分粮食加工和批发、零售企业，服从成品粮油供应宏观调控的需要。稳定军粮供应渠道，继续做好军粮供应的服务工作。对粮食供应比较困难的山区、牧区、水库移民区、少数民族聚居地区和边疆地区，当地人民政府要保证粮食稳定供应。

六 加强粮食流通的监督检查，做好全社会粮食流通统计工作

（二十三）依法加强对全社会粮食流通的监管。各省、自治区、直辖市人民政府要按照《粮食流通管理条例》的规定，结合本地区实际，抓紧制订和出台粮食流通监管的相关配套办法。有关执法部门在各自职责范围内，依法加强对全社会粮食流通的监督检查，建立完善的粮食流通监督检查体系。

（二十四）切实做好全社会粮食流通统计工作。建立健全全社会粮食流通统计制度，不断改进统计调查方法和手段。统计和粮食行政管理部门要加强对粮食流通统计制度执行情况的监督检查，督促各类粮食经营企业和用粮企业自觉执行粮食流通统计制度，履行向当地粮食行政管理部门报送粮食购销存等基本数据和情况的义务。

七 加强领导，确保粮食流通体制改革顺利推进

（二十五）全面落实粮食省长负责制。省级人民政府要在国家宏观调控下，切实对本地区的粮食生产、流通和安全负起责任，提高粮食综合生产能力，推进国有粮食购销企业改革，维护正常粮食流通秩序，保持市场粮食价格的基本稳定，保证市场粮食的有效供应。地方各级人民政府要负责本地区粮食的总量平衡和地方储备粮的管理，确保粮食风险基金地方配套部分及时到位。

（二十六）加强和充实粮食行政管理机构、人员。各级人民政府要根据管理全社会粮食流通、开展粮食行政执法和粮食流通统计工作的需要，核定并落实各级粮食行政管理部门或主管部门行政执法、监督检查、统计调查的职责、机构和人员，从2006年起将其工作经费纳入本级财政预算。

粮食流通体制改革关系到广大粮食生产者、消费者、经营者的利益，关系到国家的粮食安全，关系到社会主义市场经济体制的完善。各地区、各部门要按照全面落实科学发展观和建设社会主义新农村的要求，进一步统一思想，提高认识，加强领导，密切配合，确保各项政策措施的贯彻落实，把粮食流通体制改革不断推向深入。

联合下发文件

中国华粮物流集团公司章程

（国家发展改革委、财政部、国务院国有资产监督管理委员会、国家粮食局　发改经贸[2006]133号　2006年1月23日）

第一章　总　则

第一条　为确立中国华粮物流集团公司（以下简称华粮物流公司）的法律地位和行为准则，保障其合法权益，规范管理和运作，根据国家有关法律、法规，制定本章程。

第二条　华粮物流公司名称与住所如下：

中文全称：中国华粮物流集团公司，简称：华粮物流公司。

英文全称：China Grains & Logistics Corporation，英文缩写为CGLC。

华粮物流公司法定住所：北京市西城区月坛北街26号

邮政编码：100045

第三条　华粮物流公司是在世界银行贷款粮食流通项目（以下简称世行项目）单位中央投资所形成的资产权益基础上，依照《中华人民共和国全民所有制工业企业法》由国务院出资组建的国有企业，并在工商行政管理部门登记后，具有独立的企业法人资格，其合法权益和经营活动受国家法律保护。华粮物流公司根据业务发展需要，可按国家有关规定设立分支机构。

第四条　华粮物流公司在国家宏观调控和监管下，依法经营，照章纳税，自主进行各项经营活动。

第二章　注册资本和经营范围及方式

第五条　华粮物流公司注册资本47.55亿元，不进行资产评估和审计验资；实有中央资本数额由财政部核定。

第六条　华粮物流公司的经营宗旨是：遵守国家法律、法规，执行国家政策；为粮食流通安全、国家宏观调控和全社会服务；坚持股份制改革，发挥世行项目的整体优势，推进粮食流通“四散化”（散装、散运、散储、散卸）；履行偿还世行贷款责任，实现国有资产保值增值。

第七条　按照国家法律、法规，经国家主管部门批准，华粮物流公司主要经营范围和方式如下：

（一）华粮物流公司主要从事粮食（油料）收购、销售、储存、加工、中转一条龙经营；粮食收购、加工、销售、储存、物流组织、生产调度和进出口接卸业务由华粮物流公司统一组织。

（二）根据市场需要，开展江海联运，铁路、公路联运，发展配送业务。以及码头、船舶、货运代理、粮油制品生产、加工，实业投资、技术开发、进出口贸易、设备维修和租赁、人员培训、网络信息、咨询服务等综合性业务。

（三）按照市场经济的运营规律，对世行项目单位中央投资形成的资产进行资本经营、投融资策划和资产重组，实现资本的优化配置。

（四）从事国家允许或委托的其他业务。

第三章　管理体制

第八条　华粮物流公司领导班子和领导人员暂由发展改革委、财政部会同国资委、粮食局管理。发展改革委、财政部对华粮物流公司国有资产保值增值实施监督。

第九条　华粮物流公司的粮食购销业务工作，接受发展改革委、财政部、粮食局、中国农业发展银行的指导。

第十条　华粮物流公司在国家计划中实行单列，财务关系在国家财政中单列，并按资金来源渠道及类别，接受有关部门的监督。

第十一条　华粮物流公司根据国家有关法律法规对所属世行项目单位实行资产、人员、财务统一管理，统一组织所属世行项目单位的运营。

第十二条　华粮物流公司实行总经理负责制，总经理为公司的法定代表人。公司设副总经理若干人，总会计师1人；可根据经营管理需要，设总工程师、调度长各1人。副总经理、总会计师、总工程师、调度长根据本章程规定和总经理授权，履行相应的职责，并对总经理负责。

第十三条　总经理负责公司的全面工作，主要行使下列职权：

（一）贯彻执行国家的法律、法规和方针、政策，执行国务院及其有关部门的决定，向国家有关部门报告工作。

（二）组织制定和实施公司的发展战略、规划和重大固定资产投资项目、重大资本运营项目方案。

（三）组织制定和实施公司的年度工作计划和投资计划。

（四）组织制定和实施公司的年度财务预、决算方案。

（五）组织审定公司内部的利润分配和弥补亏损方案。

（六）召集并主持总经理办公会议。

（七）行使国务院及有关部门授予的其他职权。

第十四条　总经理办公会议研究决定以下重要事项：

（一）公司的发展战略、中长期规划和年度经营计划。

（二）有关企业发展、资源配置、投资、筹融资、资本运营等重大决策。

（三）聘任或解聘公司全资企业的领导成员及公司总部各部门负责人。

（四）公司的年度财务预算方案、决算方案。

（五）公司的利润分配和弥补亏损方案。

（六）公司的内部管理机构设置、分支机构设立或者撤销。

（七）公司的基本管理制度。

（八）公司的风险管理体系，包括风险评估、财务控制、内部审计、安全生产、法律风险控制，并对实施进行监控。

（九）公司内部业务重组和改革事项。

（十）按法定程序和出资比例向控股、参股企业委派或更换股东代表，推荐董事会和监事会成员。

（十一）拟定公司章程修改方案。

（十二）公司的其他重大事项。

总经理办公会议由总经理主持，副总经理和有关负责人参加，监事会主席列席。总经理因特殊原因不能参加会议，可委托副总经理召集和主持总经理办公会，被委托的副总经理应在会后向总经理报告会议情况及决议通过情况。

总经理办公会议讨论决定的事项，应形成会议纪要，经总经理签署后执行。参加会议的人员对所议事项有不同意见，应当在会议记录中作出记载。

总经理对所议事项具有最终决策权，并承担相应的责任。副总经理对职权范围内决定的重大问题，承担相应的责任。

第十五条　按照有关规定，华粮物流公司设立监事会，依法开展监督工作。监事会或者监事行使以下职权：

（一）检查公司财务。

（二）对经营班子成员执行公司职务时违反法律、法规或者公司章程的行为进行监督。

（三）要求经营班子成员纠正其损害公司利益的行为。

（四）监事会主席列席公司总经理办公会议。

第四章　组织机构

第十六条　华粮物流公司按照精简、统一、效能和权责一致的原则，设立综合部、财务部、资产管理部、经营管理部、信息部、人力资源部、发展规划部。根据发展需要，华粮物流公司可自主调整内设机构。

第十七条　华粮物流公司在粮食主产区和主销区设立6个分公司，即华粮大连北良分公司、华粮辽宁分公司、华粮吉林分公司、华粮黑龙江分公司、华粮内蒙分公司、华粮广西分公司。主要职责：根据华粮物流公司的授权委托，负责监督管理世行项目单位资产；组织协调世行项目单位运营。今后根据工作需要，报经发展改革委、财政部、粮食局、中国农业发展银行同意，可对分支机构作必要调整。

第十八条　未纳入分公司管理的世行项目单位，由华粮物流公司直接管理。

第十九条　华粮物流公司党的组织、纪检、监察机构和工会的设置，按照《中国共产党章程》和有关规定办理。

第五章　职责、权限和与所属世行项目单位的关系

第二十条　华粮物流公司主要职责：

（一）对中央在世行项目单位投资形成的国有资产行使出资人权利，对世行项目单位国有资产经营进行管理和监督，并相应承担保值增值的责任，及时归还世行项目贷款，依法保护有关地方、中央企业和世行项目单位的资产权益。

（二）执行国家法律、法规和产业政策。

（三）推进粮食“四散化”（散装、散运、散储、散卸）运输变革和提高粮食流通现代化水平。

（四）为国家粮食流通安全服务，为国家宏观调控服务，为全社会服务。

（五）根据国民经济中长期规划及产业政策，制定公司的发展战略，中长期发展规划和年度计划，并组织实施。

（六）履行世行项目国内外贷款还贷责任。

（七）依据《中华人民共和国公司法》对世行项目单位逐步进行改造和规范，及时做好股份制改造工作。

（八）指导和加强企业精神文明建设和企业文化建设。

（九）承担国务院及有关部门委托的其他工作。

第二十一条　华粮物流公司主要权限：

（一）在国家对国有企业统一征收国有资产收益前，华粮物流公司及所投资企业的国有资产收益和国有资产转让、变现收入，由华粮物流公司用于国有资本的再投入和结构调整。国家可通过法定程序对华粮物流公司的资产收益予以调用。

（二）按照国家有关法规，对所属世行项目单位的国有资产，属于华粮物流公司职权范围内的可自主决定重组、转让、租赁及外部资产的收购、兼并，可依法决定所属世行项目单位的存续、合并、分立或解散。

（三）华粮物流公司投资决策按国家现行项目审批权限管理，依法决定所属世行项目单位的经营方式、分配方式和重大生产经营决策，实行科学管理和严格监督。

（四）按照国家有关政策，经国务院主管部门批准，可在国内外资本市场融资。

（五）华粮物流公司自主决定选聘、解聘和管理所属世行项目单位、分支机构和本部部门负责人，按法定程序和出资比例向控股企业和参股企业委派或更换股东代表，推荐董事会、监事会成员。

（六）统筹管理华粮物流公司及所属世行项目单位的涉外工作，华粮物流公司人员出国审批权限按国家有关规定执行。

（七）国务院及有关部门授予的其他权限。

第六章　财务会计和审计

第二十二条　依照国家法律、法规和财政部的有关规定，建立健全华粮物流公司统一的财务、会计制度。

第二十三条　华粮物流公司以自然年度为会计年度，以每年12月31日为会计年度截止日，在每一会计年度终了时编制财务报告，并依法经有资格的会计（审计）机构审查验证。

第二十四条　华粮物流公司按国家规定，对全资企业、控股企业实行合并财务报表制度，并集中汇总缴纳所得税。

第二十五条　华粮物流公司采用人民币为记账本位币，根据经营需要，经批准可分别开立人民币账户和外汇账户。

第二十六条　华粮物流公司按照国家有关规定，建立内部审计机构，实行内部审计制度，在总经理领导下对华粮物流公司及全资企业、控股企业等分支机构的经营管理活动进行审计监督。

第七章　劳动人事制度

第二十七条　华粮物流公司遵守国家有关劳动人事的法律、法规和政策，根据建立现代企业制度的要求，制定劳动、人事和工资分配制度。

第二十八条　华粮物流公司依据国家政策和公司长远发展的要求，深化内部改革，加强科学管理，逐步建立和完善适应社会主义市场经济体制、竞争有序的激励和约束机制。

第二十九条　华粮物流公司遵守国家有关劳动保护法律、法规，执行国家有关政策，切实保障劳动者的合法权益。华粮物流公司及所属世行项目单位参加地方社会保险工作按国家有关规定办理。

第三十条　华粮物流公司员工实行聘任制和劳动合同制。

第八章　附　则

第三十一条　本章程经由国家发展改革委、财政部、国资委和粮食局印发后生效。华粮物流公司根据需要可修改公司章程，并报经发展改革委、财政部、国资委和粮食局审核同意印发后生效。

第三十二条　本章程未尽事宜，按照国家有关法律、法规和政策执行。

第三十三条　本章程由华粮物流公司负责解释。

关于支持粮食产业化经营促进社会主义新农村建设的通知

（国家粮食局　中国农业发展银行　国粮财[2006]27号　2006年2月24日）

各省、自治区、直辖市粮食局，农业发展银行分行：

为贯彻落实国家“十一五”规划和《中共中央、国务院关于推进社会主义新农村建设的若干意见》（中发[2006]1号），促进粮食产业化经营，加快社会主义新农村建设，国家粮食局和中国农业发展银行决定，“十一五”期间加大对粮油产业化龙头企业的支持力度，促进粮食产业化发展，使粮油产业成为社会主义新农村建设的有力支柱。现将有关事项通知如下：

一　充分认识发展粮食产业化经营对促进社会主义新农村建设的重要意义

稳定发展粮食生产，推进粮食产业化经营，促进粮食加工转化增值，是贯彻实施“十一五”规划确立的现代农业建设战略，进一步深化粮食流通体制改革，提高粮食综合生产能力，确保国家粮食安全，增加农民收入的重要内容，是促进社会主义新农村建设的重要措施。改革开放以来，我国虽然解决了粮食长期短缺的问题，实现了粮食供需的基本平衡，粮食加工、转化能力不断提高，但粮食生产的基础还不稳固，粮食科技开发和应用水平还比较低，促进粮食稳定增长的长效机制尚未形成，粮食精深加工、转化水平和能力与发达国家相比还有很大差距。这不仅不利于国家粮食安全和国民经济的协调发展，而且制约着农业生产力和农民收入的提高，影响社会主义新农村建设的进程。培育和支持粮食产业化龙头企业，促进粮食产业化发展，有利于将农民和市场紧密联系起来，加快粮食科技开发、推广和应用，实施优质粮食产业工程，提高我国粮食的精深加工和转化能力，以及粮油产品的附加值和市场竞争力，促进我国粮食综合生产能力和农民收入不断提高，实现国家粮食安全和国民经济协调稳定发展，推动社会主义新农村建设。

二　加大对粮食产业化龙头企业的政策和信贷支持力度

（一）各级粮食行政管理部门要转变职能，按照建设社会主义新农村的要求，大力发展粮食产业化经营。加快以粮食购销、加工企业为龙头的粮食产业化体系建设，积极培育粮食产业化龙头企业，鼓励和发展粮食订单生产、订单收购，引导企业与农民建立利益共享、风险共担的合作机制。推广产业化龙头企业、合作组织与农民有机结合的组织形式，实现粮食资源的合理利用，促进粮食规模经营，使农民在粮食流通和产业化经营中切实得到实惠。支持粮食企业深化改革，以资产、技术为纽带，组建一批竞争能力强、辐射带动能力大的粮食产业化龙头企业和企业集团，在发展粮食精深加工，延长产业链条，增加产品附加值中发挥骨干作用。对以粮油为主要原料的加工企业，特别是骨干龙头企业，要帮助其争取各级政府在政策、资金、税收等方面的支持。

（二）各级农业发展银行要发挥现有和新开发的各类信贷产品的作用，加大对粮食产业化经营的信贷支持力度。一是继续发挥好粮食流转贷款和产业化龙头企业短期贷款的作用，支持粮食顺畅流通，促进粮食产业化龙头企业在有效解决农民售粮问题和粮食市场稳定中发挥重要作用。二是用好合同收购贷款，以产业化龙头企业为依托，引导和支持粮食产业化龙头企业在农民自愿的基础上，通过公司＋农户的方式，促进农民与市场的有效连接，按照“高产、优质、高效、生态安全”的要求，建设标准化、大规模商品粮生产基地。用好粮油种子贷款，支持产业化龙头企业实施优质粮种繁育、加工和经营，加快粮食科技成果的转化和推广。三是适度发放产业化龙头企业中长期贷款，加强农业政策性贷款与财政支农资金的有效衔接和优势互补，促进粮食生产基地建设，加快企业技术改造、技术进步和科技创新，不断提高粮食精深加工和转化能力。四是更好地发挥仓储设施贷款的作用，支持粮食仓储物流和批发市场设施建设，以产业化龙头企业为依托，发展农村现代粮食批发市场，搞活粮食流通。

三 认真做好支持粮食产业化龙头企业发展的相关工作

（一）筛选确定拟重点支持的粮食产业化龙头企业。为加快粮食产业化发展，各级粮食行政管理部门和农业发展银行要密切协作，做好重点支持粮食产业化龙头企业的筛选确定工作。重点支持粮食产业化龙头企业必须具备以下条件：一是经地（市）级以上（含地市级）人民政府或授权部门确定的，以粮油生产、流通或加工（含精深加工，下同）、转化（包括过腹转化，下同）为主业的粮油产业化龙头企业；二是经农业发展银行评定，信用等级在“A”级（含）以上；三是近两年来（新建企业投产运营以来），企业经营效益良好，各项经营指标居本省（区、市）前列；四是对农业增产、农民增收具有带动能力，有良好的经济效益和社会效益。

筛选确定重点企业的具体方法是：由企业向当地粮食行政管理部门和农业发展银行提出申请，经当地粮食行政管理部门和农业发展银行双方共同审查后，对符合条件的，由当地粮食行政管理部门和农业发展银行联合行文，逐级上报至国家粮食局和中国农业发展银行，最后由国家粮食局和中国农业发展银行共同审查，确认并公布拟重点支持的粮油产业化龙头企业名单。各省级粮食行政管理部门和农业发展银行省级分行接到此通知后，要密切配合，认真做好对辖区内粮食产业化龙头企业的筛选和审核工作，填写《产业化龙头企业基本情况表》（见附件），并于2006年3月底前，分别报送国家粮食局和中国农业发展银行。有关审核上报的具体问题，请与国家粮食局财务司和中国农业发展银行客户一部联系。

（二）搞好对重点产业化龙头企业的服务。各级粮食行政管理部门要积极掌握和了解重点产业化龙头企业的经营和发展情况，帮助企业争取和落实有关优惠政策，指导企业大力开展粮食产业化经营。同时，督促企业诚信经营，加强对信贷资金的管理，提高信贷资金使用的质量和效果。各级农业发展银行要向粮食产业化龙头企业定期宣传信贷政策，推荐服务品种，营销金融产品，在取得互信、互利的基础上，与其建立长期稳定的信贷关系。充分利用农业发展银行拥有的国家信用、政策优势和资金优势，支持企业做大做强，促使其发展成为农业发展银行的黄金客户。根据粮食产业化龙头企业的信用需求情况，及时进行用贷前调查，免费提供粮油市场信息，主动帮助其建立粮食产、销区间的联系，提供安全便捷的结算服务。

关于公布2006年稻谷和小麦最低收购价格的通知

（国家发展和改革委员会、财政部、国家粮食局、中国农业发展银行
发改价格[2006]315号 2006年2月27日）

各省、自治区、直辖市发展改革委、物价局、财政厅（局）、粮食局、农业发展银行分行：

根据《中共中央国务院关于推进社会主义新农村建设的若干意见》（中发[2006]1号）精神，为充分发挥价格导向作用，稳定发展粮食生产，保持合理的粮价水平，保护种粮农民利益，国家决定2006年在主产区对短缺的重点粮食品种继续实行最低收购价政策。经请示国务院同意，2006年小麦（三等，下同）最低收购价为每50公斤白小麦72元、红小麦69元，早籼稻最低收购价为每50公斤70元，中晚籼稻最低收购价为每50公斤72元，粳稻最低收购价为每50公斤75元。

关于表彰全国粮食系统先进集体和劳动模范、先进工作者的决定

（人事部、国家粮食局 国人部发[2006]20号 2006年3月9日）

各省、自治区、直辖市人事厅（局）、粮食局，新疆生产建设兵团人事局、粮食局，国家粮食局直属、联系单位：

近年来，全国粮食系统广大干部职工坚持以邓小平理论和“三个代表”重要思想为指导，认真贯彻党的十六大和十六届三中、四中、五中全会精神，积极推进粮食流通体制改革和国有粮食购销企业改革，切实履行职责，粮食流通工作取得了很大的成绩，为保护广大种粮农民利益，确保粮食安全做出了贡献，涌现出一大批先进集体和先进个人。

为表彰先进，树立典型，充分调动粮食系统广大干部职工的积极性和创造性，人事部、国家粮食局决定，授予北京市密云县粮食局等90个单位“全国粮食系统先进集体”荣誉称号；授予张志强等51名同志“全国粮食系统劳动模范”荣誉称号，授予周光俊等75名同志“全国粮食系统先进工作者”荣誉称号。被授予全国粮食劳动模范和先进工作者荣誉称号的人员，享受省部级劳动模范和先进工作者待遇。希望受到表彰的先进集体和先进个人，谦虚谨慎，戒骄戒躁，再接再厉，做出新的更大的贡献。

全国粮食系统广大干部职工要以受到表彰的先进集体和先进个人为榜样，紧密团结在以胡锦涛同志为总书记的党中央周围，高举邓小平理论和“三个代表”重要思想伟大旗帜，深入贯彻落实科学发展观，解放思想、实事求是、与时俱进、扎实工作，开创粮食流通事业的新局面，为实现国民经济和社会发展“十一五”规划的宏伟目标，全面建设小康社会而努力奋斗！

一 全国粮食系统先进集体名单

北京市密云县粮食局
天津市粮食储备有限公司
河北省廊坊市粮食局
河北省馆陶县粮食局
河北省柏乡国家粮食储备库
河北省石家庄市军粮供应库
山西省太原市粮食局
山西省稷山县粮食局
山西省朔州市朔城区粮食局前寨粮站
内蒙古自治区鄂尔多斯市粮食局
内蒙古自治区呼伦贝尔市粮食局
内蒙古自治区通辽市东郊国家粮食储备库
辽宁省粮食科学研究所

辽宁省盖州市粮食局
辽宁建平叶柏寿国家粮食储备库
辽宁省丹东市第一粮库
吉林省长春市双阳区粮食局
吉林省公主岭市第二粮库
吉林省梅河口市粮食局
吉林白城白平国家粮食储备库
吉林前郭王府国家粮食储备库
黑龙江省哈尔滨市粮食局
黑龙江省海伦市粮食局
黑龙江省齐齐哈尔市军粮供应站
黑龙江省绿都集团
黑龙江省五大连池龙镇国家粮食储备库
上海市浦东新区粮食署
江苏省南京市军粮供应部
江苏省苏州市粮食批发交易市场
江苏省盐城市粮食局直属粮库
江苏省镇江市粮食收储公司
浙江省杭州市粮食局
浙江省舟山市军粮供应中心
安徽省淮北市粮食局
安徽省合肥市粮食局
安徽省南陵县粮食局
安徽省桐城市粮食局
安徽省来安县粮食局
福建省龙岩市粮食局
福建省饲料工业公司
江西省粮油质量监督检验站
江西省宜春市粮食局
江西省都昌县左里粮食购销公司
江西省分宜县洋江粮管所
山东省青岛市粮食局
山东省桓台县粮食局
山东省枣庄市台儿庄区粮食局
山东省荣成市粮食局
山东省禹城市粮食局
河南省许昌市粮食局
河南省孟州市粮食局

河南省通许县粮食局
河南省偃师市粮食局
河南省上蔡县粮食局
河南双丰后勤服务有限公司
湖北省宜昌市粮食局
湖北省荆门市北郊国家粮食储备库
湖北梅园米业有限公司
湖北省赤壁市机电信息技术学校
湖南省醴陵市粮食局
湖南省桂阳县粮食局
湖南长沙霞凝国家粮食储备库
湖南益阳琼湖国家粮食储备库
湖南省道县金穗粮油贸易有限公司
广东省珠海市粮食储备库
广东省佛山市南海区储备粮管理中心
广东省河源市粮食局
海南省文昌市粮食局
广西壮族自治区桂林市力源粮油食品有限公司
广西壮族自治区贺州市八步区粮食局
重庆市油脂公司
四川省泸州市粮食局
四川省乐山市粮食局
四川省南充市粮食局
四川省川粮米业股份有限公司
四川省都江堰市粮食局
贵州省江口县粮食购销有限公司
贵州省贸易经济学校
云南省昆明市粮食局
云南省陆良县粮食局
西藏自治区日喀则地区粮食局
陕西省蒲城县粮食局
陕西省白河县粮食局
甘肃省景泰县粮食公司
青海省黄南藏族自治州粮食局
宁夏回族自治区彭阳县粮食局
新疆维吾尔自治区昌吉回族自治州粮食局
新疆维吾尔自治区察布查尔锡伯自治县粮食局
新疆生产建设兵团农业建设第九师粮食局

国家粮食局调控司计划储备处

二 全国粮食系统劳动模范名单

张志强　天津市宝坻区粮食购销有限公司党委书记、总经理
孙玉坤　河北省衡水市粮食储备库主任
孙念春　山西盐湖省粮食储备库主任
刘玉生　山西左权县宏源粮食有限责任公司董事长
宁兆斌　内蒙古自治区天义国家粮食储备库党支部书记、主任
卢凤桐　辽宁沈阳前进国家粮食储备库主任
王利彬　辽宁锦州锦阳国家粮食储备（中转）库主任
刘恩友　辽宁省沈阳市第一粮库总经理
李双利　辽宁省盘锦市粮库主任
姜　军　吉林省农安县靠山粮库主任
杨万涛　吉林省吉林市中心粮库主任
赵明旭（满族）　吉林东丰国家粮食储备库党委书记、主任
张士柱　吉林靖宇长山国家粮食储备库主任
张传玺　吉林省敦化市国家粮食储备库主任
樊晓蛟　吉林省兴良储备粮库仓储科科长
林毅新　黑龙江七台河桃南国家粮食储备库主任
宋广海　黑龙江佳木斯前进国家粮食储备库主任
陈文举　黑龙江省大庆市粮食综合批发市场党总支书记、总经理
杨信均　上海市静安区第六粮油食品商店有限公司党支部书记、经理
王文玲（女）　江苏省徐州市贾汪区青山泉粮油管理所所长
王益民　江苏苏南面粉有限公司董事长
蔡　飞　江苏省银河面粉有限公司董事长、总经理
吴降秋　江苏省扬州弘扬十六粮店连锁有限公司董事长
魏鹤峰　安徽省太和县粮食局直属库主任
张肇禄　安徽省金寨国家粮食储备库副主任
金　诚　江西省余干县粮油购销总公司黄埠粮管所所长
江加斌　江西贵溪国家粮食储备库主任
许兰山　山东省高唐蓝山集团总公司党委书记、总经理
赵学军　山东省菏泽华瑞食品有限责任公司董事长、总经理
秦红梅（女）　河南省平顶山市中兴粮油贸易公司幸福路粮店主任
宛振水（回族）　河南省漯河市粮油总公司总经理
卢彦超　河南省粮油对外贸易总公司总经理
张双喜　湖北省武汉市江岸区军粮供应站军供饮食服务中心经理
刘道贵　湖北省鄂州市华苑米业有限公司总经理

肖年霞（女） 湖北省汉川市脉旺镇粮油购销有限责任公司保管员
何　智　湖南神农粮食集团董事局主席
余有德　湖南省常德市鼎城区白鹤山乡粮食购销站主任
姜光明　湖南邵阳国家粮食储备库主任
唐德生　衡南江口湖南省粮食储备库有限公司董事长、经理
陈家权（瑶族） 广西壮族自治区储备粮管理有限责任公司经理
梁恒现　广西壮族自治区南宁储备粮管理有限责任公司党委书记、董事长
刘炬耀　广西壮族自治区南宁粮食储备库主任
高　鉴　重庆潼南小渡国家粮食储备库主任
程仕寿　四川省巴中市巴州区鼎山粮站站长
张良友　云南玉溪国家粮食储备库主任
赵登科　陕西省岐山县五丈原粮站主任
李　元　陕西咸阳西郊国家粮食储备库党委书记、主任
陈　燕　甘肃省粮食局武威南仓库党委书记、主任
多　耐（女，藏族） 青海省达日县粮站保管员兼销售员
李　献　新疆生产建设兵团塔城垦区克孜勒布拉克国家粮食储备库主任
郝　伟　国家粮食局科学研究院东方孚德技术发展中心总经理

三　全国粮食系统先进工作者名单

周光俊　北京市粮油食品检验所所长
蒙少华　北京市粮食局信息中心主任
安永涛　河北省粮油批发交易中心副主任
刘龙祥　河北省沧州市粮食局党组书记、局长
董成江　河北省张家口市宣化区粮食局局长
袁喜林（满族） 河北省丰宁满族自治县粮食局党委书记、局长
张文兴　河北省保定市粮食局党委书记、局长
冀保国　山西省粮食局人事处处长
王　威　内蒙古自治区包头市粮食局副局长
王贤光　内蒙古自治区扎赉特旗粮食局局长
张品正　辽宁省铁岭市粮食局党委书记、局长
于庆勇　辽宁省本溪市粮食局党组书记、局长
孙显义（满族） 辽宁省岫岩满族自治县粮食局党委书记、局长
董　义　吉林省粮食局机关服务中心助理调研员
王　森　吉林省梨树县粮食局党委书记、局长
毕可杰　黑龙江省鸡西市粮食局党委书记、局长
贺业光　黑龙江省鹤岗市粮食局党委书记、局长
郝奎霖（赫哲族） 黑龙江省佳木斯市粮食局局长

刘云发（满族） 黑龙江省龙江县粮食局党委书记、局长
汪喜库 黑龙江省集贤县粮食局局长
戴国平 江苏省宜兴市粮食局党委书记、局长
朱果为 浙江省衢州市贸易与粮食局党委书记
谢寿铭 浙江省杭州市粮食局购销调控处处长
葛时升 安徽省滁州市粮食局副局长
刘仲平 安徽省固镇县粮食局局长
刘 锋 安徽省含山县粮食局局长
陈孔才 安徽省宣城市宣州区粮食局党委书记、局长
吴友平 福建省泉州市粮食局局长
蔡琳平 福建省建阳市粮食局局长
王修风 福建省粮食局政策法规处处长
杨小林 江西省南昌市粮食局党委书记、局长
苏远新 江西省赣州市粮食局秘书科科长
计新茂 江西省浮梁县粮食局党委书记、局长
朱云清 江西省新干县粮食局局长
刘 晖（女） 江西省萍乡粮食职工中等专业学校校长
刘兴一 山东省章丘市粮食局党委书记、局长
李福杰 山东省东营市粮食局党委书记、局长
张玉吉 山东省莱州市粮食局党委书记、局长
颜景友 山东省济宁市粮食局党委书记、局长
卢成义 山东省泰安市粮食局党委书记、局长
刘树东 山东省日照市粮食局党委书记、局长
陈文武 山东省费县粮食局党委副书记、局长
顾志安 河南省信阳市粮食局党组书记、局长
史国文 河南省焦作市粮食局党组书记、局长
耿巨光 河南省南阳市粮食局党委书记、局长
王永成 河南省周口市粮食局党组书记、局长
孙保平（女） 河南省新乡市粮食局副局长
闫增山 河南省林州市粮食局党组书记、局长
杨少华 湖北省荆州市粮食局局长
王功斌 湖北省秭归县粮食局党委书记、局长
董明旺 湖北省广水市粮食局局长
刘星海 湖北省科技商贸学校党委书记、校长
刘锦坤 湖南省永州市粮食局党组书记、局长
温建民 湖南省长沙市粮食局党委书记、局长
肖志祥 广东省南雄市粮食管理储备局局长
刘向明 广东省高要市粮食局局长

吴小良　　广东省东莞市发展和改革局粮食调控科副科长兼东莞市东站粮食储备库主任
李琼冠　　海南省琼海市粮食局局长
蒋　山　　重庆市万州粮油质量监督检验站站长
万　伦　　四川省宜宾市粮食局党委书记、局长
蒋晓华　　四川省遂宁市粮食局党组书记、局长
贾小明　　四川省德阳市粮食局党委书记、局长
麦吉尔铁（彝族）　四川省凉山彝族自治州粮食局党委书记、局长
何其贵　　四川省宣汉县粮食局党组书记、局长
葛荣华　　贵州省安顺市粮食局党组书记、局长
敖科航　　贵州省遵义县粮食局局长
段源华（白族）　云南省洱源县粮食局局长
德庆更才（藏族）　西藏自治区琼结县粮食局局长
刘义务　　陕西省经贸学校党委书记、校长
王殿元　　陕西省西安市粮食局灞桥分局党委书记、局长
王正发　　甘肃省永昌县粮食局局长
陈有福　　青海省互助土族自治县粮食营运管理中心主任
李　玲（女）　宁夏回族自治区吴忠市粮食局科员
袁峻峰　　新疆维吾尔自治区阿克苏地区粮食局党组副书记、局长
王玉芳（女）　新疆维吾尔自治区马兰地区粮食局局长

关于做好小麦购销工作稳定市场价格的通知

（国家发展改革委、国家粮食局、财政部、中国农业发展银行
国粮电[2006]3号 2006年4月14日）

各省、自治区、直辖市及新疆生产建设兵团发展改革委、粮食局、财政厅（局）、农发行分行，中国储备粮管理总公司：

2005年以来，各地各有关部门认真贯彻落实中央的决策和部署，在继续深化粮食流通体制改革的同时，积极做好粮食购销工作，加强对粮食市场的宏观调控，努力保持粮食价格在合理水平上的基本稳定，为实现粮食稳定增产、农民持续增收的目标发挥了重要作用，取得了明显成效。最近一段时期，小麦市场价格出现季节性下跌，为了保持小麦市场价格的基本稳定，现就有关问题通知如下：

一、充分认识稳定当前小麦市场价格的重要意义。中共中央、国务院《关于推进社会主义新农村建设的若干意见》（中发[2006]1号）中明确指出，要坚持和完善重点粮食品种最低收购价政策，保持合理的粮价水平，保护种粮农民利益，促进粮食稳定发展，农民持续增收。认真贯彻落实最低收购价政策，保持粮食价格在合理水平上的基本稳定，是今年粮食流通工作的中心任务。各地各有关部门要充分认识到保持市场粮价基本稳定，对于服务社会主义新农村建设，促进粮食稳定发展，农民持续增收的重大意义。要进一步统一思想，结合本地实际情况，研究制定稳定粮食市场价格、保护种粮农民利益的办法和措施，努力保持小麦等主要粮食品种市场价格的基本稳定。

二、切实把握和控制好小麦销售出库的节奏和力度。各级粮食部门要认真分析小麦价格下跌的非理性因素，引导企业形成合理、稳定的价格预期。要适当控制库存陈粮的销售节奏，避免因小麦大量集中出库导致价格下跌给企业带来新的亏损。中央和地方储备粮的轮换工作要服从和服务于国家宏观调控的需要，分期小批量出库，切实把握好小麦轮换的方式、节奏和轮换出库的力度，防止集中轮换出库压低小麦市场价格。在2006年新小麦上市前后，不得进行储备小麦的大批量集中拍卖活动。对确有长期供货合同的中央和地方储备小麦，在分别由中储粮总公司和省级粮食行政管理部门报国家有关部门备案后，可以定向销售给面粉加工企业。对于采取先轮入后轮出方式轮换储备粮的，其轮入粮食所需资金，各级农业发展银行要按照有关信贷管理的政策规定，发放储备粮轮换贷款，积极给予支持。农业发展银行对小麦主产区国有粮食企业要按照借款合同约定的贷款期限收回贷款，对当前小麦销售确有困难申请流转贷款展期的，可按规定办理贷款展期手续，支持企业更好地把握销售时机和节奏，努力实现银企双赢。

三、积极开展粮食收购，充实地方储备和企业库存。目前正值农民春耕售粮季节，各地要加大工作力度，督促国有粮食企业按照市场价格积极收购农民交售的粮食。要抓住小麦价格回落的时机，抓紧充实地方粮食储备,并督促粮食经营企业按照《粮食流通管理条例》的要求，积极补充企业库存，保持必要的粮食库存量。

四、提前做好夏收小麦入库的各项准备工作。今年2月国家有关部门已向社会公布了2006年小麦最低收购价格。中储粮总公司和地方粮食部门要抓紧做好执行小麦最低收购价政策预案的准备工作，在指定库点、资金费用、仓储容量和监管等方面及早做出安排。对于仓容紧张的地方，要抓紧采取腾仓并库、旧仓维修等措施，努力挖掘潜力，千方百计扩大收储能力，满足农民的售粮需要，把最低收

购价这项惠农政策落到实处。

五、认真加强对小麦购销市场的监督检查。为保证小麦合理有序地流通，保持市场价格的基本稳定，各级粮食行政管理部门要依据《粮食流通管理条例》、《粮食流通监督检查暂行办法》等有关规定，加强小麦购销市场和本行政区域内企业库存情况的监督检查。当前要把库存陈粮是否集中销售出库、中央和地方储备粮是否大批量集中拍卖，以及是否存在低价销售等问题作为监督检查的重点，切实维护好粮食市场秩序。

关于印发2006年小麦最低收购价执行预案的通知

（国家发展和改革委员会、财政部、农业部、国家粮食局、
中国农业发展银行、中国储备粮管理总公司
发改经贸[2006]872号 2006年5月16日）

各省、自治区、直辖市发展改革委、财政厅、农业厅、粮食局、物价局、农业发展银行分行、中储粮有关分公司：

为认真落实《中共中央国务院关于推进社会主义新农村建设的若干意见》（中发[2006]1号）精神，今年初，国务院有关部门公布了2006年小麦最低收购价格水平。鉴于目前小麦上市季节已临近，为做好今年小麦收购工作，稳定小麦市场价格，保护种粮农民利益，经国务院批准，现将《2006年小麦最低收购价执行预案》印发给你们。各地方、各部门要高度重视，按照预案的要求，精心安排，周密部署，密切配合，认真做好小麦执行预案的各项准备和组织实施工作。

2006年小麦最低收购价执行预案

第一条　为认真贯彻落实小麦最低收购价政策，切实保护种粮农民利益，根据《中共中央国务院关于推进社会主义新农村建设的若干意见》（中发[2006]1号）和《粮食流通管理条例》有关精神，制定本预案。

第二条　执行本预案的小麦主产区为河北、江苏、安徽、山东、河南、湖北6省。

其他小麦产区是否实行最低收购价政策，由省级人民政府自主决定。

第三条　小麦的最低收购价以2006年生产的国标三等小麦为标准品，白麦每市斤0.72元，红麦、混合麦每市斤0.69元。白麦是指种皮为白色或黄白色的麦粒不低于90%的小麦（白硬麦角质率不低于70%，白软麦粉质率不低于70%）；红麦是指种皮为深红色或红褐色的麦粒不低于90%的小麦（红硬麦角质率不低于70%，红软麦粉质率不低于70%）；不符合以上要求的为混合麦。标准品的具体质量标准为：容重750～770g/L（含750g/L），水分12.5%以内，杂质1%以内，不完善粒6%以内。执行最低收购价的小麦为等内品。最低收购价是指承担向农民直接收购的收储库点的到库收购价。

非标准品小麦的具体收购价格水平，由收购企业按照《国家计委、国家粮食局、国家质检总局关于发布〈关于执行粮油质量标准有关问题的规定〉的通知》（国粮发[2001]146号）有关规定确定。相邻等级之间等级差价按每市斤0.02元掌握。

第四条　在河北、江苏、安徽、山东、河南、湖北6个小麦主产区执行最低收购价的企业为中储粮总公司及其有关分公司，上述6省地方储备粮公司以及北京、天津、上海、浙江、福建、广东、海南等7个主销区省级地方储备粮公司。

第五条　中储粮总公司及其有关分公司要按照"有利于保护农民利益、有利于粮食安全储存、有利于监管、有利于粮食销售"的原则，合理确定执行小麦最低收购价的委托收储库点（含中储粮直属库，下同）。委托收储库点应具有农发行贷款资格，有一定的规模和库容量，仓房条件符合《粮油储藏技术规范》要求，具有较高管理水平和良好信誉。委托收储库点可根据需要设点延伸收购，在不增

加国家费用补贴的前提下，自行负责将延伸收购点收购的小麦集并到委托收储库点或指定库点储存。

委托收储库点由中储粮总公司审核并报国家有关部门和省级人民政府备案后对外公布。

地方储备粮公司也要根据实际需要，设定一定的委托收储库点，并积极入市收购，充实地方储备。

委托收储库点确定后，由中储粮分公司和地方储备粮公司分别与其委托收储库点签订委托收购合同，明确有关政策及双方权利、义务、责任等。

第六条　本预案的执行时间为2006年6月1日至9月30日止。在此期间，当小麦市场价格低于最低收购价格时，由中储粮总公司和有关省地方储备粮公司按照本预案第三条规定的最低收购价格，在上述小麦主产区挂牌收购农民交售的小麦。

第七条　小麦上市后，各地粮食行政管理部门要引导和鼓励所有取得粮食收购资格的经营者按市场价格积极入市收购农民交售的小麦，并按照《粮食流通管理条例》，督促从事粮食收购、加工、销售的经营者保持必要的库存量。

第八条　预案执行期间，中央和地方储备轮入的小麦应不低于国家规定的最低收购价格水平。主销区地方储备粮公司也应按照不低于国家规定的最低收购价格，在主产区积极收购小麦，用于地方储备小麦的轮换。

第九条　为调动企业参与小麦收购和经营的积极性，在本预案执行期间，要严格控制国有粮食企业政策性库存小麦销售和出库的节奏，原则上停止中央和地方储备小麦的大批量集中拍卖活动。对确有长期供货合同的中央和地方储备小麦，在分别由中储粮总公司和省级粮食行政管理部门报国家有关部门备案后，可以定向销售给面粉加工企业。在最低收购价预案执行期间，粮食经营企业不得故意低价销售，冲击市场。

第十条　中储粮总公司及其有关分公司确定的委托收储库点按最低收购价收购小麦所需贷款，由农业发展银行按照国家规定的最低收购价格和合理收购费用及时足额发放。收购费用为每市斤2.5分（含县内集并费），由中储粮总公司包干使用。

第十一条　地方储备粮公司按最低收购价收购的小麦主要用于充实地方储备，所需收购贷款由农业发展银行按照国家规定的最低收购价格及时足额发放。有关收购、保管费用和利息按地方储备粮管理的有关规定执行。

第十二条　预案执行期间，中储粮总公司和有关省粮食局每五日将按最低收购价收购的小麦品种、数量汇总后报国家粮食局。中储粮总公司汇总的数据要同时抄送中国农业发展银行。具体报送时间为逢五日、十日期后第二天中午12时之前。

第十三条　小麦最低收购价执行情况，分别由中储粮总公司和省级粮食行政管理部门，于本预案执行结束后1个月内，报告国家发展改革委、财政部、农业部、国家粮食局、中国农业发展银行。

第十四条　中储粮总公司及其有关分公司委托收储库点执行本预案所收购的小麦，由其负责临时储存在委托收储库点及其指定库点，并负责所收购小麦的数量、质量和库存管理。临时存储小麦保管费用补贴标准为每市斤4分/年，其中3.5分为委托收储库点的保管费用，0.5分为监管、质检和跨县集并等费用，由中储粮总公司包干使用。贷款利息根据入库结算价与同期银行贷款利率计算。中央财政根据中储粮总公司上报的最低收购价利息费用补贴的申请报告，按季及时足额将利息和保管费用拨付给中储粮总公司，中储粮总公司及有关分公司及时足额拨付到委托收储库点。

临时存储的小麦由国家有关部门择机安排在粮食批发市场公开竞价销售，单独核算，盈利上缴中央财政，亏损由中央财政负担。

第十五条　执行最低收购价的委托收储库点，要按时结算农民交售小麦的价款，不得给农民打白条，不得压级压价和代扣各种收费，不得将农业发展银行贷款挪作他用。按最低收购价收购的小麦销售后及时归还农业发展银行贷款。对违反规定的，由当地粮食、物价、工商、农业发展银行等部门按照《价格法》、《粮食流通管理条例》等有关规定查处。

第十六条　本预案执行结束后，中储粮分公司应及时与委托收储库点签订代保管合同，明确品种、数量、等级、价格和保管责任等。如销售出库时品种、数量、等级与合同不符，由委托收储库点负全责。中储粮总公司及其有关分公司要加强监管，确保储粮安全。国家有关部门将结合年度清仓查库对委托收储库点进行抽查，对质价不符、账实不符、不按规定及时出库等行为，将参照《粮食流通管理条例》、《中央储备粮管理条例》等有关规定进行严肃处理。

第十七条　国家发展改革委负责协调落实小麦最低收购价政策的工作，监测小麦收购价格变化情况，会同有关部门解决最低收购价政策执行中的矛盾和问题。财政部负责及时拨付中储粮总公司按最低收购价格收购小麦所需的费用和利息补贴。农业部负责了解各地执行最低收购价政策情况，监测小麦市场价格，反映农民的意见和要求。国家粮食局负责监督中储粮总公司和地方储备粮公司委托收储库点最低收购价政策执行情况，引导和鼓励国有粮食企业积极入市收购。中国农业发展银行负责向执行最低收购价任务的委托收储库点及时提供收购资金和费用贷款。中储粮总公司作为国家委托的最低收购价政策执行责任主体，对其按最低收购价政策收购小麦的数量、质量和库存管理等负总责。省级人民政府负责对最低收购价政策的落实情况进行监督检查，督促、协调地方各部门，支持和配合中储粮总公司的工作，保证按照国家规定充实地方储备，共同完成托市收购任务。

第十八条　本预案由国家发展改革委、财政部和国家粮食局负责解释。

关于印发2006年早籼稻最低收购价执行预案和做好早籼稻收购工作的通知

（国家发展和改革委员会、财政部、农业部、国家粮食局、中国农业发展银行、中国储备粮管理总公司
发改经贸[2006]1383号 2006年7月13日）

各省、自治区、直辖市发展改革委、财政厅、农业厅、粮食局、物价局、农业发展银行分行、中储粮有关分公司：

为贯彻落实《中共中央国务院关于推进社会主义新农村建设的若干意见》（中发[2006]1号）精神，做好今年早籼稻收购工作，保护种粮农民利益，特制定了《2006年早籼稻最低收购价执行预案》，现印发给你们，并就做好早籼稻收购工作通知如下：

一、充分发挥市场机制的作用。各级粮食行政管理部门和有关部门、单位，要加大工作力度，采取有效措施，督促国有和国有控股粮食企业入市收购，切实发挥主渠道作用；同时引导和鼓励各类粮食经营和加工企业积极入市收购。为了给各类市场主体创造一个可预期的市场环境，今年托市收购的早籼稻，在市场价格没有明显回升前暂不安排销售；市场价格回升后，在国家有关部门指导下，按照顺价销售原则在粮食批发市场或网上公开竞价销售。

二、做好早籼稻收购贷款发放工作。农业发展银行有关分行要积极为各类收购主体入市收购提供信贷支持，保证具备贷款条件的国有和国有控股粮食企业资金供应。

三、正确理解粮食最低收购价政策。最低收购价政策是国家对短缺重点粮食品种出现价格下跌过多时，通过指定中储粮公司和地方储备粮公司按规定的最低收购价水平在粮食主产区入市收购，减少市场流通量促使价格回升，保护农民种粮收益。中央和地方储备粮公司执行最低收购价政策入市收购是在特殊情况下稳定市场粮价、保护农民利益的政策性行为。

四、执行最低收购价政策的起止时间。《2006年早籼稻最低收购价执行预案》中早籼稻最低收购价适用时间为7月16日至9月30日。在此期间，由中储粮总公司和地方储备粮公司根据各地早籼稻上市时间及市场价格情况，按照早籼稻最低收购价格和国家质量标准，在安徽、江西、湖北和湖南4个早籼稻主产省挂牌收购。具体操作时间和实施区域由中储粮总公司和地方储备粮公司确定。

五、合理确定执行最低收购价政策的委托库点。中储粮总公司及其有关分公司和地方储备粮公司要按照“有利于保护农民利益、有利于粮食安全储存、有利于监管、有利于粮食销售”的原则，合理确定委托收储库点，视市场情况适时对外公布，并报国家有关部门及省级人民政府备案。接受委托的库点，在最低收购价预案未启动时，要积极入市自主收购。要防止被确定为委托库点后不积极收购造成农民“卖粮难”，从而导致粮价下跌。

六、加强对早籼稻收购工作的领导。各省有关部门要在省级人民政府的统一领导下，切实做好早籼稻收购工作，按照《粮食流通管理条例》的要求，督促引导各类粮食经营和加工企业保持必要的库存量。要抓紧时间，切实抓好仓库维修工作，支持中储粮总公司及其有关分公司做好托市粮集并等有关工作，确保新粮收购仓容。

各地方、各部门要按照预案的要求，高度重视，精心安排，周密部署，密切配合，认真做好早籼

稻执行预案的各项准备和组织实施工作。

2006年早籼稻最低收购价执行预案

第一条 为落实早籼稻最低收购价政策，保护种粮农民利益，根据《中共中央国务院关于推进社会主义新农村建设的若干意见》（中发[2006]1号）和《粮食流通管理条例》有关精神，制定本预案。

第二条 执行本预案的早籼稻主产区为安徽、江西、湖北、湖南4省。

其他早籼稻产区是否实行最低收购价政策，由省级人民政府自主决定。

第三条 早籼稻最低收购价每市斤0.70元，是指2006年生产的国标三等质量标准的早籼稻，具体标准为：杂质1%以内，水分13.5%以内，出糙率75%～77%（含75%，不含77%），整精米率不低于44%。执行最低收购价的早籼稻为2006年生产的等内品。最低收购价是指承担向农民直接收购的收储库点的到库收购价。

非标准品的早籼稻收购价格，由委托收购企业根据等级、水分、杂质等情况，按照《国家计委、国家粮食局、国家质检总局关于发布〈关于执行粮油质量标准有关问题的规定〉的通知》（国粮发[2001]146号）规定确定。对整精米率低于44%的早籼稻，也按上述规定执行。相邻等级之间等级差价按每市斤0.02元掌握。

第四条 在安徽、江西、湖北、湖南4个早籼稻主产区执行最低收购价的企业为：（1）中储粮总公司及其有关分公司；（2）上述4省地方储备粮公司；（3）北京、天津、上海、浙江、福建、广东、海南等7个主销区省级地方储备粮公司。

第五条 中储粮有关分公司要按照“有利于保护农民利益、有利于粮食安全储存、有利于监管、有利于销售”的原则，合理确定执行早籼稻最低收购价的委托收储库点（含中储粮直属库，下同）。委托收储库点应具有农发行贷款资格，有一定的规模和库容量，仓房条件符合《粮油储藏技术规范》要求，具有较高管理水平和良好信誉。委托收储库点可根据需要设点延伸收购，在不增加国家费用补贴的前提下，自行负责将延伸收购点收购的早籼稻集并到委托收储库点或指定库点储存。

委托收储库点由中储粮总公司审核确定后，视各地市场情况适时对外公布，并报国家有关部门和省级人民政府备案。

地方储备粮公司也要根据实际需要，设定一定数量的委托收储库点，积极入市收购，充实地方储备。

中储粮分公司拟定的委托收储库点与地方储备粮公司设定的委托收储库点要相互衔接。

委托收储库点确定后，由中储粮分公司和地方储备粮公司分别与其委托收储库点签订委托收购合同，明确有关政策及双方权利、义务、责任等。

第六条 第三条规定的最低收购价适用时间为2006年7月16日至9月30日。在此期间，当早籼稻市场价格低于最低收购价格时，由中储粮总公司和有关省地方储备粮公司按照本预案第三条规定的最低收购价格，在上述早籼稻主产区挂牌收购农民交售的早籼稻，具体操作时间和实施区域由中储粮总公司和地方储备粮公司根据市场情况确定。

第七条 早籼稻上市后，地方各级政府和粮食行政管理部门要加大工作力度，采取有效措施，督促国有和国有控股粮食企业积极入市收购，切实发挥主渠道作用；同时引导和鼓励各类粮食经营和加工企业积极入市收购。新粮上市后，各类粮食经营企业和加工企业要按照《粮食流通管理条例》的有关规定保持必要的库存量。农业发展银行要积极为各类收购主体入市收购提供信贷支持，保证具备贷款条件的国有和国有控股粮食企业资金供应。

第八条　预案执行期间，中央和地方储备轮入的早籼稻应不低于国家规定的最低收购价格水平。主销区地方政府要切实负起责任，督促地方储备粮企业按照不低于国家规定的最低收购价格，积极到主产区收购早籼稻。

第九条　为调动企业参与早籼稻收购和经营的积极性，在本预案执行期间，原则上停止中央、地方储备和最低收购价库存早籼稻的大批量集中拍卖活动。对确有长期供货合同的中央储备早籼稻，由中储粮总公司报国家发展改革委、财政部、国家粮食局备案后，定向销售给稻谷加工企业；对确有长期供货合同的地方储备早籼稻，由省级粮食主管部门报国家有关部门备案后，定向销售给稻谷加工企业。在最低收购价预案执行期间，粮食经营企业不得故意低价销售，冲击市场。

第十条　中储粮总公司公布的委托收储库点及其延伸收购点按最低收购价收购早籼稻所需贷款，由农业发展银行按照国家规定的最低收购价格和合理收购费用及时足额发放。收购费用为每市斤2.5分（含县内集并费），由委托收储库点按中储粮分公司有关要求包干使用。

第十一条　地方储备粮公司按最低收购价收购的早籼稻主要用于充实地方储备，所需收购贷款由农业发展银行按照国家规定的最低收购价格及时足额发放。有关收购、保管费用和利息按地方储备粮管理的有关规定执行。

广西自治区执行最低收购价收购的早籼稻由政府有关部门统一组织在本区内竞价销售，发生的利息、费用补贴及盈亏在省级粮食风险基金中列支，必要时由中央财政适当补助。

第十二条　预案执行期间，中储粮总公司和有关省粮食局每五日分别将中储粮分公司和地方储备粮公司按最低收购价收购的早籼稻品种、数量汇总后报国家粮食局。中储粮总公司汇总的数据要同时抄送中国农业发展银行。具体报送时间为逢五日、十日期后第二天中午12时之前。

省级农发行要将月度最低收购价收购资金的发放情况抄送中储粮有关分公司。

第十三条　早籼稻最低收购价执行情况，分别由中储粮总公司和省级粮食行政管理部门，于本预案执行结束后1个月内，报告国家发展改革委、财政部、农业部、国家粮食局、中国农业发展银行。

第十四条　中储粮总公司及其有关分公司委托收储库点执行本预案收购的早籼稻，由其负责就地临时储存，并负责所收购早籼稻的数量、质量和库存管理。临时存储早籼稻保管费用补贴标准为每市斤4分/年，其中3.5分为指定库点的保管费用，0.5分为监管、质检费用、跨县集并等费用，由中储粮总公司包干使用。贷款利息根据入库结算价与同期银行贷款利率计算。中央财政根据中储粮总公司上报的最低收购价利息费用补贴的申请报告，按季及时足额将利息和保管费用拨付给中储粮总公司，中储粮总公司及有关分公司及时足额拨付到委托收储库点。

第十五条　中储粮总公司托市收购的早籼稻实行临时储存，未经批准各收储库点不得擅自动用。为创造良好的市场环境，调动企业参与早籼稻收购和经营的积极性，在市场粮价没有明显回升时暂不安排销售；在市场粮价回升后由国家有关部门按照顺价销售的原则，在粮食批发市场或网上公开竞价销售。托市收购的粮食销售收入单独核算，盈亏由中央财政统算。

第十六条　执行最低收购价的委托收储库点，要按时结算农民交售早籼稻的价款，不得给农民打白条，不得压级压价和代扣各种收费，不得将农业发展银行贷款挪作他用。按最低收购价收购的早籼稻销售后及时归还农业发展银行贷款。对违反规定的，由当地粮食、物价、工商、农业发展银行等部门按照《价格法》、《粮食流通管理条例》等有关规定查处。

第十七条　本预案执行结束后，中储粮分公司应及时与委托收储库点签订代保管合同，明确品种、数量、等级、价格和保管责任等。如销售出库时品种、数量、等级与合同不符，由委托收储库点负全责。国家有关部门将结合每年的清仓查库对委托收储库点进行抽查，对质价不符、账实不符、不按规定及时出库等行为，将参照《粮食流通管理条例》、《中央储备粮管理条例》等有关规定进行严肃处理。

第十八条　国家发展改革委负责协调落实早籼稻最低收购价政策的工作，监测早籼稻收购价格变化情况，会同有关部门解决最低收购价政策执行中的矛盾和问题。财政部负责及时拨付中储粮总公司按最低收购价格收购早籼稻所需的费用和利息补贴。农业部负责了解各地执行最低收购价政策情况，监测早籼稻市场价格，反映农民的意见和要求。国家粮食局负责监督中储粮总公司和地方储备粮公司委托收储库点最低收购价政策执行情况，督促国有和国有控股粮食企业入市收购，发挥主渠道作用。中国农业发展银行负责向执行最低收购价任务的委托收储库点及时提供收购资金和费用贷款。中储粮总公司及其有关分公司作为国家委托的最低收购价政策执行主体，要认真执行早籼稻最低收购价政策，加强对委托收储库点收购早籼稻数量、质量的监管，确保储粮安全。省级人民政府负责对最低收购价政策的落实情况进行监督检查，切实落实仓库维修工作，确保在新粮收购前投入使用，并督促、协调地方各部门支持和配合中储粮总公司的工作，共同完成托市收购任务。

第十九条　本预案由国家发展改革委、财政部和国家粮食局负责解释。

关于进一步推进国有粮食企业改革和发展的意见

（国家发展和改革委员会 国家粮食局 财政部
劳动和社会保障部 国家税务总局 中国农业发展银行
国粮财[2006]123号 2006年8月18日）

深化国有粮食企业改革，是进一步完善粮食流通体制、推进社会主义新农村建设的一项重要内容。“十五”期间，各地区、各部门按照国务院关于深化粮食流通体制改革的总体部署，积极推进国有粮食企业改革，取得了明显成效。但是，目前国有粮食企业的历史包袱仍然较重，企业经营机制不活，自主创新能力不强，已不适应新形势下粮食流通和宏观调控的需要。因此，各地要按照科学发展观的要求，认真贯彻落实《中共中央、国务院关于推进社会主义新农村建设的若干意见》（中发[2006]1号）和《国务院关于完善粮食流通体制改革政策措施的意见》（国发[2006]16号）精神，继续加快国有粮食企业改革，妥善解决企业历史包袱，促进企业发展，更好地发挥国有粮食企业的主渠道作用，为推进社会主义新农村建设服务。

一 继续妥善解决企业历史包袱，努力做好企业分流职工再就业和社会保障工作

（一）认真做好粮食财务挂账的清理审计和剥离工作，切实减轻企业负担。各地财政、审计、粮食、农发行等部门要在当地政府的统一领导下，按照国家有关规定做好国有粮食购销企业政策性粮食财务挂账的清理审计和剥离工作。1998年6月1日至实行粮食购销市场化改革之前的政策性粮食财务挂账清理审计认定工作进展缓慢的省（区）要加快进度，经审计认定的政策性粮食财务挂账要抓紧剥离到县以上（含县级）粮食行政管理部门集中管理。各级粮食行政管理部门要切实负起管账责任，保证账务清晰；财政部门要及时向农业发展银行结算和拨付政策性挂账利息。对经清理审计的企业经营性亏损挂账，按照债务与资产一并划转和防止逃废银行债务的原则，结合推进国有粮食企业改革，实行有效管理，逐步消化或依法处置。

（二）多渠道筹集资金，切实做好企业分流职工的社会保障工作。各地要按规定将国有粮食企业分流职工纳入当地社会保障体系，做好企业解除劳动合同人员的档案移交和社会保险关系的接续等工作。各地要创造条件，实行企业退休人员社会化管理。国有粮食企业分流安置职工和离退休人员所需资金，按照国务院有关文件要求，由省级人民政府统筹考虑，采取多渠道加以解决。继续在中央批准的限额内从粮食风险基金中专项安排一部分资金，用于企业分流安置职工。粮食企业改革改制中依法出售自有产权公房、建筑物收入和处置企业使用的划拨土地的收入，优先留给企业用于缴纳社会保险费和安置职工。各地可以根据当地实际情况，将企业改制中资产变现资金在县市粮食部门内调剂使用。国有粮食企业要努力搞好经营，加强管理，增加收入，做好企业自筹资金工作；在正常经营期间，企业支付给分流职工的经济补偿金和按国家规定缴纳的社会保险费，按现行税收政策规定在企业所得税前扣除。

（三）把推进改革和创造就业结合起来，促进企业分流职工再就业。各地要按规定将国有粮食企

业分流职工纳入当地就业再就业规划，落实小额担保贷款、税费减免等各项再就业扶持政策，搞好职业培训，提高转岗转业能力，为分流职工创造良好的再就业条件。鼓励和支持企业下岗失业人员自主创业、自谋职业。支持国有粮食企业通过企业资产重组，创办新的经济实体，安置分流人员。充分利用企业现有网点、仓房和产业优势，拓展经营网络，构建新的发展平台，增加就业岗位。地处乡镇的国有粮食企业要引导和支持分流职工，面向农村，方便农民，开办或参加农村粮油中介服务组织，发展农村粮油服务；地处城市的国有粮食企业要面向市民“三餐”，积极开展放心粮油进社区活动，方便居民生活。

二 加快企业产权制度改革和组织结构创新，继续发挥国有粮食企业市场主渠道作用

（一）加快企业产权制度改革和组织结构创新，构建新型国有粮食企业骨干主体。在重点地区以国有独资和国有控股形式直接掌握一批粮食储备库。在粮食主产区的产粮大县，以现有国有粮食购销企业为基础，通过改制重组，因地制宜组建国有独资或国有控股的公司制粮食购销企业。在非粮食主产区和主产区的非产粮大县，以及粮食供应比较困难的山区、牧区、水库移民区和少数民族、边疆等地区，也要保留必要的国有独资或国有控股粮食购销企业。大中城市应以国有控股和国有参股形式重点掌握一部分粮食加工和批发、零售骨干企业，以适应政府宏观调控应急的成品粮油供应需要。稳定军粮供应渠道，承担军粮供应任务的粮食企业，原则上实行国有独资或国有控股的产权制度。对其他国有粮食企业，可以通过改组联合、股份合作、资产重组、国有民营等形式，实现投资主体多元化。

（二）规范企业改制工作，切实维护职工合法权益。国有粮食企业在改制过程中，要严格按照《国务院办公厅转发国资委关于进一步规范国有企业改制工作的实施意见的通知》（国办发[2005]60号）要求，制定企业改制方案，并按规定依法审批。企业改制时要充分考虑企业、职工和社会承受能力，做好劳动关系处理、社会保险关系接续和职工债务清偿工作，妥善处理好有关政策的衔接，防止引发新的矛盾。企业改制中涉及企业国有产权转让的，要严格按照国家有关法律法规以及《企业国有产权转让管理暂行办法》（国资委、财政部令2003年第3号）、《国资委、财政部关于印发〈企业国有产权向管理层转让暂行规定〉的通知》（国资发产权[2005]78号）及相关配套文件的规定执行。认真做好企业改制中的资产清查和债务核实工作，加强对改制企业的财务审计和资产评估，防止国有资产流失。加强对改制企业落实职工安置方案的监督检查，切实维护职工合法权益。

（三）优化企业资本结构，提高企业经营能力。通过减轻企业财务包袱，降低企业负债水平，提高企业优良资产比率。多渠道引进社会资本参与企业重组和股份制改造，实行企业资本结构多元化。鼓励符合上市条件的国有粮食企业通过资本市场筹集资本金，改善企业资本结构。也可在国家政策范围内，通过其他融资渠道优化企业资本结构，提高企业的经营能力。

（四）加强国有资产管理，探索国有资产经营和监管的有效形式。加强对国有粮食企业国有资产的监督管理，真实反映国有资本运营状况，维护国家所有者权益，确保国有资产安全。各地在推进企业产权制度改革中，对国家投资和利用国债资金建设的粮食仓储设施，不得随意处置或改变其用途。要根据有利于粮食宏观调控的实际需要，积极探索国有资产经营和监管的有效形式，明确国有资产出资人及其职责，实现国有资产的保值增值。

三 完善企业法人治理结构，切实转换企业经营管理机制

（一）正确处理粮食宏观调控下的政企关系，加快国有粮食企业政企分开工作。国有粮食企业要按照政企分开的原则与粮食行政管理部门脱钩，真正成为自主经营、自负盈亏的市场主体。各级粮食行政管理部门要依法加强对全社会粮食市场主体的指导、监督检查和服务，不直接干预企业的正常经营活动。规范政府宏观调控和企业经营之间的关系，当政府实施粮食宏观调控时，可委托指定具备资质的粮食经营企业承担相关政策性业务，政府按确定的标准给予补贴。国有独资和国有控股企业要带头服从政府实施粮食宏观调控的需要，为确保国家粮食安全服务。

（二）完善企业法人治理结构，切实转换企业经营机制。国有粮食企业要按照现代企业制度的要求，健全法人治理结构，依据《中华人民共和国公司法》，明确股东会、董事会、监事会和经理层的职责，实行规范运作。充分发挥董事会的作用，建立集体决策和可追溯个人责任的董事会议制度，提高管理和决策水平。董事会和经理层要减少交叉任职，董事长和总经理原则上不得一人兼任。

（三）改革企业内部用工分配制度，建立有效的激励约束机制。全面实行劳动合同制度，建立和完善岗位能上能下、人员能进能出的用工机制。企业内部管理人员必须通过公开竞聘，择优录用，并实行任期制和定期考核制。建立和完善收入能增能减、有效激励制度，明确岗位职责和技能要求，实行以岗定薪、岗变薪变的工资制度。鼓励资本、技术、管理等生产要素参与收益分配，试行经营者年薪制。建立经营业绩考核制度和责任追究制度，对于经营失误或违法违规等给企业造成重大损失的人员，要依法追究有关责任。

（四）加强粮食企业统计、财务和仓储管理工作，提高企业经营管理水平。要把改革同加强企业管理结合起来，以改革促进管理，以管理进一步巩固企业改革发展成果。认真做好新形势下的企业统计工作，配备统计人员，改进统计方法，改善统计手段，保证统计经费，为粮食宏观调控提供真实可靠的信息。切实加强企业财务管理，规范企业核算，依法筹集资金，有效运营资产，降低成本费用，规范收益分配，加强财务信息管理，控制财务风险，提高企业经济效益。加强企业仓储管理和安全生产工作，加快粮食储藏技术的研究和推广，尽快制（修）订适应新形势的粮食仓储管理办法和储粮技术规范，提升粮食仓储企业的核心竞争力，降低粮食损耗，保证库存粮食安全。

（五）推进企业文化建设，培育高素质的员工队伍。国有粮食企业要带头执行国家粮食购销政策和质量技术标准，自觉遵守行业职业道德，做到诚实守信、合法经营。加强企业职工政治思想教育和职工技能培训，推进粮食行业职业资格准入和持证上岗工作，提高职工的政治素质和业务素质。加强企业领导层建设，提高经营和决策水平。坚持以人为本，增强员工团队意识，培育新型粮食企业职工队伍。

四 着力培育一批有竞争力、带动力强的龙头企业，大力发展粮食产业化经营

（一）积极培育产业化龙头企业和企业集群示范基地，大力发展粮食产业化经营。要重点培育一批起点高、有竞争力、带动力强、效益好的龙头企业，创立名牌产品。指导有竞争力、带动力强的龙头企业以资本运营为纽带，整合资金、技术、品牌、人才等要素，开展兼并和联合，组建大型粮食产

业化企业集团。在粮食主产区，要依托粮食产业发展若干个企业集群，建立企业集群示范基地。企业集群示范基地要以优质粮食产业为重点，以其较强的集散能力和辐射面带动周边粮油产业，推动粮食产业化经营向纵深发展。

（二）实施“退城进郊”战略，推动城区粮食仓储、加工企业向更适合粮食物流和粮食产业化发展的地区转移。特别是大中型城市粮食企业要抓住城市建设和旧城改造的发展时机，在区域规划上做文章，搞好整体搬迁，引进战略投资伙伴，扩大粮食产业化和现代粮食物流规模，为企业发展壮大和服务新农村建设提供载体与平台。粮食仓储和粮食加工企业的“退城进郊”战略，要拉动粮食精深加工、粮食批发市场和粮食储藏运输产业带建设。要面向市场，集中发挥科技、信息、人才优势与组织协调作用，利用优惠政策，创新激励与合作机制，实行市场化、社会化和国际化运作，提升企业竞争力。

（三）大力发展产业化龙头企业、合作组织与农户有机结合的组织形式，使农民在粮食产业化经营中得到实惠。把培育粮食合作组织和粮食产业化龙头企业作为完善粮食产业化链条的重要措施，发展“龙头企业+合作组织+农户”的组织形式。推动粮食产业化龙头企业、合作组织与农户的有机结合。重点培育一批辐射力强的粮食合作组织，建立健全粮食行业协会，充分发挥粮食行业协会的自律和中介作用，规范行业行为，建立起较为完善的粮食市场营销网络，提高农民进入市场的组织化程度。加强企业与农户、企业与合作组织以及合作组织与农户之间的联合，发展粮食订单，确保合同履约率，推行“二次结算”，增加农民收入。

五 推进企业科技创新建设，增强企业自主创新能力

（一）充分发挥企业在技术创新中的主体地位，增强企业自主创新能力。建立以企业为主体、市场为导向、产学研相结合的技术创新体系。采取有效措施，营造良好环境，使企业真正成为研究开发投入的主体、技术创新活动的主体和创新成果应用的主体。鼓励国有大型粮食企业开展技术创新和技术开发，加大科技投入，全面提升企业的自主创新能力，努力形成一批集研究、开发和应用于一体、具有国内国际竞争力的大型骨干粮食企业。

（二）把企业发展与科技创新结合起来，推进企业科技创新能力建设。国有粮食企业要以市场需求为导向，按照社会主义新农村建设和循环经济发展的要求，着重解决粮食领域和企业发展中的关键技术，包括粮库技术改造、粮油加工产业升级、农村粮食产后减损和产后安全保障、粮食质量快速检测技术、现代粮食物流技术以及粮食流通信息技术等，促进企业产品优化升级，增强企业发展后劲，提高企业竞争能力。

（三）加快科技成果在企业中的转化和应用，提高粮食精深加工和现代粮食储运的科技水平。鼓励企业开发粮食生物工程等高新技术与产业化项目，提高粮食加工转化的质量和效益，以及粮食信息化程度。鼓励多种所有制经济主体增加对粮食精深加工及产业化项目的投入，提高粮食精深加工集约化程度和粮食综合利用水平。鼓励以企业为主体、市场为导向、科技为支撑，发展现代粮食物流，构建快捷、高效、节约的粮食现代物流体系。

六 拓宽企业融资渠道，促进粮食购销和产销衔接

（一）提高企业融资能力，拓宽融资渠道，支持企业开展粮食购销。农业发展银行要继续发挥政

策性银行的职能，积极支持粮食产业发展。对中央和地方储备粮所需信贷资金，要按计划保证供应；对粮食企业受政府委托收购粮食以及启动最低收购价执行预案收购粮食所需的信贷资金，在落实收购粮食的费用、利息和可能出现的价差亏损补贴来源的前提下，应及时足额发放。按照企业风险承受能力，积极支持各类具有收购资质的粮食企业入市收购。加大对产业化龙头企业、精深加工和转化企业、工商联营企业及其他粮食企业、粮食生产基地和粮食市场建设等贷款支持力度，不断提高粮食精深加工和转化能力，促进粮食产业发展，搞活粮食流通。国有粮食企业要搞好企业诚信建设，提高信用等级，积极争取并利用好政策性银行的贷款支持，掌握商品粮源，促进粮食购销。同时要通过加快企业产权制度改革，创新企业经营机制，提高经营效益，增强融资能力。积极探索增资扩股、发行企业债券和政策性银行贷款、商业性银行贷款等多种形式的融资方式，拓宽融资渠道，开创粮食收购资金来源多渠道的局面。

（二）鼓励和支持产销区国有粮食企业建立稳定的购销合作关系，促进粮食产销衔接。按照“政府推动、部门协调、市场机制、企业运作”的原则，支持和鼓励产销区粮食企业充分发挥各自的比较优势，建立长期稳定的购销合作关系，促进粮食产销衔接。积极探索省际间粮食产销合作的新方法和新途径，鼓励主销区粮食工贸企业在主产区建设粮食生产和收购基地；鼓励主产区粮食企业在主销区粮食市场经销粮食，建立收储、加工、销售为一体化的粮食经营企业。经济发达的粮食主销区要调整粮食风险基金的支出结构，将中央财政补贴的粮食风险基金专项用于粮食产销衔接的资金需要，支持主产区的粮食生产和流通。对主产区到主销区建立粮食储备、参与主销区粮食供应并具有一定经营规模的企业，主销区可给予适当的费用补贴。对主销区到主产区建立粮食生产基地、参与主产区粮食生产和收购、将粮食运往主销区销售且具有一定经营规模的企业，主销区也可给予适当的费用补贴。到主产区建设粮食生产、收购基地的企业，可享受农业产业化优惠政策。对国有粮食企业跨省区建设粮食仓库、加工厂等设施的，当地政府要在用地指标、土地价格等方面给予支持。农业发展银行要积极支持产销区国有粮食企业之间开展购销协作，提供快捷的跨省结算服务。

七 积极发展农村粮油服务组织，推进放心粮油进农村活动

（一）发展“农村粮油服务社”等农村服务组织和粮食经纪人，探索农村粮油购销服务的有效形式。各地要把农村粮油服务体系建设纳入农村现代物流建设总体规划，鼓励和支持国有粮食企业在发展农村现代流通中发挥积极作用。国有粮食企业要发挥城乡结合、以城带乡的桥梁纽带作用，加大对农村市场的辐射带动，充分利用企业现有土地、房产、人才和经营等优势，大力发展“农村粮油服务社”等农村服务组织和粮食经纪人。加强农村粮油服务组织和粮食经纪人的网络建设，促进企业与粮油服务组织、企业与粮食经纪人、粮食经纪人与农户的联合。积极探索适合社会主义新农村的新型粮食流通组织，提高农民组织化程度，努力为改善农民生产生活条件提供优质服务。指导种粮大户和农村粮油合作组织参与粮食期货套期保值业务，规避市场风险，实现农民增收、企业增效，带动当地农村经济发展。

（二）开展农村粮食连锁经营，推进放心粮油进农村活动。各级粮食行政管理部门要引导和规范国有粮食企业广泛开展放心粮油进农村活动。以“为民、便民、利民”为目标，以服务农民生活为重点，采取连锁经营、批发配送、上门服务等形式，围绕农民群众一日三餐，积极发掘服务项目，主动参与市场竞争，组织实施“厨房工程”，拓展农村商贸餐饮等传统服务业的新模式，不断开拓新的生

存和发展空间。有条件的地方，要继续完善和发展面向农民的粮食代购、代销、代储存、代加工和兑换业务，扩大经营范围，规范经营行为，提高服务质量，努力为活跃农村市场、促进农民增收服务。

八 加强领导和政策支持，促进国有粮食企业更好地为社会主义新农村建设服务

（一）切实加强对国有粮食企业改革的领导。各级粮食行政管理部门要在当地政府的统一领导下，加强对国有粮食企业改革工作的指导，因地制宜、精心组织、周密部署、统筹协调，积极推进国有粮食企业改革。切实转变职能，主动担负指导国有粮食企业改革的职责。各地要结合实际，制定本地区国有粮食企业改革和发展的指导意见，推动企业改革和发展。

（二）各级粮食行政管理部门要积极配合有关部门，完善和落实有关政策，支持国有粮食企业改革和发展。指导国有粮食企业做好粮食仓库维修工作，保护和改善粮食流通基础设施，有利于企业开展粮食购销，方便农民售粮，各地有关部门应给予适当支持。完善粮食企业增值税政策，在粮食企业增值税政策调整以前，国有粮食购销企业继续按现行政策执行。对有困难的国有粮食购销企业的生产经营性用房和土地，按规定程序审核批准后，减征或免征房产税和城镇土地使用税。加大对粮食产业化发展的支持力度，对重点粮食产业化龙头企业要给予有关政策支持。加强对企业自主创新的政策支持，企业自主创新中的有关优惠政策，按照国务院《关于印发实施〈国家中长期科学和技术发展规划纲要（2006～2020）〉若干配套政策的通知》（国发[2006]6号）执行。

（三）各级粮食行政管理部门要及时跟踪了解国有粮食企业改革的进展情况，认真总结经验，推广先进典型，规范国有粮食企业改制，督促企业搞好富余人员的分流安置，加强职工的思想政治工作，维护职工的合法权益。妥善处理改革、发展和稳定的关系，及时化解改革中的矛盾，促进国有粮食企业改革和发展，更好地发挥企业在社会主义新农村建设中的积极作用。

关于印发2006年中晚稻最低收购价执行预案的通知

（国家发展和改革委员会、财政部、农业部、国家粮食局、中国农业发展银行、中国储备粮管理总公司
发改经贸[2006]1814号 2006年9月2日）

各省、自治区、直辖市发展改革委、财政厅、农业厅、粮食局、物价局、农业发展银行分行、中储粮有关分公司：

为贯彻落实《中共中央、国务院关于推进社会主义新农村建设的若干意见》（中发[2006]1号）精神，做好今年中晚稻收购工作，保护种粮农民利益，特制定了《2006年中晚稻最低收购价执行预案》，现印发给你们。

各地要在省级人民政府的统一领导下，继续督促和引导国有和国有控股粮食企业、其他各类粮食经营和加工企业积极入市收购，切实发挥市场机制的作用。鼓励各类市场主体积极做好稻谷收购工作。要抓紧维修仓库，确保新粮收购仓容。农业发展银行有关分行要积极为各类收购主体入市收购提供信贷支持，保证具备贷款条件的国有和国有控股粮食企业资金供应。各地要加强市场管理，严禁采取地区封锁和市场分割的措施阻碍粮食收购。

2006年中晚稻最低收购价执行预案

第一条　为落实中晚稻最低收购价政策，保护种粮农民利益，根据《中共中央国务院关于推进社会主义新农村建设的若干意见》（中发[2006]1号）和《粮食流通管理条例》有关精神，制定本预案。

第二条　执行本预案的中晚稻（包括中晚籼稻和粳稻）主产区为吉林、黑龙江、安徽、江西、湖北、湖南、四川7省。

其他中晚稻产区是否实行最低收购价政策，由省级人民政府自主决定。

第三条　中晚籼稻最低收购价每市斤0.72元，粳稻最低收购价每市斤0.75元，是指2006年生产的国标三等质量标准的中晚稻，具体标准为：籼稻杂质1%以内，水分13.5%以内，出糙率75%～77%（含75%，不含77%），整精米率不低于44%；粳稻杂质1%以内，水分14.5%以内，出糙率77%～79%（含77%，不含79%），整精米率不低于55%。执行最低收购价的中晚稻为2006年生产的等内品。最低收购价是指承担向农民直接收购的收储库点的到库收购价。

非标准品的中晚稻收购价格，由委托收购企业根据等级、水分、杂质等情况，按照《国家计委、国家粮食局、国家质检总局关于发布〈关于执行粮油质量标准有关问题的规定〉的通知》（国粮发[2001]146号）规定确定。对整精米率低于44%的中晚籼稻、整精米率低于55%的粳稻，也按上述规定执行。相邻等级之间等级差价按每市斤0.02元掌握。

第四条　在吉林、黑龙江、安徽、江西、湖北、湖南、四川7个中晚稻主产区执行最低收购价的企业为：（1）中储粮总公司及其有关分公司；（2）上述7省地方储备粮公司；（3）北京、天津、上海、浙江、福建、广东、海南等7个主销区省级地方储备粮公司。

第五条　中储粮有关分公司要按照“有利于保护农民利益、有利于粮食安全储存、有利于监管、

有利于销售”的原则，合理确定执行中晚稻最低收购价的委托收储库点（含中储粮直属库，下同）。委托收储库点应具有农发行贷款资格，有一定的规模和库容量，仓房条件符合《粮油储藏技术规范》要求，具有较高管理水平和良好信誉。委托收储库点可根据需要设点延伸收购，在不增加国家费用补贴的前提下，自行负责将延伸收购点收购的中晚稻集并到委托收储库点或指定库点储存。

委托收储库点由中储粮总公司审核确定后，视各地市场情况适时对外公布，并报国家有关部门和省级人民政府备案。

地方储备粮公司也要根据实际需要，设定一定数量的委托收储库点，积极入市收购，充实地方储备。

中储粮分公司拟定的委托收储库点与地方储备粮公司设定的委托收储库点要相互衔接。

委托收储库点确定后，由中储粮分公司和地方储备粮公司分别与其委托收储库点签订委托收购合同，明确有关政策及双方权利、义务、责任等。

第六条　第三条规定的最低收购价适用时间：安徽、江西、湖北、湖南、四川5省为2006年9月16日至2006年12月31日，吉林、黑龙江2省为2006年11月10日至2007年2月28日。在此期间，当中晚稻市场价格低于最低收购价格时，由中储粮总公司和有关省地方储备粮公司按照本预案第三条规定的最低收购价格，在上述中晚稻主产区挂牌收购农民交售的中晚稻。具体操作时间和实施区域由中储粮总公司和地方储备粮公司根据市场情况确定。

第七条　中晚稻上市后，地方各级政府和粮食行政管理部门要加大工作力度，采取有效措施，督促国有和国有控股粮食企业积极入市收购，切实发挥主渠道作用；同时引导和鼓励各类粮食经营和加工企业积极入市收购。新粮上市后，各类粮食经营企业和加工企业要按照《粮食流通管理条例》的有关规定保持必要的库存量。农业发展银行要积极为各类收购主体入市收购提供信贷支持，保证具备贷款条件的国有和国有控股粮食企业资金供应。

第八条　预案执行期间，中央和地方储备轮入的中晚稻应不低于国家规定的最低收购价格水平。主销区地方政府要切实负起责任，督促地方储备粮企业按照不低于国家规定的最低收购价格，积极到主产区收购中晚稻。

第九条　为调动企业参与中晚稻收购和经营的积极性，在本预案执行期间，原则上停止中央、地方储备和最低收购价库存中晚稻的大批量集中拍卖活动。对确有长期供货合同的中央储备中晚稻，由中储粮总公司报国家发展改革委、财政部、国家粮食局备案后，定向销售给稻谷加工企业；对确有长期供货合同的地方储备中晚稻，由省级粮食主管部门报国家有关部门备案后，定向销售给稻谷加工企业。在最低收购价预案执行期间，粮食经营企业不得故意低价销售，冲击市场。

第十条　中储粮总公司公布的委托收储库点及其延伸收购点按最低收购价收购中晚稻所需贷款，由农业发展银行按照国家规定的最低收购价格和合理收购费用及时足额发放。收购费用为每市斤2.5分（含县内集并费），由委托收储库点按中储粮分公司有关要求包干使用。

第十一条　地方储备粮公司按最低收购价收购的中晚稻主要用于充实地方储备，所需收购贷款由农业发展银行按照国家规定的最低收购价格及时足额发放。有关收购、保管费用和利息按地方储备粮管理的有关规定执行。

第十二条　预案执行期间，中储粮总公司和有关省粮食局每五日分别将中储粮分公司和地方储备粮公司按最低收购价收购的中晚品种、数量汇总后报国家粮食局。中储粮总公司汇总的数据要同时抄送中国农业发展银行。具体报送时间为逢五日、十日期后第二天中午12时之前。

省级农发行要将月度最低收购价收购资金的发放情况抄送中储粮有关分公司。

第十三条 中晚稻最低收购价执行情况，分别由中储粮总公司和省级粮食行政管理部门，于本预案执行结束后1个月内，报告国家发展改革委、财政部、农业部、国家粮食局、中国农业发展银行。

第十四条 中储粮总公司及其有关分公司委托收储库点执行本预案收购的中晚稻，由其负责就地临时储存，并负责所收购中晚稻的数量、质量和库存管理。临时存储中晚稻保管费用补贴标准为每市斤4分/年，其中3.5分为指定库点的保管费用，0.5分为监管、质检费用、跨县集并等费用，由中储粮总公司包干使用。贷款利息根据入库结算价与同期银行贷款利率计算。中央财政根据中储粮总公司上报的最低收购价利息费用补贴的申请报告，按季及时足额将利息和保管费用拨付给中储粮总公司，中储粮总公司及有关分公司及时足额拨付到委托收储库点。

第十五条 中储粮总公司托市收购的中晚稻实行临时储存，未经批准各收储库点不得擅自动用。为创造良好的市场环境，调动企业参与中晚稻收购和经营的积极性，在市场粮价没有明显回升时暂不安排销售；在市场粮价回升后由国家有关部门按照顺价销售的原则，在粮食批发市场或网上公开竞价销售。托市收购的粮食销售收入单独核算，盈亏由中央财政统算。

第十六条 执行最低收购价的委托收储库点，要按时结算农民交售中晚稻的价款，不得给农民打白条，不得压级压价和代扣各种收费，不得将农业发展银行贷款挪作他用。按最低收购价收购的中晚稻销售后及时归还农业发展银行贷款。对违反规定的，由当地粮食、物价、工商、农业发展银行等部门按照《价格法》、《粮食流通管理条例》等有关规定查处。

第十七条 本预案执行结束后，中储粮分公司应及时与委托收储库点签订代保管合同，明确品种、数量、等级、价格和保管责任等。如销售出库时品种、数量、等级与合同不符，由委托收储库点负全责。国家有关部门将结合每年的清仓查库对委托收储库点进行抽查，对质价不符、账实不符、不按规定及时出库等行为，将参照《粮食流通管理条例》、《中央储备粮管理条例》等有关规定进行严肃处理。

第十八条 国家发展改革委负责协调落实中晚稻最低收购价政策的工作，监测中晚稻收购价格变化情况，会同有关部门解决最低收购价政策执行中的矛盾和问题。财政部负责及时拨付中储粮总公司按最低收购价格收购中晚稻所需的费用和利息补贴。农业部负责了解各地执行最低收购价政策情况，监测中晚稻市场价格，反映农民的意见和要求。国家粮食局负责监督中储粮总公司和地方储备粮公司委托收储库点最低收购价政策执行情况，督促国有和国有控股粮食企业入市收购，发挥主渠道作用。中国农业发展银行负责向执行最低收购价任务的委托收储库点及时提供收购资金和费用贷款。中储粮总公司及其有关分公司作为国家委托的最低收购价政策执行主体，要认真执行中晚稻最低收购价政策，加强对委托收储库点收购中晚稻数量、质量的监管，确保储粮安全。省级人民政府负责对最低收购价政策的落实情况进行监督检查，切实落实仓库维修工作，确保在新粮收购前投入使用，并督促、协调地方各部门支持和配合中储粮总公司的工作，共同完成托市收购任务。

第十九条 本预案由国家发展改革委、财政部和国家粮食局负责解释。

粮食库存检查暂行办法

（国家发展和改革委员会 国家粮食局 财政部 中国农业发展银行
国粮检[2006]139号 2006年9月5日）

第一章 总 则

第一条 为准确掌握粮食经营企业库存粮食的品种、数量、质量等情况，规范对粮食经营企业的粮食库存检查工作，监督和指导粮食经营企业加强库存管理，根据《粮食流通管理条例》、《中央储备粮管理条例》等有关法律、法规、规章以及国务院有关规定，制定本办法。

第二条 国务院发展改革部门、国家粮食行政管理部门、国务院财政部门，中国农业发展银行等部门和单位（以下简称国家有关部门和单位）联合组织的，对各种所有制粮食经营企业粮食库存的检查（以下简称全国粮食库存检查），适用本办法。

本办法所称粮食经营企业包括纳入粮食行政管理部门库存统计范围的从事粮食收购、销售、储存、运输、加工等经营活动的企业，粮食储备企业，以及转化用粮企业。

国家有关部门和单位按照各自职责组织的与粮食经营企业粮食库存有关的专项检查，地方粮食行政管理等部门和单位按照省长负责制的要求在本辖区内组织的对地方粮食库存的检查，参照本办法执行。

第三条 全国粮食库存检查由国家粮食行政管理部门会同国家有关部门和单位定期组织实施，检查工作分为自查、复查和抽查三个阶段。对中央储备粮库存的检查，中国储备粮管理总公司应积极配合。

第四条 参与全国粮食库存复查和抽查的检查人员，应通过国家粮食行政管理部门组织的专业培训、考核，持证上岗。承担粮食质量检验及原粮卫生检验任务的承检机构，应当通过省级（含）以上计量认证。国家有关部门和单位联合抽查的承检机构，由国家粮食行政管理部门指定；省级有关部门和单位复查的承检机构，由省级粮食行政管理部门指定。

第二章 粮食库存检查的内容和方法

第五条 粮食库存实物检查。包括检查粮食库存的性质、品种、数量情况。

以独立核算的企业法人为一个被检查单位，采取测量计算法或称重法对其粮食库存进行检查，以核实不同性质、不同品种粮食实际库存数量。

粮食库存实物检查的具体方法，依照《粮食库存实物检查规程》执行。

第六条 粮食库存账务检查。包括检查保管账、统计账和会计账。

分别核对保管账、统计账、会计账与粮食库存实物的性质、品种、数量是否相符，并核对账账是否相符。不相符的，要查明原因。

粮食库存账务检查的具体方法，依照《粮食库存账务检查规程》执行。

第七条 粮食库存质量、原粮卫生和储粮安全情况检查。

对库存粮食质量，重点检查粮食质量合格率、宜存率等情况。

对原粮卫生，重点检查原粮化学药剂残留量、重金属含量、真菌毒素含量等情况。

对储粮安全，重点检查是否存在粮食发热、霉变、虫害等情况。

具体检查方法，依照《粮食质量、原粮卫生和储粮安全检查规程》执行。

第八条　粮食经营企业执行与粮食库存管理相关的各项政策、制度检查。重点检查与粮食库存管理相关的收购质量和价格情况，以及执行粮食出、入库质量检验制度等情况。对储备粮的检查，还要包括财政补贴情况。

第九条　储备粮计划执行、代储资格等情况的检查。

（一）储备粮计划执行和管理情况的检查。包括检查中央储备粮和地方储备粮的购销计划和轮换计划执行情况，储备粮专仓储存、专人保管、专账记载情况，以及执行中央储备粮和地方储备粮轮换管理有关规定的情况。

（二）储备粮承储资格检查。对中央储备粮代储企业，重点检查是否具有代储资格，储备粮是否存储在取得资格的仓房内，代储粮食数量是否超过取得资格的仓容量，专业技术人员是否具有相应资质，以及代储资格条件是否发生重大变化等情况。对地方储备粮承储企业，重点检查是否符合地方储备粮的管理要求等情况。

第十条　每次全国粮食库存检查的具体内容，可根据粮食流通管理的需要，适当调整。

第三章　粮食库存检查的组织和实施

第十一条　全国粮食库存检查按以下步骤进行：

（一）制定检查方案，明确检查内容，确定检查人员，合理分组分工。

（二）以适当方式公布检查范围、内容、要求和检查时点。

（三）依照检查方案和本办法相关规定开展检查工作。

（四）检查人员确认检查结果，并告知被检查企业。

（五）检查人员对库存检查中发现的问题提出处理意见。

（六）跟踪了解检查发现问题的处理、整改情况。

第十二条　全国粮食库存检查的自查、复查和抽查按以下方式组织实施。

（一）自查。由粮食经营企业按照全国粮食库存检查方案确定的检查内容和要求，对本企业所有粮食库存情况进行自查。

（二）复查。由省级粮食行政管理部门会同省级财政部门和中国农业发展银行省级分支机构（以下简称省级有关部门和单位），以及中国储备粮管理总公司分支机构，对粮食经营企业库存自查情况进行复查。复查范围由参与复查的有关部门和单位根据全国粮食库存检查方案，结合实际情况确定，一般不少于被检查企业的10%。复查方式选择以下两种之一。

方式一：由省级粮食行政管理部门、中国储备粮管理总公司分支机构，以及省级有关部门和单位，对辖区内粮食经营企业库存自查情况进行联合复查。

方式二：省级粮食行政管理部门会同省级有关部门和单位，对地方粮食经营企业（不包括中央储备粮代储企业）进行复查；省级粮食行政管理部门、中国储备粮管理总公司分支机构，以及省级有关部门和单位对中央储备粮代储企业进行联合复查；中国储备粮管理总公司分支机构会同中国农业发展银行省级分支机构对中央储备粮直属企业进行复查。

（三）抽查。由国家粮食行政管理部门等国家有关部门和单位组成联合检查组，依据全国粮食库存检查方案确定的检查内容、区域，对粮食经营企业粮食库存检查结果进行抽查。中国储备粮管理总公司派员配合检查组开展中央储备粮库存的抽查。省级粮食行政管理等部门和单位应协助联合检查组开展工作。

复查与抽查的区域和粮食经营企业，由组织复查、抽查的部门和单位随机确定。

第十三条　地方粮食行政管理部门，中国储备粮管理总公司分支机构等，应建立健全粮食库存检查制度，适时开展粮食库存检查工作。

第四章　粮食库存检查工作的权责规定

第十四条　粮食库存检查人员在检查过程中，可以行使下列职权：

（一）进入被检查企业的经营场所检查粮食库存实物及粮食仓储和检化验设施、设备。

（二）按照有关规定，规范扦取粮食检验样品。

（三）查阅粮食库存的原始凭据、证账、报表等相关资料。

（四）了解询问被检查企业经营管理情况。

（五）对检查中发现企业粮食库存管理方面存在的问题进行调查。

（六）法律、法规规定的其他职权。

第十五条　粮食库存检查人员在检查过程中应当遵守下列规定：

（一）严格遵守国家有关法律、法规，不得非法干预被检查企业的正常经营活动，不得泄露国家秘密和被检查企业的商业秘密。

（二）依法履行检查职责，正确填写检查数据，完整记录检查情况，作出检查结论，并提出处理意见。

（三）对粮食库存检查结果的真实性和准确性负责。

（四）法律、法规明确的其他规定。

第十六条　被检查企业在接受库存检查时应履行下列义务：

（一）配合检查人员依法履行职责，不得拒绝、阻挠、干涉检查人员的工作。

（二）及时、主动报告粮食库存的相关情况，如实回答询问，协助检查。如实提供粮食库存的原始凭据、证账、报表等相关材料。

（三）对检查结果签字确认，不同意签字确认的，出具书面意见，说明理由。

（四）服从并执行依法作出的处理决定。

（五）法律、法规规定的其他义务。

第十七条　粮食库存检查过程中，被检查企业可以行使下列权利：

（一）对粮食库存检查的依据、范围、内容、方式等事项有了解、知情的权利。

（二）要求检查人员表明合法身份的权利。

（三）对检查人员认定的事实有异议，有陈述与申辩的权利。

（四）对于检查人员的违规失职行为，有申诉、控告和检举的权利。

（五）法律、法规规定的其他权利。

第五章　粮食库存检查结果的处理

第十八条　粮食经营企业的粮食库存自查结果，应分析说明账实差异，经单位主要负责人签字后，在规定期限内按规定程序报上级单位逐级审核、汇总。不得虚报、瞒报、拒报、漏报、迟报、伪造、篡改粮食库存检查结果。

第十九条　省级粮食库存检查结果的汇总报告，可选以下两种方式之一。

方式一：由省级粮食行政管理部门、中国储备粮管理总公司分支机构对辖区内粮食库存自查、复查结果进行汇总、核对，起草库存检查报告，并会同省级有关部门和单位共同上报国家粮食行政管理部门、国务院财政部门和中国农业发展银行。

方式二：省级粮食行政管理部门负责对地方粮食库存自查、复查结果进行汇总；省级粮食行政管理部门、中国储备粮管理总公司分支机构，对地方粮食经营企业代储的中央储备粮库存自查、复查结果进行汇总；中国储备粮管理总公司分支机构负责对中央储备粮直属企业粮食库存自查、复查结果进行汇总。汇总结果经省级粮食行政管理部门与中国储备粮管理总公司分支机构共同核对、合并后，起草库存检查报告，并会同省级有关部门和单位共同上报国家粮食行政管理部门、国务院财政部门和中国农业发展银行。

新疆生产建设兵团粮食库存（含中央储备粮）检查结果由新疆维吾尔自治区粮食行政管理部门、中国储备粮管理总公司新疆分支机构一并汇总上报。

粮食库存检查结果汇总表式及填报要求，依照《粮食库存检查汇总表及其填报说明》执行。

第二十条　全国粮食库存检查结果，由国家粮食行政管理部门负责汇总，并起草报告，会同国务院发展改革部门、国务院财政部门、中国农业发展银行联合上报国务院。

国家有关部门和单位依照各自职责组织专项检查，应将结果通报粮食库存管理的同级相关部门和单位。

第二十一条　对粮食库存检查中发现的问题实行情况通报（报告）制度。

对属于部门和单位监管职责范围的问题，向有关部门和单位通报；对具有普遍性的管理问题，向行业、系统通报；对有一定社会影响的典型案件，必要时可通过媒体向社会公布；对检查发现的重大问题，应纳入检查报告，上报国务院。

第二十二条　粮食库存检查中发现的以下问题，由相关职能部门和单位，依照《粮食流通管理条例》、《中央储备粮管理条例》及其配套规章制度的规定予以处理。

（一）检查中发现地方粮食库存数量、质量、原粮卫生、地方储备粮管理等方面的违规问题，由粮食行政管理部门处理；涉及粮食财政补贴管理方面的违规问题，由财政部门处理；涉及农业发展银行粮食信贷资金管理的问题，由中国农业发展银行处理。

（二）检查中发现中央储备粮数量、质量、原粮卫生，以及承储资格管理等方面的违规问题，由国家粮食行政管理部门处理；涉及中央储备粮财政补贴管理方面的违规问题，由国务院财政部门处理；涉及农业发展银行粮食信贷资金管理的问题，由中国农业发展银行处理。

（三）检查中发现库存粮食发热、霉变、虫害等问题，检查组要责成被检查企业立即整改。

执行处理决定的企业和单位，其整改情况应及时上报作出处理决定的部门和单位。

第二十三条　对在粮食库存检查工作中做出突出成绩的单位和个人，由各级粮食行政管理部门及有关部门和单位按照有关规定给予表彰、奖励。

第二十四条　粮食库存检查人员违反本办法规定的，给予责令改正、批评教育处理；情节严重的，取消参加粮食库存检查的资格；违反法律法规的，依法进行处理。

第二十五条　全国粮食库存检查档案的管理由国家粮食行政管理部门负责。粮食库存检查档案包括粮食库存检查的文件、工作方案；粮食库存复查和抽查报告与附表；粮食库存检查的工作底稿等原始记录；其他库存检查的资料、文件、报表、凭证。

第六章 附 则

第二十六条 本办法所称粮食包括小麦、稻谷、玉米、大豆、杂粮及其成品粮。所称粮食的性质分为中央储备粮、地方储备粮、其他政策性粮食和企业自营的商品粮。所称检查时点为统计月报结报日。

第二十七条 对食用植物油和油料的库存检查，参照本办法执行。

第二十八条 本办法由国家粮食行政管理部门、国务院发展改革委、财政部门和中国农业发展银行负责解释。

第二十九条 本办法自发布之日起施行。

国家粮食局公告

（国家粮食局 国家环境保护总局
2006年第4号 2006年9月26日）

为保护大气臭氧层，国际社会于1987年制定了《关于消耗臭氧层物质的蒙特利尔议定书》（以下简称《议定书》）。按照《议定书》的规定，我国应自1999年开始逐渐削减并最终完全停止消耗臭氧层物质的生产和使用。

根据中国政府与联合国多边基金执委会签署的《中国消费行业甲基溴整体淘汰计划》以及《中国粮食仓储行业淘汰甲基溴实施方案》，为保证在规定期限内实现甲基溴的淘汰，特此公告如下：

自2006年12月31日起，粮食仓储行业任何粮库不得使用甲基溴作为熏蒸剂。

各有关部门要积极督促和协助粮食仓储企业认真执行，切实做好甲基溴的淘汰工作。

对违反上述规定的企业，由地方环境保护行政主管部门会同行业主管部门依法处罚。

特此公告。

关于印发重点支持的粮油产业化企业名单的通知

（国家粮食局 中国农业发展银行
国粮财[2006]178号 2006年10月17日）

各省、自治区、直辖市粮食局，农业发展银行分行：

为贯彻落实《中共中央、国务院关于推进社会主义新农村建设的若干意见》（中发[2006]1号）精神，国家粮食局、中国农业发展银行印发了《关于支持粮食产业化经营，促进社会主义新农村建设的通知》（国粮财[2006]27号）。为进一步加大对重点粮油产业化企业的信贷支持力度，积极推进粮食产业化经营，国家粮食局和中国农业发展银行对各省（自治区、直辖市）粮食局和农业发展银行分行联合上报的粮油产业化企业进行了审核，根据企业的经营情况和资信状况，筛选并确定第一批1212户粮油产业化企业，作为国家粮食局和中国农业发展银行信贷重点支持的企业。现将企业名单印发给你们，请按照国家有关政策和国粮财[2006]27号文件精神，对公布的粮油产业化企业给予重点支持。

附件：

国家粮食局、中国农业发展银行重点支持的粮油产业化企业名单（略）

关于印发《国家临时存储粮食销售办法》的通知

（国家发展和改革委员会、财政部、国家粮食局、
中国农业发展银行、中国储备粮管理总公司
发改经贸[2006]2700号 2006年12月1日）

各省、自治区、直辖市发展改革委、财政厅、粮食局、农业发展银行分行，中储粮有关分公司：

为加强粮食市场的宏观调控，做好国家委托中储粮总公司临时存储的粮食（以下简称临时存储粮）销售工作，特制定《国家临时存储粮食销售办法》印发给你们，请按照执行，并就做好临时存储粮销售工作通知如下：

一、充分发挥临时存储粮对市场的调节作用。国家根据市场需求情况，安排临时存储粮在粮食批发市场上常年常时公开竞价销售，保证市场供应，保持粮油市场平稳运行和社会稳定。

二、保持市场粮价在合理水平上基本稳定。临时存储粮的销售，按照顺价销售的原则，根据国家宏观调控需要及市场供求情况确定销售底价，保护农民种粮积极性。

三、方便企业购买。临时存储粮的销售，将提前向社会公布每批销售数量、粮食品质和交割地点。同时国家进一步拓宽临时存储粮销售渠道，方便用户购买。

四、加强市场监督。对参加交易的企业要进行资格审查。各地要加强交易行为的监督，防止不法企业囤积倒卖，维护正常的流通秩序。

五、加强领导。各地方、各部门要按照办法的要求，精心安排，密切配合，切实做好国家临时存储粮销售的各项工作。

国家临时存储粮食销售办法

为加强粮食市场的宏观调控，做好国家委托中储粮总公司临时存储的粮食（以下简称临时存储粮）销售工作，根据《粮食流通管理条例》和粮食最低收购价执行预案的有关规定，制定本办法。

第一条 国家临时存储粮食指国家指定中储粮总公司执行最低收购价预案收购和国家组织进口，并委托中储粮总公司临时存储的粮食。

第二条 销售临时存储粮要有利于保持市场粮价在合理水平上基本稳定，保护农民种粮积极性，满足市场需要，保持粮食市场的稳定。

第三条 临时存储粮采取在粮食批发市场常年常时公开竞价的方式销售，保证市场供应。

第四条 承担临时存储粮竞价销售的粮食批发市场，由国家粮食局根据国家宏观调控需要，按照规范有序、方便客户、保证供应、服务良好、安全高效的要求确定，并负责资格审核。受委托的粮食批发市场可以采取现场交易和网上交易相结合的方式竞价。具体交易细则由国家粮食局另行制定。

第五条 受委托承担临时存储粮竞价销售的粮食批发市场负责参加交易企业的资格审查，按照交易细则规范交易，负责货款结算等有关商务服务，协调解决商务纠纷，并及时向国家发展改革委、财政部、国家粮食局、中国农业发展银行和中储粮总公司报告交易结果。

第六条 由国家粮食局公告进行竞价销售的交易市场和投放数量，并委托交易市场提前公告粮食

品质和交割地点。

第七条　临时存储粮竞价销售底价，由财政部原则上按照最低收购价加收购费用和其他必要费用确定，并根据国家宏观调控需要和市场供求情况择机调整。实际交易价格不得低于公布的销售底价。

第八条　参加竞价交易的企业要按照有关规定向举行竞价交易的批发市场提交申请，并需通过资格审核。参加交易企业必须达到规定数量方可进行竞价交易。

第九条　竞价销售临时存储粮的粮源，由国家粮食局商中储粮总公司根据粮食市场需求情况，把握好销售节奏和力度，优先安排销售仓容紧张、储存条件差、存储时间长的库点粮食。

第十条　中储粮总公司负责提供交易的标的，满足不同客户需要，并作为卖方代表与买方签订成交合同。

第十一条　农业发展银行负责成交粮食的货款结算和贷款回收工作。

第十二条　建立由国家发展改革委牵头、财政部、国家粮食局、中国农业发展银行和中储粮总公司参加的临时存储粮销售联席会议制度。国家发展改革委负责总体协调临时存储粮销售工作。

第十三条　有关省级粮食行政管理部门应督促本地临时存储粮的代承储库点按出库计划和相关要求及时出库；负责交易过程和交易行为的监管。对违反交易规则进行非法交易、囤积倒卖、破坏流通秩序的，由省级粮食行政管理部门提请当地工商部门查处。

第十四条　受委托组织竞价交易的粮食批发市场违反交易规则的，由国家粮食局取消其承担竞价销售的资格，并按有关规定予以处罚。

第十五条　对不按照合同约定出库的承储企业，由国家粮食局取消其承储资格，按有关规定严肃处理，并提请中央财政停拨利息费用补贴。

关于进一步促进粮食产销合作发展的指导意见

（国家发展改革委 国家粮食局 财政部 铁道部
交通部 国家工商总局 中国农业发展银行
国粮调[2006]224号 2006年12月28日）

各省、自治区、直辖市发展改革委、粮食局、财政厅（局）、交通厅（局）、工商局、农业发展银行分行，各铁路局：

近年来，随着粮食购销市场化改革的不断深入，我国粮食产销合作取得了明显进展，产销合作的新格局初步形成，在促进粮食生产稳定发展，保护种粮农民利益，保证粮食市场供应和价格基本稳定等方面发挥了重要作用。但是，当前粮食产销合作还存在一些困难和问题，主要是：一些地区对促进产销合作发展的认识不足，重视不够；产销合作的基础还不牢固，尚未形成长效稳定的合作机制；鼓励产销合作发展的扶持措施还不完善等。为认真贯彻落实《中共中央、国务院关于推进社会主义新农村建设的若干意见》（中发[2006]1号）和《国务院关于完善粮食流通体制改革政策措施的意见》（国发[2006]16号）的有关要求，加快建立产销区稳定的购销关系，进一步促进粮食产销合作的健康发展，现提出以下指导意见：

一 充分认识促进粮食产销合作发展的重要意义

发展粮食产销合作，是推进社会主义新农村建设，统筹区域经济协调发展，引导粮食合理、有序流通，促进粮食市场和价格基本稳定，确保国家粮食安全的重要途径。我国地域辽阔，人口众多，粮食生产和消费的区域性特征比较明显。近年来，粮食生产逐渐向主产区集中，主销区粮食产需缺口逐渐加大，粮食供求的区域性矛盾更加突出。加强粮食产销合作，有利于调剂产销区粮食余缺，更好地发挥产区资源优势和销区市场优势，促进区域粮食供求平衡；有利于有效配置粮食资源，促进跨区域粮食经济和物流服务业发展，提升粮食产业化发展水平；有利于促进粮食生产稳定发展和种粮农民持续增收，促进农村和农业经济全面发展；有利于保障销区粮食供应，确保国家粮食安全。

二 促进粮食产销合作发展的总体思路和基本原则

（一）总体思路。适应粮食购销市场化以及国家粮食宏观调控的需要，按照“市场主导、政府调控，依托企业、深度合作，创新机制、共同发展”的总体要求，大力支持和鼓励产销区充分发挥各自比较优势，以经济利益为纽带，以市场为导向，积极探索建立多形式、深层次、长期稳定的粮食产销合作关系。充分发挥国有粮食企业主渠道作用，积极引导多种粮食市场主体开展产销合作，培育和鼓励大型粮食经营企业参与产销合作，逐步形成多元化、规模化的合作格局。使产区生产的粮食有稳定的销路，销区需要的粮源有可靠的保障，实现粮食合理、有序、顺畅流通，促进粮食总量和区域供求平衡。

（二）基本原则。开展粮食产销合作，坚持国家宏观调控下的粮食省长负责制，遵循“政府推动、部门协调，市场调节、企业运作”的原则。进一步强化企业在产销合作中的市场主体地位，政府有关部门重点加强指导、协调和服务工作，不断提高产销合作的能力和水平，促进产销合作关系稳步健康发展。

三 促进粮食产销合作发展的主要任务

（一）大力发展粮食订单。支持粮食销区企业到产区开展订单生产、订单收购，或委托粮食产区企业与农户签订粮食收购订单。鼓励采取“公司+农户”的形式，或兴办农业生产、销售合作社等经济组织，促进农民与市场的有效连接。引导企业签订具有法律效力的产销合同，明确双方相应的权利与义务关系，使农民根据合同组织生产，实现以需定产、以销定购，逐步建立企业与农户利益共享、风险共担的合作机制。

（二）积极促进跨区域产业化经营。鼓励和支持产区企业在销区设立销售窗口，建立储、加、销一体化的粮食经营企业，充分发挥粮食销区市场优势；鼓励和支持销区企业到产区建立粮食生产基地、设立收购点、开办加工厂，直接参与产区的粮食生产、流通；积极利用粮食产区资源优势和销区市场优势，培育一批跨区域、多元化、联结市场和产地、生产者和消费者的产业化经营企业。

（三）继续巩固和发展长期稳定的购销合作关系。鼓励粮食产区与销区企业积极开展粮食购销贸易、库场租赁并购、联营，以及代收、代储、代销等多种形式的合作，扩大合作规模和范围。主销区可以利用粮食主产区的粮源和仓储资源，建立一定数量的异地粮食储备。积极引导产区和销区企业以资产为纽带，通过合资、合作等方式共同组建跨区域的粮食收储、加工和经营企业，实现资源共享、优势互补，形成产销区长期合作、互利多赢的格局。支持和鼓励粮食产销区联合举办产销合作洽谈会、交易会，为企业开展购销合作提供服务平台。

（四）不断探索创新产销合作形式。粮食产销区要因地制宜，进一步探索新的产销合作形式，不断夯实合作基础，拓宽合作领域，丰富合作内容，提升合作水平，逐步建立起“丰歉保证、利益共享、风险共担、长期稳定”的粮食产销合作关系。

四 进一步完善促进粮食产销合作发展的政策措施

（一）建立粮食产销区利益协调机制。经济发达的粮食主销区要调整粮食风险基金的支出结构，将中央财政补贴的粮食风险基金专项用于粮食产销衔接的资金需要，支持主产区的粮食生产和流通。对主产区到主销区建立粮食储备、参与主销区粮食供应并具有一定经营规模的企业，主销区可给予适当的费用补贴。对到主产区建立粮食生产基地、参与主产区粮食生产和收购、将粮食运往主销区销售且具有一定经营规模的企业，主销区也可给予适当的费用补贴。各地要根据实际情况，制定具体实施办法，以调动企业参与产销合作的积极性。

（二）努力改善运输环境。铁路、交通部门要积极做好粮食运输规划，创造有利于产销合作的运输条件，营造良好的运输环境，促进产销合作粮食的顺畅流通。各地粮食主管部门要加强销区企业到产区采购粮食的组织和运输协调工作。对经产销区省级粮食行政管理部门共同认定的产销合作重点项目和大型粮食经营企业，铁路、交通部门要优先安排运输。鼓励发展散粮运输和建设散粮物流基地，鼓励粮食企业建设散粮接收、发放设施，更好地满足散粮运输的要求，确保粮食集运顺畅。大力提倡

“铁水联运”，改善运输结构，缓解铁路运输压力。

（三）加大信贷资金扶持力度。农业发展银行要发挥现有和新开发的各类信贷产品的作用，加大对开展产销合作企业，特别是大型粮食经营企业的信贷支持力度。对经省级粮食行政管理部门认可、并具备贷款条件的产销合作企业或项目，农业发展银行优先给予贷款支持。同时，要加强跨省粮食购销信贷资金监管，完善资金监管和结算办法，为企业开展产销合作提供更加便捷的结算服务。

（四）完善其他相关扶持政策。对主销区粮食企业或种粮大户到主产区承包土地、建立粮食生产基地发展粮食生产，符合当地农业龙头企业或种粮大户标准的，享受当地有关优惠政策。对主销区在主产区建立异地储备的，主销区要加强对异地储备粮食的监管，并按有关政策规定，确保异地储备粮食的相关费用支出。对粮食经营者跨省区建设粮食仓库、加工厂等设施的，当地政府应在用地指标、土地价格、工商注册等方面给予支持；需要租用粮食仓储设施的，当地粮食企业要积极支持和配合。各级政府要按现行政策规定，积极引导，加强粮食物流设施建设，提高粮食流通效率和效益。

五 建立健全促进粮食产销合作发展的工作机制

（一）加强组织领导。有关部门要按照国家有关政策和要求，切实加强对产销合作工作的组织领导，认真研究落实鼓励产销合作的相关政策，加强粮食物流设施建设，协调解决产销合作中运输、资金等方面的问题。建立部门间沟通协调机制，由国家发展改革委和国家粮食局牵头成立粮食产销合作协调小组，及时研究解决产销合作中出现的新情况和新问题。各部门要按照职责分工，加强协作，密切配合，共同推动产销合作发展。

（二）健全工作机制。各级粮食行政管理部门要进一步加大指导、协调力度，加强信息服务，积极引导产销区企业开展多形式、多层次、多领域的产销合作。建立产销合作履约协调机制，省间产销合作协议要报国家粮食行政管理部门备案，各级粮食行政管理部门要加大对合作协议履约情况的督促检查。建立省际间粮食产销合作联系制度，及时沟通粮食生产、供求、质量、价格等方面的信息，协商解决合作中出现的问题，为双方粮食企业服务，促进双方合作的健康发展。

（三）加强企业履约的监督指导。工商行政管理部门在开展“守合同重信用”活动中，要结合粮食产销合作企业的特点，细化制定粮食产销合作“守合同重信用”企业的标准，加强对粮食产销合作“守合同重信用”企业的监督指导。各地县级工商行政管理部门可结合本地实际情况，开展“守合同重信用”农户的试点工作，不断提高广大农户的诚信意识和履约意识，提高订单的履约率，以诚信赢收益。

（四）发挥批发市场和中介组织作用。充分发挥粮食批发市场作用，大力发展电子商务，为促进粮食产销合作搞好服务。各级粮食行业协会要充分发挥中介服务作用，促进产销区企业间的交流和合作。加强行业自律，诚信经营，合法经营，努力提高粮食产销合作履约率。

国家粮食局文件

关于开展全国原粮卫生状况专项调查的通知

（国家粮食局 国粮发[2006]26号 2006年2月24日）

各省、自治区、直辖市及新疆生产建设兵团粮食局，中国储备粮管理总公司：

为认真贯彻《粮食流通管理条例》（国务院令第407号），经研究，我局决定在总结部分省份和地区开展原粮卫生抽查工作经验的基础上，结合2006年粮食收购以及粮食库存检查，在全国范围内开展粮食收购及储存环节的原粮卫生状况调查工作。现将有关事项通知如下：

一 收购环节原粮卫生调查

收购环节原粮卫生调查工作应在粮食收获后的第一时间开展，即利用粮食收获后的1个月左右时间完成扦样、检验、数据汇总上报和调查报告编制工作。

（一）调查的主要内容：主要调查当年收获的稻谷、小麦、玉米、大豆、花生、油菜籽等主要粮食和油料品种（以下简称“原粮”）的农药残留、重金属污染、霉变及真菌毒素感染等情况。

（二）扦样和检验原则：扦样范围应覆盖本省（区、市）70%以上的粮食主产县；扦样点的布局（密度）应侧重于问题易发地区，检验样品应为入户扦取的村级代表样品。农药残留和真菌毒素的具体检验项目由各地根据当地农药的使用情况和真菌毒素感染易发情况确定。重金属检验项目包括砷、汞、铅、镉等。检验项目的分配比例，一般按农药残留、重金属污染、真菌毒素三类项目3：1：1的比例进行安排。

二 储存环节原粮卫生调查

储存环节原粮卫生调查工作应结合2006年全国清仓查库的自查阶段统一进行（具体时间安排将另文下发），调查结果随自查报告一并上报。

（一）调查的主要内容：主要调查粮食储存过程中的杀虫药剂使用情况、出库粮食药剂残留情况和粮食发生霉变及真菌毒素感染等情况。调查对象限定为储存1年以上（含上年生产）、超过了正常施药间隔期的粮食。

（二）扦样和检验原则：每个省份的调查扦样库点一般不少于30个，选择库点时既要考虑到地方储备粮、商品粮等不同性质的粮食储存库点，又要考虑到粮食购销企业、粮食及饲料加工企业（原料库）等各种类型的企业。检验项目主要为黄曲霉毒素B_1等真菌毒素和氯化苦、马拉硫磷等残效期较长的储粮药剂。扦样部位一般为问题易发部位，每份样品代表数量不超过2000吨。各地可以根据当地实际情况增加其他卫生检验项目。

三 组织实施

（一）本次专项调查的具体工作由我局标准质量管理办公室负责组织。各省（区、市）的原粮卫生调查工作由省级粮食行政管理部门负责组织实施，样品检验工作原则上由省级粮油检验机构承担。

（二）各省份的原粮卫生调查样品总量控制在15000份左右，具体任务计划安排见附件1。各省份可以根据实际情况对任务计划表中的调查品种、样品结构比例等进行适当调整；扦样和检验等费用主要由省级粮食部门负责落实，我局按照下达的任务计划对每份样品给予适当的检验费用补助。

（三）各省级粮食行政管理部门应根据本通知的要求，组织专业技术人员在充分调研论证的基础上尽快制定具体的实施方案，并于2006年3月30日前报送我局标准质量管理办公室，经审核确认后方可组织实施，在实施方案中要明确收购环节调查检验结果的报送时间，确定项目负责人、联系人及联系方式。实施方案的具体要求参见附件2、3。此外，各地储存环节原粮卫生调查确定的具体库点事先应当保密，在方案中不需要具体列出，只需说明地域和类型等。

（四）中央储备粮卫生状况的调查工作由我局会同中国储备粮管理总公司组织实施，扦样和检验工作委托具有相应资质的省级粮油检验机构承担，各分公司及其所属质检机构要积极做好配合工作。卫生调查样品总量控制在1500份左右，选点范围应涵盖30个省份，在选点时要兼顾直属库、代储库及延伸库点，并重点关注高温高湿地区和其他易发生问题的地区；卫生调查的费用，由中国储备粮管理总公司负责落实；具体方案由中国储备粮管理总公司按照附件4和本通知的要求制定。

（五）为确保检验结果的可靠性，我局将组织开展主要卫生检验项目的比对考核和检验技术骨干培训。各有关单位应结合实施方案对参加调查扦样的人员进行培训。同时，我局将适时对各地的项目实施情况进行抽查。

（六）在调查检验中如发现不符合卫生标准要求的粮食，各省级粮食行政管理部门应及时向省级人民政府和我局通报情况，并采取必要措施加强监管。要注意分析和追踪有害物质的污染源头和区域范围，跟踪农药残留和储粮药剂残留的变化情况，提出相关政策建议。

关于加强粮食行业特有职业（工种）技能培训工作的通知

（国家粮食局 国粮人[2006]44号 2006年4月11日）

各省、自治区、直辖市及新疆生产建设兵团粮食局，有关中央企业：

为认真贯彻执行《中华人民共和国职业教育法》和《国务院关于大力发展职业教育的决定》（国发[2005]35号），指导粮食行业广泛开展特有职业（工种）技能培训，规范行业特有职业（工种）技能培训的实施和管理，促进高技能人才队伍建设，现就有关事项通知如下：

一 充分认识粮食行业特有职业（工种）技能培训工作的重要性

实施科教兴国战略和人才强国战略，实现国民经济长期持续发展，要依靠数以千万计的高技能人才和数以亿计的高素质劳动者。党的十六届五中全会指出："十一五"期间，我国要大力发展职业教育和职业技能培训。各级粮食部门要以科学发展观为指导，树立正确的人才观，把开展粮食行业特有职业（工种）技能培训作为粮食行业高技能人才队伍建设的一项关键性工作来抓。要通过加强粮食行业特有职业（工种）技能培训，全面提高从业人员整体素质和业务水平，增强其贯彻执行国家有关粮食政策法规的能力和自觉性，为实现依法管粮创造有利条件，为切实保护种粮农民利益、保障国家粮食安全、全面促进粮食行业健康发展提供人才保障。

二 严格执行粮食行业国家职业标准，做好国家职业标准、职业技能培训教程的推广、使用工作

2005年11月，劳动和社会保障部、国家粮食局联合颁布了粮油保管员等7个粮食行业国家职业标准。同时，国家粮食局人事司在劳动和社会保障部有关部门的指导下，根据粮食行业国家职业标准，组织编写的粮油保管员、粮油质量检验员、粮油竞价交易员等职业技能培训系列教程已陆续出版发行。各级粮食部门要积极做好粮食行业国家职业标准、职业技能培训教程的推广和使用工作，并以此为契机，掀起粮食行业特有职业（工种）技能培训的热潮。

各级粮食部门要认真贯彻执行粮食行业国家职业标准，按照标准设置岗位职责，对技术岗位人员职业道德、知识水平和基本技能提出明确要求，促使职工不断提高自身素质和技能水平。行业协会、职业技术院校以及各类职业技能培训机构，要贯彻粮食行业国家职业标准，并依此制订和调整技能人才培养方案，将标准的要求落实到人才培养工作中去。鼓励采用粮食行业职业技能培训教程进行教学，不断研究探索有效的教学方法，在行业内普及职业技能培训，为行业多培养高技能人才。

三 切实加强粮食行业特有职业（工种）技能培训机构的建设和管理工作

为做好粮食行业特有职业（工种）技能培训工作，各级粮食行政管理部门负责本地区粮食行业特

有职业（工种）技能培训工作的实施与管理，加强对承担粮食行业特有职业（工种）技能培训机构的指导、监督和检查。要积极整合教育培训资源，充分发挥行业协会、粮食职业技术院校、培训机构以及企业在职业技能培训中的作用，把继续教育与职业技能培训结合起来，采取有效措施规范和扶持各类教育培训机构，尽快形成等级配套、工种齐全、行业协会和职业技术院校及培训机构、企业相协调的职业技能培训工作格局。

为适应粮食行业特有职业（工种）技能培训工作的需要，国家粮食局人事司协调各省（区、市）粮食行政管理部门，按地区、粮食品种及仓储、加工业等布局登记备案了一批粮食行业特有职业（工种）技能培训基地（见附件）。这些培训基地主要承担粮食行业特有职业（工种）高级工以上职工的培训工作。各地可以根据本地区实际情况，依托行业协会、职业技术院校、培训机构和企业，严格按照健全的组织机构和管理制度、合格的师资、足够的教室和实训工位等条件，设立培训基地，主要承担粮食行业特有职业（工种）中级工以下人员的培训。培训基地要在组织领导、教学管理、设施管理等环节建立起严密、科学、规范的规章制度，以提高培训工作质量和效率。各级粮食行政管理部门要建立培训基地考核评估制度，定期对培训基地进行考核评估，不断提高培训能力和水平，严把质量关。

四 认真开展粮食行业特有职业（工种）技能培训工作，努力提高技能培训的实用性、针对性

行业协会、职业技术院校和各类教育培训机构要充分利用现有设施、师资，面向行业广泛开展职业技能培训。职业技能培训要以提高从业人员的职业道德水平、理论知识、操作技能为主要培训内容，使其达到国家职业标准的要求。职业技能培训的目标是为行业特别是企业提供优质的技能培训服务，为行业发展提供人才支持。因此，各培训基地要积极开展调查研究，及时了解粮食行业对职业技能培训的需求。在职业技能培训内容上，要结合生产一线的实际情况，灵活设置学习内容，实行订单培训，突出培训的针对性和实用性，达到学以致用、学用结合的效果；在培训目的上，要重视受训者职业素质的培养，提高他们的实际操作能力以及处理和解决问题的能力。同时，要创新培训理念和方式，充分运用现代信息技术，大力发展远程职业培训，提高职业培训的质量和水平。

各有关单位、企业要坚持对技术岗位实行先培训后上岗的原则，大力支持职工参加各类职业技能培训，支持职工参加粮油保管员、粮油质量检验员、粮油竞价交易员、制米工、制粉工、制油工等6个职业（工种）的技能鉴定，以技能鉴定促进技能培训。特别是国有粮食购销企业，要结合定编定岗，强化职工技能培训，提高职工素质和业务能力，从而促进企业提高管理水平和竞争能力。各有关单位也要利用现有条件，加强职业技能培训，尤其要定期组织生产操作人员进行安全生产培训教育，促使从业人员严格执行操作规程，落实岗位责任制，逐步实施持证上岗制度，并以此作为确保安全生产的重要措施。

五 严格执行粮食行业特有职业（工种）技能培训的有关政策，确保职业技能培训工作顺利进行

实行粮食行业特有职业（工种）技能培训要坚持自愿的原则，任何单位和组织不得强制职工参加

培训。职业技能鉴定机构要严格执行“考培分开”的原则，不得以鉴定为由举办职业技能培训班。职业技能培训机构在提供培训服务时，要严格遵守财政、物价等部门制定的培训收费许可制度和标准。职业技能培训机构对所收取的培训费用要按照相关财务制度，严格管理与使用，并主动接受有关部门的监督、检查。各级粮食行政管理部门要加强对所属职业技术院校和教育培训机构的监督检查，对不执行相关规定，扰乱培训秩序和违反有关收费标准和规定的，要严肃查处，情节严重的要撤销其职业技能培训资格。

各级粮食部门要加大对职业技能培训的经费投入，在单位和个人共同负担的基础上多渠道筹措资金，落实将职业技能培训经费在本单位教育经费中列支等有关政策，确保职业技能培训工作的顺利实施。

关于"十一五"粮食科技发展的指导意见

（国家粮食局 国粮展[2006]63号 2006年4月29日）

各省、自治区、直辖市、计划单列市粮食局，各级粮食科研院所、院校，中国储备粮管理总公司，中国粮油食品（集团）有限公司，国家粮食局有关直属、联系单位，大型粮油企业：

为增强粮食科技自主创新能力，充分利用粮食科技资源，发挥粮食行政管理部门、科研院所、高等院校和企业的作用，按照全国科学技术大会精神和《国家中长期科学和技术发展规划纲要（2006～2020年）》（以下简称《规划纲要》）各项工作任务，现提出以下指导意见。

一 "十五"粮食科技工作取得显著成效

"十五"以绿色储粮技术、深加工综合利用技术为标志的科技进步，对保障国家粮食安全，促进粮食产业化发展起到了重要的支撑作用。粮食科技项目和经费投入显著增长，粮食科技项目经济社会效益显著提升，行业科技总体水平明显提高。由国家科技项目带动，一批自主开发、适合国情的先进、实用的储粮新技术，随着"十五"国家粮食基础设施建设，得到了全面推广和产业化应用，有效地提升了粮食储运技术现代化水平；粮油加工技术装备的引进消化吸收再创新，使我国粮油加工技术和装备水平迈上了一个新台阶，部分粮食深加工产品进入国际市场并参与竞争；以适应市场发展需求的粮油质量标准检测技术及计算机信息等技术得到广泛应用；以企业为主体，产学研相结合的发展模式，成为粮食技术创新的主流趋势。粮食科技体制改革取得了初步成效。

二 "十一五"粮食科技面临的国内外环境和重大需求

（一）国内外环境

"十一五"期间，科学技术和自主创新能力日益成为国家间竞争的焦点和决定性因素。随着WTO后过渡期的结束，我国粮食产业将置身于更加激烈的国际竞争之中，发达国家以控制核心技术为特征将继续保持优势地位，标准和知识产权构成的技术壁垒日益成为各国间贸易保护的重要手段。同期，随着国内人口、资源、环境压力的不断加大，特别是到2010年，我国人口将达到13.6亿，粮食供需紧平衡的状态将长期存在。因此，要抓住技术进步和经济全球化给我国粮食产业和技术发展带来的后发优势和跨越式发展的历史机遇，依靠科技进步，充分利用两个市场、两种资源，积极参与国际合作，在激烈的国际市场竞争中，提高我国粮食技术创新能力，加快高新技术产业化进程，以保障国家粮食安全，提高国家粮食宏观调控能力，增强我国粮食科技和产品的国际竞争力。

（二）重大科技需求

1.保障粮食安全，建立更加完善的粮食产后技术支撑体系。保证粮食的可供应数量是国家粮食安全的物质基础。随着粮食生产成本的不断提高，减少粮食产后流通过程中的损失，保持粮食储存、运输中品质，是提高粮食综合生产能力和粮食资源利用率的有效途径。"十一五"期间，要以满足市场需求和国家粮食宏观调控为目标，实现便捷、高效、安全的粮食流通方式，增强粮食应对突发事件的快速反应能力，满足粮油检测技术市场需求和维护公众食物质量安全，建立更加完善的粮食流通技术支撑体系。

2.为建设社会主义新农村，亟待改造传统的粮食流通技术。目前，集中分布在粮食产区的农村小型粮油加工企业，其加工质量差，效益低，资源浪费严重，能源消耗高出大型加工业企业约30%～50%；农村粮食产后收购、处理环节中，还存在着传统落后的晾晒、储存等方式；农户储粮的虫、霉、鼠害严重，在源头上影响粮食质量安全。因此，通过继续推广新型适用的农户储粮、农村干燥处理技术和设备，改造传统落后的粮食流通技术，建立农村粮食产后安全技术服务体系，进一步提高农村粮食流通与加工的技术水平。

3.为建设资源节约型、环境友好型社会，发展环保、安全、节约、高效的粮食流通技术。长期以来，我国粮食资源利用效率低，高成本、高消耗、高污染的增长方式阻碍了粮食流通产业的高效增长。“十一五”期间，推动以行业的技术进步带动粮食经济运行方式的转变，在粮食储藏、加工、物流等环节，积极采用环保、安全、节约、高效技术，研究开发适合粮食生产经营活动的各种新型技术，逐步淘汰落后的生产工艺、设备和技术，加强粮食综合利用和增值转化，发展循环经济，促进粮食流通产业走新型工业化道路。

4.以发展高技术带动产业结构优化升级，不断增加粮食加工产品的市场竞争力。“十一五”期间，面对国外资本、产品、成熟技术和过剩生产能力不断涌入的国际竞争压力，粮食科技发展方向也要适时调整，要将信息技术、生物（工程）技术、智能化技术等高技术抓紧引入粮食流通领域，不断带动粮食产业结构调整和产品优化升级，充分提高粮食产品附加值和延长产业链。通过应用高新技术，降低粮食加工、储藏、流通环节的生产成本，不断将高技术产品投入市场参与国际竞争。

三 “十一五”粮食科技发展的指导思想、发展目标和基本原则

（一）指导思想

以科学发展观为统领，以国家粮食安全和市场需求为导向，以支撑粮食流通产业可持续发展为重点，坚持“自主创新、重点跨越、支撑发展、引领未来”的科技发展指导方针，建立符合建设社会主义新农村和构建资源节约型、环境友好型社会要求的，安全、环保、节约和高效的粮食流通技术体系，促进粮食行业循环经济的发展。

（二）发展目标

按照《规划纲要》提出的我国科学技术发展的总体目标要求，为把我国建设成为创新型国家，到2020年，我国粮食科技发展的总体战略目标为：粮食科技自主创新能力显著增强，科技促进粮食流通产业发展和保障国家粮食安全的能力大幅度提高，粮食科技整体实力进入世界前列。

为实现上述总体目标，“十一五”期间，粮食科技要形成较完善的粮食流通技术支撑体系，粮食科技总体水平有较大提高；力争对粮食产后减损、绿色高效储运和深加工技术装备等重大技术瓶颈有所突破，在重点产品、重点工艺、重点技术、重点装备上实现关键技术创新；粮食储藏技术达到同期国际先进水平，粮食物流和加工技术装备得到优化升级，粮食质量标准检测技术不断完善，农村传统的粮食流通技术方式得到改造；建设一支结构合理、持续研发能力强的粮食基础科研队伍，完善粮食科技创新机制，形成以企业为主体、产学研相结合、科技资源共享、技术优势互补的粮食科技创新体系。

（三）基本原则

1.创新引领的原则——以科技创新引导技术发展方向，不断带动产业进步，促进粮食产业结构调整和产品优化升级，培育产业发展的经济增长点，通过扶持基于自主创新的知识产权和核心技术，鼓励原始创新、集成创新和消化吸收再创新。把创新作为促进粮食产业可持续发展的动力。

2.统筹协调的原则——坚持“有所为，有所不为”，统筹兼顾，协调发展。强调突出科技创新，同时兼顾技术普及；突出发展高新技术，同时兼顾常规技术的改造；强调关键技术攻关，同时兼顾重大成果的推广应用。全面提高粮食科技的整体现代化水平。

3.优化机制的原则——以体制创新和完善机制作为粮食科技创新体系建设的基础，积极探索和建立竞争、流动、开放的科技运行机制。优化人才队伍的学科结构和布局结构，逐步建立以市场配置为基础，政府投入引导社会各类资源相互补充的有效机制。

四 “十一五”粮食科技优先发展的领域和重点工作

按照发展目标和基本原则，提出“十一五”粮食科技优先发展的技术领域和重点工作。

（一）优先发展的技术领域

1.以生态理论为指导的绿色、高效、实用的仓储技术。促进储粮技术方式由传统向绿色生态型转变。以改善储藏环境、降低储藏成本、提高监管手段为主要技术取向。

2.以成套高技术设备和生物（工程）技术为重点的粮食深加工技术。通过生物技术、精细化工技术、智能化设备制造等高技术在粮油加工业应用，促进高效、节约、增值和清洁生产技术的发展。

3.以新型散粮装运方式为带动的高效快速的粮食物流技术。发展散粮物流技术、集装化装备、现代物流信息技术和标准化，构建高效、便捷、安全的粮食物流体系。

4.以应用基础研究和国产仪器为支撑的粮食质量快速检测技术。主要发展快速检测技术和仪器设备，加速粮食质量检测仪器的升级换代，促进检测技术及国产仪器迈上新的台阶。

5.以预警、监测为重点的粮食流通现代化的信息技术。主要是推进信息技术在粮食宏观调控及储藏、加工、物流、质量标准仪器、品质测报等领域的全面开发应用。

（二）重点工作

按照我国粮食科技工作的实际情况和粮食流通产业发展方向，“十一五”重点攻克一批重大关键共性技术和技术装备，结合国家科技计划的结构框架，从六个层面部署重点工作：

1.加快信息技术和生物技术在粮食流通领域的全面应用，带动和促进粮食科技向高技术领域的跨越式发展。重点开展“数字粮食流通”、信息采集、预警、预报、控制技术和基于3S技术的管理决策技术的研究开发，推进粮食流通电子商务的发展。在重点地区、重点方面实现粮食预警、监测和动态信息管理。

开展粮食生物工程高新技术研究与产业化，重点对生物技术在以粮食及其副产品（废弃物）为原料的生物质能源和生物材料方面的应用；对粮食在营养食品、造纸、医药、材料、化工、纺织、能源等方面的各类深加工技术和产品关键技术进行攻关及产业化示范，形成具有自主知识产权的粮食深加工、生物质材料、生物质能源新技术和机电一体化成套设备。

2.实施科技攻关，重点突破一批制约粮食流通发展的重大关键技术。集中行业优势力量，组织跨行业、跨部门的联合攻关。重点研发粮食快速检测仪器、监测应用技术和相关的传感器技术；以信息化带动高效便捷的粮食物流关键技术和装备，开发粮食散装化和集装化运输技术装备；开展生态环保储粮、生物防治、化学薰蒸药剂替代、低温储粮等关键技术的攻关；对高效利用、清洁生产、提高产品附加值、降低能耗，提高综合利用率和环境保护的酶技术、发酵技术、膜分离技术、超临界萃取、超微粉碎、质构重组及机电一体化等高技术进行攻关和产业化；继续组织开展“粮食丰产科技工程”，针对农村和粮食流通过程的产后减损增效技术开展研究和集成示范，形成一批具有自主知识产权的技术、产品和装备。

3.注重交叉学科和应用基础研究，培育粮食科技持续创新能力。组织开展粮食物质信息学与储存品质变化机理、谷物油脂化学及生物活性物质功能、转基因粮食食品检测等多方面应用基础研究，粮食行业公益性、基础性重点技术标准研究，把重大科学研究成果与粮食应用科学相结合，培育和发展粮食科技新兴学科、交叉学科，注重粮食科技的前瞻性，鼓励前沿技术领域的研究探索。

4.支持集成创新和引进消化吸收再创新，推动粮食传统产业的优化升级。通过技术集成创新、引进消化吸收再创新，逐步改造和淘汰粮油食品加工落后的生产技术和工艺。引进国外先进的粮食流通与加工重大关键技术与装备，要联合制造企业、高等院校、科研机构进行消化吸收再创新，限制盲目和重复引进。加强相关技术集成化创新。提高粮食技术产品的优化升级和产业的国际市场竞争力。

5.推广先进适用的技术和设备，改造传统落后的农村粮食产后流通技术方式。开展粮食流通先进、适用的新技术、新产品、新装备科技成果转化、推广应用和科学普及等工作，以粮食主产区的收纳库为依托，推广适用农户储粮的新型技术设备和农村粮食集中处理的干燥技术，通过储藏、物流、加工、信息及标准化等技术的集成，探索建立农村粮食产后存储、整理、干燥、加工、运输等集约化处理技术服务体系与示范。开展农村粮食产后安全保障关键技术集成与示范。

6.搭建粮食科技公共基础条件平台，为推动粮食科技创新活动提供支撑。重点组织开展粮食科学仪器、设备、技术标准、科学数据共享、科技信息公共服务平台与实验基地建设。加大粮食流通公益性、基础性技术标准研究，推进国家、行业标准和检测技术体系建设。加强基础研究和科技成果转化能力建设，在不同的粮食技术应用领域、不同的地区建立若干个国家工程技术（研究）中心、企业工程技术中心和国家（部门）重点实验室。

五 粮食行业科技创新体系建设

按照《规划纲要》提出的到2020年把我国建设成科技创新型国家的目标要求，为确保“十一五”粮食科技对产业发展的支撑，完成“十一五”粮食科技发展各项目标任务，需调动各方面积极性和广大科技人员的创造性，形成环境条件优良、机制运行良好、组织措施完善的国家粮食科技创新体系。

（一）粮食科技创新体系

按照粮食行业科技发展的体系框架，结合粮食行业的实际情况和发展要求，“十一五”着力从五个方面建立粮食科技创新体系。

1.完善粮食科技协调管理体系。全面指导行业科技发展方向，统筹、协调、管理行业科技资源，通过组织实施重大科技项目，推进粮食科学技术进步和技术创新。各级粮食行政主管部门通过管理协调，组织和引导社会科技资源向粮食行业配置，营造上下结合的政策环境。

2.建设以龙头企业和科技型企业为主体，产学研互动的技术创新体系。粮食龙头企业在粮食经济和产业发展中的重要作用，决定了其在粮食科技创新体系中的主体地位。“十一五”重点突出建立以企业为主体、产学研互动的机制，在企业形成吸引人才、创新技术的研发平台，不断培育企业竞争的后发优势。通过增强企业自身的人才集聚和研发能力，使企业成为创新人才和资金的主要投入者、科技成果转化的主体、新技术的创造者和产业发展先导技术的引领者。

转制科研院所是粮食行业科技创新体系的优良资源，是行业应用技术研发的主体力量。发挥以转制科研院所和大型粮食科技型企业为主体，市场经济为导向，建立粮食行业产学研相结合的创新机制，实现创新主体与经营主体最紧密的结合。促进企业与科研单位和高校之间的知识流动和技术转让。在以高新技术为先导，转变企业经济增长方式的同时，不断提高企业高技术产品的市场竞争能力和抗风险能力。

3.建设以公益科研机构和大学为主的科研创新体系。发挥社会公益科研机构和大学新科学创造和引领技术持续创新的作用。通过建立稳定的投入和激励机制，形成优良的科研环境，突出以人为本，把社会公益科研机构和大学建成粮食学科带头人才的主要培养基地，不断提高粮食科技的原始创新能力。吸引国内外高层研究人才，为粮食科学发展贡献聪明才智。

4.建设以地方粮食科研院所为主的区域科研创新体系。进一步突出省级粮食科研院所学科优势和服务特色。各级粮食科研机构、质量检测机构要加强对地区粮食经济和农村粮食产后的技术服务。联合农村技术推广体系，建立国家与区域农村粮食产后技术服务中心。不断推广先进、适用的粮食新技术，改变农村传统落后的粮食流通技术方式。通过成果转化和高技术产业化，为区域经济发展和产业结构调整，粮食主产区产业化，培育新的经济增长点给予技术支撑。通过加强国家与地方，以及地区间、部门（行业）间的科研人员交流和技术项目合作，发展和强化技术优势，不断提高市场竞争力。

5.建设中介机构有效参与的科技服务体系。“十一五”通过加强中介组织的社会化网络服务体系建设，发挥各级粮食行业协会、粮油学会联系各创新主体的桥梁纽带作用，为粮食科技发展，为企业技术创新不断提供信息指导和市场服务。加强与政府管理部门的沟通，通过网络化服务推广技术成果，使之成为创新体系的重要组成部分。

（二）粮食科技创新体系的建设重点

针对粮食行业发展长期存在的问题，“十一五”为建立“层次清晰、结构合理、运行高效、支撑有力”的粮食科技创新体系，要重点抓好以下工作。

1.加强粮食科技运行机制的建设。深化粮食科研院所体制改革，研究解决粮食科技创新体系中的结构性和机制性问题，在适应市场经济和科学自身发展规律的前提下，针对科研院所转制后仍存在传统体制的薄弱环节，加快建立既能够发挥市场配置科技资源，又能提高政府协调能力；既能激发创新主体的内在活力，又能实现体系协同发展的管理体制。大型粮食科技型企业，更要注重体制机制建设，形成稳定的技术研发经费投入，在不断创造企业效益的同时，注重发挥粮食科技优良资源在粮食产业和社会经济中的作用。

“十一五”积极引导社会科技资源参与粮食科技创新活动，鼓励跨部门、跨行业、跨领域的科技合作与竞争，鼓励人才流动，形成“竞争、协作、流动、开放”的运行机制，建立合理、有效的技术创新奖励制度，吸引社会优秀科技人才，推动粮食科技进步和创新。

2.抓好自主创新能力的建设。自主创新的核心技术和知识产权是我国粮食产业突破发达国家及其跨国公司技术垄断，获得国际贸易有利地位和保护国家粮食安全的战略基点。在借鉴国外先进技术同时，广泛学习和引入其他行业的先进技术成果，加强基础研究，发展交叉学科和前沿技术，以发展生物技术及应用作为突破口，在粮食储藏、加工等环节提高自主创新能力；以信息技术和先进制造等技术集成为核心，提高重大技术装备的自主创新能力。

3.加强基础条件及成果转化平台建设。“十一五”要体现为粮食科技创新成果和产业化等科技活动提供有效的转化平台。紧紧围绕国家粮食安全以及粮食重大产业化工程，如粮食流通通道建设、粮食深加工产业化工程示范、粮食安全储藏等的重大技术问题，在公益科研机构和大学组建国家粮食局重点开放实验室，并争取创建国家级粮食重点实验室；以粮食科研机构为主组建国家级粮食工程技术研究中心；在不同地区以优势技术领域、优势技术产品为重点组建国家粮食局（省级）粮食工程技术研究中心；以重点粮食产品和特色资源型产品为依托，在粮食主产区的大型龙头企业，建立国家级粮食企业工程技术研发中心。加快重大科技成果工程化、集成化和产业化，构建支撑有力、机制灵活、分工明确、运行高效的粮食工程技术转化平台。

六 组织措施

为落实《规划纲要》的各项战略部署，确保粮食科技在“十一五”有较快的发展，各级粮食行政管理部门要充分认识新时期粮食科技对粮食产业化发展和全面建设小康社会的支撑作用，切实加强粮食科技的指导管理工作。为充分激发创新主体的创新活力，调动广大粮食科技工作者的积极性和创造性，把粮食科技创新体系建成政府部门引导，市场配置资源，发挥行业优势、吸引社会力量的协调互动开放式格局，要不断调整工作思路、组织方式和工作方法，形成有力的组织措施和政策保障。

（一）逐步改变粮食科技的管理方式

粮食科技管理部门要改变单纯的以项目支持和单项技术研发的科技管理模式，根据市场发展的需求，通过科学的安排项目和有效的管理方式，强化和引导粮食科技发展方向，将项目安排与基地建设和人才队伍培养结合起来。在科技攻关过程中，既要注意发挥行业优势，也要加强与其他行业及农村科技推广体系的联合。通过对重点技术领域的扶持，形成项目、基地、人才互相协调的科技发展新局面。积极研究探讨有利于引导和推动从跟踪模仿研发向自主创新研发转变的管理方式。

（二）加大对公益类科研院所的科研投入

在国家不断加大对公益基础研究投入的同时，公益类院所要继续完善管理和运行机制，逐步建立现代科研院所制度，探索以院所长基金等方式，建立对基础研究、交叉学科和前沿高技术研究的稳定投入和激励机制。把粮食应用基础研究与人才战略紧密联系起来，为公益类院所的发展创造一流的研发环境。

（三）积极争取对粮食科技的政策支持

各级粮食管理部门、各类粮食科研单位，要按照《国务院关于实施科技发展纲要若干配套政策的通知》（国发[2006]6号）的要求，积极组织和促进《规划纲要》及其配套政策的落实，积极争取各级财政、金融、税务等部门对粮食科研和高技术项目的优惠政策和资金投入，逐步增加省级粮食科研经费预算。各级粮食部门应积极争取粮食产后处理技术、设备享受同等农机的政策性补贴。

（四）为企业创造发展科技的政策环境

各级粮食部门要积极帮助企业在技术创新和高技术产业化发展方面获取政策支持；对企业重大技术和设备引进项目，要组织科研单位、设备企业进行消化吸收和再创新，并争取享受政策性扶持；对于带动主产区粮食生产、产业结构调整作用较大的重大粮食深加工技术、设备的项目，也要积极争取国家政策性扶持。鼓励设立粮食科技型中小企业风险基金，形成有利于科技型企业扩大规模、产品、技术升级的资金扶持机制。

中央储备粮地下仓代储资格认定标准

（国家粮食局 国粮通[2006]1号 2006年5月8日）

根据《中央储备粮代储资格认定办法》（国家发展改革委、财政部令第20号）和《中央储备粮代储资格认定办法实施细则》（国粮通[2004]3号）的规定，我局制定了中央储备粮地下仓代储资格认定标准，现通告如下：

一、地下仓是指石平洞仓、土窑仓、石立洞仓、土立洞仓（含喇叭仓）等。

二、地下仓的代储资格条件，除必须符合《中央储备粮代储资格认定办法》和《中央储备粮代储资格认定办法实施细则》的一般规定标准外，还必须满足下列要求：

1.普通地下仓最低应配备作业量不小于100吨/小时的出粮设备，上口出粮的立洞仓最低需配备作业量不小于50吨/小时的吸粮机、清理筛各2台；

2.仓门前应具备与仓容量相适应的作业场地，最低不小于400平方米；

3.对距离10公里以内同一法人单位的若干个山洞库可视为一个库区。

关于进一步加强粮食流通监督检查工作的通知

（国家粮食局 国粮检[2006]91号 2006年6月19日）

各省、自治区、直辖市及新疆生产建设兵团粮食局：

近两年来，各级粮食行政管理部门主动适应粮食购销市场化形势，认真履行《粮食流通管理条例》赋予的职责，积极探索粮食流通监督检查工作的新思路、新方法，在各地政府的领导和有关部门的支持下，粮食流通监督检查体系、制度和队伍建设明显加强，依法管粮稳步推进。但从全国看，监督检查各方面工作进展还不平衡，25%的省、67%的地（市）、79%的县（市）粮食行政管理部门至今没有设置监督检查机构，人员、经费落实情况与所承担的职责和工作任务不相适应，有些地方还没有出台与《粮食流通管理条例》相配套的规章制度，对全社会粮食流通监管工作的力度还有待加强。为贯彻落实《国务院关于完善粮食流通体制改革政策措施的意见》（国发[2006]16号）精神，进一步加强粮食流通监督检查工作，现就有关事项通知如下：

一 进一步加快粮食流通监督检查工作体系建设

各级粮食行政管理部门，要按照国务院国发[2006]16号文件关于加强和充实粮食行政管理机构、人员的要求，抓住契机，进一步加大工作力度，主动向当地政府汇报，积极与编制管理等部门沟通、协商，争取得到他们的理解、支持，尽快核定并落实监督检查行政执法职责、机构和人员，尚未建立监督检查内设机构的省级粮食行政管理部门，争取2006年底前完成机构设置；地（市）、县（市）级粮食行政管理部门设置监督检查机构的工作也要抓紧落实到位。同时，要进一步加强对执法人员的培训，提高其整体素质。按照国务院要求，加强与财政部门沟通，将监督检查工作经费，列入当地财政预算。为依法行政、依法管粮提供保障。

二 落实好监督检查各项工作任务

在进一步加强粮食流通监督检查工作体系建设的同时，各地要按照2006年粮食流通监督检查工作要点，继续落实好年度监督检查各项工作任务。抓紧建立和完善各项配套规章、文件和制度，并依法实施对全社会粮食流通的监督检查。

为及时掌握各地监督检查工作开展情况，总结经验，指导和推动各地的监督检查工作，我局决定对全国粮食流通监督检查的有关情况进行调查，并在全国征集粮食流通监督检查行政执法的典型案例。请各地粮食行政管理部门按附件1的要求认真做好调查表的填写和汇总，同时按附件2的要求对上报的典型案例进行筛选和整理，并于2006年7月31日之前，将以上两项工作的汇总材料报送我局监督检查司（E-mail：jiancha2@chinagrain.gov.cn）。

粮食流通监督检查关系到广大粮食生产者、经营者和消费者的利益，关系到国家粮食法律法规和政策的贯彻落实，关系到国家粮食安全。各级粮食行政管理部门要按照全面落实科学发展观和建设社会主义新农村的要求，进一步统一思想，提高认识，加强领导，落实责任，推动粮食流通监督检查工作向纵深开展，为维护粮食流通秩序，确保粮食流通体制改革不断推向深入做出贡献。

关于粮食部门积极参与和服务社会主义新农村建设的意见

（国家粮食局 国粮政[2006]99号 2006年7月10日）

各省、自治区、直辖市及新疆生产建设兵团粮食局：

党的十六届五中全会提出了建设社会主义新农村的重大历史任务，中央经济工作会议、中央农村工作会议和《中共中央国务院关于推进社会主义新农村建设的若干意见》（中发[2006]1号）都对推进社会主义新农村建设作出了重要部署，为切实解决好“三农”问题和全面建设小康社会指明了方向。粮食部门是重要的涉农部门，粮食流通工作与社会主义新农村建设紧密相联。为了深入贯彻中央的战略部署，切实履行好粮食部门的职责，大力推进社会主义新农村建设，提出如下意见。

一 推进社会主义新农村建设是粮食流通工作的重要任务

（一）推进新农村建设是粮食部门的重要责任。推进社会主义新农村建设，是党中央国务院在深刻分析当前国际国内形势、全面把握我国经济社会发展阶段特征基础上，从党和国家事业发展的全局出发做出的重大决策。粮食是关系国计民生的重要战略物资和特殊商品，发挥粮食流通对粮食生产的引导和服务作用，促进粮食生产稳定发展，是发展农村经济、提高农业效益、增加农民收入的重要举措。粮食流通的工作基础在农村，粮食收购活动的主要对象是农民，在协调城乡经济发展，实施“工业反哺农业，城市支持农村”和“多予少取放活”政策，推进社会主义新农村建设中，粮食部门承担着重要责任，必须牢固树立粮食流通工作服务于“三农”的思想，着眼于社会主义新农村建设这个大局，继续发挥国有粮食购销企业主渠道作用，鼓励和引导具备资质的多种市场主体参与粮食购销，搞活粮食流通。

（二）推进新农村建设是粮食行业自身发展的需要。推进社会主义新农村建设，是粮食购销市场化条件下粮食行业自身发展的需要。粮食部门要从促进农业和农村全面发展以及粮食行业发展的高度，充分认识在社会主义新农村建设中肩负的重要使命，立足粮食流通工作实际，利用粮食系统遍布城乡的粮食购销网络、粮食流通基础设施、粮食产业化经营等优势，积极参与和服务社会主义新农村建设，在推进社会主义新农村建设中建功立业。

二 粮食部门推进社会主义新农村建设的工作思路

（三）指导思想。以邓小平理论和“三个代表”重要思想为指导，树立和落实科学发展观，按照党中央、国务院关于推进社会主义新农村建设的战略部署，围绕促进粮食增产、农业增效和农民增收，完善粮食流通体制，加强粮食调控监管，发展现代粮食流通，推动粮食产业化经营，健全粮食服务体系，确保国家粮食安全，为促进社会主义新农村建设做出重要贡献。

（四）基本原则——突出重点，全面发展。要把做好粮食收购工作、发展粮食产业化经营和加强粮食宏观调控作为粮食行业推进社会主义新农村建设的重点。同时要依法加强对粮食市场的监管，创新服务体系，全方位服务社会主义新农村建设。

——深化改革，创新机制。要继续深化粮食流通体制改革和国有粮食企业改革，使粮食流通体制改革成为推动新农村建设的积极动力，建立起粮食部门为广大种粮农民增收服务的有效机制，使国有粮食企业在粮食行业推进社会主义新农村建设中发挥主力军作用。

——因地制宜，分类指导。各级粮食部门要根据本地区粮食流通工作实际情况，合理确定参与和服务社会主义新农村建设的发展目标和工作任务，实事求是，讲求实效，防止形式主义和“一刀切”，扎扎实实地加以推进。

（五）主要目标——促进粮食生产稳定发展。通过做好粮食流通基础工作和适时适度的宏观调控，引导粮食主产区和农民稳定发展粮食生产，促进粮食综合生产能力提高；通过保持合理粮食价格水平，切实保护种粮农民的利益和生产积极性；通过粮食订单生产、订单收购和价格引导，促进优质粮食产业发展。

——促进农业效益明显提高。通过发展粮食精深加工增加粮食附加值，以及指导农户安全储粮、减少粮食产后损失等措施，促进粮食主产区将粮食资源优势转变为经济效益，提高农民种粮收益，带动区域经济发展。

——促进种粮农民收入持续增加。通过做好粮食购销工作、发展粮食产业化经营和加强粮食宏观调控等多项政策措施，使农民分享粮食流通、加工中的利益，提高种粮农民收入。

——确保国家粮食安全。通过综合运用价格、风险基金使用、产销衔接、储备粮吞吐和进出口调剂等多种调控手段，努力做到粮食供求总量、品种、区域的基本平衡，实现粮食供求“紧平衡”的调控目标。

三　认真执行国家粮食收购政策，保护种粮农民收益

（六）继续发挥国有粮食购销企业主渠道作用。进一步深化国有粮食购销企业改革，加快推进企业产权制度改革，合理调整企业布局，加快企业组织结构创新，建立现代企业制度，切实做到政企分开，转换企业经营机制，实现从“计划主渠道”向“市场主渠道”的转变。国有粮食购销企业要充分发挥网点、设施、人力等优势，提高服务水平，努力做好粮食收购工作，继续在粮食收购中发挥主渠道作用。

（七）积极培育和引导具备资质的多种市场主体参与粮食购销。各级粮食行政管理部门要努力为从事粮食经营的各类企业、经济组织和个体工商户提供指导和服务，为他们创造良好的经营环境和政策环境，支持他们按照国家政策积极入市收购，活跃农村粮食流通。

（八）培育和壮大农村粮油购销员队伍。通过政策鼓励、利益吸引和法律规范，逐步建立规范的农村粮油购销员队伍，加强农村粮油购销员培训，充分发挥农村粮油购销员在粮食收购和销售中的作用，为农民提供便利服务。

四　加强对粮食市场的宏观调控，增加种粮农民收入

（九）落实好粮食直接补贴和最低收购价政策。各级粮食部门要积极配合有关部门认真落实对种粮农民的直接补贴和最低收购价等惠农政策。按照健全启动机制、费用补贴机制和监管机制的原则，

完善最低收购价执行预案，努力做到科学布点、合理布局，品种范围符合实际需要，监督检查机制健全，最低收购价粮食销售顺畅。会同有关部门利用好粮食仓库维修改造专项资金，落实收购资金和费用，及时解决最低收购价政策执行过程中的困难和问题，使这项政策真正促进粮食生产，稳定粮食价格，保护种粮农民利益。

（十）大力发展粮食产销衔接。按照“政府推动、部门协调、市场调节、企业运作”的原则，支持和鼓励产销区积极探索产销合作的有效方式，发展长期稳定的产销合作关系，既促进产区粮食的顺畅流通，增加产区种粮农民收入，也稳定销区粮源供应。要通过逐步建立健全政策支持体系和利益协调机制，大力支持和鼓励产销区以经济利益为纽带、市场为导向，充分发挥各自的比较优势，形成多元化的产销合作格局。要积极鼓励销区粮食企业到主产区建设粮食生产、收购和储备基地；鼓励主产区粮食企业到销区粮食市场经销粮食，建立集收储、加工、销售为一体的粮食经营企业；充分发挥展销会的作用，进一步推动粮食产销衔接。按照国务院及有关部门规定，对到主产区建设粮食生产、收购基地的企业，可享受农业产业化优惠政策；对履行产销合作协议的粮食，要优先安排运输、贷款并提供更加便捷的跨省结算服务；经济发达的主销区要调整粮食风险基金支出结构，将中央财政补贴的粮食风险基金专项用于粮食产销衔接的资金需要，以支持主产区的粮食生产和流通。

（十一）加强对薄弱地区和困难群体的粮食供应。通过发展粮食生产、加强产销衔接和调整储备粮布局等多项措施，加强对山区、牧区、水库移民区、灾区以及少数民族、边疆等地区的粮食供给，确保薄弱地区人民群众和困难群体的粮食需求。

（十二）努力使粮食价格稳定在合理水平。我国粮食宏观调控的方针和目标是基本立足国内保障粮食供给、努力保持粮食供求紧平衡。要进一步探索建立粮食供求总量、品种结构和区域平衡的调控机制；加强中央储备粮的行政管理，进一步健全和完善垂直管理体系，充实地方储备粮规模，调整储备粮区域布局和品种结构；适当利用粮食进出口手段，调剂国内粮食余缺；加强和健全粮食应急机制、监测预警机制和信息服务体系。通过综合运用以上各种调控措施，努力使粮食价格稳定在合理水平。同时，粮食宏观调控要充分考虑粮食供求关系的变化情况，进一步增强预见性，做到适时、适度调控，有效防止粮食市场的过度波动，充分发挥流通对生产的引导作用。

五 积极推进粮食产业化经营，提高粮食比较效益

（十三）大力发展粮食订单生产和订单收购。继续积极鼓励和发展粮食订单生产、订单收购，充分调动农民开展粮食订单的积极性，扩大订单覆盖率，提高订单履约率。利用“公司+优质粮油生产基地”、“公司+中介组织+农户”等形式和“二次结算”、“二次分配”等方式，引导企业与农民建立利益共享、风险共担的合作机制，鼓励产业化龙头企业带动新型农民合作组织的发展。

（十四）促进粮油精深加工。粮油精深加工是提高粮油产品科技含量和附加值、促进农民增收和农业增效的重要途径。要通过政策引导、资金扶持等措施，鼓励粮油企业向粮食加工领域延伸，大力发展粮油精深加工，开发营养、健康的粮油产品，延长产业链，提高产品附加值，让农民分享加工增值利益，提高农民的种粮收益。组织开展粮油加工业关键共性技术设备研究开发及产业化，实施粮油加工业升级工程，建立健全粮油加工业技术推广社会化服务体系。加强粮油加工行业统计和对公众的信息服务。

（十五）培育和扶持粮食产业化龙头企业。发展粮食产业化经营的关键是培育一批粮食产业化龙

头企业，通过龙头企业带动农民致富，实现粮食企业和农民双赢。要加快以粮食生产、购销、加工企业为龙头的粮食产业化体系建设，积极争取当地支农资金向粮食产业化龙头企业倾斜；争取在各级财政预算中安排部分农业综合开发资金用于龙头企业优质粮食品种的选育、推广及基地建设；落实国家级、省级龙头企业在财政、税收、信贷方面的扶持政策；符合国家产业政策和具有较高科技水平的粮食精深加工及副产品综合利用项目，要重点向龙头企业倾斜，加快形成以粮食精深加工和深度开发为主的优势产业。

（十六）创新粮食产业化经营机制。鼓励粮食产业化龙头企业以资金、技术和农民以土地使用权、劳动力等要素入股，采取股份制、股份合作制等多种形式，完善粮食产业化龙头企业与农户多种形式的风险共担、利益共享的利益联结机制。逐步建立政府、保险机构、龙头企业和农户共同参与的粮食产业开发风险防御机制，提高企业和农户抗风险能力。支持和鼓励龙头企业与农村购销网点联合，实现粮食生产与流通的良性互动。

（十七）促进粮食产业结构调整。通过订单生产、订单收购、信息发布和龙头企业的产前、产中、产后服务以及技术指导等多种有效方式，进一步发挥流通对生产的引导作用，引导农户连片种植适合市场需求的优质粮食品种，提高粮食品质，推动专用、优质粮食生产的发展，实现优质优价，增加种粮农民收入。

六　加强粮食市场体系建设，促进粮食顺畅流通

（十八）充分发挥市场机制的作用。充分发挥市场机制在配置粮食资源中的基础性作用，减少行政手段对粮食市场流通的干预，逐步形成国家调控市场、市场形成价格、价格引导生产和消费的流通机制。

（十九）加强粮食市场体系建设。加强对粮食市场建设的规划和指导，使布局更为科学合理，更好地搞活粮食流通和引导粮食市场购销价格。引导和鼓励非国有资本进入粮食市场，优化粮食市场主体结构，促进多元粮食市场主体健康发展。重点扶持大宗粮食品种的全国性、区域性、专业性粮油批发市场和大中城市成品粮油批发市场建设。完善粮食竞价交易系统，推广粮食电子商务。

（二十）抓好粮食物流体系建设。改造、整合现有粮食流通基础设施资源，建设跨省主要粮食物流通道、粮食物流节点和基地，发展粮食散装、散卸、散储、散运，提高粮食物流的技术装备水平和信息化程度，建立粮食物流标准化体系，拓宽粮食物流渠道，降低粮食流通成本，提高粮食流通效率。改善农村粮食收购、储运、烘干方式，提高农村粮食产后流通技术水平。积极争取中央财政专项补贴和地方财政配套支持，做好粮食主产区及西部困难地区基层农村收纳粮库仓房维修改造工作，为执行最低收购价政策、增加农民收入创造良好条件。

七　加强粮食市场监管，保护种粮农民合法权益

（二十一）坚持粮食收购市场准入制度。严格按照《粮食流通管理条例》及有关法律法规，认真做好粮食收购资格许可工作，及时受理粮食经营者的入市收购申请，严格审查资质条件，对符合条件的及时核发收购许可证，做到公开、公平、公正。对已经取得粮食收购资格的企业，粮食行政管理部门要加强指导、服务和监督，定期进行审核。

（二十二）加强粮食市场监督检查。要依法保护和规范各类粮食企业合法经营，维护粮食市场正常秩序。加强对粮食经营企业的监督指导，规范全社会粮食经营者的购销经营行为，督促全社会粮食经营者履行粮食购销存统计报告义务。依法开展粮食流通监督检查，严厉打击粮食收购中的无证经营、压级压价、拖欠售粮款等坑农害农行为和扰乱粮食市场正常经营秩序的违法违纪行为。会同有关部门继续做好储备粮轮换以及水库移民粮食供应、救灾粮供应、退耕还林粮食供应等政策用粮的监督检查工作，严把质量卫生关；严厉打击非法倒卖陈化粮行为，严禁陈化粮流入口粮市场，确保农村口粮安全。要加强同工商、质检、物价、卫生等部门联合执法，完善信息通报机制，形成管理合力，维护粮食交易秩序，保护粮食生产者、经营者和消费者的合法权益。

（二十三）加强对粮食政策法规的宣传。各地要制定切实可行的宣传计划，加大对《粮食流通管理条例》等粮食政策法规的宣传力度，促进合法经营。特别要加强对广大农民有关粮食收购政策、粮食质量、食品安全等政策法规的宣传，提高农民维护自身权益的意识，切实保护农民合法权益。

八 创新服务体系，全方位服务种粮农民

（二十四）加强对农户安全储粮工作的指导。实施“粮食丰产科技工程——农村粮食产后减损安全保障工程”，建立农户科学储粮示范区，逐步完善农村粮食产后安全保障体系。宣传普及农村安全储粮技术，开展多种形式的农村安全储粮技术咨询和技术培训，指导农户科学储粮。积极争取有关部门支持，加大投入力度，改进农村储粮装具，推广科学储粮技术，减少农村粮食产后损失。

（二十五）为农民提供粮食市场信息服务。通过建立快捷准确的价格监测机制，完善粮食价格监测点布局，全面监测并反映粮食市场供求和价格变化情况。通过分布在广大农村地区的粮食企业，以及通过报纸、网络等形式，及时为广大农民提供粮食市场信息服务。

（二十六）完善粮油标准体系和粮食检验检测体系。充分发挥粮食科研院所、院校和检验机构的作用，建立标准研究、验证体系和信息管理平台，提高粮油标准制修订工作的效率和质量。建立和完善粮油质量检验体系，加强各级粮食检验机构建设，为促进优质专用粮食品种的生产，提高粮食质量和卫生安全水平提供技术支撑。充分发挥粮食检验机构和国有粮食购销企业的作用，建立和完善直接服务于农村的社会化服务体系，推进粮食规模化种植、等级化收购和分类储存。

（二十七）积极开展农村便民服务。大力发展农村粮油超市和粮食集贸市场，拓宽服务领域和服务范围。粮食企业要充分利用仓储、加工设备和技术优势，发展“四代一换”（代购、代销、代农储粮、代农加工和品种兑换），有条件的地方可以利用网点优势，按照有关法律程序的要求，为农民提供种子、化肥、农药等生产资料和日常生活用品，千方百计满足农民的生产生活需要。

（二十八）大力推进“放心粮油进农村”活动。粮食行政管理部门和粮食行业协会要积极引导粮食企业开展“放心粮油进农村”活动。加强粮油食品安全宣传，提高农民群众的健康意识和食品安全意识，引导农民健康、营养消费。大力推广“放心米面”、“放心食油”，积极支持“放心粮油进农村”网点建设，积极开展“农村粮油销售放心店”评选等活动，进一步提高“放心粮油”产品在农村市场的占有率。

九 建立健全工作机制，确保新农村建设取得实效

（二十九）加强组织领导。各级粮食部门要充分认识建设社会主义新农村的重要意义，充分认识在新农村建设中肩负的责任，统一思想，提高认识，自觉把思想和行动统一到中央的决策和部署上来。要把深入学习、宣传中央关于社会主义新农村建设的重要精神作为重要工作来抓，制定培训计划，搞好干部教育，增强建设新农村的自觉性和主动性。各级粮食行政管理部门要加强对新农村建设工作的领导，制定工作目标，研究政策措施，加强协调指导，确保推进新农村建设的各项工作落到实处。

（三十）加强沟通和协调。各级粮食行政管理部门要把新农村建设工作提到重要议事日程，争取当地党委、政府的支持，加强与发展改革、财政、农业、农业发展银行等部门和单位的沟通和协调，把粮食部门纳入到推进社会主义新农村建设的工作体系，落实有关资金、项目和政策的支持。

（三十一）加强分类指导。针对不同地区的实际情况，抓好示范试点工作，加强分类指导。各级粮食部门的干部特别是领导干部要深入农村，深入实际，广泛听取基层干部职工的意见和建议，善于发现工作中的新情况、新问题，及时提出有针对性的解决办法。同时，围绕粮食部门更好地参与和服务社会主义新农村建设，要深入研究有关理论和政策问题。

（三十二）加强监督检查。各级粮食部门要建立健全新农村建设工作检查考核制度，形成一级抓一级，层层抓落实的机制。加强监督检查，防止走过场、搞形式主义。

（三十三）总结推广经验。要认真总结、积极推广各地粮食部门、粮食企业在社会主义新农村建设中的典型经验和做法。对各级粮食部门和粮食企业在新农村建设中涌现的好典型，要大力宣传并予以表彰。

关于同意申请成立中国粮食工程建设协会的批复

（国家粮食局 国粮人[2006]145号 2006年9月26日）

中国粮食工程建设协会筹备组：

你筹备组《关于筹备成立中国粮食工程建设协会的请示》收悉。经研究，同意申请成立中国粮食工程建设协会。请按有关规定向民政部申请办理登记注册事宜。

关于建立国家粮食质量监测体系的通知

（国家粮食局 国粮发[2006]146号 2006年10月14日）

各省、自治区、直辖市及新疆生产建设兵团粮食局：

为认真贯彻落实《粮食流通管理条例》（国务院令第407号）和《国务院关于完善粮食流通体制改革政策措施的意见》（国发[2006]16号）中提出的粮食行政管理部门要加强对粮食质量与原粮卫生监管的有关要求，进一步做好粮食质量与原粮卫生监管工作，保障国家粮食质量安全，经研究决定，选择一批基础较好的粮食检验机构，建立国家粮食质量监测体系。现将有关事项通知如下：

一 建立国家粮食质量监测体系的重要意义

加强对粮食收购、储存、运输活动和政策性用粮购销活动中粮食质量与原粮卫生安全的监管，是新形势下粮食行政管理部门的重要职责。建立国家粮食质量监测体系是加强粮食质量监管的重要措施，有利于及时发现粮食质量与原粮卫生安全隐患，采取有针对性的措施，从源头上确保粮食质量安全；有利于及时、全面、客观地了解粮食生产情况，为制定相关政策及完善国家粮食质量标准提供依据；有利于指导粮食的生产和流通，通过采集、整理和发布粮食质量信息，指导农民种粮，促进优质粮食产业化发展。

二 建立国家粮食质量监测体系的基本原则

1．国家粮食质量监测体系建设遵循合理布局、择优选用、因地制宜、共建共享的原则。国家粮食局在各省（自治区、直辖市）挂牌设立国家粮食质量监测中心，逐步在省以下设立若干区域性国家粮食质量监测站。第一阶段拟按主产省份挂牌4～6家、其他省份1～3家的规模，初步形成以国家粮食局标准质量中心为核心，覆盖全国粮食主产省份和人口密集城市、布局合理、功能完善、运行高效的国家粮食质量监测体系。

2．所有纳入国家粮食质量监测体系的检验机构，原隶属关系不变，原人、财、物管理关系不变（国家给予投入另有规定的除外），业务工作上同时接受国家粮食局的指导。各检验机构对出具的检验报告承担法律责任，对接受委托或授权开展工作所取得的检验结果和形成的技术资料要负责保密。

3．国家粮食质量监测机构由国家粮食局统一命名挂牌，省级中心名称为“省名+国家粮食质量监测中心”（简称省级监测中心）；区域站名称为“省名+所在地名+国家粮食质量监测站”（简称区域监测站）。

三 国家粮食质量监测机构的主要任务

1．根据国家粮食局的委托和授权，收集、报送当地粮食质量与卫生安全信息，提出有关工作建议和意见；开展粮食收获质量调查与品质测报；承担粮食质量与原粮卫生监测、抽查等任务。

2. 承担或参与国家、行业粮油标准及技术规范的研究和制（修）订工作；宣传有关法律、法规、政策和标准，开展有关技术培训；承担上级主管部门交办的任务；开展其他业务工作等。

3. 省级监测中心负责指导和协调区域监测站的有关技术工作。

四 国家粮食质量监测机构的基本条件

国家粮食质量监测机构必须是能够独立承担法律责任、有稳定经费来源的社会公益性检验机构；计量认证有效，并经国家粮食局或其授权部门考核合格；机构的仪器设备、人员和实验办公用房等条件，能满足开展粮食质量与原粮卫生监测、抽查和有关工作的需要。

五 国家粮食质量监测机构的推荐与考核

国家粮食质量监测机构候选单位由各省级粮食行政管理部门负责推荐，并按要求报送有关资料。国家粮食局标准质量管理办公室负责审核推荐材料，组织专家对候选机构进行现场考核，对检验报告授权签字人进行考核备案。国家粮食局为考核合格的机构颁发国家粮食质量监测机构证书和印章，机构证书有效期为3年。

六 国家粮食质量监测体系的管理

1. 国家粮食局标准质量管理办公室负责国家粮食质量监测体系的建设、机构考核和运行管理等具体工作。

2. 国家粮食质量监测机构应按要求及时向国家粮食局报告有关工作情况和重大事项。国家粮食质量监测机构的名称和印章，限于执行各级政府部门下达的粮食质量与原粮卫生监测、抽查等任务时使用。

3. 国家粮食局将定期对国家粮食质量监测机构的检验能力进行考核，对机构管理状况进行检查。对成绩突出的机构和个人将给予表彰；对检验能力考核成绩不合格、管理不规范、重大事项不报告的机构，将限期整改；对机构基本条件发生重大变化、不能按要求完成国家粮食局下达的任务、发生严重违法违纪行为、瞒报、拖延迟报当地重大粮食质量安全问题的机构，将撤销国家粮食质量监测机构称号，并收回证书和印章。

请各省级粮食行政管理部门于2006年10月底前，将第一批推荐机构名单（按优先顺序排列）和每个机构的详细资料报送国家粮食局标准质量管理办公室。报送的资料包括：省级粮食行政管理部门的推荐意见，候选单位法人证书复印件，候选单位计量认证证书（含附表）复印件，国家粮食质量监测机构候选单位基本信息表，其他应附资料（上述资料均为一式二份，候选单位基本信息表另附电子文本一份）。

关于加强粮食行业安全生产工作的指导意见

（国家粮食局 国粮展[2006]190号 2006年11月7日）

各省、自治区、直辖市及新疆生产建设兵团粮食局，中国储备粮管理总公司，中国粮油食品（集团）有限公司，中谷粮油集团公司：

当前，全国粮食行业安全生产形势总体良好，企业安全生产工作的整体水平较过去有所提高。但也存在一些不容忽视的问题，主要是：一些地区和企业安全生产意识淡薄，安全生产工作有弱化趋势，安全生产隐患还不能及时消除，安全生产事故时有发生，安全生产长效机制尚未建立。为全面贯彻落实科学发展观，高度重视并切实做好粮食行业安全生产工作，巩固粮食流通体制改革成果，促进粮食行业发展，现提出以下指导意见。

一 构建粮食行业安全生产工作的新格局

（一）粮食行业安全生产工作的宗旨是：深入贯彻《中华人民共和国安全生产法》和国务院关于深化粮食流通体制改革的有关精神。坚持“安全第一、预防为主、综合治理”的方针，按照政府承担监管责任，企业负责事故责任，部门负责行业指导和监督管理职责的原则，努力构建部门指导有力、企业全面负责、职工积极参与的安全生产工作的新格局。

（二）粮食行政管理部门的主要职责是：组织安全生产法律法规和安全生产知识宣传教育，提高粮食行业安全生产意识；及时制（修）订与安全生产有关的国家和行业标准；制定颁布粮食安全生产管理制度；鼓励和支持安全生产技术研究和推广应用；淘汰影响安全生产的工艺、设备；督促检查粮食行业落实安全生产责任；按规定报告安全生产事故并根据需要组织救援；组织或参加安全生产事故调查；编制安全生产应急预案或救援措施。各级粮食行政管理部门要在当地政府的统一领导下，在管辖区域内认真履行上述职责。

（三）当前粮食行业安全生产工作的总体目标是：初步建立适应粮食行业发展要求的安全生产管理制度和技术标准体系；进一步明确各级粮食行政管理部门的安全生产监管职责；进一步提高企业管理规范化、标准化程度；企业安全生产条件得到明显改善，从业人员安全生产意识得到加强；安全生产事故起数、伤亡人数和经济财产损失明显下降；淘汰不利于安全生产的技术工艺和设施设备，规范操作程序和方法。

（四）粮食行业安全生产工作的重点是：全面落实部门监督管理职责，完善安全生产监督管理机制；加强安全生产宣传教育，增强各级领导和企业负责人的安全生产意识，落实安全生产责任制；建立健全安全生产监督管理制度，完善安全生产监督检查制度，强化对行业安全生产的管理；认真开展安全生产形势分析，建立安全生产信息报送渠道；推进企业安全生产工作的规范化、标准化管理进程，夯实企业管理基础；切实提高整个行业从业人员素质，严格执行各项技术操作规程；重点防范化学药剂丢失被盗、设备伤人、粮堆倒塌、粉尘爆炸以及火灾等安全生产事故；积极开展应急救援演练，提高安全生产事故救援能力。

二 提高粮食行业安全生产工作的监督管理能力

（一）建立健全安全生产责任制。企业是安全生产的责任主体，必须加强对生产经营活动的安全管理，建立和遵循安全生产规章规程，建立健全安全生产责任制和安全生产岗位责任制，保证对安全生产设施和防护装备的投入，强化企业管理和职工安全知识教育，及时排除安全生产隐患。企业职工必须掌握基本的安全生产知识，服从管理，照章作业。各级粮食行政管理部门要指导和督促各类粮食企业建立健全安全生产责任制。

（二）进一步完善以排查隐患为主的安全生产检查制度。安全生产检查是发现和排除事故隐患，促进企业安全生产的重要环节，是各级粮食行政管理部门履行安全生产监管职能的主要内容。加强与安全生产监管部门的沟通与协调，逐步建立安全生产联合检查的工作机制，进一步规范安全生产检查程序、内容和方法，注重实效，不断提高安全生产检查质量。对检查中发现的问题要有完整的记录，并及时书面通报企业和当地安全生产管理部门。要逐步扩大安全生产检查覆盖面，积极探索覆盖全社会粮食企业安全生产工作的检查方式。

（三）建立安全生产事故报告制度和事故登记备案制度。粮食企业发生安全生产事故后，事故现场有关人员应立即向企业负责人报告。企业负责人接到报告后应立即向当地安全生产监管部门和粮食行政管理部门报告。接报单位视事故等级，立即逐级上报。其中，死亡1人以上（含1人）或财产损失超过20万元的重大事故应及时报至国家粮食局。企业应在事故原因调查完成后1个月内到当地粮食行政管理部门登记备案。备案的内容包括：事故发生过程、人员财产的损失情况、事故调查处理经过、事故发生的主要原因及经验教训。

（四）建立安全生产事故责任追究制度。各级粮食行政管理部门要将安全生产工作纳入本部门、本单位绩效考核范畴，进一步完善考核指标体系和考核办法。要建立和完善安全生产奖罚制度，对安全生产工作落实到位、采取措施得力、工作成绩突出的单位和个人，应给予奖励。对无视安全生产、造成安全生产责任事故的单位和个人，要给予必要的处理和惩罚。构成犯罪的，要依法追究刑事责任。

三 建立粮食行业安全生产工作的长效机制

（一）建立健全组织机构，加强对安全生产工作的领导。各级粮食行政管理部门要高度重视安全生产工作，要把安全生产作为一项长期的任务抓细、抓实、抓好。各级粮食行政管理部门的主要负责人要对本地区粮食安全生产工作负责，把安全生产工作列入重要议事日程。要进一步强化安全生产行业监督职能，落实安全生产监督机构和人员。要加强沟通与协调，形成一级抓一级，层层抓落实的安全生产监管体系。

（二）督促企业建立健全安全生产投入机制，提高安全生产保障水平。安全生产设施和装备是安全生产的基本保障，企业应保证安全生产设施建设、运转和维护费用。新建、改建、扩建的各类粮食项目要坚持安全生产设施与主体工程同时设计，同时施工，同时投产和使用。要督促企业做好安全生产设施的维护工作，使安全生产设施始终处于正常运转状态。要加强对企业职工的劳动保护工作，配备必要的防护用具。

（三）加强安全生产教育和培训工作，强化企业职工安全意识。各地粮食行政管理部门要结合本地区安全生产实际，制定安全生产教育和培训计划，积极开展安全生产教育和培训工作。要把企业负责人列为安全生产培训的重点，企业负责人必须熟悉安全生产法律法规和安全生产相关操作规程的基本要求。企业应积极进行必要的安全生产知识培训和业务技能训练，使职工掌握基本的安全生产技能，未经安全生产教育和培训合格的从业人员，不得上岗作业。按照国家有关规定，建立粮食行业特种作业人员持证上岗制度。要重视对企业临时聘用劳务人员的岗前培训，使他们掌握安全生产的基本知识和操作技能。企业采用新工艺、新材料、新技术、新设备，必须对操作人员进行培训。

（四）加强安全生产预警，提高安全生产事故处置能力。国家粮食局负责制定全国粮食行业安全生产事故处置应急预案，各级粮食行政管理部门要注意跟踪粮食企业安全生产变化趋势，及时发现影响安全生产工作的普遍性问题，对企业安全生产隐患发出预警。各级粮食行政管理部门要建立并完善本地区安全生产事故应急救援预案，预案应侧重安全生产事故的预警、信息交流和社会力量动员。要加强与安全生产相关部门、单位的联系与协作，重点关注易发安全生产事故的单位和生产环节，指导督促大中型粮食企业制定安全生产应急预案，确保事故发生后的救援工作能够快速、有效、科学、正确地展开，最大限度地避免人员伤亡和减少财产损失。

（五）规范生产操作，严格按规程组织生产。粮食企业要加强对设备、电源、药剂、溶剂的管理，完善各项设施设备操作规程，严格按程序组织作业，防止人为事故的发生。要加强对危险源的管理，药剂库、溶剂库、悬臂设备下、动力源、油气罐、开关阀门、专用线道口、压力容器和其他危险作业场所应在明显位置张贴警示标志，防止发生意外。大型企业的厂区，要设立必要的交通标识。

（六）加强安全生产标准制定工作。国家粮食局负责组织清理、修订和编制涉及粮食行业安全生产工作的标准规范，结合新技术研究推广、淘汰不利于安全生产和危害操作人员身体健康的生产技术和工艺，制定新的安全生产的标准规范。各地要根据当地粮食安全生产实际需要，组织制（修）订地方标准、规范。同时，督促企业建立和完善企业生产标准体系。

（七）广泛开展安全生产宣传教育活动，促进企业安全文化建设。各级粮食行政管理部门要引导企业广泛参加各种安全生产宣传教育活动，同时根据地区和企业特点，组织企业职工广泛开展安全生产知识竞赛、讲座、案例展览、演讲、征文、技能比武等主题活动，形成关注安全、了解安全、认识安全、科学管理、和谐发展的生产氛围。

安全生产关系人民群众生命财产安全，关系改革开放、经济发展和社会稳定大局，关系粮食流通体制改革的顺利进行和整个行业的健康发展，各级粮食行政管理部门和粮食企业对此要高度重视，坚持安全发展、健康发展、和谐发展的方向，切实做好粮食行业的安全生产工作。

2007～2008年度《国家粮食流通统计制度》

（国家粮食局 国粮调[2006]204号 2006年11月29日）

第一章 总 则

第一条 为了科学有效地组织粮食（含油脂，下同）统计工作，保障粮食统计资料的客观性、准确性、科学性和及时性，发挥粮食统计在政府粮食宏观调控、粮食流通行政管理和行业指导中的重要作用，根据《中华人民共和国统计法》、《粮食流通管理条例》等法律法规，特制定本制度。

第二条 粮食统计工作的基本任务是对粮食经济现象进行统计调查、统计分析，提供统计资料，实行统计监督。

第三条 凡在中华人民共和国境内从事粮食的收购、销售、储存、加工、进出口的粮食经营企业，以及养殖企业和以粮食为生产原料的饲料企业、工业企业（以下统称粮食经营企业和转化用粮企业），必须遵守本制度，向当地粮食行政管理部门报送粮食统计资料，不准虚报、瞒报、拒报、漏报、迟报，不得伪造、篡改。

第四条 各级粮食行政管理部门要适应粮食流通新形势的要求，加强对粮食统计指标体系的科学研究，不断改进统计调查方法，加快统计信息化建设，逐步实现统计调查科学化、统计基础规范化、统计技术现代化、统计服务优质化。

第五条 各级粮食行政管理部门应有一位局领导主管统计工作，组织、管理和监督粮食统计机构和统计人员及其他有关人员完成统计任务，解决统计工作中的实际问题。各省、自治区、直辖市粮食行政管理部门的粮食统计机构或指定的综合宏观调控机构负责粮食统计制度的贯彻、落实及协调工作。

第六条 各省、自治区、直辖市粮食行政管理部门应严格执行本制度，并结合本地实际，制定基层统计报表，发给粮食经营企业和转化用粮企业填报。

第二章 统计机构和统计人员

第七条 各级粮食行政管理部门必须根据《中华人民共和国统计法》、《国务院关于完善粮食流通体制改革政策措施的意见》（国发[2006]16号）和《国家发展改革委、财政部、国家粮食局、国家工商行政管理总局、国家统计局关于进一步做好全社会粮食流通统计工作的通知》（发改经贸[2005]376号）要求，完善粮食统计机构，配备适应任务需要的高素质的专职统计人员，并指定统计负责人，落实统计工作经费。所有粮食经营企业和转化用粮企业都要配备统计人员，并指定统计负责人。

第八条 各级粮食行政管理部门要加强统计人员的政治思想教育和专业知识培训。新任的统计人员必须经过严格培训，持证上岗，要通过教育和培训使他们逐步掌握统计基础理论和有关业务知识，熟悉统计业务。要保证统计人员从事统计工作的时间，让统计人员参加有关会议，阅读有关文件，了解国家粮食方针政策和企业经营活动的情况。

第九条 各级粮食行政管理部门要逐步建立健全统计人员和统计负责人的逐级备案制度。统计人员的调动，应当征求本部门、本单位统计负责人的意见，其中具有中级以上统计专业职务人员的调动，应当征得上级粮食行政管理部门的同意。统计负责人的调动，应当征求上级粮食行政管理部门和所在地人民政府统计机构的意见。

第十条 各级粮食行政管理部门统计负责人、统计机构和统计人员的主要职责是：

（一）组织、协调本部门各职能机构的粮食统计工作，完成国家统计调查、行业统计调查和地方统计调查任务，制定和实施本部门的粮食统计调查计划，搜集、整理、分析、提供统计资料；

（二）贯彻实施《统计法》和《国家粮食流通统计制度》，对管辖区域内粮食经营企业和转化用粮企业实行统计监督；

（三）管理本部门的粮食统计调查表和基本统计资料，根据形势需要不断完善粮食统计制度；

（四）组织指导本部门统计人员的业务培训，加强统计队伍建设。

第十一条 粮食经营企业和转化用粮企业统计负责人、统计人员的主要职责是：

（一）组织、协调本单位的粮食统计工作，完成国家统计调查、行业统计调查和地方统计调查任务，搜集、整理、分析、提供统计资料；

（二）严格执行《统计法》和《国家粮食流通统计制度》，并对本单位及下属单位实行统计监督；

（三）管理本单位的粮食统计调查表和基本统计资料，建立健全粮食统计台账制度。

第十二条 统计机构和统计人员的主要职权：

（一）有权要求有关单位和人员，按照国家粮食流通统计制度规定，如实提供统计资料。

（二）有权检查有关单位各业务环节的统计原始记录和统计数字的质量，并要求改正不真实的统计资料。

（三）有权揭发和检举统计调查中的违法行为。对任何违反《统计法》和《粮食流通管理条例》、损害国家利益的行为，有权制止、纠正或移交有关执法部门处理。

第三章 统计业务工作

第十三条 所有粮食经营企业和转化用粮企业都应当根据有关原始记录和凭证建立粮食统计台账，对粮食购进、销售和库存等数据要如实加以记录。粮食统计台账的保留期限不得少于3年。各省、自治区、直辖市粮食行政管理部门应针对调查对象的不同情况，规范统计台账的具体内容和要求。

第十四条 粮食经营企业和转化用粮企业应按要求填写粮食基础统计报表，并及时报送当地粮食行政管理部门。粮食经营企业和转化用粮企业应保证原始记录和凭证、统计台账和统计报表中各项数据的一致性。

第十五条 本制度规定的各种统计报表，由各级粮食行政管理部门负责归口综合汇总，逐级上报。各项统计报表，统计人员必须签名，统计负责人审核并签字，经单位负责人同意、加盖填报单位公章后方可上报。

统计资料必须妥善保存，由本单位统计机构或者统计负责人统一管理。统计机构调整或统计负责人调动，必须办理统计资料的交接手续，保证统计资料连续、完整。

第十六条 各项统计数字，在上报以前要经过严格审核。月报报出后发现差错，一般在发现月份调整。年度终了前，要对全年各月数字再进行一次全面审核，与年报表衔接。如差错较大，调整后发生红字或影响历史资料对比的，报经上级主管部门同意后，订正原月报数字。

第十七条 县级以上粮食行政管理部门的统计机构在向主管部门报送资料的同时，应将基本统计资料报送同级政府统计机构。

第十八条　各级粮食行政管理部门要认真做好统计资料的积累和整理上报工作，省级粮食行政管理部门应逐步建立省级粮食统计数据库，并组织开发管理应用软件，提高信息化水平。

第十九条　各级粮食行政管理部门要在统计调查和汇总的基础上，运用科学的方法，对统计资料进行全面、系统地研究分析，反映粮食经济活动的内在联系、矛盾及其变化规律，发现问题，分析原因，提出解决问题的建议。

第二十条　各级粮食行政管理部门要做好社会粮食供需平衡调查工作，通过抽样调查和典型调查等方法，全面掌握社会粮食的供给、消费和库存等情况，扩大统计信息源和服务面。

各级粮食行政管理部门应针对粮食流通中出现的新情况、新问题、新变化和新特点，有选择地开展一些专项调查，以达到了解情况、积累资料和培训队伍的目的。

第二十一条　各级粮食行政管理部门要逐步建立和完善粮食信息监测预警系统，加大对粮食供求和价格的监测、预测和预警工作，增强统计工作的主动性，不断提高统计服务水平。

第四章　统计纪律

第二十二条　各级粮食行政管理部门和统计人员对本制度规定的各种统计报表的统计范围、数字口径、指标解释、计算方法、商品目录、报送时间等，都必须严格遵照执行。

第二十三条　各级粮食行政管理部门、粮食经营企业和转化用粮企业的统计机构和统计人员对有关粮食统计数据必须实事求是地准确填报。各单位统计负责人必须对本单位上报的统计报表认真审核，严格把关；对本单位统计机构和统计人员依照本制度提供的报表资料如有疑问，可以通知统计人员复查，不得擅自修改，不得强令、授意统计人员篡改、编造统计数据。

第二十四条　各级粮食行政管理部门在统计工作中必须保守国家秘密，自觉遵守保密制度。统计机构和统计人员对统计调查中知悉的统计调查对象的商业秘密和属于企业、私人、家庭的单项调查资料，负有保密义务。涉及国家秘密的统计报表要按规定方式报送。

对外提供与公布统计数字，要执行《统计法》和国家有关保密规定。各级粮食行政管理部门公布粮食统计资料必须经本部门统计负责人核定。

第五章　统计监督检查

第二十五条　为保障《统计法》和《粮食流通管理条例》的贯彻实施，维护和提高统计数据质量，各级粮食行政管理部门每年要在适当时间组织开展统计监督检查。

第二十六条　统计监督检查事项主要包括：

（一）是否存在虚报、瞒报、拒报、漏报、迟报、伪造、篡改统计资料的行为；

（二）是否设置原始记录，建立统计台账；

（三）是否依法设立统计机构或配备统计人员；

（四）统计人员是否持证上岗，其调动是否符合有关规定；

（五）有无侵犯统计机构和统计人员职权的行为；

（六）统计资料的管理和公布是否符合有关规定，有无泄露国家秘密、调查对象的商业秘密和企业、私人、家庭单项调查资料的行为；

（七）是否按规定的调查方案进行调查，有无改变调查内容、调查对象和调查时间等问题，是否在统计调查表的右上角标明法定标识；

（八）法律、法规和规章规定的其他事项。

第二十七条　实施统计监督检查，应提前通知被检查对象，告知检查机关的名称，检查的依据、范围、内容、方式和时间，对被检查单位的具体要求等。

对有统计违法嫌疑的单位实施检查，检查通知可于检查机关认为适当的时间下达。

第二十八条　检查人员进行统计监督检查时，应先向被检查对象出示《粮食流通监督检查证》或法律、法规规定的其他执法证件。未出示合法执法证件的，有关单位和个人有权拒绝接受检查。

第二十九条　实施统计监督检查时，检查人员有权：

（一）查阅、审核、复制被检查单位的原始记录、统计台账、统计报表以及与统计有关的其他资料；

（二）在证据可能灭失或者以后难以取得的情况下，经检查机关负责人批准，可以先行登记保存，并应在七日内做出处理决定；

（三）向有关单位和个人进行调查询问，要求如实提供情况；

（四）经检查机关负责人批准，可以就需要检查的事项向被检查单位发出《统计检查查询书》。

第三十条　检查人员应及时向检查机关提交检查报告，对检查中发现的问题提出处理意见或建议。

第三十一条　各级粮食行政管理部门对在统计监督检查中发现的统计违法行为，应根据《统计法》和《粮食流通管理条例》的有关规定进行查处。

（一）粮食行政管理部门、粮食经营企业和转化用粮企业领导人自行修改统计资料、编造虚假数据或者强令、授意统计机构、统计人员篡改统计资料或者编造虚假数据的，依法给予行政处分；统计人员参与篡改统计资料、编造虚假数据的，依法给予行政处分；

（二）粮食行政管理部门及其人员通过篡改统计资料、编造虚假数据等手段骗取荣誉称号、物质奖励或者晋升职务的，由做出有关决定的粮食行政管理部门或者其上级机关、监察机关取消其荣誉称号、追缴物质奖励和撤销晋升的职务；

（三）粮食经营企业和转化用粮企业未建立粮食经营台账或粮食经营台账保留时间不足3年的，由粮食行政管理部门责令改正，予以警告，可以并处5万元以下的罚款。

（四）粮食经营企业和转化用粮企业未按本制度规定报送粮食基本数据，初次发生的，由粮食行政管理部门责令改正，予以警告；在一年内再次发生的，由粮食行政管理部门责令改正，予以警告，可以并处2万元以下的罚款；蓄意虚报、瞒报、拒报、迟报粮食基本数据和有关情况的，由粮食行政管理部门责令改正，予以警告，可以并处2万元以上5万元以下的罚款。

上述行为情节严重的，对从事粮食收购的经营者暂停或者取消粮食收购资格。

（五）统计机构、统计人员利用统计调查窃取国家秘密或者违反《统计法》有关保密规定的，依照有关法律规定处罚。泄露企业、私人、家庭的单项调查资料或者统计调查对象的商业秘密，造成损害的，依法承担民事责任，并对负有责任的主管人员和其他直接责任人员依法给予行政处分。

第三十二条　个人和组织发现粮食行政管理部门、粮食经营企业和转化用粮企业违反《统计法》和《粮食流通管理条例》的规定，虚报、瞒报、伪造、篡改粮食统计资料，有权向粮食行政管理部门举报，粮食行政管理部门应当及时核实、处理。

第六章 附 则

第三十三条 中央储备粮、中国储备粮管理总公司负责管理的最低收购价粮等政策性粮食及其直属企业商品粮由公司总部负责汇总并向国家粮食局报送。其他中央企业按照属地原则，向企业所在地粮食行政管理部门报送统计报表。

第三十四条 中央和地方储备粮承储企业在储备粮轮换过程中，购进的用于轮入的粮食，以及轮出的粮食，均须纳入企业商品粮统计。

第三十五条 中国储备粮管理总公司按照《中央储备粮管理条例》的有关规定负责制定《中央储备粮油统计制度》，并组织实施。《中央储备粮油统计制度》须报国家粮食局审核，再报国家统计局批准执行。

第三十六条 地方各级粮食行政管理部门和当地中国储备粮管理总公司分支机构要加强粮食收购、销售和库存等信息沟通，建立粮食统计信息抄送制度，实现信息共享。

第三十七条 本制度执行日历年度，自国家统计局批准之日起施行。

第三十八条 本制度由国家粮食局负责解释。

关于进一步强化陈化粮销售处理和监管工作的通知

（国家粮食局 国粮调[2006]200号 2006年12月11日）

各省、自治区、直辖市粮食局：

近来，国家有关部门在对陈化粮违规倒卖案件的查处中，发现少数地方粮食行政管理部门存在对陈化粮购买限量审查不严、工作不细等问题。为进一步强化陈化粮销售处理和监管工作，规范操作，落实责任，严防陈化粮流入口粮市场，切实保证人民群众吃到放心粮，现就有关事项通知如下：

一 严格审定并认真清理陈化粮购买资格

各省级粮食行政管理部门要会同有关部门对现有陈化粮购买企业的资格进行全面、认真清理（有关清理情况请及时上报我局）。陈化粮购买资格严格限定为规模较大、生产经营正常、具备陈化粮的仓储和加工能力、信誉较好的酒精和饲料生产企业。授予陈化粮购买资格时，必须经省级工商行政管理部门签署意见。

对于小型酒精、饲料生产企业（酒精生产企业年消耗粮食5000吨以下、酒精年产量1000吨以下；饲料生产企业年消耗粮食10000吨以下、饲料年产量20000吨以下）、近几年从未参与陈化粮购买的企业、粮食加工企业中有陈化粮购买资格的企业、酒类生产企业中有陈化粮购买资格的企业，年审时不再受理其购买资格申请。对于已不能正常生产经营的企业，要及时取消其陈化粮购买资格。对于参与倒卖陈化粮或出租、出借陈化粮购买资格的企业，要立即取消其陈化粮购买资格。严禁无陈化粮购买资格的企业参与购买陈化粮。

组织陈化粮销售的省级粮食行政管理部门和承担陈化粮销售的单位必须严格查验购买企业是否具备省级工商行政管理部门会同粮食行政管理部门出具的购买意见函。对于不能出示购买意见函的企业，一律不允许参与购买陈化粮。

二 加强陈化粮销售组织工作的领导和监管

省级粮食行政管理部门必须进一步加强对陈化粮销售处理组织工作的领导和监管。陈化粮销售企业不得以非陈化粮冒充陈化粮进行销售，骗取陈化粮价差亏损补贴，不得以陈化粮冒充非陈化粮销售，不得未经批准擅自销售处理陈化粮。粮食行政管理部门要加强陈化粮出库环节的监管，严格按照陈化粮销售合同中标明的内容出库，若违反规定，要追究陈化粮销售企业的主要负责人的责任。

三 严禁超量购买陈化粮

陈化粮购买企业每次购买陈化粮的数量不得超过半年的粮食消耗量，全年购买的数量不得超过全年粮食消耗量。组织陈化粮销售的单位要在购粮企业资格认定书上注明企业每次实际购买陈化粮数量，并盖章确认，严禁企业超量购买。发现超量购买的，要追究组织陈化粮销售单位主要负责人的责任。

四 加强陈化粮销售合同监管

进一步细化陈化粮销售合同的内容，合同中必须标明陈化粮的品种、数量、库点、货位、仓号、垛号。

陈化粮购销双方必须在省级粮食行政管理、工商行政管理部门的监督下签订购销合同。粮食行政管理部门应将出库陈化粮情况提前三天书面告知当地工商行政管理部门。要进一步严格陈化粮出库、中转、发运等报告制度，有关粮食企业和购买陈化粮企业必须将相关情况及时书面向陈化粮卖方和买方所在地省级工商行政管理部门和粮食行政管理部门报告。对违反上述要求的企业和部门，要追究其负责人的责任。

五 加强对陈化粮购买企业销售发票的监管

销售陈化粮的企业必须在销售发票上注明“陈化粮”字样，凡未注明“陈化粮”的，要追究陈化粮销售企业主要负责人的责任。

六 强化陈化粮处理的全程监管

陈化粮的销售处理和监管工作政策性强，涉及面广，责任重大，不容任何懈怠和放松。各级粮食行政管理部门不仅要严格监管库存中的陈化粮，而且要积极配合有关部门强化对陈化粮销售组织、出库、运输、中转、加工和使用等全程的监管，严厉查处和打击倒卖陈化粮等违法行为。特别是对容易加工成大米流向口粮市场的陈化稻谷，要配合有关部门对其销售出库后的流向严格追踪监管，直到转变为非口粮形态，严防其流入口粮市场。

七 鉴于新的《谷物储存品质判定规则》(GB/T20569~20571—2006)国家标准已经从2006年12月1日发布实施，各地粮食部门和企业不得再按旧的标准鉴定谷物的储存品质

在新标准发布之前已经鉴定出的陈化粮继续按现行规定处理，直至处理完毕。

做好陈化粮销售处理和监管工作，关系到人民群众的切身利益和粮食市场稳定。各地要从落实科学发展观和构建社会主义和谐社会的高度，增强执政为民意识，认真做好陈化粮销售处理和监管工作，坚决杜绝陈化粮流入口粮市场，切实维护好粮食流通市场秩序。

国家粮食局办公室文件

"十一五"粮食流通监督检查工作目标和2006年粮食流通监督检查工作要点

（国家粮食局 国粮办检[2006]3号 2006年1月4日）

2005年，各级粮食行政管理部门主动适应粮食购销市场化形势，深入贯彻以科学发展观统领粮食流通工作全局的指导思想，积极探索加强粮食流通监督检查工作的新思路、新方法，努力推进粮食流通监督检查工作法制化进程，全国粮食流通监督检查工作整体上取得了突破性进展。2006年是"十一五"开局之年，粮食流通监督检查工作要以邓小平理论和"三个代表"重要思想为指导，认真贯彻党的十六大和十六届五中全会、中央经济工作会议、中央农村工作会议精神，坚持科学发展观，切实落实两个条例，规范粮食流通秩序，全面推进依法管粮，为维护国家粮食安全、建设社会主义新农村、构建和谐社会做出贡献。

一 关于"十一五"期间粮食流通监督检查工作目标

为贯彻落实党的十六届五中全会提出的"十一五"时期经济社会发展的宏伟目标，根据我局"十一五"粮食工作的总体思路，"十一五"期间粮食流通监督检查工作目标是：

到2010年，形成一套比较完整的、适应社会主义市场经济要求的依法管粮法规体系、质量标准体系和配套的工作制度体系。包括中央和地方储备粮监管、粮食库存监管、质量监管和收购市场监管等法规制度体系；层级监督、评议考核、行政执法责任制等监督检查工作制度。

建成一个比较完善的，权责明确、行为规范、监督有效、保障有力的粮食流通监督检查行政执法工作体系。以县级粮食行政管理部门为工作重心，健全从国家粮食行政管理部门到省、市、县级粮食行政管埋部门的完整的网络化行政执法工作体系；完善粮食质量检验检测体系；落实收支两条线的执法经费保障体系。

培育一支有较高整体素质的专业监督检查执法队伍。建立系统化的、执法资格培训与业务素质培训相结合的行政执法人员培训考核体系。形成一支具有明确的依法行政意识、文明执法意识和服务意识，执法政策水平和专业水平较高的监督检查行政执法队伍。

建立一套高效快捷的监督检查行政执法信息网络体系。逐级建立粮食经营者诚信档案系统，建立监督检查行政执法信息交流、信息发布和政策宣传网络。

基本形成经营活跃、管理规范、流通有序、供求稳定、卫生安全的粮食流通秩序。建立公平公正、处罚与教育相结合的长效监督检查工作机制，使广大粮食经营者都能知法守法，营造依法管粮的良好社会氛围，有效保护粮食生产者积极性、维护粮食经营者和消费者的合法利益，确保国家粮食安全和粮食质量卫生安全。

二 关于2006年监督检查工作要点

为实现“十一五”总体目标，2006年，各地粮食行政管理部门要继续发扬过去已经取得的工作成绩，充分运用好已经建立的监督检查工作体系，推动粮食流通监督检查工作全面、健康、协调发展。在工作部署上，要落实“五要”的要求，即：监督检查重点要为粮食工作大局服务，行政执法重心要向基层转移，工作体系建设要向市县延伸，队伍建设关键要提高整体素质，制度建设目标要突出依法管粮。

（一）监督检查重点要为粮食工作大局服务

2006年，省级监督检查机构已经建立的地区，工作重点要从体系建设向加强日常监管转移，监督检查的出发点和落脚点都要强调为粮食工作大局服务。各级粮食行政管理部门要按照我局的统一要求并结合当地实际，切实做好各项监督检查工作。

一要切实加强对粮食库存的监管，重点管好各级储备粮。按照国务院关于粮食清仓查库工作制度化的要求，2006年，我局将指导各地粮食行政管理部门继续搞好粮食库存检查工作，重点掌握国有粮食企业库存粮食的数量和储存安全情况。在各地粮食库存自查的基础上，我局和国务院有关部门、单位将继续联合组织库存抽查，摸清粮食库存家底。为进一步规范粮食库存检查工作，我局将会同有关部门抓紧制定《粮食企业库存检查办法》，按照两个条例的有关规定，充实检查内容，规范检查程序，完善检查手段，尽快实现粮食库存检查工作制度化和规范化。2006年我局将按照《中央储备粮管理条例》要求，加强对中央储备粮监管的基础工作，建立信息畅通、监管规范的工作机制。重点对中央储备粮代储企业承储的中央储备粮的情况进行监督检查，适时组织对中央储备粮油轮换情况、安全储粮情况、制度规范执行情况等的专项检查。各地粮食行政管理部门要按照地方储备粮管理的具体办法，加强对地方储备粮的监管。

二要切实加强对政策性用粮的监管。各级粮食行政管理部门要对军粮供应、退耕还林粮食供应、水库移民粮食供应和救灾粮供应等政策性用粮经营活动落实监管责任，明确监管措施，逐步形成对各类政策性用粮的规范监管制度。

三要切实加强对粮食质量的监管。进一步加强对中央储备粮、地方储备粮、其他政策性用粮的质量监督检查。依据2005年10月1日起实施的粮油卫生标准，开展原粮卫生专项摸底调查，切实掌握不同性质的库存粮食的卫生现状。积极组织对粮食储存品质判定规则和中央储备粮质量控制标准进行修订和完善。

四要切实加强对违法违规案件的查处、整改工作。要重视深化粮食流通体制改革过程中，群众反映强烈、领导关注的各类涉粮案件的查处工作。特别是对在粮食收购中违反国家政策、损害农民利益的问题，中央和地方储备粮管理中的违规问题，要重点查处，并督促有关地方、单位切实加以整改。对重大的、影响面大的案件，各省级粮食局要反应迅速，依法及时组织查处，切实发挥好省级粮食行政管理部门在全国粮食流通监督检查工作中的中坚作用。

为做好以上工作，2006年我局将筹备与各省级粮食行政管理部门建立粮食流通监督检查行政执法体系计算机信息网络。指导各地建立粮食经营者信用档案等粮食流通信用体系，对粮食经营者进行规范监管。

（二）行政执法重心要向基层转移

按照国务院《全面推进依法行政实施纲要》关于“减少行政执法层次，适当下移执法重心，对与人民群众日常生活、生产直接相关的行政执法活动，主要由市、县两级行政执法机关实施”的要求，对粮食经营者的粮食收购资格情况、执行国家粮食流通法律法规和政策情况、使用的仓储设施设备情况、执行国家粮食流通统计制度情况等日常监督检查行政执法工作，大部分要落实到基层市、县粮食行政管理部门。省级以上粮食行政管理部门，要加强对基层粮食行政管理部门开展监督检查行政执法工作的指导，督促市、县粮食行政管理部门做好日常监管工作。为做好这方面的工作，2006年我局将跨省组织粮食流通监督检查行政执法交叉调研和行政执法案例调研，帮助各地相互借鉴工作经验，促进监督检查工作向纵深开展。

（三）工作体系建设要向市县延伸

在继续加强省级粮食行政管理部门粮食流通监督检查工作体系建设的同时，2006年要将体系框架建设的重点向市、县粮食行政管理部门延伸，为行政执法重心向基层转移提供组织保障。省级粮食行政管理部门要协助尚未建立监督检查专门机构的市、县粮食行政管理部门加大工作力度，积极争取当地党委、政府和有关部门的支持，落实粮食流通监督检查工作机构、职能、人员和经费。暂属事业编制的少数地方粮食局，要争取尽快取得行政执法主体地位；确有困难、暂时不能成立监督检查专门机构的市、县粮食行政管理部门的监督检查行政执法职能，要由上级粮食行政管理部门或当地政府指定的部门代行，避免出现监督检查行政执法“盲区”。各级粮食行政管理部门内部要相对集中行政处罚权，并落实到监督检查具体职能处室（科、股）。目前尚未内设监督检查专门机构的省级粮食行政管理部门，要力争在2006年底之前落实专门机构。确有困难暂时不能内设监督检查专门机构的，要在2006年一季度内，把粮食流通监督检查的职能落实到专门的内设机构和执法岗位，并且要逐级报备。

（四）队伍建设关键要提高整体素质

为适应当前粮食行政管理部门的行政执法工作刚刚起步的情况，需要不断探索和总结经验，要继续坚持积极稳妥，避免工作中不作为和乱作为两种倾向，确保监督检查工作“不缺位、不越位、不错位”，切忌违法执法。为此，必须进一步加强监督检查工作队伍的素质和作风建设。

要加强培训，提高监督检查行政执法人员的整体素质。在2005年主要进行执法资格培训的基础上，今后要将监督检查行政执法培训工作形成制度。2006年的培训重点是提高监督检查行政执法人员的依法管粮意识、业务素质和执法水平，要将课堂培训与执法工作现场培训相结合，要将理论知识学习与执法实践、案例分析相结合，通过多样化的培训和实践，使执法队伍的整体素质迈上一个新的台阶。

要大力倡导文明执法。杜绝盲目执法、野蛮执法、以罚代管等现象，努力构建公平、公正和处罚与教育相结合的长效监督检查工作机制。要继续通过报纸、杂志、网络等新闻媒体积极宣传国家粮食流通法律、法规、政策，提高粮食经营者守法经营的自觉意识和经营素质，在全社会范围内营造守法经营的良好氛围。

（五）制度建设目标要突出依法管粮

2006年，各级粮食行政管理部门要以国务院《全面推进依法行政实施纲要》为总纲，按照两个条例的具体要求，继续抓好粮食流通监督检查各项制度建设。各项规章制度要细化，要具备可操作性，突出依法管粮。要依法界定执法职责，逐步建立健全行政执法评议考核制度，加强组织领导，积极推行行政执法责任制。在建立各项制度的基础上，要注重抓好执法监督，督促落实各项制度。

要加强对内设监督检查机构、执法组织和行政执法人员的执法监督，上级粮食行政管理部门要加强对下级粮食行政管理部门的执法监督，各级粮食行政管理部门的监督检查工作还要积极接受当地政府的执法监督。

关于印发《粮食行业特有工种职业技能鉴定规程》等12项规章制度的通知

（国家粮食局 国粮办人[2006]45号 2006年3月2日）

各省、自治区、直辖市及新疆生产建设兵团粮食局，有关中央企业：

为规范粮食行业特有工种职业技能鉴定工作，根据国家职业技能鉴定的有关规定和《粮食行业特有工种职业技能鉴定实施办法（试行）》，结合粮食行业实际情况，我局研究制定出《粮食行业特有工种职业技能鉴定规程》等12项规章制度，经局领导批准，现印发给你们，请认真贯彻执行。

附件：

粮食行业职业技能鉴定工作规章制度汇编

粮食行业特有工种职业技能鉴定规程

（国家粮食局 国粮办人[2006]45号 2006年3月2日）

第一条 为了使粮食行业特有工种职业技能鉴定工作科学化、规范化，促进职业技能鉴定工作的健康发展，根据国家《职业技能鉴定规定》、《职业技能鉴定工作规则》和《粮食行业特有工种职业技能鉴定实施办法（试行）》，制定本规程。

第二条 本规程适用于粮食行业特有工种职业技能鉴定工作。

第三条 职业技能鉴定方式

粮食行业特有工种职业技能鉴定采取理论知识考试与技能操作考核的方式进行。其中，理论知识考试采取闭卷笔试的方式进行；技能操作考核采取生产作业现场考核和模拟操作（或辅之以笔试）等多种方式进行。技能操作考核必要时可辅以口试答辩等方式。

国家职业资格二级及以上人员（技师、高级技师或相当于技师和高级技师职业资格）除理论知识考试和技能操作考核外，还需按粮食行业技师、高级技师考评条件和评审办法进行综合评审。

第四条 职业技能鉴定对象

（一）技工学校、职业院校和各类技术等级培训班毕（结）业生。

（二）学徒期满的学徒工。

（三）企、事业单位中从事粮食行业特有工种，需要进行职业技能鉴定的职工。

（四）改变工种、调换新岗位、新调入人员。

（五）《粮食流通管理条例》和《中央储备粮管理条例》中规定的必须持证上岗的人员。

（六）自愿申请参加职业技能鉴定的人员。

第五条 职业技能鉴定标准

粮食行业特有工种职业技能鉴定执行《国家职业标准》。

第六条 职业技能鉴定试题

职业技能鉴定试题分为理论知识考试试题和技能操作考核试题。

粮食行业特有工种职业技能鉴定试题（理论知识考试试题和技能操作考核试题）根据有关规定从职业技能鉴定国家试题库（粮食行业分库）中提取试题组成试卷。开考前，粮食行业特有工种职业技能鉴定站（以下简称鉴定站）到各省（区、市）粮食局、粮食口中央企业劳动人事部门领取试卷。

第七条 职业技能鉴定的计划管理

（一）各鉴定站每年1月份提出当年鉴定工作计划，各省（区、市）粮食局、粮食口中央企业劳动人事部门汇总后报国家粮食局职业技能鉴定指导中心（以下简称国家局鉴定中心），主要内容包括：鉴定的职业（工种）、等级、人数、时间以及考评人员聘任情况。

（二）经国家局鉴定中心审核平衡后，统一下发年度各职业（工种）技能鉴定计划。

（三）鉴定工作计划报国家局鉴定中心批准后组织实施，在执行中，如确需调整计划的，各省（区、市）粮食局、粮食口中央企业劳动人事部门应提前报告国家局鉴定中心，经批准后方能变动。

第八条 职业技能鉴定方法

（一）成立职业技能鉴定考评组

职业技能鉴定应设主考1人，副主考2～3人，分别由各鉴定站有关领导担任。为确保鉴定工作的顺利进行，同时设立考务组和考评组。

1.考务组

设组长1人，根据考生人数确定小组成员，主要负责办理报名手续，核对考生证件，填写、分发准考证，布置、安排、领取保管考卷，准备考试用的设备器具。

2.考评组

考评组由相应职业（工种）的考评人员组成，国家职业资格五级（初级）、国家职业资格四级（中级）、国家职业资格三级（高级）的考评组一般不少于3人，国家职业资格二级（技师或相当于技师职业资格）、国家职业资格一级（高级技师或相当于高级技师职业资格）的考评组一般不少于5人（应具备高级考评员资格）。

每个考评组配组长1名，考评组组长应具有较深厚的专业知识、组织管理能力和1年以上的职业技能鉴定工作经验，由鉴定站指派。组长全面负责考评组技术工作，并有权裁决鉴定中出现的有争议的技术问题。

考评人员的配备按照《国家职业标准》中的规定执行。

（二）考评的方法与要求

1.理论知识考试

理论知识考试一律采用闭卷笔试的方式进行。

2.技能操作考评

以操作方式进行，在不具备实际操作条件时，也可以结合生产、模拟生产以口试的方式进行。

3.技师、高级技师或相当职业资格鉴定方法

（1）理论知识采用笔试方法进行。

（2）技能操作要求能结合生产、岗位进行，现场分析和解决生产中的操作技术难题。

（3）要求个人写出技术总结或论文，并进行答辩。

第九条　鉴定工作程序

（一）发布鉴定公告

为便于被鉴定者报名、备考、应试，鉴定站应至少在每次实施鉴定前30日发布公告。公告内容主要包括：

1.鉴定的职业（工种）、等级。

2.报名对象和条件。

3.报名时间期限和地点。

4.报名收费项目和标准。

5.考试考核标准、方法和指定参考教材。

6.鉴定时间和地点。

（二）组织报名

1.鉴定站自公告发布之日起组织报名，于考前2周截止报名。申请人认真填写《粮食行业特有工种职业技能鉴定申请表》（一式两份），并附上身份证、学历证书、《职业资格证书》（技术等级证书）的复印件向鉴定站提出申请。

2.鉴定站根据《粮食行业特有工种职业技能鉴定实施办法（试行）》和《国家职业标准》规定的

条件，对申请人进行资格审查。符合条件者，发给准考证和考生须知等材料。

（三）考前准备

鉴定站提供符合鉴定要求的环境及必要条件。主要包括考场布置、考评人员安排、考核所需物品的准备和后勤保障服务等方面的内容，通知申请人应自带考试用物品以及符合安全生产要求的着装。

（四）提取鉴定试题

鉴定站应根据报名人数、职业（工种）、等级等情况从各省（区、市）粮食局、粮食口中央企业劳动人事部门领取鉴定试题。

（五）组织鉴定

1.鉴定站根据有关规定安排理论知识考场和技能操作的鉴定考场。

2.考生在规定的时间内持准考证和身份证到指定鉴定场所应试。

3.考评人员佩戴胸卡执行考评任务。

4.鉴定站负责考场管理和组织监考工作。

（六）阅卷、评分

1.理论知识阅卷、评分应集中统一组织。

2.技能操作评分由考评人员对考生操作或由考生生产的样品进行现场打分。计分方法：5个以上考评人员采取去掉一个最高分，去掉一个最低分，然后用总分之和除以考评人员人数；5个以下考评人员直接用总分除以考评人员人数。

3.考评人员要求认真学习评分标准，统一评分尺度、严格细致、保守秘密。

发现雷同试卷、有暗示标记或其他作弊行为的试卷，经核实后一律宣布作废。

评分结束后，应认真检查，发现错误应重新评阅。检查无误后方可拆线登记成绩。登记成绩要认真，以防漏登和错登。阅卷评分后立即进行分数汇总。评阅卷、登记人员要在各自负责的项目栏中签字。

（七）鉴定成绩统计与资料归档

1.理论知识考试和技能操作考核完毕，由考务人员做好成绩统计，并认真填写成绩表，以备发证使用。

2.每次鉴定完毕，对本次鉴定的资料（理论知识考试试卷、技能操作考核试题、标准答案、评分单、鉴定名册等），由鉴定站进行整理、装订成册并与电子版一起存档备查。存档时间为2年，核发《职业资格证书》的名册长期保存。

（八）呈报鉴定结果

各省（区、市）粮食局、粮食口中央企业劳动人事部门应在每次鉴定结束后将鉴定结果在一定范围内公示7个工作日。经公示无异议后2周内将鉴定统计报表及主要情况报国家局鉴定中心备案。

第十条　核发证书

国家局鉴定中心对各省（区、市）粮食局、粮食口中央企业劳动人事部门上报的鉴定结果进行审查，符合条件者报国家粮食局人事司按《粮食行业职业资格证书管理办法》核发国家《职业资格证书》。职业技能鉴定站负责将证书交给本人。

第十一条　鉴定总结

鉴定站在每年年终，应撰写实施鉴定的分析报告，总结鉴定工作经验，针对存在的问题提出改进意见和办法，由各省（区、市）粮食局、粮食口中央企业劳动人事部门汇总后报国家局鉴定中心。

第十二条　本办法未尽事宜，按国家有关规定执行。

第十三条　本办法由国家粮食局人事司负责解释。

第十四条　本办法自颁布之日起执行。

粮食行业特有工种职业技能鉴定站管理办法

（国家粮食局 国粮办人[2006]45号 2006年3月2日）

第一条 为逐步实现粮食行业特有工种职业技能鉴定站的科学化、规范化管理，根据国家《职业技能鉴定规定》和《粮食行业特有工种职业技能鉴定实施办法（试行）》，制定本办法。

第二条 粮食行业特有工种职业技能鉴定站（以下简称鉴定站）是完成粮食行业特有工种职业技能鉴定任务的具体执行机构。各有关单位由各省（区、市）粮食局、粮食口中央企业劳动人事部门组织申报，经国家粮食局人事司资格审查，报劳动和社会保障部审批后取得鉴定站许可，方可从事粮食行业特有工种职业技能鉴定工作。

鉴定站由各省（区、市）粮食局、粮食口中央企业劳动人事部门负责管理，国家粮食局职业技能鉴定指导中心（以下简称国家局鉴定中心）对其进行业务指导。

第三条 鉴定站实行许可证制度。

（一）各省（区、市）粮食局、粮食口中央企业劳动人事部门根据本地区、本行业事业发展的需要，以及职业技能鉴定对象的数量、职业（工种）范围、等级等，提出鉴定站的布局和数量规划。

（二）由具备建站条件的单位提出申请，填写劳动和社会保障部统一印制的《行业特有工种职业技能鉴定站审批登记表》（一式两份）报各省（区、市）粮食局、粮食口中央企业劳动人事部门。

（三）各省（区、市）粮食局、粮食口中央企业劳动人事部门对建站申请单位进行初审，提出推荐意见，同时，还需要征求省级劳动保障行政部门意见。

（四）国家局鉴定中心组织对申报单位进行资格条件审查，国家粮食局人事司提出审核意见后，报劳动和社会保障部批准。

（五）经劳动和社会保障部批准，核发《职业技能鉴定许可证》，明确鉴定的职业（工种）范围、等级（职务）和类别，同时授予统一的职业技能鉴定站标牌。

第四条 建立鉴定站的条件：

（一）具有熟悉所鉴定的职业（工种）业务知识和组织实施能力的领导干部。

（二）具有与所鉴定职业及其技术等级相适应的考核场地（包括理论知识考场和技能操作考核场所）、操作设备设施。

（三）具有与所鉴定职业（工种）及其技术等级（职务）相适应的、符合国家标准的检测仪器。

（四）具有合理数量的专、兼职组织管理人员和考评人员。

（五）具有完善的管理办法和规章制度。

第五条 提倡“一站双牌”模式，即符合建立通用工种鉴定站条件的鉴定站，可按有关规定向当地劳动行政主管部门申报建站。

第六条 鉴定站站长职责：

鉴定站站长由各省（区、市）粮食局、粮食口中央企业劳动人事部门负责选聘和管理，站长在其领导下全面负责鉴定站的管理工作，具体职责如下：

（一）认真贯彻执行劳动和社会保障部、国家粮食局和各省（区、市）粮食局、粮食口中央企业有关职业技能鉴定的各种政策规定，接受国家局鉴定中心的指导。以提高鉴定质量和服务水平为宗旨，搞好技能鉴定和管理工作。

（二）负责鉴定站的工作机构、基础设施、规章制度、人员队伍建设。

（三）严格执行鉴定计划，组织实施粮食行业职业技能鉴定工作。

（四）主管鉴定站的财务，严格财务制度，定期检查收支情况。

（五）做好粮食行业特有工种职业技能鉴定宣传工作。

（六）负责鉴定站的日常管理。

（七）完成上级领导交办的其他任务。

第七条　坚持依法办事的原则，按照公开、规范、公平、高效的要求，严格执行《粮食行业特有工种职业技能鉴定实施办法（试行）》和《粮食行业特有工种职业技能鉴定规程》等有关规章制度，按照规定的程序定期开展职业技能鉴定工作。

第八条　受理符合申报条件、符合规定手续人员的职业技能鉴定。

第九条　认真执行《国家职业标准》和有关粮食行业开展职业技能鉴定实施办法。职业技能鉴定试题必须从职业技能鉴定国家试题库（粮食行业分库）中提取，按有关的规范要求做好试卷的领取、保管、启用。严禁自行编撰试题或试卷，严禁自行翻印、借用试卷或采用已经启封或使用过的试卷。

第十条　考评人员一律从获得国家《职业技能鉴定考评员证书》人员中聘任，聘任期一般不超过3年，根据工作需要可以续聘。考评人员在同一个鉴定站1年内连续从事考评工作不能超过3次。

第十一条　鉴定站对职业技能鉴定费用的收支要单独建账，专款专用，建立健全财务制度，严格执行国家发展和改革委员会、财政部以及所在地区有关部门收费许可制度和批准的职业技能鉴定收费标准。职业技能鉴定费用主要用于：组织职业技能鉴定场地、试题、阅卷、考评、检测及原材料、能源、设备购买与维修等费用。

第十二条　每次鉴定结束后，填写统一制定的《粮食行业特有工种职业技能鉴定站鉴定报告》，经各省（区、市）粮食局、粮食口中央企业劳动人事部门汇总后，报国家局鉴定中心。

第十三条　鉴定站须在核准的鉴定范围内开展鉴定活动，不得有超越权限或各种违法乱纪行为。

第十四条　鉴定站每3年进行一次质量评估，评估的主要内容有：各项规章制度的建立和执行，考务管理情况和管理水平，理论考试场所、鉴定场地、设备、工具、仪器是否达标，考评人员的管理，开展工作情况及实绩，经济效益和社会效益，国家局鉴定中心交办工作完成情况等。

国家粮食局人事司对评估优秀的鉴定站予以通报表彰；对评估不合格的鉴定站限期整改，情节严重的报劳动和社会保障部撤销资格。

第十五条　对违反国家有关规定和本规定，情节严重、造成不良影响的鉴定站，报劳动和社会保障部吊销其《职业技能鉴定许可证》，且今后不再批准成立鉴定站。

第十六条　本办法未尽事宜，按国家有关规定执行。

第十七条　本办法由国家粮食局人事司负责解释。

第十八条　本办法自颁发之日起执行。

粮食行业特有工种职业技能鉴定考评人员管理办法

（国家粮食局 国粮办人[2006]45号 2006年3月2日）

第一条 粮食行业特有工种职业技能鉴定考评人员（以下简称考评人员）是在规定的粮食行业职业（工种）、等级范围内，依据《国家职业标准》和《粮食行业特有工种职业技能鉴定实施办法（试行）》，对职业技能鉴定对象进行考核、考评的人员。

第二条 考评人员分为考评员和高级考评员两个等级。考评员可承担初级、中级、高级职业技能的考核和评审；高级考评员可承担技师、高级技师或相当技师、高级技师职业资格及其以下各级别职业技能考核和评审。

第三条 考评人员由各省（区、市）粮食局、粮食口中央企业劳动人事部门推荐，国家粮食局人事司审核，并经国家粮食局职业技能鉴定指导中心（以下简称国家局鉴定中心）资格培训与考核后，劳动和社会保障部培训就业司确认资格。

各粮食行业特有工种职业技能鉴定站（以下简称鉴定站）对考评人员实行聘任管理。

第四条 考评人员的任职条件：

（一）遵纪守法，热爱职业技能鉴定工作，具有良好的职业道德和敬业精神，廉洁奉公，办事公道，作风正派。

（二）具有丰富的专业理论知识和较高的技能操作水平。

（三）具有高级工、技师或中级专业技术职务以上的资格。其中，鉴定技师、高级技师或相当职业资格的高级考评员，必须具有高级技师或高级专业技术职务的资格。

（四）了解职业技能鉴定的有关理论、政策和规定，熟悉《国家职业标准》，掌握职业技能鉴定的方式和方法。

（五）身体健康。

第五条 考评人员实行资格培训、考核和认证制度。

（一）申报程序

由本人所在单位推荐，填写《国家职业技能鉴定考评员资格审批表》，经本省（区、市）粮食局、粮食口中央企业劳动人事部门审核后报国家局鉴定中心。

（二）资格审核、培训

经国家粮食局人事司资格审查合格，参加由国家局鉴定中心统一组织的资格培训。

（三）资格认证考试

培训结束后，由国家局鉴定中心按照有关考试的要求进行考试。

（四）证书核发

经考试合格者，劳动和社会保障部培训就业司颁发国家统一的考评人员资格证书和贴有本人照片的胸卡。

第六条 考评人员守则：

（一）考评人员应努力学习职业技能鉴定有关政策文件，刻苦钻研鉴定理论和鉴定技术，不断提高政策水平和考评水平。

（二）考评人员应在经审核批准的规定职业（工种）、等级范围内对职业技能鉴定对象进行考核和评审工作。

（三）考评人员在进行职业技能鉴定前，应熟悉和掌握本次鉴定考核的职业（工种）、项目、内容、要求及评定标准，并在事前负责对考核场地、设备、工具、量具和其他鉴定考核用料进行校验。

（四）考评人员在鉴定过程中，应独立完成各自负责的任务，认真履行考评职责，严格执行鉴定规程和考场规则，并协助考务人员做好考务工作。考评人员在执行鉴定任务时，应佩戴考评人员胸卡。

（五）考评人员在评定成绩时，应严格按照评分标准及要求逐项打分，做到科学、规范、准确，认真填写考评记录，按照要求写出考评报告，并签字备案。

（六）考评人员应保持良好的职业道德，忠于职守，公道正派，清正廉洁，坚决抵制来自任何方面的影响或改变正常考评结果的要求，并自觉执行对其亲属、学生、徒弟的回避制度。

（七）考评人员对鉴定对象的违纪行为，应给予严肃处理，视情节轻重分别给予劝告、警告、终止考核、宣布成绩无效等处理，并将处理结果填写在考场记录上。

（八）考评人员应严格遵守各项保密规定。

第七条　考评人员的管理：

（一）考评人员实行聘任制度，鉴定站应与考评人员签订聘任协议，明确双方的责任、权利。

（二）考评人员任期为3年，任期期满后，鉴定站根据考评结果决定是否重新聘任。

（三）考评人员实行轮换工作制度。每个考评人员在一个鉴定站从事一个职业（工种）的考评工作不得连续超过3次；考评小组成员每次轮换不应少于1/3。

（四）按照“考培分开”原则，考评人员不得参与由本人组织培训的鉴定。

（五）各鉴定站根据工作需要可以提出调剂考评员要求，经省（区、市）粮食局、粮食口中央企业劳动人事部门审核，报国家局鉴定中心批准后予以调剂。

第八条　建立考评人员考核。

（一）鉴定站在每次鉴定结束后，对考评人员的工作情况进行总结。

（二）每年年终和聘任期满，鉴定站应对在本鉴定站进行过考评工作的考评人员的情况进行考核。

（三）国家局鉴定中心结合鉴定站质量评估，将对考评人员进行考核。

第九条　鉴定站每3年对考评人员进行一次评优。

对聘期考核优秀的，由国家局鉴定中心给予表扬奖励，对成绩特别突出的，授予“优秀考评人员”荣誉称号。

第十条　对在工作中违反考评人员工作守则，弄虚作假、营私舞弊的，视情节轻重，给予警告、通报批评直至取消考评人员资格的处罚。情节严重的，建议其所在单位给予处分。

第十一条　本办法未尽事宜，按国家有关规定执行。

第十二条　本办法由国家粮食局人事司负责解释。

第十三条　本办法自颁发之日起执行。

粮食行业特有工种职业技能鉴定试卷运转管理办法

（国家粮食局 国粮办人[2006]45号 2006年3月2日）

第一条　为规范粮食行业特有工种职业技能鉴定试卷运转的管理，实现职业技能鉴定的客观和公正，确保鉴定质量，制定本办法。

第二条　国家粮食局职业技能鉴定指导中心（以下简称国家局鉴定中心），根据《国家职业标准》、《粮食行业特有工种职业技能鉴定实施办法（试行）》和《粮食行业特有工种职业技能鉴定规程》的要求，组建职业技能鉴定国家试题库（粮食行业分库）（以下简称试题库），经专家审定后颁布实施。

第三条　试题库建立后，凡从事粮食行业特有工种职业技能鉴定的鉴定站，一律从试题库中提取试题进行鉴定。

第四条　各省（区、市）粮食局、粮食口中央企业劳动人事部门接到国家局鉴定中心所送试卷后，要严格按照保密规定，认真组织做好试卷印制、管理等工作。

第五条　试卷要按照保密材料进行印制，各有关单位要认真把好印刷、校对关，确保试卷不出差错。

第六条　试卷在印刷、校对、分装、运送等各个环节要严格办理签字交接手续，实行保密分级管理负责制。

第七条　试卷调用须由粮食行业特有工种职业技能鉴定站（以下简称鉴定站）提出试卷职业（工种）、等级、数量，送省（区、市）粮食局、粮食口中央企业劳动人事部门审核，报局分管领导批准后，方可领取。鉴定站领取试卷时间为开考前1天（如交通不便地区视情况而定），并由两人以上到各省（区、市）粮食局、粮食口中央企业共同领取职业技能鉴定试卷。

第八条　鉴定站领取试卷后，要实行专人保管、守护，严格领用手续，杜绝泄密事件的发生。

第九条　职业技能鉴定试卷在启用前，属绝密材料，实行专管负责，任何人不得调阅。

第十条　试卷必须在考场内当众启封，并由监考人员按照规定当场分发试卷。

第十一条　每次考试结束后，监考人员将试卷收缴、装订、密封，并填写考场情况表，送试卷保管员，双方签字办理交接手续后方可离开。

第十二条　试卷标准答案、评分标准启用前，任何组织和个人，不得以任何理由启封。

第十三条　试题库产权归国家局鉴定中心所有，各鉴定站有使用权，但不得转借、转让，违者追究法律责任。

第十四条　每次考完的空白试卷，领用的评分标准以及标准答案使用一次后一年内不得重复使用，应由各鉴定站统一收回、销毁，并作好销毁记录。

第十五条　职业技能鉴定试题一旦发生泄密，必须立即向国家局鉴定中心报告，采取相应补救措施。

第十六条　试题须严格按照本办法运转，如因职业技能鉴定站工作人员在试卷运转环节弄虚作假，泄露试题，视情节轻重由所在单位按人事管理权限给予行政处分，并停止其鉴定站工作，考评人员则取消考评资格。构成犯罪的责任人要依法追究刑事责任。

第十七条　本办法未尽事宜，按国家有关规定执行。

第十八条　本办法由国家粮食局人事司负责解释。

第十九条　本办法自颁发之日起执行。

粮食行业特有工种职业资格证书核发与管理办法

（国家粮食局 国粮办人[2006]45号 2006年3月2日）

第一条 为逐步建立和完善粮食行业职业资格证书制度，加强和规范职业资格证书的核发和管理，根据国家《职业资格证书规定》、《职业技能鉴定工作规则》及《粮食行业特有工种职业技能鉴定实施办法（试行）》，制定本办法。

第二条 本办法所称职业资格证书是指由国家粮食局人事司核准颁发的，劳动和社会保障部统一印制并在全国通用的《职业资格证书》。

第三条 粮食行业《职业资格证书》是劳动者职业技能水平的凭证，是国家对劳动者专业（职业）学识、技术、能力的认可，是劳动者求职、任职、单位录用、独立开业、确定工资等级的重要凭证，也是劳动者境外就业、劳务输出法律公证的有效证件。

第四条 按照《粮食行业特有工种职业技能鉴定规程（试行）》的要求，参加粮食行业特有工种职业技能鉴定站组织的职业技能鉴定考评合格者方能取得国家《职业资格证书》。

第五条 粮食行业《职业资格证书》发放坚持规范管理，严格标准，保证质量。

（一）各粮食行业特有工种职业技能鉴定站（以下简称鉴定站）将鉴定合格人员花名册送各省（区、市）粮食局、粮食口中央企业劳动人事部门汇总，并经公示后，报国家粮食局职业技能鉴定指导中心（以下简称国家局鉴定中心）。

（二）国家局鉴定中心按照劳动和社会保障部的规定填写《职业资格证书》统一编号，经国家粮食局人事司核定并验印后颁发。鉴定站负责将其送交给本人。

第六条 证书验印：

（一）发证机关处盖“国家粮食局人事司”印章。

（二）证书照片下角处盖“国家粮食局人事司（钢印）”。

（三）职业技能鉴定（指导）中心处盖“国家粮食局职业技能鉴定指导中心”印章。

第七条 凡经鉴定站鉴定合格并颁发给《职业资格证书》人员，各级工人考核机构或职业技能鉴定机构不再重复进行考核鉴定。

第八条 粮食行业《职业资格证书》在全国相应类别的职业或工种岗位上通用。

第九条 粮食行业《职业资格证书》是用人单位与相应职业（工种）岗位劳动者签订上岗合同的主要依据，用人单位应按照《中华人民共和国劳动法》、《粮食流通管理条例》、《中央储备粮管理条例》等有关法律法规和有关政策规定做到持证上岗。

第十条 凡对取得粮食行业《职业资格证书》的劳动者，粮食行业用人单位应优先安排就业、上岗，优先安排生产、经营承包项目和示范、推广项目等。

第十一条 证书管理：

（一）国家局鉴定中心和各鉴定站将分别建立《职业资格证书》核发档案。

（二）《职业资格证书》要妥善保管，遗失证书者需向鉴定站说明情况，由鉴定站办理申请补发手续。

（三）《职业资格证书》不得转让、涂改，否则视为无效，同时，取消持证人的职业资格，两年内不得申请进行鉴定。

第十二条　严禁伪造、仿制或滥发《职业资格证书》，否则，一经查出，除宣布所发证书无效外，对有违法行为的部门和当事人按国家有关规定处理。

第十三条　各鉴定站的工作人员，在证书的管理中如有弄虚作假、徇私舞弊行为，视情节轻重，建议其所在单位给予相应行政处分，直至追究相关法律责任。

第十四条　本办法未尽事宜，按国家有关规定执行。

第十五条　本办法由国家粮食局人事司负责解释。

第十六条　本办法自颁布之日起执行。

粮食行业特有工种职业技能鉴定监考人员守则

（国家粮食局 国粮办人[2006]45号 2006年3月2日）

第一条 监考人员必须认真履行职责，维护考场秩序，严格执行考场纪律，高度负责地做好考场监督和检查工作，保证考试公正规范地进行。

第二条 考试前，监考员应了解所监考场、考生情况，熟悉考场规则和考试注意事项，在考前15分钟组织考生进入考场，考前5分钟，监考人员应该当众拆开试卷袋，并分发试卷。

第三条 考前30分钟，两名监考员同时领卷，领卷时须检查袋面科目、名称和份数是否与本考场符合，并连同考生名册、草稿纸和装订工具带进考场。

第四条 监考人员工作时必须佩戴《监考证》，在考试前15分钟进入考场，认真检查各座位的考号编排是否正确，技能操作考试还要检查用品的规格、数量、摆放是否符合要求，设备、仪器原料是否完好、安全、足够。

第五条 考试预备铃响后，监考人员应及时组织应考人员进入考场。无准考证和身份证者不得入场。带入考场的物品应令其存放在指定地点。技能操作考试还应检查应考人员的劳动保护着装和用品。入场完毕，监考人员应在开考前宣读《考场规则》和注意事项。试卷必须当众启封，核对科目清点份数和页数，如有缺少，及时报告主考。

第六条 开考后，监考人员应逐个检查应考人员准考证、身份证，核对照片、印鉴、考号和座号（工作号）。开考30分钟后，注销缺考的试卷或操作席位，并在考场情况记录表上作好记录。监考人员在监考过程中不得擅离职守。

第七条 监考人员若发现应考人员有违反考场纪律的行为，应及时制止并会同主考人员根据情节轻重酌情处理。监考技能操作考核时，若遇因设备本身故障或非考生所致停考，应报主考人员并按有关规定予以妥善处理。

第八条 监考人员对试题内容、操作方法及加工工艺等不得作任何解释或指点；不念题，对印刷不清的文字、符号、数字等可以当众解答；个别字可写在黑板上。

第九条 距考试结束还有15分钟时，监考人员应提醒应考人员注意；考试结束铃响应责令应考人员终止答卷或操作，并离开现场。监考人员应认真整理、装订和密封好试卷，如发现试卷缺少应立即报告，进行追查。技能操作考核的器件应按要求编号，连同《考场情况记录表》一起交给考场办公室。

第十条 监考人员如发现考生在考试期间临时生病，影响或不能继续考试，应及时与主考联系，寻求医治，同时说服考生停止考试。

第十一条 考试期间，监考人员应制止没有佩戴胸卡或与考试无关人员进入考场。

第十二条 监考员应如实填写《粮食行业特有工种职业技能鉴定考场记录表》并将其贴在试卷袋封面的考场记录表粘贴线内，由该考场所有监考人员签名。

第十三条 监考人员必须自觉遵守考场纪律和以上条款，对违反纪律或徇私舞弊者，要按有关规定追究责任，严肃处理。

粮食行业特有工种职业技能鉴定考评人员工作守则

（国家粮食局 国粮办人[2006]45号 2006年3月2日）

第一条 严格遵守考评人员守则，完成规定的各项工作任务。

第二条 在执行考评和考务工作时必须佩戴考评人员胸卡。

第三条 严格按照评分标准，做好理论知识考试、技能操作考核的阅卷评分及综合评审工作，力求做到准确、公平、公正。

第四条 严格遵守和执行《国家职业标准》和《粮食行业特有工种职业技能鉴定规程》。

第五条 严格遵守考评纪律，不弄虚作假，不徇私舞弊、以权谋私，并主动接受考评小组的监督和领导。

第六条 按时到达工作岗位，忠于职守，履行职责；因事不能按时到位，应提前请假。

第七条 执行考评任务期间，不得擅离职守，因病或其他原因不能继续履行职责时，要经考评小组同意，方可离开岗位。

第八条 遵守鉴定工作的保密规定，不得向外泄露试题内容、鉴定成绩等相关信息。

粮食行业特有工种职业技能鉴定考场守则（理论知识考试）

（国家粮食局 国粮办人[2006]45号 2006年3月2日）

第一条 考场应整洁、明亮，并于考试前一天贴出考场编号，考生编号，同时张贴考生须知。

第二条 考生须在开考前15分钟凭准考证和本人身份证进入指定考场，对号入座，并将准考证和身份证置于桌面上，以便查对。

第三条 考生迟到15分钟不准入场，开考30分钟后方可交卷退场。

第四条 考生理论知识考试时只能携带必要的文具（如：钢笔、直尺、圆规、三角板等），不得携带其他物品进入考场。

第五条 考生除作图用铅笔外，其他一律用蓝色或黑色钢笔、圆珠笔答题，字迹要工整、清楚，并在指定位置填写姓名和考号。考生不得在试卷和样品上做任何标记，违者不计分。

第六条 考生如遇试卷印刷模糊、分发错误，可举手向监考老师询问，但不得涉及试题内容。

第七条 考生必须严格遵守考场纪律，保持考场安静，不准交头接耳，不准抄袭，不准随意走动，严禁吸烟。

第八条 考试结束铃响，考生应立即停止答题将试卷翻放退场。考生退场后不得在考场周围逗留、围观喧哗。

第九条 考生应严格遵守考场守则，如有违反，由当场次监考老师视情节轻重，分别给予批评教育、试卷作废、取消鉴定资格等处理。

粮食行业特有工种职业技能鉴定考场守则（技能操作考核）

（国家粮食局 国粮办人[2006]45号 2006年3月2日）

第一条　考场应宽敞、整洁明亮，工具、仪器、材料、设备齐全，符合考试要求。考核前一天贴出考场编号、考生编号，同时张贴考生须知。

第二条　考生须在开考前15分钟凭准考证和本人身份证进入指定考场，对号进入操作工位，并将准考证和身份证置于工位上，以便查对。

第三条　考生技能操作考核时只能带考试通知要求的工具物品，而不得携带其他物品进入考场。

第四条　技能考试如需答题，考生应用蓝色或黑色钢笔、圆珠笔答题，并在指定位置填写姓名和考号。不得在试卷和样品上做任何标记，违者不计分。

第五条　考生如遇试卷印刷模糊、分发错误或考前检查考场准备的工具物料缺件，或考件有严重缺陷，设备损坏，可举手向考评员询问，但不得涉及试题内容。

第六条　在实施鉴定过程中，对考生要进行安全教育，要加强安全措施，做到消除不安全因素，严格确保考核安全、有效地进行。考生必须按劳动保护要求着装，严格遵守操作规程，注意安全文明生产，防止发生各种事故。服从考评员的监督指导，如不听劝阻，可责令其退出考场。违章操作损坏的设备，由本人赔偿经济损失。

第七条　考生必须严格遵守考场纪律，不准讨论，不准随意走动，严禁吸烟。

第八条　因停电、设备本身故障或其他非本人造成的原因使考核中断时，考生应及时向考评人员报告。因此耽误的时间，可通过延长考核时间予以补偿。

第九条　考试结束铃响，考生应立即停止操作。考生将样品、试卷、图纸一并交考评员，并在样品上编号，登记验收后，方可退场。

第十条　考生应严格遵守考场守则，如有违反，由当场次监考老师视情节轻重，分别给予批评教育、试卷作废、取消鉴定资格等处理。

粮食行业特有工种职业技能鉴定考生须知

（国家粮食局 国粮办人[2006]45号 2006年3月2日）

第一条 考生应了解有关职业技能鉴定的方针和政策。

第二条 考生申报参加职业技能鉴定应持有效证件，严禁伪造、弄虚作假。

第三条 考生要服从粮食行业特有工种职业技能鉴定站考评人员、监考人员的安排，并接受监督、检查。

第四条 考生参加理论知识考试、技能操作考核及领取《职业资格证书》都须持准考证和本人身份证。

第五条 考生须在考试前15分钟到达指定地点应考。

第六条 考生须严格遵守考场规则。

第七条 考生严禁请人代考，不准将准考证借予他人。

粮食行业特有工种职业技能鉴定理论知识考试和评分办法

（国家粮食局 国粮办人[2006]45号 2006年3月2日）

第一条 粮食行业特有工种职业技能鉴定理论知识考试依据是《国家职业标准》中规定的内容。

第二条 理论知识考试全部实行闭卷笔试的方式。

第三条 试卷的提取、运转按照《粮食行业特有工种职业技能鉴定试卷运转管理办法》执行。

第四条 监考员与考生比例按照《国家职业标准》中的规定配备，实行单人单桌单行，前后左右保持一定的距离。

第五条 理论知识考试时间按照《国家职业标准》中的规定执行。

第六条 开考前，集中全体监考员和工作人员开会，明确职责、任务和分工，熟悉考场规则并掌握试卷的分发、装订、密封等工作程序。

第七条 开考前当场拆卷，答卷结束按考号整理后用针、线封卷。

第八条 考评小组应合理分工，阅卷评分实行流水作业，严格按评分标准评判。

评分结束后应予以抽查，确有失误，应重新评阅。

第九条 发现雷同试卷，有暗示记号或其他作弊行为的试卷，经核实后，一律宣布作废。

第十条 试卷评阅完毕，经抽查合格后方可拆线登记成绩。登记完毕后应进行核实，以防止漏登和错登。

第十一条 评卷、登分人员要在各自负责的结果上签字，以备存查。

第十二条 各省（区、市）粮食局、粮食口中央企业劳动人事部门对粮食行业特有工种职业技能鉴定站上报的考评结果核查认定后报国家粮食局职业技能鉴定指导中心。

第十三条 在未公布考试成绩前，任何人员不得泄露评分结果。

第十四条 试卷和评判、登记分数等资料应保存2年，以备核查。

粮食行业特有工种职业技能鉴定技能操作考核和评分办法

（国家粮食局 国粮办人[2006]45号 2006年3月2日）

第一条 粮食行业特有工种职业技能鉴定技能操作考核依据是《国家职业标准》中规定的内容。

第二条 技能操作考核采取典型项目的操作并结合实际生产进行。也可采用模拟操作并辅之以口试、答辩的方式进行。

第三条 试卷的提取、运转按照《粮食行业特有工种职业技能鉴定试卷运转管理办法》执行。

第四条 粮食行业特有工种职业技能鉴定站（以下简称鉴定站）应于鉴定前对场地、设备、工具材料等进行充分的准备和核查，并创造良好的环境，以保证鉴定条件的公正与公平。

第五条 考核的场次、操作工位由考生抽签决定。

第六条 评分人员必须严格按照评分标准及要求逐项测评打分，认真填写测评记录。评分结束后应进行复查和抽查，发现错误应重新评阅。

第七条 在评分过程中，评分人员应根据评分标准和标准答案独立完成各自的评分，相互之间不得暗示、沟通或讨论，不能用自己的观念影响他人。在操作条件不具备，确需口试答辩的情况时，应准备足够的且与操作试题相关的口试题，供考生抽选。

第八条 对鉴定结果评判核实无误后方可登记汇总，登记后应进行复查，以防漏登和错登。

第九条 评分、登分人员要在各自的结果上签字，以备查存。

第十条 各省（区、市）粮食局、粮食口中央企业劳动人事部门对鉴定站上报的考评结果核查认定后报国家粮食局职业技能鉴定指导中心。

第十一条 在未公布成绩以前，任何人员不得泄露评判结果。

第十二条 试卷、评判登记等资料应保存2年，以备查存。

2006年全国粮食系统普法依法治理工作要点

（国家粮食局 国粮办政[2006]93号 2006年4月18日）

根据全国普法办《关于印发〈二〇〇六年全国普法依法治理工作要点〉的通知》（普法办[2006]1号）精神，结合今年粮食流通工作的重点，制定2006年全国粮食系统普法依法治理工作要点。

一 指导思想和主要任务

1.2006年粮食系统普法依法治理工作的指导思想是：以邓小平理论和“三个代表”重要思想为指导，全面落实科学发展观，深入贯彻党的十六大和十六届三中、四中、五中全会精神，紧紧围绕粮食流通工作的中心任务，深入推进粮食系统普法依法治理工作，进一步增强粮食系统广大干部职工的法制观念和法律素质，提高依法行政的能力和水平，不断推进粮食流通管理的法治化进程。

2.2006年粮食系统普法依法治理工作的主要任务是：认真做好“四五”普法总结表彰和“五五”普法动员部署工作；以领导干部、公务员、粮食经营企业、种粮农民为主要对象，广泛开展“一学三讲”主题教育宣传活动；以《粮食流通管理条例》和《中央储备粮管理条例》为重点，做好相关法律、法规的宣传工作；稳步推进粮食系统依法治理、依法管粮工作。

二 认真做好“四五”普法总结表彰和“五五”普法动员部署工作

1.认真总结“四五”普法的成功经验。“四五”普法期间，全国粮食系统法制宣传教育工作取得了明显进展。对“四五”普法取得的成效，要认真进行总结，对好的经验和做法，要大力宣传和推广；对在普法工作中表现突出的单位和个人，要予以表彰；对存在的问题和难点，要积极研究对策加以解决。

2.启动“五五”普法工作。今年是“五五”普法的第一年，在总结“四五”普法经验的基础上，要做好“五五”普法规划的编制工作。各地粮食部门要根据各省粮食工作的实际需要，研究制定符合本省实际的普法规划，组织召开动员部署会议，全面启动“五五”普法工作。

3. 培养普法骨干，做好培训工作。各地粮食部门要充分重视法制宣传教育工作，注重培养并发挥普法骨干的作用，加强对普法骨干尤其是基层普法骨干的培训工作，进一步提高他们的法律素质和水平。

三 广泛开展以“一学三讲”为主题的法制宣传教育活动

1.广泛开展“一学三讲”主题教育活动。各级粮食行政管理部门要以“学法律、讲权利、讲义务、讲责任”为主题，广泛开展法制宣传教育活动。通过“一学三讲”活动，使法律真正走进农村、走进企业、走进基层，使广大干部群众真正做到学法、知法、守法、用法，并切实履行相应的义务，承担相应的责任。

2.区别对象，有针对性地进行宣传。对粮食行政管理机关工作人员，要侧重于明确职权，承担责任，通过普法宣传明确粮食行政管理部门在粮食流通管理中的职能，严格按照法律赋予的职权和法律规定的程序履行职责，不断提高依法行政和依法管粮的水平；对粮食企业，侧重宣传《粮食流通管理条例》和《中央储备粮管理条例》等相关法律法规中规定的企业在经营活动中应履行的义务，引导企业依法申请中央储备粮代储资格和粮食收购资格，在粮食收购和其他经营活动中遵守国家关于粮食价格、质量、卫生、库存、统计等方面的要求，促使企业依法经营；对种粮农民，侧重于宣传国家粮食政策和法律，宣传有关法律、法规中保护农民利益的有关规定，告知农民维护自身合法权益的途径和方法，提高他们依法维权的能力；同时还要面向全社会广泛进行普法宣传，在全社会营造依法管粮、放心消费的良好氛围。

四 以两个条例为重点，加大普法宣传力度

1.做好《粮食流通管理条例》和《中央储备粮管理条例》的宣传工作。《粮食流通管理条例》和《中央储备粮管理条例》是粮食行政管理部门依法行政的重要法律依据，对两个条例及配套规章和办法，以及当地制定的配套制度和办法，要认真组织学习和宣传，抓好贯彻落实。2006年是《粮食流通管理条例》颁布实施两周年，各地粮食部门要在往年宣传工作的基础上，以“保护粮农利益，维护粮食安全”为主题，深入开展《粮食流通管理条例》宣传工作。要向粮食企业广泛宣传粮食收购市场准入制度，宣传企业在粮食收购中的义务，提高企业依法经营的自觉性；向种粮农民深入宣传国家的粮食收购政策，包括最低收购价政策，提高他们自我保护的意识和能力。

2.继续抓好法律、法规的学习和宣传工作。2006年要继续抓好相关法律法规的宣传工作，主要是做好《行政许可法》、《行政处罚法》、《行政复议法》、《行政诉讼法》、《国家赔偿法》以及《公务员法》等法律法规的学习和宣传工作，使粮食行政管理部门工作人员基本了解行政许可、行政处罚、行政复议的原则、实施主体、程序和法律责任，以及行政诉讼的相关规定，负责相关工作的人员要熟悉上述法律法规的主要内容和具体工作要求。

五 扎实推进粮食系统依法治理工作

1.加强对粮食流通活动的监督检查，加大对群众关心的粮食问题的治理工作。加强对粮食质量、卫生情况的监督检查，确保储存和消费安全；加大对粮食收购环节中损害农民利益情况的检查和处理力度，依法规范粮食收购秩序；加强对储备粮、军粮供应、退耕还林粮食供应、水库移民粮食供应和救灾粮供应的监督检查，保证政策性粮食供应能够做到保质保量。

2.加大对违法违规案件的查处力度。加强对群众反映强烈、社会比较关注的涉粮案件的查处工作。尤其是对在企业改制过程中损害职工利益、在粮食收购活动中损害农民利益，以及在储备粮等政策性粮食购销活动中的违法违规案件，要高度重视，加大查处力度，依法严肃处理。

3.落实行政执法责任制。建立健全行政执法责任制度，梳理执法依据，明确执法职责，建立执法考评办法，严格追究执法责任。通过一系列制度建设，从源头上规范执法行为，提高依法治理的效果。

六 创新法制宣传形式和方式，提高宣传效果

1.充分发挥各种媒体的传播作用。要加强与报刊、广播、电视等新闻媒体的联系，充分利用中国普法网、国家粮食局政府网站和地方粮食局网站等网络资源，主动与各种媒体联系和配合，做好法制宣传工作。

2.采取多种形式开展法制宣传活动。开展有层次、有针对性的公务员法律知识培训，定期举办法律知识讲座，开展法律知识大赛，以标语、横幅、宣传画、板报等形式进行法制宣传。重视法制文艺工作，有条件的地区可以举办法制文艺晚会，利用小品、诗歌、舞蹈等形式，寓教于乐，提高普法效果。

3.做好2006年“12・4”全国法制宣传日活动。结合今年粮食流通工作的实际，开展主题鲜明、内容新颖、形式多样、效果明显的普法宣传活动。

七 加强领导，确保“五五”普法工作的顺利开展

各级粮食行政管理部门要切实加强对普法工作的领导，进一步健全普法机构，明确普法机构的工作职责，协调好普法机构与其他处室的工作衔接；加强普法队伍建设，做好法制宣传人员的教育和培训，培养普法骨干，广泛吸收社会力量加入到法制宣传志愿者队伍；保障普法经费，安排专项经费用于普法教育和宣传，从机构、人员、经费等各个方面确保粮食普法和依法治理工作的顺利开展。

关于做好粮食部门政府网站建设工作的通知

（国家粮食局 国粮办政[2006]99号 2006年4月26日）

各省、自治区、直辖市及新疆生产建设兵团粮食局：

2006年1月中国政府网正式开通，国家粮食局政府网站是中国政府网内容保障单位之一。国家粮食局对政府网站建设高度重视，局长办公会专门研究部署政府网站建设工作。在今年3月召开的全国粮食局长会议上，国家粮食局党组书记、局长聂振邦强调，粮食行政管理部门要高度重视粮食信息报送工作，抓好政府网站建设，推进政府管理方式的创新。为做好国家粮食局政府网站内容保障工作，2005年11月我局发出《关于进一步做好国家粮食局政府网站信息报送工作的通知》（国粮办政[2005]202号），要求各地及时、准确、全面报送粮食信息。目前，各地粮食局信息报送和网站建设工作有了很大的进展，但仍有部分省（区、市）粮食局信息报送不及时，地方粮食部门政府网站建设不平衡，网站信息更新比较慢，不能适应新形势下政府管理方式的转变和社会公众对粮食政务信息的需求，同时也影响了国家粮食局政府网站及时抓取信息。为进一步做好粮食行政管理部门政府网站建设工作，现通知如下：

一、加强领导，落实责任，做好信息报送工作。国家粮食局政府网站行业报道栏目是网站栏目的重要组成部分，各地报送的粮食信息是行业报道栏目内容的主要来源，因此，该网站已经成为粮食行业面向社会公众的窗口和枢纽。各地粮食行政管理部门要积极配合，切实做好粮食信息报送工作，确保粮食部门政府网站高效运行。一是要高度重视信息报送工作，从积极服务公众，接受社会监督，推进粮食行业政务公开的高度，认识网站信息工作的重要性。各地粮食信息报送工作要具体落实到处室，落实到人。二是要建立规范的信息审核、发布和报送制度，确保信息质量和数量。所有报送国家粮食局政府网站的信息要经过严格把关，确保信息内容准确、翔实。三是要全面、及时报送粮食信息，坚持能公开的信息必须公开，必须公开的信息要在第一时间公开。各地报送信息内容包括：地方政府领导参加的粮食工作会议、调研、讲话以及对粮食工作的批示；各地执行国家粮食政策、法律法规情况，地方出台的相关法规规章及其他规范性文件；地方粮食工作动态、粮食产销情况、粮食价格动态等。国家粮食局政府网站首页设置了地方粮食信息报送系统（www.chinagrain.gov.cn：82/dfbsxt），各地可用原来的用户名和密码登录系统报送信息。

二、进一步做好各地粮食部门政府网站（网页）建设工作。目前，部分省级粮食部门建立了政府网站，国家粮食局政府网站在首页显著位置链接了这些网站。一些未建立网站的省级粮食部门，国家粮食局政府网站为其预留相应的网页。各地粮食部门要适应新形势的要求，进一步重视政府网站（网页）建设和管理工作。建有网站的，要继续做好网站的内容更新和维护工作，网站如有变化要及时通知我局政策法规司，以确保国家粮食局政府网站链接有效；未建立政府网站的，可对地方粮食局网页提出修改和完善意见（包括页面、栏目设置等）。各地粮食部门要在人员和经费方面对政府网站建设予以保证。

三、做好专题栏目信息保障工作。根据粮食流通工作的重点、热点问题，我们在国家粮食局政府网站上开辟了专题栏目。5月份将开设“各地贯彻落实全国粮食局长会议”、“《粮食流通管理条例》颁布实施两周年”、“粮食部门参与社会主义新农村建设”、“‘十一五’时期粮食流通工作思路”等专题。请各地认真做好相关专题信息的准备和报送工作，及时通过电子邮件将有关情况报送我局政策法规司。

关于建立县级粮食流通体制改革联系制度的通知

（国家粮食局 国粮办政[2006]104号 2006年4月28日）

各省、自治区、直辖市粮食局：

当前，全国粮食流通体制改革正在向纵深发展。为更加及时、准确地了解和掌握基层粮食流通体制改革进展的第一手情况，总结和推广基层粮食部门改革与发展的新经验，及时发现基层在改革和发展过程中遇到的新情况和新问题，为研究完善政策措施提供可靠依据，进一步巩固和发展改革的成果，根据全国粮食局长会议精神，我局决定建立县级粮食流通体制改革联系制度（以下简称县级粮改联系点）。现就有关事项通知如下：

一 县级粮改联系点的确定和调整

（一）确定原则。兼顾粮食流通体制改革涉及的各个方面，以及粮食主产区、主销区和产销平衡地区等不同地区的特点，县级粮改联系点的做法和经验应有一定的代表性。

（二）确定方法。由省级粮食行政管理部门根据本地区实际情况，按照上述原则，推荐2～3家县（市、区）粮食局报送国家粮食局；国家粮食局从各省（区、市）推荐的单位中选择20～30家，作为首批县级粮食流通体制改革联系点。

省级粮食行政管理部门推荐时要形成书面材料，内容包括该县（市、区）粮改工作取得的成效，值得重视、借鉴或推广的做法和经验，以及存在的问题等，并填写县级粮改联系点基本情况表（见附件，可在国家粮食局政府网首页“下载专栏”下载，网址：www.chinagrain.gov.cn）。

（三）调整方式。如需调整联系点，由省级粮食局提出建议，报国家粮食局确定。

二 县级粮改联系点的主要任务

各县级粮改联系点定期（每两个月一次）或不定期（视情况随时报送）向国家粮食局报送下列材料（每次可根据实际需要报送其中的一项或多项）：

（一）本地区粮食流通体制改革进展情况、主要做法和经验，改革中遇到的困难和问题以及解决的政策建议；

（二）本地区在深化国有粮食企业改革、发挥国有粮食企业主渠道作用方面的主要做法和经验，遇到的困难和问题以及解决的建议；

（三）本地区粮食部门在发展粮食产业化经营，促进粮食稳定增产和种粮农民持续增收，推动县域粮食经济发展方面的做法和经验；

（四）粮食行政管理部门在培育和规范多元市场主体，维护粮食正常流通秩序和职能转变等方面的做法和经验，以及遇到的困难和问题；

（五）本地区粮食市场发展情况，主要粮食品种价格变化情况及原因分析；

（六）国家粮食局要求报送的信息及粮改联系点认为需要上报的信息。

三 县级粮改联系点的经验交流

为总结、交流有代表性和有推广价值的县级粮食部门改革和发展的做法和经验，表彰上一年度报送信息情况较好的联系点和优秀信息员，决定每年召开一次“全国县级粮食流通体制改革现场经验交流会”。

四 县级粮改联系点工作成果的利用

一是作为国家粮食局研究完善粮改政策措施的重要依据；二是将各地报送的有价值的材料及时编印《粮改动态》，报送领导参阅，并印发各省（区、市）粮食局；三是将有推广价值的上报材料和年会交流材料编印《县级粮食流通体制改革成果汇编》，对外公开出版发行，宣传粮改成果，并供各地相互学习借鉴，以点带面推进改革。

对于确定的粮改联系点，国家粮食局将授予“县级粮食流通体制改革联系点”牌匾，并根据各粮改联系点的工作情况，给予每个联系点适当的报送经费补助和奖励。

请你们按照上述有关要求，提出县级粮改联系点推荐名单，并于2006年5月31日之前，将县级粮改联系点书面推荐材料及电子版报送我局政策法规司。

关于确定第2批国家粮食局重点联系大中城市成品粮批发市场的通知

（国家粮食局 国粮办政[2006]115号 2006年5月18日）

各省、自治区、直辖市及新疆生产建设兵团粮食局：

为进一步完善成品粮市场重点联系制度，全面了解和掌握大中城市成品粮市场供求和价格变动情况，加强对粮食批发市场建设和发展的指导，充分发挥成品粮批发市场在搞活粮食流通、确保粮食安全等方面的积极作用，我局决定扩大成品粮市场重点联系范围。经研究，在各地推荐的基础上，确定呼和浩特圣裕昌粮油批发交易市场等11家成品粮批发市场作为第2批国家粮食局大中城市成品粮批发市场重点联系点（名单附后）。我局将加强与各重点联系成品粮批发市场的联系，促进各批发市场之间交流与合作，积极争取政策支持，以推动批发市场健康发展。各重点联系大中城市成品粮批发市场要定期向我局报送粮油成交价格等信息，我局将对这些信息及时进行整理，以便为国家粮食宏观调控提供参考依据，并在国家粮食局政府网站上公布。

请各有关省（区）粮食局积极支持和配合我局做好重点联系成品粮批发市场的相关工作。

国家粮食局第2批重点联系大中城市成品粮批发市场名单

呼和浩特圣裕昌粮油批发交易市场

河南方欣原阳大米交易市场有限公司

武汉武南粮油批发市场

成都粮油市场

贵阳谷丰粮油食品批发市场有限公司

西安粮油批发交易市场

西宁仁杰粮油批发市场有限公司

乌鲁木齐乌铁大米批发市场

张家口冀北粮油批发交易市场

大庆市粮食综合批发市场

安庆市皖西南粮食交易市场

关于确定30个县级粮食流通体制改革联系点的通知

（国家粮食局 国粮办政[2006]160号 2006年7月24日）

各省、自治区、直辖市粮食局：

根据《国家粮食局办公室关于建立县级粮食流通体制改革联系制度的通知》（国粮办政[2006]104号）精神，在各省（区、市）推荐的基础上，确定北京市密云县粮食局等30个县（市、区）粮食局作为“国家粮食局县级粮食流通体制改革联系点”（名单附后），请指导和督促本省（区、市）联系点按照国粮办政[2006]104号文件要求，做好相关工作。

国家粮食局县级粮食流通体制改革联系点名单

北京市密云县粮食局
天津市武清区粮食局
河北省辛集市粮食局
山西省忻州市忻府区粮食局
内蒙古自治区乌拉特前旗粮食局
辽宁省盖州市粮食局
吉林省梨树县粮食局
黑龙江省密山市粮食局
上海市崇明县粮食局
江苏省张家港市粮食局
浙江省绍兴县粮食局
安徽省南陵县粮食局
福建省南安市粮食局
江西省高安市粮食局
山东省莱州市粮食局
山东省章丘市粮食局
河南省孟州市粮食局
湖北省枣阳市粮食局
湖南省桂阳县粮食局
广东省佛山市南海区粮食局
广西壮族自治区贺州市八步区粮食局
四川省巴中市巴州区粮食局
重庆市万州区粮食局
贵州省贵阳市乌当区粮食局

云南省陆良县粮食局
陕西省泾阳县粮食局
甘肃省天水市秦州区粮食局
青海省互助土族自治县粮食局
宁夏回族自治区青铜峡市粮食局
新疆维吾尔自治区昌吉市粮食局

关于印发“五五”保密法制宣传教育规划要点的通知

（国家粮食局 国粮办发[2006]228号 2006年10月29日）

各司室，直属单位、联系单位：

在全国“四五”普法期间，保密法制宣传教育与全国“四五”普法同步进行，较好地完成了各项任务。为推进保密法制宣传教育工作的深入开展，进一步提高广大干部职工遵守保密法律、法规的自觉性，按照《中央宣传部、司法部关于在公民中开展法制宣传教育的第五个五年规划》，以及《中共中央保密委员会办公室、国家保密局“五五”保密法制宣传教育规划》的要求，特制定我局“五五”保密法制宣传教育规划要点。

一 切实加强对领导干部的保密法制宣传教育

1. 加大对领导干部的保密法制宣传教育力度，把学法、知法、用法三者结合起来，提高领导干部的保密意识，增强保密观念，重点是要求领导干部学习《中华人民共和国保守国家秘密法》。认真抓好对领导干部上岗前和在岗期间的保密教育。

2. 积极探索在领导干部中开展保密法制宣传教育的有效途径和办法，使保密法制教育制度化、规范化。继续做好领导干部保密法制讲座、领导干部保密法律知识年度考核工作，使各级领导干部不断提高对保密工作的认识，自觉落实保密工作责任制。

3. 加强与人事部门的协调配合，把保密法律知识纳入领导干部选拔的考核范围，并把执行保密纪律、落实保密领导责任制的情况，列入领导干部考核内容。

二 切实加强对保密要害部门部位涉密人员的保密法制宣传教育

1. 增强实效性。结合形势发展的需要，重点加强涉密人员上岗、在岗及离岗三个环节的保密教育培训，从涉密资格审查、资格确定、签订保密责任书等各环节建立起一套严格的程序。通过集中培训等方式，使涉密人员增强保密意识，并掌握必要的保密法律知识、保密技术防范知识，自觉履行保密责任和义务，不断提高教育的实效。

2. 提高针对性。对专职保密干部，分级进行正规、系统的专业化教育，提高其知识、科技和管理水平，逐步建设一支具有较高政治素质、法律素质和专业水平的保密干部队伍；对兼职保密干部进行必需的上岗培训和通过多种业务形式的培训，使其具备必要的保密知识和具有胜任工作的能力。

三 切实加强对公务员的保密法制宣传教育

1. 加强对粮食系统公务员的保密法制宣传教育，重点加强公务员在招收、录用、培训等环节上的保密法制宣传教育。同时，做好整体推进，进一步加强粮食系统公务员和企事业工作人员的普法工作，建立健全法律知识培训、考试、考核制度，把学法用法作为干部职工考核、任职、定级、晋升的重要依据。

2. 坚持学用结合，普治并举。运用法律知识和保密知识指导工作，有针对性地指导学法、普法工作，使学法和用法、普法和依法治理有机地结合起来。

3. 通过失、窃、泄密典型案例，开展保密法制宣传教育活动，营造保密法制宣传教育氛围，加大保密法律法规宣传教育的深度和广度。

附　录

国家粮食局2006年大事记

一月

1月4日，为贯彻落实党的十六届五中全会提出的“十一五”时期经济社会发展的宏伟目标，根据我局“十一五”粮食工作的总体思路，国家粮食局办公室印发《“十一五”粮食流通监督检查工作目标和2006年粮食流通监督检查工作要点》（国粮办检[2006]3号），提出了“十一五”期间粮食流通监督检查工作目标：到2010年，形成一套比较完整的、适应社会主义市场经济要求的依法管粮法规体系、质量标准体系和配套的工作制度体系；建成一个比较完善的，权责明确、行为规范、监督有效、保障有力的粮食流通监督检查行政执法工作体系；培育一支有较高整体素质的专业监督检查执法队伍；建立一套高效快捷的监督检查行政执法信息网络体系；基本形成经营活跃、管理规范、流通有序、供求稳定、卫生安全的粮食流通秩序。

1月16日，国家粮食局召开全局干部职工大会，局党组书记、局长聂振邦做工作报告，对全局2005年的工作进行了总结，提出2006年的主要工作任务是：继续完善粮食流通体制，积极推进和深化国有粮食企业改革；加强和改善粮食宏观调控，努力保持粮食供求紧平衡和粮食价格基本稳定；建立健全粮食产销区稳定的购销关系和衔接机制，巩固和发展粮食市场化改革成果；全面启动粮食行业“十一五”规划，建设粮食现代物流体系，大力推进粮食产业化经营，促进粮食行业加快发展；进一步转变粮食行政管理部门职能，加强粮食流通监督检查制度建设，积极推进依法管粮；巩固和扩大先进性教育成果，加强党风廉政建设。郄建伟、任正晓、张桂凤、曾丽瑛、杨兵同志出席大会。

二月

2月27日，国家发展改革委、国家粮食局等部门联合发出通知，公布2006年稻谷和小麦最低收购价，小麦（三等，下同）最低收购价格为每50公斤白小麦72元，红小麦69元，早籼稻、中晚籼稻、粳稻最低收购价格分别为每50公斤70元、72元、75元。新粮上市前，国家发展改革委、国家粮食局等部门印发2006年小麦、早籼稻、中晚稻执行预案，执行小麦最低收购价预案的地区为河北、江苏、安徽、山东、河南、湖北，执行早籼稻最低收购价预案的地区为安徽、江西、湖北、湖南，执行中晚稻最低收购价预案的地区为吉林、黑龙江、安徽、江西、湖北、湖南、四川。

三月

3月19日至20日，全国粮食局长会议暨粮食系统先进集体和先进工作者（劳动模范）表彰大会在北京召开。会议主要内容是贯彻落实中央经济工作会议和中央农村工作会议精神，总结“十五”时期的粮食流通工作，研究提出“十一五”期间粮食流通工作的基本思路，学习贯彻《国务院关于进一步完善粮食流通体制改革政策措施的意见》，全面部署2006年粮食流通的各项工作；表彰粮食系统先进集体和先进工作者。中共中央政治局委员、国务院副总理曾培炎同志接见了受到表彰的先进集体代表和先进个人（劳动模范）以及与会代表，并作了重要讲话。国家发展改革委主任马凯，中央财经领导小组办公室主任、国家发展改革委副主任王春正，国家发展改革委副主任毕井泉，人事部副部长尹蔚民，国家粮食局局长聂振邦，中储粮总公司总经理林军，国家粮食局副局长郄建伟、任正晓、张桂凤、曾丽瑛、驻局纪检组组长杨兵等陪同曾培炎副总理参加了会见。会上，人事部、国家粮食局联合表彰了全国粮食系统先进集体90个，劳动模范51人，先进工作者75人。

四月

4月10日，为贯彻落实中央关于建设社会主义新农村的重要部署，深入开展“放心粮油进农村”活动，国家粮食局在山东召开全国“放心粮油进农村”工作会议。会议主要内容是总结交流开展“放心粮油进农村”工作的经验，研究安排2006年工作；表彰“放心粮油进农村”优秀企业；进行“放心粮油”评审监管工作培训，研究如何做好评审监管工作；参观“放心粮油进农村”典型单位。聂振邦、张桂凤同志出席了会议。

4月29日，为增强粮食科技自主创新能力，贯彻落实全国科学技术大会精神和《国家中长期科学和技术发展规划纲要（2006～2020）》各项工作任务，国家粮食局印发了《关于“十一五”粮食科技发展的指导意见》（国粮展[2006]63号），提出了“十一五”粮食科技发展的指导思想、发展目标、基本原则以及“十一五”粮食科技优先发展的领域和重点工作。

五月

5月13日，为妥善解决粮食流通体制改革中出现的新问题，以科学发展观为统领，坚持中央确定的粮食流通体制改革总体目标和基本思路，进一步完善政策措施，健全体制机制，加大改革力度，确保粮食流通体制改革的顺利推进，国务院下发《关于完善粮食流通体制改革政策措施的意见》（国发[2006]16号）。意见指出：一、加快推进国有粮食购销企业改革，切实转换企业经营机制；二、加快清理和剥离国有粮食企业财务挂账，妥善解决企业历史包袱；三、积极培育和规范粮食市场，加快建立全国统一开放、竞争有序的粮食市场体系；四、加强粮食产销衔接，逐步建立产销区之间的利益协调机制；五、进一步加强和改善粮食宏观调控，确保国家粮食安全；六、加强粮食流通的监督检查，做好全社会粮食流通统计工作；七、加强领导，确保粮食流通体制改革顺利推进。

5月20～26日，为贯彻全国科技大会精神,组织实施“十一五”粮食行业发展规划六项重点建设工程，落实《“十一五”粮食科技发展指导意见》，推进粮食行业科技创新体系建设，提高公众粮油食品安全意识，增加营养健康知识，推广农户科学储粮产后减损技术，国家粮食局组织全国20个省、自治区、直辖市粮食局、中储粮总公司、中粮集团和粮食科研、质检、加工以及购销企业等400多个单位，在全国范围内举办了以“粮油食品安全与农村科学储粮”为主题，以“三个层面互动、两条主线贯穿”活动方式的2006年粮食科技活动周。开展了503场次群众性粮食科普活动，现场为40多万人提供了粮食科技知识的咨询服务，活动遍及20个大中城市和493个县（乡镇）。

5月25～26日，全国国有粮食企业改革工作会议在黑龙江省哈尔滨市召开。会议主要内容是全面总结“十五”期间国有粮食企业改革工作；表彰全国国有粮食企业改革先进单位；部署“十一五”期间工作任务；安排当前改革工作。聂振邦、任正晓同志出席了会议。

六月

6月，为及时掌握小麦最低收购价预案实施省份和周边省份新收获小麦的质量状况，国家粮食局组织对河南、山东、河北、安徽、江苏、湖北、陕西、四川等8省新收获的小麦质量进行了调查。此次调查样品以农户样品（村级混合样）为主，入库样品为辅。各省样品数量按小麦产量权重进行分配，并按产量优先、等距分布原则分配到各主产县的自然村。抽样工作由各省粮食部门组织完成，实际抽取样品1656份，其中农户样品1254份，入库样品402份。

七月

7月10日，为深入贯彻党的十六届五中全会提出的建设社会主义新农村的重大历史任务，切实履行好粮食部门的职责，国家粮食局印发《关于粮食部门积极参与和服务社会主义新农村建设的意见》（国粮政[2006]99号）。意见共分九个部分：一、推进社会主义新农村建设是粮食流通工作的重要任务；二、粮食部门推进社会主义新农村建设的工作思路；三、认真执行国家粮食收购政策，保护种粮农民收益；四、加强对粮食市场的宏观调控，增加种粮农民收入；五、积极推进粮食产业化经营，提高粮食比较效益；六、加强粮食市场体系建设，促进粮食顺畅流通；七、加强粮食市场监管，保护种粮农民合法权益；八、创新服务体系，全方位服务种粮农民；九、建立健全工作机制，确保新农村建设取得实效。

7月21日，为认真贯彻落实国务院领导同志的重要批示精神，进一步做好夏粮和早籼稻收购工作，保证储粮安全，国家发展改革委、国家粮食局、财政部、中国农业发展银行、中国储备粮管理总公司等5部门（单位）联合下发关于妥善解决仓容问题进一步做好夏粮和早籼稻收购工作的紧急通知（国粮电[2006]8号）。通知要求地方各级政府和粮食行政管理部门积极鼓励各类经营主体入市收购，充分利用社会仓储资源；主销区要积极按最低收购价到产区采购粮食，充实地方储备和商品库存；积极挖掘仓容潜力，搞好粮食集并工作；抓紧仓库维修工作，扩大收储能力；加强技术指导，确实需露天储粮的必须保证储粮安全；加强仓储管理，确保储粮安全。

7月27日，为贯彻落实国务院关于加强安全生产的有关精神，国家粮食局发函《关于做好夏粮和早籼稻收购期间安全生产工作的通知》（国粮电[2006]9号）。通知要求各地粮食部门要加强领导，完善夏粮和早籼稻收购安全生产保障机制，建立健全以企业预案为主体的安全生产事故应急救援体系；要规范操作，指导粮食收购企业加强设备的检查与维护，认真开展岗前安全生产和业务培训，严格按规程作业，防范设备伤人事故发生；要严格措施，切实做好储粮化学药剂管理工作，严格使用操作规程；要做好防雷电、防台风等灾害的减灾工作，特别是台风经过地区要做好防范和应急准备工作，确保安全度夏度汛，确保储粮安全。各级粮食行政管理部门和粮食收购企业要进一步落实责任，建立健全安全生产值班制度，确保信息畅通，发生安全生产事故或发现重大安全生产隐患要及时上报。

八月

8月20～25日，为贯彻落实温家宝总理关于做好农户储粮工作的批示精神和《国务院关于完善粮食流通体制改革政策措施的意见》（国发〔2006〕16号）提出的“加强对农民储存粮食的技术指导，降低粮食产后损失”的要求，抓紧提出实施“农村粮食产后减损安全保障工程”实施方案，国家粮食局组织对四川、江西、辽宁等省农户储粮情况进行了专题调研。

8月31日，全国粮食科学技术大会在北京召开。会议主要内容是：贯彻落实全国科技大会精神以及《国家科技规划纲要》的工作部署，按照《“十一五”粮食科技发展指导意见》，明确“十一五”科技发展思路和各项工作任务；全面总结和展示“十五”粮食行业科技工作的经验和科技成果；介绍“十一五”国家农业科技计划体系及重点工作；研讨贯彻落实《“十一五”粮食科技发展指导意见》具体措施和工作建议；交流粮食科技自主创新典型经验；邀请知名专家和学科带头人作现代粮食科技发展和重点领域的专题报告；学习了解相关行业的先进技术和科技发展情况。聂振邦、郗建伟、任正晓、曾丽瑛、杨兵同志出席了会议。

九月

9月5日，为规范对粮食经营企业的粮食库存检查工作，监督和指导粮食经营企业加强库存管理，国家发展改革委、国家粮食局、财政部、农业发展银行印发《粮食库存检查暂行办法》（国粮检[2006]139号），对粮食库存检查的内容和方法、组织和实施、权责及检查结果的处理进行了规定。

9月中下旬，为切实掌握全国粮食库存情况，确保粮食宏观调控措施的落实，按照《粮食流通管理条例》和《中央储备粮管理条例》的有关规定，国家粮食局会同有关部门部署开展2006年全国粮食库存检查工作。检查范围包括国有和国有控股粮食经营企业和仍承担政策性粮食业务的其他所有制企业储存的中央储备粮、地方储备粮、其他政策性粮食和商品粮。检查内容包括：粮食库存实物检查；粮食库存账务检查；库存粮食质量、原粮卫生及储粮安全检查；涉及粮食库存管理的其他情况。在各地自查的基础上，国家粮食局组织了对河北、辽宁、吉林、浙江、河南、湖南、重庆、甘肃、青海、宁夏等10省区市的抽查。

十月

10月12日，国家粮食局召开会议，传达学习胡锦涛同志在十六届六中全会上的重要讲话和《中共中央关于构建社会主义和谐社会若干重大问题的决定》、吴邦国同志就《决定（讨论稿）》的说明、《中共中央关于召开党的第十七次全国代表大会的决议》。研究提出了做好当前粮食工作的五项措施：一是深入调查了解粮食流通体制改革进展情况，研究提出继续完善粮食流通体制改革的政策措施，总结和推广先进经验，巩固改革成果；二是大力做好粮食购销工作，确保粮食市场价格稳定和供求基本平衡，保护好种粮农民的利益；三是加强和改善粮食宏观调控，立足国内粮食生产，保证粮食基本自给，确保国家粮食安全；四是大力推进国有粮食企业改革，抓好相关政策的落实，妥善处理企业历史包袱，重点做好粮食企业下岗分流人员的再就业工作，全力促进社会和谐；五是按照全会的有关要求，党组中心组集中安排3天时间，认真学习十六届六中全会文件和《江泽民文选》，进一步研究提出贯彻落实全会精神的具体措施。聂振邦、郄建伟、任正晓、张桂凤、杨兵、曾丽瑛同志出席了会议。

10月16日，国家粮食局、河南省人民政府在 “世界粮食日”之际共同主办“第六届中国粮油精品展示交易会”，开展主题为“增粮节粮 · 促进粮食安全”的“爱粮节粮宣传周”活动。同期还举办了“全国爱粮节粮成果交流展览会”、“中国粮食产业多元化发展高端论坛”和“河南工业大学建校50周年庆典”等活动。聂振邦、张桂凤同志和河南省委、省政府的主要负责同志出席了活动。

10月19日，为贯彻落实《粮食流通管理条例》（国务院令第407号）和《国务院关于完善粮食流通体制改革政策措施的意见》（国发[2006]16号）提出的关于加强对粮食质量与原粮卫生监管的有关要求，进一步做好粮食质量与原粮卫生监管工作，保障粮食质量安全，国家粮食局下发了《关于建立国家粮食质量监测体系的通知》（国粮发[2006]146号），提出按照“合理布局、择优选用、因地制宜、共建共享”的原则，在各省（自治区、直辖市）挂牌设立国家粮食质量监测中心，并逐步在省（区、市）以下设立若干区域性国家粮食质量监测站，初步形成以国家粮食局标准质量中心为核心，覆盖全国粮食主产省份和人口密集城市，布局合理、功能完善、运行高效的国家粮食质量监测体系。

十一月

11月15～16日，为贯彻落实温家宝总理关于推广宁夏回族自治区粮食流通体制改革经验的重要批示精神，经国务院同意，国家粮食局会同国家发展改革委、财政部、农业部、中国农业发展银行在宁夏召开全国粮食流通体制改革宁夏现场经验交流会。会议全面介绍了宁夏粮食流通体制改革的情况、经验和主要做法，并就如何推进全国粮食流通体制改革工作提出建议和意见。聂振邦、任正晓同志和宁夏回族自治区政府主要负责同志出席了会议。

十二月

12月25日，国家粮食局召开党组扩大会议，传达中央农村工作会议精神，认真学习回良玉同志的重要讲话，围绕积极发展现代农业，扎实推进社会主义新农村建设的主题，按照落实科学发展观和构建社会主义和谐社会的要求，结合粮食工作实际研究提出贯彻会议精神的措施：一是认真贯彻落实国发[2006]16号文件精神，加强对粮食流通体制改革工作的指导，督促各地落实国有粮食企业改革的各项政策。二是做好粮食购销工作，确保粮食供应和市场粮价稳定。三是加强市场监测，健全粮食应急保障机制。四是加强粮食市场监管。五是加快以粮食购销、加工企业为龙头的粮食产业化体系建设，大力发展粮食产业化经营。六是加快粮食市场体系和粮食物流体系建设。七是认真落实“十一五”粮食流通科技发展指导意见，积极参与社会主义新农村建设，大力推进农村粮食产后安全保障工程，深入开展放心粮油进农村活动。八是积极推进依法行政，转变职能和作风，加强粮食行政管理队伍建设，做好粮食流通工作。聂振邦、郄建伟、任正晓、张桂凤、杨兵、曾丽瑛同志出席了会议。

12月28日，为贯彻落实《国务院关于完善粮食流通体制改革政策措施的意见》（国发[2006]16号）有关要求，国家发展改革委、国家粮食局、财政部、铁道部、交通部、国家工商总局、中国农业发展银行联合制定印发《关于进一步促进粮食产销合作发展的指导意见》（国粮调[2006]224号）。主要内容是：充分认识促进粮食产销合作发展的重要意义，促进粮食产销合作发展的总体思路和基本原则,促进粮食产销合作发展的主要任务,进一步完善促进粮食产销合作发展的政策措施,建立健全促进粮食产销合作发展的工作机制。

1～12月，国家粮食局会同有关部门和单位共组织22次竞价销售，对2005年最低收购价稻谷进行了拍卖。截至12月13日，累计成交799.2万吨，占总收购量的62%。

2006年，国家粮食局批准成立武汉、合肥、郑州、哈尔滨等4个国家粮食交易中心。

国家粮食局优秀软科学研究成果奖 2006年度获奖名单

一等奖

项目名称：影响我国粮油加工业发展的几个关键因素研究及政策建议

项目单位：国家粮食局流通与科技发展司

北京东方孚德科技发展中心

项目负责人：郄建伟

项目组成员：何　毅　王莉蓉　刘世鹏　夏建桥　谭本刚　曹宝明　袁佐云　周丽萍　王晓华

主要执笔人：谭本刚　刘世鹏　夏建桥

项目名称：国有粮食企业产权制度改革与流通组织创新

项目单位：国家粮食局财务司

项目负责人：任正晓

项目组成员：邓亦武　朱传碧　肖春阳　王耀鹏　石少龙　罗文娟　马　明　李亚莉

主要执笔人：邓亦武　石少龙　肖春阳

项目名称：市场化条件下粮食法治问题的研究

项目单位：四川省粮食局

项目负责人：李益良

项目组成员：李益良　侯　勇　蔡开泉　罗　叶　张红樱　李伯霜　胥　镤

主要执笔人：罗　叶　蔡开泉　张红樱　胥　镤

项目名称：北京市适应市场调控及应急需要的粮食加工能力研究

项目单位：北京市粮食局

项目负责人：马长旺

项目组成员：马长旺　杨　牧　赵　毅　石明磊　王善华　冯兰敏　王　瑞　孙　琳

主要执笔人：王善华　孙　琳　石明磊

二等奖

项目名称：我国粮食产后减损问题分析及对策研究

项目单位：国家粮食局办公室

项目负责人：聂振邦

项目组成员：孙鉴奇　张树淼　吴永顺　刘莉华　高美华
陈秀玲　段建丽　史京华　麻国杰　郁士祥

主要执笔人：金　贤　刘青青

项目名称：“十一五”粮食流通体制改革政策研究

项目单位：国家粮食局政策法规司

项目负责人：聂振邦

项目组成员：刘小南　颜　波　赵素丽　陈玉中　陈书玉
周　辉　孔伟娟　田　野　韩继志　杨绪珍

主要执笔人：陈书玉

项目名称：关于进一步强化地方粮食储备工作的研究报告

项目单位：国家粮食局调控司

项目负责人：曾丽瑛

项目组成员：卢景波　陈家积　周冠华　姚秀敏　刘冬竹
张　云　秦玉云　周　波　李　洵　何少平

主要执笔人：秦玉云　何少平

项目名称：发展粮食产业化　培育新型职业农民
——社会主义新农村建设的突破点

项目单位：中国粮食研究培训中心

项目负责人：张汉麟

项目组成员：邓亦武　何松森　刘向阳　杨银海　施新州　唐　成　陈　龙　罗　佳

主要执笔人：刘向阳　杨银海　施新州　唐　成　陈　龙　罗　佳

项目名称：广东省建立全社会粮食储备新体系问题研究

项目单位：广东省发展和改革委员会
广东省粮食局

项目负责人：董富胜

项目组成员：谢毅文　钟金清　符策博　仲爱华　马　源　邹　俊

主要执笔人：谢毅文　钟金清　符策博　仲爱华　马　源　邹　俊

项目名称：关于完善储备粮体系与粮食宏观调控问题研究

项目单位：广西壮族自治区粮食局

项目负责人：梁雨祥

项目组成员：黄显阳　冯俊英　黄永蓬　梁金宁　张秉德　谭　漪　韦济能　陈家权

主要执笔人：黄永蓬　谭　漪　张秉德

三等奖

项目名称：粮食经营者守法经营诚信评价体系研究

项目单位：国家粮食局监督检查司

项目负责人：吴子丹

项目组成员：程传秀　严　涛　袁　辉　杨卫辰　周晓耘　邓　立

主要执笔人：袁　辉　杨卫辰　周晓耘

项目名称：中国玉米产销状况与未来发展趋势

项目单位：国家粮油信息中心

项目负责人：尚强民

项目组成员：王晓辉　李喜贵　曹　智　张浩然　佟远明

主要执笔人：王晓辉　李喜贵

项目名称：市场化条件下粮食行政执法问题研究

项目单位：中国粮食研究培训中心

项目负责人：张汉麟

项目组成员：邓亦武　何松森　刘向阳　杨银海　施新州　唐　成　陈　龙　罗　佳

主要执笔人：刘向阳　杨银海　施新州　唐　成　陈　龙　罗　佳

项目名称：关于我国粮食安全库存水平的量化调控指标研究和政策建议

项目单位：中国粮食经济学会　中国粮食行业协会

项目顾问：白美清

项目负责人：宋廷明

项目组成员：宋廷明　赵凌云　肖振乾　宋文仲　李思恒

宋丹丕　邹振东　李为民　耿兆书　姚国勤

主要执笔人：肖振乾　宋文仲　李思恒

项目名称：我国粮食补贴政策体系研究

项日单位：国家粮食局科学研究院

项目负责人：亢　霞

项目组成员：亢　霞　任保中　马　榕　杨道兵

主要执笔人：亢　霞

项目名称：湖北省粮食企业产权制度改革探究

——建立新型的粮食企业国有资产监管体制

项目单位：湖北省粮食局　荆州区粮食局

项目负责人：赵启玉

项目组成员：赵启玉　齐　明　熊贵斌　董正标　呙煦升

主要执笔人：呙煦升

项目名称：关于江苏粮食现代物流体系的研究

项目单位：江苏省粮食局

项目负责人：于国民

项目组成员：于国民　郑步友　聂恒勇　张志平　黄熙荣

主要执笔人：黄熙荣

项目名称：粮食流通行政执法责任制理论初探

项目单位：北京市粮食局

项目负责人：朱　雷

项目组成员：王　玲　卢　跃　于　涛

主要执笔人：于　涛

项目名称：关于“十一五”期间天津市粮食安全的思考与建议

项目单位：天津市粮食局

项目负责人：陈树起

项目组成员：李久彦　樊力生　吴维吉　杨月年　于存江　路　杰　王招东　邸力军

主要执笔人：邸力军　王招东　樊力生

项目名称：中部崛起与湖南粮食产业发展

项目单位：湖南省粮食局

项目负责人：余新奇

项目组成员：曾晓辉　周志和　王　强

主要执笔人：周志和　余新奇

项目名称：新疆玉米产业发展对策研究

项目单位：新疆维吾尔自治区粮食局

项目负责人：陈　彤　黄建庄

项目组成员：巴合提亚　冯　魏　张建梅　王　军　李季刚　崔宇新

主要执笔人：崔宇新　王　军

国家粮食局2006年度粮食工作优秀调研报告获奖名单

一等奖

调研报告题目：关于河北、河南、山东省小麦最低收购价预案执行情况的调研报告
调 研 单 位：国家粮食局调研组
调研组成员：聂振邦 颜 波

调研报告题目：关于山东、江苏两省夏粮收购情况的调查报告
调 研 单 位：国家粮食局调研组
调研组成员：张桂凤 邓亦武 段建丽 龙伶俐 唐 茂 王 旭 虞慧兰 孙玉杰

调研报告题目：福建省粮食部门与粮食行业参与海峡两岸社会主义新农村建设问题的研究
调 研 单 位：福建省粮食局
调研组成员：刘昌霖 孙 竹 王修风 蔡立雄 蔡建新

调研报告题目：江西省2005年社会粮食供需状况与趋势分析
调 研 单 位：江西省粮食局
调研组成员：戴杭生 谌国鑫 袁志强 刘龙恩

调研报告题目：国内玉米供求形势出现新变化 国家粮食局部署做好玉米收购工作
调 研 单 位：国家粮食局调控司
调研组成员：卢景波 刘冬竹

调研报告题目：积极参与社会主义新农村建设 努力开拓农村粮食工作新局面
调 研 单 位：浙江省粮食局
调研组成员：李林访 钟传厚 陈群华 项慈若

二等奖

调研报告题目：国家粮食局关于河南郑州兴隆国家粮食储备库改制情况的调查报告

调 研 单 位：国家粮食局财务司

调研组成员：邓亦武　肖春阳　陈玉中

调研报告题目：粮油加工机械制造业的发展历程、问题与对策

——对江苏省粮油加工机械制造企业的典型调查

调 研 单 位：国家粮食局流通与科技发展司

调研组成员：何　毅　王莉蓉　谭本刚

调研报告题目：关于《粮食流通管理条例》贯彻落实情况专项检查和调研的报告

调 研 单 位：国家粮食局监督检查司　政策法规司

调研组成员：严　涛　赵素丽　袁　辉　杨卫辰　杨绪珍　邓　立　任元川　于　涛

调研报告题目：东北新一轮玉米深加工热亟需降温

——东北地区粮食物流调研报告

调 研 单 位：中国粮食行业协会　中国粮食经济学会

调研组成员：宋廷明　闻景发　林　谦　南淑妮

调研报告题目：大力发展粮油加工　促进粮食转化增值

调 研 单 位：河北省粮食局

调研组成员：马　静　杨洲群　任树昌　李新年　李志明　修宗睿

调研报告题目：坚持粮食托市收购政策的长期稳定

——对粮食托市收购政策的实践与思考

调 研 单 位：安徽省粮食局

调研组成员：桂梅生

调研报告题目：大旱之年确保四川粮食供求平衡的对策研究

调 研 单 位：四川省粮食局

调研组成员：李益良　黎　明　王海林　蔡开泉

调研报告题目：关于国有粮食购销企业盈利情况的调研报告

调 研 单 位：湖北省粮食局

调研组成员：邹欣然　夏昌银　龚　伟

三等奖

调研报告题目：农户存粮减少值得关注

——山西等7省8县39户农民存粮情况抽样调查报告

调 研 单 位：中国粮食经济学会

调研组成员：李为民　耿兆书

调研报告题目：安徽省2005年社会粮食供需平衡统计调查报告

调 研 单 位：安徽省粮食局

调研组成员：徐维彬　石正义　阚少林　从　文　夏仕重

调研报告题目：浙江省在新形势下确保农村销区粮食供应问题研究

调 研 单 位：浙江省粮食局

调研组成员：叶小云　王路平　吴彤郑

调研报告题目：2005年福建粮食供需总量及区域平衡的统计分析

调 研 单 位：福建省粮食局

调研组成员：陈扬玉　卢兆钟

调研报告题目：关于粮食流通体制改革和职工基本生活状况的调查报告

调 研 单 位：山西省粮食局

调研组成员：刘玉发

调研报告题目：我国生物质燃料发展状况及原料供给调查报告

调 研 单 位：吉林省粮食经济学会

调研组成员：刘笑然

调研报告题目：完善政策　搞活购销

——对粮食最低收购价政策及其执行的调查与思考

调 研 单 位：湖南省粮食局

调研组成员：甘　霖　兰录平

调研报告题目：关于对阿勒泰地区粮食购销企业财务经营情况的调查

调 研 单 位：新疆维吾尔自治区粮食局

调研组成员：马中玉　张建梅

调研报告题目：三门峡市县（市）粮食工作调研报告

调 研 单 位：河南省三门峡市粮食局

调研组成员：水润平　乔天绪　马建苛

调研报告题目：国有粮食企业改制后如何做好粮食收购工作的探索

调 研 单 位：陕西省渭南市粮食局

调研组成员：赵英歌　王社斌　李卫明

调研报告题目：武威市粮食安全现状及对策建议

调 研 单 位：甘肃省武威市粮食局

调研组成员：柴尔桢　鲁金芳

调研报告题目：深化改革转机制　多措并举促发展

调 研 单 位：宁夏回族自治区中宁县粮食局

调研组成员：张力军　马栋庆　宋学范

粮食行业统计资料

表1 全国主要农作物播种面积(1978～2006年)

单位：千公顷

年 份	粮食					油料
		稻谷	小麦	玉米	大豆	
1978	120587	34421	29183	19961	7144	6222
1979	119263	33873	29357	20133	7247	7051
1980	117234	33878	28844	20087	7226	7928
1981	114958	33295	28307	19425	8024	9134
1982	113462	33071	27955	18543	8419	9343
1983	114047	33136	29050	18824	7567	8390
1984	112884	33178	29576	18537	7286	8678
1985	108845	32070	29218	17694	7718	11800
1986	110933	32266	29616	19124	8295	11415
1987	111268	32193	28798	20212	8445	11181
1988	110123	31987	28785	19692	8120	10619
1989	112205	32700	29841	20353	8057	10504
1990	113466	33064	30753	21401	7560	10900
1991	112314	32590	30948	21574	7041	11530
1992	110560	32090	30496	21044	7221	11489
1993	110509	30355	30235	20694	9454	11142
1994	109544	30171	28981	21152	9222	12081
1995	110060	30744	28860	22776	8127	13102
1996	112548	31406	29611	24498	7471	12555
1997	112912	31765	30057	23775	8346	12381
1998	113787	31214	29774	25239	8500	12919
1999	113161	31283	28855	25904	7962	13906
2000	108463	29962	26653	23056	9307	15400
2001	106080	28812	24664	24282	9482	14631
2002	103891	28202	23908	24634	8720	14766
2003	99410	26508	21997	24068	9313	14990
2004	101606	28379	21626	25446	9589	14431
2005	104278	28847	22793	26358	9591	14318
2006	105489	29295	22961	26971	9280	13736

数据来源：国家统计局统计资料。

表2 全国主要农作物产量(1978～2006年)

单位:万吨

年份	粮食	稻谷	小麦	玉米	大豆	油料
1978	30476.5	13693.0	5384.0	5594.5	756.5	521.8
1979	33211.5	14375.0	6273.0	6003.5	746.0	643.5
1980	32055.5	13990.5	5520.5	6260.0	794.0	769.1
1981	32502.0	14395.5	5964.0	5920.5	932.5	1020.5
1982	35450.0	16159.5	6847.0	6056.0	903.0	1181.7
1983	38727.5	16886.5	8139.0	6820.5	976.0	1055.0
1984	40730.5	17825.5	8781.5	7341.0	969.5	1191.0
1985	37910.8	16856.9	8580.5	6382.6	1050.0	1578.4
1986	39151.2	17222.4	9004.0	7085.6	1161.4	1473.8
1987	40297.7	17426.2	8590.2	7924.1	1246.5	1527.8
1988	39408.1	16910.7	8543.2	7735.1	1164.5	1320.3
1989	40754.9	18013.0	9080.7	7892.8	1022.7	1295.2
1990	44624.3	18933.1	9822.9	9681.9	1100.0	1613.2
1991	43529.3	18381.3	9595.3	9877.3	971.3	1638.3
1992	44265.8	18622.2	10158.7	9538.3	1030.4	1641.2
1993	45648.8	17751.4	10639.0	10270.4	1530.7	1803.9
1994	44510.1	17593.3	9929.7	9927.5	1599.9	1989.6
1995	46661.8	18522.6	10220.7	11198.6	1350.2	2250.3
1996	50453.5	19510.3	11056.9	12747.1	1322.4	2210.6
1997	49417.1	20073.5	12328.9	10430.9	1473.2	2157.4
1998	51229.5	19871.3	10972.6	13295.4	1515.2	2313.9
1999	50838.6	19848.7	11388.0	12808.6	1424.5	2601.2
2000	46217.5	18790.8	9963.6	10600.0	1540.9	2954.8
2001	45263.7	17758.0	9387.3	11408.8	1540.6	2864.9
2002	45705.8	17453.9	9029.0	12130.8	1650.5	2897.2
2003	43069.5	16065.6	8648.8	11583.0	1539.3	2811.0
2004	46946.9	17908.8	9195.2	13028.7	1740.1	3065.9
2005	48402.2	18058.8	9744.5	13936.5	1634.8	3077.1
2006	49747.9	18257.2	10446.7	14548.2	1596.7	3059.4

数据来源：国家统计局统计资料。

表3 全国主要农作物单位面积产量(1978～2006年)

单位:公斤/公顷

年 份	粮食	稻谷	小麦	玉米	大豆	油料
1978	2527.3	3978.1	1844.9	2802.7	1059.0	838.6
1979	2784.7	4243.8	2136.8	2981.9	1029.4	912.7
1980	2734.3	4129.6	1913.9	3116.4	1098.8	970.0
1981	2827.3	4323.7	2106.9	3047.9	1162.2	1117.2
1982	3124.4	4886.3	2449.3	3265.9	1072.6	1264.8
1983	3395.7	5096.1	2801.7	3623.3	1289.8	1257.4
1984	3608.2	5372.6	2969.1	3960.3	1330.6	1372.5
1985	3483.0	5256.3	2936.7	3607.2	1360.5	1337.7
1986	3529.3	5337.6	3040.2	3705.1	1400.2	1291.1
1987	3621.7	5413.1	2982.9	3920.6	1476.0	1366.5
1988	3578.6	5286.7	2968.0	3928.1	1434.1	1243.3
1989	3632.2	5508.5	3043.0	3877.9	1269.3	1233.1
1990	3932.8	5726.1	3194.1	4523.9	1455.1	1479.9
1991	3875.7	5640.2	3100.5	4578.3	1379.5	1421.0
1992	4003.8	5803.1	3331.2	4532.7	1427.0	1428.4
1993	4130.8	5847.9	3518.8	4963.0	1619.1	1619.0
1994	4063.2	5831.1	3426.3	4693.4	1734.9	1646.9
1995	4239.7	6024.8	3541.5	4916.9	1661.4	1717.6
1996	4482.8	6212.4	3734.1	5203.3	1770.2	1760.7
1997	4376.6	6319.4	4101.9	4387.3	1765.1	1742.5
1998	4502.2	6366.2	3685.3	5267.8	1782.5	1791.0
1999	4492.6	6344.8	3946.6	4944.7	1789.2	1870.5
2000	4261.2	6271.6	3738.2	4597.5	1655.7	1918.7
2001	4266.9	6163.3	3806.1	4698.4	1624.8	1958.1
2002	4399.4	6189.0	3776.5	4924.5	1892.9	1962.0
2003	4332.5	6060.7	3931.8	4812.6	1652.9	1875.2
2004	4620.5	6310.6	4251.9	5120.2	1814.8	2124.6
2005	4641.6	6260.2	4275.3	5287.3	1704.5	2149.2
2006	4715.9	6232.3	4549.7	5394.0	1720.6	2227.2

数据来源：国家统计局统计资料。

表4 2006年各地区农作物播种面积

单位：千公顷

地　区	2005年	2006年	2006年比2005年增加	
			绝对数	%
全国总计	155487.7	157020.6	1532.9	1.0
北　京	318.0	329.6	11.6	3.7
天　津	499.4	513.9	14.4	2.9
河　北	8785.5	8777.3	-8.1	-0.1
山　西	3795.4	3822.9	27.6	0.7
内蒙古	6215.7	6297.2	81.5	1.3
辽　宁	3796.7	3766.8	-29.9	-0.8
吉　林	4954.1	4984.6	30.4	0.6
黑龙江	10083.7	10467.9	384.2	3.8
上　海	403.6	401.4	-2.2	-0.5
江　苏	7641.2	7608.8	-32.4	-0.4
浙　江	2837.9	2848.4	10.4	0.4
安　徽	9172.5	9145.1	-27.3	-0.3
福　建	2481.3	2434.5	-46.8	-1.9
江　西	5251.4	5363.3	111.9	2.1
山　东	10736.1	10727.9	-8.1	-0.1
河　南	13922.7	14185.6	262.9	1.9
湖　北	7279.4	7350.3	70.9	1.0
湖　南	7977.6	8074.0	96.4	1.2
广　东	4815.4	4838.4	23.0	0.5
广　西	6489.2	6460.2	-29.0	-0.4
海　南	778.1	821.2	43.1	5.5
重　庆	3444.7	3477.2	32.4	0.9
四　川	9480.2	9665.1	184.9	2.0
贵　州	4804.1	4855.0	50.9	1.1
云　南	6053.8	6144.7	90.9	1.5
西　藏	235.0	233.0	-2.0	-0.8
陕　西	4201.8	4247.9	46.0	1.1
甘　肃	3726.0	3743.4	17.4	0.5
青　海	476.7	489.8	13.1	2.7
宁　夏	1099.3	1127.2	27.9	2.5
新　疆	3731.2	3817.9	86.7	2.3

数据来源：国家统计局统计资料。

表5 2006 年各地区粮食播种面积

单位：千公顷

地　区	2005年	2006年	2006年比2005年增加	
			绝对数	%
全国总计	**104278.4**	**105489.1**	**1210.7**	**1.2**
北　京	192.2	219.6	27.4	14.2
天　津	287.7	295.2	7.5	2.6
河　北	6240.2	6199.4	–40.8	–0.7
山　西	3033.6	3121.9	88.3	2.9
内蒙古	4373.6	4461.9	88.3	2.0
辽　宁	3052.0	3156.4	104.4	3.4
吉　林	4294.5	4325.5	31.0	0.7
黑龙江	8650.8	9023.7	372.9	4.3
上　海	166.1	165.5	–0.6	–0.3
江　苏	4909.5	4985.1	75.6	1.5
浙　江	1510.8	1525.1	14.3	0.9
安　徽	6410.9	6493.5	82.6	1.3
福　建	1441.3	1395.8	–45.5	–3.2
江　西	3441.5	3534.9	93.5	2.7
山　东	6711.7	6797.5	85.7	1.3
河　南	9153.4	9303.1	149.7	1.6
湖　北	3926.8	4067.1	140.3	3.6
湖　南	4838.6	4807.3	–31.3	–0.6
广　东	2786.5	2767.1	–19.4	–0.7
广　西	3496.2	3331.1	–165.1	–4.7
海　南	423.8	444.5	20.8	4.9
重　庆	2501.3	2488.8	–12.5	–0.5
四　川	6564.8	6583.3	18.5	0.3
贵　州	3073.7	3108.5	34.8	1.1
云　南	4253.9	4269.7	15.7	0.4
西　藏	177.7	171.7	–6.0	–3.4
陕　西	3263.9	3295.0	31.1	1.0
甘　肃	2587.2	2598.9	11.7	0.5
青　海	245.6	260.3	14.7	6.0
宁　夏	775.9	795.6	19.7	2.5
新　疆	1492.8	1496.0	3.2	0.2

数据来源：国家统计局统计资料。

表6 2006年各地区粮食总产量

单位：万吨

地　区	2005年	2006年	2006年比2005年增加	
			绝对数	%
全国总计	48402.2	49747.9	1345.7	2.8
北　京	94.9	109.2	14.2	15.0
天　津	137.5	143.5	6.0	4.4
河　北	2598.6	2702.8	104.2	4.0
山　西	978.0	1073.3	95.3	9.7
内蒙古	1662.2	1704.9	42.8	2.6
辽　宁	1745.8	1725.0	-20.8	-1.2
吉　林	2581.2	2720.0	138.8	5.4
黑龙江	3092.0	3346.4	254.4	8.2
上　海	105.4	111.3	5.9	5.6
江　苏	2834.6	3041.4	206.9	7.3
浙　江	814.7	884.0	69.3	8.5
安　徽	2605.3	2860.7	255.4	9.8
福　建	715.2	701.5	-13.7	-1.9
江　西	1757.0	1854.5	97.5	5.5
山　东	3917.4	4048.8	131.4	3.4
河　南	4582.0	5010.0	428.0	9.3
湖　北	2177.4	2210.1	32.8	1.5
湖　南	2678.6	2706.2	27.6	1.0
广　东	1395.0	1387.6	-7.4	-0.5
广　西	1487.3	1463.2	-24.1	-1.6
海　南	153.0	185.6	32.6	21.3
重　庆	1168.2	910.5	-257.7	-22.1
四　川	3211.1	2893.4	-317.7	-9.9
贵　州	1152.1	1122.8	-29.3	-2.5
云　南	1514.9	1542.2	27.3	1.8
西　藏	93.4	92.4	-1.0	-1.1
陕　西	1043.0	1087.0	44.0	4.2
甘　肃	836.9	808.1	-28.8	-3.4
青　海	93.3	88.3	-5.0	-5.3
宁　夏	299.8	310.9	11.1	3.7
新　疆	876.6	902.2	25.6	2.9

数据来源：国家统计局统计资料。

表7 2006年各地区粮食单位面积产量

单位：公斤/公顷

地 区	2005年	2006年	2006年比2005年增加	
			绝对数	%
全国总计	**4641.6**	**4715.9**	**74.3**	**1.6**
北 京	4939.1	4971.8	32.6	0.7
天 津	4779.9	4861.6	81.7	1.7
河 北	4164.2	4359.7	195.5	4.7
山 西	3223.9	3438.0	214.1	6.6
内蒙古	3800.4	3821.1	20.7	0.5
辽 宁	5720.2	5465.1	-255.1	-4.5
吉 林	6010.5	6288.3	277.8	4.6
黑龙江	3574.2	3708.4	134.2	3.8
上 海	6344.7	6725.5	380.8	6.0
江 苏	5773.7	6101.1	327.4	5.7
浙 江	5392.5	5796.4	403.9	7.5
安 徽	4063.9	4405.5	341.6	8.4
福 建	4962.1	5025.9	63.8	1.3
江 西	5105.4	5246.2	140.8	2.8
山 东	5836.6	5956.3	119.7	2.1
河 南	5005.8	5385.3	379.5	7.6
湖 北	5544.9	5434.1	-110.8	-2.0
湖 南	5535.9	5629.4	93.5	1.7
广 东	5006.2	5014.7	8.5	0.2
广 西	4254.0	4392.5	138.5	3.3
海 南	3610.6	4175.3	564.7	15.6
重 庆	4670.5	3658.4	-1012.1	-21.7
四 川	4891.4	4395.1	-496.3	-10.1
贵 州	3748.1	3611.9	-136.2	-3.6
云 南	3561.2	3612.0	50.8	1.4
西 藏	5256.6	5381.3	124.7	2.4
陕 西	3195.6	3298.9	103.4	3.2
甘 肃	3234.7	3109.2	-125.6	-3.9
青 海	3797.7	3392.8	-404.9	-10.7
宁 夏	3864.0	3908.2	44.3	1.1
新 疆	5872.2	6030.6	158.4	2.7

数据来源：国家统计局统计资料。

表8 2006年各地区稻谷播种面积和产量

单位：千公顷；万吨；公斤/公顷

地区	稻谷		
	播种面积	总产量	每公顷产量
全国总计	29294.6	18257.2	6232.3
北京	0.7	0.4	6231.9
天津	17.0	12.4	7304.3
河北	92.2	53.2	5772.1
山西	1.8	0.8	4662.9
内蒙古	91.3	65.6	7191.5
辽宁	626.4	427.6	6826.3
吉林	664.0	493.0	7424.7
黑龙江	1925.3	1205.5	6261.3
上海	110.6	89.7	8108.8
江苏	2234.4	1792.7	8023.5
浙江	1030.4	706.6	6857.7
安徽	2165.5	1307.0	6035.7
福建	908.1	508.8	5603.2
江西	3227.1	1766.9	5475.1
山东	125.7	106.6	8482.7
河南	602.6	426.7	7081.3
湖北	2094.5	1524.9	7280.3
湖南	3777.2	2319.7	6141.3
广东	2110.9	1104.3	5231.4
广西	2285.0	1162.6	5088.0
海南	318.9	144.4	4527.5
重庆	743.2	381.3	5129.8
四川	2080.6	1335.9	6420.7
贵州	716.5	447.2	6241.8
云南	1045.4	651.2	6228.9
西藏	1.0	0.6	6020.4
陕西	146.5	86.3	5890.8
甘肃	5.3	4.0	7570.6
青海	0.0	0.0	
宁夏	81.7	70.9	8683.0
新疆	65.0	60.3	9273.7

数据来源：国家统计局统计资料。

表9 2006年各地区小麦播种面积和产量

单位：千公顷；万吨；公斤/公顷

地 区	小 麦		
	播种面积	总产量	每公顷产量
全国总计	**22961.4**	**10446.7**	**4549.7**
北 京	63.1	30.0	4758.2
天 津	107.8	52.0	4827.5
河 北	2420.0	1149.5	4750.2
山 西	733.6	252.6	3443.5
内蒙古	409.1	145.7	3561.5
辽 宁	16.8	6.5	3869.0
吉 林	7.5	3.0	4010.2
黑龙江	249.0	93.0	3734.9
上 海	31.4	11.3	3612.6
江 苏	1734.9	817.8	4714.0
浙 江	70.9	24.5	3462.2
安 徽	2116.7	966.8	4567.5
福 建	5.6	1.9	3303.6
江 西	12.4	2.0	1646.5
山 东	3354.5	1889.8	5633.6
河 南	5006.7	2822.7	5637.9
湖 北	794.9	243.2	3059.4
湖 南	62.0	13.1	2112.9
广 东	5.9	1.7	2910.0
广 西	11.8	1.8	1525.4
海 南	0.0	0.0	
重 庆	261.0	75.4	2890.2
四 川	1273.7	439.0	3446.7
贵 州	402.6	74.5	1850.4
云 南	514.7	110.1	2139.8
西 藏	41.5	26.5	6394.3
陕 西	1204.5	415.7	3451.2
甘 肃	995.2	260.7	2619.7
青 海	98.4	38.5	3915.6
宁 夏	227.4	75.7	3329.8
新 疆	728.0	401.4	5513.5

数据来源：国家统计局统计资料。

表10 2006 年各地区玉米播种面积和产量

单位：千公顷；万吨；公斤/公顷

地 区	玉 米		
	播种面积	总产量	每公顷产量
全国总计	**26970.9**	**14548.2**	**5394.0**
北 京	135.8	72.9	5367.7
天 津	143.4	75.8	5283.2
河 北	2658.1	1280.5	4817.5
山 西	1225.6	647.6	5284.0
内蒙古	1851.6	1091.7	5895.8
辽 宁	1900.3	1138.7	5992.2
吉 林	2805.7	1984.0	7071.3
黑龙江	2457.2	1223.0	4977.1
上 海	3.9	2.7	6854.2
江 苏	378.7	197.2	5206.7
浙 江	65.6	28.0	4265.2
安 徽	693.5	297.9	4295.8
福 建	39.1	13.1	3345.3
江 西	15.9	6.1	3832.6
山 东	2753.6	1761.3	6396.3
河 南	2579.0	1445.1	5603.4
湖 北	441.3	208.3	4719.3
湖 南	268.5	137.2	5109.9
广 东	139.0	62.9	4523.2
广 西	515.0	198.0	3844.7
海 南	15.0	5.6	3731.8
重 庆	452.7	206.1	4552.5
四 川	1194.0	511.2	4281.4
贵 州	739.8	339.0	4581.7
云 南	1183.3	452.1	3820.2
西 藏	3.4	1.7	5014.7
陕 西	1121.8	443.5	3953.5
甘 肃	493.3	218.6	4431.7
青 海	1.0	0.8	7211.5
宁 夏	174.5	121.5	6965.0
新 疆	521.2	376.4	7220.7

数据来源：国家统计局统计资料。

表11 2006年各地区大豆播种面积和产量

单位：千公顷；万吨；公斤/公顷

地 区	大 豆		
	播种面积	总产量	每公顷产量
全国总计	**9279.9**	**1596.7**	**1720.6**
北 京	11.9	2.5	2097.7
天 津	21.4	2.6	1207.3
河 北	238.0	44.6	1873.1
山 西	226.1	27.7	1223.8
内蒙古	754.5	104.5	1385.2
辽 宁	223.1	32.9	1474.7
吉 林	448.4	121.4	2707.3
黑龙江	3436.8	596.0	1734.2
上 海	5.9	1.8	3100.5
江 苏	214.3	53.7	2505.7
浙 江	131.6	30.2	2293.9
安 徽	963.0	125.0	1297.6
福 建	85.7	18.4	2150.9
江 西	98.6	18.0	1827.5
山 东	224.0	62.1	2772.8
河 南	516.3	64.9	1257.6
湖 北	171.6	38.5	2245.6
湖 南	183.5	42.6	2321.5
广 东	85.5	19.8	2314.1
广 西	205.5	30.4	1479.3
海 南	5.3	1.1	1999.2
重 庆	96.5	11.7	1215.4
四 川	200.0	39.3	1965.0
贵 州	129.3	15.9	1232.5
云 南	103.1	13.5	1306.6
西 藏	1.0	0.2	1826.9
陕 西	320.3	42.3	1320.0
甘 肃	89.0	13.1	1472.4
青 海	0.0	0.0	
宁 夏	18.6	1.6	844.1
新 疆	71.3	20.4	2867.6

数据来源：国家统计局统计资料。

表12 2006年各地区油料作物总产量

单位：吨

地 区	2005年	2006年	2006年比2005年增加	
			绝对数	%
全国总计	30771350	30593912	-177439	-0.6
北 京	24923	21656	-3267	-13.1
天 津	12943	12011	-932	-7.2
河 北	1527270	1502957	-24313	-1.6
山 西	212620	191852	-20768	-9.8
内蒙古	1221690	1168428	-53262	-4.4
辽 宁	368411	381245	12834	3.5
吉 林	544495	583666	39171	7.2
黑龙江	605933	630855	24922	4.1
上 海	69350	53062	-16288	-23.5
江 苏	2159908	2181805	21897	1.0
浙 江	501370	473537	-27833	-5.6
安 徽	2706748	2616474	-90274	-3.3
福 建	274243	269385	-4858	-1.8
江 西	761229	779766	18537	2.4
山 东	3638573	3582387	-56186	-1.5
河 南	4495997	4799918	303921	6.8
湖 北	2938995	2797517	-141478	-4.8
湖 南	1409841	1494105	84264	6.0
广 东	770122	775671	5549	0.7
广 西	631849	641541	9692	1.5
海 南	85303	89621	4318	5.1
重 庆	427121	403265	-23856	-5.6
四 川	2323401	2172660	-150741	-6.5
贵 州	848888	894803	45915	5.4
云 南	362231	390078	27847	7.7
西 藏	61318	54598	-6721	-11.0
陕 西	453545	443565	-9980	-2.2
甘 肃	503056	489940	-13116	-2.6
青 海	318500	265000	-53500	-16.8
宁 夏	122087	104334	-17753	-14.5
新 疆	389390	328210	-61180	-15.7

数据来源：国家统计局统计资料。

表13 主要农产品人均占有量和劳动力人均生产量(1980~2006年)

单位：公斤

指 标	1980年	1985年	1990年	1995年	2000年	2005年	2006年
主要农产品人均占有量							
粮食	326.7	360.7	393.1	387.3	366.1	371.3	379.5
棉花	2.8	3.9	4.0	4.0	3.5	4.4	5.1
油料	7.8	15.0	14.2	18.7	23.4	23.6	23.3
猪牛羊肉					38.3	47.2	48.9
水产品	4.6	6.7	10.9	20.9	33.9	39.2	40.0
牛奶	1.2	2.4	3.7	4.6	6.6	21.1	24.4
平均每个农业劳动力生产量							
粮食	1089	1222	1357	1435	1407	1598	
棉花	9.3	13.4	13.4	14.7	13.4	18.9	
油料	26.5	50.8	47.9	69.2	89.9	101.6	
猪牛羊肉					147.3	203.3	
水产品	15.5	22.7	36.7	77.4	130.2	168.6	
牛奶		8.1	12.6	17.7	25.2	90.9	

注：2006年人均劳动力生产量普查结果暂无。

数据来源：国家统计局统计资料。

表14 居民消费价格指数(2001～2006年)

(上年=100)

项　　目	2001年	2002年	2003年	2004年	2005年	2006年
居民消费价格指数	100.7	99.2	101.2	103.9	101.8	101.5
食品	100.0	99.4	103.4	109.9	102.9	102.3
粮食	99.3	98.3	102.3	126.4	101.4	102.7
油脂	91.7	98.7	112.6	118.2	94.3	98.6
肉禽及其制品	101.6	99.5	103.3	117.6	102.5	97.1
蛋	106.0	102.6	98.6	120.2	104.6	96.0
水产品	97.1	96.7	100.3	112.7	105.9	101.2
菜	100.9	98.2	117.7	95.1	109.1	108.2
糖	104.6	97.3	97.5	102.2	104.0	111.2
茶及饮料	99.1	99.0	99.2	100.0	100.1	101.0
干鲜瓜果	99.9	103.1	103.0	104.0	102.2	117.9
奶及奶制品	99.1	99.0	99.2	100.5	100.9	100.9
烟酒及用品	99.7	99.9	99.8	101.2	100.4	100.6
烟草	99.6	99.9	99.8	100.9	100.4	100.2
酒	99.9	100.1	100.1	102.2	100.6	101.2
衣着	98.1	97.6	97.8	98.5	98.3	99.4
服装	97.6	97.4	97.6	98.3	98.1	99.0
鞋袜帽	99.0	98.0	97.7	98.3	98.3	100.2
家庭设备用品及服务	97.7	97.5	97.4	98.6	99.9	101.2
耐用消费品	96.1	95.9	95.8	97.1	98.8	100.8
室内装饰品	98.3	98.8	98.8	99.2	99.5	100.0
家庭服务及加工维修服务	101.5	101.2	101.1	101.9	104.4	105.8
医疗保健和个人用品	100.0	98.8	100.9	99.7	99.9	101.1
医疗保健	100.3	98.5	101.2	99.1	99.5	100.2
个人用品及服务费	99.5	99.5	100.2	101.2	100.8	103.2
交通和通信	99.0	98.1	97.8	98.5	99.0	99.9
交通	101.0	99.1	99.5	100.4	101.5	103.2
通信	96.8	97.2	96.1	96.8	96.6	96.4
娱乐教育文化	106.6	100.6	101.3	101.3	102.2	99.5
文娱用耐用消费品及服务	91.2	90.5	92.7	93.3	93.8	94.2
教育	113.6	103.7	104.3	103.4	105.1	100.0
文化娱乐用品	101.7	101.2	101.3	101.1	101.2	101.0
旅游及外出	100.3	95.9	95.4	100.6	99.6	103.1
居住	101.2	99.9	102.1	104.9	105.4	104.6
建房及装修材料	98.8	98.4	99.5	104.3	102.6	103.9
租房	108.6	104.4	103.5	103.0	101.9	102.7
自有住房	100.0	95.4	99.1	100.9	105.6	103.7
水电燃料	102.5	102.9	105.7	107.5	108.6	105.9

数据来源：国家统计局统计资料。

表15 农产品生产价格指数(2002～2006年)

(上年=100)

指　标	2002年	2003年	2004年	2005年	2006年
农产品生产价格指数	99.6	104.4	113.1	101.4	101.2
农业产品	100.0	107.4	115.9	101.6	104.5
谷物	95.8	102.3	128.1	99.2	102.1
小麦	98.1	103.0	131.2	96.4	100.1
稻谷	97.2	99.9	136.3	101.6	102.0
玉米	91.5	104.6	116.9	98.0	103.0
大豆	98.9	120.6	120.2	94.2	99.2
油料	104.8	119.4	116.6	91.3	104.8
棉花	103.4	135.3	79.5	111.8	97.1
糖料	86.0	90.5	104.9	111.6	121.1
蔬菜	95.1	110.4	105.2	107.2	109.3
水果	109.9	102.0	97.4	107.4	111.4
林业产品	98.3	107.0	104.6	104.8	112.8
畜牧产品	100.2	101.8	111.1	100.5	94.3
猪(毛重)	98.0	102.9	112.8	97.6	90.6
牛(毛重)	91.4	101.7	103.9	101.7	100.6
羊(毛重)	140.0	96.3	103.7	101.7	101.8
家禽(毛重)	106.1	101.0	111.3	105.6	97.2
蛋类	102.8	101.1	112.6	106.4	96.0
奶类	99.7	103.7	103.7	99.6	102.9
渔业产品	95.9	100.3	110.2	104.7	103.9
海水鱼类	104.9	104.0	109.2	104.2	109.6
淡水鱼类	93.1	98.7	111.5	106.2	99.9

数据来源：国家统计局统计资料。

表16 粮食成本价格变化情况表(1991～2006年)

单位:元/50公斤

年份	每50公斤平均出售价格				每50公斤总成本				每50公斤现金成本			
	粮食平均	稻谷	小麦	玉米	粮食平均	稻谷	小麦	玉米	粮食平均	稻谷	小麦	玉米
1991	26.1	28.5	30.0	21.1	21.4	21.4	28.7	16.8	11.9	11.7	17.1	9.0
1992	28.4	29.3	33.1	24.3	22.4	21.7	29.0	19.0	12.3	11.6	17.7	9.5
1993	35.8	40.4	36.5	30.2	23.6	24.0	30.2	18.7	13.1	13.1	18.1	9.7
1994	59.4	71.2	56.5	48.2	33.1	34.5	40.8	26.2	19.7	20.3	25.9	14.8
1995	75.1	82.1	75.4	67.0	44.3	45.8	51.6	37.5	24.6	25.2	30.2	19.8
1996	72.3	80.6	81.0	57.2	51.6	52.4	64.4	42.3	26.7	26.6	36.4	20.7
1997	65.1	69.4	70.1	55.8	51.1	50.3	57.8	46.7	26.8	25.8	33.5	22.6
1998	62.1	66.9	66.6	53.8	51.4	49.3	67.8	43.1	28.3	26.6	41.4	21.9
1999	53.0	56.6	60.4	43.7	49.6	48.0	62.5	42.3	29.4	27.7	39.0	24.6
2000	48.4	51.7	52.9	42.8	48.8	46.0	57.6	43.7	27.0	24.7	40.5	22.5
2001	51.5	53.7	52.5	48.3	46.3	44.6	57.4	40.4	25.5	24.2	34.3	20.7
2002	49.2	51.4	51.3	45.6	48.6	47.1	60.6	41.9	26.7	25.5	35.9	22.0
2003	56.5	60.1	56.4	52.7	50.6	49.0	61.9	44.7	27.5	26.0	35.7	23.3
2004	70.7	79.8	74.6	58.1	47.3	49.1	50.5	42.7	26.0	27.5	29.2	21.8
2005	67.3	77.7	68.9	55.5	52.2	55.8	57.3	44.7	28.1	31.0	32.5	21.8
2006	69.3	79.4	68.1	59.3	52.7	58.6	52.2	47.1	29.0	32.2	31.5	23.3

注：2006年为粮食主产区数据。

数据来源：国家发展和改革委员会统计资料。

表17 2006年全国粮食主产区农户实际售粮价格分月情况表

单位：元/50公斤

月份	粮食平均	稻谷					小麦	玉米
		平均	早籼稻	中籼稻	晚籼稻	粳稻		
1月	67.2	78.6	72.5	72.1	76.6	93.0	69.5	53.4
2月	67.4	78.8	72.9	72.2	76.7	93.3	69.5	53.8
3月	67.5	78.6	72.0	72.2	76.6	93.6	68.8	55.0
4月	67.2	78.6	72.7	72.0	76.8	93.0	67.7	55.3
5月	68.5	78.8	72.6	71.8	76.8	94.1	67.7	59.1
6月	69.8	78.9	72.5	72.0	77.0	94.2	68.1	62.2
7月	70.2	78.8	72.2	71.5	77.1	94.6	68.3	63.5
8月	70.4	79.0	72.3	71.3	77.6	94.6	68.2	63.9
9月	70.3	79.2	72.6	71.5	77.6	95.2	68.1	63.1
10月	69.0	79.4	73.1	72.5	78.0	94.0	68.9	58.9
11月	70.8	79.1	73.5	72.7	78.3	91.8	72.4	60.8
12月	74.4	80.3	74.2	73.1	81.0	92.9	77.8	65.2
全年平均	69.4	79.0	72.8	72.1	77.5	93.7	69.6	59.5

数据来源：国家发展和改革委员会统计资料。

表18 2006 年粮食主要品种批发市场价格

单位：元/吨

月份	三等白小麦	二等黄玉米	标一早籼米	标一晚籼米	标一粳米	三等大豆
1月	1439	1178	2157	2296	2925	2617
2月	1443	1184	2195	2294	2930	2682
3月	1438	1206	2183	2272	2917	2637
4月	1417	1219	2146	2271	2858	2547
5月	1419	1273	2111	2235	2858	2511
6月	1419	1336	2126	2272	2908	2521
7月	1416	1362	2139	2289	2942	2498
8月	1412	1367	2154	2298	2960	2463
9月	1421	1365	2190	2309	2977	2568
10月	1440	1310	2214	2335	2940	2496
11月	1499	1320	2242	2318	2987	2599
12月	1572	1433	2328	2437	3040	2684
全年平均	1445	1296	2182	2302	2937	2569

数据来源：国家发展和改革委员会统计资料。

表19 2006年国内期货市场小麦、玉米、大豆分月价格

单位：元/吨

月份	小麦1	小麦2	玉米	大豆1	大豆2	豆粕
1月	1352	1745	1242	2655	2793	2442
2月	1385	1796	1313	2625	2100	2300
3月	1385	1811	1328	2595	2459	2255
4月	1370	1786	1271	2472	2470	2064
5月	1341	1779	1276	2498	2761	2123
6月	1266	1425	1314	2518	2425	2177
7月	1313	1380	1246	2438	2425	2177
8月	1459	1471	1297	2391	2474	2106
9月	1472	1535	1287	2398	2523	2117
10月	1413	1561	1305	2546	2462	2214
11月	1484	1709	1329	2567	2494	2226
12月	1610	1652	1560	2709	3150	2172

注：1. 小麦1为郑州商品交易所硬冬白小麦，小麦2为郑州商品交易所优质强筋小麦。

2. 玉米为大连商品交易所玉米。

3. 大豆1为大连商品交易所国产大豆，大豆2为大连商品交易所进口大豆。

4. 豆粕为大连商品交易所豆粕。

5. 均为最近交割期月末结算价格。

数据来源：国家粮油信息中心统计资料。

表20 2006年美国芝加哥商品交易所谷物和大豆分月价格

单位：美元/吨

月份	小麦	大米	玉米	大豆
1月	186	122	84	210
2月	181	136	90	213
3月	189	128	93	210
4月	181	127	94	216
5月	201	145	99	213
6月	203	137	93	219
7月	203	146	94	213
8月	187	148	91	199
9月	213	163	103	201
10月	205	177	126	232
11月	220	184	148	252
12月	220	189	151	242

注：1. 均为美国芝加哥商品交易所标准品。

2. 均按美元整数四舍五入换算。

3. 均为最近交割期月末当日结算价格。

数据来源：国家粮油信息中心统计资料。

表21 2006年国有粮食企业粮食收购情况统计表

单位：万吨

项目	收购						
	原粮	贸易粮	小麦	大米	玉米	大豆	其他
全国总计	13199.30	12256.50	6039.95	2153.45	3424.70	492.20	146.20
北京	36.60	36.50	11.20	0.30	24.00	0.20	0.80
天津	20.90	20.00	11.30	2.00	6.50		0.20
河北	1010.95	1009.55	659.55	4.20	343.80	0.20	1.80
山西	291.20	291.10	58.20		222.10	1.10	9.70
内蒙古	405.60	401.80	55.90	5.60	318.50	8.90	12.90
辽宁	966.70	919.45	4.30	110.25	771.90	12.60	20.40
吉林	876.00	852.15		49.95	785.30	9.60	7.30
黑龙江	1235.50	1124.10	31.50	237.70	514.90	329.10	10.90
上海	39.60	33.60	2.90	14.00	16.20		0.50
江苏	1274.50	1184.85	924.00	209.35	24.40	0.90	26.20
浙江	71.20	49.25	1.40	46.65	0.40	0.50	0.30
安徽	1047.35	944.25	686.30	241.65	14.60	0.20	1.50
福建	53.80	39.35	2.10	33.65	3.60		
江西	367.70	257.50		257.40	0.10		
山东	852.60	852.40	627.30	0.40	101.20	117.00	6.50
河南	2335.60	2330.65	2214.60	12.75	96.30	6.90	0.10
湖北	583.45	473.65	215.30	256.15	1.80	0.10	0.30
湖南	370.30	259.80	1.90	257.70	0.20		
广东	118.90	83.10	0.40	76.60	6.10		
广西	100.80	71.35		68.75	2.60		
海南	15.70	11.45		10.45	1.00		
重庆	72.20	52.05	1.30	42.75	7.50		0.50
四川	294.55	232.50	66.40	145.10	18.40	0.10	2.50
贵州	44.10	36.50	3.20	16.90	10.60		5.80
云南	100.30	86.30	14.10	32.10	32.50	0.30	7.30
西藏	1.40	1.40	1.40				
陕西	198.10	197.00	165.30	2.50	27.80	0.20	1.20
甘肃	103.40	103.10	45.80	0.80	32.30	0.20	24.00
青海	1.00	1.00	0.80				0.20
宁夏	66.10	60.70	13.60	12.10	33.80	0.50	0.70
新疆	243.20	240.10	219.90	5.70	6.30	3.60	4.60

数据来源：国家粮食局统计资料。

表22 全国主要粮食品种收购量（1978～2006年）

单位：贸易粮、万吨

年份	粮食合计	小麦	大米	玉米	大豆	其他
1978	5110.15	1176.80	1995.70	1046.65	216.00	675.00
1979	5925.00	1562.55	2200.95	1280.95	205.00	675.55
1980	5882.10	1396.10	2214.50	1357.75	296.50	617.25
1981	6255.50	1418.30	2421.05	1408.00	412.60	595.55
1982	7367.45	1933.60	2900.30	1427.40	401.65	704.50
1983	9879.55	2763.30	3312.40	2337.75	409.80	1056.30
1984	11165.85	3427.00	3858.10	2588.05	382.35	910.35
1985	7925.50	2666.10	3012.90	1374.20	503.30	369.00
1986	9453.20	2842.00	3258.70	2183.10	653.70	515.70
1987	9920.10	2816.20	3143.70	2848.60	609.70	501.90
1988	9430.40	2673.90	3185.90	2414.70	693.50	462.40
1989	10040.20	2855.50	3622.90	2587.70	620.00	354.10
1990	12364.50	3646.60	4316.00	3372.80	661.20	367.90
1991	11423.00	3392.45	3810.00	3338.40	582.20	299.95
1992	10414.35	3841.40	3272.60	2621.70	406.10	272.55
1993	9233.95	3373.10	2505.00	2469.95	606.20	279.70
1994	9226.41	3230.41	2697.60	2185.00	732.20	381.20
1995	9443.80	3125.00	3061.40	2435.60	522.50	299.30
1996	11919.80	3614.80	3382.15	4224.65	437.80	260.40
1997	11535.40	4600.20	3510.55	2692.15	515.20	217.30
1998	9654.50	2795.60	2562.00	3867.40	351.00	78.50
1999	12807.70	3863.30	3186.10	5425.10	246.60	86.60
2000	11695.10	4018.20	3327.30	4019.20	237.90	92.50
2001	11784.15	4437.85	2798.80	4128.20	326.80	92.50
2002	10826.25	4201.30	2189.60	4181.95	140.40	113.00
2003	9717.05	3682.00	2109.80	3702.45	120.30	102.50
2004	8919.45	3448.10	2138.05	3158.10	91.00	84.20
2005	11493.75	3745.20	2572.25	4529.90	506.00	140.40
2006	12256.50	6039.95	2153.45	3424.70	492.20	146.20

注：本表系国有粮食企业的粮食收购量。1978~2002年粮食购销存数字按粮食年度统计，粮食年度是指当年4月1日至翌年3月31日。从2003年开始，粮食统计年度改为日历年度。

数据来源：国家粮食局统计资料。

表23 2006年国有粮食企业粮食销售情况统计表

单位：万吨

项 目	销售						
	原粮	贸易粮	小麦	大米	玉米	大豆	其他
全国总计	13209.30	12034.15	4246.10	2671.35	4133.20	847.60	135.90
北 京	314.40	306.70	58.80	18.00	46.60	182.20	1.10
天 津	215.20	212.10	143.70	7.40	9.40	51.40	0.20
河 北	794.00	791.30	340.90	8.50	434.80	3.10	4.00
山 西	417.30	416.40	143.10	2.10	260.70	0.20	10.30
内蒙古	450.40	448.10	73.10	3.20	356.00	6.40	9.40
辽 宁	907.60	872.90	28.10	89.90	712.40	25.30	17.20
吉 林	1374.80	1323.85	1.70	104.25	1131.60	81.10	5.20
黑龙江	1487.10	1290.15	144.80	419.25	441.10	278.10	6.90
上 海	210.90	194.15	60.40	38.65	41.00	50.00	4.10
江 苏	1089.40	970.50	565.90	278.50	86.00	5.80	34.30
浙 江	186.70	143.00	26.50	93.80	18.30	3.20	1.20
安 徽	363.20	295.60	119.20	157.00	17.60	1.10	0.70
福 建	231.70	199.25	70.30	75.85	24.40	28.60	0.10
江 西	411.25	288.55	2.20	286.15	0.20		
山 东	619.50	618.20	404.90	2.90	106.10	99.00	5.30
河 南	1215.50	1205.50	1076.40	24.70	96.20	8.10	0.10
湖 北	436.20	325.30	62.10	258.60	3.10	0.30	1.20
湖 南	267.20	192.05	15.00	175.45	1.20		0.40
广 东	388.60	308.20	84.90	177.90	30.80	14.20	0.40
广 西	198.40	156.10	26.90	98.70	30.50		
海 南	65.60	59.85	2.00	14.05	39.50	4.30	
重 庆	125.20	96.70	14.40	60.80	19.00	0.20	2.30
四 川	394.35	323.80	112.50	165.20	41.70	0.70	3.70
贵 州	44.20	35.50	3.20	20.30	11.90		0.10
云 南	159.40	134.85	33.30	57.05	37.70	0.30	6.50
西 藏	5.30	4.40	2.40	1.90			0.10
陕 西	304.60	300.15	253.40	9.85	35.70	0.30	0.90
甘 肃	218.60	217.25	137.70	3.15	59.20	0.30	16.90
青 海	13.90	13.80	12.50	0.30	0.60		0.40
宁 夏	70.10	64.85	18.40	11.35	34.30	0.20	0.60
新 疆	228.70	225.10	207.40	6.60	5.60	3.20	2.30

数据来源：国家粮食局统计资料。

表24 全国主要粮食品种销售量（1978～2006年）

单位：贸易粮，万吨

年份	粮食合计	小麦	大米	玉米	大豆	其他
1978	5343.45	1869.50	1773.90	876.10	162.45	661.50
1979	5679.05	1940.30	1826.00	1067.90	179.80	665.05
1980	6416.80	2256.75	2014.30	1301.45	204.40	639.90
1981	7223.25	2563.50	2122.90	1622.25	239.00	675.60
1982	7710.40	2858.05	2289.45	1596.70	271.80	694.40
1983	8003.20	3005.90	2497.65	1458.50	288.75	752.40
1984	10417.85	3699.65	3438.50	1931.95	355.25	992.50
1985	8564.90	3078.50	3006.30	1328.10	322.90	829.10
1986	9347.70	3618.10	3243.90	1357.00	321.30	807.40
1987	9190.80	3643.30	3080.00	1423.80	355.50	688.20
1988	10091.00	3885.20	3038.00	1898.60	406.70	862.50
1989	8931.10	3521.80	2566.20	1846.10	346.50	650.50
1990	9033.30	3574.90	2770.50	1723.10	341.70	623.10
1991	10433.00	4085.00	3267.40	1046.30	1402.60	631.70
1992	9000.00	3247.00	3044.43	1637.30	256.80	814.47
1993	6700.30	2848.50	2128.50	1088.20	229.90	405.20
1994	7648.40	3328.20	2609.40	1121.30	234.00	355.50
1995	9264.20	3707.60	2896.80	1570.00	620.30	469.50
1996	7340.55	3090.25	2259.48	1346.72	356.80	287.30
1997	6830.65	2439.29	2042.94	1632.34	429.40	286.70
1998	6115.95	2137.10	1795.45	1648.50	348.60	186.30
1999	9353.25	3137.15	2420.90	3197.60	439.40	158.20
2000	12556.90	3961.88	3029.80	4718.50	645.50	201.20
2001	8528.70	3225.60	2155.60	2574.90	439.20	133.40
2002	12070.00	4733.00	3155.50	3551.50	510.50	119.50
2003	13453.70	5500.30	3559.05	3800.85	422.20	171.30
2004	11944.00	4640.60	3246.20	3574.50	309.30	173.40
2005	12138.30	4276.90	2556.75	4348.75	841.70	114.20
2006	12034.15	4246.1	2671.35	4133.2	847.6	135.9

注：本表系国有粮食企业的粮食销售量。1978~2002年粮食购销存数字按粮食年度统计，粮食年度是指当年4月1日至翌年3月31日。从2003年开始，粮食统计年度改为日历年度。

数据来源：国家粮食局统计资料。

表25 2006年国有粮食企业粮食进口情况统计表

单位：万吨

项 目	进 口						
	原粮	贸易粮	小麦	大米	玉米	大豆	其他
全国总计	**479.30**	**472.10**	**21.30**	**15.90**		**434.90**	
北 京	176.10	175.90		0.50		175.40	
天 津	74.50	74.50	0.80			73.70	
河 北							
山 西							
内蒙古							
辽 宁							
吉 林	79.90	79.90				79.90	
黑龙江	66.30	66.30				66.30	
上 海	16.20	16.20	5.20			11.00	
江 苏							
浙 江	5.30	5.30	5.30				
安 徽							
福 建	34.30	33.60	6.00	1.70		25.90	
江 西							
山 东	2.60	2.60				2.60	
河 南							
湖 北							
湖 南							
广 东	22.30	16.50	4.00	12.40		0.10	
广 西							
海 南							
重 庆							
四 川							
贵 州							
云 南	1.80	1.30		1.30			
西 藏							
陕 西							
甘 肃							
青 海							
宁 夏							
新 疆							

数据来源：国家粮食局统计资料。

表26 粮食主要品种进口数量(1980～2006年)

单位：万吨

年份	粮食进口总量	谷物					大豆
			小麦	大米	大麦	玉米	
1980	1331.8	1275.3	1096.7	14.8		163.8	56.5
1981	1439.1	1382.3	1305.8	8.9		67.6	56.8
1982	1576.3	1540.1	1353.4	21.9	7.9	156.9	36.2
1983	1327.3	1327.3	1101.9	7.9	6.8	210.7	
1984	1022.9	1022.9	1000.0	12.5	4.9	5.5	
1985	574.5	574.4	541.0	21.1	3.2	9.1	0.1
1986	751.0	721.9	611.0	32.2	19.9	58.8	29.1
1987	1576.7	1549.4	1320.0	54.1	21.1	154.2	27.3
1988	1520.4	1505.2	1455.0	31.2	8.1	10.9	15.2
1989	1621.4	1621.3	1488.0	93.4	33.1	6.8	0.1
1990	1361.1	1361.0	1253.0	5.9	65.2	36.9	0.1
1991	1327.6	1327.5	1237.0	14.0	76.4	0.1	0.1
1992	1163.4	1151.3	1058.0	10.4	82.9		12.1
1993	739.3	729.4	642.0	10.0	77.4		9.9
1994	906.1	900.9	718.0	51.0	131.8	0.1	5.2
1995	1997.9	1968.5	1159.0	164.0	127.4	518.1	29.4
1996	1193.4	1082.0	831.0	76.1	130.8	44.1	111.4
1997	685.8	405.7	186.0	32.6	187.1	0.0	280.1
1998	669.7	350.7	149.0	24.5	152.1	25.1	319.0
1999	727.4	295.7	45.0	16.9	226.8	7.0	431.7
2000	1350.5	308.9	87.6	23.9	197.4		1041.6
2001	1726.7	332.7	69.0	26.9	236.8		1394.0
2002	1406.8	275.8	60.5	23.6	190.7	1.0	1131.0
2003	2278.5	204.4	42.4	25.7	136.3		2074.1
2004	2993.1	970.1	723.3	76.1	170.7		2023.0
2005	3280.0	621.0	351.0	52.0	218.0		2659.0
2006	3178.9	351.9	58.4	73.0	214.0	6.5	2827.0

数据来源：海关统计。

表27 2006年国有粮食企业粮食出口情况统计表

单位：万吨

项 目	出口						
	原粮	贸易粮	小麦	大米	玉米	大豆	其他
全国总计	238.95	227.70	1.60	24.00	200.10	1.00	1.00
北　京							
天　津							
河　北							
山　西	9.30	9.30			9.30		
内蒙古	25.30	25.30			25.30		
辽　宁	54.50	52.80		3.80	49.00		
吉　林	114.30	112.70		3.30	109.40		
黑龙江	32.50	24.70		16.50	7.10	1.00	0.10
上　海							
江　苏							
浙　江							
安　徽							
福　建	1.15	1.10	1.00	0.10			
江　西							
山　东							
河　南							
湖　北							
湖　南							
广　东	0.60	0.60	0.60				
广　西	0.40	0.30		0.30			
海　南							
重　庆							
四　川							
贵　州							
云　南							
西　藏							
陕　西	0.90	0.90					0.90
甘　肃							
青　海							
宁　夏							
新　疆							

数据来源：国家粮食局统计资料。

表28 粮食主要品种出口数量(1980～2006年)

单位：万吨

年份	粮食出口总量	谷物				大豆
			小麦	大米	玉米	
1980	140.4	128.9		109.0	19.9	11.5
1981	86.7	72.9		58.8	14.1	13.8
1982	68.6	53.7		46.9	6.8	14.9
1983	98.5	63.7		57.6	6.1	34.8
1984	295.0	211.4		116.3	95.1	83.6
1985	848.3	734.7		101.0	633.7	113.6
1986	795.8	659.0		94.9	564.1	136.8
1987	664.8	493.8		102.2	391.6	171.0
1988	609.7	462.0		69.8	392.2	147.7
1989	507.0	382.2		32.0	350.2	124.8
1990	467.0	373.0		32.6	340.4	94.0
1991	966.6	847.0		69.0	778.0	119.6
1992	1192.5	1126.7		95.3	1031.4	65.8
1993	1290.0	1253.0		143.0	1110.0	37.0
1994	1120.0	1036.7	10.7	152.0	874.0	83.3
1995	55.2	17.6	1.6	5.0	11.0	37.6
1996	61.6	42.3	0.0	26.5	15.8	19.3
1997	774.9	756.1	0.1	94.0	662.0	18.8
1998	861.8	844.6	0.6	375.0	469.0	17.2
1999	722.8	702.1	0.1	271.0	431.0	20.7
2000	1363.8	1342.3	0.3	295.0	1047.0	21.5
2001	856.5	831.5	45.5	186.0	600.0	25.0
2002	1462.8	1434.8	68.8	199.0	1167.0	28.0
2003	2151.8	2124.8	223.7	262.0	1639.1	27.0
2004	434.4	401.4	78.4	91.0	232.0	33.0
2005	998.5	958.5	26.0	68.5	864.0	40.0
2006	584.7	546.4	111.4	125.0	310.0	38.3

数据来源：海关统计。

表29 2006年国有粮食企业退耕还林用粮情况统计表

单位：万吨

项 目	原粮	贸易粮	小麦	大米	玉米	大豆	其他
全国总计	33.60	32.20	10.00	3.40	18.80		
北 京	3.40	3.30	3.00	0.30			
天 津							
河 北							
山 西							
内蒙古	2.00	2.00			2.00		
辽 宁							
吉 林							
黑龙江							
上 海							
江 苏							
浙 江							
安 徽							
福 建							
江 西							
山 东							
河 南							
湖 北							
湖 南							
广 东							
广 西							
海 南							
重 庆							
四 川							
贵 州	9.30	8.30		2.20	6.10		
云 南	1.80	1.60		0.60	1.00		
西 藏	0.40	0.30	0.10	0.20			
陕 西	5.40	5.40	0.80	0.10	4.50		
甘 肃							
青 海							
宁 夏	10.60	10.60	5.40		5.20		
新 疆	0.70	0.70	0.70				

数据来源：国家粮食局统计资料。

表30 2006 年全国国有粮食企业改革情况调查表

截至2006年12月31日　　　　单位：个，人

地区或单位	1.企业数	2.改制企业数						3.粮食产业化龙头企业	4.职工人数			5.安置职工人数			
												2006年		1998～2006年	
		(1)小计	(2)股份制	(3)兼并	(4)承包租赁	(5)民营	(6)其他		(7)小计	(8)在岗人数	(9)不在岗人数	(10)小计	(11)其中：粮食部门	(12)累计	(13)其中：粮食部门
总　计	**25174**	**19181**	**3999**	**3602**	**1991**	**1652**	**7937**	**1496**	**948498**	**548258**	**400240**	**195513**	**121050**	**1143742**	**669093**
北　京	232	26	4	0	0	1	21	2	9337	6532	2805	211	211	1943	1136
天　津	221	171	18	50	18	13	72	11	8775	6276	2499	402	636	5007	4824
河　北	1220	332	154	5	30	7	136	61	48914	23337	25577	4486	1749	86482	53664
山　西	2095	222	107	5	24	11	75	11	54562	33293	21269	4197	1391	8938	4073
内蒙古	444	680	40	140	132	92	276	14	16574	12889	3685	5752	5567	27501	7489
辽　宁	753	474	22	10	210	58	174	36	16315	10347	5968	3087	2890	20543	14909
吉　林	809	201	13	6	27	20	135	4	21765	17292	4473	6112	4799	11394	8439
黑龙江	1005	448	29	5	164	9	241	17	45187	34541	10646	16423	15059	91932	68304
上　海	195	92	24	0	34	2	32	1	12122	6948	5174	832	563	14148	11412
江　苏	2027	32	0	2	9	3	18	69	51674	27096	24578	2573	1927	59896	35066
浙　江	364	97	5	1	0	2	89	21	14515	11212	3303	155	121	29115	14905
安　徽	1214	1433	303	335	332	41	422	64	54160	28972	25188	8877	8268	35610	25379
福　建	575	52	1	20	3	0	28	6	11564	7117	4447	401	358	11749	3573
江　西	1313	857	132	32	150	35	508	45	49154	28161	20993	11367	7076	56123	33498
山　东	859	1592	758	132	156	256	290	85	118630	49090	69540	26479	16823	77544	53586
河　南	2147	2954	880	354	185	240	1295	61	112504	52862	59642	13624		134466	78981
湖　北	968	2844	350	1480	213	392	409	549	30462	30266	196	1585	1268	150877	60351
湖　南	432	1895	243	74	119	209	1250	87	21020	13851	7169	11574	7069	77401	30476
广　东	1024	520	9	24	2	1	484	17	26717	11616	15101	5448	2285	51054	31271
海　南	497	94	8	0	1	0	85	0	11808	2607	9201	0		0	0
广　西	2055	899	37	543	27	21	271	21	33356	13709	19647	3181	2592	8872	5600
四　川	907	1124	176	238	29	140	541	164	23934	18529	5405	8830	6505	53822	37505
重　庆	329	425	130	26	0	5	264	36	18983	11659	7324	2438	1315	25158	22100
贵　州	497	82	15	5	9	1	52	17	20410	10659	9751	1388	1330	10079	9815
云　南	230	276	58	3	0	21	194	33	11806	8239	3567	2043	1548	13486	10812
西　藏	100	0							2237	2237					
陕　西	813	654	363	27	46	61	157	42	23820	17645	6175	36025	17780	52272	21905
甘　肃	1028	508	102	72	55	0	279	0	35519	16698	18821	16698	10811	16698	10811
青　海	65	65	5	9	1	3	47	0	1819	1298	521	696	692	1713	1674
宁　夏	137	95	1	3	3	4	84	4	3806	2572	1234	564	363	2184	1686
新　疆	185	0	0	0	0	0	0	15	10936	9163	1773	0	0	5802	4760
兵　团	66	37	12	1	12	4	8	3	3588	2701	887	65	54	1933	1089
中　储	256	0	0	0	0	0	0	0	20132	16902	3230	0	0	0	0
中　谷	112	0	0	0	0	0	0	0	2393	1942	451	0	0	0	0

数据来源：国家粮食局统计资料。

表31

2006年全国国有粮食购销企业改革情况调查表

截至2006年12月31日　　　　单位：个，人

地区或单位	1.企业数	2.改制企业数						3.粮食产业化龙头企业	4.职工人数			5.安置职工人数			
												2006年		1998～2006年	
		(1)小计	(2)股份制	(3)兼并	(4)承包租赁	(5)民营	(6)其他		(7)小计	(8)在岗人数	(9)不在岗人数	(10)小计	(11)其中：粮食部门	(12)累计	(13)其中：粮食部门
总　计	15946	12356	2704	1312	1406	1003	5431	754	627599	415206	212393	164639	116195	762972	470856
北　京	49	5	0	0	0	0	5	1	6510	4310	2200	120	120	849	752
天　津	77	22	2	0	13	0	7	6	3658	2838	820	94	94	1991	1682
河　北	839	185	152	5	22	0	6	52	33936	17943	15993	3217	1082	66220	41321
山　西	1154	63	14	22	0	0	27	8	28533	23245	5288	3068	1342	3375	2187
内蒙古	402	605	38	125	150	69	223	14	15384	12632	2752	5214	5076	23993	7042
辽　宁	544	368	22	5	184	47	110	28	14311	9710	4601	2922	2725	18265	13649
吉　林	554	123	1	2	12	55	53	1	15052	12997	2055	5671	4531	9681	7050
黑龙江	644	246	0	0	126	1	119	14	36108	28303	7805	13010	12011	59906	45074
上　海	108	40	3	0	24	0	13	1	5294	3081	2213	493	311	4693	3398
江　苏	1574	18	0	2	3	0	13	12	27778	16291	11487	1040	657	37944	23431
浙　江	148	16	2	0	0	0	14	6	9240	8051	1189	111	100	12982	6812
安　徽	793	1021	294	264	274	2	187	46	33760	23701	10059	7726	7224	28535	20786
福　建	292	19	0	8	0	0	11	6	7777	5294	2483	322	299	6892	2357
江　西	942	578	74	26	97	27	354	21	39211	23567	15644	8623	5894	41101	27673
山　东	474	975	398	28	85	194	270	15	46829	28053	18776	17871	9800	46323	28053
河　南	700	2658	700	0	185	372	1401	20	76197	37370	38827	18000	18000	60152	60152
湖　北	673	1188	294	687	69	15	123	165	24290	24115	175	446	357	86457	34583
湖　南	367	1203	185	22	40	65	891	65	17489	12270	5219	10334	6738	58455	22062
广　东	869	438	5	13	0	0	420	13	23250	9797	13453	3066	1619	40050	24159
海　南	245	36	0	0	0	0	36	0	5953	1824	4129	0	0	0	0
广　西	959	438	4	328	3	1	102	9	17803	9788	8015	2029	1801	4142	3259
四　川	703	698	100	135	17	95	351	143	20808	17290	3518	7694	5882	41615	30363
重　庆	274	96	34	23	0	0	39	23	11410	7602	3808	1094	1065	18535	12807
贵　州	199	36	6	1	6	0	23	4	10938	7586	3352	819	788	8765	8508
云　南	185	224	39	2	0	18	165	37	9086	6586	2500	1869	1675	10611	8581
西　藏	88	0	0	0	0	0	0	0	1667	1667	0	0	0	0	0
陕　西	497	516	261	23	38	42	152	34	17956	15862	2094	32849	16365	48608	19697
甘　肃	964	452	72	80	55	0	245	0	33089	15698	17391	15698	9811	15698	9811
青　海	42	42	3	9	1	0	29	0	1002	777	225	608	604	1069	1030
宁　夏	110	40	0	2	2	0	36	3	2115	1428	687	620	213	1525	840
新　疆	129	0	0	0	0	0	0	7	7722	6500	1222	0	0	4324	3521
兵　团	12	7	1	0	0	0	6	0	931	199	732	11	11	216	216
中　储	256	0	0	0	0	0	0	0	20132	16902	3230	0	0	0	0
中　谷	80	0	0	0	0	0	0	0	2380	1929	451	0	0	0	0

数据来源：国家粮食局统计资料。

表32 2006年全国国有粮食企业经营情况调查表

截至2006年12月31日　　　　单位：万元

地区或单位	利润（或亏损）总额		粮油销售收入		粮油销售成本		粮油费用总额		资产总额		负债总额	
	合计	其中：购销企业	合计	其中：购销企业	合计	其中：购销企业	合计	其中：购销企业	合计	其中：购销企业	合计	其中：购销企业
总　计	-381083	-297794	25356786	22095064	24813259	21780501	4021864	3473386	63476258	54381311	59512167	51057547
北　京	2968	2406	516722	187241	501420	190365	75955	31522	913753	508868	663324	413106
天　津	-1293	-600	305714	161637	296838	159753	42877	31524	725909	318478	467876	153566
河　北	-2011	5675	1227571	1172599	1200895	1147066	126534	107729	1750690	1440133	1477323	1159833
山　西	-58345	-47131	573658	527491	558136	514336	123242	98080	1379872	1003159	1336916	924603
内蒙古	-2469	-2202	565837	552624	533587	521224	89718	86766	2412975	2333407	2312050	2244140
辽　宁	-79461	-74313	1621659	1570594	1573636	1510009	189409	172744	2842174	2336740	3465820	2862437
吉　林	-92843	-80461	2181964	2107582	2063170	1999513	324681	289968	3592988	3160761	3510244	3063831
黑龙江	-57740	-50419	1709554	1632152	1625335	1564996	296054	266442	5503208	4946908	5423603	4753137
上　海	5544	6590	709679	367746	692089	394469	127490	73635	1246850	769318	853920	618465
江　苏	-2071	1634	2008286	1914537	1968609	1885231	230848	206163	3581265	3088534	3197714	2777275
浙　江	-5728	2220	342935	254622	334682	256121	110677	79155	1239977	896415	893903	646824
安　徽	4085	4708	714053	677132	722216	686547	175468	171352	2626443	2430864	2741960	2537456
福　建	1096	1761	278147	232958	280319	230690	54226	38220	699905	465768	499168	337007
江　西	4524	4310	641073	578265	646356	589276	108557	99157	1677855	1266830	1623288	1299425
山　东	17973	2335	1853682	810588	1760156	787442	178274	118655	2836634	1784542	2427159	1532703
河　南	-30694	-21176	1943592	1697435	1929277	1693188	349734	319474	5307213	4748215	5684867	5057038
湖　北	4944	6176	619489	586950	625643	592888	142991	136029	1800782	1492837	2244206	1916080
湖　南	10266	8312	302155	266044	293901	264575	94377	85095	1105335	981853	1056674	948921
广　东	-1891	-2738	895071	656322	880534	664075	164996	125391	2112674	1576940	1821421	1331461
广　西	-12417	-4921	256558	246639	259017	251631	70768	58540	1044731	731606	1028520	703027
海　南	-2905	-271	89047	86666	90258	85916	11649	7165	290930	216727	320310	220880
四　川	1079	2731	589762	562907	576640	550130	98876	88931	1473470	1305863	1189946	1007256
贵　州	-8895	-6709	170032	147553	165353	144717	44578	35357	665036	478237	660395	494786
云　南	-962	-109	336986	335791	329954	328689	54102	52725	846868	826076	631696	615748
陕　西	-111247	-100689	428659	374547	435873	386111	145247	127310	1134502	900195	1319874	1046989
甘　肃	-40016	-37840	318008	299253	319997	302361	74745	69969	769756	656327	710348	626656
青　海	-2570	-1547	18531	14884	19952	16240	10997	8952	110913	89968	90157	63098
宁　夏	-2187	-2004	91973	90203	89137	87551	16243	14910	221011	205302	183301	173368
新　疆	-1668	-202	354832	303734	342991	290246	62324	51027	790721	676920	776269	689294
重　庆	-13249	-10420	225247	212058	215621	203478	50622	45794	411147	382849	635191	574413
中储总公司	86067	86067	2953775	2953775	2981215	2981215	350979	350979	11781065	11781065	9761438	9761438
中谷集团	11033	11033	512535	512535	500452	500452	24626	24626	579606	579606	503286	503286

数据来源：国家粮食局统计资料。

表33 2006年粮油加工业生产、经营情况表

单位：个，吨，万元，人

	企业单位数	年生产能力		产品销售收入	利润总额	年末从业人数
总　计	11719	——		37301775	767122	410303
其中：国有及国有控股企业	1252	——		3478253	9540	54418
外商及港澳台商投资企业	125	——		9587105	313903	29307
一、大米加工业	7548	147783689		10652560	183921	153361
其中：国有及国有控股企业	848	26812500		1575248	8429	22879
外商及港澳台商投资企业	24	1298750		150741	6837	2120
二、小麦粉加工业	3159	94731680		9251795	115376	149913
其中：国有及国有控股企业	296	9472330		543334	-3469	18506
外商及港澳台商投资企业	31	3800500		815384	11168	5769
		油料处理	精　炼			
三、食用植物油加工业	1012	71774424	21661852	17397420	467825	107029
其中：国有及国有控股企业	108	8705500	2149895	1359671	4581	13033
外商及港澳台商投资企业	70	20048750	9016250	8620981	295899	21418

数据来源：中国粮食行业协会统计资料。

表34 2006年各地区粮油加工业主要经济指标

单位：个，万元，人

地 区	企业单位数	现价工业总产值	产品销售收入	出口交货值	利润总额	资产总计	负债合计	年末从业人数
合 计	11719	37342896	37301775	394268	767122	19998277	12860302	410303
北 京	22	153418	223543	530	2038	93342	47836	1808
天 津	81	852108	964661	3941	8052	426857	330360	4274
河 北	325	2203950	2123776	13296	72048	1002118	670670	12544
山 西	123	96743	91467	2266	751	113037	116981	4070
内蒙古	31	63451	53448	50	3974	39472	41804	893
辽 宁	439	1374170	1368330	15453	19984	1229379	786277	12494
吉 林	352	586086	590092	20858	7251	555126	305505	9344
黑龙江	585	2137168	2081190	69204	16394	1552397	1074303	29095
上 海	81	681091	907402		36695	389420	235383	4939
江 苏	725	5257733	5166730	54706	95144	2104709	1422407	35672
浙 江	210	897801	891715	467	5333	487681	346557	6310
安 徽	529	2087709	2083086	8907	30391	901489	494839	30400
福 建	366	1486449	1414318	2085	40249	672162	612656	9514
江 西	1674	1703074	1423062	9747	21547	457969	204912	24789
山 东	541	5455347	5429091	128283	159410	3205840	1976373	57033
河 南	660	2762538	2641563	1194	38291	1280853	812385	43601
湖 北	1066	2057907	2042557	5	39355	1066384	572753	25786
湖 南	408	890824	958438	1838	23707	739344	386215	16117
广 东	287	2087840	2260694	61396	65361	1003700	683303	9911
广 西	532	1140193	1133409	40	45192	367240	209701	5628
海 南	66	20934	19948		-799	23427	6778	497
重 庆	348	316166	302455		765	187056	160773	5643
四 川	609	1039421	1050003		12902	445535	269110	17074
贵 州	155	173149	161517		473	138176	109300	3774
云 南	225	177435	157182	1	2910	198173	133578	3924
西 藏	8	870	490		-189	12349	6296	150
陕 西	266	656346	792272		12215	449849	306966	11633
甘 肃	253	172710	156793		511	163314	102182	5207
青 海	39	47030	44391		-153	47073	34216	1630
宁 夏	215	215072	219610	1	3742	98632	42691	3489
新 疆	498	548167	548531	1	3578	546176	357191	13060
其中：兵团	58	75080	84210		-1759	72307	41605	3755

数据来源：中国粮食行业协会统计资料。

表35 中央储备粮代储资格企业统计表

序号	企业名称	类别	序号	企业名称	类别
	北京		35	天津市军粮城机米厂	粮
1	北京宝益粮油储备库	粮	36	天津贯庄国家粮食储备库	粮
2	北京市平谷官庄粮食收储库	粮	37	天津西营门国家粮食储备库	粮
3	北京市昌平粮食收储库	粮	38	天津杨庄子国家粮食储备库	粮
4	北京门头沟三家店粮食收储库	粮	39	天津普济道国家粮食储备库	粮
5	北京怀柔国家粮食储备库	粮	40	天津静海国家粮食储备库	粮
6	北京市顺义上辇粮食收储库	粮	41	天津宝坻国家粮食储备库	粮
7	北京市顺义王各庄粮食收储库	粮	42	天津蓟县上仓粮食购销有限公司	粮
8	北京市延庆南菜园粮食收储库	粮	43	天津市宁河县粮食购销有限公司	粮
9	北京市西北郊粮食收储库	粮	44	天津市宝坻区粮食购销有限公司	粮
10	北京大兴国家粮食储备库	粮	45	天津北仓国家粮食储备库	粮
11	北京市密云溪翁庄粮食收储库	粮	46	天津津南国家粮食储备库	粮
12	北京市顺义牛栏山粮食收储库	粮	47	天津静海城东国家粮食储备库	粮
13	北京市顺义铁匠营粮食收储库	粮	48	天津西青国家粮食储备库	粮
14	北京市通州粮食收储库	粮	49	天津雍阳粮食储备库	粮
15	北京市西南郊粮食收储库	粮	50	天津市滨海粮库	粮
16	北京友良商贸公司	粮	51	蓟县马伸桥粮库	粮
17	北京市东北郊粮食收储库	粮		**天津**	
18	北京市顺义杨镇粮食收储库	粮	52	天津市油脂公司新港油脂库	油
19	北京市房山南观粮食收储库	粮	53	天津市油脂储炼厂	油
20	北京市东郊粮食收储库	粮		**河北**	
21	北京万顺环宇商贸有限公司	粮	54	河北省粮食局直属机械化粮油储备库	粮
22	北京通州张家湾国家粮食储备库	粮	55	井陉县第一粮库	粮
23	北京市南郊粮食收储库	粮	56	鹿泉市粮食局直属粮库	粮
24	北京市大红门粮食收储库	粮	57	河北丰南国家粮食储备库	粮
25	北京市房山窦店粮食收储库	粮	58	河北滦县国家粮食储备库	粮
26	北京市房山石楼粮食收储库	粮	59	遵化市城关粮库	粮
27	北京市糖业烟酒公司	粮	60	河北玉田国家粮食储备库	粮
28	北京市平谷山东庄粮食收储库	粮	61	河北秦皇岛青山国家粮食储备库	粮
29	北京市平谷北杨桥粮食收储库	粮	62	河北抚宁国家粮食储备库	粮
	北京		63	河北邯郸彭城国家粮食储备库	粮
30	北京市东北郊粮食收储库	油	64	河北武安国家粮食储备库	粮
31	北京市天维康油脂调销中心	油	65	河北邢台国家粮食储备库分库	粮
	天津		66	河北邢台国家粮食储备库	粮
32	天津武清国家粮食储备库	粮	67	邢台市东郊粮库	粮
33	天津塘沽于家堡国家粮食储备库	粮	68	邢台市桥西粮库	粮
34	天津汉沽国家粮食储备库	粮	69	河北宣化国家粮食储备库	粮

续表

序号	企业名称	类别	序号	企业名称	类别
70	河北承德三岔口国家粮食储备库	粮	107	河北泊头富镇国家粮食储备库	粮
71	河北省承德省级粮食储备库	粮	108	河北宁晋国家粮食储备库	粮
72	河北承德下板城国家粮食储备库	粮	109	深州市粮食局直属粮库	粮
73	河北邯郸邯山国家粮食储备库	粮	110	临漳县粮食局直属粮库	粮
74	河北大名国家粮食储备库	粮	111	河北省清河县国家粮食储备库	粮
75	魏县粮食局第二粮库	粮	112	邢台市粮食储备库	粮
76	河北曲周国家粮食储备库	粮	113	河北宣化赵川国家粮食储备库	粮
77	磁县讲武城国家粮食储备库	粮	114	河北藁城永安国家粮食储备库	粮
78	河北沙河国家粮食储备库	粮	115	河北省临西省级粮食储备库	粮
79	河北柏乡国家粮食储备库	粮	116	河北石家庄国家粮食储备库	粮
80	河北省任县省级粮食储备库	粮	117	河北永年国家粮食储备库	粮
81	河北省新河县国有粮库	粮	118	河北磁县国家粮食储备库	粮
82	河北辛集国家粮食储备库	粮	119	河北省汇通国有粮食收储库有限责任公司	粮
83	深泽国家粮食储备库	粮	120	河北省天元国有粮食收储库	粮
84	河北藁城国家粮食储备库	粮	121	河北张家口国家粮食储备库	粮
85	河北赵县国家粮食储备库	粮	122	河北丰润国家粮食储备库	粮
86	保定市粮食局直属库	粮	123	沧州新华粮库肃宁分库	粮
87	河北定州国家粮食储备库	粮	124	河北高邑国家粮食储备库	粮
88	容城县粮食局直属库	粮	125	泊头洼里王国家粮食储备库	粮
89	高碑店市粮食局直属库	粮	126	唐县王京国家粮食储备库	粮
90	河北省兴隆省级粮食储备库	粮	127	望都县国家粮食储备库	粮
91	河北平泉国家粮食储备库	粮	128	滦平国家粮食储备库	粮
92	河北平泉小寺沟国家粮食储备库	粮	129	唐山北环国家粮食储备库	粮
93	河北围场国家粮食储备库	粮	130	涿州市屈家街国有粮食购销有限公司	粮
94	廊坊市粮食局廊坊直属库	粮	131	献县臧桥国家粮食储备库	粮
95	三河市直属粮库	粮	132	雄县国家粮食储备库	粮
96	沧州新华国家粮食储备库	粮	133	东光县粮食局连镇中心站	粮
97	河北沧州泊头国家粮食储备库	粮	134	深州市粮食局前么头直属粮库	粮
98	河北吴桥国家粮食储备库	粮	135	南和县国有粮食储备库	粮
99	河北黄骅国家粮食储备库	粮	136	河北山海关国家粮食储备库	粮
100	河北衡水和平路国家粮食储备库	粮	137	河北省秦皇岛省级粮食储备库	粮
101	河北衡水前么头国家粮食储备库	粮	138	河北昌黎国家粮食储备库	粮
102	故城县粮食局里老粮库	粮	139	河北隆化国家粮食储备库	粮
103	河北省景县省级粮食储备库	粮	140	河北秦皇岛国家粮食储备库	粮
104	唐山市粮食局汉沽农场分局	粮	141	河北省衡水粮油储备库	粮
105	河北省馆陶县国家粮食储备库	粮	142	河北省万全省级粮食储备库	粮
106	博野国家粮食储备库	粮	143	抚宁县第一粮库有限责任公司	粮

续表

序号	企业名称	类别	序号	企业名称	类别
144	安平县国家粮食储备库	粮	181	吴桥县宋门粮库	粮
145	灵寿县粮食局北寨粮油收储站	粮	182	河北省深州市护驾迟粮库	粮
146	河北省南宫省级粮食储备库	粮	183	故城东方兴粮粮业有限公司	粮
147	河北唐山国家粮食储备库	粮		**河北**	
148	河北省涿鹿省级粮食储备库	粮	184	河北秦皇岛青山国家粮食储备库	油
149	沧州市新华国家粮食储备二库	粮	185	河北昌黎国家粮食储备库	油
150	卢龙县粮食局石门粮库	粮	186	河北邢台国家粮食储备库	油
151	晋州省级粮食储备库	粮	187	邯郸市油脂总公司	油
152	故城县兴粮粮油购销有限公司	粮	188	河北张家口国家粮食储备库	油
153	武邑国家粮食储备库	粮	189	河北省衡水粮油储备库	油
154	文安县粮食储备库	粮	190	河北省油脂储备库	油
155	东光省级粮食储备库	粮		**山西**	
156	河北迁安沙河驿国家粮食储备库	粮	191	山西祁县粮食局东观粮油管理站	粮
157	河北省滦南省级粮食储备库	粮	192	山西稷山省粮食储备库	粮
158	河北遵化国家粮食储备库	粮	193	山西怀仁国家粮食储备库	粮
159	河北省邢台县国有粮库	粮	194	山西高平国家粮食储备库	粮
160	河北武强省级粮食储备库	粮	195	山西大同口泉国家粮食储备库	粮
161	河北省泊头省级粮食储备库	粮	196	山西长治国家粮食储备库	粮
162	冀州市周村粮食储备库有限责任公司	粮	197	介休市粮食局直属库	粮
163	饶阳县裕彤省级粮食储备库有限责任公司	粮	198	山西运城国家粮食储备库	粮
164	乐亭县粮食局直属库	粮	199	山西屯留国家粮食储备库	粮
165	抚宁县城关粮库有限责任公司	粮	200	山西朔州国家粮食储备库	粮
166	河北省昌黎县粮食局安山粮库	粮	201	山西省风陵渡粮食直属储备库	粮
167	河北省唐海省级粮食储备库	粮	202	晋中市榆次粮食储备库	粮
168	卢龙县粮食局刘田各庄粮库	粮	203	山西鸣李省粮食储备库	粮
169	霸州市益津粮油购销第一有限公司	粮	204	孝义市孝南粮油转运站	粮
170	三河市皇庄粮库	粮	205	寿阳县第一粮库	粮
171	怀安县天丰省级粮食储备有限公司	粮	206	山西省太谷县粮食局直属仓库	粮
172	丰宁满族自治县国储粮油购销有限公司	粮	207	山西阳泉国家粮食储备库	粮
173	易县国有粮食购销一库	粮	208	山西忻州新建路国家粮食储备库	粮
174	清苑国家粮食储备库	粮	209	山西太原河西国家粮食储备库	粮
175	宽城满族自治县国有省级储备粮经营有限责任公司	粮	210	山西太原北城国家粮食储备库	粮
176	廊坊安邦粮油储备有限公司	粮	211	山西太原新城国家粮食储备库	粮
177	河北省内邱省级粮食储备库	粮	212	山西太原北营国家粮食储备库	粮
178	张家口市宣化上谷粮油购销有限责任公司	粮	213	忻州市部落粮库	粮
179	河北鹿鸿粮库	粮	214	原平市粮食一库	粮
180	河北万全国家粮食储备库	粮	215	山西运城东留省粮食储备库	粮

续表

序号	企业名称	类别	序号	企业名称	类别
216	山西阳曲国家粮食储备库	粮	251	赤峰汐子内蒙古自治区粮食储备库	粮
217	山西晋城国家粮食储备库	粮	252	内蒙古拉布大林国家粮食储备库	粮
218	山西清徐国家粮食储备库	粮	253	内蒙古乌兰浩特国家粮食储备中转库	粮
219	山西省文水县大象粮站	粮	254	乌兰浩特铁西国家粮食储备库	粮
220	山西夏县国家粮食储备库	粮	255	内蒙古通辽国家粮食储备库	粮
221	大同市粮油储运公司	粮	256	内蒙古通辽东郊国家粮食储备库	粮
222	大同市第三粮食储备库	粮	257	内蒙古通辽大林国家粮食储备库	粮
223	山西盂县国家粮食储备库	粮	258	内蒙古通辽西辽河国家粮食储备库	粮
224	忻州市忻府区粮食局播明粮食管理站	粮	259	内蒙古通辽余粮堡国家粮食储备库	粮
225	忻州胜利国家粮食储备库	粮	260	内蒙古通辽市保康国家粮食储备库	粮
226	原平市粮食二库	粮	261	内蒙古通辽市宝龙山国家粮食储备库	粮
227	临汾市粮食局临汾粮食转运站	粮	262	内蒙古开鲁国家粮食储备库	粮
228	山西离石国家粮食储备库	粮	263	内蒙古通辽八仙筒国家粮食储备库	粮
229	天镇县粮食局南河堡粮站	粮	264	内蒙古通辽大沁他拉国家粮食储备库	粮
230	山西平定国家粮食储备库	粮	265	内蒙古自治区呼伦贝尔粮食收储库	粮
231	晋中市粮食储备库	粮	266	内蒙古扎兰屯国家粮食储备库	粮
232	长治市黎城粮食储备库	粮	267	内蒙古白音胡硕国家粮食储备库	粮
233	定襄县粮食局河边粮油食品购销站	粮	268	内蒙古通辽木里图国家粮食储备库	粮
234	平遥县粮食局直属仓库	粮	269	内蒙古通辽庆和国家粮食储备库	粮
235	山西襄汾龙泉省粮食储备库	粮	270	内蒙古集宁国家粮食储备库	粮
236	万荣县粮食储备库	粮	271	鄂尔多斯桥头内蒙古自治区粮食储备库	粮
237	繁峙县粮食局直属二库	粮	272	内蒙古通辽鲅鱼圈国家粮食储备中转库	粮
	山西		273	包头前口子国家粮食储备库	粮
238	山西太原南河湾国家油脂储备库	油	274	内蒙古凉城国家粮食储备库	粮
239	山西运城国家粮食储备库	油	275	内蒙古金良直属粮库	粮
240	山西长治国家粮食储备库	油	276	敖汉羊场粮库	粮
241	大同市粮油储运公司	油	277	牙克石第二粮库	粮
242	山西晋粮植物油库	油	278	丰镇市吉丰粮油储运贸易(集团)总公司	粮
243	山西晋城国家粮食储备库	油	279	巴彦淖尔市临河粮油购销公司	粮
	内蒙古		280	内蒙古商都国家粮食储备库	粮
244	内蒙古呼和浩特白塔国家粮食储备中转库	粮	281	科尔沁左翼中旗欧里中心粮库	粮
245	乌海市第一粮库	粮	282	内蒙古天山国家粮食储备库	粮
246	内蒙古赤峰红山国家粮食储备库	粮	283	内蒙古林西国家粮食储备库	粮
247	内蒙古赤峰平庄国家粮食储备库	粮	284	内蒙古开鲁东来国家粮食储备库	粮
248	内蒙古赤峰元宝山国家粮食储备库	粮	285	内蒙古赤峰经棚国家粮食储备库	粮
249	内蒙古赤峰松山国家粮食储备库	粮	286	内蒙古舍伯吐国家粮食储备库	粮
250	内蒙古天义国家粮食储备库	粮	287	内蒙古哲里木协尔苏国家粮食储备库	粮

续表

序号	企业名称	类别	序号	企业名称	类别
288	内蒙古金宝屯国家粮食储备库	粮		**内蒙古**	
289	内蒙古红彦国家粮食储备库	粮	325	内蒙古呼和浩特白塔国家粮食储备中转库	油
290	内蒙古鄂尔多斯市粮库	粮	326	内蒙古巴盟粮食局五原油脂库	油
291	五原县车站粮油公司	粮	327	扎兰屯市淳江油脂有限责任公司	油
292	锡林郭勒宝昌内蒙古自治区粮食储备库	粮	328	内蒙古赤峰东城国家粮食储备库	油
293	锡林郭勒桑根达来内蒙古自治区粮食储备中转库	粮	329	内蒙古集宁国家粮食储备库	油
294	锡林浩特市粮油储备库	粮		**辽宁**	
295	赤峰桥头内蒙古自治区粮食储备库	粮	330	辽宁庄河国家粮食储备库	粮
296	内蒙古赤峰牛营子国家粮食储备库	粮	331	本溪市火连寨国家粮食储备库	粮
297	内蒙古扎鲁特鲁北国家粮食储备库	粮	332	丹东滨江国家粮食储备库	粮
298	内蒙古阿荣国家粮食储备库	粮	333	辽宁凤城国家粮食储备库	粮
299	内蒙古乌兰花国家粮食储备库	粮	334	凤城市第二粮库	粮
300	鄂尔多斯东胜内蒙古自治区粮食储备库	粮	335	岫岩满族自治县偏岭粮库	粮
301	呼伦贝尔市海拉尔区第一粮库	粮	336	东港市前阳粮库	粮
302	莫力达瓦达斡尔族自治旗尼尔基第一粮库	粮	337	宽甸满族自治县第一粮库	粮
303	内蒙古鄂温克伊敏河国家粮食储备库	粮	338	辽宁绥中国家粮食储备库	粮
304	内蒙古赤峰东城国家粮食储备库	粮	339	辽宁黑山国家粮食储备库	粮
305	内蒙古乌拉山国家粮食储备库	粮	340	辽宁营口老边国家粮食储备库	粮
306	科右前旗大石寨粮库	粮	341	阜新市粮油工贸总公司	粮
307	内蒙古扎兰屯岭东国家粮食储备库	粮	342	阜新市第三粮库	粮
308	内蒙古突泉国家粮食储备库	粮	343	辽阳市铁西粮库	粮
309	内蒙古卓资国家粮食储备库	粮	344	辽阳县刘二堡粮库	粮
310	满洲里粮库	粮	345	盘锦市友谊粮库	粮
311	乌兰察布科布尔内蒙古自治区粮食储备库	粮	346	铁岭市粮库	粮
312	内蒙古包头东河国家粮食储备库	粮	347	康平县粮食中转储备库	粮
313	扎赉特旗巨宝粮库	粮	348	辽宁法库国家粮食储备库	粮
314	内蒙古通辽双泡子国家粮食储备库	粮	349	辽宁凌源国家粮食储备库	粮
315	内蒙古良储粮油购销有限责任公司	粮	350	北票市第一粮库	粮
316	内蒙古包头昆都仑国家粮食储备库	粮	351	鞍山南建国家粮食储备库	粮
317	包头市土右粮食购销有限责任公司	粮	352	鞍山市第五粮库	粮
318	内蒙古呼和浩特西郊国家粮食储备库	粮	353	鞍山市第三粮库	粮
319	乌拉特前旗大佘太粮油购销公司	粮	354	鞍山市第二粮库	粮
320	内蒙古呼和浩特新城国家粮食储备库	粮	355	辽宁锦州国家粮食储备库	粮
321	锡林郭勒东乌内蒙古自治区粮食储备库	粮	356	辽宁锦州锦阳国家粮食储备（中转）库	粮
322	五原县城关粮油公司	粮	357	沈阳市第三粮食收储库	粮
323	通辽西国家粮食储备库	粮	358	辽宁台安国家粮食储备库	粮
324	内蒙古哲里木甘旗卡国家粮食储备库	粮	359	抚顺市第二粮油储运公司	粮

续表

序号	企业名称	类别	序号	企业名称	类别
360	沈阳市直属粮食储备库	粮	397	沈阳市于洪区大潘粮库	粮
361	辽宁沈阳前进国家粮食储备库	粮	398	辽宁大连金州国家粮食储备库	粮
362	辽宁彰武城郊粮食储备库	粮	399	开原市第三粮库	粮
363	昌图县马仲河中心粮库	粮	400	北宁市沟帮子粮库	粮
364	昌图县八面城中心粮库	粮	401	宽甸满族自治县第二粮库	粮
365	昌图县双庙子中心粮库	粮	402	丹东蛤蟆塘粮库	粮
366	辽宁老四平粮食储备库	粮	403	抚顺市中心粮库	粮
367	辽宁大连友谊国家粮食储备中转库	粮	404	喀左县粮食储备库	粮
368	辽宁省朝阳竹林粮食储备库	粮	405	北票市第二粮库	粮
369	辽宁朝阳双塔国家粮食储备库	粮	406	丹东第三粮库	粮
370	辽宁昌图粮食储备库	粮	407	大连经济技术开发区粮食工业储运公司	粮
371	沈阳南方谷物实业公司	粮	408	辽宁省大石桥水源粮食储备库	粮
372	丹东市第一粮库	粮	409	沈阳市第一粮食收储库	粮
373	普兰店市粮食收储库	粮	410	锦州南山粮食储备库	粮
374	新民市粮食中转库	粮	411	中粮辽宁粮油进出口公司大连储运贸易公司	粮
375	沈阳林盛国家粮食储备库	粮	412	庄河市第二粮库	粮
376	鞍山市第六粮库	粮	413	营口鲅鱼圈西关国家粮食储备库	粮
377	海城市南台粮库	粮	414	新宾满族自治县南杂木粮库	粮
378	辽宁省台安粮食储备库	粮	415	辽宁省凌源三十家子粮食储备库	粮
379	东港市孤山粮库	粮	416	辽宁锦州驻大连湾国家粮食储备库	粮
380	辽宁阜新阿金国家粮食储备库	粮	417	喀左县大城子中心粮库	粮
381	大洼县新立粮库	粮	418	鞍山银珠米业有限公司	粮
382	凌海市粮库	粮		**辽宁**	
383	兴城市东辛庄粮库	粮	419	鞍山市第二粮库	油
384	西丰县西丰中心粮库	粮	420	沈阳市第三粮食收储库	油
385	辽宁灯塔国家粮食储备库	粮	421	本溪明山国家粮食储备库	油
386	辽宁台安高力房国家粮食储备库	粮	422	锦州油脂储备库	油
387	本溪明山国家粮食储备库	粮	423	沈阳市第一粮食收储库	油
388	朝阳健宇面粉有限责任公司	粮	424	沈阳市绿竹粮油有限公司	油
389	凤城市通远堡粮库	粮		**吉林**	
390	辽宁阜新粮食储备库	粮	425	吉林省金发粮库	粮
391	辽宁大连吴家国家粮食储备库	粮	426	吉粮集团长春中心仓库	粮
392	昌图县曲家中心粮库	粮	427	榆树市粮库	粮
393	辽宁省台安桑林粮食储备库	粮	428	吉林农安国家粮食储备库	粮
394	辽宁建平叶柏寿国家粮食储备库	粮	429	农安县开安粮库	粮
395	瓦房店市粮库	粮	430	农安县哈拉海粮库	粮
396	营口市第一粮库	粮	431	吉林九台龙家堡国家粮食储备库	粮

续表

序号	企业名称	类别	序号	企业名称	类别
432	德惠市粮库	粮	469	吉林省兴达粮库	粮
433	德惠市布海粮库	粮	470	吉林省兴良储备粮库	粮
434	吉林市江北国家粮食储备库	粮	471	吉粮集团海运公司舒兰收储库	粮
435	吉林市中心粮库	粮	472	吉林省敦化市国家粮食储备库	粮
436	永吉县万昌粮库	粮	473	吉林省金合粮库	粮
437	永吉县粮库	粮	474	舒兰市平安粮库	粮
438	永吉县岔路河粮库	粮	475	九台市沐石河粮库	粮
439	吉林市桦皮厂粮库	粮	476	吉林双辽卧虎国家粮食储备库	粮
440	吉林市乌拉街国家粮食储备库	粮	477	乾安县让字粮库	粮
441	吉林舒兰水曲柳国家粮食储备库	粮	478	前郭尔罗斯蒙古族自治县前郭粮库	粮
442	蛟河市蛟河粮库	粮	479	松原市粮食局宁江分局善友粮食仓库	粮
443	天岗国家粮食储备库	粮	480	九台曙光国家粮食储备库	粮
444	四平市孤家子粮库	粮	481	吉林公主岭城东国家粮食储备库	粮
445	辽源市东站粮库	粮	482	吉林梨树郭家店国家粮食储备库	粮
446	吉林东辽国家粮食储备库	粮	483	长春市劝农粮库	粮
447	吉林辉南朝阳国家粮食储备库	粮	484	德惠市第三粮库	粮
448	吉林柳河国家粮食储备库	粮	485	榆树市保寿粮库	粮
449	吉林临江国家粮食储备库	粮	486	舒兰市粮库	粮
450	吉林白城白平国家粮食储备库	粮	487	乾安县大布苏粮库	粮
451	吉林白城国家粮食储备库	粮	488	梨树县梨树一粮库	粮
452	吉林洮南国家粮食储备库	粮	489	吉林白山老营国家粮食储备库	粮
453	吉林松原国家粮食储备库	粮	490	吉林前郭王府国家粮食储备库	粮
454	扶余县粮食局陶赖昭粮食仓库	粮	491	双辽市第二粮库	粮
455	扶余县粮食局蔡家沟粮食仓库	粮	492	吉林镇赉国家粮食中转库	粮
456	吉林长岭太平川国家粮食储备库	粮	493	吉林长岭国家粮食储备库	粮
457	吉林长岭金山国家粮食储备库	粮	494	农安县华家粮库	粮
458	大安市安广粮库	粮	495	吉林梅河口城东国家粮食储备库	粮
459	镇赉县坦途粮库	粮	496	吉林榆树五棵树国家粮食储备库	粮
460	吉林通榆边昭国家粮食储备库	粮	497	吉林磐石国家粮食储备库	粮
461	吉林通榆国家粮食储备库	粮	498	吉粮集团海运公司榆树收储库	粮
462	珲春市国家粮食储备库	粮	499	吉粮经贸有限责任公司磐石粮库	粮
463	吉林桦甸国家粮食储备库	粮	500	吉林梅河口国家粮食储备库	粮
464	长春市大屯粮库	粮	501	吉林省桦甸市苏密沟粮库	粮
465	吉林延吉国家粮食储备库	粮	502	桦甸市红石粮库	粮
466	吉林四平国家粮食储备库	粮	503	伊通满族自治县马安山粮库	粮
467	四平市平东粮库	粮	504	公主岭市范家屯粮库	粮
468	吉林乾安国家粮食储备库	粮	505	农安县滨河粮库	粮

续表

序号	企业名称	类别	序号	企业名称	类别
506	吉林松原三岔河国家粮食储备库	粮	541	鹤岗市粮食局第三粮库	粮
507	九台市营城粮库	粮	542	鹤岗市粮食局第一粮库	粮
508	公主岭市秦家屯粮库	粮	543	鹤岗市粮食局第八粮库	粮
509	磐石市烟筒山粮库	粮	544	萝北县团结粮库	粮
510	吉林市西关国家粮食储备库	粮	545	萝北县军川粮库	粮
511	吉林公主岭南崴子国家粮食储备库	粮	546	黑龙江萝北鹤北国家粮食储备库	粮
512	舒兰市莲花粮库	粮	547	黑龙江绥滨绥东国家粮食储备库	粮
513	桦甸市粮库	粮	548	绥滨县忠仁粮库	粮
514	舒兰市白旗粮库	粮	549	黑龙江绥滨国家粮食储备库	粮
515	吉林通化国家粮食储备库	粮	550	黑龙江双鸭山国家粮食储备库	粮
516	洮南市黑水粮库	粮	551	黑龙江集贤福利国家粮食储备库	粮
517	吉林东丰国家粮食储备库	粮	552	黑龙江大庆银浪国家粮食储备库	粮
518	吉林长白国家粮食储备库	粮	553	佳木斯市粮库	粮
	吉林		554	佳木斯市粮食中转库	粮
519	吉林省植物油集团公司宁江粮库	油	555	桦南县桦南粮库	粮
520	吉粮集团海运公司榆树收储库	油	556	桦南县闫家粮库	粮
521	敦化市大源油脂饲料有限责任公司	油	557	依兰县德裕粮库	粮
522	长春市粮食第十一仓库	油	558	依兰县道台桥粮库	粮
523	吉林省慧泽油脂有限公司	油	559	桦川县桦川粮库	粮
	黑龙江		560	桦川县四马架粮库	粮
524	阿城市第三粮库	粮	561	桦川县第二粮库	粮
525	阿城市永源粮库	粮	562	黑龙江宝清城北国家粮食储备库	粮
526	哈尔滨市呼兰区对青粮库	粮	563	宝清县青山粮库	粮
527	哈尔滨香坊粮食仓库	粮	564	黑龙江汤原鹤立国家粮食储备库	粮
528	双鸭山市第二粮库	粮	565	黑龙江汤原香兰国家粮食储备库	粮
529	齐齐哈尔市碾子山粮库	粮	566	饶河县小佳河粮库	粮
530	齐齐哈尔市雅尔塞粮库	粮	567	饶河县饶河粮库	粮
531	齐齐哈尔市第二粮库	粮	568	黑龙江七台河桃南国家粮食储备库	粮
532	龙江县龙江粮库	粮	569	黑龙江勃利国家粮食储备库	粮
533	黑龙江白山国家粮食储备库	粮	570	宁安市宁安粮库	粮
534	黑龙江讷河老莱国家粮食储备库	粮	571	穆棱市八面通第一粮库	粮
535	黑龙江讷河国家粮食储备库	粮	572	虎林市宝东粮库	粮
536	讷河市拉哈粮库	粮	573	黑龙江虎林卫星国家粮食储备库	粮
537	富裕县富裕粮库	粮	574	虎林市迎春粮库	粮
538	林甸县花园粮库	粮	575	虎林市虎林粮库	粮
539	拜泉县拜泉粮库	粮	576	黑龙江宾县宾州国家粮食储备库	粮
540	鸡东县永安粮库	粮	577	双城市五家粮库	粮

续表

序号	企业名称	类别	序号	企业名称	类别
578	双城市临江粮库	粮	615	肇州县二井粮库	粮
579	双城市兰棱粮库	粮	616	北安市北安粮库	粮
580	五常市山河粮库	粮	617	嫩江县伊拉哈粮库	粮
581	五常市牛家粮库	粮	618	黑龙江嫩江国家粮食储备库	粮
582	五常市背荫河粮库	粮	619	黑龙江嫩江双山国家粮食储备库	粮
583	巴彦县兴隆粮库	粮	620	黑龙江五大连池龙镇国家粮食储备库	粮
584	木兰县柳河粮库	粮	621	黑龙江五大连池二龙山国家粮食储备库	粮
585	木兰县东兴粮库	粮	622	大兴安岭岭南粮库	粮
586	黑龙江木兰国家粮食储备库	粮	623	黑龙江铁力双丰国家粮食储备库	粮
587	通河县祥顺粮库	粮	624	黑龙江铁力国家粮食储备库	粮
588	通河县第二粮库	粮	625	密山市兴凯粮库	粮
589	黑龙江通河国家粮食储备库	粮	626	密山市连珠山粮库	粮
590	黑龙江尚志苇河国家粮食储备库	粮	627	富锦市富锦粮库	粮
591	黑龙江尚志国家粮食储备库	粮	628	黑龙江省富锦市二龙山粮库	粮
592	黑龙江方正国家粮食储备库	粮	629	泰来县泰来粮库	粮
593	方正县望江粮库	粮	630	黑龙江储备物资管理局二三三处	粮
594	绥化市四方台粮库	粮	631	佳木斯市望江粮库	粮
595	绥化市秦家粮库	粮	632	依安县依安粮库	粮
596	绥化市双河粮库	粮	633	黑龙江省富锦市九0国家粮食储备库	粮
597	绥化市第四粮库	粮	634	双鸭山市第四粮库	粮
598	安达市粮库	粮	635	双鸭山市第一粮库	粮
599	绥化市绥化粮库	粮	636	黑龙江双鸭山宝山国家粮食储备库	粮
600	安达市第六粮库	粮	637	青冈县青冈粮库	粮
601	肇东市黎明粮库	粮	638	齐齐哈尔市第一粮库	粮
602	肇东市肇东粮库	粮	639	延寿县加信粮库	粮
603	肇东市昌五粮库	粮	640	延寿县延寿一粮库	粮
604	黑龙江肇东姜家国家粮食储备库	粮	641	鹤岗中心国家粮食储备库	粮
605	肇东市第五粮油储备库	粮	642	黑龙江宝清清河国家粮食储备库	粮
606	海伦市伦河粮库	粮	643	哈尔滨市粮食局尚志直属粮库	粮
607	海伦市祥富粮库	粮	644	黑龙江省建三江前进第二粮库	粮
608	海伦市海北粮库	粮	645	双鸭山市七星粮库	粮
609	望奎县卫星粮库	粮	646	黑龙江嘉荫国家粮食储备库	粮
610	兰西县太阳升粮库	粮	647	友谊县友谊粮库	粮
611	兰西县兰西粮库	粮	648	黑龙江佳木斯莲江口国家粮食储备库	粮
612	青冈县芦河粮库	粮	649	大兴安岭地区行署粮食局大杨树粮库	粮
613	黑龙江肇源新站国家粮食储备库	粮	650	哈尔滨市呼兰区沈家粮库	粮
614	肇州县肇州第一粮库	粮	651	海伦市共合粮库	粮

续表

序号	企业名称	类别	序号	企业名称	类别
652	尚志市亚布力粮库	粮	689	克山县克山粮库	粮
653	林口县林口第二粮库	粮	690	讷河市通南粮库	粮
654	宾县满井粮库	粮	691	龙江县山泉粮库	粮
655	黑龙江双城堡国家粮食储备库	粮	692	讷河市龙河粮库	粮
656	集贤县笔架山粮库	粮	693	克东县玉岗粮库	粮
657	绥棱县绥棱粮库	粮	694	黑龙江孙吴国家粮食储备库	粮
658	庆安县庆安粮库	粮	695	杜尔伯特蒙古族自治县泰康粮库	粮
659	肇东市宋站粮库	粮	696	黑龙江省海林市海林粮库	粮
660	海伦市东边粮库	粮	697	黑龙江双城周家国家粮食储备库	粮
661	海伦市第一粮库	粮	698	桦川县东河粮库	粮
662	海伦市海兴粮库	粮	699	黑龙江逊克奇克国家粮食储备库	粮
663	黑龙江佳木斯建三江国家粮食储备库	粮	700	富裕县龙安桥粮库	粮
664	黑龙江省建三江胜利粮库	粮	701	桦南县土龙山粮库	粮
665	黑龙江佳木斯前进国家粮食储备库	粮	702	密山市密山粮库	粮
666	黑龙江同江国家粮食储备库	粮	703	拜泉县兴农粮库	粮
667	明水县粮库	粮	704	讷河市九井粮库	粮
668	望奎县望奎粮库	粮	705	尚志市第二粮库	粮
669	虎林市东方红粮库	粮	706	绥化市张维粮库	粮
670	黑龙江北安赵光国家粮食储备库	粮	707	绥化市东津粮库	粮
671	黑河市龙丰粮库	粮	708	汤原县汤原粮库	粮
672	巴彦县万发屯粮库	粮	709	桦南县八虎力粮库	粮
673	饶河县西丰粮库	粮	710	宾县常安粮库	粮
674	肇源县肇源粮库	粮	711	黑龙江宾县新甸国家粮食储备库	粮
675	黑龙江储备物资管理局二三一处	粮	712	双城市韩甸粮库	粮
676	黑龙江储备物资管理局二三二处	粮	713	勃利县双河粮库	粮
677	黑龙江伊春南岔国家粮食储备库	粮	714	黑龙江克东国家粮食储备库	粮
678	绥化市长发粮库	粮	715	黑龙江集贤红兴隆国家粮食储备库	粮
679	绥化市永安粮库	粮	716	富锦市头林粮库	粮
680	巴彦县洼兴粮库	粮		**黑龙江**	
681	宝清县七星泡粮库	粮	717	哈尔滨三棵树粮食仓库	油
682	克山县古城粮库	粮	718	黑龙江九三油脂有限责任公司	油
683	甘南国家粮食储备库	粮	719	绥化金龙油脂有限责任公司	油
684	肇东粮油储备库	粮		**上海**	
685	黑龙江九三丰缘麦业有限责任公司	粮	720	上海粮油仓储有限公司	粮
686	富锦市二道岗粮库	粮		**上海**	
687	嫩江县前卫粮库	粮	721	上海粮油仓储有限公司	油
688	黑河市西岗子粮库	粮			

续表

序号	企业名称	类别	序号	企业名称	类别
	江苏		758	江苏奔牛国家粮食储备库	粮
722	南京铁心桥国家粮食储备库	粮	759	南通家惠油脂发展有限公司	粮
723	江苏省江宁粮食储备库	粮	760	江苏铜山国家粮食储备库	粮
724	江苏无锡国家粮食储备库	粮	761	江苏常州城北国家粮食储备库	粮
725	徐州国家粮食储备库	粮	762	高邮市五里坝国家粮食储备库	粮
726	江苏碾庄粮食储备直属库	粮	763	盱眙国家粮食储备库	粮
727	新沂王庄粮库	粮	764	泰州引江河国家粮食储备库	粮
728	江苏南通运河桥国家粮食储备库	粮	765	南通港粮食中转库有限公司	粮
729	海安县海安粮库	粮	766	射阳兴桥国家粮食储备库	粮
730	如东县潮桥国家直属粮食储备库	粮	767	金湖县城南国家粮食储备库	粮
731	江苏南通正场国家粮食储备库	粮	768	睢宁县国家粮食储备库	粮
732	江苏省新海粮食储备直属库	粮	769	宿豫洋北国家粮食储备库	粮
733	江苏连云港浦东国家粮食储备库	粮	770	建湖县国家直属粮食储备库	粮
734	江苏东海国家粮食储备库	粮	771	泗阳县国家粮食储备库	粮
735	连云港市灌云北郊国家粮食储备库	粮	772	江苏兴化北郊粮食储备库	粮
736	淮安市一六〇五仓库	粮	773	泗洪县城东国家粮食储备库	粮
737	江苏沭阳国家粮食储备库	粮	774	江苏张家港国家粮食储备库	粮
738	江苏洪泽国家粮食储备库	粮	775	江苏省白马湖粮食储备库	粮
739	江苏盱眙城南国家粮食储备库	粮	776	灌南百禄国家粮食储备库	粮
740	金湖县粮食局石港粮库	粮	777	溧水县粮食局直属库	粮
741	盐城市粮食局直属粮库	粮	778	响水县国家粮食储备库	粮
742	盐城市盐都区秦南粮油管理所	粮	779	兴化合陈国家粮食储备库	粮
743	江苏阜宁国家粮食储备库	粮	780	江苏北大荒米业有限公司	粮
744	大丰新团国家粮食储备库	粮	781	高邮市汉留国家粮食储备库	粮
745	扬州市大运河粮库	粮	782	丰县国家粮食储备库	粮
746	宝应县廷柏粮库	粮	783	沛县正阳国家粮食储备库	粮
747	江苏省粮食局高港直属库	粮	784	高邮龙奔国家粮食储备库	粮
748	江苏邗江运西国家粮食储备库	粮	785	江苏江都国家粮食储备库	粮
749	镇江市粮食中转库	粮	786	江苏盱眙天鹅湖国家粮食储备库	粮
750	江苏仪征国家粮食储备库	粮	787	泰州市东风路粮库	粮
751	江苏宿迁国家粮食储备库	粮	788	江苏射阳国家粮食储备库	粮
752	淮安市城南粮库	粮	789	江苏滨海国家粮食储备库	粮
753	海门港国家粮食储备库	粮	790	江苏赣榆国家粮食储备库	粮
754	江苏淮安国家粮食储备库	粮	791	江苏东台台城国家粮食储备库	粮
755	江苏建湖国家粮食储备库	粮	792	江苏涟水国家粮食储备库	粮
756	江苏丹阳西郊国家粮食储备库	粮	793	江苏省刘桥粮食储备直属库	粮
757	江苏昆山国家粮食储备库	粮	794	江苏兴化钓鱼国家粮食储备库	粮

续表

序号	企业名称	类别	序号	企业名称	类别
795	江苏苏州国家粮食储备库	粮		**浙江**	
796	江苏宜兴国家粮食储备库分库	粮	831	浙江宁波镇海国家粮食储备库	粮
797	南京市江宁区粮油总公司直属库	粮	832	嘉善县粮食收储有限公司	粮
798	新沂市港头粮油管理所	粮	833	海盐县粮食收储有限责任公司	粮
799	江苏省农垦米业有限公司	粮	834	浙江嘉善银粮国家粮食储备库有限公司	粮
800	张家港市粮食购销总公司	粮	835	浙江宁波庄市国家粮食储备库	粮
801	新沂市窑湾粮库	粮		**浙江**	
802	建湖县高作粮油经营管理所	粮	836	浙江省粮食局直属粮油储备库	油
803	江苏扬州国家粮食储备库	粮	837	浙江宁波庄市国家粮食储备库	油
804	新沂市时集粮油管理所	粮		**安徽**	
805	宜兴市屺亭国家粮食储备库	粮	838	安徽六安新河国家粮食储备库	粮
806	新沂高流粮库	粮	839	安徽合肥城东国家粮食储备库	粮
807	昆山市粮食储备库	粮	840	合肥市粮食局第三仓库	粮
808	无锡市粮油中转储备仓库	粮	841	安徽肥西国家粮食储备库	粮
809	新沂市合沟粮油管理所	粮	842	安徽芜湖秃矶山国家粮食储备中转库	粮
810	新沂市瓦窑粮油管理所	粮	843	安徽南陵许镇省级粮食储备库	粮
811	新沂市徐塘粮油管理所	粮	844	蚌埠市粮食局第三仓库	粮
812	江苏无锡新安国家粮食储备库	粮	845	安徽怀远河溜省级粮食储备库	粮
813	江苏省姜堰粮食储备直属库	粮	846	安徽怀远国家粮食储备库	粮
814	连云港港口国家粮食储备库	粮	847	安徽淮南田家庵国家粮食储备库	粮
815	睢宁县高作粮油管理所	粮	848	安徽淮南望峰岗国家粮食储备库	粮
816	淮安市清浦区粮食购销总公司	粮	849	安徽凤台国家粮食储备库	粮
817	南京丰远米业有限责任公司	粮	850	淮北市粮油食品局直属库	粮
818	新沂市新安粮油管理所	粮	851	铜陵市北斗山粮库	粮
819	东海县粮食购销公司房山粮油管理所	粮	852	安徽亳州国家粮食储备库	粮
820	兴化市临城粮油贸易总公司	粮	853	太和县国家粮食储备库	粮
	江苏		854	安徽涡阳国家粮食储备库	粮
821	姜堰市粮食局油脂库	油	855	安徽省砀山国家储备粮库	粮
822	南通家惠油脂发展有限公司	油	856	安徽泗县国家粮食储备库	粮
823	南通宝港油脂发展有限公司	油	857	滁州市琅琊区粮油食品局直属库	粮
824	江苏中苏储油脂仓储有限公司	油	858	安徽天长国家粮食储备库	粮
825	南通永芳仓储有限公司	油	859	安徽来安国家粮食储备库	粮
826	张家港江海油脂接运有限公司	油	860	安徽定远国家粮食储备库	粮
827	吴江市运河植物油脂有限公司	油	861	安徽凤阳国家粮食储备库	粮
828	中盛粮油工业（镇江）有限公司	油	862	安徽省寿县国家粮食储备库	粮
829	镇江市粮食中转库	油	863	安徽霍邱国家粮食储备库	粮
830	无锡市粮油中转储备仓库	油	864	霍山县粮食收储有限公司	粮

续表

序号	企业名称	类别	序号	企业名称	类别
865	安徽桐城国家粮食储备库	粮	902	枞阳县义津中心粮站	粮
866	安徽望江国家粮食储备库	粮	903	枞阳县长河粮库	粮
867	安徽望江新桥国家粮食储备库	粮	904	马鞍山市粮食有限责任公司	粮
868	安庆市粮油储运公司	粮	905	安徽省蒙城县葛桥国家粮食储备库	粮
869	安徽萧县国家粮食储备库	粮	906	安徽宿松国家粮食储备库	粮
870	灵璧县黄湾粮食储备库	粮	907	安徽利辛省级粮食储备库	粮
871	安徽滁州国家粮食储备中转库	粮	908	广德省级粮食储备库	粮
872	安徽全椒国家粮食储备库	粮	909	固镇县石湖国家粮食储备库	粮
873	安徽明光国家粮食储备库	粮	910	歙县粮食购销有限公司	粮
874	安徽六安南门国家粮食储备库	粮	911	安徽无为福渡国家粮食储备库	粮
875	安徽金寨国家粮食储备库	粮	912	安徽蒙城国家粮食储备库	粮
876	安徽贵池国家粮食储备库	粮	913	舒城县城关省级粮食储备库	粮
877	安徽六安双墩国家粮食储备库	粮	914	巢湖市北郊粮食购销有限公司	粮
878	安徽省双凤粮食储备库	粮	915	安徽岳西国家粮食储备库	粮
879	祁门县粮食购销有限公司	粮	916	郎溪省级粮食储备库	粮
880	安徽和县国家粮食储备库	粮	917	安徽石台省级粮食储备库	粮
881	安徽阜阳三里湾国家粮食储备库	粮	918	安徽绩溪省级粮食储备库	粮
882	安徽宿州符离国家粮食储备库	粮	919	休宁县粮食收储有限公司	粮
883	安徽滁州南谯国家粮库	粮	920	宁国市城关粮食收储公司	粮
884	安徽阜阳颍东国家粮食储备库	粮	921	凤台县粮油购销总公司第二直属库	粮
885	安徽省阜南国家储备粮库	粮	922	黟县粮食购销有限责任公司	粮
886	宿州市粮食储备库	粮	923	安徽徽州省级粮食储备库	粮
887	安徽省皖西粮食储备库	粮	924	安徽涡阳北关省级粮食储备库	粮
888	安徽省机械化粮库	粮	925	安徽淮北国家粮食储备库	粮
889	安徽东至国家粮食储备库	粮	926	安徽安庆省级粮食储备库	粮
890	安徽东至塔基国家粮库	粮	927	六安三农粮油食品发展有限公司	粮
891	安徽黄山省级粮食储备库	粮	928	安徽省六安金安国家粮食储备库	粮
892	庐江国家粮食储备库	粮	929	六安天业集团投资有限公司	粮
893	安徽潜山国家粮食储备库	粮		**安徽**	
894	安徽省含山县国家粮食储备库	粮	930	巢湖市粮油储运总公司	油
895	安徽肥东国家粮食储备库	粮	931	安庆市粮油储运公司	油
896	安徽固镇国家粮食储备库	粮	932	安徽滁州国家粮食储备中转库	油
897	安徽当涂国家粮食储备库	粮	933	安徽六安双墩国家粮食储备库	油
898	蚌埠市粮食局第一仓库	粮	934	蒙城县新兴油脂有限公司	油
899	安徽省青阳县省级粮食储备库	粮		**福建**	
900	安徽长丰国家粮食储备库	粮	935	厦门市粮食收储有限公司	粮
901	宿州埇桥粮食储备库	粮	936	沙县粮食直属储备库	粮

续表

序号	企业名称	类别	序号	企业名称	类别
937	福建宁德国家粮食储备库	粮	972	江西上高镜山国家粮食储备库	粮
938	福建漳州岱山国家粮食储备库	粮	973	靖安县粮食局仁首粮管所	粮
939	福建福州鳌峰州国家粮食储备库	粮	974	横峰县粮食局直属库	粮
940	福建古田国家粮食储备库	粮	975	江西万年国家粮食储备库	粮
941	诏安县粮食购销有限公司	粮	976	江西省粮油集团吉安购销储备有限公司	粮
942	建宁县濉溪粮食购销有限责任公司	粮	977	江西吉水国家粮食储备库	粮
943	南靖县靖城粮食购销有限责任公司	粮	978	江西新干国家粮食储备库	粮
944	浦城县粮食购销有限公司	粮	979	江西省永丰县国家粮食储备库	粮
945	福建建阳国家粮食储备库	粮	980	抚州国家粮食储备库	粮
946	福建省三明市荆西粮油储运站	粮	981	江西南城国家粮食储备库	粮
947	福建省三明市粮食购销有限公司	粮	982	江西黎川国家粮食储备库	粮
948	福建省连江县储备粮管理有限公司	粮	983	南丰县粮食局荷田岗储备库	粮
949	福建省明溪县粮食购销有限公司	粮	984	江西崇仁国家粮食储备库	粮
950	福建省平潭县粮食收储有限公司	粮	985	江西金溪国家粮食储备库	粮
951	福州市粮食购销有限公司	粮	986	广昌县粮食局直属储备库	粮
952	福建邵武水北国家粮食储备库	粮	987	江西玉山国家粮食储备库	粮
953	龙海市粮食储备库	粮	988	定南县国家粮食储备库	粮
954	莆田市粮食购销有限责任公司	粮	989	上高县粮食局塔下粮油管理所	粮
	福建		990	江西铅山金鸡山国家粮食储备库	粮
955	福州市粮食购销有限公司	油	991	江西万载国家粮食储备库	粮
956	福建福州鳌峰州国家粮食储备库	油	992	江西临川国家粮食储备库	粮
	江西		993	资溪县国家粮食储备库	粮
957	南昌县南新粮食管理所	粮	994	江西金佳谷物股份有限公司南良粮食储备库	粮
958	南昌县泾口粮食管理所	粮	995	江西省樟树东站国家粮食储备库	粮
959	南昌县塘南粮食管理所	粮	996	广丰县粮食局直属粮库	粮
960	江西南昌横岗国家粮食储备库	粮	997	乐安县龚坊国家粮食储备库	粮
961	江西省安义县国家粮食储备库	粮	998	江西宜丰国家粮食储备库	粮
962	江西景德镇国家粮食储备库	粮	999	赣州铁路东站国家粮食储备库	粮
963	江西九江国家粮食储备库	粮	1000	江西高安建山国家粮食储备库	粮
964	九江市新港粮库	粮	1001	高安市粮食局直属库	粮
965	九江县粮食储备库	粮	1002	永新县粮食局建设粮管所	粮
966	江西德安国家粮食储备库	粮	1003	江西省鄱阳县粮食局田坂粮库	粮
967	江西彭泽国家粮食储备库	粮	1004	浮梁县粮油收储公司鹅湖粮油管理所	粮
968	新余市粮食局第三粮库	粮	1005	南昌市新建石埠国家粮食储备库	粮
969	江西丰城国家粮食储备库	粮	1006	南昌市青山湖区粮油储备库	粮
970	樟树市第三粮库	粮	1007	江西贵溪国家粮食储备库	粮
971	江西奉新国家粮食储备库	粮	1008	铜鼓县定江粮管所	粮

续表

序号	企业名称	类别	序号	企业名称	类别
1009	江西崇仁大众山国家粮食储备库	粮	1046	江西宜黄国家粮食储备库	粮
1010	上饶县国家粮食储备库	粮	1047	江西瑞昌国家粮食储备库	粮
1011	江西萍乡国家粮食储备库	粮	1048	南昌县蒋巷粮食管理所	粮
1012	江西吉安河东国家粮食储备库	粮	1049	宜春市袁州区粮食购销公司	粮
1013	景德镇市粮食收储公司	粮	1050	江西进贤长岗山国家粮食储备库	粮
1014	鄱阳县粮食局金源粮库	粮	1051	南昌市第一粮食仓库	粮
1015	南昌市第三粮食仓库	粮	1052	奉新县赤岸粮食购销公司	粮
1016	吉安市吉州区粮食局长塘粮管所	粮	1053	宜春市粮油储运站	粮
1017	江西新建国家粮食储备库	粮	1054	宜丰县石市粮管所	粮
1018	武宁县直属粮库	粮	1055	江西赣州国家粮食储备库	粮
1019	都昌县粮食局第二直属粮库	粮	1056	丰城市粮食局丽村粮油管理所	粮
1020	江西都昌国家粮食储备库	粮	1057	江西湖口国家粮食储备库	粮
1021	樟树市直属粮库	粮	1058	江西吉安敦厚国家粮食储备库	粮
1022	江西余干国家粮食储备库	粮	1059	上饶市信州区粮食直属库	粮
1023	江西安福国家粮食储备库	粮	1060	井冈山市茨坪粮食购销公司	粮
1024	江西鄱阳国家粮食储备库	粮		**江西**	
1025	江西星子国家粮食储备库	粮	1061	九江白水湖油脂储备库	油
1026	九江市粮油总公司储备仓库	粮	1062	江西樟树国家粮食储备库	油
1027	江西弋阳国家粮食储备库	粮		**山东**	
1028	德兴市粮食局虎头岭粮库	粮	1063	山东淄博东郊国家粮食储备库	粮
1029	上饶市枫岭头粮食储备库	粮	1064	济南北山粮库	粮
1030	江西分宜国家粮食储备库	粮	1065	山东淄博周村国家粮食储备库	粮
1031	江西乐平国家粮食储备库	粮	1066	山东枣庄国家粮食储备库	粮
1032	峡江县粮食局直属粮库	粮	1067	山东台儿庄国家粮食储备库	粮
1033	江西莲花大山岭国家粮食储备库	粮	1068	山东蓬莱国家粮食储备库	粮
1034	江西永修国家粮食储备库	粮	1069	济宁市第一粮库	粮
1035	江西鹰潭粮食储备库	粮	1070	济宁市兖州粮库	粮
1036	南昌市第六粮食仓库	粮	1071	山东泰山国家粮食储备库	粮
1037	吉水县八都国家粮食储备库	粮	1072	山东泰安燕家庄国家粮食储备库	粮
1038	江西东乡国家粮食储备库	粮	1073	山东肥城国家粮食储备库	粮
1039	江西修水国家粮食储备库	粮	1074	山东威海国家粮食储备库	粮
1040	江西樟树国家粮食储备库	粮	1075	山东滨州国家粮食储备库	粮
1041	泰和县上田粮油公司	粮	1076	山东平原国家粮食储备库	粮
1042	会昌县粮食局直属库	粮	1077	山东齐河国家粮食储备库	粮
1043	上饶市粮食中转储备库	粮	1078	山东省德州市粮食局禹城转运站	粮
1044	江西省温圳粮库	粮	1079	山东冠县国家粮食储备库	粮
1045	南昌中转粮库	粮	1080	山东苍山国家粮食储备库	粮

续表

序号	企业名称	类别	序号	企业名称	类别
1081	山东莒南国家粮食储备库	粮	1118	章丘华天粮油收储库	粮
1082	山东平邑国家粮食储备库	粮	1119	山东夏津国家粮食储备库	粮
1083	菏泽市粮油中转储备库	粮	1120	山东良友储备粮承储有限公司	粮
1084	山东菏泽东郊国家粮食储备库	粮	1121	青岛营海国家粮食储备库	粮
1085	山东定陶国家粮食储备库	粮	1122	枣庄市粮食储备库	粮
1086	山东巨野国家粮食储备库	粮	1123	山东乐陵国家粮食储备库	粮
1087	山东鄄城国家粮食储备库	粮	1124	山东蒙阴国家粮食储备库	粮
1088	山东东明国家粮食储备库	粮	1125	山东利津国家粮食储备库	粮
1089	山东滕州国家粮食储备库	粮	1126	山东烟台国家粮食储备库	粮
1090	济南第二粮库	粮	1127	山东章丘国家粮食储备库	粮
1091	济南第三粮库	粮	1128	山东广饶国家粮食储备库	粮
1092	济南第一粮库	粮	1129	山东长清国家粮食储备库	粮
1093	山东即墨国家粮食储备库	粮	1130	山东平阴国家粮食储备库	粮
1094	山东省粮油收储有限公司	粮	1131	山东茌平国家粮食储备库	粮
1095	山东金乡国家粮食储备库	粮	1132	济南市历城区粮食储备库	粮
1096	山东沂水国家粮食储备库	粮	1133	潍坊市粮油储运公司	粮
1097	泰安市长城粮库	粮	1134	山东省德州市粮油购销储运公司	粮
1098	山东淄博北郊国家粮食储备库	粮	1135	德州市粮食局粮油仓库	粮
1099	微山县粮食局直属粮库	粮	1136	山东高唐国家粮食储备库	粮
1100	山东淄博国家粮食储备库	粮	1137	临清国家粮食储备库	粮
1101	山东嘉祥国家粮食储备库	粮	1138	山东东昌府国家粮食储备库	粮
1102	德州市第四粮油仓库	粮	1139	昌邑市地方粮食储备库	粮
1103	山东省军粮储备库	粮	1140	山东惠民国家粮食储备库	粮
1104	山东文登国家粮食储备库	粮	1141	青岛第三粮库	粮
1105	山东省巨野粮食储备库	粮	1142	山东省聊城市市级粮食储备库	粮
1106	山东沂南国家粮食储备库	粮	1143	济宁市第二粮库	粮
1107	山东莒县国家粮食储备库	粮	1144	山东省日照粮食储备库	粮
1108	德州市第五粮油仓库	粮	1145	山东武城国家粮食储备库	粮
1109	枣庄市山亭区粮食储备库	粮	1146	青岛经济技术开发区粮食收储中心	粮
1110	山东滨城国家粮食储备库	粮	1147	山东高密国家粮食储备库	粮
1111	山东阳谷国家粮食储备库	粮	1148	山东鲁北国家粮食储备库	粮
1112	山东高青国家粮食储备库	粮	1149	青岛第二粮库	粮
1113	山东高密恒丰粮库有限公司	粮	1150	山东省商河粮食储备库	粮
1114	临沭国家粮食储备库	粮	1151	山东潍坊擂鼓山国家粮食储备库	粮
1115	山东东阿国家粮食储备库	粮	1152	山东济南历城国家粮食储备库	粮
1116	山东济阳国家粮食储备库	粮	1153	青岛华凯粮油有限公司	粮
1117	山东潍坊国家粮食储备库	粮	1154	沂源县粮食收储营销中心	粮

续表

序号	企业名称	类别	序号	企业名称	类别
1155	淄博市淄川粮油收储管理中心	粮	1190	河南滑县国家粮食储备库	粮
1156	东营市粮食储备库	粮	1191	河南鹤壁国家粮食储备库	粮
1157	陵县粮食畅通物流有限公司	粮	1192	鹤壁市粮食局第二粮库	粮
	山东		1193	河南省粮食局第二直属粮库	粮
1158	济宁市兖州粮库	油	1194	河南新乡铁西国家粮食储备库	粮
1159	德州市粮食局粮油仓库	油	1195	河南新乡翟坡国家粮食储备库	粮
1160	山东齐河国家粮食储备库	油	1196	河南卫辉国家粮食储备库	粮
1161	日照市岚山粮油转运站	油	1197	河南获嘉国家粮食储备库	粮
1162	山东莒南国家粮食储备库	油	1198	获嘉〇六一一河南省粮食储备库	粮
1163	菏泽市粮油中转储备库	油	1199	原阳〇六二八河南省粮食储备库	粮
1164	日照金粮油脂有限公司	油	1200	河南原阳国家粮食储备库	粮
1165	烟台市润通油脂有限公司	油	1201	河南延津国家粮食储备库	粮
1166	荣成市粮食购销中心	油	1202	河南封丘国家粮食储备库	粮
	河南		1203	河南焦作国家粮食储备库	粮
1167	河南世通谷物贸易公司	粮	1204	焦作〇七二〇河南省粮食储备库	粮
1168	河南省粮油对外贸易总公司	粮	1205	修武县粮食局直属库	粮
1169	河南国家粮食储备库	粮	1206	河南武陟国家粮食储备库	粮
1170	河南郑州兴隆国家粮食储备库	粮	1207	武陟县粮食局詹店粮食储备库	粮
1171	河南开封城东国家粮食储备库	粮	1208	河南温县国家粮食储备库	粮
1172	河南开封城南国家粮食储备库	粮	1209	河南孟州国家粮食储备库	粮
1173	开封市粮食储运公司	粮	1210	河南濮阳皇甫国家粮食储备库	粮
1174	杞县〇二〇七河南省粮食储备库	粮	1211	清丰〇八〇三河南省粮食储备库	粮
1175	河南尉氏国家粮食储备库	粮	1212	河南濮阳清河头国家粮食储备库	粮
1176	尉氏〇二一〇河南省粮食储备库	粮	1213	河南许昌新兴国家粮食储备库	粮
1177	开封〇二一八河南省粮食储备库	粮	1214	河南长葛国家粮食储备库	粮
1178	洛阳市粮食局第四仓库	粮	1215	河南许昌苏桥国家粮食储备库	粮
1179	河南洛阳龙门国家粮食储备库	粮	1216	河南漯河金山国家粮食储备库	粮
1180	洛阳市粮食局第二仓库	粮	1217	郾城一〇〇二河南省粮食储备库	粮
1181	洛阳市粮食局第一仓库	粮	1218	舞阳一〇〇七河南省粮食储备库	粮
1182	洛阳市粮食局第三仓库	粮	1219	河南临颍国家粮食储备库	粮
1183	河南偃师国家粮食储备库	粮	1220	郾城一〇〇六河南省粮食储备库	粮
1184	河南平顶山东环国家粮食储备库	粮	1221	河南商丘陇南国家粮食储备库	粮
1185	河南平顶山湛南国家粮食储备库	粮	1222	河南商丘国家粮食储备库	粮
1186	河南叶县国家粮食储备库	粮	1223	商丘市梁园区郊区粮油公司	粮
1187	河南安阳国家粮食储备库	粮	1224	河南夏邑国家粮食储备库一库	粮
1188	安阳〇五〇八河南省粮食储备库	粮	1225	河南鹿邑国家粮食储备库	粮
1189	河南汤阴国家粮食储备库	粮	1226	河南沈丘国家粮食储备库	粮

续表

序号	企业名称	类别	序号	企业名称	类别
1227	河南驻马店风光国家粮食储备库	粮	1264	河南驻马店前进国家粮食储备库	粮
1228	河南泌阳国家粮食储备库	粮	1265	潢川一七〇四河南省粮食储备库	粮
1229	遂平县玉山粮食管理所	粮	1266	河南商城国家粮食储备库	粮
1230	河南遂平国家粮食储备库	粮	1267	河南新县泗店国家粮食储备库	粮
1231	河南西平国家粮食储备库	粮	1268	河南省粮工粮食储备库	粮
1232	河南汝南国家粮食储备库	粮	1269	河南安阳安林国家粮食储备库	粮
1233	河南平舆国家粮食储备库	粮	1270	河南新乡新华国家粮食储备库	粮
1234	正阳一五一一河南省粮食储备库	粮	1271	驻马店一五一七河南省粮食储备库	粮
1235	河南南阳国家粮食储备库	粮	1272	河南驻马店国家粮食储备库	粮
1236	河南方城国家粮食储备库	粮	1273	开封〇二一六河南省粮食储备库	粮
1237	河南南阳宛城国家粮食储备库	粮	1274	河南许昌五里岗国家粮食储备库	粮
1238	河南唐河国家粮食储备库	粮	1275	河南漯河乌江国家粮食储备库	粮
1239	河南邓州国家粮食储备库	粮	1276	河南郾城国家粮食储备库	粮
1240	河南信阳平桥国家粮食储备库	粮	1277	平顶山〇四一七河南省粮食储备库	粮
1241	河南信阳狮河国家粮食储备库	粮	1278	河南南阳光武国家粮食储备库	粮
1242	河南信阳明港国家粮食储备库	粮	1279	河南郑州新村国家粮食储备库	粮
1243	河南济源国家粮食储备库	粮	1280	河南南阳建设路国家粮食储备库	粮
1244	河南郑州中原国家粮食储备库	粮	1281	尉氏〇二〇九河南省粮食储备库	粮
1245	河南开封城北国家粮食储备库	粮	1282	河南周口泛区国家粮食储备库	粮
1246	河南巩义国家粮食储备库	粮	1283	濮阳市粮食储备库	粮
1247	河南新安国家粮食储备库	粮	1284	尉氏〇二一三河南省粮食储备库	粮
1248	河南伊川国家粮食储备库	粮	1285	河南省谷物储贸有限公司	粮
1249	河南灵宝国家粮食储备库	粮	1286	河南周口东郊国家粮食储备库	粮
1250	河南永城国家粮食储备库	粮	1287	河南商丘睢阳国家粮食储备库	粮
1251	新蔡一五一二河南省粮食储备库	粮	1288	河南固始国家粮食储备库	粮
1252	河南新蔡国家粮食储备库	粮	1289	河南淮滨台头国家粮食储备库	粮
1253	河南兰考国家粮食储备库	粮	1290	汝州市戎庄粮食储备库	粮
1254	河南孟津国家粮食储备库	粮	1291	河南禹州国家粮食储备库	粮
1255	河南洛宁国家粮食储备库	粮	1292	河南内黄国家粮食储备库	粮
1256	新乡市新丰粮油仓库	粮	1293	河南豫粮麦业有限公司	粮
1257	河南辉县国家粮食储备库	粮	1294	河南省储备粮油仓库	粮
1258	河南鄢陵国家粮食储备库	粮	1295	河南省军粮储备库	粮
1259	河南民权国家粮食储备库	粮	1296	沁阳市粮食局王占粮库	粮
1260	河南夏邑国家粮食储备库	粮	1297	河南光山国家粮食储备库	粮
1261	商水一四三九河南省粮食储备库	粮	1298	河南浚县黎阳国家粮食储备库	粮
1262	河南商水国家粮食储备库	粮	1299	上海恒桑物流管理有限公司	粮
1263	沈丘一四三三河南省粮食储备库	粮	1300	河南漯河孟南国家粮食储备库	粮

续表

序号	企业名称	类别	序号	企业名称	类别
1301	沈丘天惠丰粮食储备库有限公司	粮	1338	新郑〇一二三河南省粮食储备库	粮
1302	河南林州国家粮食储备库	粮	1339	济源市南方粮业有限公司	粮
1303	淇县粮食局第二粮库	粮	1340	尉氏〇二二三河南省粮食储备库	粮
1304	河南三门峡大岭国家粮食储备库	粮	1341	遂平飞达集团沈寨粮油有限公司	粮
1305	河南柘城国家粮食储备库	粮	1342	新密〇一〇三河南省粮食储备库	粮
1306	河南开封兴隆国家粮食储备库	粮		**河南**	
1307	河南睢县国家粮食储备库	粮	1343	河南开封城南国家粮食储备库	油
1308	长葛〇九一一河南省粮食储备库	粮	1344	平顶山市油脂公司	油
1309	河南项城国家粮食储备库	粮	1345	漯河市粮食局油脂公司	油
1310	河南郸城南丰国家粮食储备库	粮	1346	河南确山国家粮食储备库	油
1311	河南新乡北站国家粮食储备库	粮	1347	河南信阳平桥国家粮食储备库	油
1312	河南博爱国家粮食储备库	粮	1348	信阳万富油脂有限责任公司	油
1313	河南濮阳花园屯国家粮食储备库	粮	1349	河南开封城北国家粮食储备库	油
1314	河南长垣国家粮食储备库	粮	1350	新乡市新丰粮油仓库	油
1315	河南濮阳国家粮食储备库	粮	1351	焦作市粮食局油脂储备库	油
1316	河南襄城国家粮食储备库	粮	1352	河南国家油脂储备库	油
1317	商丘市粮食中转储备库	粮	1353	河南驻马店国家粮食储备库	油
1318	淇县粮食局第三直属库	粮	1354	洛阳市粮食局油脂仓库	油
1319	河南虞城国家粮食储备库	粮	1355	开封〇二一七河南省粮食储备库	油
1320	河南确山国家粮食储备库	粮	1356	河南商丘国家油脂储备库	油
1321	河南息县国家粮食储备库	粮	1357	安阳市洹滨油脂储备库	油
1322	河南周口庆丰国家粮食储备库	粮	1358	河南周口东郊国家粮食储备库	油
1323	河南信阳罗山国家粮食储备库	粮	1359	南阳一六三三河南省粮食储备库	油
1324	河南镇平国家粮食储备库	粮	1360	开封市鑫福油脂食品有限公司	油
1325	河南新郑国家粮食储备库	粮	1361	河南郑州国家油脂储备库	油
1326	中牟〇一〇二河南省粮食储备库	粮		**湖北**	
1327	新密〇一〇四河南省粮食储备库	粮	1362	湖北公安国家粮食储备库	粮
1328	鄢陵〇九二九河南省粮食储备库	粮	1363	湖北荆门沙洋国家粮食储备库	粮
1329	鄢陵〇九〇五河南省粮食储备库	粮	1364	湖北石首国家粮食储备库	粮
1330	漯河市粮食局油脂公司	粮	1365	湖北襄樊樊东国家粮食储备库	粮
1331	河南宜阳国家粮食储备库	粮	1366	湖北应城国家粮食储备库	粮
1332	西平金粒粮食购销集团城南库有限公司	粮	1367	监利县粮食局西门渊粮库	粮
1333	河南驻马店南海国家粮食储备库	粮	1368	湖北松滋国家粮食储备库	粮
1334	长葛〇九二八河南省粮食储备库	粮	1369	十堰市粮油储备公司	粮
1335	商丘一三四一河南省粮食储备库	粮	1370	湖北鄂州广山国家粮食储备库	粮
1336	宁陵县一三三九河南省粮食储备库有限公司	粮	1371	湖北鄂州樊口国家粮食储备库	粮
1337	遂平飞达集团金益粮油有限公司	粮	1372	湖北宜城国家粮食储备库	粮

续表

序号	企业名称	类别	序号	企业名称	类别
1373	黄石市粮食储备公司	粮	1410	湖北嘉鱼国家粮食储备库	粮
1374	湖北荆门余岭国家粮食储备库	粮	1411	湖北天门国家粮食储备库	粮
1375	襄阳部营粮食储备库	粮	1412	湖北荆州川店国家粮食储备库	粮
1376	湖北襄阳国家粮食储备库	粮	1413	湖北宜昌三峡国家粮食储备库	粮
1377	湖北枣阳国家粮食储备库	粮	1414	湖北大悟国家粮食储备库	粮
1378	湖北谷城黄坑国家粮食储备库	粮	1415	武穴市武穴粮食储运站	粮
1379	湖北荆门北郊国家粮食储备库	粮	1416	湖北黄冈国家粮食储备库	粮
1380	英山粮库	粮	1417	武汉市第六粮库	粮
1381	浠水国家粮食储备库	粮	1418	武汉市大花岭粮食储运站	粮
1382	湖北钟祥国家粮食储备库	粮	1419	荆门市东宝区革集粮食储备库	粮
1383	湖北钟祥双堰国家粮食储备库	粮	1420	湖北恩施国家粮食储备库	粮
1384	湖北仙桃国家粮食储备库	粮	1421	湖北麻城黄金桥国家粮食储备库	粮
1385	湖北阳新鄂东南国家粮食储备库	粮	1422	湖北荆州郝穴国家粮食储备库	粮
1386	湖北当阳国家粮食储备库	粮	1423	湖北崇阳国家粮食储备库	粮
1387	京山县钱场国有粮食收储公司	粮	1424	湖北老河口国家粮食储备库	粮
1388	湖北京山国家粮食储备库	粮	1425	荆州市金欣粮食实业有限公司	粮
1389	湖北广水国家粮食储备库	粮	1426	孝感市孝南区肖港粮食购销公司	粮
1390	湖北汉川国家粮食储备库	粮	1427	湖北孝感国家粮食储备库	粮
1391	武汉市第五粮库	粮	1428	湖北红安国家粮食储备库	粮
1392	湖北潜江国家粮食储备库	粮	1429	湖北孝感胜利国家粮食储备库	粮
1393	湖北黄梅城西国家粮食储备库	粮	1430	武汉市黄陂区横店粮库	粮
1394	湖北咸宁国家粮食储备库	粮	1431	湖北咸宁横沟国家粮食储备库	粮
1395	湖北武穴国家粮食储备库	粮	1432	湖北赤壁国家粮食储备库	粮
1396	湖北黄州银盘山国家粮食储备库	粮	1433	利川市粮食储备库	粮
1397	湖北蕲春国家粮食储备库	粮	1434	湖北罗田国家粮食储备库	粮
1398	湖北枝江国家粮食储备库	粮	1435	湖北新洲阳逻国家粮食储备库	粮
1399	湖北随州国家粮食储备库	粮	1436	公安县孟家溪国有粮食购销公司	粮
1400	湖北洪湖国家粮食储备库	粮	1437	安陆市杨家山粮食储备库	粮
1401	湖北沙市泥港湖国家粮食储备库	粮		**湖北**	
1402	湖北大冶国家粮食储备库	粮	1438	湖北宜昌市油脂储备库	油
1403	湖北省粮油储备有限责任公司	粮	1439	武穴市武穴粮食储运站	油
1404	京山县罗店粮食储备库	粮	1440	湖北汉川国家粮食储备库	油
1405	湖北孝昌国家粮食储备库	粮	1441	湖北省天门市鑫海油脂公司	油
1406	随州市曾都区厉山粮食储备库	粮	1442	京山县京隆油脂有限责任公司	油
1407	湖北云梦国家粮食储备库	粮	1443	湖北中昌植物油有限公司	油
1408	湖北通城国家粮食储备库	粮	1444	潜江市巨源油业有限公司	油
1409	荆州市江天实业有限公司	粮	1445	应城市裕隆粮油食品股份有限公司	油

续表

序号	企业名称	类别	序号	企业名称	类别
1446	荆州市玉和坪油脂储备库	油	1482	湖南双峰国家粮食储备库	粮
1447	黄冈市油脂储备库	油	1483	长沙凯雪集团有限公司	粮
1448	荆门市油脂公司	油	1484	湖南长沙芙蓉北路国家粮食储备库	粮
1449	襄樊市油脂公司	油	1485	湖南衡阳三塘国家粮食储备库	粮
1450	湖北华益油料科技股份有限公司	油	1486	岳阳卫农粮库	粮
1451	潜江市油脂公司	油	1487	湖南永州下河国家粮食储备库	粮
1452	武汉长江沙鸥植物油有限公司	油	1488	湘西自治州乾州国家粮食储备库	粮
1453	仙桃市雄风油脂有限公司	油	1489	湖南祁东白地市国家粮食储备库	粮
1454	恩施土家族苗族自治州粮食局巴东中转站	油	1490	芷江国家粮食储备库	粮
1455	黄石市油脂公司	油	1491	慈利黑峪湾国家粮食储备库	粮
1456	鄂州市油脂公司	油	1492	龙山县新城国家粮食储备库	粮
	湖南		1493	湖南汨罗市白水国家粮食储备库	粮
1457	湖南长沙霞凝国家粮食储备库	粮	1494	湖南邵阳白仓国家粮食储备库	粮
1458	湖南望城国家粮食储备库	粮	1495	澧县金罗粮食购销有限公司	粮
1459	攸县城关国家粮食储备库	粮	1496	湖南益阳琼湖国家粮食储备库	粮
1460	湖南茶陵深塘国家粮食储备库	粮	1497	湖南怀化国家粮食储备库	粮
1461	湖南衡南茶山坳国家粮食储备库	粮	1498	湖南湘西永顺国家粮食储备库	粮
1462	湖南衡东国家粮食储备库	粮	1499	湖南郴州国家粮食储备一库	粮
1463	常宁市国家粮食储备库	粮	1500	湖南衡阳灵瑞寺国家粮食储备库	粮
1464	湖南邵阳国家粮食储备库	粮	1501	益阳市资阳区马良粮食储备库	粮
1465	邵东国家粮食储备库	粮	1502	湖南邵阳小江湖国家粮食储备库	粮
1466	湖南岳阳城陵矶国家粮食储备库	粮	1503	洪江黔城国家粮食储备库	粮
1467	湖南岳阳小港国家粮食储备库	粮	1504	安乡县誉欣粮油购销有限责任公司	粮
1468	湖南华容国家粮食储备库	粮	1505	湘潭县白云国家粮食储备库	粮
1469	湖南常德国家粮食储备库	粮	1506	湖南益阳小河口国家粮食储备库	粮
1470	湖南桃源国家粮食储备库	粮	1507	怀化第二粮油直属仓库	粮
1471	湖南石门国家粮食储备库	粮	1508	娄底市国家粮食储备库	粮
1472	南县粮油购销总公司	粮	1509	浏阳市粮食购销有限责任公司	粮
1473	湖南省沅江赤山粮食仓库	粮	1510	湖南桃花江国家粮食储备库	粮
1474	湖南资兴国家粮食储备库	粮	1511	湖南新化国家粮食储备库	粮
1475	湖南安仁国家粮食储备库	粮	1512	湖南宜章白石渡国家粮食储备库	粮
1476	湖南永州虎岩国家粮食储备库	粮	1513	湖南醴陵国家粮食储备库	粮
1477	湖南东安国家粮食储备库	粮	1514	湖南冷水江国家粮食储备库	粮
1478	湖南祁阳国家粮食储备库	粮	1515	株洲渌口国家粮食储备库	粮
1479	湖南省靖州国家粮食储备库	粮	1516	新宁县湖南省粮食储备库	粮
1480	湖南醴陵泗汾国家粮食储备库	粮	1517	湖南沅江石矶湖国家粮食储备库	粮
1481	湖南湘乡长桥国家粮食储备库	粮	1518	衡南江口湖南省粮食储备库有限公司	粮

续表

序号	企业名称	类别	序号	企业名称	类别
1519	娄底市娄星区第一粮食储备仓库	粮		**广东**	
1520	湖南耒阳国家粮食储备库	粮	1554	汕尾市港务管理局	油
1521	益阳石壁湖湖南省粮食储备库	粮	1555	广东省粮油储运公司	油
1522	湖南溆浦国家粮食储备库	粮		**海南**	
1523	涟源市粮食二仓库	粮	1556	琼海国家粮食储备库	粮
1524	衡南车江湖南省粮食储备库有限公司	粮	1557	文昌清澜国家粮食储备库	粮
1525	衡山黄花坪粮食收储有限公司	粮	1558	海南老城粮食储备库	粮
1526	祁东县星源米业有限责任公司	粮	1559	海南省粮食局八所粮食转运站	粮
1527	鼎城马鞍山湖南省粮食储备库	粮	1560	海口铁龙粮食储备库	粮
1528	鼎城牛鼻滩湖南省粮食储备库	粮		**广西**	
1529	永州市零陵五里堆国家粮食储备库	粮	1561	广西宜州市粮食局直属粮库	粮
1530	湖南益阳桥南国家粮食储备库	粮	1562	广西柳州国家粮食储备库	粮
1531	临澧县粮食储备库	粮	1563	广西柳州黄村国家粮食储备库	粮
1532	衡阳茅坪湖南省粮食储备库	粮	1564	桂林市第三粮库	粮
1533	湖南益阳粒粒晶粮食购销有限公司	粮	1565	广西南宁国家粮食储备库	粮
1534	攸县新市国家粮食储备库	粮	1566	防城港国家粮食储备库	粮
1535	湘潭市粮油购销总公司	粮	1567	玉林市南江粮库	粮
	湖南		1568	广西宾阳黎塘国家粮食储备库	粮
1536	衡阳油脂储备库	油	1569	平果粮库	粮
1537	长沙伍家岭油脂储备库	油	1570	广西百色大同国家粮食储备库	粮
1538	岳阳市小港国家油脂储备库	油	1571	广西区南宁粮食储备库	粮
1539	湖南怀化国家粮食储备库	油	1572	广西壮族自治区粮食局贵港粮食储备库	粮
1540	长沙油脂公司	油	1573	桂林市第一粮库	粮
1541	益阳石壁湖湖南省粮食储备库	油	1574	广西北海国家粮食储备库	粮
	广东		1575	广西壮族自治区粮食局钦州粮食储备库	粮
1542	广东湛江金海粮油有限公司	粮	1576	南宁市储备粮管理有限责任公司	粮
1543	佛山市顺德区储备粮管理总公司	粮	1577	广西壮族自治区河池市吉腰粮库	粮
1544	广东阳春国家粮食储备库	粮	1578	合浦县平田粮食储备库	粮
1545	肇庆市福加德面粉有限公司	粮	1579	广西壮族自治区粮食局临桂粮食储备库	粮
1546	化州市京界国家粮食储备库	粮	1580	广西梧州塘源国家粮食储备库	粮
1547	广东肇庆国家粮食储备库	粮	1581	广西梧州国家粮食储备库	粮
1548	广东省粮油储运公司	粮		**广西**	
1549	广东三水国家粮食储备库	粮	1582	广西植物油库	油
1550	茂名市茂南区粮食购销有限公司	粮	1583	桂林市第一粮库	油
1551	高州市粮食收储公司	粮		**四川**	
1552	高要市裕丰粮食储备有限公司	粮	1584	双流县白家粮库	粮
1553	佛山市南海区粮食储备库	粮	1585	四川粮油批发中心直属储备库	粮

续表

序号	企业名称	类别	序号	企业名称	类别
1586	四川德阳黄许国家粮食储备库	粮	1623	四川宜宾江北国家粮食储备库	粮
1587	四川广元国家粮食储备库	粮	1624	四川自贡国家粮食储备库	粮
1588	四川广元河西省粮食储备库	粮	1625	成都市粮油储备有限责任公司	粮
1589	四川苍溪国家粮食储备库	粮	1626	四川安岳国家粮食储备库	粮
1590	四川苍溪歧坪省粮食储备库	粮	1627	四川隆昌国家粮食储备库	粮
1591	四川乐至国家粮食储备库	粮	1628	四川遂宁国家粮食储备库	粮
1592	眉山市粮食储备库	粮	1629	四川乐山五通桥国家粮食储备库	粮
1593	四川峨眉山国家粮食储备库	粮	1630	四川达县河市国家粮食储备库	粮
1594	四川宜宾黄桷庄国家粮食储备库	粮	1631	四川眉山国家粮食储备库	粮
1595	四川宜宾三倒拐国家粮食储备库	粮	1632	四川内江国家粮食储备库	粮
1596	四川岳池国家粮食储备库	粮	1633	四川崇州国家粮食储备库	粮
1597	四川高坪国家粮食储备库	粮	1634	攀枝花密地国家粮食储备库	粮
1598	四川蓬安国家粮食储备库	粮	1635	达州市粮油（集团）总公司	粮
1599	四川阆中国家粮食储备库	粮	1636	四川彭州蒙阳省粮食储备库	粮
1600	四川省达州市中贸粮油总公司	粮	1637	四川省犍为县粮油购销总公司	粮
1601	四川渠县国家粮食储备库	粮	1638	四川简阳国家粮食储备库	粮
1602	四川广汉国家粮食储备库	粮	1639	四川遂宁仁里国家粮食储备库	粮
1603	四川江油国家粮食储备库	粮	1640	平昌县城东粮库	粮
1604	四川中江国家粮食储备库	粮	1641	四川平昌国家粮食储备库	粮
1605	四川巴中国家粮食储备库	粮	1642	四川通江国家粮食储备库	粮
1606	四川合江城区国家粮食储备库	粮	1643	四川蓬溪国家粮食储备库	粮
1607	四川南部国家粮食储备库	粮	1644	四川营山国家粮食储备库	粮
1608	四川仪陇国家粮食储备库	粮	1645	仁寿县陵阳区粮油食品站	粮
1609	四川省倍力粮油仓储有限责任公司	粮	1646	四川剑阁国家粮食储备库	粮
1610	四川南江国家粮食储备库	粮	1647	梓潼县许州粮油收储站	粮
1611	四川德阳南站国家粮食储备库	粮	1648	万源市城守粮油贸易公司	粮
1612	四川广安国家粮食储备库	粮	1649	四川渠县渠江省粮食储备库	粮
1613	四川荣县国家粮食储备库	粮	1650	四川宣汉国家粮食储备库	粮
1614	四川泸县国家粮食储备库	粮	1651	开江县鑫谷粮油购销有限公司	粮
1615	资阳国家粮食储备库	粮	1652	武胜国家粮食储备库	粮
1616	四川罗江国家粮食储备库	粮	1653	乐山市国粮购销有限公司	粮
1617	绵阳市游仙粮油购销公司	粮	1654	四川凉山国家粮食储备库	粮
1618	四川眉山东坡区国家粮食储备库	粮	1655	四川大竹云东省粮食储备库	粮
1619	四川广安协兴国家粮食储备库	粮	1656	四川省川粮米业股份有限公司	粮
1620	泸州市川穗粮油有限公司	粮	1657	安县粮食局直属粮库	粮
1621	四川三台国家粮食储备库	粮	1658	四川岳池九龙省粮食储备库	粮
1622	乐山八仙洞国家粮食储备库有限责任公司	粮	1659	四川射洪国家粮食储备库	粮

续表

序号	企业名称	类别	序号	企业名称	类别
1660	金阳县国家粮食储备库	粮	1695	重庆涪陵国家粮食储备库	粮
1661	四川省南充火车东站粮食储备库	粮	1696	重庆南川南平国家粮食储备库	粮
1662	四川丹棱城关省粮食储备库	粮	1697	重庆丰都新城国家粮食储备库	粮
1663	眉山市东坡区粮食局直属购销公司	粮	1698	重庆长寿渡舟市粮食储备库	粮
1664	四川广安浓洄省粮食储备库	粮	1699	开县新城粮食储备库	粮
1665	达州市中贸粮油总公司	粮	1700	重庆万县国家粮食储备库	粮
1666	梓潼县观义粮油收储站	粮	1701	重庆江津国家粮食储备库	粮
	四川		1702	重庆黔江国家粮食储备库	粮
1667	成都市粮油储备有限责任公司	油		**重庆**	
1668	双流县白家粮库	油	1703	重庆市万州粮油（集团）有限公司	油
1669	绵阳市植物油贸易公司	油	1704	重庆市油脂公司	油
1670	四川广元河西省粮食储备库	油		**贵州**	
1671	四川内江国家粮食储备库	油	1705	贵州都匀国家粮食储备库	粮
1672	四川眉山国家粮食储备库	油	1706	贵州凯里国家粮食储备库	粮
1673	南充市粮油购销储运公司	油	1707	贵州安顺段家山国家粮食储备库	粮
1674	四川省达州市中贸粮油总公司	油	1708	兴仁县粮食局直属仓库	粮
1675	四川渠县国家粮食储备库	油	1709	安龙县粮食局直属粮库	粮
1676	四川省倍力粮油仓储有限责任公司	油	1710	凯里市五显庄粮食储备库	粮
1677	江油市城东粮油收储站	油	1711	贵州毕节杨家塘国家粮食储备库	粮
1678	四川德阳省食油储备库	油	1712	贵州六盘水花渔洞国家粮食储备库	粮
1679	简阳市石桥粮油食品站	油	1713	贵州修文国家粮食储备库	粮
1680	四川射洪国家粮食储备库	油	1714	贵州毕节中央直属粮食储备库	粮
1681	三台县神龙粮油有限责任公司	油	1715	威宁彝族回族苗族自治县粮食局直属库	粮
1682	四川粮油批发中心直属储备库	油	1716	贵州清镇国家粮食储备库	粮
1683	四川剑阁国家粮食储备库	油	1717	贵州兴义国家粮食储备库	粮
1684	遂宁市蓬莱汇强油脂有限责任公司	油	1718	贵阳市甘荫塘粮食仓库	粮
1685	资阳市粮食局转运站	油	1719	贵州铜仁国家粮食储备库	粮
	重庆		1720	福泉市粮食购销有限责任公司	粮
1686	重庆垫江国家粮食储备库	粮	1721	贵州黔粮仓储有限公司	粮
1687	重庆市粮食储运公司	粮	1722	贵州赤水国家粮食储备库	粮
1688	重庆永川国家粮食储备库	粮	1723	纳雍县粮食储备库	粮
1689	重庆市上桥粮食中转库	粮		**贵州**	
1690	重庆大足国家粮食储备库	粮	1724	贵州都匀国家粮食储备库	油
1691	重庆忠县国家粮食储备库	粮	1725	贵州凯里国家粮食储备库	油
1692	重庆合川国家粮食储备库	粮	1726	贵州省铜仁地区粮油中转储备库	油
1693	重庆铜梁国家粮食储备库	粮		**云南**	
1694	重庆荣昌国家粮食储备库	粮	1727	昆明市粮食局第四直属库	粮

续表

序号	企业名称	类别	序号	企业名称	类别
1728	昆明市粮食局第三直属库	粮		**陕西**	
1729	云南玉溪国家粮食储备库	粮	1763	澄城国家粮食储备库	粮
1730	云南文山国家粮食储备库	粮	1764	陕西铜川国家粮食储备库	粮
1731	云南思茅国家粮食储备库	粮	1765	陕西铜川杨树沟国家粮食储备库	粮
1732	云南保山国家粮食储备库	粮	1766	陕西宝鸡益门堡国家粮食储备库	粮
1733	云南昭通国家粮食储备库	粮	1767	陕西扶风国家粮食储备库	粮
1734	云南开远国家粮食储备库	粮	1768	蒲城国家粮食储备库	粮
1735	云南楚雄国家粮食储备库	粮	1769	咸阳一〇〇二仓库（陕西咸阳国家粮食储备库）	粮
1736	云南丽江国家粮食储备库	粮	1770	咸阳市第一粮库	粮
1737	云南师宗国家粮食储备库	粮	1771	国家粮食储备局陕西渭南直属库	粮
1738	云南大理国家粮食储备库	粮	1772	陕西西瑞粮食储备库有限公司	粮
1739	昆明市粮油购销有限责任公司	粮	1773	陕西商州国家粮食储备库	粮
1740	云南昆明国家粮食储备中转库	粮	1774	西安市华峰粮食仓库	粮
1741	广南县粮食收储经营总公司	粮	1775	陕西神木国家粮食储备库	粮
1742	潞西市粮油收储公司	粮	1776	咸阳市渭滨粮食储备库	粮
1743	云南省粮油工业公司（云南昆明南国家粮食储备库）	粮	1777	陕西西安白家口国家粮食储备库	粮
1744	昆明市东川粮油购销有限公司	粮	1778	宝鸡市陈仓区第六寨粮库	粮
1745	文山壮族苗族自治州粮食局观山直属库	粮	1779	富平县城关粮食收储公司	粮
1746	曲靖市麒麟区粮油购销有限责任公司	粮	1780	陕西洋县国家粮食储备库	粮
1747	宣威市嘉穗粮油购销有限公司	粮	1781	陕西城固国家粮食储备库	粮
1748	昆明市西山区粮食收储公司	粮	1782	大荔县朝邑粮油购销管理站	粮
1749	建水县粮油购销公司	粮	1783	陕西渭南国家粮食储备库	粮
	云南		1784	陕西扶风杏林省粮食储备库(杏林粮库)	粮
1750	昆明市粮食局第四直属库	油	1785	渭南市明光峪粮库	粮
1751	昆明市粮油购销有限责任公司	油	1786	陕西兴平国家粮食储备库	粮
1752	云南昆明国家粮食储备中转库	油		**陕西**	
	西藏		1787	陕西省枣园油脂储备库	油
1753	西藏拉萨娘热路国家粮食储备库	粮	1788	陕西西安白家口国家粮食储备库	油
1754	西藏昌都国家粮食储备库	粮	1789	西安市油脂公司油脂仓库	油
1755	西藏阿里地区粮食公司	粮	1790	陕西汉中北关省粮食储备库	油
1756	西藏那曲国家粮食储备库	粮		**甘肃**	
1757	西藏日喀则国家粮食储备库	粮	1791	甘肃省粮食局景家店仓库	粮
1758	西藏林芝国家粮食储备库	粮	1792	甘肃武威国家粮食储备库	粮
1759	西藏山南国家粮食储备库	粮	1793	金昌储备粮库	粮
1760	西藏驻格尔木国家粮食储备中转库	粮	1794	甘肃定西馋口国家粮食储备库	粮
1761	西藏拉萨国家粮食储备库	粮	1795	甘肃省粮食局酒泉储运站	粮
1762	西藏江孜国家粮食储备库	粮	1796	甘肃省粮食局长城仓库	粮

续表

序号	企业名称	类别	序号	企业名称	类别
1797	甘肃省粮食局王家墩仓库	粮		**青海**	
1798	天水市第二粮库	粮	1831	青海省西宁粮食储备库	油
1799	甘肃省粮食局天水储运站	粮		**宁夏**	
1800	甘肃省粮食局武威南仓库	粮	1832	宁夏灵武国家粮食储备库	粮
1801	甘肃省粮食局陇西中转储备库	粮	1833	宁夏固原国家粮食储备库	粮
1802	甘肃省粮食局陈官营仓库	粮	1834	宁夏青铜峡国家粮食储备库	粮
1803	兰州小西坪粮食仓库有限责任公司	粮	1835	宁夏石嘴山国家粮食储备库	粮
1804	武威市粮食仓库	粮	1836	宁夏永宁国家粮食储备库	粮
1805	庆阳市西峰区什社粮食管理所	粮	1837	银川市新城粮库	粮
1806	甘肃省皋兰国家粮食储备库	粮	1838	宁夏中卫国家粮食储备库	粮
1807	甘肃省武威市凉州区第一粮库	粮	1839	宁夏惠农国家粮食储备库	粮
1808	临夏州国家粮食储备库	粮	1840	宁夏平罗国家粮食储备库	粮
1809	甘肃陇南国家粮食储备库	粮	1841	银川粮油购销公司	粮
1810	临泽县新华庄粮库	粮		**新疆**	
1811	玉门中心粮库	粮	1842	奎屯市中心粮油仓库	粮
1812	兰州市花庄粮食仓库	粮	1843	新疆温泉国家粮食储备库	粮
1813	甘肃白银国家粮食储备库	粮	1844	新疆喀什国家粮食储备库	粮
1814	兰州市土门墩粮食仓库	粮	1845	新疆乌鲁木齐北站国家粮食储备库	粮
1815	榆中县许家台粮库	粮	1846	乌鲁木齐市粮食储运公司	粮
1816	甘肃省粮食局打柴沟仓库	粮	1847	新疆克拉玛依国家粮食储备库	粮
1817	张掖市粮食局直属粮库	粮	1848	昌吉回族自治州粮油购销（集团）奇台国家粮食储备库	粮
1818	景泰县粮食公司北滩粮库	粮	1849	石河子粮食局莫索湾粮油公司	粮
1819	平凉市窑店粮库	粮	1850	新疆昌吉回族自治州粮油购销(集团)有限责任公司	粮
1820	平凉市十里铺粮库	粮	1851	新疆伊宁国家粮食储备库	粮
	甘肃		1852	新疆新源国家粮食储备库	粮
1821	甘肃省粮食局山丹中转储备库	油	1853	莎车县粮食储备库	粮
1822	甘肃省粮食局白银植物油仓库	油	1854	新疆吐鲁番国家粮食储备库	粮
1823	甘肃省粮食局陇西中转储备库	油	1855	乌鲁木齐市粮食储备库	粮
1824	兰州市土门墩植物油库	油	1856	新疆阿勒泰国家粮食储备库	粮
	青海		1857	新疆哈密大营房国家粮食储备库	粮
1825	青海省乐都粮食储备库	粮	1858	巴州天山粮油购销储备有限责任公司	粮
1826	青海省大通粮食储备库	粮	1859	新疆乌苏国家粮食储备库	粮
1827	青海西宁陶家寨国家粮食储备库	粮	1860	新疆霍城国家粮食储备库	粮
1828	青海省西宁粮食储备库	粮	1861	新疆伊犁国家粮食储备库	粮
1829	青海格尔木国家粮食储备库	粮	1862	塔城地区金华粮油购销公司	粮
1830	互助土族自治县城关粮食管理所	粮	1863	阿勒泰地区粮食购销有限公司	粮
			1864	洛浦县粮油收储有限责任公司	粮

续表

序号	企业名称	类别	序号	企业名称	类别
1865	新疆昭苏国家粮食储备库	粮	1898	吉林梨树蔡家中谷国家粮食储备库	粮
1866	霍城县粮食购销有限责任公司	粮	1899	吉林大安中谷国家粮食储备库	粮
1867	克州粮食局仓库	粮	1900	吉林前郭中宏国家粮食储备库	粮
1868	叶城县粮食收储公司	粮	1901	吉林梅河口中谷国家粮食储备库	粮
1869	昌吉回族自治州粮油购销（集团）阜康有限责任公司	粮	1902	吉林德惠新良国家粮食储备库	粮
1870	昌吉回族自治州粮油购销（集团）吉木萨尔有限责任公司	粮	1903	黑龙江宝泉岭中谷国家粮食储备库	粮
1871	泽普县粮食收储经销公司	粮	1904	江苏江阴中谷国家粮食储备库	粮
1872	疏附县粮食收储公司	粮	1905	中谷集团乍浦国家粮食储备库	粮
1873	昌吉回族自治州粮油购销（集团）有限责任公司	粮	1906	浙江中谷国家粮食储备库	粮
1874	昌吉回族自治州粮油购销（集团）奇台有限责任公司	粮	1907	安徽中谷国家粮食储备库	粮
1875	新疆粮油集团北站收储有限责任公司	粮	1908	安徽阜阳中谷国家粮食储备库	粮
1876	昌吉回族自治州粮油购销（集团）呼图壁有限责任公司	粮	1909	晋江中谷国家粮食储备库	粮
1877	麦盖提县粮食收储公司	粮	1910	江西万年中申国家粮食储备库	粮
	新疆		1911	九江中谷国家粮食储备库	粮
1878	乌鲁木齐市粮食储备库	油	1912	山东黄岛国家粮食储备库	粮
1879	新疆粮油（集团）粮油收储有限责任公司	油	1913	新泰泰华粮食储备库	粮
1880	阿克苏地区金谷油脂有限责任公司	油	1914	临清中谷国家粮食储备库	粮
	新疆兵团		1915	山东梁山中禾康国家粮食储备库	粮
1881	农十师一八八团粮食储备库	粮	1916	山东东明中谷国家粮食储备库	粮
1882	新疆生产建设兵团农四师七十一团粮库	粮	1917	河南延津中谷国家粮食储备库	粮
1883	新疆生产建设兵团丰庆国家粮食储备库	粮	1918	湖南长沙中谷国家粮食储备库	粮
1884	新疆生产建设兵团夏尔托热国家粮食储备库	粮	1919	广东汕头新良国家粮食储备库	粮
1885	新疆兵团塔城垦区克孜勒布拉克国家粮食储备库	粮	1920	西安中谷中实国家粮食储备库	粮
1886	新疆兵团图木舒克库国家粮食储备库	粮	1921	河北承德榆树沟国家粮食储备库	粮
1887	石河子市粮食局第二粮库	粮		**中谷集团**	
1888	石河子市粮食分局粮油公司	粮	1922	中国植物油公司	油
1889	石河子下野地粮食分局粮油公司	粮	1923	中谷集团乍浦国家粮食储备库	油
1890	新疆生产建设兵团农一师四团粮库	粮	1924	安徽中谷国家粮食储备库	油
	新疆兵团		1925	江西九江中宏国家油脂储备库	油
1891	新疆生产建设兵团商业贸易集团有限公司粮油储备站	油	1926	山东黄岛国家粮食储备库	油
	中谷集团			**中粮油**	
1892	北京八达岭华天国家粮食储备库	粮	1927	大连中粮麦芽有限公司	粮
1893	中国植物油公司	粮	1928	沈阳东大粮油食品实业有限公司	粮
1894	北京顺义中宏国家粮食储备库	粮	1929	东海粮油工业(张家港)有限公司	粮
1895	内蒙古开鲁中谷国家粮食储备库	粮	1930	中粮（江西）米业有限公司	粮
1896	中谷成吉思汗国家粮食储备库	粮	1931	中粮面业（秦皇岛）鹏泰有限公司	粮
1897	辽宁大连新良国家粮食储备库	粮			

续表

序号	企业名称	类别	序号	企业名称	类别
	中粮油			**大连北良**	
1932	东海粮油工业(张家港)有限公司	油	1934	大连北良企业集团有限公司	油
	大连北良			**黑龙江农垦**	
1933	大连北良国家粮食储备库	粮	1935	黑龙江省北大荒米业有限公司	粮

数据来源：国家粮食局统计资料。

表36 2006年发布、废止和转化粮油标准统计表

序号	标准号	标准名称	发布日期	实施日期
1	GB/T 19878-2005	电容法和电阻法粮食水分测定仪通用技术条件	2005.9.5	2006.3.1
2	GB/T 14614.4-2005	小麦粉 面团流变特性测定 吹泡仪法	2005.9.5	2006.4.1
3	GB/T 5530-2005	动植物油脂 酸值和酸度测定	2005.11.11	2006.12.1
4	GB/T 5538-2005	动植物油脂 过氧化值测定	2005.11.11	2006.12.1
5	GB/T 20188-2006	小麦粉中溴酸盐地测定 离子色谱法	2006.5.10	2006.6.1
6	GB/T 14614-2006	小麦粉 面团的物理特性 吸水量和流变学特性的测定 粉质仪法	2006.5.18	2006.9.1
7	GB/T 14615-2006	小麦粉 面团的物理特性 流变学特性的测定 拉伸仪法	2006.5.18	2006.9.1
8	GB/T 20264-2006	粮食、油料水分两次烘干测定法	2006.5.18	2006.9.1
9	GB/T 20569-2006	稻谷储存品质判定规则	2006.11.2	2006.12.1
10	GB/T 20570-2006	玉米储存品质判定规则	2006.11.2	2006.12.1
11	GB/T 20571-2006	小麦储存品质判定规则	2006.11.2	2006.12.1

无废止粮油标准

无转化粮油标准

数据来源：国家粮食局标准质量中心统计资料。

表37 2006年全国粮油标准化专业技术人员统计表

单位：人

单位		从事粮油标准化专业技术人员									粮油标准化专业技术人员学历分布					
		合计	大专院校	科研院所	国企	集体企业	私营	股份	外资	其他	合计	博士	硕士	本科	大专	中专
国家粮食局		16								16	16		4	11	1	
科学研究院		47		47							47	11	9	17	9	1
中储粮总公司		32			32						32	2	5	20	5	
中谷集团		198		195	3						198	2	22	149	19	6
河南工大		28	28								28	2	18	8		
地方粮食局	北京	45			35					10	45		2	21	10	12
	天津	11		11							11		1	4	5	1
	河北	8								8	8		7		1	
	山西	8	4	3						1	8			5	2	1
	辽宁	85		10						75	85			41	38	6
	吉林	35		1						34	35		1	25	9	
	黑龙江	47								47	47		2	19	23	3
	上海	37		6	28			3			37	1	2	17	15	2
	江苏	2								2	2				2	
	浙江	4								4	4			4		
	安徽	229		28						201	229		2	50	103	74
	福建	43		2						41	43			16	18	9
	江西	337		4						333	337			49	168	120
	山东	92		5	87						92		4	22	29	37
	河南	75								75	75		3	37	30	5
	湖北	17								17	17		1	5	9	2
	湖南	6								6	6	1		3	1	1
	广东	66			25		3	19	19		66		9	25	14	18
	海南	10								10	10			2	8	
	四川	14		11						3	14			10	4	
	重庆	11			7					4	11			5	6	
	贵州	5		5							5			3	2	
	陕西	112		12	55					45	112		4	32	34	42
	青海	8								8	8			5	3	
	宁夏	136		5	101					30	136			28	73	35
	新疆	7		2						5	7			3	3	1
合计		1771	32	347	373	0	3	22	19	975	1771	19	96	636	644	376

数据来源：国家粮食局标准质量中心统计资料。

表38 2006年粮食部门质量检验人员统计表

单位：人

地区	质量检验	高工人数	工程师人数	助工及化验员人数
全国总计	5832	277	1971	3584
北 京	25	5	12	8
天 津	10	5	1	4
河 北	75	6	29	40
山 西	17	1	8	8
内蒙古	58	8	29	21
辽 宁	626	19	227	380
吉 林	530	68	235	227
黑龙江	743	13	147	583
上 海	13	1	6	6
江 苏	273	14	99	160
浙 江	157	7	71	79
安 徽	70	9	21	40
福 建	112	3	31	78
江 西	402	10	62	330
山 东	137	2	17	118
河 南	200	28	111	61
湖 北	243	15	123	105
湖 南	61	3	23	35
广 东	229	9	26	194
海 南	10	0	4	6
广 西	1170	10	500	660
四 川	295	9	73	213
重 庆	128	2	23	103
贵 州	21	2	11	8
云 南	62	5	21	36
西 藏	4			4
陕 西	90	11	26	53
甘 肃	14	1	6	7
青 海	20	6	9	5
宁 夏	11	3	2	6
新 疆	26	2	18	6

数据来源：国家粮食局标准质量中心统计资料。

表39 2006年粮食质量检验机构检测样品统计表

单位：份

分类	份数	其中		
		省级站	市级站	县级站
总计	**254930**	**70936**	**75873**	**108121**
中央储备粮	28338	10832	5726	11780
地方储备粮	43248	17047	10539	15662
其他政策性粮食	68516	10813	29207	28496
一般商品粮	61812	7736	19936	34140
其他	53016	24508	10465	18043

数据来源：国家粮食局标准质量中心统计资料。

表40 2006年中央和地方储备粮质量抽查结果统计表

单位：份

地区	中央储备粮			地方储备粮		
	样品份数	质量合格率%	宜存率%	样品份数	质量合格率%	宜存率%
全国总计	**305**	**97.1**	**97.8**	**108**	**94.7**	**96.5**
河　北	32	100	100	7	100	100
辽　宁	48	95.3	87.2	8	49.6	100
吉　林	45	100	100	11	100	100
浙　江	16	100	96.8	17	99.3	94.6
河　南	24	100	100	9	100	100
湖　南	27	100	100	8	100	100
重　庆	28	100	100	13	93	67.8
甘　肃	36	100	100	4	100	100
青　海	20	100	100	20	100	100
宁　夏	29	76.5	100	11	93	100

数据来源：国家粮食局标准质量中心统计资料。

表41

2006年粮食行业从业人员统计表

单位：人数，人；单位数，个

项目	粮食行业机构					从业人员																	
	机构总数	按层次划分				人员总数	其中：女	其中：少数民族	其中：中共党员	按层次划分				按学历划分						按年龄划分			
		中央	省、自治区、直辖市	省辖市、自治州、行署	县（市、区）及以下					中央	省、自治区、直辖市	省辖市、自治州、行署	县（市、区）及以下单位	研究生	大学本科	大学专科	中专	高中	初中及以下	35岁及以下	36～45岁	46～55岁	55岁以上
总计	48424	331	740	4638	42715	1131791	356991	44255	300545	20757	46854	175731	888449	1923	44443	151538	201501	396928	335458	361867	465248	253939	50737
一、行政管理部门	2553	1	32	357	2163	50288	11604	3563	36964	112	1490	9092	39594	642	9671	21722	8302	7366	2864	6832	20695	17741	5020
二、事业单位	2873	8	197	628	2040	41961	14694	3095	21086	276	6625	9556	25504	367	7423	13646	7553	8382	4590	10659	17596	11382	2324
三、粮食经营企业单位	42998	322	511	3653	38512	1039542	330693	37597	242495	20369	38739	157083	823351	914	27349	116170	185646	381180	328004	344376	426957	224816	43393
其中：国有及国有控股企业	22791	322	418	2155	19896	733495	238793	31950	187247	20369	34594	123970	554562	677	18306	88837	136647	264566	224462	237432	304774	159157	32132

数据来源：国家粮食局统计资料。

表42 2006年各地区农村居民家庭主要食品消费量

单位:公斤/人

地区	谷物	小麦	稻谷	玉米	薯类	豆类	大豆
全国总计	200.7	66.1	111.9	14.6	2.8	3.5	2.1
北　京	108.0	42.3	40.0	13.2	0.6	2.1	0.7
天　津	139.0	81.4	47.1	8.5	0.7	1.8	0.8
河　北	186.1	132.4	18.0	21.1	1.5	2.5	1.8
山　西	191.4	127.3	11.2	18.6	7.0	5.0	2.3
内蒙古	188.3	81.6	45.5	24.2	7.2	2.2	1.0
辽　宁	187.1	36.4	93.7	39.7	2.1	4.8	3.9
吉　林	189.2	26.5	101.8	57.5	1.8	11.7	9.5
黑龙江	158.2	39.7	86.1	27.7	1.9	7.6	6.8
上　海	159.8	2.2	152.1	0.6	0.1	0.7	0.1
江　苏	213.9	49.7	152.5	9.3	0.5	4.5	2.8
浙　江	177.9	3.2	165.1	2.0	1.2	1.6	1.0
安　徽	205.9	66.2	132.2	5.1	1.0	3.6	2.7
福　建	196.8	2.9	186.9	0.3	2.5	3.4	0.9
江　西	248.1	2.7	244.1	0.7	3.3	3.2	2.4
山　东	194.8	153.4	6.7	26.5	1.2	4.7	3.2
河　南	208.8	168.9	21.2	15.6	1.0	1.6	1.0
湖　北	206.9	23.1	170.2	11.7	3.1	3.7	2.7
湖　南	227.3	1.7	221.8	1.7	1.4	2.0	1.6
广　东	211.9	0.8	207.2	1.5	1.5	1.7	0.4
广　西	181.8	0.4	171.5	7.8	1.0	1.2	0.7
海　南	205.0	0.4	202.2	0.7	2.0	2.0	0.4
重　庆	198.0	13.1	176.9	7.3	4.1	3.8	2.2
四　川	203.8	23.8	171.0	6.8	3.5	3.8	1.8
贵　州	177.5	9.5	139.1	26.5	4.0	5.3	2.7
云　南	194.4	11.7	148.6	30.2	3.5	4.6	1.8
西　藏	275.9	86.6	65.5	0.7	3.7	3.0	0.1
陕　西	187.3	134.3	23.3	19.7	4.3	3.0	2.3
甘　肃	244.0	205.8	5.5	24.4	13.8	7.0	2.4
青　海	205.3	182.7	4.3	0.6	15.3	2.2	0.2
宁　夏	207.6	152.1	47.7	1.5	4.6	0.8	0.2
新　疆	225.0	182.1	18.0	23.6	0.0	0.2	0.1

数据来源：国家统计局统计资料。

表43 国民经济与社会发展总量指标(1978~2006年)(一)

指标	单位	1978年	1997年	2002年	2005年	2006年
人口						
年底总人口	万人	96259	123626	128453	130756	131448
城镇人口	万人	17245	39449	50212	56212	57706
乡村人口	万人	79014	84177	78241	74544	73742
就业、失业和工资						
就业人员数	万人	40152	69820	73740	75825	76400
#职工人数	万人	9499	14668	10558	10850	11161
城镇登记失业人员	万人	530	577	770	839	847
职工工资总额	亿元	569	9405	13161	19790	23266
职工平均工资	元	615	6470	12422	18364	21001
国民经济核算						
国内生产总值	亿元	3645	78973	120333	183867.9	209406.8
第一产业	亿元	1028	14442	16537	23070	24700
第二产业	亿元	1745	37543	53897	87365	102004
第三产业	亿元	872	26988	49899	73433	82703
人均国内生产总值	元/人	381	6420	9398	14103	15973
支出法国内生产总值	亿元	3606	81659	120350	188692	220498
最终消费支出	亿元	2239	48141	71691	97823	110323
资本形成总额	亿元	1378	29968	45565	80646	94099
货物和服务净出口	亿元	-11	3550	3094	10223	16076
固定资产投资						
全社会固定资产投资总额	亿元		24941	43500	88774	109870
国有及其他经济	亿元		17661	30993	62913	76243
集体经济	亿元		3851	5987	11970	14830
个体经济	亿元		3429	6519	13891	18798
财政和金融						
国家财政收入	亿元	1132	8651	18904	31649	38731
国家财政支出	亿元	1122	9234	22053	33930	40213
金融机构人民币各项存款余额	亿元	1135	82390	170917	287170	335460
金融机构人民币各项贷款余额	亿元	1850	74914	131294	194690	225347
货币和准货币(M_2)	亿元		90995	185007	298756	345604
狭义货币(M_1)	亿元		34826	70882	107279	126035
流通中现金(M_0)	亿元	212	10178	17278	24032	27073
外汇储备	亿美元	1.7	1398.9	2864.1	8188.7	10663.0
主要农业、工业产品产量						
粮食	万吨	30477	49417	45706	48402	49748
油料	万吨	521.8	2157	2897	3077	3059
棉花	万吨	216.7	460.3	491.6	571.4	674.6
肉类	万吨		5269	6587	7743	8051
原煤	亿吨	6.18	13.73	14.55	22.05	23.82
原油	万吨	10405	16074	16700	18135	18368
发电量	亿千瓦小时	2566	11356	16540	25003	28344
粗钢	万吨	3178	10894	18236.61	35324	42266
汽车	万辆	14.9	158.3	325.1	570.5	727.9

数据来源：国家统计局统计资料。

表43 国民经济与社会发展总量指标(1978~2006年)(二)

指　标	单　位	1978年	1997年	2002年	2005年	2006年
建筑业						
建筑业企业房屋施工面积	万平方米		128680	215609	352745	399606
建筑业企业房屋竣工面积	万平方米		62244	110217	159406	164123
交通和邮电						
货物周转量	亿吨公里	9829	38385	50686	80258	88835
旅客周转量	亿人公里	1743	10055	14126	17467	19198
沿海主要港口货物吞吐量	万吨	19834	90822	166628	292777	342191
邮电业务总量	亿元	34	1773	5696	12029	15323
移动电话年末用户	万户		1323	20601	39341	46108
固定电话年末用户	万户	193	7031	21422	35045	36781
国内商业和对外贸易						
社会消费品零售总额	亿元	1559	31253	48136	67177	76410
货物进出口总额	亿美元	206.4	3251.6	6207.7	14219.1	17606.9
出口额	亿美元	97.5	1827.9	3256.0	7619.5	9690.7
进口额	亿美元	108.9	1423.7	2951.7	6599.5	7916.1
吸收外商投资						
实际使用外资额	亿美元		644.1	550.1	638.1	735.2
#外商直接投资	亿美元		452.6	527.4	603.3	694.7
旅游						
入境过夜旅游者人数	万人次	72	2377	3680	4681	4991
国内旅游人数	亿人次		6.4	8.8	12.1	13.9
国际旅游外汇收入	亿美元	2.6	120.7	203.9	293.0	339.5
国内旅游收入	亿元		2112.7	3878.4	5285.9	6229.7
教育、科技、文化、卫生						
在校学生数						
普通高等学校	万人	85.6	317.4	903.4	1561.8	1738.8
普通中学	万人	6548	6018	8288	8581	8452
普通小学	万人	14624	13995	12157	10864	10712
研究与试验发展经费支出	亿元		509	1288	2450	2943
技术市场成交额	亿元		351	884	1551	1818
图书总印数	亿册(张)	37.7	73.1	68.7	64.7	62.0
杂志总印数	亿册	7.6	24.4	29.5	27.6	30.0
报纸总印数	亿份	127.8	287.6	367.8	412.6	416.0
医院、卫生院数	个	64311	67479	63858	60397	60037
医生数	万人	103.3	198.5	184.4	193.8	199.5
医院、卫生院床位数	万张	184.7	286.9	290.7	313.5	327.1
城市公用事业						
年末供水综合生产能力	万立方米/日	2530	20566	23546	24720	
城市房屋集中供热面积	亿平方米		8.1	15.6	25.2	
年末污水处理能力	万立方米/日		3277	6153	7990	
年末城市道路长度	公里	26966	138610	191399	247015	

注：1. 由于计算误差的影响，按支出法计算的国内生产总值不等于按生产法计算的国内生产总值。

2. 本表价值量指标中,邮电业务总量2000年及以前按1990年不变价格计算，2001年起按2000年不变价格计算，其余按当年价格计算。

3. 社会消费品零售总额1978年为社会商品零售总额，即包括农业生产资料零售额在内。

数据来源：国家统计局统计资料。